O Administrador Judicial e a Reforma da Lei 11.101/2005

O ADMINISTRADOR JUDICIAL E A REFORMA DA LEI 11.101/2005
© Almedina, 2022

Coordenação: João Pedro Scalzilli e Joice Ruiz Bernier

Diretor Almedina Brasil: Rodrigo Mentz
Editora Jurídica: Manuella Santos de Castro
Editor de Desenvolvimento: Aurélio Cesar Nogueira
Assistentes Editoriais: Isabela Leite e Larissa Nogueira
Estagiária de Produção: Laura Roberti

Diagramação: Almedina
Design de Capa: FBA

ISBN: 9786556274928
Abril, 2022

Dados Internacionais de Catalogação na Publicação (CIP)
(Câmara Brasileira do Livro, SP, Brasil)

O Administrador judicial e a reforma da Lei 11.101/2005
coordenação João Pedro Scalzilli, Joice Ruiz Bernier.
São Paulo Almedina, 2022. Vários autores.

Bibliografia
ISBN 978-65-5627-492-8

1. Brasil. [Lei de falências (2005)] 2. Empresas – Recuperação – Leis e legislação – Brasil
3. Falência – Leis e legislação – Brasil 4. Recuperação judicial (Direito)
Leis e legislação – Brasil 5. Recuperaçãojudicial de empresas – Brasil
I. Scalzilli, João Pedro. II. Bernier, Joice Ruiz.

22-99403   CDU-347.736(81)(094)

Índices para catálogo sistemático:

1. Brasil : Recuperação judicial : Reforma : Leis : Direito 347.736(81)(094)

Maria Alice Ferreira – Bibliotecária – CRB-8/7964

Este livro segue as regras do novo Acordo Ortográfico da Língua Portuguesa (1990).

Editora: Almedina Brasil
Rua José Maria Lisboa, 860, Conj. 131 e 132, Jardim Paulista | 01423-001 São Paulo | Brasil
editora@almedina.com.br
www.almedina.com.br

SOBRE OS COORDENADORES

João Pedro Scalzilli

Professor da Faculdade de Direito da PUCRS, Doutor em Direito Comercial pela USP, Mestre em Direito Privado e Especialista em Direito Empresarial pela UFRGS. Coautor do livro "Recuperação de Empresas e Falência". Autor e coautor de outros livros na área de direito empresarial e de artigos jurídicos em publicações especializadas. Advogado.

Joice Ruiz Bernier

Professora convidada de diversas instituições e de cursos na área de insolvência e Mestre em Direito Comercial pela USP. Autora do livro "Administrador Judicial na Recuperação Judicial e na Falência". Autora e coautora de artigos jurídicos em livros e revistas especializadas. Advogada e administradora judicial.

SOBRE OS AUTORES

Adriana Valéria Pugliesi
Professora na FGVLAW – Direito São Paulo e no CEU LAW SCHOOL.
Árbitra e Advogada. Mestre e Doutora em Direito Comercial pela FADUSP
– Faculdade de Direito da Universidade de São Paulo.

Alberto Camiña Moreira
Advogado. Promotor de Justiça Aposentado. Mestre e Doutor e Direito
pela PUC/SP. Ex-professor da Universidade Presbiteriana Mackenzie.

Alexandre Kosby Boeira
Juiz de Direito, titular da Vara Regional Empresarial de Novo Hamburgo/RS.

Aline Turco
Graduada em Direito pela Universidade Estadual de Londrina (2008),
pós-graduada em Direito Empresarial pela PUC-SP (Pontifícia
Universidade Católica de São Paulo) (2019), membro da TMA Brasil –
Turnaround Management Association do Brasil e autora de artigos na
área de insolvência.

André Estevez
Professor Adjunto de Direito Empresarial na PUCRS. Doutor em
Direito Comercial pela USP. Mestre em Direito Privado pela UFRGS.
Advogado.

André Barbosa Guanaes Simões

Mestre em Ciências Jurídicas pela Faculdade de Direito da Universidade de Lisboa. Professor de Direito Civil da Faculdade de Ciências Sociais e Tecnologia. Juiz de Direito da Comarca de Campo Verde/MT.

Andrea Galhardo Palma

Master in Law (LLM) in International Commercial Arbitration na PennState University (EUA). Especialista em International Commercial Arbitration pela Columbia University (EUA), em Arbitragem Doméstica pela Fundação Getúlio Vargas (FGV). Fellow do Chartered Institute of Arbitrators (FCiarb). Juíza de Direito da 2ª Vara Empresarial Regional e de Conflitos Relacionados à Arbitragem da 1ª RAJ de São Paulo.

Anglizey Solivan de Oliveira

Juíza de Direito da 1ª Vara Cível de Cuiabá-MT.

Antonia Viviana Cavalcante

Sócia-fundadora da empresa de administração judicial ACFB Administração Judicial Ltda. Advogada graduada pelas Faculdades Metropolitanas Unidas. Pós-graduada em Recuperação de Empresas e Falências pela Faculdade Autônoma de Direito. Pós-graduada em Recuperação de Empresas e Falências pela Pontifícia Universidade Católica. Pós-graduada em Direito Processual Civil pelas Faculdades Metropolitanas Unidas. Pós-graduanda em Direito Negocial Comparado pela Universidade Paris I – Panthéon Sorbonne. Graduada em Ciências Contábeis pela Universidade Cruzeiro do Sul. Especialista em Recuperação Judicial e Falências pela Escola Superior de Advocacia. Membro da Comissão de Direito Falimentar do Instituto dos Advogados de São Paulo. Relatora da 23ª Turma do Tribunal de Ética e Disciplina da OAB/SP. Mediadora e Conciliadora. Atua como Administradora Judicial em processos de recuperação judicial e falência em todo o estado de São Paulo.

Cleber Batista de Sousa

Contador, Mestre em Contabilidade, Perito nas áreas Cível, Tributária e Recuperação Judicial e Falências, Administrador Judicial, certificado pelo TMA – Turnaround Management Association, Consultor na área tributária e de custos, Palestrante em diversos temas na área contábil e tributária,

Professor em cursos de graduação e pós-graduação, Sócio Fundador da empresa Batista & Associados Perícia e Auditoria Ltda, Conselheiro Fiscal em entidades empresariais, Membro da ACIN – Associação Científica Internacional do Neopatrimonialismo, Co-autor do livro "Contabilidade em Foco", Co-Autor do livro "Custos: temas atuais", Membro efetivo perpétuo (imortal) da Academia Mineira de Ciências Contábeis.

Daniel Carnio Costa
Juiz titular da 1ª Vara de Falências e Recuperações Judiciais de São Paulo.

Daniela Fabro
Mestranda em Direito Processual Civil pela UFRGS. Especialista em Direito Civil e Processual Civil pela FMP/RS. Especialista em Direito Empresarial pela PUCRS. Advogada.

Diego Faleck
Mediador, especialista em sistemas de resolução de disputas. Mestre (LL.M) pela Harvard Law School. Doutor em Direito pela Universidade de São Paulo. Professor Adjunto na Pepperdine Caruso Law School (Malibu, CA – EUA).

Eduardo Azuma Nishi
Mestre em Direito Comercial pela PUC-SP, graduado em direito pela Universidade de São Paulo, graduado em administração de empresas pela Escola de Administração de Empresas de São Paulo da Fundação Getúlio Vargas e desembargador do Tribunal de Justiça de São Paulo, componente da Primeira Câmara Reservada de Direito Empresarial.

Erasmo Valladão Azevedo e Novaes França
Livre-Docente, Doutor e Mestre em Direito Comercial pela Faculdade de Direito da USP. Professor Associado e Ex-chefe do Departamento de Direito Comercial da Faculdade de Direito da USP. Advogado em São Paulo.

Eronides Aparecido Rodrigues dos Santos
Procurador de Justiça no Ministério Público do Estado de São Paulo, doutorando em Direito pela UNINOVE, professor, palestrante internacional e autor de artigos e livros na área da insolvência.

Fabiana Bruno Solano Pereira

Bacharel pela PUC-SP. Especialista em Direito Contratual pela PUC-SP. Mestre em Mercado Financeiro pelo INSPER. Mestre em Direito pela Stanford University. Sócia no Felsberg Advogados.

Francisco Satiro

Professor Doutor de Direito Comercial da Faculdade de Direito da USP. Coordenador do NEIT – Núcleo de Estudos de Insolvência Transnacional da USP. Advogado e Parecerista.

Gabriel Broseghini

Advogado, bacharel em direito, LL.M em Direito Empresarial pela Fundação Getúlio Vargas/RJ com ênfase em Recuperação Judicial e Falência, especialista em Direito Privado Patrimonial pela Pontifícia Universidade Católica do Rio de Janeiro. Membro da Comissão de Recuperação Judicial, Extrajudicial e Falência da Ordem dos Advogados do Brasil do Estado do Rio de Janeiro.

Gabriel José de Orleans e Bragança

Advogado. Mestre em Direito Empresarial pela Pontifícia Universidade Católica de São Paulo (PUC-SP).

Gabriela Mânica

Mestranda em Direito Civil pela UFRGS. Especialista em Direito Empresarial pela PUCRS. Advogada.

Gabriela Wallau

Advogada. Professora de Direito Empresarial na PUCRS. Doutora em Direito pela UFRGS. Presidente da Câmara de Arbitragem da FEDERASUL.

Gilberto Gornati

Doutorando em Direito Comercial e mestre em Teoria e Filosofia do Direito pela Faculdade de Direito da Universidade de São Paulo (FD/USP). Professor do FGV Law da Escola de Direito da Fundação Getúlio Vargas. Advogado e sócio no Thomaz Bastos, Waisberg, Kurzweil Advogados.

Gilberto Schäffer
Doutor em Direito pela Universidade Federal do Rio Grande do Sul (UFRGS). Professor convidado em cursos de Pós-Graduação Lato Sensu. Palestrante da Escola Superior da Magistratura (ESM AJURIS) e da Escola Nacional de Formação de Magistrados (ENFAM). Juiz de Direito do Tribunal de Justiça do Estado do Rio Grande do Sul.

Giovana Farenzena
Juíza da Vara de Direito Empresarial, Recuperação de Empresas e Falências da Comarca de Porto Alegre/RS.

Glaucia Albuquerque Brasil
Advogada e Administradora Judicial, especializada em Recuperação Judicial, com formação pelos melhores Institutos Educacionais de Aperfeiçoamento do Brasil e do Exterior (Insper, TMA Brasil, IBAJUD e Oxford London School, Columbia University Law School Executive Education – NYC), na área de insolvência, recuperação e reestruturação empresarial.

Isabella Noschese Teixeira
Doutoranda em Direito Comercial pela Universidade de São Paulo. Pesquisadora do NEIT – Núcleo de Estudos de Insolvência Transnacional da USP. Advogada.

Ivo Waisberg
Livre-docente em Direito Comercial, doutor em Direito das Relações Econômicas Internacionais e mestre em Direito Comercial pela PUC/SP. LLM em Direito da Regulação pela New York University School of Law. Professor de Direito Comercial da PUC/SP. Advogado e sócio no Thomaz Bastos, Waisberg, Kurzweil Advogados.

João A. Medeiros Fernandes Jr.
Advogado e Administrador Judicial. Especialista em Recuperação Judicial pelo INSPER/SP. Ex-Presidente da Comissão de Recuperação Judicial da OAB/RS e atual Membro da Comissão de Recuperação Judicial do Conselho Federal da OAB. Membro Co-coordenador do Capítulo Sul do TMA Brasil – Turnaround Management Association. Membro do

IBAJUD – Instituto Brasileiro de Insolvência e Membro Fundador do IDRE – Instituto de Recuperação de Empresas.

João Pedro Scalzilli
Professor de Direito Empresarial da PUCRS. Doutor em Direito Comercial pela USP. Mestre em Direito Privado pela UFRGS. Advogado.

Joice Ruiz Bernier
Mestre em Direito Comercial pela Faculdade de Direito da Universidade de São Paulo FDUSP (2011) e bacharel em Direito da Universidade de São Paulo FDUSP, com ênfase em direito empresarial (1993). Advogada e administradora judicial.

José Paulo Dorneles Japur
Advogado e Mestre em Direito (UFRGS).

Jorge Luiz Lopes do Canto
Desembargador do Tribunal de Justiça do Estado do Rio Grande do Sul.

Juliana Bumachar
Sócia do Bumachar Advogados Associados. Presidente da Comissão Especial de Recuperação Judicial, Extrajudicial e Falência da OAB/RJ. Professora Convidada da pós-graduação lato sensu da FGV Direito Rio. Membro do Núcleo de Estudos em Direito Empresarial e Arbitragem (NDEA) da FGV Direito Rio. Membro do Grupo de Trabalho CNJ para modernização da atuação do Judiciário nos processos de recuperação e falência e do Conselho Administrativo do TMA Brasil

Karina Ferraz Deorio
Advogada especializada na área de reestruturação e insolvência em São Paulo. Bacharel e Mestre em Direito Comercial pela Faculdade de Direito da Universidade de São Paulo.

Laís Machado Lucas
Doutora em Direito pela Universidade Federal do Rio Grande do Sul. Mestre em Direito pela Pontifícia Universidade Católica do Rio Grande do Sul. Professora do Mestrado Profissional em Direito da Empresa e

dos Negócios da UNISINOS. Professora das graduações em Direito da PUCRS e da UNISINOS. Membro da Comissão de Recuperação Judicial da OAB/RS. Governance Officer do Instituto Brasileiro de Governança Corporativa – Capítulo Sul. Advogada.

Laurence Bica Medeiros

Advogado e Administrador Judicial. Especialista em Recuperação Judicial pelo INSPER/SP. Vice-Presidente da Comissão de Recuperação Judicial da OAB/RS, Vice-Presidente do IDRE – Instituto de Direito de Recuperação de Empresa. Membro do TMA Brasil – Turnaround Management Association. Membro do IBAJUD – Instituto Brasileiro de Insolvência.

Leonardo Adriano Ribeiro Dias

Advogado, sócio do Ribeiro Dias Advogados. Bacharel, Mestre e Doutor em Direito pela USP. Membro da Comissão de Direito Bancário da OAB/SP. Mediador e Árbitro da CAMES. Associado e Diretor do Instituto Brasileiro de Estudos de Recuperação de Empresas – IBR. Associado da Insol International. Autor do livro "Financiamento na Recuperação Judicial e na Falência" e de diversos artigos e capítulos de livros na área de direito empresarial. Professor convidado em cursos de pós-graduação sobre direito empresarial.

Luis Eduardo Marchette Ruiz

Graduado em Direito pela Universidade Paulista (2011), com extensão em Recuperação Judicial de Empresas e Falência pela PUC-SP (Pontifícia Universidade Católica de São Paulo) e pós-graduando (LL.M.) em Direito Empresarial pelo IBMEC-SP, membro do Grupo de Estudos Avançados sobre a Reforma da Lei de Recuperação e Falência da Fundação Arcadas (2021) e da TMA Brasil – Turnaround Management Association do Brasil.

Luis Felipe Salomão

Ministro do Superior Tribunal de Justiça.

Luis Felipe Spinelli

Professor de Direito Empresarial da UFRGS. Pesquisador bolsista (Postdoc-Stipendium I) no Max-Planck-Institut für ausländisches und internationales Privatrecht. Doutor em Direito Comercial pela USP. Mestre em Direito Privado pela UFRGS. Advogado.

Luis Augusto Roux Azevedo

Graduado em Direito pela Universidade de São Paulo (1992) e em Administração Pública pela Fundação Getúlio Vargas – SP (1993). Mestre em Direito Comercial pela Universidade de São Paulo (2010). Atua na área do Direito, em especial Direito Empresarial e Processual Civil.

Luiz Fernando Valente de Paiva

Advogado, sócio de Pinheiro Neto Advogados. Mestre em Direito Comercial pela PUC/SP, com LL.M pela Northwestern University.

Manoel Justino Bezerra Filho

Doutor e Mestre em Direito Comercial pela USP, Professor da Escola Paulista da Magistratura e da Faculdade de Direito da Universidade Presbiteriana Mackenzie, Desembargador (aposentado) do TJSP, autor de diversos livros e artigos jurídicos, advogado na área de consultoria e pareceres.

Marcelo Barbosa Sacramone

Professor da Pontifícia Universidade Católica de São Paulo, da Escola Paulista da Magistratura, do IBMEC São Paulo e do INSPER. Advogado e parecerista. Doutor e mestre em direito comercial pela Faculdade de Direito da Universidade de São Paulo. Ex-juiz de Direito da 2ª Vara de Falências e Recuperações Judiciais do Foro Central da Comarca de São Paulo.

Marcelo von Adamek

Doutor e Mestre em Direito Comercial pela Faculdade de Direito da USP. Professor Doutor do Departamento de Direito Comercial da Faculdade de Direito da USP.

Márcio Souza Guimarães

Professor Coordenador do Núcleo de Direito de Empresa e Arbitragem da FGV Direito-RIO. Doutor pela Universidade Toulouse 1. Professor visitante da Université Pantheon-Assas. Max Schmidheiny professor da Universidade de St Gallen (Suíça). Membro fundador da Academia Brasileira de Direito Civil. Vice-presidente da Comissão de Arbitragem da OAB Federal. Integrou o grupo de trabalho da Reforma da Lei 11.101/05 (Lei 14.112/2020). Árbito independente, parecerista e advogado.

Maria Rita Rebello Pinho Dias

Juíza Titular da 3ª Vara de Falências e Recuperações Judiciais da Capital de São Paulo. Formada pela USP, Mestre em Direito Constitucional pela PUC e Doutoranda em Direito Processual pela USP.

Newton De Lucca

Mestre, Doutor, Livre-Docente, Adjunto e Professor Titular pela Faculdade de Direito da Universidade de São Paulo. Professor do Corpo Permanente da Pós-Graduação Stricto Sensu da UNINOVE. Desembargador Federal do TRF da 3ª Região (presidente no biênio 2012/2014). Membro da Academia Paulista de Magistrados, da Academia Paulista de Direito e da Academia Paulista de Letras Jurídicas.

Ney Wiedemann Neto

Desembargador no Tribunal de Justiça do Estado do Rio Grande do Sul. Mestre em Poder Judiciário pela FGV Direito Rio. Professor na Escola Superior da Magistratura da AJURIS.

Niwton Carpes da Silva

Desembargador da 6ª Câmara Cível do Tribunal de Justiça do Estado do Rio Grande do Sul.

Otávio De Paoli Balbino

Sócio Fundador da Paoli Balbino & Barros Administração Judicial. Professor do LLM em Direito Empresarial do IBMEC/BH na matéria de Recuperação Judicial e falência. Membro do Turnaround Management Association – TMA, do International Women's Insolvency & Restructuring Confederation – IWIRC e Instituto dos Advogados de Minas Gerais. Foi Conselheiro Seccional da OAB/MG e Vice-Presidente da Comissão de Falências e Recuperações Judiciais da OAB/MG. Autor de diversos artigos doutrinários. Palestrante. Advogado. Administrador Judicial.

Paulo Fernando Campos Salles de Toledo

Professor de Direito Comercial da Faculdade de Direito da Universidade de São Paulo; Desembargador aposentado do Tribunal de Justiça de São Paulo; Advogado, Árbitro e Consultor Jurídico de Empresas; Sócio Administrador de Paulo Salles de Toledo Sociedade de Advogados.

Paulo Furtado de Oliveira Filho

Juiz de Direito Titular da 2ª Vara de Falências e Recuperações Judiciais da Comarca da Capital.

Paulo Penalva Santos

Professor de Direito Empresarial do curso de pós-graduação da Fundação Getúlio Vargas – RJ. Procurador aposentado do Estado do Rio de Janeiro. Advogado no Rio de Janeiro e em São Paulo. Membro do grupo de trabalho para contribuir com a modernização e efetividade da atuação do Poder Judiciário nos processos de recuperação judicial e de falência, por designação do Presidente do Conselho Nacional de Justiça. Coordenador Científico da Comissão da Crise da Empresa na III Jornada de Direito Comercial no Centro de Estudos Judiciários do Conselho de Justiça Federal.

Rafael Brizola Marques

Advogado e Especialista em Direito Empresarial (UFRGS).

Rodrigo Tellechea

Doutor em Direito Comercial pela USP. Advogado.

Ronaldo Vasconcelos

Doutor e Mestre em Direito Processual pela Faculdade de Direito do Largo de São Francisco USP. Professor Doutor da Universidade Presbiteriana Mackenzie. Secretário-Geral do Instituto Brasileiro de Direito Processual IBDP. Membro do Instituto Ibero-americano de Direito Processual IIDP. Advogado.

Sabrina Maria Fadel Becue

Pós-doutoranda em Direito Comercial pela Universidade de São Paulo. LL.M. International Commercial Law and Dispute Resolution (SiLS).

Pesquisadora do NEIT – Núcleo de Estudos de Insolvência Transnacional da USP. Professora de Direito da FESP e FAE. Advogada.

Sheila C. Neder Cerezetti

Professora Doutora do Departamento de Direito Comercial da Faculdade de Direito da Universidade de São Paulo.

Taciani Acerbi Campagnaro Colnago Cabral

Advogada partner da Acerbi Campagnaro Colnago Cabral Administração Judicial de Belo Horizonte/MG, com atuação específica em recuperações judiciais e falências. Mestranda em Direito Empresarial. Administradora Judicial habilitada em recuperação judicial e falência pela TMA Brasil. Especialista em Direito Empresarial e Direito do Trabalho. Associada ao TMA Brasil, ao IWIRC e ao IBAJUD.

Thomas Benes Felsberg

Bacharel em Direito pela USP. Mestre em Direito pela Columbia University. Sócio fundador do Felsberg Advogados e referência mundial na área de falência e recuperação de empresas. Reconhecido por publicações como Latin Lawyer. Chambers and Partners, The Legal 500 e Leaders League como um dos advogados líderes de insolvência no Brasil, participou dos comitês responsáveis pela elaboração da atual Lei de Falências e Recuperação de Empresas.

NOTA DOS COORDENADORES

Durante seus mais de quinze anos de vigência, a Lei 11.101/05 ("Lei de Recuperação de Empresas e Falência" ou, simplesmente, "LREF") apresentou significativa evolução em relação à legislação anterior, sobretudo no que diz respeito à disponibilização aos empresários de um regime recuperatório mais eficiente do que a concordata.

A despeito disso, a necessidade de ajustes na legislação brasileira de insolvência empresarial já vinha sendo apontada pela doutrina especializada. Particularmente, depois dos desgastes ocasionados pelas quatro crises econômicas de maior envergadura verificadas no período – a crise imobiliária americana de 2009, a crise político-econômica do triênio 2014-2016, a greve dos caminhoneiros de 2018 e pandemia da Covid-19 –, ficou evidente a imprescindibilidade de promover adequações no texto legal, inclusive para adaptá-lo à evolução da jurisprudência nos últimos quinze anos no trato de temas sensíveis da seara concursal.

Entendeu-se que o caminho a ser trilhado era uma ampla reforma na LREF. Por meio de um acordo entre Executivo e Legislativo, buscou-se "modernizar" a Lei Recuperatória e Falimentar. Para a tarefa, foi resgatado o PL 6.229, que havia ficado em segundo plano durante os primeiros meses da crise sanitária ocasionada pelo novo coronavírus, resultando na Lei 14.112/2020, que entrou em vigor no dia 23 de janeiro, alterando, acrescentando ou revogando aproximadamente uma centena de artigos da LREF.

É possível citar como principais objetivos da Reforma: (*i*) a busca pela celeridade e eficiência processual; (*ii*) uma maior transparência e acesso à informação; (*iii*) o incremento da participação dos credores, inclusive dos credores trabalhistas e tributários; (*iv*) o reforço da proteção dos sócios; e (*v*) a superação do estigma associado à falência e liberação do falido para reempreender. Ponto de convergência de todos esses propósitos está na figura do administrador judicial como um dos principais indutores destas pretensas melhorias no sistema brasileiro de insolvência.

O objetivo da presente publicação é ofertar ao leitor conteúdo fundamental para a compreensão da figura deste auxiliar do juízo no contexto da Reforma. Os autores desta obra coletiva – advogados, professores, magistrados, membros do Ministério Público e administradores judiciais, a quem registramos nosso mais sincero agradecimento por abraçarem conosco essa empreitada acadêmica, mesmo diante das múltiplas exigências de suas atribuladas e bem sucedidas carreiras – são profissionais intimamente ligados à área da insolvência empresarial. Suas reflexões são um contributo de valor inestimável e em primeira mão para a compreensão da importância da figura do administrador judicial na Reforma da Lei 11.101/2005.

A ordem de apresentação dos temas levou em consideração a necessidade de primeiro estabelecer as bases gerais do regime jurídico do administrador judicial. Assim, a evolução do síndico ao administrador judicial foi examinada por Paulo Campos Sales de Toledo e Karina Ferraz Deorio. A análise da importância do auxiliar do juízo foi objeto de estudo por Eduardo Azuma Nishi. Niwton Carpes, de um lado, e Luis Felipe Salomão e Daniel Carnio Costa, de outro, exploraram o administrador judicial como figura central no âmbito da Reforma. Já Ney Wiedemann Neto discorreu sobre o papel do Poder Judiciário frente à especialização de Varas e ao cadastro de administradores judicias. Newton de Lucca abordou o tema do administrador judicial e a ética. Thomas Felsberg e Fabiana Solano trataram do compromisso do auxiliar do juízo com a celeridade processual. Finamente, Gilberto Schäffer e Alexandre Boeira cuidaram do administrador judicial como um agente de equilíbrio entre o devedor e credores.

A formação, a escolha a substituição e a destituição do administrador judicial foram objeto de dois artigos, um de autoria de Márcio Guimarães e outro de Eronides Santos.

A possibilidade de nomeação antecipada de administrador judicial foi examinada por André Estevez, Daniela Fabro e Gabriela Mânica. Da perícia prévia cuidaram Juliana Bumachar e Gabriel Broseghini.

Rafael Brizola e José Paulo Japur abordaram a transformação digital do administrador judicial, ao passo que Luis Augusto Roux, Aline Turco e Luiz Eduardo Marchetti Ruiz analisaram as implicações da Lei Geral de Proteção de Dados na atividade deste auxiliar do juízo.

O papel do administrador judicial como indutor dos métodos alternativos de solução de disputas foi tratado por Luiz Fernando Paiva e Diego Faleck. Andrea Galhardo Palma e Joice Ruiz cuidaram da fiscalização das negociações, enquanto a análise dos negócios jurídicos processuais coube a Ronaldo Vasconcelos.

Sheila Cerezetti examinou a consolidação processual e substancial. O administrador judicial na identificação da essencialidade dos bens foi objeto de estudo por André Guanaes, enquanto o tema da atuação deste auxiliar do juízo na recuperação judicial do produtor rural ficou sob os cuidados de Anglizey Oliveira. Coube a Leonardo Ribeiro Dias analisar a atuação do administrador judicial durante todo o procedimento de verificação de créditos.

As múltiplas alterações promovidas pela Reforma na assembleia de credores foram analisadas em três diferentes estudos: Laurence Medeiros, João Medeiros e Laís Lucas exploraram as modalidades alternativas de AGC; Giovana Farenzena e Gabriela Wallau investigaram o tema das assembleias virtuais e outras formas de manifestação da vontade dos credores; e Gláucia Brasil e Taciane Campagnaro perscrutaram a organização do conclave pelo administrador judicial.

O dever de fiscalização foi objeto de análise por diversos ângulos: Otávio Balbino e Cleber Batista escrutinaram o relatório mensal de atividades; Ivo Waisberg e Gilberto Gornatti examinaram o relatório sobre o plano de recuperação judicial; e Paulo Penalva tratou da verificação de cumprimento do plano.

Luis Felipe Spinelli, João Pedro Scalzilli e Rodrigo Tellechea analisaram a remuneração do administrador judicial, de um lado, e Erasmo Valladão e Marcelo Adamek o descabimento de honorários de sucumbência em favor deste profissional, de outro.

A atuação do administrador judicial na convolação da recuperação judicial em falência foi estudada por Marcelo Sacramone e Gabriel Orleans de Bragança, bem como por Jorge Luis Lopes do Canto.

A eventual possibilidade de nomeação de administrador judicial na recuperação extrajudicial foi perquirida por Alberto Camiña.

O papel do administrador judicial na falência foi tratado em quatro estudos: Adriana Pugliese examinou a continuação provisória das atividades do falido; Manoel Justino analisou a falência frustrada; Paulo Furtado e Antonia Cavalcante cuidaram da liquidação de ativos; e à Maria Rita Rebelo Pinho coube a extensão dos efeitos da quebra.

Finalmente, a atuação do administrador judicial na insolvência transnacional foi objeto de exame por parte de Francisco Satiro, Sabrina Becue e Isabella Noschese.

O simples vislumbrar da nominata acima enche de orgulho os coordenadores, e é garantia ao leitor de que o tema objeto da presente obra coletiva ficou a cargo de algumas das mais brilhantes mentes do direito concursal brasileiro.

Importante registrar, ainda, o precioso trabalho de organização realizado por Daniela Fabro, bem como a sempre cuidadosa revisão de Lara Pizzatto.

Espera-se, ao fim e ao cabo, que os estudos e as ideias aqui lançados contribuam para o debate em torno da figura do administrador judicial, figura de elevado interesse prático para o direito recuperatório e falimentar, e que ainda carecia de uma obra coletiva que examinasse, em profundidade, suas múltiplas dimensões.

Porto Alegre e São Paulo, dezembro de 2021

JOÃO PEDRO SCALZILLI
JOICE RUIZ

PREFÁCIO

Após quinze anos de vigência e de efetiva aplicação pelos Tribunais de Justiça estaduais e distrital, pelo Superior Tribunal de Justiça e pelo Supremo Tribunal Federal, a Lei nº 11.101, de 9 de fevereiro de 2005, foi atualizada pela Lei nº 14.112, sancionada, por sua vez, em 24 de dezembro de 2020, mercê do que foram introduzidas profundas modificações e, mesmo, inovações na legislação referente à recuperação judicial, à recuperação extrajudicial e à falência do empresário e da sociedade empresária.

Preambularmente, é importante destacar que a competência para processar e julgar os processos de recuperação judicial e de falência; bem como, para homologar o plano de recuperação extrajudicial, a teor do artigo 109, inciso I, da Constituição da República Federativa do Brasil de 1988, é conferida, exclusivamente, aos juízes de direito e aos tribunais de justiça dos Estados da Federação e do Distrito Federal, competindo ao Superior Tribunal de Justiça harmonizar e consolidar a jurisprudência sobre a legislação que disciplina a insolvência ou insolvabilidade empresarial.

Ao reformar a Lei nº 11.101/2005, que regula a recuperação judicial, a recuperação extrajudicial e a falência do empresário e da sociedade empresária, o legislador pátrio positivou, de forma expressa, consolidado entendimento jurisprudencial e doutrinário sobre temas relevantes e, até então, controvertidos, em exegese construída em trabalho diuturno de advogados, juízes, professores e membros do Ministério Público, nos processos judiciais de recuperação de empresas e falência.

Tendo, por escopo, modernizar e racionalizar o sistema de insolvência empresarial, ofertar maior segurança jurídica ao mercado (empresários, trabalhadores, investidores, fornecedores, fisco); bem como, melhorar a eficiência jurídica e econômica dos institutos disciplinados pela Lei nº 11.101/2005, a Reforma ora levada a efeito recaiu, principalmente, sobre aspectos de direito material e processual da matéria recuperacional e falencial.

As principais modificações da Lei de Recupcração de Empresas e Falência tratam das conciliações e das mediações antecedentes ou incidentais aos processos de recuperação judicial, das negociações preventivas entre credores e devedores, da concessão de financiamento durante a recuperação judicial, da consolidação processual e da consolidação substancial, da falência frustrada, da alienação dos bens do devedor, da insolvência transnacional, da cooperação entre a justiça brasileira e a justiça estrangeira, dos prazos de suspensão e da proibição de atos constritivos, da recuperação judicial do produtor rural, da inclusão de créditos trabalhistas na recuperação extrajudicial, do parcelamento e da transação de dívidas com a União, do plano alternativo apresentado pelos credores.

No que concerne ao administrador judicial, o mais importante auxiliar do juiz no processo de recuperação de empresas e de falência, a legislação reformista ampliou, fortaleceu e modernizou sua atuação, reforçando a busca por mais celeridade e racionalidade na aplicação dos institutos destinados à superação da crise econômico-financeira do empresário e da sociedade empresária, seja objetivando a recuperação das empresas, seja objetivando a liquidação das empresas inviáveis, com a realocação eficiente dos recursos na economia.

As múltiplas inovações implementadas pela Reforma legislativa da Lei de Recuperação de Empresas e Falência acarretaram, inegavelmente, a ampliação dos deveres e dos poderes outorgados ao administrador judicial, e, consequentemente, a implicação de maiores ônus, onerosidade e responsabilidade legal, para o exercício das complexas e importantes funções atribuídas ao administrador judicial.

Esta obra, que temos a satisfação e a honra de apresentar à comunidade jurídica, "O Administrador Judicial e a Reforma da Lei nº 11.101/2005", coordenada pelos eminentes professores Joice Ruiz Bernier e João Pedro Scalzilli, é o resultado do profícuo e talentoso trabalho de uma plêiade de juristas da mais alta envergadura intelectual, acadêmica e profissional, de renomados professores de direito, de respeitados magistrados, de ilustres advogados, de experientes administradores judiciais e de notáveis membros do Ministério Público.

Os autores desta obra dedicaram-se ao estudo da figura do administrador judicial, sob o multifacetário prisma teórico e prático, formulando suas opiniões e trazendo à luz seus ensinamentos, sob a ótica dos princípios fundamentais do Direito e da Ética, amalgamando o saber haurido no constante exercício das múltiplas atividades de aplicadores das normas da insolvência empresarial, e, desta forma, ministrando segura e essencial orientação a todos aqueles que atuam profissionalmente no processos de recuperação ou de liquidação de empresas.

Ao encerrar esta singela apresentação, honrosa e gratificante missão que nos foi concedida pelos ilustres coordenadores – Professora Joice Ruiz Bernier e Professor João Pedro Scalzilli –, aproveitamo-nos da oportunidade, para agradecer e parabenizar os eminentes coautores desta magnífica obra "O Administrador Judicial e a Reforma da Lei nº 11.101/2005", certos de que ela muito contribuirá para a cultura jurídica nacional e servirá de suporte técnico para os advogados, magistrados, professores, membros do Ministério Público e estudantes de Direito que se dedicam à recuperação de empresas e à falência.

São Paulo, primavera de 2021.

MANOEL DE QUEIROZ PEREIRA CALÇAS

SUMÁRIO

1. DO SÍNDICO AO ADMINISTRADOR JUDICIAL – A EVOLUÇÃO DO ÓRGÃO AUXILIAR DO JUÍZO

Paulo Fernando Campos Salles de Toledo
Karina Ferraz Deorio

Introdução

Após muitos anos de debate sobre a reforma da antiga Lei de Falências, foi finalmente revogado o Decreto-Lei nº 7.661, de 21 de junho de 1945, que vigeu por quase 60 anos, e substituído pela legislação atual, a Lei nº 11.101, de 9 de fevereiro de 2005 (LRE), que regula os processos de recuperação judicial, recuperação extrajudicial e falência do empresário e da sociedade empresária.

Entre as principais críticas doutrinárias à antiga Lei de Falências, estava a necessidade de promulgação de um diploma atualizado, condizente com a nova realidade socioeconômica e com o conceito da empresa como centro de múltiplos interesses – do empresário, dos empregados, dos sócios, dos credores, do fisco, da região, do mercado em geral –, desvinculando-se da pessoa do empresário[1]. Clamava-se por modificações na legislação concursal a fim de se atender à necessidade de permanência da empresa viável no mercado, tanto por questões de ordem econômica, quanto por interesse social.

Em linha com esses novos objetivos, a antiga concordata deu lugar aos processos de recuperação judicial e de recuperação extrajudicial, que justamente buscam conferir meios para a preservação da empresa

---

[1] COMPARATO, Fábio Konder. *Aspectos Jurídicos da Macro-Empresa*. São Paulo: Revista dos Tribunais, 1970, p. 102.

economicamente viável. Neste cenário, os credores assumem um papel relevante nos processos de recuperação, passando de meros expectadores na concordata a protagonistas da história da empresa em crise, decidindo, no final, se ela poderá sobreviver ou se irá à falência[2].

A falência também foi renovada. Reconheceu-se a necessidade de um procedimento mais célere, capaz de promover de forma rápida a eliminação do mercado da empresa inviável, com a eficaz realização do ativo e pagamento dos credores. Assim, inverteu-se a ordem da realização do ativo, a qual passou a ocorrer logo após a decretação da falência, diferentemente do que ocorria na legislação de 1945, em que primeiro se apurava o passivo para, apenas depois, serem feitos os leilões para venda dos bens.

Ademais, o artigo 75 da LRE traz novos objetivos ao processo falimentar, buscando, ao promover o afastamento do devedor de suas atividades, preservar e otimizar a utilização produtiva dos bens da empresa. O legislador construiu uma lógica para vender os ativos de forma organizada, dando prioridade à venda da empresa como um todo. Desta forma, permite-se não apenas a preservação da empresa, como também a maximização do valor obtido com a venda da empresa como *going concern*, atendendo também de forma mais satisfatória aos interesses dos credores.

Com a promulgação da LRE, o administrador judicial vem substituir a figura do síndico no processo de falência e a do comissário na concordata. Apesar de as funções básicas do administrador judicial permanecerem as mesmas – isto é, de auxiliar do juízo, ora com funções fiscalizatórias, ora com funções de gestor da massa –, a figura do administrador judicial ganha uma renovada importância, em razão dos novos objetivos a serem atingidos nos processos recuperacionais e falimentar, aos quais a sua atuação deve visar a consecução.

De fato, como bem sintetizado por Trajano de Miranda Valverde, e perfeitamente aplicável nos dias de hoje,

> "[o] administrador não representa nem o devedor, nem a massa dos credores, nem a massa falida, que não constitui pessoa jurídica (...). O administrador, síndico, liquidatário ou curador, é órgão ou agente auxiliar da justiça, criado a bem do interesse público e para consecução da finalidade do processo de

---

[2] TOLEDO, Paulo Fernando Campos Salles de. A Nova Lei de Recuperação de Empresas. *Revista do Advogado*, v. 25, n. 83, p. 98-106, set. 2005. São Paulo: AASP, 1980, p. 103.

falência. Age por direito próprio e em seu nome, no cumprimento dos deveres que a lei lhe impõe."[3]

Assim, na falência, o administrador judicial deve agir visando à otimização dos ativos e auxiliando na rápida retirada do mercado das empresas inviáveis e na realocação dos ativos nas atividades produtivas. Já na recuperação judicial, tutela a salvaguarda dos interesses focados na preservação da empresa que seja economicamente viável, sendo de fundamental importância para a superação de seu estado de crise econômico-financeira[4]. Exercendo, em ambos os casos, a função de auxiliar de justiça em prol do interesse público, o qual, como destaca Verçosa, se encontra muito mais acentuado do que no diploma legal anterior[5].

De fato, ao tempo de vigência do Decreto-Lei, o síndico, na falência, e o comissário, na concordata, tinham uma atuação precipuamente processual, até porque não se tinha como objetivo a tutela da preservação da empresa. Mesmo na concordata, não se tinha em vista a reorganização do devedor. Essa situação alterou-se profundamente com a promulgação da LRE, na qual se deu ao administrador judicial uma atuação mais ativa e mais voltada, na recuperação judicial, ao acompanhamento e fiscalização da atividade desenvolvida pelo devedor. Na falência, essa ótica está presente na opção do legislador em dar prioridade à venda dos ativos como um todo – ou seja, da própria empresa –, devendo o administrador judicial respeitar e observar tal preferência legal, sempre tendo como objetivo aqueles estampados no artigo 75 da Lei.

A atual reforma da LRE promovida pela Lei 14.112, de 24 de dezembro de 2020, levou adiante a tendência iniciada com a Lei de 2005. Exemplo disso são as alterações promovidas no artigo 75 da lei para acrescentar,

---

[3] VALVERDE, Trajano de Miranda. *Comentários à lei de falências:* Decreto-Lei 7.661, de 21 de junho de 1945. 4 ed. rev. e atual. por J. A. Penalva Santos e Paulo Penalva Santos. Rio de janeiro: Revista Forense, 1999, p. 445.

[4] BERNIER, Joice Ruiz. *O Administrador Judicial na Recuperação Judicial e na Falência.* Dissertação (Mestrado em Direito). Faculdade de Direito da Universidade de São Paulo, São Paulo, 2014, p. 39.

[5] VERÇOSA, Haroldo Malheiros Duclerc. Seção III: Do administrador judicial e do comitê de credores. In: SOUZA JUNIOR, Francisco Satiro de; PITOMBO, Antonio Sergio A. de Moraes (coord.). *Comentários à Lei de Recuperação de Empresas e Falências.* 2 ed. São Paulo: Revista dos Tribunais, 2007, p. 165.

entre os objetivos do processo falimentar, "a liquidação célere das empresas inviáveis, com vistas à realocação eficiente dos recursos na economia" e "fomentar o empreendedorismo, inclusive por meio da viabilização do retorno célere do empreendedor falido à atividade econômica". A fim de se atender a tais objetivos, o legislador deu a desafiadora tarefa ao administrador judicial de proceder à venda de todos os bens da massa falida no prazo máximo de 180 dias, contado da data da juntada do auto de arrecadação, sob pena de destituição.

Na recuperação judicial, foram acrescidas importantes funções ao administrador judicial, de fiscalização da veracidade e da conformidade das informações prestadas pelo devedor, além da fiscalização do decurso das tratativas e da regularidade das negociações entre devedor e credores, certificando-se de que não adotem expedientes procrastinatórios.

Neste contexto, analisaremos, nas próximas linhas, a evolução do órgão auxiliar do juízo, desde a figura do síndico e do comissário, na antiga Lei de Falências, até a sua substituição pela atual figura do administrador judicial, destacando as principais alterações nas suas funções e a progressiva profissionalização deste órgão durante os anos, como resultado desta evolução.

1. Decreto-lei 7.661/45: as figuras do síndico e do comissário

Durante a vigência do Decreto-Lei 7.661/45, o síndico ou o comissário eram escolhidos pelo juiz entre os maiores credores, residentes ou domiciliados no foro da falência, de reconhecida idoneidade moral e financeira.

O Decreto-Lei eliminou a figura do liquidatário, o qual, na vigência do Decreto nº 5.746, de 9 de dezembro de 1929, era eleito pelos credores em assembleia para suceder o síndico na administração da massa falida. Como bem observado por Trajano de Miranda Valverde, a reforma foi acertada, na medida em que raramente os credores elegiam o mais competente para o exercício do cargo de liquidatário[6]. Ainda, como órgão auxiliar do juízo cuja atuação deve visar à consecução do interesse público, a nomeação do liquidatário pelos credores não raramente dava origem a diversos conflitos de interesses, além de perseguições ao falido, a dilapidação dos bens da massa e conluios da maioria para lesar os credores em minoria[7].

---

[6] VALVERDE. *Comentários à lei...*, p. 432.
[7] VALVERDE. *Comentários à lei...*, p. 440.

A sistemática do Decreto-Lei presumia que o credor com maior valor de crédito teria o maior estímulo para que o procedimento fosse célere e eficiente, pois seria o maior beneficiário dessa condução, e empregaria os maiores esforços para a consecução de tais funções[8]. Contudo, na prática, tal nomeação não era sempre eficiente e algumas dificuldades bastante comuns foram constadas ao longo dos anos.

A primeira delas era a falta de interesse para o exercício do cargo. Nem sempre os maiores credores estavam dispostos a dedicar tempo e dinheiro ao exercício das atividades de síndico. Como ocorre nos dias de hoje, à época os maiores credores eram, via de regra, grandes instituições financeiras, cujo objeto social não comportava o exercício de atividades de administração da massa falida ou de fiscalização das atividades do devedor, no caso da concordata, e não havia interesse pela remuneração em virtude dos enormes encargos e responsabilidades.

Em segundo lugar, devido à falta de profissionalização do síndico, era comum que o processo de falência se alastrasse por muitos anos, gerando ineficiência e grandes prejuízos a toda a coletividade de credores. Conforme apontou o ex-deputado Osvaldo Biolchi, o tempo médio de um processo de falência no Brasil conduzido sob o Decreto-Lei nº 7.661/45 era de 12 anos[9].

Outra dificuldade era realizar a nomeação do síndico e do comissário logo no início do processo. Em tese, o síndico deveria ser nomeado na sentença que declarasse a falência e o comissário, na decisão que autorizasse o processamento da concordata. Ocorre que, como o cargo deveria ser exercido por um dos maiores credores, era necessário para tal nomeação que o juiz tivesse em mãos a lista de credores.

Quando a falência era requerida pelo credor, o devedor era intimado a apresentar a lista de credores em cartório, sob pena de prisão até trinta dias. Estando o falido em lugar incerto ou não sabido ou deixando ele de atender à intimação, não havia alternativa senão nomear pessoa estranha, idônea e de boa fama, principalmente comerciante[10] Esta era a solução

---

[8] SACRAMONE, Marcelo Barbosa. *Comentários à Lei de recuperação de empresas e falência*. 2 ed. São Paulo: Saraiva Educação, 2021, p. 156.

[9] ABRÃO, Carlos Henrique; TOLEDO, Paulo Fernando Campos Salles de (org.). *Comentários à Lei de Recuperação de Empresas e Falência*. 6 ed. São Paulo: Saraiva, 2016, p. 39.

[10] ABRÃO, Nelson. *Curso de Direito Falimentar*. São Paulo: Saraiva, 1978, p. 98.

também caso credores, sucessivamente nomeados, não aceitassem o cargo após três recusas[11].

Na concordata e na falência confessada pelo devedor, apesar de a relação nominal de credores acompanhar os demais documentos exigidos por lei, o devedor poderia apresentar a lista incorreta, inclusive com a intenção de que um determinado credor pudesse ser escolhido como síndico ou comissário. Nestes casos, o juiz não era obrigado a escolher entre os credores constantes da relação apresentada, desde que tivesse fundadas razões para desconfiar da legitimidade ou da idoneidade de todos eles[12].

Ante a ausência de pessoas habilitadas que pudessem exercer a função, Manoel Justino Bezerra Filho recorda que havia um costume bastante arraigado nos foros judiciais, no sentido de nomear o "síndico dativo", normalmente advogado especializado em falências e concordatas e que se dispunha a prestar esse tipo de auxílio nos processos de falência. Embora houvesse explícita determinação no sentido de que, já tendo o síndico sido nomeado há menos de um ano em outra falência, não poderia ser nomeado novamente, na prática, esse tipo de nomeação ocorria com bastante frequência, ante a falta de pessoas habilitadas em número suficiente[13].

Ao enfrentar essa mesma questão à época da vigência da lei anterior, Nelson Abrão já ressaltava a necessidade de integrar o síndico um corpo organizado de técnicos de administração de empresas, economia ou contabilidade, sujeito a disciplina própria[14].

Assim, em razão da nomeação do síndico entre os maiores credores, na prática o síndico era visto como um representante do interesse dos credores do falido. O interesse precípuo destes, no entanto, é naturalmente o de receber seus créditos, e não o de assumir, perante toda a coletividade de credores, a responsabilidade de administrar a massa falida ou de fiscalizar a conduta do devedor ao longo do processo[15]. Assim, suas atribuições eram realizadas tutelando-se apenas parte dos interesses a serem protegidos, enquanto deveriam atuar não apenas no interesse econômico dos credores,

---

[11] Art. 60, §2º, do Decreto-Lei nº 7.661/45.
[12] VALVERDE. *Comentários à lei...*, p. 449.
[13] BEZERRA FILHO, Manuel Justino. *Lei de Recuperação de Empresas e Falência* – Lei 11.101/2005 comentada artigo por artigo. 15 ed. rev., atual. e ampl. São Paulo: Revista dos Tribunais, 2021, p. 174.
[14] ABRÃO. *Curso de Direito Falimentar...*, p. 99.
[15] TOLEDO. A Nova Lei..., p. 104.

mas com vistas à proteção do interesse público, manutenção dos postos de trabalho e do desenvolvimento econômico nacional como um todo[16].

2. Lei 11.101/05: substituição das figuras do síndico e do comissário pelo administrador judicial

A lei atual instituiu a figura do administrador judicial, que veio substituir a antiga figura do síndico na falência e a do comissário na concordata. A alteração não se resumiu ao nome, uma vez que as atribuições e os requisitos para sua escolha não são os mesmos dos antigos comissário e síndico[17].

A lei atual deu ao juiz um poder maior para a nomeação do administrador judicial, relativamente ao que havia na lei anterior, eliminando as exigências que, na prática, se mostravam de difícil realização. Assim, o artigo 21 da LRE exige que o administrador judicial seja profissional idôneo e, se pessoa física, preferencialmente advogado, economista administrador de empresas ou contador, ou pessoa jurídica especializada.

Como se vê, desvinculou-se a figura do administrador judicial da pessoa do credor, devendo o auxiliar de justiça ser profissional idôneo e independente tanto do devedor, quanto dos credores, exercendo suas funções sob o controle direto do juiz e sendo por ele nomeado na sentença que decretar a falência ou que deferir o processamento da recuperação judicial. De fato, o administrador judicial deve ser pessoa de confiança do juízo, sendo sua principal função zelar pelo bom andamento do procedimento concursal, como um braço do magistrado, para atuação em atividades outras que não as de natureza jurisdicional[18].

Apesar de não haver tal exigência legal, tornou-se comum a nomeação de administradores judiciais também em processos de recuperação extrajudicial de maior complexidade e que envolvam elevado número de credores.

A despeito da expressão *administrador judicial* utilizada pelo legislador para designar o órgão responsável tanto pela fiscalização do devedor na

---

[16] SACRAMONE. *Comentários à Lei...*, p. 156.

[17] SACRAMONE, *Comentários à Lei...*, p. 156.

[18] TOLEDO, Paulo Fernando Campos Salles de; PUGLIESI, Adriana V. Capítulo V: Disposições comuns à recuperação judicial e à falência: o administrador judicial e o comitê de credores. In: CARVALHOSA, Modesto (coord.). *Tratado de direito empresarial*, v. V – recuperação empresarial e falência. São Paulo: Revista dos Tribunais, 2016, p. 132.

recuperação judicial, como pela gestão da massa falida, no primeiro caso raramente exerce ele atividades de administração do devedor. Na recuperação judicial, os administradores nomeados pelos sócios ou acionistas do devedor permanecem na condução da empresa. Exceção ocorre no caso de afastamento do devedor determinado pelo juiz, ante a ocorrência de uma ou mais das hipóteses previstas nos incisos do artigo 64 da LRE. Apenas nesse caso o administrador judicial assume as funções de administração do devedor, e tão só enquanto a assembleia geral de credores não delibera a respeito do nome do gestor judicial, que assumirá a administração das atividades.

Na falência, a atividade de administração é exercida se for autorizada a continuidade provisória dos negócios do falido com o administrador judicial, nos termos do artigo 99, XI, da LRE. Nos demais casos, o administrador judicial exerce a administração da massa falida, incumbindo-se em especial de atividades relacionadas à arrecadação e venda dos bens para pagamento dos credores, sempre zelando pela boa condução do processo, além da representação da massa falida em juízo e, em razão das alterações promovidas pela Lei 14.112, também fora dele, inclusive em processos arbitrais.

A nosso ver, a maior mudança na atuação do antigo síndico em comparação com aquela do administrador judicial que vimos nos atuais processos de falência e de recuperação está no fato de que, ao tempo de vigência do Decreto-Lei, o síndico, na falência, e o comissário, na concordata, tinham uma atuação precipuamente processual, até porque não se tinha como objetivo a tutela da preservação da empresa. Essa atuação alterou-se profundamente com a promulgação da LRE, na qual se deu ao administrador judicial uma atuação mais ativa, devendo atuar com vistas à consecução dos objetivos previstos em lei: a recuperação da empresa economicamente viável e a célere e eficaz liquidação da empresa inviável.

Um resultado dessa mudança de função está retratado na progressiva profissionalização do administrador judicial que se tem verificado nos últimos anos. Há hoje diversas empresas, incluindo grandes multinacionais de auditoria e consultoria, que vêm se adaptando para ocupar esse espaço e dedicando departamentos especializados para o exercício da administração judicial.

Importante notar que a nomeação de pessoa jurídica para exercer a função de administrador judicial não foi inovação da Lei 11.101/2005, mas já era permitida pela antiga Lei de Falências, em seu artigo 60, §5º, embora restrita a que fosse também credora. Como ocorre nos dias de hoje, o exercício pessoal da função era exigido pela lei e competia ao representante da pessoa jurídica, cujo nome devia constar do termo de compromisso e não poderia ser substituído sem autorização do juiz.

Contudo, à época, seja pelo fato de o síndico dever ser nomeado entre os maiores credores, seja em razão da falta de interesse econômico e social para o exercício de tal função, não havia grande número de pessoas, sejam físicas ou jurídicas, qualificadas para ocupar o cargo. Atualmente, este cenário se alterou radicalmente. O que se verifica na prática é a nomeação, principalmente nos maiores e mais complexos casos de recuperação judicial e de falência, de grandes empresas especializadas na administração judicial – que reúnem conhecimentos e especialidades específicas para melhor exercício da função.

3. Alterações promovidas pela lei 14.112/20: alargamento das funções do administrador judicial

A reforma da Lei de Recuperação de Empresas e Falências promovida pela Lei 14.112/ trouxe relativamente poucas, ainda que relevantes, alterações nos artigos que tratam da nomeação do administrador judicial, suas atribuições e responsabilidades. O legislador manteve intactas as regras quanto à nomeação do administrador judicial, porém pode-se dizer que houve um relativo alargamento nas suas funções nos processos de recuperação judicial e falência, sem, contudo, alterar substancialmente as funções deste órgão e com a imputação de algumas penalidades severas em caso de descumprimento.

No que tange ao dever de informação, houve adaptações condizentes com a atualidade, exigindo-se do administrador judicial a manutenção de endereço eletrônico na internet, com informações atualizadas sobre os processos de falência e de recuperação judicial, com a opção de consulta às principais peças do processo, além de endereço eletrônico específico para o recebimento de habilitações e divergências de credores[19]. Tais alterações são positivas e se alinham aos deveres básicos de informação e transparência do órgão auxiliar do juízo, contribuindo para a redução

---

[19] Art. 22, I, itens "k" e "l", da LRE.

da assimetria informacional entre de um lado o devedor, e, do outro, a coletividade de credores. Como se sabe, os processos de recuperação e falência são, como regra, públicos, porém, devido ao extenso volume e grande número de páginas, encontrar as principais informações nem sempre é uma tarefa simples.

No inciso I do artigo 22, que trata das funções do administrador judicial na recuperação judicial e na falência, foi também incluído o item *j*, que trata do estímulo à conciliação e mediação. Está, assim, em linha com a reforma do Código de Processo Civil de 2015, e com a Recomendação do Conselho Nacional de Justiça nº 58, de 22 de outubro de 2019[20]. Também está afinado com o que já vinha sendo adotado em alguns processos de recuperação judicial, em especial nos incidentes de verificação de crédito. Com efeito, vinha-se admitindo que o devedor e os credores chegassem mais rapidamente a um acordo quanto ao valor do crédito ou quanto ao valor de avaliação dos bens gravados com direito real de garantia, desse modo otimizando o trabalho do Poder Judiciário e conferindo celeridade à elaboração do quadro geral de credores.

Quanto aos deveres de fiscalização e de diligência, constata-se igualmente um alargamento de funções, em especial em razão de novas atribuições conferidas ao administrador judicial durante a recuperação judicial, no sentido de fiscalizar a veracidade das informações prestadas pelo devedor (art. 22, II, "c"), não bastando apenas apresentar os relatórios mensais, mas devendo verificar se a veracidade e a conformidade das informações prestadas. Cabe-lhe, também, fiscalizar o decurso das tratativas e a regularidade das negociações entre devedor e credores, assegurando que não adotem experientes dilatórios, inúteis ou prejudiciais ao regular andamento das negociações (art. 22, II, "e" e "f").

Na falência, a inclusão do item "c" no inciso III do artigo 22 expande o dever de representação da massa falida também para a esfera extrajudicial, inclusive em processos arbitrais.

Ainda, em linha com as alterações que haviam sido promovidas em 2005 nos processos falimentares, com o intuito de dar maior celeridade

---

[20] Ementa da Recomendação do Conselho Nacional de Justiça nº 58, de 22 de outubro de 2019: "Recomenda aos magistrados responsáveis pelo processamento e julgamento dos processos de recuperação empresarial e falências, de varas especializadas ou não, que promovam, sempre que possível, o uso da mediação".

à venda de ativos e garantir maior eficiência ao processo, o artigo 22, III, "j", foi alterado para fixar o prazo máximo de 180 dias, contado da data de juntada do auto de arrecadação, para que todos os bens da massa falida sejam alienados. Impõe-se, em caso de descumprimento, a pena de destituição do administrador judicial, salvo por impossibilidade fundamentada e reconhecida por decisão judicial.

A estipulação de prazo máximo para a venda de ativos é, no geral, positiva e traz incentivos para que a administração judicial haja de forma diligente e eficiente na pronta arrecadação e alienação de bens, de modo a se buscar tutelar a preservação e otimização dos bens e a realocação eficiente de recursos na economia, em linha, inclusive, com as alterações promovidas no artigo 75 da lei.

Haverá, evidentemente, desafios de ordem prática para que se atinja a alienação de todos os bens da massa falida em tão curto espaço de tempo. É possível que não haja interessados na aquisição dos ativos ou, ainda, impugnações por quaisquer interessados à arrematação, que possam suspender ou atrasar a conclusão da alienação.

A reforma busca mitigar tais empecilhos, estipulando que, frustrada a tentativa de venda de bens e não havendo proposta concreta dos credores para assumi-los, os bens poderão ser considerados sem valor de mercado e destinados à doação[21]. Além disso, impugnações baseadas no valor de venda dos bens somente serão recebidas se acompanhadas de oferta firme para a sua aquisição por valor superior ao valor de venda[22] e caução equivalente a 10% do valor oferecido. Prevê-se, também, que se considera ato atentatório à dignidade da justiça a suscitação infundada de vício na alienação[23].

De modo geral, a reforma seguiu a tendência da Lei 11.101, estimulando a atuação do administrador judicial com vistas à preservação da empresa e à célere liquidação em caso de falência, trazendo maiores responsabilidades ao administrador judicial na consecução de tais objetivos ao ampliar os seus deveres de informação, diligência e fiscalização.

[21] Art. 144-A da LRE.
[22] Art. 143, §1º, da LRE.
[23] Art. 143, §4º, da LRE.

Conclusões

Da análise realizada neste artigo, podemos concluir que a evolução do órgão auxiliar do juízo está essencialmente relacionada aos objetivos que a legislação concursal busca tutelar. Se, durante a vigência do Decreto-Lei, pouco se preocupava com a preservação da empresa, sendo a concordata vista como um "favor legal" de caráter iminentemente processual e a falência, um processo pouco eficiente destinado ao atendimento dos interesses econômicos dos credores, a figura do síndico, na falência, e do comissário, na concordata, cumpria estritamente funções de cunho processual, objetivando a consecução dos prazos e providências jurisdicionais. Não se dava praticamente nenhuma atenção à função social da empresa, à manutenção dos empregos e à importância da preservação da empresa para a economia e para a sociedade em geral.

Por outro lado, com a promulgação da Lei nº 11.101/2005, são inseridos no ordenamento brasileiro novos objetivos a serem protegidos no âmbito dos processos concursais, com vistas à preservação da empresa economicamente viável e à célere liquidação das empresas economicamente inviáveis, respectivamente, pelos artigos 47 e 75 da LRE. Tais alterações nos objetivos a serem atingidos pela lei levaram a uma atuação mais ativa do administrador judicial, cumprindo-lhe promover um ambiente adequado e capaz de tutelar tais novos objetivos, seja por meio da fiscalização da empresa em crise, no âmbito dos processos de recuperação judicial, quanto da gestão da massa falida, nos processos falimentares.

Ainda, nos últimos anos, verificou-se uma maior profissionalização da administração judicial, com empresas especializadas atuando no mercado e com os meios e recursos necessários para promover a eficiência e celeridade necessárias para atingimento dos objetivos previstos em lei.

As alterações promovidas pela Lei 14.112 seguem nessa mesma linha. Os objetivos dos processos concursais continuam substancialmente os mesmos, observando-se, no entanto, de modo geral, acentuado aprimoramento da disciplina da matéria. O artigo 75 foi alterado para dar maior ênfase à necessidade da célere liquidação das empresas inviáveis, com vistas à realocação eficiente dos recursos na economia e de se fomentar o empreendedorismo, daí as novas atribuições – e responsabilidades – do administrador judicial para promover a célere venda dos bens na falência.

Referências

ABRÃO, Carlos Henrique; TOLEDO, Paulo Fernando Campos Salles de (org.). *Comentários à Lei de Recuperação de Empresas e Falência*. 6 ed. São Paulo: Saraiva, 2016.

ABRÃO, Nelson. *Curso de Direito Falimentar*. São Paulo: Saraiva, 1978.

_____. *O Síndico da Administração Concursal*. São Paulo: Revista dos Tribunais, 1988.

BERNIER, Joice Ruiz. *O Administrador Judicial na Recuperação Judicial e na Falência*. Dissertação (Mestrado em Direito). Faculdade de Direito da Universidade de São Paulo, São Paulo, 2014.

BEZERRA FILHO, Manuel Justino. *Lei de Recuperação de Empresas e Falência* – Lei 11.101/2005 comentada artigo por artigo. 15 ed. rev., atual. e ampl. São Paulo: Revista dos Tribunais, 2021.

COMPARATO, Fábio Konder. *Aspectos Jurídicos da Macro-Empresa*. São Paulo: Revista dos Tribunais, 1970.

SACRAMONE, Marcelo Barbosa. *Comentários à Lei de recuperação de empresas e falência*. 2 ed. São Paulo: Saraiva Educação, 2021.

SALES, Fernando Augusto de Vita Borges de. *Nova lei de falência e recuperação*. São Paulo: Mizuno, 2021.

SCALZILLI, João Pedro; SPINELLI, Luis Felipe; TELLECHEA, Rodrigo. *Recuperação de empresas e falência*: teoria e prática na lei 11.101/2005. 2 ed. São Paulo: Almedina, 2017.

SOUZA JUNIOR, Francisco Satiro de; PITOMBO, Antonio Sergio A. de Moraes (coord.). *Comentários à Lei de Recuperação de Empresas e Falências*. 2 ed. São Paulo: Revista dos Tribunais, 2007.

TOLEDO, Paulo Fernando Campos Salles de. A disciplina jurídica das empresas em crise no Brasil: sua estrutura institucional. *Revista de Direito Mercantil, Industrial, Econômico e Financeiro*, v. 122, p. 168-172. São Paulo: Malheiros, 2001.

_____. A Nova Lei de Recuperação de Empresas. *Revista do Advogado*, v. 25, n. 83, p. 98-106, set. 2005. São Paulo: AASP, 1980.

_____; PUGLIESI, Adriana V. Capítulo V: Disposições comuns à recuperação judicial e à falência: o administrador judicial e o comitê de credores. In: CARVALHOSA, Modesto (coord.). *Tratado de direito empresarial*, v. V – recuperação empresarial e falência. São Paulo: Revista dos Tribunais, 2016, p. 129-143.

VALVERDE, Trajano de Miranda. *Comentários à lei de falências*: Decreto-Lei 7.661, de 21 de junho de 1945. 4 ed. rev. e atual. por J. A. Penalva Santos e Paulo Penalva Santos. Rio de janeiro: Revista Forense, 1999.

VERÇOSA, Haroldo Malheiros Duclerc. Seção III: Do administrador judicial e do comitê de credores. In: SOUZA JUNIOR, Francisco Satiro de; PITOMBO, Antonio Sergio A. de Moraes (coord.). *Comentários à Lei de Recuperação de Empresas e Falências*. 2 ed. São Paulo: Revista dos Tribunais, 2007, p. 163-185.

2. A IMPORTÂNCIA DO ADMINISTRADOR JUDICIAL NA CONDUÇÃO DOS PROCESSOS CONCURSAIS

Eduardo Azuma Nishi

Introdução

O artigo discorre sobre o papel e a importância do administrador judicial como o principal auxiliar do juiz no procedimento da recuperação judicial e da falência. Percorre as várias atribuições do administrador judicial previstas na Lei 11.101/2005 notadamente as que vieram no bojo da recente reforma legal, com a Lei 14.112/2020, que reafirma e valoriza a importância do administrador judicial na gestão e condução dos processos recursais, conferindo importante papel na fiscalização das negociações entre devedor e credores e no incentivo à autocomposição solução de conflitos.

A Lei de Recuperação e Falências (Lei nº 11.101/05 – LRF) criou a figura do administrador judicial, atribuindo-lhe responsabilidades e prerrogativas seja na recuperação como na falência, auxiliando o juízo na organização e condução dos ritos processuais concursais, de maneira que a boa condução de uma recuperação judicial ou de uma falência decorre em grande medida da sua importante atuação.

O administrador judicial é figura imprescindível para o bom funcionamento e sucesso da recuperação judicial e falência, sendo o principal colaborador e auxiliar do juízo, devendo possuir qualificação técnica, idoneidade (art. 21), independência, imparcialidade (§ 1º. do art. 30) experiência e condições pessoais capazes de entender e exercer as relevantes atribuições e poderes previstos em lei no auxílio do juiz e na condução dos processos concursais.

A sua função como facilitador e controle de negociações entre credores e devedor, bem como nos trâmites das gestões com vistas à autocomposição, introduzidas nas recentes alterações trazidas pela Lei 14.112/2020, valorizam, ainda mais, o papel do administrador judicial.

Nos dizeres de PAULO FERNANDO CAMPOS SALLES DE TOLEDO, a atuação do administrador judicial é "conduzir o procedimento concursal a bom êxito"[1], de maneira que as atribuições e responsabilidades constantes do artigo 22 da Lei 11.101/2005 são meramente exemplificativas e não esgotam o tema, mas bem revelam a diversidade e quantidade das atribuições e responsabilidades impostas a este auxiliar judicial, abrangendo atos administrativos e judiciais.

Na mesma linha, evidencia JOÃO PEDRO SCALZILLI:

> "diante da abertura com que muitas das competências são dispostas, as atribuições do administrador judicial elencadas no referido dispositivo compõem rol meramente exemplificativo"[2], uma vez que a "sua atuação deverá conduzir o procedimento concursal a bom êxito"[3].

A relação das atribuições constantes do artigo 22, embora exemplificativa, procura elencar de forma abrangente e minuciosa o que se espera do administrador judicial. As atribuições e expectativas deste auxiliar da justiça são grandes, o que revela a sua importância nos processos recursais e a sua atuação como determinantes para o seu sucesso.

Segundo MANOEL JUSTINO BEZERRA:

> "[P]ode-se admitir que o administrador é órgão do procedimento concursal ou do juízo. Sob o aspecto exclusivamente processual, o conceito de órgão é contraposto ao de parte: partes são os sujeitos ou pessoas interessadas no feito (na falência, o devedor e os credores), enquanto os órgãos (pessoas físicas para isso determinadas) constituem os instrumentos mediante os quais o processo

---

[1] TOLEDO, Paulo Fernando Campos Salles de; PUGLIESI, Adriana Valéria. Capítulo V: Disposições comuns à recuperação judicial e à falência: o administrador judicial e o comitê de credores. In: CARVALHOSA, Modesto (coord.). *Tratado de direito empresarial*: recuperação empresarial e falência, v. 5. São Paulo: Revista dos Tribunais, 2016, p. 134.

[2] SCALZILLI, João Pedro; SPINELLI, Luis Felipe; TELLECHEA, Rodrigo. *Recuperação de empresas e falência*: teoria e prática na Lei n. 11.101/2005. 3 ed. rev., atual. e ampl. São Paulo: Almedina, 2018, p. 246.

[3] TOLEDO; PUGLIESI. Capítulo V: Disposições comuns..., p. 134.

opera e se desenvolve. (...) Os atos de administração da falência são dirigidos pelo juiz, que conta com diversos colaboradores, o principal deles o administrador judicial, que assume função específica, pois lhe cabe a administração efetiva propriamente dita, a partir do momento em que é decretada a falência (art. 103). Seu trabalho na recuperação judicial é diferente, pois, em princípio, o devedor e o seus administradores serão mantidos na condução da atividade empresarial (art. 64). Com precisão, lembra Campinho (Falência., 5. Ed., p. 56) que o administrador judicial, na recuperação, funciona como verdadeira fiscal do devedor empresário que continua na execução de suas atividades; já na falência, assume a administração da massa falida na defesa dos interesses desta."[4]

Na recuperação judicial, ao administrador judicial é conferida a tarefa de auxiliar o juízo na apuração e consolidação do quadro de credores e, uma vez aprovado o plano de recuperação, compete-lhe fiscalizar o devedor quanto ao seu cumprimento.

Na falência, diante do afastamento do empresário da administração. suas funções são basicamente de administração e liquidação da massa falida, ou seja, de arrecadar o ativo e liquidar o passivo. Além de auxiliar o juiz na administração da falência, é representante da comunhão de interesses dos credores. A sua atuação deve procurar maximizar o valor de liquidação da massa falida, de forma a satisfazer o maior valor possível de créditos. O administrador judicial passa a ser o representante legal da massa falida, seja em juízo ou fora dele.

Relevantes atribuições do administrador judicial são acompanhadas de responsabilidade por prejuízos causados à recuperanda ou a credores, seja por dolo ou culpa, quando do exercício de sua função, nos termos do disposto no art. 32 da Lei 11.101/2005. No âmbito penal, o administrador judicial se equipara a funcionário público.

1. Atribuições do administrador judicial comuns tanto na recuperação judicial como na falência, segundo a artigo 22, i, da lei 11.101/2005

Os atos que o administrador tem competência e poder para executar tanto na recuperação judicial quanto na falência estão listados no artigo 22, I, da Lei 11.101/2005.

[4] BEZERRA FILHO, Manoel Justino. *Lei de Recuperação de Empresas e Falências Comentada.* 5 ed. São Paulo: Revista dos Tribunais, 2008, p. 97.

Dentre as atribuições de competência do administrador judicial comuns aos dois processos, de recuperação e de falência, estão aquelas ligadas ao procedimento de *verificação de créditos*. Tal procedimento visa a identificar os credores, aqueles que deverão ser pagos e os que poderão se manifestar sobre o plano de recuperação judicial[5]. Aqui cumpre a função de comunicação, fornecimento de extratos dos livros e de elaboração de um quadro provisório de credores (relação de credores) à luz da lista fornecida pelo devedor e das habilitações e divergências apresentadas tempestivamente pelos credores constantes em lista.

Ao administrador judicial é atribuída a tarefa de julgamento das habilitações e divergências administrativas apresentadas em face da lista de credores do devedor. Além disso, cabe ao administrador judicial se manifestar durante todo o procedimento de verificação de crédito. Apresentadas as impugnações judiciais e feito o contraditório, o administrador será intimado e deverá se posicionar sobre o crédito, por meio de parecer, acompanhado de laudo elaborado por profissional e demais documentos (art. 12, parágrafo único).

A verificação dos créditos é uma das atribuições mais importantes do administrador judicial. O procedimento para tanto está previsto entre os arts. 7º e 20 da LREF. Cabe ao administrador judicial elaborar a relação de credores de que trata o § 2º do art. 7º – a chamada "segunda relação de credores", realizada depois das habilitações e divergências apresentadas – e consolidar o quadro-geral de credores nos termos do art. 18 – depois de julgadas as impugnações pelo magistrado –, como dispõe o art. 22, I, "e" e "f", da Lei nº 11.101/2005. Cabe ao administrador judicial o controle do julgamento das impugnações para proceder à consolidação do quadro geral de credores ou ao preparo do quadro-geral provisório com a reserva de valores ainda pendentes de julgamento (artigo 18 da Lei 11.101/2005).

Também quanto às atribuições nos dois processos, compete ao administrador judicial garantir a transparência, em relação aos créditos habilitados, devendo *fornecer informações*, com presteza, de interesse dos credores (LREF, art. 22, "b"). Importante destacar que apenas informações pertinentes aos interesses em jogo são devidas, como afirma

---

[5] TOMAZETTE, Marlon. *Curso de Direito Empresarial*: Teoria Geral e Direito Societário, v. 3. São Paulo: Atlas, 2008, p. 173.

HAROLDO DUCLERC VERÇOSA ao ressalvar pedidos "despropositados e abusivos"[6]. A transparência é necessária para que os credores possam se habilitar ou impugnar crédito incluído indevida ou equivocadamente na lista do devedor ou do próprio administrador. Caberá ao administrador esclarecer a qualquer tempo qualquer ponto de interesse dos credores. O administrador tem a prerrogativa de requerer informações diretamente ao devedor, seus administradores ou aos credores, sem a prévia anuência ou autorização do juízo – devendo, por outro lado, haver intervenção do juízo quando da negativa na prestação de informações, caracterizando crime de desobediência.

O administrador judicial deve dar extrato dos livros do devedor para a definição do universo de seus credores, tanto na falência como na recuperação judicial. O fornecimento do extrato do livro é importante porque o livro, se devidamente escriturado, prova a favor ou contra o empresário. Se não escriturado, o livro faz prova apenas contra o empresário. No caso da recuperação judicial, os livros permanecem de posse do empresário, que deve garantir o livre acesso ao administrador judicial. Já na falência, os livros ficam de posse do administrador judicial.

Em contrapartida, cabe ao administrador exigir do devedor, dos administradores da sociedade devedora ou dos credores informações para o bom andamento do processo. Aqui, da mesma maneira, os pedidos de informações devem ser fundamentados e devem guardar relação com a atuação no processo de falência ou de recuperação judicial. O administrador tem a prerrogativa de exigir diretamente as informações que considerar necessárias, sem a interferência ou ratificação pelo juízo.

Ainda, em caso de necessidade de realização de Assembleia Geral de Credores (AGC) para apreciar as matérias de sua competência, cabe ao juiz de ofício ou por provocação de um dos legitimados, dentre eles o administrador judicial, *convocar Assembleia Geral de Credores* art. 22, I, "g" da Lei nº 11.101/2005).

É função do administrador judicial contratar, com autorização do juiz, profissionais ou empresas especializadas para, se necessário, auxiliá-lo

---

[6] VERÇOSA, Haroldo Malheiros Duclerc. Seção III: Do administrador judicial e do comitê de credores In: SOUZA JUNIOR, Francisco Satiro de; PITOMBO, Antonio Sergio A. de Moraes (coords.). *Comentários à Lei de Recuperação de Empresas e Falências*. 2 ed. São Paulo: Revista dos Tribunais, 2007, p. 168.

no exercício de suas funções (art. 22, I, "h", da Lei nº 11.101/2005. A *contratação de auxiliares* poderá ocorrer em razão da necessidade de conhecimento técnico específico para determinado ato ou mesmo para permitir a concentração dos esforços do administrador em suas funções típicas.

Do mesmo modo, é função do administrador judicial, tanto na recuperação judicial quanto na falência, *manifestar-se nos casos previstos em lei,* ou sempre que o juiz assim lhe determinar. Vale destacar que o art. 22, I, "i", contém menção genérica sobre a obrigação de o administrador judicial se manifestar nos casos previstos na Lei nº 11.101/2005. A lei estabelece situações em que a manifestação do administrador é obrigatória, como o interesse da massa falida no cumprimento de contrato bilateral (art. 117, § 1º) e a forma de alienação de ativo no caso de rejeição de proposta pela Assembleia Geral (art. 145, § 3º).

A Lei nº 14.112/2020 veio inovar no sentido de prever formas alternativas de composição entre credores, entre devedor e credores, ou mesmo entre sócios da devedora, trazendo para o âmbito dos procedimentos concursais a possibilidade de *incentivo às conciliações e mediações.* Nesta linha, o administrador judicial na recuperação judicial e na falência passa a ter atribuições como estimular a conciliação e mediação e outros métodos de solução de conflitos que estejam correlacionados (art. 22, I, "j", da Lei nº 11.101/2005). Esse movimento já estava presente no Código de Processo Civil de 2015, que dispõe que o juiz deve estimular sempre que possível formas alternativas de solução de conflitos. Não se trata de imposição à adoção de formas de autocomposição, pois seu pressuposto é sempre a vontade das partes em se submeter voluntariamente ao procedimento. O administrador judicial deverá manter equidistância entre as partes, devendo zelar para que respeitem direitos de terceiros no procedimento.

A Lei nº 14.112/2020 veio reconhecer e consagrar as recentes formas de comunicação digital, sendo acrescidas as alíneas "k" e "l" no art. 22, I, da Lei 11.101/2005 que preveem que o administrador judicial deve *manter endereço eletrônico na internet,* com informações atualizadas sobre os processos de falência e de recuperação judicial, com a opção de consultar as peças principais do processo, salvo se houver decisão judicial em sentido contrário. Tal obrigação surgiu diante da supressão da exigência da publicidade dos principais atos em jornais e revistas pelo administrador judicial. Também se estabeleceu que o administrador deverá manter endereço eletrônico específico para o recebimento de pedidos de habilitação ou apresentação de divergências, ambos em âmbito administrativo, com modelos que poderão ser utilizados pelos credores.

Compete, ainda, ao administrador providenciar, conforme alínea "m" do mesmo artigo 22, inciso I, no prazo máximo de 15 (quinze) dias, as *respostas aos ofícios* e às solicitações enviadas por outros juízos e órgãos públicos, sem necessidade de prévia deliberação do juízo. Ofícios requerendo providências como levantamento de constrições ou autorização para alienação de bens exigem decisão judicial, extrapolando as funções do administrador judicial.

Com a nova lei, a convocação da assembleia-geral de credores passa a ser admitida através de diário oficial eletrônico. As deliberações da assembleia-geral de credores não são mais soberanas como já o foram, pois poderão ser substituídas, nas hipóteses previstas no artigo 39, § 4º da lei falimentar em sua nova redação, por termo de adesão firmado por credores, votação por meio de sistema eletrônico ou outro mecanismo que deverá contar com a fiscalização do administrador judicial.

As deliberações, nos formatos previstos no artigo 39, § 4º da lei falimentar em sua nova redação, serão fiscalizadas pelo administrador judicial, que emitirá parecer sobre sua regularidade, previamente à sua homologação judicial, independentemente da concessão ou não da recuperação judicial.

2. Atribuições do administrador judicial na recuperação judicial, segundo o artigo 22, II, da lei 11.101/2005

O inciso II do artigo 22, da Lei 11.101/2005 contempla atos específicos do administrador judicial na recuperação judicial.

Na recuperação judicial, diferente da falência, o devedor permanece na gestão de sua atividade, competindo ao administrador judicial a *fiscalização das atividades do devedor* e o *cumprimento do plano de recuperação judicial*, na medida em que este prevê uma proposta de pagamento dos credores, aprovada por eles e homologada pelo juiz, conforme aponta MARLON TOMAZETTE:

"Desde a decisão que deferiu o processamento até o encerramento da recuperação judicial, a atuação do devedor será acompanhada de perto pelo administrador judicial. Dá-se a chance de recuperação, mas impõe-se uma fiscalização das atividades do devedor."[7]

Ainda, nas palavras de GLADSTON MAMEDE:

"O administrador judicial atua não como um realizador, mas como um mediador entre credores, o empresário ou sociedade empresária e o juiz. Em relação ao empresário ou sociedade empresária em recuperação, não lhe cabe atuar na empresa, mas acompanhar as atividades empresárias, velando pelo cumprimento do que se estabeleceu como plano para o restabelecimento das boas condições financeiras e econômicas."[8]

Dentro desta fiscalização, o administrador judicial apresentará, para juntada aos autos, o *relatório mensal das atividades* do devedor, devendo ser verificada a veracidade e conformidade das informações prestadas pelo devedor, de forma a apurar a regularidade da conduta do devedor, até o encerramento da recuperação previsto no caput do artigo 63 da Lei 11.101/2005, devendo o relatório mensal ser publicado em endereço eletrônico específico. Os relatórios mensais devem conter as informações importantes que possam afetar o cumprimento do plano, tais como: (i) alterações dos passivos e ativos da recuperanda; (ii) alteração no quadro de funcionários; (iii) montante de crédito não sujeito à recuperação judicial e sua evolução; (iv) comprometimento de ativos em razão de alienações e garantias fornecidas; (v) recolhimento de tributos; (vi) alteração na projeção de receitas e despesas; (vii) novas ações judiciais; (viii) alteração positiva ou negativa no comportamento de receitas, etc. O administrador judicial, contudo, não tem o compromisso de ser um auditor do devedor, mas deverá analisar as informações apresentadas pelo devedor para identificar eventuais inconsistências. No caso de inconsistências, tem a obrigação de diligenciar para conferir a atuação do devedor e investigar a correção dos números apresentados.

Após transcorrido o prazo de supervisão de 2 anos previsto no artigo 61, o administrador emitirá o relatório circunstanciado versando sobre a

---

[7] TOMAZETTE. *Curso de Direito Empresarial...*, p. 181.

[8] MAMEDE, Gladston. *Direito Empresarial Brasileiro:* Falência e Recuperação de Empresas, v. 4. 5 ed. São Paulo: Atlas, 2012, p. 89.

execução do plano, pelo devedor, a teor do disposto no art. 63, III, da Lei nº 11.101/2005, tendo, segundo SCALZILLI, o "dever de informar fatos relevantes ao processo, em especial aqueles que podem causar prejuízo aos credores"[9], além de qualquer situação de anormalidade no curso das atividades da recuperanda, sob pena de responsabilização por prejuízos, nos termos do disposto no art. 32 da Lei 11.101/2005.

Com a Lei nº 14.112/2020, foi alterada a redação da alínea "c", além de inseridas as alíneas "e" a "h" do art. 22, II, da Lei 11.101/2005. Segundo estas inovações, fica ainda a cargo do administrador judicial apresentar relatório específico sobre o cumprimento do plano de recuperação, no prazo de 15 dias após a decisão de encerramento da recuperação (art. 22, II, "c" e "d", da Lei de nº 11.101/2005.).

Ademais, caberá ao administrador judicial fiscalizar o decurso das tratativas e a *regularidade das negociações entre devedor e credores* (alíneas "c" e "e" do inciso II do artigo 22), assegurando que as partes não adotem expedientes dilatórios ou prejudiciais (alínea "f" do mesmo inciso). Na posição de auxiliar do juízo, o administrador judicial deve se manter equidistante das partes de modo a não intervir nas negociações, devendo fiscalizá-las para assegurar que credores e devedor não adotem expedientes que dificultem ou maculem a negociação, devendo assegurar que as informações necessárias e corretas para a negociação sejam fornecidas.

O administrador também deve assegurar, na recuperação judicial, que as negociações realizadas entre devedor e credores sejam regidas pelos termos convencionados entre os interessados ou, na falta de acordo, pelas regras propostas por ele e homologadas pelo juiz, observado o princípio da boa-fé para solução construtiva de consensos, que acarretem maior efetividade econômico-financeira e proveito social para os agentes econômicos envolvidos (alínea "g" do inciso II do art. 22).

A recente reforma da LRF instituiu a possibilidade da apresentação, pelos credores, de plano de recuperação, cabendo ao administrador judicial *submeter à votação*, em assembleia de credores que rejeitar o plano de recuperação judicial proposto pelo devedor, a concessão de prazo de 30 dias para que os credores apresentem seu plano de recuperação judicial (art. 56, § 4º). Este prazo só poderá ser concedido se aprovado

---

[9] SCALZILLI; SPINELLI; TELLECHEA. *Recuperação de empresas e falência...*, p. 251.

pelos credores que representem mais da metade dos créditos presentes na Assembleia Geral de credores.

Também compete ao administrador judicial apresentar, em 48 horas, relatório das manifestações dos credores sobre a realização de assembleia para deliberar sobre a venda de ativos, requerendo sua convocação.

Ainda, o administrador deve *apresentar relatório* sobre o plano de recuperação judicial, no prazo de até 15 (quinze) dias contado da apresentação do plano, fiscalizando a veracidade e a conformidade das informações prestadas pelo devedor, além de informar eventual ocorrência das condutas previstas no art. 64 da lei de falência (alínea "h" do inciso II do art. 22).

Por fim, em caso de descumprimento de qualquer obrigação assumida do plano de recuperação, caberá ao administrador judicial *requerer a falência* do devedor durante o prazo de 2 (dois) anos contados da concessão do regime recuperatório, conforme art. 22, II, "b" e art. 73, IV da Lei nº 11.101/2005). Nas palavras de GLADSTON MAMEDE:

> "A concessão da recuperação judicial é um benefício de Direito Empresarial, submetendo a empresa a um regime extraordinário, aprovado por devedor, trabalhadores e outros credores; um acordo coletivo homologado pelo Judiciário. O cumprimento desse acordo é conditio sine qua non para a manutenção do benefício empresarial concedido, o que justifica a atuação fiscalizadora do administrador judicial. Se há descumprimento da obrigação assumida, rompe-se o acordo coletivo que levou à concessão da recuperação, razão pela qual o descumprimento de obrigação prevista no plano, durante o período de dois anos, contados da decisão concessiva da recuperação, acarreta a convolação da recuperação em falência (artigos 61, § 1º, e 73, IV, da Lei 11.101/05)."[10]

Deste entendimento, a jurisprudência apresenta exemplos de convolação judicial em falência com base no descumprimento do plano aprovado, sendo os casos mais comuns os de demonstração da inviabilidade econômica da empresa devido à prática de reiteradas violações ao plano, bem como a constatação de ausência de atividade empresarial da recuperanda que justifique a manutenção da recuperação.

---

[10] MAMEDE. *Direito Empresarial Brasileiro...*, p. 89.

"Agravo de instrumento. Recuperação judicial. Convolação em falência. Diversas oportunidades concedidas para a recuperação. Ausência de apresentação de proposta que efetivamente tenha o condão de recuperar a sociedade empresária. Atividade paralisada há anos. O princípio da preservação da empresa, pedra angular da Lei nº 11.101/2005, que decorre do princípio constitucional da função social da propriedade e dos meios de produção, denominado pela doutrina de *"função social da empresa"*, não pode ser invocado para justificar de forma ampla, abstrata e ilimitada, a manutenção da empresa que, em recuperação judicial, ostensivamente, não cumpre as obrigações assumidas no plano de recuperação judicial. Decisão mantida. Agravo a que se nega provimento."[11]

"Recuperação judicial. Convolação em falência em virtude da constatação de ausência de atividade empresarial no estabelecimento da recuperanda, bem como do descumprimento de obrigações constantes do plano recuperacional. Atividade produtiva da empresa devedora confessadamente paralisada. Impossibilidade de atendimento aos objetivos do instituto da recuperação judicial e às metas traçadas no respectivo plano caracterizada. Descumprimento de obrigações assumidas através do plano de recuperação, durante o prazo bienal de supervisão judicial, que autoriza a decretação da quebra, mesmo ex officio. Desnecessidade, nessas circunstâncias, de prévia deliberação por parte da assembléia-geral de credores. Inteligência do art. 61, § 1º, da Lei nº 11.101/2005. Requerimento de convolação formulado pela Administradora Judicial. Regularidade. Art. 22, II, alínea b, do mesmo diploma legal. Decisão de Primeiro Grau, que decretou a quebra, mantida. Agravo de instrumento interposto pela devedora a que se nega provimento."[12]

3. Atribuições do administrador judicial na falência, segundo a artigo 22, III, da lei 11.101/2005

A função do administrador, de fiscalizadora na recuperação judicial, passa a ser liquidatória. Decretada a falência, incumbe ao juiz nomear um

---

[11] TJSP, 1ª Câmara Reservada de Direito Empresarial, AI 2112425-14.2015.8.26.0000, Rel. Des. Manoel de Queiroz Pereira Calças, j. 16/12/2015.

[12] TJSP, 2ª Câmara Reservada de Direito Empresarial, AI 2159511-78.2015.8.26.0000, Rel. Des. Fabio Tabosa, j. 16/11/2015.

administrador, que assumirá as atribuições administrativas na condução do processo, arrecadará o ativo e liquidará o passivo. Aqui o objetivo principal é o pagamento do maior número possível de credores – logo, visa à maximização dos ativos do devedor, para sua venda e posterior pagamento dos credores.

Decretada a falência do empresário devedor ou de seus sócios ilimitadamente responsáveis, os falidos perdem o direito de administrar os seus bens, função que passa a ser atribuída ao administrador judicial, que deverá promover a *arrecadação de todos os bens dos falidos e avaliá-los* (artigo 108 a 114). A avaliação deverá ser feita, sempre que possível, pelo administrador judicial, podendo ser contratados avaliadores mediante autorização judicial, nos casos em que se demandar condições técnicas que não possam ser atendidas por ele.

Nos dizeres de MANOEL JUSTINO BEZERRA:

> "A administração da falência é exercida pelo administrador, 'sob a fiscalização do juiz e do Comitê'. Nessa fiscalização o juiz não age diretamente, isto é, não pratica o ato, mas examina aqueles praticados pelo administrador e demais pessoas interessadas na falência ou na recuperação judicial, para depois aprová-los ou não."[13]

Portanto, as funções específicas do administrador no processo de falência se voltam à busca, apreensão, administração e alienação dos bens do devedor, bem como ao pagamento dos credores. A função de administrador judicial é composta também pela atuação jurídica e administrativa. Além de promover a arrecadação dos bens e a composição do Quadro de Credores com os seus respectivos créditos, deve praticar todos os atos conservatórios de direitos e ações, assim como promover prestação de contas de todas as movimentações ocorridas no processo falimentar.

Diferente da sistemática da lei anterior (Decreto Lei 7.661/45) os bens arrecadados deverão ser prontamente alienados (art. 139) com vistas à maximização do valor da venda dos ativos, evitando-se perecimento ou desvalorização dos ativos – o que, em geral, ocorre com o passar do tempo.

---

[13] BEZERRA FILHO, Manoel Justino. *Lei de Recuperação de Empresas e Falência:* Lei 11.101/2005, comentada artigo por artigo. 15 ed. rev., atual. e ampl. São Paulo: Thomson Reuters, 2021, p. 149.

Ainda que os bens não sejam perecíveis e deterioráveis, a Lei 14.112/2020 alterou a LRF para acelerar as alienações e garantir maior eficiência no procedimento de alienação de ativos. Determinou que o administrador judicial deve apresentar, em 60 dias do seu termo de nomeação, plano detalhado de realização dos ativos. Devendo também realizar a venda dos bens arrecadados da massa falida no prazo máximo de 180 (cento e oitenta) dias, contados da data da juntada do auto de arrecadação, sob pena de ser destituído (alínea "j" do inciso III do artigo 22). A destituição, no entanto, não ocorrerá se houver fundamentada na impossibilidade de alienação, reconhecida por decisão judicial.

Ainda, conforme a Lei 14.112/2020, em caso de insuficiência dos bens para as despesas do processo, deverá o administrador judicial promover a venda dos bens arrecadados nos prazos máximos de 30 dias para bens móveis e de 60 dias para bens imóveis, caso os credores não requeiram o prosseguimento da falência.

Todos os bens ou valores pertencentes ao falido devem ser arrecadados. A nova lei estabelece, ainda, que compete ao administrador judicial *arrecadar os valores dos depósitos realizados em processos administrativos ou judiciais* nos quais o falido figure como parte, oriundos de penhoras, de bloqueios, de apreensões, de leilões, de alienação judicial e de outras hipóteses de constrição judicial, ressalvados os depósitos de tributos federais, o disposto nas Leis nos 9.703, de 17 de novembro de 1998, e 12.099, de 27 de novembro de 2009, e na Lei Complementar nº 151, de 5 de agosto de 2015.

Dentre as atividades exclusivas do administrador judicial no processo falimentar, está a de *franquear acessos aos livros e documentos do falido* (art. 22, III, "a" da lei nº 11.101/2005. Caberá ao administrador judicial, por meio de publicação no Diário Oficial, avisar o lugar e horário em que, diariamente, os credores terão à sua disposição os livros e documentos do falido[14]. Muitas informações importantes para o decurso do processo serão retiradas da análise desses livros, pois as operações do empresário devedor deverão estar neles registradas e é a partir desses registros que o

---

[14] "Salvo quando o requerente for perito ou o Ministério Público que irão requerer diretamente ao juiz a entrega dos livros e dos documentos para exame, período que assumem individualmente a responsabilidade pela manutenção e conservação dos mesmos." (VIGIL NETO, Luiz Inácio. *Teoria Falimentar e Regimes Recuperatórios. Estudos sobre a Lei nº 11.101/05.* Porto Alegre: Livraria do Advogado, 2009, p. 100).

administrador e sua equipe conhecerão a situação do devedor e elaborarão o relatório com as causas da falência, por exemplo. O administrador judicial não poderá escusar-se de responsabilidade alegando que desconhecia um fato que consta desses livros[15].

Além disso, o administrador judicial deve *examinar a escrituração* do falido, tarefa relevante para que o administrador judicial tome conhecimento da real situação do devedor, realize a verificação dos créditos e preste as informações que lhes são exigidas (art. 22, III, "b" da lei nº 11.101/2005). Em decorrência da atribuição prevista nesse dispositivo, nas lições de LUIZ VIGIL NETO, "não poderá se eximir de prestar as informações solicitadas alegando não ter gerenciado a empresa, cabendo-lhe buscar todos os dados disponíveis na escrituração e relatar ao juiz quando detectar alguma irregularidade"[16], sob pena de destituição e responsabilização.

O art. 22, III, "d", da Lei de 11.101/2005, atribui ao administrador judicial a competência para *receber e abrir a correspondência* dirigida ao devedor, entregando a ele o que não for assunto de interesse da massa falida, até para salvaguarda do direito constitucional previsto no art. 5, XII, da CF.

O administrador judicial deve apresentar *relatório sobre as causas e as circunstâncias da falência,* que deverá ser entregue em 40 dias contados da assinatura do termo de compromisso, prazo prorrogável por igual período, desde que deferido pelo juiz. Nas palavras de JOÃO PEDRO SCALZILLI:

> "Consiste o referido relatório em uma descrição das causas e das circunstâncias que, segundo o administrador judicial, conduziram o devedor à bancarrota. Deve ser apontada, igualmente, a prática de crimes (ou indícios destes), se houver, e a responsabilidade civil dos agentes envolvidos."[17]

A exposição circunstanciada das causas da falência deverá ser acompanhada de laudo do contador com o exame da escrituração do devedor. Deverá o administrador judicial apontar no relatório condutas que possam, conforme a apreciação judicial, exigir a responsabilização civil

---

[15] BEZERRA FILHO, Manoel Justino. *Nova Lei de Recuperação e Falências Comentada.* São Paulo: Revista dos Tribunais, 2005, p. 90.

[16] VIGIL NETO. *Teoria Falimentar...*, p. 100.

[17] SCALZILLI; SPINELLI; TELLECHEA. *Recuperação de empresas e falência...*, p. 255.

ou penal dos agentes. O Ministério Público deverá ser sempre cientificado para eventualmente exigir as providências ou promover a denúncia, se constatada a prática de quaisquer crimes ali indicados.

O administrador judicial passa a *representar em juízo ou fora dele a massa falida*. A partir da decretação da quebra, o devedor perde a legitimidade *ad causam* para figurar no polo ativo ou passivo das ações judiciais, sendo o empresário devedor substituído pela massa falida, que passa a ser representada pelo administrador judicial. A substituição fica, no entanto, restrita nas ações patrimoniais, pois são as únicas que podem afetar os interesses da coletividade dos credores.

Uma das primeiras providências que o administrador judicial deve tomar é relacionar os processos judiciais em tramitação e assumir a representação legal da massa falida. Deste modo o administrador deve ser intimado para representar a massa falida em todas as ações, sob pena de nulidade do processo, conforme art. 76, parágrafo único, da Lei de nº 11.101/2005 e art. 75, V, do CPC. Nas palavras de GLADSTON MAMEDE:

> "Compete ao administrador judicial representar a massa falida em juízo, contratando, se necessário, advogado, cujos honorários serão previamente ajustados e aprovados pelo comitê de credores. (...) Friso, porém, que toda a representação da massa falida está sob a responsabilidade do administrador judicial, incluindo processos que não tenham reflexos patrimoniais diretos. O administrador judicial não é um mero alienador e pagador, mas assume a obrigação do gerenciamento de todo o complexo de ações processuais (como a representação em juízo) e não processuais (como o controle de bens armazenados até a sua venda, controle de prazos de validade etc.) da massa falida."[18]

Com a Lei 14.112/2020, o artigo 22, inciso III, da Lei de Falência e Recuperação Judicial, que dispõe sobre as funções do administrador judicial durante a falência, teve alguns acréscimos – dentre eles, a explicitação da legitimidade da representação do administrador judicial também extrajudicialmente e nos *procedimentos arbitral e na mediação* (alínea "c" do supracitado inciso).

---

[18] MAMEDE. *Direito Empresarial Brasileiro...*, p. 99.

Vale salientar a competência do administrador judicial para se manifestar em diversas situações nos processos de falência, bem como nos eventuais incidentes decorrentes desse processo. Nas palavras de MARLON TOMAZETTE:

"Tais manifestações representam em sua maioria pareceres que servirão de referência para a decisão a ser tomada pelo juiz. Vale dizer, tais manifestações são meramente opinativas e não vinculativas."[19]

São deveres do administrador judicial, em prol da defesa dos interesses da massa falida: (i) praticar todos os atos conservatórios de direitos e ações, diligenciar a cobrança de dívida e dar a respectiva quitação; (ii) remir, em benefício da massa e mediante autorização judicial, bens apenhados, penhorados ou legalmente retidos; e (iii) requerer todas as medidas e diligências que forem necessárias para o cumprimento da Lei nº 11.101/2005, a proteção da massa ou a eficiência da administração (art. 22, III, "l", "m" e "o" da citada lei).

Segundo MARCELO BARBOSA SACRAMONE:

"[A] remissão consiste na entrega dos bens ao credor com a dedução do valor do bem no débito. A remissão apenas ocorrerá, entretanto, se for em benefício da Massa, ou seja, apenas nos casos em que a alienação do bem seja pior para a Massa do que a simples dedução do seu valor na dívida. Contudo, os bens, ainda que tenham sido dados em garantia ou pudessem ser objeto de retenção, a qual é suspensa em razão da decretação da falência (art. 116), devem ser liquidados para o pagamento de todos os credores, conforme ordem de pagamento estabelecida nos arts. 84 e 83. Diante da par conditio creditorum, a conveniência da Massa exige que todos os credores preferenciais sejam satisfeitos e os credores da mesma classe do credor garantido recebam montante proporcionalmente equivalente ao que a remissão provocaria. Essa verificação da conveniência à Massa Falida deverá ser indicada pelo administrador judicial ao juiz, o qual deve aprovar previamente a medida."[20]

[19] TOMAZETTE. *Curso de Direito Empresarial...*, p. 185.
[20] SACRAMONE, Marcelo Barbosa. *Comentários à Lei de Recuperação de Empresas e Falência.* 2 ed. São Paulo: Saraiva Educação, 2021, p. 126.

O administrador judicial, ainda, possui competência para o oferecimento de *ação penal subsidiária*, no caso de omissão do Ministério Público. Tal poder deverá ser exercido no prazo decadencial de 6 meses, após o decurso do prazo para o Ministério Público.

Tal como na recuperação judicial, na falência o administrador judicial deve prestar contas do processo sob a sua gestão, mediante a *apresentação de relatório mensal*, até o dia 10 de cada mês, com as contas demonstrativas da administração, discriminando-se as receitas e as despesas. As contas demonstrativas da administração devem ser acompanhadas para auxiliar na supervisão dos atos praticados pelo administrador judicial no período. Diz MARCELO BARBOSA SACRAMONE que:

> "[E]mbora não expresso na lei, que somente se refere às contas demonstrativas da administração, deverão ser apresentados todos os bens já arrecadados e os que ainda faltam a arrecadar. Dos bens arrecadados, quais são os bens já avaliados e os que ainda aguardam avaliação. Dentre os bens arrecadados, quais já foram liquidados e quais ainda não. No tocante ao passivo, deverá o administrador judicial apresentar em seu relatório mensal as habilitações de crédito retardatárias ou as impugnações judiciais julgadas no período e as ainda pendentes de julgamento."[21]

Além do relatório mensal, o administrador judicial deverá apresentar *prestação de contas ao final do procedimento falimentar*, devendo ser feita após a realização de todo o ativo e o pagamento dos credores com o seu produto (art. 154).

Numa terceira hipótese, o administrador judicial deverá prestar contas quando do término de sua função, seja por substituição, destituição, ou renúncia do cargo. Em caso de substituição ou destituição do administrador judicial, deve este entregar ao seu substituto todos os bens e documentos da massa, consoante art. 22, III, "q", da Lei nº 11.101/2005, dando ao novo administrador todas as condições e informações necessárias para o desempenho de suas funções.

---

[21] SACRAMONE. *Comentários à Lei...*, p. 173.

Conclusões

Da atuação do administrador judicial depende, em grande medida, o bom ou o mau resultado e funcionamento da falência e da recuperação judicial. Desempenha papel imprescindível para a boa condução e sucesso desses processos concursais.

Um administrador diligente, proativo, experiente e competente irá trazer para a massa bens e recursos que maximizem a satisfação dos credores no processo de falência.

Na recuperação judicial, fundamental seu papel fiscalizatório da atuação do devedor e do fiel cumprimento do plano de recuperação, auxiliando o juízo em todas as informações e atividades necessárias ao melhor resultado do processo recuperacional.

As matérias envolvidas são variadas e complexas, demandando qualificação técnico-jurídico em matérias de direito, em especial as de direito da insolvência, processo civil e direito comercial, além de conhecimento de finanças, contabilidade, avaliações, economia e tributos.

Os administradores judiciais devem dispor de estrutura organizacional e de gestão adequadas ao exercício de seu *múnus* e ao atendimento de demandas surgidas no bojo dos processos concursais, de forma a eficiente e efetiva.

Aliada aos importantes requisitos de ordem técnico-administrativa do administrador judicial, fundamental a sua atuação proba e independente, o que se pressupõe em se tratando de auxiliar de confiança do juiz, devendo estar atento aos atos indicativos de fraudes e crimes que trabalham em desprestigio da jurisdição, do instituto da recuperação e da falência e da própria lei.

Com a reforma da Lei 14.112/2020, foram introduzidas novas atribuições ao administrador judicial, acentuando ainda mais a sua importância na condução dos processos concursais, notadamente nas negociações entre devedor e credores fiscalizando a regularidade das tratativas e evitando a ocorrência de expedientes dilatórios e inúteis que prejudiquem o seu andamento, assegurando o prevalecimento da boa-fé na solução construtiva de consenso, acarretando maior efetividade econômico-financeira e proveito social aos envolvidos, além do estímulo à adoção de métodos alternativos de solução de conflitos, como a conciliação e a mediação.

A reforma também impôs meta temporal objetiva de celeridade à efetivação da venda dos ativos na falência, o que reforça a importância e necessidade da atuação célere e competente do administrador judicial.

Referências

BEZERRA FILHO, Manoel Justino. *Lei de Recuperação de Empresas e Falência:* Lei 11.101/2005, comentada artigo por artigo. 15 ed. rev., atual. e ampl. São Paulo: Thomson Reuters, 2021.

_____. *Lei de Recuperação de Empresas e Falências Comentada.* 5 ed. São Paulo: Revista dos Tribunais, 2008.

_____. *Nova Lei de Recuperação e Falências Comentada.* São Paulo: Revista dos Tribunais, 2005.

MAMEDE, Gladston. *Direito Empresarial Brasileiro:* Falência e Recuperação de Empresas, v. 4. 5 ed. São Paulo: Atlas, 2012.

SACRAMONE, Marcelo Barbosa. *Comentários à Lei de Recuperação de Empresas e Falência.* 2 ed. São Paulo: Saraiva Educação, 2021.

SCALZILLI, João Pedro; SPINELLI, Luis Felipe; TELLECHEA, Rodrigo. *Recuperação de empresas e falência:* teoria e prática na Lei n. 11.101/2005. 3 ed. rev., atual. e ampl. São Paulo: Almedina, 2018.

TJSP, 1ª Câmara Reservada de Direito Empresarial, AI 2112425-14.2015.8.26.0000, Rel. Des. Manoel de Queiroz Pereira Calças, j. 16/12/2015.

TJSP, 2ª Câmara Reservada de Direito Empresarial, AI 2159511-78.2015.8.26.0000, Rel. Des. Fabio Tabosa, j. 16/11/2015.

TOLEDO, Paulo Fernando Campos Salles de; PUGLIESI, Adriana Valéria. Capítulo V: Disposições comuns à recuperação judicial e à falência: o administrador judicial e o comitê de credores. In: CARVALHOSA, Modesto (coord.). *Tratado de direito empresarial:* recuperação empresarial e falência, v. 5. São Paulo: Revista dos Tribunais, 2016.

TOMAZETTE, Marlon. *Curso de Direito Empresarial:* Teoria Geral e Direito Societário, v. 3. São Paulo: Atlas, 2008.

VERÇOSA, Haroldo Malheiros Duclerc. Seção III: Do administrador judicial e do comitê de credores In: SOUZA JUNIOR, Francisco Satiro de; PITOMBO, Antonio Sergio A. de Moraes (coords.). *Comentários à Lei de Recuperação de Empresas e Falências.* 2 ed. São Paulo: Revista dos Tribunais, 2007.

VIGIL NETO, Luiz Inácio. *Teoria Falimentar e Regimes Recuperatórios.* Estudos sobre a Lei nº 11.101/05. Porto Alegre: Livraria do Advogado, 2009.

3. O ADMINISTRADOR JUDICIAL E AS REFORMAS DA LEI N. 11.101/2005

Niwton Carpes da Silva

1. A importância e a escolha do administrador judicial

O sucesso e o insucesso de muitos processos de falência e recuperação judicial está diretamente ligado à competência e qualificação dos profissionais envolvidos, como é o caso do administrador judicial.

A tarefa de comentar a nova lei n.14.112/2020 não é tarefa simples, mormente em face de sua recenticidade e de não ter passado pelo crivo do amadurecimento prático e do embate jurídico dos foros, mas é inocultável, e ressai do debate público, que a Lei n. 11.101/2005 (Lei de Recuperação e Falência), já amadurecida, estava a sinalizar com a necessidade de ajustes e de uma lufada de modernização, mormente diante da evolução tecnológica acelerada que vivemos nos últimos anos, em muito precipitada pela eclosão da crise sanitária decorrente da Covid-19.

A coluna vertebral do processo de recuperação judicial e falência continua a ser estruturada a partir da Lei n. 11.101/2005, experimentando, agora, um reposicionamento a contar da Lei n. 14.112/2020.

Sabemos, de sobejo, que estando em termos a documentação do pedido de recuperação, cuja apresentação é obrigatória à luz do art. 51 da Lei n.11.101/2005, o juiz deferirá o processamento da recuperação judicial (RJ) do devedor e, a primeira coisa a fazer, conforme liturgia do art. 52, I, do mesmo Diploma Legal, é nomear o administrador judicial (AJ), que pode ser pessoa jurídica ou física, que oficiará como seu auxiliar imediato.

Pela escala legal de importância, colocada no primeiro inciso do artigo que descortina o processamento da RJ, já se pode dimensionar o relevo e a importância do AJ no processamento e desenvolvimento do procedimento de soerguimento.

O AJ é escolhido pelo juiz, de modo livre, desde que atenda aos requisitos legais e aos pressupostos da confiança, pois tem incumbência primordial de auxiliar o magistrado na condução e no processamento da RJ e/ou da massa falida. É lógico que deve reunir condições técnicas e profissionais ilibadas, além de experiência reconhecida na área, especialmente nas áreas mais sensíveis, tais como, administração, contábil, direito e relações societárias. O texto legal, no art.21 sinaliza as qualidades do AJ, *expressis verbis:*

> Art. 21. O administrador judicial será profissional idôneo, preferencialmente advogado, economista, administrador de empresas ou contador, ou pessoa jurídica especializada.
>
> Parágrafo único. Se o administrador judicial nomeado for pessoa jurídica, declarar-se-á, no termo de que trata o art. 33 desta Lei, o nome de profissional responsável pela condução do processo de falência ou de recuperação judicial, que não poderá ser substituído sem autorização do juiz."

O AJ, sem dúvida, é o elo que liga o devedor em recuperação ao magistrado que impulsiona o processo; é o fio condutor e, por conta dessa simbiose, deve manter a radiografia da empresa em soerguimento sempre atualizada a fim de evidenciar ao juiz do processo e aos credores a viabilidade econômica do empreendimento, *ut* art. 53, II, da Lei de Regência. O AJ está para o juiz como a bússola para o marinheiro, pois assume aspecto de enorme e vital relevância ao deslinde do soerguimento, mas não é função disponível ao designado, pois manifestamente indelegável pelo próprio auxiliar indicado e compromissado.

Pode acontecer – não há impedimento legal, ao contrário, o texto legal apresenta previsão permissiva (art. 22, I, letra *h*) – que o AJ, por vezes, sinta necessidade de contratação de advogado ou outra especialidade de profissional para melhor lhe assessorar no encargo. É claro que isso também deve ser ponderado pelo magistrado, antes do deferimento do pedido, pois implica mais encargo à massa em recuperação. Portanto, esse aumento de despesas deve se justificar frente ao interesse do devedor ou dos credores e restar comprovado nos autos à luz do princípio da economicidade. Mas é uma possibilidade que não se descarta e, aliás, muito utilizada na prática, haja vista a especialização de matérias e o volume de abrangência das relações estabelecidas por várias empresas (*v.g.*, *holdings*, várias filiais, negócios internacionais, etc.)

2. O texto legal específico

As incumbências do AJ, segundo a dicção do art. 22 da Lei n. 11.101/2005, robustecidas pelas inclusões da Lei n. 14.112/2020, já sinalizam a importância e extensão de suas múltiplas responsabilidades. A fim de incorporar ao texto e ilustrar o feixe de atribuições, transcreve-se abaixo o dispositivo legal referido, com a redação integral, já com os acréscimos da legislação revisionista, *sic*:

"*Art. 22.* Ao administrador judicial compete, sob a fiscalização do juiz e do Comitê, além de outros deveres que esta Lei lhe impõe:

I – na recuperação judicial e na falência:

a) enviar correspondência aos credores constantes na relação de que trata o inciso III do caput do art. 51, o inciso III do caput do art. 99 ou o inciso II do caput do art. 105 desta Lei, comunicando a data do pedido de recuperação judicial ou da decretação da falência, a natureza, o valor e a classificação dada ao crédito;

b) fornecer, com presteza, todas as informações pedidas pelos credores interessados;

c) dar extratos dos livros do devedor, que merecerão fé de ofício, a fim de servirem de fundamento nas habilitações e impugnações de créditos;

d) exigir dos credores, do devedor ou seus administradores quaisquer informações;

e) elaborar a relação de credores de que trata o § 2º do art. 7º desta Lei;

f) consolidar o quadro-geral de credores nos termos do art. 18 desta Lei;

g) requerer ao juiz convocação da assembléia-geral de credores nos casos previstos nesta Lei ou quando entender necessária sua ouvida para a tomada de decisões;

h) contratar, mediante autorização judicial, profissionais ou empresas especializadas para, quando necessário, auxiliá-lo no exercício de suas funções;

i) manifestar-se nos casos previstos nesta Lei;

j) estimular, sempre que possível, a conciliação, a mediação e outros métodos alternativos de solução de conflitos relacionados à recuperação judicial e à falência, respeitados os direitos de terceiros, na forma do Civil); *(Incluído pela Lei nº 14.112, de 2020)*

k) manter endereço eletrônico na internet, com informações atualizadas sobre os processos de falência e de recuperação judicial, com a opção de consulta às peças principais do processo, salvo decisão judicial em sentido contrário; *(Incluído pela Lei nº 14.112, de 2020)*

l) manter endereço eletrônico específico para o recebimento de pedidos de habilitação ou a apresentação de divergências, ambos em âmbito administrativo, com modelos que poderão ser utilizados pelos credores, salvo decisão judicial em sentido contrário; *(Incluído pela Lei nº 14.112, de 2020)*

m) providenciar, no prazo máximo de 15 (quinze) dias, as respostas aos ofícios e às solicitações enviadas por outros juízos e órgãos públicos, sem necessidade de prévia deliberação do juízo; *(Incluído pela Lei nº 14.112, de 2020)*

II – na recuperação judicial:

a) fiscalizar as atividades do devedor e o cumprimento do plano de recuperação judicial;

b) requerer a falência no caso de descumprimento de obrigação assumida no plano de recuperação;

c) apresentar ao juiz, para juntada aos autos, relatório mensal das atividades do devedor, fiscalizando a veracidade e a conformidade das informações prestadas pelo devedor; *(Redação dada pela Lei nº 14.112, de 2020)*

d) apresentar o relatório sobre a execução do plano de recuperação, de que trata o inciso III do caput do art. 63 desta Lei;

e) fiscalizar o decurso das tratativas e a regularidade das negociações entre devedor e credores; *(Incluído pela Lei nº 14.112, de 2020)*

f) assegurar que devedor e credores não adotem expedientes dilatórios, inúteis ou, em geral, prejudiciais ao regular andamento das negociações; *(Incluído pela Lei nº 14.112, de 2020)*

g) assegurar que as negociações realizadas entre devedor e credores sejam regidas pelos termos convencionados entre os interessados ou, na falta de acordo, pelas regras propostas pelo administrador judicial e homologadas pelo juiz, observado o princípio da boa-fé para solução construtiva de consensos, que acarretem maior efetividade econômico-financeira e proveito social para os agentes econômicos envolvidos; *(Incluído pela Lei nº 14.112, de 2020)*

h) apresentar, para juntada aos autos, e publicar no endereço eletrônico específico relatório mensal das atividades do devedor e relatório sobre o plano de recuperação judicial, no prazo de até 15 (quinze) dias contado da apresentação do plano, fiscalizando a veracidade e a conformidade das informações prestadas pelo devedor, além de informar eventual ocorrência das condutas previstas no art. 64 desta Lei; *(Incluído pela Lei nº 14.112, de 2020)*

III – na falência:

a) avisar, pelo órgão oficial, o lugar e hora em que, diariamente, os credores terão à sua disposição os livros e documentos do falido;

b) examinar a escrituração do devedor;

c) relacionar os processos e assumir a representação judicial e extrajudicial, incluídos os processos arbitrais, da massa falida; *(Redação dada pela Lei nº 14.112, de 2020)*

d) receber e abrir a correspondência dirigida ao devedor, entregando a ele o que não for assunto de interesse da massa;

e) apresentar, no prazo de 40 (quarenta) dias, contado da assinatura do termo de compromisso, prorrogável por igual período, relatório sobre as causas e circunstâncias que conduziram à situação de falência, no qual apontará a responsabilidade civil e penal dos envolvidos, observado o disposto no art. 186 desta Lei;

f) arrecadar os bens e documentos do devedor e elaborar o auto de arrecadação, nos termos dos arts. 108 e 110 desta Lei;

g) avaliar os bens arrecadados;

h) contratar avaliadores, de preferência oficiais, mediante autorização judicial, para a avaliação dos bens caso entenda não ter condições técnicas para a tarefa;

i) praticar os atos necessários à realização do ativo e ao pagamento dos credores;

j) proceder à venda de todos os bens da massa falida no prazo máximo de 180 (cento e oitenta) dias, contado da data da juntada do auto de arrecadação, sob pena de destituição, salvo por impossibilidade fundamentada, reconhecida por decisão judicial; *(Redação dada pela Lei nº 14.112, de 2020)*

l) praticar todos os atos conservatórios de direitos e ações, diligenciar a cobrança de dívidas e dar a respectiva quitação;

m) remir, em benefício da massa e mediante autorização judicial, bens apenhados, penhorados ou legalmente retidos;

n) representar a massa falida em juízo, contratando, se necessário, advogado, cujos honorários serão previamente ajustados e aprovados pelo Comitê de Credores;

o) requerer todas as medidas e diligências que forem necessárias para o cumprimento desta Lei, a proteção da massa ou a eficiência da administração;

p) apresentar ao juiz para juntada aos autos, até o 10º (décimo) dia do mês seguinte ao vencido, conta demonstrativa da administração, que especifique com clareza a receita e a despesa;

q) entregar ao seu substituto todos os bens e documentos da massa em seu poder, sob pena de responsabilidade;

r) prestar contas ao final do processo, quando for substituído, destituído ou renunciar ao cargo.

s) arrecadar os valores dos depósitos realizados em processos administrativos ou judiciais nos quais o falido figure como parte, oriundos de penhoras, de bloqueios, de apreensões, de leilões, de alienação judicial e de outras hipóteses de constrição judicial, ressalvado o disposto nas Leis nᵒˢ 9.703, de 17 de novembro de 1998, e 12.099, de 27 de novembro de 2009, e na Lei Complementar nº 151, de 5 de agosto de 2015. *(Incluído pela Lei nº 14.112, de 2020)*

§ 1º As remunerações dos auxiliares do administrador judicial serão fixadas pelo juiz, que considerará a complexidade dos trabalhos a serem executados e os valores praticados no mercado para o desempenho de atividades semelhantes.

§ 2º Na hipótese da alínea d do inciso I do caput deste artigo, se houver recusa, o juiz, a requerimento do administrador judicial, intimará aquelas pessoas para que compareçam à sede do juízo, sob pena de desobediência, oportunidade em que as interrogará na presença do administrador judicial, tomando seus depoimentos por escrito.

§ 3º Na falência, o administrador judicial não poderá, sem autorização judicial, após ouvidos o Comitê e o devedor no prazo comum de 2 (dois) dias, transigir sobre obrigações e direitos da massa falida e conceder abatimento de dívidas, ainda que sejam consideradas de difícil recebimento.

§ 4º Se o relatório de que trata a alínea e do inciso III do caput deste artigo apontar responsabilidade penal de qualquer dos envolvidos, o Ministério Público será intimado para tomar conhecimento de seu teor.

Art. 23. O administrador judicial que não apresentar, no prazo estabelecido, suas contas ou qualquer dos relatórios previstos nesta Lei será intimado pessoalmente a fazê-lo no prazo de 5 (cinco) dias, sob pena de desobediência.

Parágrafo único. Decorrido o prazo do caput deste artigo, o juiz destituirá o administrador judicial e nomeará substituto para elaborar relatórios ou organizar as contas, explicitando as responsabilidades de seu antecessor.

Art. 24. O juiz fixará o valor e a forma de pagamento da remuneração do administrador judicial, observados a capacidade de pagamento do devedor, o grau de complexidade do trabalho e os valores praticados no mercado para o desempenho de atividades semelhantes.

§ 1º Em qualquer hipótese, o total pago ao administrador judicial não excederá 5% (cinco por cento) do valor devido aos credores submetidos à recuperação judicial ou do valor de venda dos bens na falência.

§ 2º Será reservado 40% (quarenta por cento) do montante devido ao administrador judicial para pagamento após atendimento do previsto nos arts. 154 e 155 desta Lei.

§ 3º O administrador judicial substituído será remunerado proporcionalmente ao trabalho realizado, salvo se renunciar sem relevante razão ou for destituído de suas funções por desídia, culpa, dolo ou descumprimento das obrigações fixadas nesta Lei, hipóteses em que não terá direito à remuneração.

§ 4º Também não terá direito a remuneração o administrador que tiver suas contas desaprovadas.

§ 5º A remuneração do administrador judicial fica reduzida ao limite de 2% (dois por cento), no caso de microempresas e de empresas de pequeno porte, bem como na hipótese de que trata o art. 70-A desta Lei. *(Redação dada pela Lei nº 14.112, de 2020)*

Art. 25. Caberá ao devedor ou à massa falida arcar com as despesas relativas à remuneração do administrador judicial e das pessoas eventualmente contratadas para auxiliá-lo.

Art. 26. O Comitê de Credores será constituído por deliberação de qualquer das classes de credores na assembléia-geral e terá a seguinte composição:

I – 1 (um) representante indicado pela classe de credores trabalhistas, com 2 (dois) suplentes;

II – 1 (um) representante indicado pela classe de credores com direitos reais de garantia ou privilégios especiais, com 2 (dois) suplentes;

III – 1 (um) representante indicado pela classe de credores quirografários e com privilégios gerais, com 2 (dois) suplentes.

73

IV – 1 (um) representante indicado pela classe de credores representantes de microempresas e empresas de pequeno porte, com 2 (dois) suplentes. *(Incluído pela Lei Complementar nº 147, de 2014)*

§ 1º A falta de indicação de representante por quaisquer das classes não prejudicará a constituição do Comitê, que poderá funcionar com número inferior ao previsto no caput deste artigo.

§ 2º O juiz determinará, mediante requerimento subscrito por credores que representem a maioria dos créditos de uma classe, independentemente da realização de assembléia:

I – a nomeação do representante e dos suplentes da respectiva classe ainda não representada no Comitê; ou

II – a substituição do representante ou dos suplentes da respectiva classe.

§ 3º Caberá aos próprios membros do Comitê indicar, entre eles, quem irá presidi-lo.

Art. 27. O Comitê de Credores terá as seguintes atribuições, além de outras previstas nesta Lei:

I – na recuperação judicial e na falência:

a) fiscalizar as atividades e examinar as contas do administrador judicial;

b) zelar pelo bom andamento do processo e pelo cumprimento da lei;

c) comunicar ao juiz, caso detecte violação dos direitos ou prejuízo aos interesses dos credores;

d) apurar e emitir parecer sobre quaisquer reclamações dos interessados;

e) requerer ao juiz a convocação da assembléia-geral de credores;

f) manifestar-se nas hipóteses previstas nesta Lei;

II – na recuperação judicial:

a) fiscalizar a administração das atividades do devedor, apresentando, a cada 30 (trinta) dias, relatório de sua situação;

b) fiscalizar a execução do plano de recuperação judicial;

c) submeter à autorização do juiz, quando ocorrer o afastamento do devedor nas hipóteses previstas nesta Lei, a alienação de bens do ativo permanente, a constituição de ônus reais e outras garantias, bem como atos de endividamento necessários à continuação da atividade empresarial durante o período que antecede a aprovação do plano de recuperação judicial.

§ 1º As decisões do Comitê, tomadas por maioria, serão consignadas em livro de atas, rubricado pelo juízo, que ficará à disposição do administrador judicial, dos credores e do devedor.

§ 2º Caso não seja possível a obtenção de maioria em deliberação do Comitê, o impasse será resolvido pelo administrador judicial ou, na incompatibilidade deste, pelo juiz.

Art. 28. Não havendo Comitê de Credores, caberá ao administrador judicial ou, na incompatibilidade deste, ao juiz exercer suas atribuições.

Art. 29. Os membros do Comitê não terão sua remuneração custeada pelo devedor ou pela massa falida, mas as despesas realizadas para a realização de ato previsto nesta Lei, se devidamente comprovadas e com a autorização do juiz, serão ressarcidas atendendo às disponibilidades de caixa.

Art. 30. Não poderá integrar o Comitê ou exercer as funções de administrador judicial quem, nos últimos 5 (cinco) anos, no exercício do cargo de administrador judicial ou de membro do Comitê em falência ou recuperação judicial anterior, foi destituído, deixou de prestar contas dentro dos prazos legais ou teve a prestação de contas desaprovada.

§ 1º Ficará também impedido de integrar o Comitê ou exercer a função de administrador judicial quem tiver relação de parentesco ou afinidade até o 3º (terceiro) grau com o devedor, seus administradores, controladores ou representantes legais ou deles for amigo, inimigo ou dependente.

§ 2º O devedor, qualquer credor ou o Ministério Público poderá requerer ao juiz a substituição do administrador judicial ou dos membros do Comitê nomeados em desobediência aos preceitos desta Lei.

§ 3º O juiz decidirá, no prazo de 24 (vinte e quatro) horas, sobre o requerimento do § 2º deste artigo.

Art. 31. O juiz, de ofício ou a requerimento fundamentado de qualquer interessado, poderá determinar a destituição do administrador judicial ou de quaisquer dos membros do Comitê de Credores quando verificar desobediência aos preceitos desta Lei, descumprimento de deveres, omissão, negligência ou prática de ato lesivo às atividades do devedor ou a terceiros.

§ 1º No ato de destituição, o juiz nomeará novo administrador judicial ou convocará os suplentes para recompor o Comitê.

§ 2º Na falência, o administrador judicial substituído prestará contas no prazo de 10 (dez) dias, nos termos dos §§ 1º a 6º do art. 154 desta Lei.

Art. 32. O administrador judicial e os membros do Comitê responderão pelos prejuízos causados à massa falida, ao devedor ou aos credores por dolo ou culpa, devendo o dissidente em deliberação do Comitê consignar sua discordância em ata para eximir-se da responsabilidade.

Art. 33. O administrador judicial e os membros do Comitê de Credores, logo que nomeados, serão intimados pessoalmente para, em 48 (quarenta e oito) horas, assinar, na sede do juízo, o termo de compromisso de bem e fielmente desempenhar o cargo e assumir todas as responsabilidades a ele inerentes.

Art. 34. Não assinado o termo de compromisso no prazo previsto no art. 33 desta Lei, o juiz nomeará outro administrador judicial."

Percebe-se, então, num simples bosquejo ou golpe de vista, que ditas incumbências são plúrimas e diversificadas, e que algumas dessas atividades guardam natureza meramente administrativas no sentido de impulsionar e formar o processo recuperacional (*v.g.* LRF, art. 22, I, letras *a*, *b*, *c*, *d*, *g*, *h*, etc.). Mas, outras atribuições são extremamente técnicas (*v.g.* art. 22, I, *e* e *f*, e II, letras *a*, *b*, *c* e *d*). De mesma envergadura são as atribuições do AJ no processo falimentar – isto é, ora desempenha funções de impulsão (*v.g.* art. 22, III, letras *a*, *c*, *d*, etc.), ora adota providências que exigem conhecimento técnico especializado, como são os casos das letras *b*, *c*, *f*, *l*, *m*, etc.

Destaca-se, de modo cristalino e repetitivo, que o administrador judicial atua como auxiliar do juiz e sob sua estreita supervisão, estabelecendo um elo de confiança, mas a lei permite que a Assembleia Geral de Credores, em casos excepcionais, delibere pelo afastamento do administrador designado pelo juiz, hipótese versada no art. 37, §1º, da Lei n.11.101/2005. Não obstante tal decisão excepcional da assembleia-geral de credores, a nomeação do novo administrador judicial continua sendo do juiz da causa, cuja tarefa é indelegável e intransferível *ex vi* do art. 31, §1º do mesmo Diploma Legal.

No tocante à atividade do administrador judicial na recuperação judicial, mister não perder de vista a crítica referendada por Fábio Ulhôa Coelho quando refere:

"Cabe, para encerrar, uma pequena observação crítica acerca da designação dada pela lei à função. Na verdade, na recuperação judicial, o auxiliar do juiz não é, na maioria das vezes, administrador de nada. Exceto nas raras vezes em que os administradores da sociedade em recuperação são destituídos pelo juiz, e mesmo assim enquanto os credores não elegem o gestor judicial, o assim chamado administrador judicial não exerce nenhuma função administrativa, não tem ingerência nenhuma na gestão da empresa explorada pelo requerente do benefício."[1]

Plenamente de acordo no tocante à acepção restritiva do termo administrador, se olharmos apenas para o procedimento recuperacional. Mas parece, respeitosamente, que o legislador teve uma visão mais ampla do léxico, pois estendeu as funções e atribuições do administrador judicial à recuperação judicial e à falência, quando a atuação se ajusta aos dois institutos (art. 22, I). Depois reduziu as atribuições do administrador apenas à recuperação (art. 22, II) e, finalmente, afunilou as atribuições aos casos exclusivos de falência (art. 22, III). Logo, se analisado sob o prisma da extensão da abrangência de atuação do ofício do administrador judicial, é razoável a aceitação da atribuição mais ampla, de administrador.

Por conta disso e justamente por isso as funções do administrador judicial devem ser analisadas em suas mais diferentes atribuições, de tal sorte que, de modo didático, mister a divisão da análise das atribuições das tarefas do administrador judicial nas suas diversas atuações. Todavia, pode-se antecipar, sem medo de errar, que a função precípua do administrador judicial consiste em organizar, estruturar e conduzir o processo recuperação da empresa ou falência, como órgão auxiliar do juiz, atuando no sentido de facilitar a interação entre a empresa devedora e seus credores e fomentando ambiente propício à renegociação e reestruturação do passivo e ao saneamento financeiro da empresa em crise.

De modo didático, relativamente às incumbências do administrador judicial no processo de falência, trago à colação, mais uma vez, a abalizada doutrina de Fábio Ulhôa Coelho, quando reverbera que:

---

[1] COELHO, Fábio Ulhôa. *Lei de Falências e de Recuperação de Empresas*. 12 ed. São Paulo: Revista dos Tribunais, 2017, p. 106.

"Na administração dos interesses comuns dos credores, o administrador judicial não goza de absoluta autonomia. Além de estar obrigado a prestar contas de todos os seus atos, deve requerer a autorização judicial previamente à adoção de algumas medidas de crucial importância para a falência. A contratação de profissionais e auxiliares, por exemplo, só vincula a massa quando autorizada pelo juiz, que aprova também a remuneração. Se o administrador judicial contratar alguém para o assessorar ou ajudar no desempenho de suas atribuições sem solicitar antes a autorização do juiz, é exclusivamente ele (e nunca a massa falida) o responsável pelo pagamento do profissional ou auxiliar. Outro exemplo: o administrador judicial não pode transigir sobre créditos e negócios da massa falida nem conceder desconto ou abatimento, ainda que seja o crédito de difícil cobrança, a não ser que esteja previamente autorizado pelo juiz (ouvido o Comitê e o falido)."[2]

No mesmo norte, a Equipe Vivante, em prestigioso artigo, intitulado "As funções do Administrador Judicial", com nítidas notas de experiência prática, referenda as atribuições do administrador judicial no processo falimentar, no seguinte sentido:

"No processo de falência, as atribuições do administrador judicial são bem mais específicas, relevantes e compreendem responsabilidades adicionais para cumprimento no médio e longo prazos, pois ele exerce, principalmente, a função de representante da massa falida, a partir do afastamento dos sócios, acionistas e administradores da empresa devedora. Na falência, o administrador judicial responde pela gestão da massa falida e por todos os atos de alienação de bens do patrimônio da empresa devedora. Quanto melhor e mais eficiente for a atividade do administrador judicial, na condução do processo de interação entre a empresa devedora e seus credores, que podem ser centenas, até milhares, entre credores trabalhistas, quirografários, instituições financeiras e micro e pequenos empresários, menores serão os problemas enfrentados pelo juízo no trâmite dos demais processos sob sua responsabilidade."[3]

---

[2] COELHO. *Lei de Falências...*, p. 103.
[3] As funções do administrador judicial. *Vivante Gestão e Administração Judicial*, 2015c. Disponível em: <https://www.vivanteaj.com.br/areas-de-exercicio>. Acesso em: 15 mai. 2021.

Mister considerar, após feita a introdução do tema à luz do processo recuperacional e do liquidatório, conforme título do articulado, as interferências decorrentes da promulgação da Lei Federal n. 14.112/2020, que, a toda evidência, ampliou as já elásticas atribuições e incumbências do AJ, dando-lhe ainda mais peso e importância no auxílio do juízo.

3. O dever de estimular a mediação e o consenso (art. 22, I, *j*)

O principal escopo do diploma revisionista foi atualizar a Lei de Recuperação e Falência (Lei nº 11.101/2005) com os objetivos de conferir maior celeridade aos processos e instituir condições mais propícias para o soerguimento de empresas – uma preocupação intensificada no atual contexto de pandemia.

A nova legislação trouxe acréscimos de atribuições ao administrador judicial, situação pacificada e comprovada pelo cotejo das mesmas, por isso, mister transcrever a importância de tais incumbência e apontar os reflexos positivos à transparência e celeridade do processo de recuperação e/ou falimentar, quais sejam:

> "I – na recuperação judicial e na falência:
> j) estimular, sempre que possível, a conciliação, a mediação e outros métodos alternativos de solução de conflitos relacionados à recuperação judicial e à falência, respeitados os direitos de terceiros, na forma do § 3º do art. 3º da Lei nº 13.105, de 16 de março de 2015 (Código de Processo Civil)."

É, pois, dever do AJ, conforme nova atribuição legal (art. 22, I, *j*), sempre que possível, estimular a conciliação, a mediação e a aplicação de outros métodos alternativos de solução de conflitos aplicáveis ao processo de recuperação judicial ou falência.

Há, sem dúvida, uma febre em dar uma resposta célere às mais diversas demandas, impulsionada pela lentidão da prestação jurisdicional, num país onde tudo passa pela chancela do Poder Judiciário, desde os assuntos mais comezinhos até os de maior importância à República. Para tanto, ganham relevo os métodos extrajudiciais e as alternativas de solução consensual de conflitos. Esse permissivo foi introduzido no CPC/15, no art. 3º, § 3º, onde há referência expressa ao recurso à conciliação. Diz o Diploma Processual:

"Art. 3º Não se excluirá da apreciação jurisdicional ameaça ou lesão a direito:

[...]

§ 3º A conciliação, a mediação e outros métodos de solução consensual de conflitos deverão ser estimulados por juízes, advogados, defensores públicos e membros do Ministério Público, inclusive no curso do processo judicial."

Trata-se de novidade do novo regime: por sinal, muito bem-vinda, haja vista que, até hoje, depois de quase 60 anos de vigência do Decreto-lei nº 7.661/1945 e mais de 15 anos da vigência a Lei n. 11.101/2005, o Poder Judiciário sempre foi chamado para decidir sobre as questões altamente controvertidas, algumas de caráter processuais que poderiam encontrar resposta na aplicação subsidiária do Código de Processo Civil. Atualmente o art. 189 da nova Lei de Recuperação e Falências sinaliza com a possibilidade de aplicação "no que couber" do CPC e, por conta disso alarmou a doutrina no sentido de saber se seria possível a aplicação de vários outros mecanismos albergados pelo CPC e não institucionalizados na lei de regência.

É inexorável, quase automático, que, em se admitindo a aplicação supletiva das novas normas processuais ao processo recuperatório e falimentar faz surgir outras indagações, como as destacadas pelo arguto Fábio Ulhoa Coelho[4]: (i) se a mediação e a conciliação são aplicáveis a esses processos, (ii) como devem ser classificados os honorários advocatícios, (iii) como deve se dar a contagem dos prazos processuais, (iv) se é aplicável a suspensão derivada da instauração de incidente de demandas repetitivas em processos falimentares e, especificamente no que interessa ao presente caso, (v) se o agravo de instrumento deve ser processado mesmo que a decisão interlocutória não esteja prevista nas hipóteses contempladas no CPC/2015.

Esse questionamento, ao menos em parte, no que interessa e no tocante à conciliação e à mediação, perdeu sentido, pois albergado expressamente agora na lei de revisão (Lei n. 14.112/2020).

---

[4] COELHO, Fábio Ulhôa. *Comentários à Lei de Falências e Recuperação de Empresas.* 13 ed. São Paulo: Thomson Reuters Brasil, 2018.

Sem dúvida que a partir do novo CPC, de 2015, a busca por solução consensual passou a ser dever prioritário e obrigação do Estado. O juiz, como órgão de Estado, deve estar atento e sensível à possibilidade de convolação do litígio em consenso, colocando em pauta sempre que possível essa alternativa pacificadora.

Essa onda consensual vem estimulada de cima para baixo, no desiderato de afastar o espírito belicoso dos litigantes, que normalmente resistem, não arrefecem em suas posições e não recuam na métrica de seus direitos. Mas a lei, sempre que possível, deixa aberta a janela da possibilidade da autocomposição, como técnica permanente de solução de litígios. O CNJ, por seu turno, instituiu a Política Judiciária Nacional de Tratamento de Conflitos de Interesses, através da Resolução n. 125/2010, que tem por escopo justamente assegurar a todos a solução dos conflitos por meios adequados à sua natureza e peculiaridade. Na sequência, evidenciando a mudança de paradigma, mais uma vez o CNJ, agora em 2019, por intermédio da Recomendação n. 58, concita os magistrados responsáveis pelo processamento e julgamento dos processos de recuperação judicial a promoverem a mediação, sempre que possível.

Essa possibilidade e referência direta ao art. 3º, §3º, do CPC/15, tem a sinalização clara que a tarefa de buscar o consenso, a mediação e a composição pacífica das partes não é mais dever exclusivo do magistrado, mas, sobretudo, de todos os atores da cena judiciária, tais como o Ministério Público, os Advogados e, precisamente na Recuperação Judicial e Falência, tal iniciativa pode advir do juiz condutor, mas, também, pode partir do próprio devedor, qualquer dos credores e/ou do administrador judicial.

Em ambiente de desajuste, a interferência da força estatal nem sempre produz resultado aceitável, duradouro e justo, por isso a busca incansável pela harmonia dos desavindos é imperativo ético preponderante. O processo coletivo de recuperação e falência, apesar do perfil de difícil conciliação e consenso, pode muito bem ser harmonizado pela pacificação e quebra de resistência em busca de consensos básicos, laterais e parciais que vão distencionando o ambiente processual considerado em seu conjunto. Esses acordos parciais, aparentemente insignificantes, produzem efeitos multiplicadores e, aos poucos, vão estimulando a baixa da guarda e criação de ambiente propício ao ajuste.

Ainda no tocante à recuperação judicial, em 2016, foi aprovado o Enunciado n. 45[5], da 1ª Jornada de Prevenção e Solução Extrajudiciais de Litígios, prevendo a possibilidade de soluções pacíficas e consensuais também no processo de recuperação judicial e na falência do empresário e/ou da sociedade empresária.

Todavia, não obstante o aceno do CNJ, via Resolução n. 125/2010 e Recomendação n. 58/2019, além do enunciado supra referido, afora a utilização da mediação de forma bem-sucedida e aceita no mundo jurídico, como é caso conhecido e emblemático da Recuperação Judicial do Grupo OI[6], até a entrada em vigor da Lei n. 14.112/2020, não havia previsão legal específica que permitisse a utilização de meios consensuais de composição de conflitos em processos de recuperação judicial ou falência.

Em excelente artigo[7], a advogada Andressa Garcia, mestre em Direito Privado pela UFRGS, além de várias considerações preciosas a respeito da mediação e conciliação nos processos de recuperação judicial e falência, acrescentou, de modo pertinente que:

> "A negociação e a criatividade estão sendo utilizadas pelas empresas para superação da crise econômica mundial. Assim como houve o colapso do sistema de saúde, também o Poder Judiciário, conhecido por sua morosidade, pode colapsar. Nesse contexto, foi editada a Recomendação nº 71/2020 do CNJ, que propõe a criação de Centros Judiciários de Solução de Conflitos e Cidadania (Cejuscs) empresariais nos tribunais do país (a exemplo de TJ-SP, TJ-RJ, TJ-ES e TJ-RS), seguindo-se o pioneirismo da 2ª Vara Cível e da Fazenda Pública da Comarca de Francisco Beltrão, no Paraná, que criou o primeiro Cejusc de recuperação empresarial do Brasil. Esses núcleos foram implementados para evitar a judicialização de processos, com a utilização da mediação ou da conciliação na fase pré-processual, e com vistas à superação da crise pelas empresas, em decorrência da pandemia do *coronavírus*."

---

[5] Enunciado 45: "a mediação e conciliação são compatíveis com a recuperação judicial, a extrajudicial e a falência do empresário e da sociedade empresária, bem como em casos de superendividamento, observadas as restrições legais"

[6] Grupo OI S.A., Telemar Norte Leste S.A., OI Móvel S.A., Copart 4 Participações S.A., Copart 5 Participações S.A., Portugal Telecom International Finance B.V. e OI Brasil Holdings Cooperatief U.A.

[7] GARCIA, Andressa. A mediação e a conciliação na nova Lei de Falências e Recuperação de Empresas. *Conjur*, 13 mar. 2021 Disponível em: <https://www.conjur.com.br/2021-mar-13/garcia-mediacao-conciliacao-lei-falencias>. Acesso em: 15 mai. 2021.

A Recomendação n. 58, de 22/10/2019, exarada pelo CNJ, prevê em seu art. 2º, sem pretensão de encerrar o assunto, algumas hipóteses de possibilidade de mediação, sempre destacando o escopo do consenso e paz social. Nesse sentido:

"I – nos incidentes de verificação de crédito, permitindo que devedor e credores cheguem a um acordo quanto ao valor do crédito e escolham um dos critérios legalmente aceitos para atribuição de valores aos bens gravados com direito real de garantia, otimizando o trabalho do Poder Judiciário e conferindo celeridade à elaboração do Quadro Geral de Credores;

II – para auxiliar na negociação de um plano de recuperação judicial, aumentando suas chances de aprovação pela Assembleia Geral de Credores sem a necessidade de sucessivas suspensões da assembleia;

III – para que devedor e credores possam pactuar, em conjunto, nos casos de consolidação processual, se haverá também consolidação substancial;

IV – para solucionar disputas entre os sócios/acionistas do devedor;

V – em casos de concessionárias/permissionárias de serviços públicos e órgãos reguladores, para pactuar acerca da participação dos entes reguladores no processo; e

VI – nas diversas situações que envolvam credores não sujeitos à recuperação, nos termos do § 3º do art. 49 da Lei nº 11.101/2005, ou demais credores extraconcursais."

Em suma, sem menoscabo, mas a Lei n. 14.112/2020, ao positivar a possibilidade da utilização da mediação e conciliação nos processos de recuperação judicial e falência, na verdade, apenas adotou a práxis já existente há muito nas Varas Especializadas e incorporada em diversos instrumentos originários do CNJ, todos, sem exceção, fomentando um ambiente seguro e propício para negociação, celebração de acordos e pacificação dos processos pela via da autocomposição. Sem embargo, sempre é tempo de comemorar a previsão legislativa positiva e propositiva.

4. O dever de manter endereço eletrônico na internet (art. 22, I, *k*)

"k) manter endereço eletrônico na internet, com informações atualizadas sobre os processos de falência e de recuperação judicial, com a opção de consulta às peças principais do processo, salvo decisão judicial em sentido contrário;"

É, pois, dever do AJ, conforme nova atribuição legal, manter endereço eletrônico na internet, com informações atualizadas a fim de propiciar a todos, sem exceção, a possibilidade de consulta às peças do processo e incorporar *on line*, de modo instantâneo, o retrato fiel de todo andamento do caso, atendendo, sem dúvida, ao sagrado princípio da informação e da transparência.

Não são poucas as agruras e incertezas que decorrem da instauração e deferimento do processamento de um processo de recuperação e falência. Não há personagem que descanse em berço esplêndido. Angústia, insegurança e fissura no ambiente de confiança que alimenta a relação comercial e empresarial são alguns dos monstros que passam a povoar e atormentar a cabeça do devedor/empresário, dos trabalhadores, dos fornecedores, dos prestadores de serviço e de todos os outros que, de qualquer modo, se relacionem com a sociedade recuperanda.

Nesse cenário de insegurança e incertezas, natural aos processos de quebra e recuperação empresarial, cresce de importância o princípio da transparência e pleno esclarecimento a respeito dos atos processuais, tal como engendrado na letra *k*, inciso I, do art. 22, acima transcrito, pois o resgate da segurança advém do conhecimento das regras que embalam o jogo processual e a apresentação de uma radiografia clara e cristalina a respeito do andamento desse complexo processo.

Com efeito, dentre as relevantes atribuições do administrador judicial previstas no art. 22 da Lei nº 11.101/2005, agora incorporada pela letra *k* em face à Lei de Revisão (Lei n. 14.112/2020) está a de manter endereço eletrônico na internet, obviamente que com as informações a respeito do processo de recuperação e falência no qual foi designado como auxiliar do juízo. A criação de *websites* (com divulgação e esclarecimento simplificado das informações e andamento do processo, e um ambiente para considerações, reclamações e dúvidas) e outras mídias eletrônicas servem a esse propósito de bem informar os interessados, qualquer que seja a natureza de seu interesse.

Penso que o legislador disse menos do que desejava, ao referir apenas à possibilidade de consulta às peças principais do processo, pois a tanto não pode se limitar. Parece imprescindível que o Administrador Judicial seja idôneo inclusive em alimentar o *site* ou *website* com outros elementos do processo que se afigurem indispensáveis ao conhecimento público da real situação retratada no processo, pois a essência dessa ação propositiva foi justamente fornecer o retrato da realidade econômico-financeira da empresa.

Atendendo ao princípio da transparência, dever de informação e padronização de conduta, o CNJ, através da Recomendação n. 72, de 19/08/2020, já havia recomendado, além da padronização dos relatórios a serem apresentados pelo AJ, também orientou os auxiliares do juízo a criarem um *website* como canal de comunicação com os credores e demais interessados, conforme redação do art. 1º, §4º, que se transcreve:

"§ 4º O administrador judicial deve criar um *website* para servir de canal de comunicação com os credores, contendo as cópias das principais peças processuais, cópias dos RMAs, lista de credores e demais informações relevantes. A criação do site contribui para a divulgação de informações e o acesso aos autos que ainda são físicos em muitas comarcas."

Essa é a verdadeira vocação do acréscimo legislativo: fornecer, de modo fácil e com acesso simplificado, a quem interessar consultar dados e elementos reais a respeito do processo de recuperação ou falência, além de dar vida e voz às recomendações do CNJ – ressalvando-se sempre, claro, se houver decisão judicial em sentido contrário.

5. O dever de receber e decidir sobre habilitações e divergências no âmbito administrativo (art. 22, I, *l*)

"l) manter endereço eletrônico específico para o recebimento de pedidos de habilitação ou a apresentação de divergências, ambos em âmbito administrativo, com modelos que poderão ser utilizados pelos credores, salvo decisão judicial em sentido contrário;"

É, pois, dever do AJ, conforme nova atribuição legal, manter endereço eletrônico na internet, específico para receber os pedidos de habilitação ou a apresentação de divergências, no âmbito administrativo, fornecendo aos credores interessados exemplares de modelos de modo a facilitá-los em suas respectivas tarefas.

Trata-se, sem dúvida, de um desdobramento do princípio da transparência e da facilitação de acesso simplificado, como já referido.

Adianta-se, *ab initio*, que a redação legal abrange apenas os "pedidos de habilitação ou apresentação de divergências" que são expedientes direcionados ao AJ e não estão inclusas, por evidente, as apresentações de impugnações, eis que estas são direcionadas ao juiz da causa, pois configuram a instauração de verdadeiro conflito de interesse a ser julgado à luz da ampla defesa e contraditório.

Percebe-se, pois, que habilitação, divergência e impugnação são medidas absolutamente distintas, mas, eventualmente, podem provocar confusões, estas muitas vezes responsáveis pelo atraso no processamento e deliberação a respeito das mesmas. Espanar as confusões, eliminar o risco de erros e acelerar o procedimento foram justamente alguns dos motivos da lei de revisão.

Como se vê, até pelo ordenamento dos dispositivos legais, as habilitações e divergências, que são apresentadas diretamente ao AJ, ocorrem na esfera administrativa e estão disciplinadas no art. 7º da LRF. Já a impugnação, direcionada ao juiz da causa, está prevista no art. 8º do mesmo Diploma Legal, o que sugere, de plano, que a habilitação e a divergência são apresentadas em momento anterior, ou seja, o AJ após a verificação dos créditos, à luz dos livros contábeis e documentos comerciais e fiscais do devedor, fará publicar edital concedendo o prazo de 15 (quinze) dias aos credores para apresentarem suas habilitações ou suas divergências quanto aos créditos relacionados.

Na habilitação, o crédito não foi contemplado na primeira relação de credores e, por isso, o credor excluído tem o dever de habilitá-lo, ou seja, incluí-lo na lista de credores da recuperanda.

Na divergência, ao contrário, o credor está relacionado nessa primeira lista de credores divulgada pelo AJ, mas discorda do valor de seu crédito (entende que era maior, etc.), também pode discordar de sua classificação (*v.g.*, trabalhista, com garantia real, quirografário ou empresa de pequeno porte, ou, ainda, microempresa, etc.) ou, por último, a divergência pode encetar desacordo pela inclusão do seu crédito na relação de credores sujeitos à recuperação, por entender, por exemplo – o que não é incomum –, que seu crédito seja extraconcursal (não sujeito à RJ).

A impugnação, por seu turno, como já referido, é apresentada em estágio posterior (art. 8º), ou seja, após a apreciação das habilitações e divergências pelo AJ, o que o leva à elaboração de uma segunda lista de credores, ainda numa fase considerada administrativa. Nessa hipótese, caso o credor não concorde com inclusão, exclusão, valor ou classificação de seu crédito publicado nesta segunda lista de credores, poderá, então, valer-se da impugnação.

Com efeito, as habilitações e divergências devem ser apresentadas ao AJ; já a impugnação é protocolada diretamente perante o juízo da causa.

De qualquer sorte, é sempre bom ler o edital com a listagem de credores, tanto o primeiro edital – com lista precária de credores –, como o segundo edital – apresentando o quadro geral –, pois nele deve constar o local para acesso aos documentos que fundamentaram a elaboração dessa relação, bem como o prazo legal de 10 (dez) dias para apresentar ao juiz impugnação pertinente, se for o caso, contra a relação de credores, apontando a ausência de qualquer crédito ou manifes-tando-se contra a legitimidade, importância ou classificação do crédito relacionado.

Feitas essas considerações, dá para entender o caráter teleológico da norma de revisão acima destacada, qual seja, o de abrir canal de comunicação célere e expedito (endereço eletrônico específico), de modo a facilitar que as habilitações ou divergências sejam apresentadas pessoalmente pelo credor – e justamente por isso a nova redação fala em "apresentação de modelos", sinalizando com simplicidade e ausência de burocracia, bem como fala que o credor poderá fazê-lo pessoalmente e que poderá fazê-lo, a seu critério, por intermédio de procurador. O AJ decidirá a respeito das habilitações e divergências, ainda na fase administrativa e pré-processual.

Embora fuja do tema, mas, pela sua importância, mister considerar que as habilitações retardatárias, apresentadas fora do prazo legal, serão processadas como impugnação *ut* art. 10, §5º da Lei n. 11.101/2005. Logo, elas não são apresentadas ao AJ, mas diretamente em juízo, pois se trata de verdadeiro incidente processual.

6. O dever de responder ofícios e solicitações de outros juízos e autoridades (art. 22, I, *m*)

"m) providenciar, no prazo máximo de 15 (quinze) dias, as respostas aos ofícios e às solicitações enviadas por outros juízos e órgãos públicos, sem necessidade de prévia deliberação do juízo;"

É, pois, dever do AJ, conforme nova atribuição legal, providenciar as respostas aos ofícios e atender às solicitações recebidas de outros juízes e órgãos públicos, sem a necessidade de prévia deliberação do juízo.

Como a tendência e o objetivo da nova lei de revisão foi de aliviar a carga e a burocracia judiciária – e por conta disso fomenta e estimula a autocomposição, amplia a atividade e responsabilidade do AJ e derrete solenidades desnecessárias –, vê-se que o auxiliar do juízo ganhou mais uma tarefa, qual seja, a do poder-dever de responder diretamente os ofícios e solicitações de outros juízos e órgãos públicos, sem a necessidade de passar pelo crivo e aprovação do juízo da recuperação.

Os processos de recuperação e falência em sua maciça maioria são volumosos, recheados de documentação e informações importantes e, ademais, por força de lei, concentram sobre o juízo da causa praticamente todas as demandas envolvendo o devedor (art. 49) e praticamente a universalidade das demandas envolvendo o falido (art. 76) – tendo em todas o AJ como auxiliar direto do juízo.

Portanto, o AJ está habilitado, não só por sua qualificação profissional e pela confiança que desfruta perante o juízo da causa, mas, sobretudo, pelo seu conhecimento amealhado de todo processado e por dominar o fluxo de informações contido nos autos, a responder, sem dúvidas, os ofícios recebidos por outros juízos e autoridades que digam respeito à RJ ou à falência da qual administra e é responsável, sem a necessidade do aval ou do crivo pessoal do juízo da recuperação.

É mais um passo em direção à desburocratização processual, em que cada um de seus atores deve responder pelos atos praticados, sem a necessidade do carimbo do juízo, especialmente nos casos em que não pende da necessidade de atos decisórios – esses, sim, privativos do juízo da causa.

7. O dever de apresentar relatório mensal das atividades do devedor (art. 22, II, c)

"c) apresentar ao juiz, para juntada aos autos, relatório mensal das atividades do devedor, fiscalizando a veracidade e a conformidade das informações prestadas pelo devedor;"

É, pois, dever do AJ, conforme nova atribuição legal, apresentar ao juiz relatório mensal das atividades do devedor, fiscalizando a veracidade e a conformidade das informações prestadas pelo devedor.

Essa nova imposição diz exclusivamente ao processo de recuperação judicial.

A lei originária, Lei n. 11.101/2005 já tipificava dentre os deveres do AJ a apresentação ao juiz do relatório mensal das atividades do devedor. Agora, no entanto, a nova lei de revisão (Lei n. 14.112/2020), além de confirmar a obrigação de o AJ apresentar o relatório mensal das atividades do devedor, deverá, também, fiscalizar a veracidade e a conformidade das informações prestadas pelo devedor.

Repito, de modo insistente, que o processo de recuperação judicial não é diferente do processo de falência, é processo extremamente difícil, complexo e que exige um amplo conhecimento e multiplicada atenção de seu condutor e, na maioria das vezes, envolve cifras financeiras extraordinárias. Decorre disso que toda a atenção é pouca, por isso a sintonia entre o juízo da causa e o AJ é imprescindível à solução do empreendimento processual.

O relatório mensal de atividades do devedor é realizado com base na análise que o AJ faz sobre a documentação obrigatória (livro razão, ativo, passivo, diário geral, balanços patrimoniais, estoque, receita bruta, lucro, etc.) entregue pela recuperanda, ou seja, é a forma encontrada para fiscalizar as atividades da devedora a cada mês. Esse relatório é de fundamental importância, pois evidencia, ao menos em tese, o envolvimento do AJ com a empresa em recuperação, pois é através do relatório mensal que o juízo competente, também os credores e/ou interessados, estarão a par das atividades elaboradas pela recuperanda e saberão também das atividades do AJ no exercício da fiscalização, no cumprimento de diligências, no atendimento aos credores, na publicação de editais, em manifestações gerais no processo principal e nos demais correlacionados.

Em razão das dimensões continentais do Brasil e da diversidade de práticas locais, dentre outros considerandos, o CNJ entendeu pela necessidade de recomendar uma padronização mínima dos relatórios apresentados pelo administrador judicial em processos de recuperação empresarial, tanto que editou a Recomendação n. 72, de 19/08/2020, através da qual recomenda aos juízes que determinem aos administradores judiciais a apresentação, ao final da fase administrativa de verificação de créditos (art. 7º), a apresentação de relatório, denominado Relatório da Fase Administrativa, contendo resumo das análises feitas para a confecção de edital contendo a relação de credores. Esse relatório deve conter:

"§ 2º O Relatório da Fase Administrativa deverá conter, no mínimo, as seguintes informações:

I – relação dos credores que apresentaram divergências ou habilitações de créditos na forma do art. 7º, § 1º, da Lei nº 11.101/2005, indicando seus nomes completos ou razões sociais e números de inscrição no CPF/MF ou CNPJ/MF;

II – valores dos créditos indicados pela recuperanda, na forma do art. 52, § 1º, da Lei nº 11.101/2005; valores apontados pelos credores em suas respectivas divergências ou habilitações; e valores finais encontrados pelo AJ que constarão do edital;

III – indicação do resultado de cada divergência e habilitação após a análise do administrador judicial, com a exposição sucinta dos fundamentos para a rejeição ou acolhimento de cada pedido; e

IV – explicação sucinta para a manutenção no edital do Administrador Judicial daqueles credores que foram relacionados pela recuperanda na relação nominal de credores de que trata o art. 51, II, da Lei nº 11.101/2005."

Esse relatório mensal deve ser protocolado nos autos do processo judicial e também divulgado no site eletrônico do AJ para fins de publicização e conhecimento geral.

A recomendação do CNJ, referida alhures, ainda esquadrinha a necessidade de apresentação por parte do AJ, além do Relatório da Fase Administrativa, o Relatório Mensal de Atividades (art. 1º, §4º), o Relatório de Andamentos Processuais (art. 3º) e Relatório dos Incidentes Processuais (art. 4º) – todos com modelos encartados no referido ato administrativo.

Essa padronização recomendada pelo CNJ é totalmente pertinente e tem por escopo o atendimento do Princípio da Transparência e harmonização e celeridade dos atos processuais.

Por fim, releva ponderar que o legislador acrescentou, além da necessidade dos relatórios mensais, os quais devem ser padronizados à luz da Recomendação do CNJ, agregou ainda, por último, a necessidade de o AJ fiscalizar a veracidade e a conformidade das informações prestadas pelo devedor. Essa nova exigência empresta à função do AJ o necessário comprometimento com a verdade real, não se contentando apenas a retransmitir ou reproduzir o que o devedor informa ou relata. Ao contrário, o AJ, a partir de agora, tem o dever de confirmar a veracidade das informações prestadas pelo devedor, trazendo ao juízo e aos credores maior segurança e credibilidade às suas conclusões, tornando mais transparente o processo de recuperação judicial ao mesmo tempo em que compromete pessoal e profissionalmente o AJ com os termos do relatório, sob pena de destituição, conforme reza o art. 23, Parágrafo Único da Lei n. 11.101/2005.

8. O dever de fiscalizar as tratativas e a regularidade das negociações (art. 22, II, *e*)

"e) fiscalizar o decurso das tratativas e a regularidade das negociações entre devedor e credores;"

É, pois, dever do AJ, conforme nova atribuição legal, fiscalizar as tratativas e a regularidade das negociações entre devedor e credores.

O administrador também deve assegurar, na recuperação judicial, que as negociações e tratativas realizadas entre devedor e credores ou devedor e qualquer outro interessado (*v.g.*, fornecedores, instituições bancárias, etc.) que impactem sobre o processo recuperacional sejam regulares, regidas pelo princípio da boa-fé e pelos requisitos de validade dos negócios jurídicos em geral. Essa exigência legal se conecta diretamente com a lisura e maior transparência das tratativas e relações engendradas pelo devedor, evitando-se, por exemplo, a exclusão dos pequenos credores, negociações sigilosas e/ou concessão de vantagem exagerada a alguma classe de credores ou a credores em particular. Todas as negociações e tratativas de negócio efetuadas pelo devedor o AJ deve fiscalizar e fazer constar dos relatórios e informar o juízo da causa.

Parece repetitivo, mas a nova lei de revisão aumentou os deveres do AJ e se voltou a prestigiar o princípio geral da transparência e da eficiência. Sobre outra ótica, sem estimular o caráter persecutório, mas o legislador revisionista, de modo claro, colocou em xeque as movimentações e negociações entabuladas pelo devedor em recuperação, tanto que amplificou os deveres de fiscalização do AJ, tais como: fiscalizar a veracidade e conformidade das informações prestadas pelo devedor (letra *c*), fiscalizar as tratativas das negociações do devedor (letra *e*), assegurar que o devedor não adote expedientes dilatórios ou prejudiciais ao andamento das negociações (letra *f*) e assegurar que as negociações do devedor sejam regidas pelos termos convencionados entre os interessados, observado o princípio da boa-fé (letra *g*). Justifica-se o holofote legal sobre as tratativas e condutas do devedor sempre atuando sob a lupa fiscalizatória do AJ, pois, na recuperação judicial, como já dito, a administração da empresa, de regra, perdura com o próprio devedor – resta, pois, ao auxiliar do juízo, lançar luzes sobre essas negociações.

9. O dever de impedir a prática de expedientes dilatórios (art. 22, II, *f*)

"f) assegurar que devedor e credores não adotem expedientes dilatórios, inúteis ou, em geral, prejudiciais ao regular andamento das negociações;"

É, pois, dever do AJ, conforme nova atribuição legal, impedir a adoção de expedientes dilatórios, inúteis ou prejudiciais às negociações.

Ora, o conteúdo normativo agregado é totalmente desnecessário, pois é evidente que o AJ deve impedir a utilização de expedientes dilatórios, inúteis ou prejudiciais e que tal tarefa fiscalizatória é da essência de sua atuação. Todavia, como já mencionado, parece que o legislador, após 16 (dezesseis) anos de vigência da Lei n. 11.101/2005 percebeu, pela experiência e observação, que, estando o devedor à testa da empresa em recuperação, se faz imperioso ampliar as luzes fiscalizatórias do AJ.

A leitura que se faz é a de que o legislador está a referir-se sobre as relações de direito material estabelecidas pelo devedor e credores, as quais devem pautar-se pelo princípio da utilidade e em conformidade com os requisitos de validade dos atos jurídicos em geral (art. 104, CCB/2002), sempre tendo em mira os vetores do próprio processo recuperacional, preconizados no art. 47 da Lei n. 11.101/2005, em especial a superação da crise econômico-financeira do devedor, mas mediante procedimentos lícitos e válidos. Digo isso porque a relação de direito processual é mais vigiada, diante da existência de parte e contraparte, Ministério Público, Administrador Judicial, Advogados e o Juiz da causa, o que torna mais difícil, à luz da processualística, a prática de atos dilatórios, inúteis e prejudiciais às negociações da empresa em recuperação, embora não impossível. Afora isso, segundo dicção do art. 5º do CPC, os participantes do processo devem comportar-se de acordo com a boa-fé, que é cláusula geral de lealdade processual, servindo de norte aos litigantes e de sinal claro de que a violação dessa regra pode acarretar consequências danosas, haja vista que é intolerável o abuso de direito processual (art. 8º, CPC) e o falseamento da verdade (art. 77, I, CPC), sob pena de responder por perdas e danos (art. 79, CPC).

Portanto, percebe-se que o legislador, certamente vaticinado por eventos prejudiciais ao soerguimento empresarial, municiou o AJ de mais esse dever de fiscalizar as negociações entabuladas pelo devedor também na fase extraprocessual.

10. O dever de assegurar a primazia da boa-fé (art. 22, II, *g*)

"*g*) assegurar que as negociações realizadas entre devedor e credores sejam regidas pelos termos convencionados entre os interessados ou, na falta de acordo, pelas regras propostas pelo administrador judicial e homologadas pelo juiz, observado o princípio da boa-fé para solução construtiva de consensos, que acarretem maior efetividade econômico-financeira e proveito social para os agentes econômicos envolvidos;"

Compete ao AJ assegurar que as negociações realizadas entre devedor e credores sejam regidas pelos termos convencionados ou, na falta de acordo, pelas regras da boa-fé (art. 22, II, *g*, LRF). Se trata, a meu sentir, de mero complemento da letra anterior (letra *f*): são comandos que não se excluem, mas, ao contrário, se complementam, sempre tendo em mira o primado da lisura no comportamento negocial e a supremacia do princípio da boa-fé.

É, pois, regra geral de boa conduta mais explícita onde há a consagração do princípio da cooperação, que deve nortear não só as partes litigantes, mas também os operadores do direito e os auxiliares da justiça.

No Direito brasileiro, como se sabe, o princípio da boa-fé objetiva é a base de todo relacionamento pré e pós contratual, figurando como responsável aquele que, por ação ou omissão, frustra o contrato ou causa dano à parte. O rompimento pode ser culposo, pode resultar de uma negligência simples ou mesmo não incidir um caráter de gravidade. Não precisa caracterizar má-fé, é necessário que entre a falta de boa-fé e o dano exista um nexo, um vínculo de conexão.

A norma apresenta a chave mágica, já sinalizada anteriormente, que é a utilização da boa-fé como princípio norteador de celebração de consensos que acarretem maior efetividade econômico-financeira e proveito social para os agentes econômicos envolvidos na negociação, isto é, que os acordos e negociações sejam bons e proveitosos a todas as partes, ainda que não reflitam o ideal da operação, pois ganhar menos é não perder tudo e lucrar menos hoje pode ser mais favorável do que um êxito inexequível no futuro, na essência do aforismo de que "mais vale um mau acordo que uma boa demanda".

11. O dever de publicizar relatório mensal e relatório sobre o plano de recuperação (art. 22, II, *h*)

"h) apresentar, para juntada aos autos, e publicar no endereço eletrônico específico relatório mensal das atividades do devedor e relatório sobre o plano de recuperação judicial, no prazo de até 15 (quinze) dias contado da apresentação do plano, fiscalizando a veracidade e a conformidade das informações prestadas pelo devedor, além de informar eventual ocorrência das condutas previstas no art. 64 desta Lei;"

Compete ao AJ apresentar relatório mensal das atividades do devedor e relatório sobre o plano de recuperação judicial (art. 22, II, *h*, LRF), a fim de ser protocolado nos autos e publicado no endereço eletrônico ou *site* específico referido e exigido na letra *k*, deste mesmo dispositivo legal.

Esse dever do AJ diz com a recuperação judicial.

Ora, me parece que o legislador, por preocupação, certamente razoável, entra numa espiral de redundâncias e repetições, pois a criação e manutenção de endereço eletrônico, além de já previsto na letra *k* do inciso I do artigo 22, a maciça maioria de AJs já mantinham e mantêm essa praxe, onde, com certeza, são publicizados todos os atos de incumbência do administrador, a exemplo dos relatórios mensais, também previsto na letra *c* do inciso II do artigo 22 e, agora, também o relatório sobre o plano de recuperação judicial. Com efeito, se a pretensão foi de exigir a apresentação de relatório sobre o plano, tarefa que não existia na lei original, tal, por organicidade, não poderia ter vindo pela letra *h*, mas, antes, bem no início do inciso II do artigo 22, mais corretamente sob a letra *a*, haja vista que, em primeiro lugar, deve vir o relatório *sobre o plano*, depois *sobre o cumprimento do plano* (hoje sob a letra *a*) e, por fim, o relatório sobre a *execução do plano*, com vistas ao encerramento da recuperação judicial.

Mais uma vez advém, ao final, o destaque de o AJ fiscalizar a veracidade das informações prestadas pelo devedor, preocupação já constante do final da redação da letra *c* do inciso II do artigo 22, ora em comento. Sobra, por fim, a referência ao art. 64 da Lei n. 11.101/2005, que já está inclusa dentre os deveres de fiscalização do AJ – basta examinar o *caput* do próprio art. 64, sendo ratificada na letra ora sob comentário.

12. O dever de assumir a representação judicial e extrajudicial (art. 22, III, *c*)

"c) relacionar os processos e assumir a representação judicial e extrajudicial, incluídos os processos arbitrais, da massa falida;"

É dever do AJ, pela inovação legislativa, além de relacionar os processos e assumir a representação judicial, que já constava da letra *c* do inciso III do artigo 22, mas, também, a partir de agora, assumir a representação extrajudicial da massa, incluídos os processos arbitrais.

É dever do AJ no processo de falência.

Ao contrário da recuperação judicial (art. 64, *caput*, LRF, da Lei n.11.101/05), em que o devedor continua no exercício e administração da empresa em recuperação, no caso de falência, conforme art.103, LRF do mesmo Diploma Legal, o devedor perde o direito de administrar os seus bens ou deles dispor, inclusive a representação processual do falido é incumbência do AJ (art. 75, V, CPC/15). Portanto, em caso de falência, será o AJ a passar à administração da massa falida e a representá-la judicial e extrajudicialmente (art. 76, parágrafo único, LRF).

A propósito, por importante, resta acrescentar que no REsp.n.1.265.548, de relatoria do Min. Antônio Carlos Ferreira[8], ficou assentado que a decretação da falência não extingue automaticamente a empresa nem sua capacidade processual. A 4ª Turma do STJ reconheceu que, até o encerramento da liquidação, a sociedade falida tem legitimidade para agir em juízo, inclusive legitimidade ativa para ajuizar demanda em defesa da posse de seus bens. Não há, pois, com o decreto de falência, a automática extinção da empresa nem a perda de sua capacidade processual, mas apenas a perda do direito de administrar seus bens e deles dispor, conferindo-se ao AJ a representação judicial da massa.

No Brasil, a Lei n. 9.307/96, chamada Lei da Arbitragem, admite a arbitragem para dirimir conflitos relativos a direitos patrimoniais disponíveis, à qual deve ser conectada a Lei n. 13.140/15, que disciplina a mediação

---

[8] STJ, Quarta Turma, REsp 1.265.548, Rel. Min. Maria Isabel Gallotti, j. 02/06/2015.

extrajudicial ou judicial como meio de solução de controvérsias entre particulares sobre direitos disponíveis ou indisponíveis, mas que admitam transação, inclusive viabilizar a autocomposição de litígios em que for parte pessoa jurídica de direito público. Agora, no entanto, com o advento da lei de revisão, ora em comento, a mediação passa a ser expressamente indicada como meio para a resolução do litígio em processos falimentares.

Com efeito, o novo Texto Legal põe fim à discussão travada na doutrina, com algum reflexo na orientação jurisprudencial, sobre a possibilidade de o administrador judicial assumir a representação da massa falida em processo arbitral instalado antes da decretação da quebra, cujo gargalo estava assentado na indisponibilidade dos bens do falido (*ex vi* do art. 103 da LRF), o que, em tese, conflitaria com o art. 1º da Lei n. 9.307/96, que disciplina a arbitragem. Igualmente, a meu sentir, não há empeço a que o AJ, em representação à massa falida, instaure ou tenha contra a empresa falida instaurado o procedimento arbitral, ainda que após a decretação da quebra. Percebe-se que a legislação não introduziu exceção, apenas sinalizou que o AJ deverá representar a massa falida no processo arbitral. Logo, pode participar de processo em andamento, como, também, instaurar ou responder processo arbitral instaurado contra a massa falida.

A esse propósito, transcrevo, em parte, artigo da lavra do advogado Raphael Correa, especialmente quando refere:

"Assim, a decretação da falência de empresa signatária de cláusula compromissória não gera impedimento para a instauração ou prosseguimento de arbitragem. Ocorrerá apenas uma alteração da representação da devedora no procedimento arbitral, passando o administrador judicial a representar a massa falida [4 – Conforme Donaldo Armelin: '... com a celebração, na forma da lei de regência, de convenção de arbitragem, consumou-se o direito de opção pela jurisdição arbitral, emergindo direito adquirido à sua instauração, prosseguimento e conclusão com a prolação da sentença arbitral. Não há, considerando-se a emergência do direito à jurisdição, como, a teor dos fatos jurídicos supervenientes, extinguir-se a arbitragem em razão da perda da disponibilidade do direito nela questionado, que se encontrava livre de qualquer restrição quando da celebração da convenção de arbitragem, estando, da mesma forma, a parte signatária desse documento com capacidade plena na ocasião.' (Obra citada, p. 19/20)]. A indisponibilidade de bens, portanto, ocorre em relação aos antigos sócios e administradores da falida, mas não em relação ao administrador judicial, que passa a ter legitimidade para administrar o ativo da massa e a representá-la em ações judiciais ou em procedimentos arbitrais.

Portanto, não há razão para obstar o prosseguimento de arbitragem em curso ou impedir a instauração de procedimento fundado em convenção de arbitragem firmada anteriormente à decretação de falência, desde que seu objeto verse sobre direitos patrimoniais disponíveis, diante da existência de cláusula compromissória que afasta a competência do Poder Judiciário e atribui ao tribunal arbitral competência exclusiva para a apreciação do tema."[9]

Com efeito, tudo sinaliza pela pacificação da situação, com a convivência harmônica entre o Juízo Arbitral e o processo judicial de insolvência, *lato sensu*.

Por último, com a regulamentação dos processos de insolvência transnacional no capítulo VI-A (arts. 167-A a 167-E), ficou o administrador judicial autorizado a atuar em outros países, independentemente de decisão judicial, na qualidade de representante do processo brasileiro, desde que a providência seja permitida pelo país em que tramita o processo estrangeiro, conforme enunciado no artigo 167-E, II.

Destarte, é inarredável que, com as novas regulações legislativas, especialmente as introduzidas pela Lei n. 14.112/2020, houve uma sobrecarga de atribuições e deveres ao administrador judicial, de tal sorte que exacerbou o grau de complexidade da função e, como corolário, ampliou também sua responsabilidade e volume de trabalho, ampliou, como consequência, ampliou também os riscos de sua atuação.

13. O dever de proceder à venda dos bens arrecadados no prazo de 180 dias (art. 22, III, *j*)

"j) proceder à venda de todos os bens da massa falida no prazo máximo de 180 (cento e oitenta) dias, contado da data da juntada do auto de arrecadação, sob pena de destituição, salvo por impossibilidade fundamentada, reconhecida por decisão judicial;"

---

[9] Arbitragem e insolvência. *TMA*, 2020. Disponível em: <https://www.tmabrasil.org/blog--tma-brasil/artigos/arbitragem-e-insolvencia>. Acesso em: 15 mai. 2021.

É também dever do AJ, conforme nova redação, proceder à venda de todos os bens da massa falida no prazo máximo de 180 (cento e oitenta) dias, contado da data da juntada do auto de arrecadação, sob pena de destituição, salvo impossibilidade fundamentada.

É mais um dever do administrador judicial que fala de perto com o processo falimentar.

Malgrado reconheça que a Lei n. 11.101/2005 tenha trazido modernização ao instituto da falência e recuperação, no que tem sido aperfeiçoada com o profícuo trabalho jurisprudencial, um dos grandes problemas enfrentados continua sendo, ainda hoje, a venda dos bens do falido para fins de liquidação do passivo.

A alienação de ativos arrecadados é ponto nuclear para a efetividade do processo falimentar. Importante que a alienação ocorra tão logo concluída a arrecadação dos bens, para a preservação de seu valor e, consequentemente, para permitir maior obtenção de recursos para pagamento dos credores.

Acontece que, na prática, até hoje, o procedimento tem se mostrado burocrático, mormente porque recheado de discussões sobre o valor de avaliação dos bens arrecadados. Essas discussões, em muitos casos, são provocadas por falidos ou sócios da falida que assumem uma postura nada cooperativa com o procedimento liquidatório. Outro fator que impedia o bom andamento dos trabalhos de alienação dos bens arrecadados é a consideração, equivocada, de possível espera na alienação para se aguardar melhores oportunidades de mercado – o que, na prática é de difícil ou impossível constatação, de modo a impedir a imediata realização dos bens para reversão de valores à massa falida.

O legislador reformista, com efeito, percebendo esses gargalos para o bom e célere escoamento do processo de falência – hipóteses repetidas e previstas na prática jurisprudencial –, resolveu colocar um ponto final nesses obstáculos quando estabeleceu o prazo máximo de venda dos bens arrecadados, em 180 (cento e oitenta) dias e, ainda, ameaçou o AJ de destituição se tal hipótese legal não for escorreitamente cumprida. Mas, para isso, para entender o alcance da letra *j* do inciso III do artigo 22, introduzida pela Lei n. 14.112/2020, é imprescindível conectá-la com o art. 142 do mesmo Diploma Legal, também remodelado.

A preocupação anterior espelhava uma mentalidade da época do Decreto-Lei n. 7661/45, quando preponderava a ideia de que a venda e alienação dos bens do falido devia observar rigidamente o valor de avaliação e os valores de mercado dos bens, situação que mudou radicalmente com as inovações legislativas. Hoje não se passa mais assim.

Realmente, parece não ser mais essa a preocupação deixada pelo legislador reformista, pois a redação do art. 142, §2º-A, IV, reafirma o texto contido na nova letra *j* do inciso III do artigo 22, conferindo o prazo máximo de 180 (cento e oitenta) dias ao AJ, a contar da data da lavratura do auto de arrecadação, para a alienação de todos os bens arrecadados na falência, ainda que as conjunturas do mercado não sejam favoráveis, conforme infirma o inciso I do §2º-A do artigo 142, sem qualquer sujeição ao preço vil (art. 142, §2º-A, V), tanto assim, em complemento, que em terceira chamada a alienação pode se dar por "qualquer preço" (art. 142, §3º-A, III), após cumprida a primeira chamada pelo preço mínimo de avaliação (art. 142, §3º-A, I) e segunda chamada por no mínimo 50% do preço de avaliação (art. 142, §3º-A, II).

Essa mudança de cultura decorrente do desapego ao preço de avaliação e desprezo pelo preço vil, independentemente dos fatores mercadológicos, realmente pode conduzir à venda dos bens arrecadados no prazo legal máximo de 180 (cento e oitenta) dias, pois evitará uma série de questionamentos e recursos sobre a precificação de bens e impugnação de avaliação e venda judicial apenas como expediente de procrastinação, o que conflita totalmente com os propósitos da lei.

A fim de contemporizar o novo procedimento de venda judicial aos preceitos da ampla defesa e contraditório, a novel legislação também vinculou a forma pela qual haverá impugnação ao preço do bem objeto de alienação, tanto que introduziu no art. 143 o §1º, no sentido de que as impugnações baseadas no valor da venda do bem somente serão recebidas se acompanhadas de oferta firme do impugnante ou de terceiros para a aquisição do bem, por valor presente superior ao valor de venda e de depósito caucionário equivalente a 10% do valor oferecido. Ademais, em complemento, se a suscitação de incidente processual envolvendo a impugnação ao preço do bem for considerada infundada, o impugnante poderá ser condenado e responderá pelos prejuízos causados e pelas penas de litigante temerário.

Em conclusão, por mais paradoxal que possa parecer, um dos maiores interessados na celeridade do processo de falência e no seu encerramento rápido é o próprio administrador judicial, que, em regra e por previsão legal, só recebe sua remuneração após a realização do ativo e início dos pagamentos dos credores. Logo, o AJ, a toda evidência, também tem o máximo interesse na celeridade do processo de liquidação e venda judicial dos bens arrecadados.

Por último, o outro ponto louvável na fase de alienação dos bens arrecadados é o destaque expresso e legal do caráter forçado da venda, o que nem sempre é bem compreendido pelas partes, justamente pela quebra de paradigma em relação ao modelo anterior, visto que o laudo de avaliação agora passa a valer apenas como referência – tanto que, na "terceira chamada", o bem pode ser vendido por "qualquer preço" (art. 142, §3º, III, LRF). É bem verdade que a venda forçada no ambiente do processo judicial é diversa da venda comum do bem em seu regular e específico mercado de comercialização. São situações diametralmente opostas. A venda forçada na esfera falimentar, tal como prevista, ao final, se não houver compradores nas duas primeiras chamadas, vai à alienação por qualquer preço, ainda que a preço vil e muito aquém do valor de mercado.

Espera-se que essas medidas proporcionem maior racionalidade e objetividade na tramitação do procedimento de alienação de ativos do falido, contribuindo com a celeridade e a recuperação dos créditos investidos na atividade empresária falida.

14. O dever de arrecadar valores em depósito em processos judiciais e administrativos (art. 22, III, s)

> "s) arrecadar os valores dos depósitos realizados em processos administrativos ou judiciais nos quais o falido figure como parte, oriundos de penhoras, de bloqueios, de apreensões, de leilões, de alienação judicial e de outras hipóteses de constrição judicial, ressalvado o disposto nas Leis nos 9.703, de 17 de novembro de 1998, e 12.099, de 27 de novembro de 2009, e na Lei Complementar nº 151, de 5 de agosto de 2015."

Uma das atividades essenciais do AJ, especialmente no procedimento falimentar, é arrecadar os valores depositados em processos administrativos ou judiciais nos quais o falido figure como parte, LRF qualquer que seja a origem, em especial, valores oriundos de penhoras, de bloqueios, de apreensões, de leilões, de alienação judicial e de outras hipóteses de constrição judicial.

Só haverá liquidação do passivo se houver ativo arrecadado e suficiente para a cobertura dos valores apurados; para isso, se faz indispensável a atuação ágil e expedita do AJ na busca e apuração de bens ou valores suscetíveis de arrecadação para ulterior venda judicial. A arrecadação será formalizada em auto, composto pela descrição dos bens e laudo de avaliação, elaborado e assinado pelo AJ e pelo representante da sociedade falida

Na falência, arrecadam-se todos os bens de propriedade da falida, mesmo que não se encontrem em sua posse, e todos os bens na posse dela, ainda que não sejam de sua propriedade. Estes últimos são oportunamente restituídos aos seus proprietários, não integrando a garantia dos credores e não podendo ser, por isso, vendidos na liquidação para satisfação dos créditos habilitados na falência.

15. Remuneração do administrador judicial em caso de microempresa, EPP e produtor rural (art. 24, §5º)

"Art. 24. O juiz fixará o valor e a forma de pagamento da remuneração do administrador judicial, observados a capacidade de pagamento do devedor, o grau de complexidade do trabalho e os valores praticados no mercado para o desempenho de atividades semelhantes.

[...]

§ 5º A remuneração do administrador judicial fica reduzida ao limite de 2% (dois por cento), no caso de microempresas e de empresas de pequeno porte, bem como na hipótese de que trata o art. 70-A desta Lei."

O *caput* do presente dispositivo legal (art. 24) trata da fixação e forma de pagamento da remuneração do administrador judicial, nos casos específicos que menciona. A nova redação do §5º, acima transcrita, introduzido no art. 24, é muito clara e transparente quando refere que dita remuneração fica reduzida ao limite de 2%, nos casos de microempresas e empresas de pequeno porte, com o acréscimo, agora, pela Lei n. 14.112/2020, da figura do produtor rural, desde que o valor da causa ou passivo concursal não exceda a R$ 4.800.000,00 (quatro milhões e oitocentos mil reais), pois, se exceder o teto legal, o produtor rural não poderá se valer da recuperação judicial especial. Portanto, o valor da causa arbitrado até esse limitador, em se tratando de produtor rural, a remuneração do AJ fica reduzida ao máximo de 2%. Agora, nos casos em que ultrapasse esse teto de valor da causa ou do passivo concursal, ainda que se trate de produtor rural, a remuneração do AJ será pela regra normal, ou seja, fixada de acordo com o *caput* do art. 24 e não excederá a 5% do valor devido aos credores submetidos à recuperação judicial ou do valor de venda dos bens na falência, posto que, nessa hipótese, o devedor não poderá se valer do procedimento especial.

Insta destacar, pelo nível de importância, por outro lado, que, se a microempresa, a empresa de pequeno porte e, agora, o produtor rural que detenha o passivo concursal de até 4,8 milhões de reais não optarem pelo procedimento especial ou plano especial preconizado no arts. 70 a 72 da Lei n. 11.101/2005, e, ao contrário, migrarem para o procedimento comum da recuperação, estarão abrindo mão dos benefícios legais a eles alcançados, haja vista que o plano de recuperação judicial especial se mostra mais eficiente, econômico e, ao mesmo tempo, confere maior agilidade ao soerguimento do que um "plano comum", seja pelas condições de pagamento, pela não submissão ao crivo da Assembleia Geral de Credores ou até mesmo por oferecer aos credores uma maneira mais rápida de recebimento de seus créditos.

Concluo que, se o devedor (microempresa, EPP ou produtor rural) optar pelo plano especial de recuperação judicial, previsto nos arts. 70 a 72 da Lei n. 11.101/2005, a remuneração do AJ fica restrita ao teto legal de 2%, conforme nova redação do §5º do art. 24, conferida pela Lei n. 14.112/2020. Se tal opção, por outro lado, não for exercida, isto é, se essas personalidades abrirem mão do Plano Especial, a remuneração do administrador judicial, nesse caso, passa à regra geral (art. 24, §1º), ou seja, não excederá a 5% do valor devido aos credores submetidos à recuperação judicial ou do valor de venda dos bens da falência.

Referências

Arbitragem e insolvência. *TMA*, 2020. Disponível em: <https://www.tmabrasil.org/blog-tma-brasil/artigos/arbitragem-e-insolvencia>. Acesso em: 15 mai. 2021.

As funções do administrador judicial. *Vivante Gestão e Administração Judicial*, 2015c. Disponível em: <https://www.vivanteaj.com.br/areas-de-exercicio>. Acesso em: 15 mai. 2021.

COELHO, Fábio Ulhôa. *Comentários à Lei de Falências e Recuperação de Empresas.* 13 ed. São Paulo: Thomson Reuters Brasil, 2018.

_____. *Lei de Falências e de Recuperação de Empresas.* 12 ed. São Paulo: Revista dos Tribunais, 2017.

GARCIA, Andressa. A mediação e a conciliação na nova Lei de Falências e Recuperação de Empresas. *Conjur*, 13 mar. 2021 Disponível em: <https://www.conjur.com.br/2021 mar 13/garcia-mediacao-conciliacao-lei-falencias>. Acesso em: 15 mai. 2021.

4. O ADMINISTRADOR JUDICIAL COMO AGENTE INDUTOR DOS OBJETIVOS DA REFORMA DO SISTEMA DE INSOLVÊNCIA BRASILEIRO: AS FUNÇÕES TRANSVERSAIS

Daniel Carnio Costa
Luis Felipe Salomão

1. O modelo normativo do sistema de insolvência brasileiro e a teoria da superação do dualismo pendular

A Lei n. 11.101/2005, desde sua redação original, foi fortemente influenciada pelo modelo de insolvência dos Estados Unidos da América. Entretanto, é inexato afirmar que o modelo brasileiro seria uma réplica do padrão norte-americano. A transposição daquele sistema de insolvência para o Brasil sofreu mudanças relevantes, que alteram em essência seu sentido normativo.

Nos EUA, de tradição fortemente pró-credor, foi desenvolvido um sistema de insolvência com a finalidade de se viabilizar uma negociação organizada entre credores e devedora, podendo prevalecer a melhor decisão coletiva para os credores. À vista disso, explica Thomas H. Jackson[1] que o modelo foi desenvolvido para neutralizar o credor resistente (*hold-out*), o qual, com sua conduta, coloca em risco a obtenção do melhor resultado coletivo para os credores[2]. É por essa razão que, durante as negociações num processo de recuperação judicial de empresas, os credores não podem

---

[1] JACKSON, Thomas H. *The logic and limits of bankruptcy law*. Washington, DC: BeardBooks, 2001, chapter 1.

[2] COSTA, Daniel Carnio. Teoria da essencialidade e as travas bancárias na recuperação judicial de empresas. *Migalhas*, 18 dez. 2018. Disponível em: <https://www.migalhas.com.br/

executar individualmente a devedora. Também é por isso que a decisão da maioria dos credores é imposta aos credores dissidentes. Essas duas técnicas procedimentais viabilizam o engajamento de todos os credores na negociação, potencializando o resultado mais positivo para a coletividade de credores. Como se observa no "dilema dos prisioneiros", nem sempre a soma das melhores decisões individuais gera a melhor decisão coletiva. É preciso criar os estímulos adequados para que a negociação seja ampla, organizada e em benefício da maioria dos credores.

No Brasil, todavia, durante a tramitação legislativa do projeto de lei que resultou na Lei n. 11.101/2005, houve a inclusão do art. 47, que alterou o sentido do nosso sistema normativo. Enquanto no sistema norte-americano busca-se o melhor resultado coletivo para os credores, no Brasil deve-se buscar o melhor resultado coletivo que combine a proteção aos valores constantes do art. 47, e não apenas os interesses dos credores. De acordo com o art. 47, a recuperação judicial tem por objetivo viabilizar a superação da situação de crise econômico-financeira do devedor, com o intuito de permitir a manutenção da fonte produtora, do emprego dos trabalhadores e dos interesses dos credores, promovendo, assim, a preservação da empresa, sua função social e o estímulo à atividade econômica. Portanto, é evidente que o melhor resultado coletivo oriundo dessa negociação entre credores e devedores deve atender não só aos interesses dos credores, mas também à preservação da fonte produtora – o emprego dos trabalhadores –, à manutenção da empresa, ao estímulo à atividade econômica e, finalmente, à função social da empresa.

Essa diferença normativa é relevante e não existe por mero acaso. No período que antecedeu a elaboração do sistema contemporâneo de recuperação judicial de empresas nos EUA, houve uma grande discussão acadêmica que ficou conhecida como "o grande debate normativo"[3]. Thomas H. Jackson e Douglas Baird defendiam a corrente normativa conhecida como *"creditors' bargain"*, pela qual o modelo normativo de

coluna/insolvencia-em-foco/293014/teoria-da-essencialidade-de-bens-e-as-travas-banca-rias-na-recuperacao-judicial-de-empresas>. Acesso em: 14 mai. 2021.

[3] Maiores detalhes em: COSTA, Daniel Carnio. A gestão democrática de processos e a tutela da função social da empresa no sistema de insolvência brasileiro. *Migalhas*, 17 mar. 2020. Disponível em: <https://www.migalhas.com.br/coluna/insolvencia-em--foco/321887/a-gestao-democratica-de-processos-e-a-tutela-da-funcao-social-da-empresa--no-sistema-de-insolvencia-brasileiro>. Acesso em: 14 mai. 2021.

recuperação empresarial deve buscar a otimização dos ativos em favor dos credores e, consequentemente, a melhor solução coletiva, resultado da negociação desenvolvida durante um processo de recuperação judicial de empresas, deve ser aquela que melhor atenda aos interesses dos credores. Nessa perspectiva, embora cientes de que a crise da empresa atinge outros interesses, como os dos empregados e da sociedade em geral, o processo de recuperação empresarial deve ter foco na tutela dos interesses dos credores, sendo esse o seu limite. Por outro lado, Elizabeth Warren[4] e Donald Korobkin[5] eram defensores da corrente normativa conhecida por *"bankruptcy choice"*, segundo a qual os objetivos do processo de recuperação judicial da empresa não se devem limitar a atender aos interesses dos credores diretamente impactados pela crise da empresa, mas também aos demais interesses vulnerados pela insolvência empresarial, como os dos trabalhadores, dos consumidores e da sociedade em geral.

Prevaleceu nos EUA a corrente mais adequada ao modelo do direito norte-americano, com raízes e tradições pró-credores. Assim é que, naquele modelo, o poder de conceder a recuperação judicial à empresa devedora está nas mãos dos credores.

No Brasil, contudo, as tradições do nosso direito são diferentes. A função social é da essência do direito brasileiro. O art. 1º, IV, da Constituição Federal de 1988 afirma que a República Federativa do Brasil se constitui em Estado Democrático de Direito e tem como fundamentos os valores sociais da livre iniciativa. O inciso XXII do art. 5º garante a propriedade privada, mas o inciso XXIII a condiciona ao atendimento da função social. O art. 170 determina que a ordem econômica deve ser exercida conforme os ditames da justiça social e reafirma a função social da propriedade como um de seus princípios. Nesse sentido, a inclusão do art. 47 no nosso sistema de insolvência empresarial foi absolutamente pertinente, condicionando-se a recuperação da empresa ao atendimento de sua função social.

A percepção de mudança da essência normativa do sistema de insolvência brasileiro fomentou a elaboração da teoria da superação do

---

[4] WARREN, Elizabeth. *Bankruptcy Policy*, 54 U. CHI. L. REV. 775,776-77 (1987).

[5] KOROBKIN, Donald. *The Role of Normative Theory in Bankruptcy Debates*, 82 IOWA L. REV. 75 (1996).

dualismo pendular[6], já reconhecida inclusive pelo Superior Tribunal de Justiça, segundo o qual:

"é interessante notar que o novo sistema de insolvência empresarial brasileiro abandonou o movimento pendular das legislações até então observadas no cenário mundial, cuja ênfase era pela liquidação dos ativos, da empresa em crise, seja prestigiando os interesses dos credores, seja pendendo pela proteção dos interesses dos devedores e, via de regra, deixando de lado a manutenção da atividade produtiva como resultado da superação da crise da empresa. Com o advento da Lei n. 11.101/05, o ordenamento pátrio supera o dualismo pendular, havendo consenso na doutrina de que a interpretação das regras da recuperação judicial deve prestigiar a preservação dos benefícios sociais e econômicos que decorrem da manutenção da atividade empresarial saudável, e não os interesses de credores ou devedores, sendo que, diante das várias interpretações possíveis, deve-se acolher aquela que busca conferir maior ênfase à finalidade do instituto da recuperação judicial"[7].

Logo, ainda durante a vigência da redação original da Lei n. 11.101/2005, a aplicação da teoria da superação do dualismo pendular já impunha uma interpretação do sistema de insolvência que prestigiasse a realização dos objetivos normativos do sistema, qual seja a preservação dos benefícios econômicos e sociais que decorrem da manutenção da atividade empresarial. O melhor resultado buscado pela negociação entre credores e devedores não era aquele que beneficiasse exclusivamente um desses atores diretamente atingidos pela crise da empresa, mas sim o que tutelasse o conjunto de interesses atingidos pela crise, previstos no art. 47 e orientados pela preservação da função social da empresa.

2. As funções transversais do administrador judicial

Nesse contexto, a interpretação da regulação legal e das funções do administrador judicial já estava sujeita, desde a edição da lei, na sua redação original, a um escrutínio mais rigoroso, exigindo-se que esse auxiliar do

---

[6] COSTA, Daniel Carnio. Reflexões sobre processos de insolvência: superação do dualismo pendular, divisão equilibrada de ônus e gestão democrática de processos. *Cadernos Jurídicos*, São Paulo, a. 16, n. 39, p. 59-77, jan./mar. 2015.

[7] STJ, AREsp 1.308.957/SP, Rel. Min. Luis Felipe Salomão, j. 27/09/2018.

juízo não atuasse como um agente em favor dos interesses dos credores ou da devedora. Impunha-se ao administrador judicial uma função mais ampla de garantidor dos resultados de interesse social do próprio sistema de insolvência.

Foi nesse diapasão que surgiu a teoria das funções transversais do administrador judicial, segundo a qual se exige do auxiliar do juízo uma atuação mais comprometida com os objetivos normativos do sistema de insolvência. Assim, além daquelas funções expressamente previstas no art. 22 da Lei n. 11.101/2005 (definidas como funções lineares), deveria o administrador judicial desempenhar outras funções essenciais ao atingimento dos melhores resultados das negociações em proveito de todos os interesses abarcados pelo art. 47 (definidas como funções transversais).

Confira-se explicação dada em artigo publicado no jornal *Valor Econômico*:

> "[...] além das funções lineares, o administrador judicial deve exercer outras funções que não estão expressamente previstas em lei, nem são relacionadas diretamente às linhas de trabalho já definidas em lei, mas que decorrem da interpretação adequada da Lei. Deve-se garantir que o procedimento de insolvência atinja os seus objetivos com eficiência. Assim, na recuperação judicial, deve-se garantir a preservação dos benefícios econômicos e sociais que decorrem da atividade empresarial (geração de rendas, empregos, recolhimento de tributos, circulação de produtos, serviços e riquezas) através da criação de um ambiente transparente e de confiança, de modo a viabilizar a negociação entre credores e devedores de um plano de recuperação da empresa em crise. Já na falência, deve-se garantir os mesmos valores, mas através da venda da empresa em bloco (preservando diretamente os empregos, rendas, tributos, circulação de produtos, serviços e riquezas) ou por meio da venda de ativos – permitindo que ativos vinculados à atividades improdutivas, passem a ser utilizados no desenvolvimento de outras atividades empresarias geradoras daqueles mesmos benefícios econômicos e sociais. Entretanto, esses objetivos somente serão atingidos, com eficiência, se o administrador judicial atuar de forma comprometida com o resultado do processo, exercendo funções que vão além daquelas expressamente previstas em lei e que perpassam simultaneamente as duas linhas de trabalho paralelas e simultâneas previstas para os procedimentos

falimentares e recuperacionais. Essas novas funções do administrador judicial devem ser chamadas de funções transversais.

É função transversal do administrador judicial agir verdadeiramente como auxiliar do juízo na condução do processo (e não como advogado que se manifesta nos autos mediante intimação). Assim, deve o administrador judicial estar em permanente contato com o magistrado, alertando-o de fatos e circunstâncias relevantes do processo, mesmo que não tenha sido intimado para tanto. Deve o administrador judicial fiscalizar o cumprimento dos prazos processuais por todos os agentes envolvidos no caso, alertando o juízo com a antecedência necessária para que as questões sejam decididas tempestivamente. Assim, não deve o administrador judicial aguardar que a serventia judicial certifique o decurso de determinado prazo e publique a referida certidão para somente depois disso requerer ao juiz a providência necessária ao bom andamento do feito. O atraso resultante da burocracia judiciária e do excesso de trabalho das serventias judiciais certamente impactará negativamente o resultado do processo. Por isso que o administrador judicial deve agir de forma a neutralizar esse atraso, antecipando ao magistrado a ocorrência desses fatos processuais relevantes e garantindo a tempestividade e a efetividade das decisões judiciais. Também é função transversal do administrador judicial atuar como mediador de conflitos entre credores e devedora. O acompanhamento muito próximo da evolução do processo pelo administrador judicial vai permitir que possa identificar os gargalos da negociação entre credores e devedora.

Nesse sentido, poderá o administrador judicial, sempre mediante autorização e supervisão judicial, agir como um catalizador de consensos, mediando conflitos pontuais e permitindo que o processo atinja os seus objetivos maiores. Daí que poderá o administrador judicial requerer a realização de audiências com o juiz do feito ou mesmo sessões de mediação e conciliação.

A atividade de fiscalização das atividades da empresa em recuperação judicial deve ser feita de forma a assegurar a transparência necessária ao sucesso das negociações entre credores e devedores. Daí que é função transversal do administrador judicial produzir relatórios consistentes de fiscalização da empresa, o que impõe a necessária conferência dos dados apresentados pela devedora.

Nesse diapasão, por exemplo, não faz sentido que o administrador judicial, no exercício de suas funções fiscalizadoras, limite-se a colher os dados que lhe são fornecidos pela empresa e os repasse ao processo para conhecimento do juiz e dos credores. Deve o administrador judicial elaborar o seu relatório, conferindo os dados que foram fornecidos pela empresa devedora. O administrador judicial deve exercer função análoga a de auditor, na medida em que deverá conferir a base dos dados informados pela devedora, cotejando os dados com a realidade de atuação da empresa.

Agindo assim, o administrador judicial exercerá sua função de forma plena e será um agente fundamental para o sucesso do processo de insolvência, garantindo a preservação dos tão desejados (e necessários) benefícios econômicos e sociais que decorrem da atividade empresarial."[8]

A reforma da Lei n. 11.101/2005, promovida pela Lei n. 14.112/2020, reforçou o sentido normativo do modelo brasileiro de insolvência empresarial e reconheceu expressamente as funções transversais do administrador judicial.

É importante destacar que a reforma manteve intacta a redação do art. 47 da Lei n. 11.101/2005, reafirmando que o objetivo do procedimento de recuperação judicial de empresas no Brasil deve atender ao conjunto de interesses impactados pela crise da devedora, não se limitando a ser benéfico aos credores, mas também aos empregados e a todos os demais aspectos ligados ao funcionamento da empresa e à função social.

A reforma foi além, pois não só manteve o art. 47, como ainda incluiu o §2º no art. 75 da Lei n. 11.101/2005, afirmando que também a falência é mecanismo de preservação de benefícios econômicos e sociais decorrentes da atividade empresarial, por meio da liquidação imediata do devedor e da rápida realocação útil de ativos na economia.

Dessa maneira, a reforma de 2020 do nosso sistema de insolvência empresarial está totalmente alinhada com nossas raízes jurídicas e reafirmou, expressamente, que os objetivos do sistema de insolvência empresarial, tanto pela recuperação de empresas quanto pela falência, são os mesmos e estão direcionados à preservação dos benefícios econômicos e sociais que decorrem da atividade empresarial.

Coerentemente, a reforma também revisitou a atuação do administrador judicial nos processos de recuperação de empresas e de falências,

---

[8] COSTA, Daniel Carnio. Administrador Judicial Moderno. *Jornal Valor Econômico*, 06 jun. 2017. Disponível em: <https://valor.globo.com/legislacao/noticia/2017/06/06/administrador--judicial-moderno.ghtml>. Acesso em: 14 mai. 2021.

à luz da teoria da superação do dualismo pendular, e reconheceu, agora expressamente, aquilo que a doutrina já identificava como funções transversais.

3. As novas funções do administrador judicial

Passemos, então, à análise específica de alguns aspectos relevantes da nova regulamentação do administrador judicial, conforme a reforma promovida pela Lei n. 14.112/2020.

Assim dispõe o art. 21:

> "O administrador judicial será profissional idôneo, preferencialmente advogado, economista, administrador de empresas ou contador, ou pessoa jurídica especializada.
>
> Parágrafo único. Se o administrador judicial nomeado for pessoa jurídica, declarar-se-á, no termo de que trata o art. 33 desta Lei, o nome de profissional responsável pela condução do processo de falência ou de recuperação judicial, que não poderá ser substituído sem autorização do juiz."

No que tange à qualificação profissional do administrador judicial, a reforma manteve o que já era determinado desde a origem da Lei n. 11.101/2005. Busca-se um administrador judicial profissional que tenha qualificação técnica adequada e idoneidade para o bom exercício da função. Embora não esteja expresso na lei, prefere-se a nomeação de pessoa jurídica especializada para o exercício da função, na medida em que uma pessoa jurídica conseguirá, de forma mais eficiente, reunir todas as habilidades técnicas exigidas por lei, objetivando prestar um serviço verdadeiramente profissional.

A atuação do administrador judicial deve pautar-se pelos princípios da eficiência, independência, celeridade e economia processual[9]. Nesse sentido, deve atuar de forma desvinculada na defesa de interesses parciais (devedores ou credores), buscando realizar os objetivos do sistema normativo com celeridade e o menor dispêndio de recursos.

---

[9] COSTA. Daniel Carnio. O administrador judicial no projeto de lei 10.220/18. *Migalhas*, 18 set. 2018. Disponível em: <https://www.migalhas.com.br/coluna/insolvencia-em-foco/287610/o-administrador-judicial-no-projeto-de-lei-10-220-18--nova--lei-de-recuperacao-judicial-e-falencias>. Acesso em: 14 mai. 2021.

No que diz respeito às funções do administrador judicial, a reforma manteve a técnica de classificá-las em comuns, específicas na recuperação empresarial e específicas na falência.

Conforme já se verificou na explicação da teoria das funções transversais, o administrador judicial possui suas funções divididas de acordo com suas linhas de trabalho nos procedimentos da recuperação judicial e na falência. Assim, as funções relacionadas ao trabalho que é desenvolvido para a formação das listas de credores são consideradas comuns, visto que são desenvolvidas tanto na recuperação judicial quanto na falência. Entretanto, existem funções desenvolvidas somente na recuperação judicial, que são aquelas relacionadas à fiscalização da devedora, à realização de assembleia geral de credores e à fiscalização do cumprimento do plano. Da mesma forma, existem funções exclusivas de atuação na falência, que são as atinentes à arrecadação, avaliação, realização de ativos e pagamento dos credores. Por isso, fala-se em funções lineares comuns e específicas (na falência e na recuperação judicial).

A novidade da reforma reside em trazer para o texto legal aquelas funções que eram reconhecidas como funções transversais, que não estavam expressas na lei, mas que deveriam ser exercidas como condição de atingimento dos objetivos do sistema normativo.

Entre as funções comuns do administrador judicial, compete-lhe na recuperação judicial e na falência (art. 22, inciso I):

"j) estimular, sempre que possível, a conciliação, a mediação e outros métodos alternativos de solução de conflitos relacionados à recuperação judicial e à falência, respeitados os direitos de terceiros, na forma do § 3º do art. 3º da Lei nº 13.105, de 16 de março de 2015 (Código de Processo Civil); (Incluído pela Lei nº 14.112, de 2020)

k) manter endereço eletrônico na internet, com informações atualizadas sobre os processos de falência e de recuperação judicial, com a opção de consulta às peças principais do processo, salvo decisão judicial em sentido contrário; (Incluído pela Lei nº 14.112, de 2020)

l) manter endereço eletrônico específico para o recebimento de pedidos de habilitação ou a apresentação de divergências, ambos em âmbito administrativo, com modelos que poderão ser utilizados pelos credores, salvo decisão judicial em sentido contrário; (Incluído pela Lei nº 14.112, de 2020)

m) providenciar, no prazo máximo de 15 (quinze) dias, as respostas aos ofícios e às solicitações enviadas por outros juízos e órgãos públicos, sem necessidade de prévia deliberação do juízo. (Incluído pela Lei nº 14.112, de 2020)"

Observa-se que a reforma manteve as funções comuns originalmente atribuídas ao administrador judicial, mas agregou novas funções antes reconhecidas doutrinariamente como transversais.

O administrador judicial deve ser um catalisador de consensos, tanto na recuperação judicial quanto na falência. A utilização de métodos mais adequados de solução de conflitos induz maior eficiência e celeridade no atingimento dos objetivos do sistema normativo.

Atento a essas funções e mesmo antes da reforma da lei, o Conselho Nacional de Justiça, por intermédio do Grupo de Trabalho[10] destinado a apresentar contribuições para a modernização e a efetividade da atuação do Poder Judiciário nos processos de recuperação judicial e de falência, editou a Recomendação n. 58, de 22 de outubro de 2019, que orienta os magistrados que atuam em processos de insolvência para a promoção da mediação e/ou conciliação.

A transparência do processo de insolvência e a comunicação do juízo com todos os interessados atingidos pela crise da empresa são fundamentais para que o sistema consiga preservar os benefícios sociais e econômicos que decorrem da atividade empresarial, seja na falência, seja na recuperação judicial. Assim, a lei agora impõe ao administrador judicial o dever de manter *site* de amplo acesso na internet, bem como endereço eletrônico para recebimento de habilitações e divergências administrativas.

Por fim, impõe a lei ao administrador judicial o dever funcional de responder aos ofícios e solicitações de informações de outros juízos ou órgãos públicos, independentemente de prévia determinação judicial. Trata-se de providência que se impõe como corolário de eficiência, com eliminação de burocracias cartorárias que apenas atrasavam o fornecimento de dados sobre o processo solicitados por outros juízos ou autoridades públicas.

---

[10] Portaria CNJ n. 162, de 19 de dezembro de 2018, e Portaria CNJ n. 199, de 30 de setembro de 2020.

Cumpre observar que todas essas novidades legais já faziam parte da rotina das varas especializadas em falência e recuperação judicial da Comarca de São Paulo – SP.

Sobre a atuação eficiente do administrador judicial, é importante destacar que também é sua função transversal fiscalizar o cumprimento dos prazos processuais por todos os agentes envolvidos no caso, alertando o juízo com a antecedência necessária para que as questões sejam tempestivamente decididas. Sendo assim, não deve o administrador judicial aguardar que a serventia judicial certifique o decurso de determinado prazo e publique a referida certidão para, somente depois, requerer ao juiz a providência necessária ao bom andamento do feito. O atraso decorrente da burocracia judiciária e do excesso de trabalho das serventias judiciais por certo impactará negativamente o resultado do processo. Por isso é que o administrador judicial deve agir de forma a neutralizar esse atraso, informando antecipadamente ao magistrado a ocorrência de fatos processuais relevantes e garantindo a tempestividade e a efetividade das decisões judiciais[11].

Entre as funções específicas que devem ser desempenhadas pelo administrador judicial na recuperação, compete-lhe (art. 22, inciso II):

"c) apresentar ao juiz, para juntada aos autos, relatório mensal das atividades do devedor, fiscalizando a veracidade e a conformidade das informações prestadas pelo devedor; (Redação dada pela Lei nº 14.112, de 2020)

e) fiscalizar o decurso das tratativas e a regularidade das negociações entre devedor e credores; (Incluído pela Lei nº 14.112, de 2020)

f) assegurar que devedor e credores não adotem expedientes dilatórios, inúteis ou, em geral, prejudiciais ao regular andamento das negociações; (Incluído pela Lei n. 14.112, de 2020)

g) assegurar que as negociações realizadas entre devedor e credores sejam regidas pelos termos convencionados entre os interessados ou, na falta de acordo, pelas regras propostas pelo administrador judicial e homologadas pelo juiz, observado o princípio da boa-fé para solução construtiva de consensos, que acarretem maior efetividade econômico-financeira e proveito social para os agentes econômicos envolvidos; (Incluído pela Lei nº 14.112, de 2020)

---

[11] COSTA, Daniel Carnio; MELO, Alexandre Nasser de. *Comentários à Lei de Recuperação de Empresas e Falência.* 2 ed. Curitiba: Juruá, 2021, p. 102.

h) apresentar, para juntada aos autos, e publicar no endereço eletrônico específico relatório mensal das atividades do devedor e relatório sobre o plano de recuperação judicial, no prazo de até 15 (quinze) dias contado da apresentação do plano, fiscalizando a veracidade e a conformidade das informações prestadas pelo devedor, além de informar eventual ocorrência das condutas previstas no art. 64 desta Lei. (Incluído pela Lei nº 14.112, de 2020)"

A reforma também manteve as funções lineares do administrador judicial na recuperação de empresas, mas passou a considerar outras funções que antes eram identificadas pela doutrina como transversais.

O administrador judicial deve ser o fiador da transparência e da confiança dos credores no processo de recuperação judicial. A criação de um ambiente adequado à realização de um acordo entre credores e devedor pressupõe que os credores tenham amplo conhecimento das condições de funcionamento da empresa em crise e confiem nos documentos apresentados pela empresa devedora no processo.

Por essa razão, a reforma passou a exigir que o administrador judicial fiscalize a veracidade e a conformidade das informações prestadas pelo devedor, não podendo aquele ser um mero repassador de informações, de maneira acrítica e sem nenhuma conferência. Todas as informações prestadas pela empresa devedora deverão ser conferidas pelo administrador judicial, pretendendo-se constatar sua veracidade e conformidade. Evidentemente, a responsabilidade do administrador judicial é subjetiva, fundada no dolo ou na culpa, de modo que a existência de inexatidões que não poderiam ser reconhecidas em uma verificação diligente não representa violação funcional.

Da mesma forma, exige-se do administrador judicial uma conduta mais proativa na condução do processo de recuperação da empresa. Por conseguinte, o decurso das tratativas e negociações havidas entre devedores e credores deve ser fiscalizado com o intuito de assegurar que nenhuma das partes adote expedientes ou condutas contrárias ao sentido normativo do sistema ou que prejudiquem a obtenção de um acordo equilibrado e capaz de preservar os benefícios sociais e econômicos gerados em razão da preservação da empresa.

Deve o administrador judicial ser um indutor dessas negociações, criando as oportunidades para que os consensos possam ser atingidos, observando-se regras de boa-fé e que possam criar um ambiente construtivo e apto à realização das finalidades do sistema de insolvência.

Vale registrar que o administrador judicial não será tecnicamente um negociador, nem propriamente um mediador, mas apenas deverá fiscalizar o curso das negociações e/ou criar condições para que sejam efetivamente realizadas mediações ou conciliações. Sua função será catalisar consensos.

Entre as funções específicas que devem ser desempenhadas pelo administrador judicial na falência, compete-lhe (art. 22, inciso III):

> "c) relacionar os processos e assumir a representação judicial e extrajudicial, incluídos os processos arbitrais, da massa falida; (Redação dada pela Lei nº 14.112, de 2020)
>
> j) proceder à venda de todos os bens da massa falida no prazo máximo de 180 (cento e oitenta) dias, contado da data da juntada do auto de arrecadação, sob pena de destituição, salvo por impossibilidade fundamentada, reconhecida por decisão judicial; (Redação dada pela Lei nº 14.112, de 2020)
>
> s) arrecadar os valores dos depósitos realizados em processos administrativos ou judiciais nos quais o falido figure como parte, oriundos de penhoras, de bloqueios, de apreensões, de leilões, de alienação judicial e de outras hipóteses de constrição judicial, ressalvado o disposto nas Leis nos 9.703, de 17 de novembro de 1998, e 12.099, de 27 de novembro de 2009, e na Lei Complementar nº 151, de 5 de agosto de 2015. (Incluído pela Lei nº 14.112, de 2020)"

No que se refere à falência, a reforma também manteve todas as funções originalmente atribuídas ao administrador judicial e, assim como ocorreu na recuperação judicial, foram acrescidas funções doutrinariamente identificadas como transversais.

Destarte, a reforma deixou claro que o administrador judicial deve assumir a representação judicial e extrajudicial da massa falida, incluídos os processos arbitrais. Logo, devem ser observados na falência os compromissos arbitrais e as arbitragens em curso, figurando o administrador judicial como representante da massa falida nos referidos procedimentos.

A reforma impôs o prazo de 180 dias para que o administrador judicial providencie a venda dos ativos da massa falida, sob pena de destituição. Essa é, talvez, a principal novidade legal entre as funções transversais positivadas, porquanto o processo de falência somente atingirá seus objetivos normativos se houver a rápida realocação de ativos na economia.

Os bens da massa falida devem ser incluídos em outras cadeias produtivas a fim de que voltem a ser fonte de benefícios econômicos e sociais.

Consoante o art. 75, §2º, a falência é mecanismo de preservação de benefícios econômicos e sociais por meio da rápida realocação útil de ativos na economia. Isso se faz com a realização dos ativos da massa falida. Assim, por exemplo, enquanto os veículos arrecadados na massa falida permanecerem a ela vinculados, não estarão prestando serviços nem transportando produtos, e ninguém será contratado para dirigi-los. A alienação desses veículos fará com que o adquirente lhes dê destinação economicamente benéfica, fazendo com que eles possam voltar a ser fonte de empregos, tributos, produtos, serviços e circulação de riquezas.

A reforma claramente prestigiou a realocação de ativos na economia, dando-lhe preferência até mesmo em relação ao pagamento dos credores, tendo em vista que os objetivos normativos do sistema devem ser atingidos e preservados acima da tutela de interesses de credores e devedores.

Conclusões

Em conclusão, o bom funcionamento do sistema econômico e o desenvolvimento da atividade empresarial dependem do adequado e eficiente funcionamento do sistema legal de insolvência empresarial. Isso porque o saneamento do mercado e a preservação de atividades empresariais geradoras de benefícios econômicos e sociais se fazem pela aplicação dos institutos da falência e da recuperação judicial de empresas. Atividades empresariais inviáveis devem ceder lugar a outras atividades de interesse social e econômico, conquanto empresas viáveis, mas em crise, devem ser preservadas em favor dos interesses sociais e públicos representados pela geração/preservação de empregos, recolhimento de tributos, circulação de bens, produtos, serviços de qualidade para a sociedade e geração de riquezas.

O administrador judicial é figura central para o sucesso dos processos de falência e recuperação judicial de empresas, não se devendo limitar a exercer suas funções lineares de forma descomprometida com o resultado útil do processo.

É imperioso que o administrador judicial desenvolva suas funções de maneira completa, exercendo inclusive suas funções transversais, de modo a garantir a efetividade do sistema de insolvência empresarial.

A conscientização dos administradores judiciais acerca do desempenho adequado de suas funções apresenta-se como condição propícia a transformar o ambiente empresarial em prol do desenvolvimento econômico tão necessário a qualquer país.

Portanto, ficou claro que a reforma da lei, no que concerne ao administrador judicial, buscou adequar a sua atuação ao modelo normativo de insolvência brasileiro, transformando-o num agente indutor dos bons resultados econômicos e sociais que buscam ser preservados pelos processos de insolvência.

Referências

COSTA, Daniel Carnio. *A gestão democrática de processos e a tutela da função social da empresa no sistema de insolvência brasileiro. Migalhas*, 17 mar. 2020. Disponível em: <https://www.migalhas.com.br/coluna/insolvencia-em-foco/321887/a-gestao--democratica-de-processos-e-a-tutela-da-funcao-social-da-empresa-no-sistema--de-insolvencia-brasileiro>. Acesso em: 14 mai. 2021.

_____. Administrador Judicial Moderno. *Jornal Valor Econômico*, 06 jun. 2017. Disponível em: <https://valor.globo.com/legislacao/noticia/2017/06/06/administrador-judicial-moderno.ghtml>. Acesso em: 14 mai. 2021.

_____. O administrador judicial no projeto de lei 10.220/18. *Migalhas*, 18 set. 2018. Disponível em: <https://www.migalhas.com.br/coluna/insolvencia-em-foco/287610/o-administrador-judicial-no-projeto-de-lei-10-220-18--nova-lei-de-recuperacao-judicial-e-falencias>. Acesso em: 14 mai. 2021.

_____. Reflexões sobre processos de insolvência: superação do dualismo pendular, divisão equilibrada de ônus e gestão democrática de processos. *Cadernos Jurídicos*, São Paulo, a. 16, n. 39, p. 59-77, jan./mar. 2015.

_____. Teoria da essencialidade e as travas bancárias na recuperação judicial de empresas. *Migalhas*, 18 dez. 2018. Disponível em: <https://www.migalhas.com.br/coluna/insolvencia-em-foco/293014/teoria-da-essencialidade-de-bens-e-as-travas-bancarias-na-recuperacao-judicial-de-empresas>. Acesso em: 14 mai. 2021.

_____; MELO, Alexandre Nasser de. *Comentários à Lei de Recuperação de Empresas e Falência*. 2 ed. Curitiba: Juruá, 2021.

JACKSON, Thomas H. *The logic and limits of bankruptcy law*. Washington, DC: BeardBooks, 2001.

KOROBKIN, Donald. *The Role of Normative Theory in Bankruptcy Debates*, 82 IOWA L. REV. 75 (1996).

SALOMÃO, Luís Felipe; SANTOS, Paulo Penalva. *Recuperação judicial, extrajudicial e falência*: teoria e prática. 4 ed. Rio de Janeiro: Forense, 2019.

WARREN, Elizabeth. *Bankruptcy Policy*, 54 U. CHI. L. REV. 775,776-77 (1987).

5. O PAPEL DO PODER JUDICIÁRIO NO APERFEIÇOAMENTO DO SISTEMA DE RECUPERAÇÃO JUDICIAL E FALÊNCIA: ESPECIALIZAÇÃO DE VARAS E CADASTRO DE ADMINISTRADORES JUDICIAIS

Ney Wiedemann Neto

Introdução

O presente artigo aborda duas situações em que o Poder Judiciário pode contribuir para aprimorar a condução dos processos de falência e de recuperação judicial, a saber, por meio de varas especializadas na matéria e a partir da criação de cadastros para habilitação de administradores judiciais.

O Poder Judiciário, de modo geral, vem adotando muitas providências a fim de contribuir para o aperfeiçoamento do sistema de recuperação judicial e falência. As modificações implementadas pela Lei n. 14.112/2020 reforçaram os princípios da celeridade e eficiência, no que tange ao estímulo à especialização de varas para o trato da matéria. Por igual, a implementação de cadastros de administradores judiciais reforça o princípio da transparência, ampliando o controle das destituições e o incentivo à especialização profissional.

O presente estudo busca abordar esses dois aspectos da atuação dos tribunais, em termos de gestão judiciária, por meio dos quais se espera um aperfeiçoamento da prestação jurisdicional por juízes especialistas na matéria, bem como administradores judiciais mais bem capacitados para o desempenho de suas funções.

1. Especialização de varas

Os pedidos de recuperação judicial de empresas e empresários (sem adentrar na discussão sobre legitimação de outros agentes econômicos) crescem a cada ano. O aumento dessa espécie de processo judicial e a sua importância para a atividade econômica do país suscitam o questionamento acerca do cabimento e da importância (ou não) de varas de competência especializada para a matéria de recuperação judicial. Em outras palavras, em termos de administração judiciária, é preciso discutir se esse seria um caminho relevante para aperfeiçoar a entrega da prestação jurisdicional em tempo adequado e de modo efetivo, com o propósito de auxiliar na preservação da atividade econômica produtiva e viável.

A recuperação judicial tem por escopo: (a) reorganizar a empresa em crise financeira; (b) preservar as oportunidades de emprego desta empresa; (c) implementar a valorização da massa próxima da insolvência empresarial; e (e) dilatar as possibilidades de negociação para solução de passivo[1]. Portanto, se a finalidade do instituto legal da recuperação judicial é fomentar ou viabilizar a superação da crise econômica da empresa e sendo o processo instrumento do direito material, cabe ao Estado o dever de promover os meios necessários para permitir o alcance do resultado pretendido por meio dessa legislação[2].

A necessidade de especialização é particularmente evidente no âmbito das controvérsias derivadas de relações empresariais. Em razão da complexidade e do constante aprimoramento das relações negociais e econômicas, tais controvérsias apresentam vicissitudes e peculiaridades que demandam especialização não só do advogado, mas também de quem decide o litígio[3].

No Brasil, há duas varas de competência exclusiva de falência e recuperação judicial, sendo uma em São Paulo/SP e outra em Fortaleza/CE, dados

---

[1] FAZZIO JÚNIOR, Waldo. *Lei de falência e recuperação de empresas*. São Paulo: Atlas, 2008, p. 115.

[2] D'ALBUQUERQUE, Julia de Baére Cavalcanti; GOMES, Tadeu Alves Sena. A competência exclusiva como meio de atingir o escopo da ação de recuperação judicial. *Revista Caderno Virtual*, v. 3, n. 45, ago./nov. 2019.

[3] CASTRO, Rodrigo Rocha Monteiro de; PEREIRA, Guilherme Setoguti J. O judiciário e os litígios empresariais: a bem-sucedida experiência do Tribunal de Justiça de São Paulo. *Revista de Direito Bancário e do Mercado de Capitais*, São Paulo, v. 65, 2014, p. 53.

do CNJ[4]. Aumentando um pouco mais a competência, já se encontram diversas varas empresariais em funcionamento nos tribunais com maior volume de demandas – a saber, Bahia, Minas Gerais, Rio de Janeiro, Santa Catarina, São Paulo, Distrito Federal, Paraná, Mato Grosso, Mato Grosso do Sul, Espírito Santo, Amapá e Rio Grande do Sul.

Muitas dessas varas, contudo, acumulam distintas competências concorrentes que não permitem a atenção concentrada nos processos propriamente ditos de falência ou de recuperação judicial. Há a necessidade de uma carga de distribuição de processos mínima a justificar a instalação de uma vara e a pequena quantidade de processos exclusivamente de falência ou de recuperação judicial justifica que a vara detenha, cumulativamente, competência para outros temas de direito comercial.

A busca pela competência exclusiva conduz à adoção paralela de outros meios que levarão a uma formação específica dos profissionais do Poder Judiciário que venham a atuar em matéria de insolvência, o que se mostrará importante para a técnica de resolução dessas demandas especiais a fim de evitar o tempo de desgaste natural às empresas em recuperação judicial[5]. No sentido oposto, pode-se inferir que a tramitação desses processos em varas não especializadas importa em equipes não formadas com a estrutura de atuação adequada para o mister.

Além disso, há que se considerar a segurança jurídica, no sentido da consolidação hermenêutica dos institutos legais pertinentes, na medida em que a concentração da competência poderá aumentá-la, ao passo que a pulverização terá o efeito reverso. A inexistência de uma prognose sobre o conteúdo das respostas jurisdicionais impede que os membros da comunidade tenham uma percepção clara sobre a conduta que devem adotar, chegando eles até a deixar de praticar determinados atos ou de celebrar certos negócios, ante o risco a que podem se submeter em decorrência da instabilidade[6].

---

[4] CONSELHO NACIONAL DE JUSTIÇA. *CNJ*, 2021. Produtividade mental. Disponível em: <https://paineis.cnj.jus.br/QvAJAXZfc/opendoc.htm?document=qvw_l%2FPainelCNJ.qvw&host=QVS%40neodimio03&anonymous=true&sheet=shPDPrincipal>. Acesso em 15 mai. 2021.

[5] D'ALBUQUERQUE; GOMES. A competência exclusiva...

[6] BASTOS, Antonio Adonias A. A estabilidade das decisões judiciais como elemento contributivo para o acesso à Justiça e para o desenvolvimento econômico. *Revista de Processo*, São Paulo, a. 39, v. 227, jan. 2014, p. 295.

Ademais, além do fato de que a especialização da competência poderá incrementar segurança jurídica e maior conhecimento à equipe (magistrado e servidores), não se pode ignorar o fator do tempo razoável de duração do processo. É compreensível que, no caso de varas com competência concorrente, o Juízo precisará dispender tempo e atenção, ao mesmo tempo, para os mais variados tipos de processos, alguns inclusive mais urgentes ou prioritários jurisdição de interesses de idosos, infância e juventude, réus presos, mandados de segurança, habeas corpus, alimentos, dentre outros.

Tal assertiva é corroborada pela 2ª Fase do Observatório da Insolvência, iniciativa do Núcleo de Estudos de Processos de Insolvência (NEPI) da PUC-SP e da Associação Brasileira de Jurimetria (ABJ), que, utilizando a estatística aplicada ao Direito para compreender empiricamente a insolvência e auxiliar na adoção de políticas públicas, concluiu que o tempo mediano até a aprovação do plano é de 407 (quatrocentos e sete) dias nas varas especializadas e de 567 (quinhentos e sessenta e sete) nas varas comuns[7].

Não foi por outra razão que o Conselho Nacional de Justiça aprovou orientação aos tribunais para a especialização das varas que analisam e julgam processos de recuperação empresarial e falimentar. A diretriz também é para a formação de câmaras ou turmas especializadas nessa matéria, uma vez que os processos que tratam desses temas são de natureza técnica e requerem especialização para que tramitem de forma célere[8]. O ato está consolidado na Recomendação nº 56, de 22 de outubro de 2019, no sentido de sugerir aos Tribunais de Justiça dos Estados, do Distrito Federal e dos Territórios uma mudança estrutural na organização judiciária, com a criação ou instalação de varas regionais especializadas com competência para processar e julgar processos de recuperação empresarial e falência, utilizando como critério a média anual de distribuição de 221 (duzentos e vinte e um) processos novos, principais e incidentes, considerando os últimos três anos[9].

---

[7] JAPUR, José Paulo *et al*. *Recomendações do CNJ em direito recuperatório e falimentar*. Porto Alegre: Buqui, 2021, p. 18.

[8] CONSELHO NACIONAL DE JUSTIÇA. *CNJ*, 2019. Recuperação de empresas: CNJ busca agilizar processos. Disponível em: <https://www.cnj.jus.br/recuperacao-de-empresas-recomendacoes-buscam-agilizar-processos/>. Acesso em: 15 mai. 2021.

[9] CONSELHO NACIONAL DE JUSTIÇA. *CNJ*, 2019. Recomendação Nº 56 de 22/10/2019. Disponível em: <https://atos.cnj.jus.br/atos/detalhar/3068>. Acesso em: 15 mai. 2021.

Vê-se que a Recomendação n. 56 do CNJ revela séria preocupação do órgão com a gestão desse tipo de conflito ao sugerir, em ação coordenada com Tribunais, a regionalização das varas com competência exclusiva na matéria, a quem caberá, dentro da realidade de cada unidade da federação, a implementação do melhor modelo, considerando o número de processos, extensão territorial e eventual divisão administrativa já existente[10].

Os fundamentos para essa recomendação deram-se no sentido de que (a) as varas especializadas em recuperação judicial e falência são significativamente mais eficientes na condução de processos afetos à matéria do que as varas de competência comum cumulativa e (b) a aplicação ineficaz das ferramentas legais do sistema de insolvência empresarial gera prejuízos sociais gravíssimos, seja pelo encerramento de atividades viáveis, com a perda dos potenciais empregos, tributos e riquezas, seja pela manutenção artificial do funcionamento de empresas inviáveis, circunstância que impede a produção de benefícios econômicos e sociais, atuando em prejuízo do interesse da sociedade e do adequado funcionamento da economia[11].

Cumpre o registro de que houve uma tentativa de incorporar essa proposta de especialização de varas ao texto da Lei n. 11.101/2005. O Projeto de Lei n. 10.220/2018 acrescentava parágrafos ao art. 3º, bem como criava o art. 3º-A, com uma série de medidas que convergiam para esse propósito[12]. Tratava-se de projeto que sofreu alterações com o projeto de lei substitutivo (PL n. 1.397/2020), no qual, a partir de novas contribuições e estudos, essa inovação foi suprimida. Houve questionamentos se lei federal poderia dispor sobre questão de organização judiciária, de iniciativa dos tribunais, que dependeria de lei estadual[13].

---

[10] JAPUR et al. *Recomendações do CNJ...*, p. 16.

[11] COSTA, Daniel Carnio; MELO, Alexandre Correa Nasser de. *Comentários à lei de recuperação de empresas e falência*: Lei 11.101, de 09 de fevereiro de 2005. Curitiba: Juruá, 2021, p. 45.

[12] COSTA, Daniel Carnio *et al.* As varas especializadas de competência regional no projeto de nova lei de recuperação judicial e falências (PL 10220/2018). *Migalhas*, 3 jul. 2018. Disponível em: <https://www.migalhas.com.br/coluna/insolvencia-em-foco/282930/as-varas-especializadas-de-competencia-regional-no-projeto-de-nova-lei-de-recuperacao-judicial-e-falencias--pl-10220-2018>. Acesso em: 16 mai. 2021.

[13] CALÇAS, Manoel Pereira; DEZEM, Renata M. Maciel. As varas de falência regionais. *Jornal Valor Econômico*, 08 ago. 2018. Disponível em: <https://valor.globo.com/legislacao/noticia/2018/08/08/as-varas-de-falencia-regionais.ghtml>. Acesso em: 16 mai. 2021.

O certo seria que cada comarca possuísse uma Vara Especializada em Falência e Recuperação Judicial. Entretanto, como parece óbvio, não faz sentido a criação de milhares de Varas Especializadas em pequenas e médias cidades sem movimento judiciário suficiente para justificar sua criação, de modo que os juízes especializados trabalhariam com pouquíssimos casos e, muitas vezes, seriam juízes de um único caso. Isso seria antieconômico[14].

A solução, nesse caso, seria a criação de varas regionais, com competência sobre várias comarcas ao mesmo tempo, especializadas em falência e recuperação judicial – e, dependendo do volume da demanda, em outros temas de direito comercial. Essas varas especializadas de competência regional deveriam ser informatizadas, operando somente com o processo eletrônico. Com isso, as partes e advogados não precisariam deslocar-se por grandes distâncias para ter acesso ao processo, o que se daria por meio virtual.

Esse modelo importa nos seguintes benefícios: (a) efetividade, porque a condução dos processos por juízes especializados e com experiência na matéria aumentará o índice de sucesso na recuperação das empresas e na recuperação de créditos em falências; (b) treinamento permanente e comunicação entre juízes especializados, porque, sendo pequeno o número de juízes, fica mais fácil a disponibilização de cursos e capacitações e o estabelecimento de canais de comunicação entre eles para o intercâmbio de experiências e estudos; (c) aumento da qualidade do trabalho dos administradores judiciais, porque os juízes especializados terão melhores condições para avaliar o seu desempenho, podendo deixar de nomear aqueles que não tiverem uma atuação adequada; (d) incentivo ao investimento nacional e estrangeiro na economia brasileira, atração de capitais, preservação da segurança jurídica, porque a imprevisibilidade das decisões judiciais afugenta os investidores e contribui para um ambiente de negócios com maiores riscos; (e) aumento da arrecadação de tributos, porque a correta condução do processo de modo célere e eficiente preserva a atividade econômica ou agiliza a liquidação de ativos e a arrecadação de tributos; e (f) aumento da fiscalização dos juízes e garantias de transparência nos processos de insolvência e do combate à corrupção,

---

[14] COSTA, Daniel Carnio. Varas de falência e recuperação de competência regional. *Jota*, 01 nov. 2017. Disponível em: <https://www.jota.info/especiais/varas-de-falencia-e-recuperacao-de-competencia-regional-01112017>. Acesso em: 15 mai. 2021.

porque a concentração da competência em reduzido número de varas especializadas viabiliza a efetiva fiscalização pelos órgãos de correição e controle, coibindo práticas inadequadas[15].

É importante ponderar que a carreira da magistratura permite a classificação dos juízes nas varas por critérios de promoção por antiguidade ou por merecimento, além da possibilidade da remoção ou da reclassificação, na mesma entrância. E, para essa movimentação, todos estão aptos, não havendo segmentação temática interna na carreira, isto é, são todos juízes de direito sem limitação para atuação jurisdicional em qualquer matéria pertinente à Justiça Estadual. Daí a relevância da capacitação constante dos magistrados titulares de varas especializadas.

Obviamente que a pesquisa doutrinária e jurisprudencial de um campo tão específico também requer mais tempo, o que seria otimizado pela especialização. Não necessariamente a atuação eficiente de uma vara está relacionada à competência exclusiva para conhecer uma única matéria. Mas, sem dúvida, espera-se maior agilidade advinda da prática, do manuseio constante do mesmo tipo de processo e do contato com maior número de casos e suas diferentes possibilidades, conduzindo à desenvoltura no trato da matéria[16].

Importante lembrar que a própria Recomendação n. 56/2019 do CNJ, no seu art. 2º, dispõe que os tribunais de justiça deverão criar ainda câmaras ou turmas especializadas em falência, recuperação empresarial e em outras matérias de Direito Empresarial, sempre que houver especialização de varas na primeira instância. Esse aspecto revela-se curial para que os recursos das varas especializadas sejam julgados por câmaras com idêntica especialização, evitando-se com isso a insegurança jurídica no 2º grau de jurisdição e o incentivo à recorribilidade exagerada das decisões, em uma espécie de loteria jurisprudencial.

Conforme a lição de Sidnei Beneti:

"A exclusividade da competência para a matéria insolvencial atendeu a alguns norteamentos, exigidos pelo caráter concursal forçosamente plúrimo,

---

[15] COSTA, Daniel Carnio. Varas de falência e recuperação de competência regional. *Jota*, 01 nov. 2017. Disponível em: <https://www.jota.info/especiais/varas-de-falencia-e-recuperacao-de-competencia-regional-01112017>. Acesso em: 15 mai. 2021.

[16] JAPUR *et al. Recomendações do CNJ...*, p. 19.

no aspecto subjetivo e objetivo da matéria, para a formação rápida de precedentes fortes: 'pioneira a experiência por levar à construção de uma doutrina de precedentes judiciais capazes de fornecer às sociedades, especialmente aos agentes da atividade econômica e aos profissionais do mundo jurídico, diretrizes seguras, tornando previsível a interpretação da lei e concretizando em situação fática sua normatividade abstrata, o que facilita a todos os agentes da atividade econômica planejar o agir, ao advogado aconselhar o cliente, ao juiz compor os conflitos oferecendo norte claramente visível para a sociedade e ensejando às jurisdições da interpretação consistente da Lei no Estado, respeitadas, evidentemente, eventuais dissenções."[17]

Finalizando a abordagem desse tópico, cumpre registrar a experiência do Tribunal de Justiça do Rio Grande do Sul. Atualmente, estão em funcionamento a Vara Empresarial da Comarca de Porto Alegre (capital do Estado), com dois Juizados, e a Vara Regional Empresarial da Comarca de Novo Hamburgo. Ambas as varas detinham, antes, competência exclusiva para processos de falência e recuperação judicial, mas tiveram a ampliação para outros temas de direito comercial. Há previsão de instalação, em breve, de outras varas regionais empresariais, paulatinamente, para que, com o tempo, os processos dessa temática sejam julgados unicamente por juízes especializados. A administração prevê, em breve, a instalação dessas varas nas comarcas de Canoas, Caxias do Sul e Santa Rosa.

Ao mesmo tempo, no 2º grau de jurisdição, o TJRS já conta, há décadas, com duas câmaras cíveis com competência exclusiva para o julgamento de recursos e processos envolvendo casos dessa temática, a saber, a 5ª e a 6ª Câmaras Cíveis. Essa especialização tem contribuído de modo efetivo para o aperfeiçoamento da prestação jurisdicional nesses casos, confirmando os aspectos positivos e as vantagens destacados para esse modelo de organização judiciária.

2. Cadastro de administradores judiciais

Um dos principais instrumentos conferidos pela lei ao Juiz, que preside o procedimento de recuperação judicial, para lhe dar efetividade, é a figura

---

[17] BENETI, Sidnei. Competência em falências e recuperações judiciais. In: ABRÃO, Carlos Henrique; ANDRIGHI, Fátima Nancy; _____ (coord.). _10 anos de vigência da Lei de Recuperação e Falência (Lei 11.101/2005)_. São Paulo: Saraiva, 2015, p. 21.

do Administrador Judicial, que deverá ser profissional especializado, com condições mínimas estruturais e financeiras para atuar com independência e autonomia, sendo uma garantia do juízo e dos credores quanto à transparência da verdadeira realidade da crise econômica, financeira e patrimonial pela qual a empresa requerente atravessa[18].

O administrador judicial deve ser nomeado pelo juiz no momento do deferimento do processamento da recuperação judicial ou na sentença que decretar a falência. Logo que nomeado, será intimado pessoalmente para, em 48 horas, assinar na sede do Juízo o termo de compromisso. Não cumprido o prazo, o juiz nomeará novo administrador judicial. No caso de administrador judicial pessoa jurídica, deverá constar o nome do profissional responsável pela condução do processo, que não poderá ser substituído sem autorização judicial. A maioria dos deveres e atribuições do administrador judicial estão elencados no art. 22 da Lei n. 11.101/2005, embora não seja taxativo esse rol.

O administrador judicial não representa quem quer que seja, mas cumpre os deveres inerentes ao cargo. Por esse motivo, pode agir contra ou a favor do falido ou recuperando ou quanto às pretensões dos credores concorrentes. A sua atividade é tipicamente empresária. Apenas não é considerado empresário quando for advogado, em face do disposto no art. 16 do Estatuto da Advocacia e da Ordem dos Advogados do Brasil, Lei n. 8.906/1994.

A Lei n. 11.101/2005 estabelece que o Administrador Judicial deve ser preferencialmente profissional com conhecimento em direito, administração de empresas, economia ou contabilidade, ou ser pessoa jurídica especializada. O mais importante para a boa atuação do Administrador Judicial não é propriamente a formação acadêmica do profissional, mas sim a forma como a atividade deve ser desenvolvida. O Administrador Judicial será pessoa natural ou jurídica idônea com experiência comprovada e estrutura organizacional adequada ao exercício das suas funções. Os juízes deverão dar prioridade à nomeação de profissionais que tenham recebido algum tipo de certificação profissional oferecida por entidade idônea. A atuação do administrador judicial não deve ser vinculada à tutela

---

[18] ALVES, Luiz Alberto Carvalho. Parâmetros para a nomeação do administrador judicial e fixação dos seus honorários na recuperação judicial. *Revista Justiça & Cidadania*, Rio de Janeiro, n. 185, jan. 2016, p. 46.

dos interesses da devedora, nem dos credores. Sua atuação pauta-se pela independência[19].

Na prática forense, essa atividade vem sendo exercida majoritariamente por advogados, explicando-se a opção pelo fato de que se trata de lei complexa a demandar notórios conhecimentos em variados ramos do Direito. Na verdade, se o administrador for advogado, dependerá certamente de auxiliares, dentre os quais contabilistas, administradores ou economistas. Qualquer um desses, tanto que nomeado, obrigar-se-á a contratar advogado para assessorá-lo e para exercer sua representação judicial. Daí a alusão à possibilidade de nomeação de empresa especializada, que, por certo, reunirá um conjunto de profissionais que abranja todas as áreas e que corresponda a estágio superior de profissionalização, necessário diante das novas exigências da lei[20].

Inobstante a legislação não exija formação adequada, a prática, ou talvez o considerável aumento dos processos dessa natureza no cenário nacional, acabou por bem ordenar uma capacitação apropriada e qualificação técnica para o exercício da função. Pode-se afirmar que, atualmente, a especialização do profissional é fundamental, e certamente beneficia todos envolvidos no processo[21].

O Administrador Judicial é figura indispensável para o bom andamento do processo de falência bem como da recuperação judicial. Daí porque a escolha do administrador é fator crucial. Três critérios devem orientar a escolha do magistrado: confiança, idoneidade e qualificação técnica[22].

Embora não previsto em lei, o administrador judicial deverá ser independente e imparcial e deter experiência e conhecimentos técnicos, sobretudo na área de negócios, para atender às finalidades de sua função.

---

[19] COSTA, Daniel Carnio. O administrador judicial no Projeto de Lei n. 1.0220/2018 (nova Lei de Recuperação Judicial e Falências). *Revista Brasileira de Direito Comercial*, Porto Alegre, v. 5, n. 27, fev./mar. 2019, p. 86.

[20] ROCHA, Roberto Ozelame; WEINMANN, Amadeu de Almeida. *Recuperação empresarial:* nova lei de falência e novo Direito Penal Falimentar. Porto Alegre: Livraria de Advogado Ed., 2006, p. 44.

[21] MEDEIROS, Laurence Bica; COSTA, Nathália Laís Michel. O administrador judicial. In: *Recuperação Judicial de Empresas:* temas atuais. SILVEIRA, Arthur Alves; BÁRIL, Daniel; FERNANDES JR., João Medeiros (org.). Porto Alegre: OAB/RS, 2019, p. 218.

[22] SCALZILLI, João Pedro. SPINELLI, Luis Felipe. TELLECHEA, Rodrigo. *Recuperação de empresas e falência:* teoria e prática na Lei 11.101/2005. 3 ed. São Paulo: Almedina, 2018, p. 260.

Para que sua atuação esteja em consonância com os objetivos da lei e para que o devedor em recuperação judicial ou a massa falida sejam onerados da menor forma possível, é desejável que o administrador judicial seja profissional dotado de equipe multidisciplinar[23].

Paralelamente a isso, há que se ter em conta os casos de administradores judiciais que tenham sido destituídos pelo cometimento de faltas graves e o impedimento de que sejam nomeados no prazo de 5 (cinco) anos. Isso também enseja a disponibilização de base de dados informativa aos magistrados a respeito de tal circunstância.

Com efeito, reza o art. 31 da Lei de Falência e Recuperação de Empresas que o juiz poderá determinar a destituição do Administrador Judicial quando verificar desobediência aos preceitos desta Lei, descumprimento de deveres, omissão, negligência ou prática de ato lesivo às atividades do devedor ou a terceiros. E o art. 30 sacramenta que não poderá exercer as funções de Administrador Judicial quem, nos últimos 5 (cinco) anos, no exercício do cargo de administrador judicial foi destituído, deixou de prestar contas dentro dos prazos legais ou teve a prestação de contas desaprovada.

O Tribunal de Justiça do Rio Grande do Sul regulamentou, por ato administrativo, o banco de informações de destituição de Administrador Judicial ou integrante de comitê de credores, disponível somente para consulta interna de magistrados e servidores, fazendo incluir por meio do Provimento n. 26/2018-CGJ o art. 669-D à Consolidação Normativa Judicial:

"Art. 669-D – As decisões definitivas de destituição de Administrador Judicial ou de integrante de Comitê de Credores, com fundamento no artigo 31 da Lei Federal nº 11.101 de 9 de fevereiro de 2005, devem ser encaminhadas para publicização no site do Tribunal de Justiça pelo juízo de origem, observando-se o que segue:

I – no procedimento de destituição do Administrador Judicial ou de membro do Comitê de Credores (art. 31 da lei 11.101/2005), o juiz observará o contraditório e a ampla defesa, bem como a fluência do prazo quinquenal de duração do impedimento legal (art. 30 da Lei nº 11.101/2005).

---

[23] BERNIER, Joice Ruiz. *Administrador Judicial*. São Paulo: Quartier Latin, 2016, p. 169.

II – com o trânsito em julgado da decisão que determinar a destituição do Administrador Judicial ou de membro do Comitê de Credores, o juízo de origem enviará comunicação para a Direção de Tecnologia da Informação e Comunicação (DITIC), por meio eletrônico (DI_Web_Publicacoes@ tjrs.jus.br), devendo constar do e-mail as seguintes informações: comarca, vara, número do processo, nome completo e qualificação do administrador/ membro do comitê de credores e data do trânsito em julgado da decisão.

III – estas informações poderão ser acessadas por Magistrados e Servidores a partir da intranet do TJRS."[24]

No que diz respeito ao cadastro de Administradores Judiciais, a principal norma de regência é a Resolução n. 233/2016 do CNJ[25]. Embora o ato diga respeito mais propriamente à base de dados para escolha de peritos e tradutores, ele é mais amplo e diz respeito também a profissionais que poderão atuar como auxiliares do Juízo, como é o caso dos administradores judiciais. A partir dessa normativa, alguns tribunais de justiça já regulamentaram internamente essa questão, como, por exemplo, o Tribunal de Justiça do Rio de Janeiro. Por meio do Provimento nº 23/2019 do CGJ, criou o cadastro de administradores judiciais, inclusive dispondo que somente poderão ser nomeados os profissionais que nele estiverem inscritos[26]. Não obstante, é necessário o registro acerca do procedimento de controle administrativo nº 0005495-88.2019.2.00.0000 no CNJ a respeito desse ato[27].

---

[24] TRIBUNAL DE JUSTIÇA DO ESTADO DO RIO GRANDE DO SUL. *Corregedoria-Geral da Justiça*, 2021. Consolidação Normativa Judicial (Atualizada até o Provimento no 010/2021-CGJ – Fevereiro/2021). Disponível em: <https://www.tjrs.jus.br/static/2021/02/ CNJCGJ_Provimento-010-2021.pdf>. Acesso em: 16 mai. 2021.

[25] CONSELHO NACIONAL DE JUSTIÇA. *CNJ*, 2016. Resolução Nº 233 de 13/07/2016. Disponível em: https://atos.cnj.jus.br/atos/detalhar/atos-normativos?documento= 2310#:~:text=Disp%C3%B5e%20sobre%20a%20cria%C3%A7%C3%A3o%20de,de%20 primeiro%20e%20segundo%20graus. Acesso em: 16 mai. 2021.

[26] TRIBUNAL DE JUSTIÇA DO ESTADO DO RIO DE JANEIRO. *Corregedoria-Geral da Justiça do Estado do Rio de Janeiro*, 2021. Cadastro de Administradores Judiciais. Disponível em: <http://cgj.tjrj.jus.br/servicos/cadastro-de-administradores-judiciais>. Acesso em: 16 mai. 2021.

[27] CONSELHO NACIONAL DE JUSTIÇA. *CNJ*, 2019. Procedimento de Controle Administrativo – 0003633-48.2020.2.00.0000. Disponível em: <file:///C:/Users/neywn/ Downloads/documento_0005495-88.2019.2.00.0000_.HTML>. Acesso em: 16 mai. 2021.

Já o Tribunal de Justiça de São Paulo, por sua vez, incluiu os administradores judiciais no ato normativo geral para o cadastramento de peritos, tradutores, intérpretes, administradores, leiloeiros e outros profissionais. Por intermédio do Provimento CSM n. 2.306/2015, definiu critérios de habilitação de administradores judiciais, e suas responsabilidades[28].

O Tribunal de Justiça do Paraná seguiu tal caminho, optando por incluir os administradores judiciais no mesmo ato normativo geral, por meio da Instrução Normativa n. 07/2016 do CGJ, que criou o Cadastro de Auxiliares da Justiça[29].

O Código de Processo Civil dispõe, no § 2º do seu art. 156, que, para a formação do cadastro, os tribunais devem realizar consulta direta a conselhos de classe, entre outras medidas que ali prevê. Por esse motivo, também o Conselho Federal de Administração criou o seu Cadastro Nacional de Administrador Perito Judicial e Extrajudicial e Administrador Judicial, por intermédio da Resolução Normativa CFA n. 552/2018[30].

O Conselho Nacional de Justiça, por meio de grupo de trabalho organizado com o propósito de propor ações que visam à modernização na gestão dos processos de falência e de recuperação judicial, constituído através da Portaria CNJ nº 162/2018, produziu ato normativo que trata de criação de cadastro de administradores judiciais, a fim de viabilizar que as pessoas (físicas e jurídicas) interessadas possam se registrar e apresentar seu currículo, com dados de sua formação e experiência no ramo. A nomeação do Administrador Judicial é de responsabilidade do Juízo no qual tramita o pedido de recuperação judicial e esse sistema contribui para a transparência do processo de escolha. Para imprimir maior transparência

---

[28] TRIBUNAL DE JUSTIÇA DO ESTADO DE SÃO PAULO. *TJSP*, 2021. Auxiliares Da Justiça. Disponível em: <https://www.tjsp.jus.br/AuxiliaresDaJustica>. Acesso em: 16 mai. 2021.

[29] TRIBUNAL DE JUSTIÇA DO ESTADO DO PARANÁ. *TJPR*, 2021. Cadastro de Auxiliares a Justiça (CAJU). Disponível em: <https://portal.tjpr.jus.br/pesquisa_athos/publico/ajax_concursos.do?tjpr.url.crypto=8a6c53f8698c7ff7801c49a82351569545dd27fb68d84af89c7272766cd6fc9f3f4c2fa0c62c725d481c2f4e6de53e218bf440087b6b30641a2fb19108057b53eef286ec70184c6e>. Acesso em: 16 mai. 2021.

[30] CONSELHO REGIONAL DE ADMINISTRAÇÃO DO DISTRITO FEDERAL. *CRADF*, 2018. Cadastro Nacional de Administrador Judicial e Administrador Perito. Disponível em: <https://cradf.org.br/cadastro-nacional-de-administrador-judicial-e-administrador-perito/>. Acesso em: 16 mai. 2021.

à seleção, os tribunais deverão criar Cadastros de Administradores Judiciais, em que as pessoas interessadas deverão se registrar e apresentar seu currículo, informando formação técnica e experiência profissional na área. Alguns tribunais já contam com cadastros próprios. A proposta do CNJ indica requisitos mínimos para que cada tribunal estabeleça o seu próprio cadastro[31].

No direito comparado, é digna de nota a legislação portuguesa, que, desde 2013, conta com o Estatuto do Administrador Judicial (Lei n. 22/2013)[32]. Nesse diploma, há previsão de habilitação para a função pelo exercício de estágio profissional e aprovação em exame de admissão. Além disso – e no ponto que aqui interessa –, essa lei prevê que cada comarca deve ter uma lista oficial de administradores judiciais, sob o controle e fiscalização de uma entidade responsável por fiscalizar o exercício dessa atividade profissional, como temos no Brasil os conselhos profissionais e a OAB. Em Portugal, somente podem ser nomeados administradores judiciais aqueles que constem dessas listas oficiais, sendo processada a escolha por sistema informático que assegure a aleatoriedade da escolha e a distribuição em idêntico número dos administradores judiciais nos processos.

A Resolução n. 393, de 28 de maio de 2021, do CNJ, dispõe sobre os Cadastros de Administradores Judiciais[33]. Nos fundamentos da medida, destaca-se a necessidade de fornecer aos Juízos informações relevantes sobre os profissionais aptos ao desempenho das funções de administrador judicial e a importância da padronização dos critérios para formação de cadastros dessa natureza e para dar maior transparência às nomeações.

Os Tribunais de Justiça dos Estados e do Distrito Federal deverão criar Cadastro de Administradores Judiciais destinado a orientar os magistrados na escolha dos profissionais de que trata o art. 21 da Lei nº 11.101/2005.

---

[31] CONSELHO NACIONAL DE JUSTIÇA. *CNJ*, 2021. Grupo de trabalho propõe medidas para otimizar recuperação judicial e falências. Disponível em: <https://www.cnj.jus.br/grupo--de-trabalho-do-cnj-propoe-medidas-para-otimizar-recuperacao-judicial-e-falencias/>. Acesso em: 13 mai. 2021.

[32] PROCURADORIA-GERAL DISTRITAL DE LISBOA. *PGDL*, 2013. Lei nº 22/2013, de 26 de Fevereiro. Disponível em: <https://www.pgdlisboa.pt/leis/lei_mostra_articulado.php?nid=1883&tabela=leis&so_miolo=>. Acesso em: 03 jun. 2021.

[33] CONSELHO NACIONAL DE JUSTIÇA. *CNJ*, 2021. Resolução Nº 393 de 28/05/2021. Disponível em: <https://atos.cnj.jus.br/atos/detalhar/3954>. Acesso em: 03 jun. 2021.

A nomeação do administrador judicial compete ao magistrado, nos feitos de sua competência, mas é recomendado que a escolha recaia preferencialmente sobre profissionais de sua confiança que já estejam listados no Cadastro de Administradores Judiciais. Nesse ponto (art. 5º da Resolução), entende-se que o Juízo pode nomear administrador judicial que não conste nessa lista – ao contrário, por exemplo, da solução citada no direito de Portugal. Contudo, o administrador, nessa hipótese, deverá promover a sua inscrição cadastral nos 30 (trinta) dias seguintes à nomeação.

Questão que poderá ser polêmica, na prática, diz respeito à determinação de ser observado o critério equitativo de nomeações, não podendo ser escolhido o mesmo profissional, simultaneamente, em mais de quatro recuperações judiciais ou extrajudiciais e de quatro falências. Essa limitação, prevista no § 3º do art. 5º da Resolução, deverá considerar a divisão de processos entre magistrados quando a Vara for atendida por mais de um.

Essa restrição poderá afastar administradores judiciais competentes e da confiança do Juízo dos processos mais simples e nos quais, muitas vezes, sequer há remuneração condizente, como nas falências com parcos ativos. É comum os magistrados nomearem administradores judiciais, em rodízio, para casos em que não obterão ganhos remuneratórios condizentes, porque depois também serão nomeados para outros casos em que isso será compensado.

A proposta é no sentido da criação de listas estaduais de habilitação de administradores judiciais, ao contrário de Portugal, em que cada comarca deve organizar a sua própria lista. Da mesma forma, aqui não há um sistema informático de escolha aleatória, observando-se a faculdade da escolha do magistrado, em que pese se devam respeitar os critérios objetivos de competência e impessoalidade.

Possivelmente por esse fundamento é que a Resolução dispõe sobre a necessidade de limitação quantitativa, no sentido de se evitar hipótese de o magistrado nomear sempre e somente o mesmo administrador judicial, em detrimento de tantos outros que possam figurar na lista, no aguardo de uma oportunidade.

Contudo, há que se ter em conta que se cuida de recomendação, no ponto, sem caráter vinculativo, segundo a dicção do *caput* do art. 5º, no qual o § 3º se insere. O parágrafo deve ser interpretado à luz do *caput*.

Ademais, um ato normativo administrativo não pode derrogar a lei, e na Lei n. 11.101/2005 não há nenhuma limitação ou restrição nesse sentido.

Esse critério objetivo para definição de concentração deverá ser analisado sempre no caso concreto e à luz das especificidades de cada situação. Em um cenário em que se exijam cada vez mais obrigações do administrador judicial, em termos de estrutura, especialização, equipe multidisciplinar, serviços informáticos, entre outros, limitar o número de nomeações tende a tornar inviável a manutenção dessa atuação tão sofisticada.

Para que haja administradores judiciais com tamanha estrutura profissional, é preciso que tenham um volume razoável de casos que a sustente. As falências não geram fluxo de caixa previsível e muitas delas são frustradas, sem nenhuma remuneração. Também há recuperações judiciais com inadimplência quanto ao pagamento da remuneração dos administradores judiciais. Com isso, ficaria difícil manter uma estrutura sofisticada tendo apenas oito casos.

Logo, a limitação do número de nomeações por magistrado parece estar em contradição com a ideia de especialização dos juízos concursais (Recomendação n. 56 do CNJ) e com as novas exigências e atribuições do administrador judicial (Recomendação n. 72 do CNJ e art. 22 da Lei n. 11.101/2005).

Além disso, o cadastro de administradores judiciais poderia focar não apenas em publicizar punições por atos dolosos (destituições), mas poderia ter um viés informativo sobre a performance dos profissionais. O cadastro poderia registar as substituições, possibilitando ao magistrado saber a respeito da atuação de determinado administrador judicial e o motivo de sua substituição, evitando nomear quem não detiver as melhores competências e condições de atuação profissional satisfatória. Nessa linha, o cadastro poderia até mesmo ter espaço para os magistrados avaliarem o desempenho dos administradores judiciais.

Conclusões

À guisa de encerramento, cumpre registrar que é significativo o aumento do número de pedidos de recuperação judicial no país, a justificar que o Poder Judiciário esteja organizado e apto para a adequada gestao desses processos. Para esse propósito, a especialização de varas com competência exclusiva de falência e de recuperação judicial, ou pelo menos restritas aos temas de direito comercial, afigura-se uma solução importante e desejável. Por certo, essa medida contribuirá para a maior capacitação de magistrados e servidores nas temáticas pertinentes, com dedicação exclusiva aos casos, incrementando segurança jurídica e duração razoável dos processos. Com isso, os princípios da celeridade e da eficiência na prestação jurisdicional pelo Estado-Juiz atingem o seu desiderato.

Por igual, no que toca aos cadastros de administradores judiciais, pode-se inferir que o Administrador Judicial é figura chave para o êxito do processo de falência ou de recuperação judicial. O protagonismo é muito mais dele do que do próprio Juiz e por esse motivo é crucial que a escolha recaia sobre aqueles mais bem capacitados, que tenham as melhores condições para o desempenho satisfatório de suas funções. A disponibilização aos magistrados de bases de dados com os profissionais inscritos e as informações complementares de suas atuações pretéritas, formações e outros dados é deveras importante para o alcance desse propósito.

Referências

ALVES, Luiz Alberto Carvalho. Parâmetros para a nomeação do administrador judicial e fixação dos seus honorários na recuperação judicial. *Revista Justiça & Cidadania*, Rio de Janeiro, n. 185, jan. 2016.

BASTOS, Antonio Adonias A. A estabilidade das decisões judiciais como elemento contributivo para o acesso à Justiça e para o desenvolvimento econômico. *Revista de Processo*, São Paulo, a. 39, v. 227, p. 295-316, jan. 2014.

BENETI, Sidnei. Competência em falências e recuperações judiciais. In: ABRÃO, Carlos Henrique; ANDRIGHI, Fátima Nancy; _____ (coord.). *10 anos de vigência da Lei de Recuperação e Falência (Lei 11.101/2005)*. São Paulo: Saraiva, 2015.

BERNIER, Joice Ruiz. *Administrador Judicial*. São Paulo: Quartier Latin, 2016.

CALÇAS, Manoel Pereira; DEZEM, Renata M. Maciel. As varas de falência regionais. *Jornal Valor Econômico*, 08 ago. 2018. Disponível em: <https://valor.globo.com/legislacao/noticia/2018/08/08/as-varas-de-falencia-regionais.ghtml>. Acesso em: 16 mai. 2021.

CASTRO, Rodrigo Rocha Monteiro de. PEREIRA, Guilherme Setoguti J. O judiciário e os litígios empresariais: a bem-sucedida experiência do Tribunal de Justiça de São Paulo. *Revista de Direito Bancário e do Mercado de Capitais*, São Paulo, v. 65, p. 53-57, 2014.

CONSELHO NACIONAL DE JUSTIÇA. *CNJ*, 2016. Resolução Nº 233 de 13/07/2016. Disponível em: https://atos.cnj.jus.br/atos/detalhar/atos--normativos?documento=2310#:~:text=Disp%C3%B5e%20sobre%20a%20 cria%C3%A7%C3%A3o%20de,de%20primeiro%20e%20segundo%20graus. Acesso em: 16 mai. 2021.

_____. *CNJ*, 2019. Procedimento de Controle Administrativo – 0003633-48.2020.2.00.0000. Disponível em: <file:///C:/Users/neywn/Downloads/documento_0005495-88.2019.2.00.0000_.HTML>. Acesso em: 16 mai. 2021.

_____. *CNJ*, 2019. Recomendação Nº 56 de 22/10/2019. Disponível em: <https://atos.cnj.jus.br/atos/detalhar/3068>. Acesso em: 15 mai. 2021.

_____. *CNJ*, 2019. Recuperação de empresas: CNJ busca agilizar processos. Disponível em: <https://www.cnj.jus.br/recuperacao-de-empresas-recomenda-coes-buscam-agilizar-processos/>. Acesso em: 15 mai. 2021.

_____. *CNJ*, 2021. Grupo de trabalho propõe medidas para otimizar recuperação judicial e falências. Disponível em: <https://www.cnj.jus.br/grupo-de-trabalho--do-cnj-propoe-medidas-para-otimizar-recuperacao-judicial-e-falencias/>. Acesso em: 13 mai. 2021.

_____. *CNJ*, 2021. Produtividade mental. Disponível em: <https://paineis.cnj.jus.br/QvAJAXZfc/opendoc.htm?document=qvw_l%2FPainelCNJ.qvw&host=QVS%40neodimio03&anonymous=true&sheet=shPDPrincipal>. Acesso em 15 mai. 2021.

_____. *CNJ*, 2021. Resolução Nº 393 de 28/05/2021. Disponível em: <https://atos.cnj.jus.br/atos/detalhar/3954>. Acesso em: 03 jun. 2021.

CONSELHO REGIONAL DE ADMINISTRAÇÃO DO DISTRITO FEDERAL. *CRADF*, 2018. Cadastro Nacional de Administrador Judicial e Administrador Perito. Disponível em: <https://cradf.org.br/cadastro-nacional-de-administrador--judicial-e-administrador-perito/>. Acesso em: 16 mai. 2021.

COSTA, Daniel Carnio. O administrador judicial no Projeto de Lei n. 1.0220/2018 (nova Lei de Recuperação Judicial e Falências). *Revista Brasileira de Direito Comercial*, Porto Alegre, v. 5, n. 27, fev./mar. 2019.

_____; MELO, Alexandre Correa Nasser de. *Comentários à lei de recuperação de empresas e falência:* Lei 11.101, de 09 de fevereiro de 2005. Curitiba: Juruá, 2021.

_____. Varas de falência e recuperação de competência regional. *Jota*, 01 nov. 2017. Disponível em: <https://www.jota.info/especiais/varas-de-falencia-e--recuperacao-de-competencia-regional-01112017>. Acesso em: 15 mai. 2021.

_____ *et al.* As varas especializadas de competência regional no projeto de nova lei de recuperação judicial e falências (PL 10220/2018). *Migalhas*, 3 jul. 2018. Disponível em: <https://www.migalhas.com.br/coluna/insolvencia-em-foco/282930/as-varas-especializadas-de-competencia-regional-no-projeto-de-nova-lei-de--recuperacao-judicial-e-falencias--pl-10220-2018>. Acesso em: 16 mai. 2021.

D'ALBUQUERQUE, Julia de Baére Cavalcanti; GOMES, Tadeu Alves Sena. A competência exclusiva como meio de atingir o escopo da ação de recuperação judicial. *Revista Caderno Virtual*, v. 3, n. 45, ago./nov. 2019.

FAZZIO JÚNIOR, Waldo. *Lei de falência e recuperação de empresas.* São Paulo: Atlas, 2008.

MEDEIROS, Laurence Bica; COSTA, Nathália Laís Michel. O administrador judicial. In: *Recuperação Judicial de Empresas:* temas atuais. SILVEIRA, Arthur Alves; BÁRIL, Daniel; FERNANDES JR., João Medeiros (org.). Porto Alegre: OAB/RS, 2019.

JAPUR, José Paulo *et al. Recomendações do CNJ em direito recuperatório e falimentar.* Porto Alegre: Buqui, 2021.

PROCURADORIA-GERAL DISTRITAL DE LISBOA. *PGDL*, 2013. Lei nº 22/2013, de 26 de Fevereiro. Disponível em: <https://www.pgdlisboa.pt/leis/lei_mostra_articulado.php?nid=1883&tabela=leis&so_miolo=>. Acesso em: 03 jun. 2021.

ROCHA, Roberto Ozelame; WEINMANN, Amadeu de Almeida. *Recuperação empresarial:* nova lei de falência e novo Direito Penal Falimentar. Porto Alegre: Livraria de Advogado Ed., 2006.

SCALZILLI, João Pedro. SPINELLI, Luis Felipe. TELLECHEA, Rodrigo. *Recuperação de empresas e falência:* teoria e prática na Lei 11.101/2005. 3 ed. São Paulo: Almedina, 2018.

TRIBUNAL DE JUSTIÇA DO ESTADO DE SÃO PAULO. *TJSP*, 2021. Auxiliares Da Justiça. Disponível em: <https://www.tjsp.jus.br/AuxiliaresDaJustica>. Acesso em: 16 mai. 2021.

TRIBUNAL DE JUSTIÇA DO ESTADO DO PARANÁ. *TJPR*, 2021. Cadastro de Auxiliares a Justiça (CAJU). Disponível em: <https://portal.tjpr.jus.br/pesquisa_athos/publico/ajax_concursos.do?tjpr.url.crypto=8a6c53f8698c7ff78 01c49a82351569545dd27fb68d84af89c7272766cd6fc9f3f4c2fa0c62c725d48 1c2f4e6de53e218bf440087b6b30641a2fb19108057b53eef286ec70184c6e>. Acesso em: 16 mai. 2021.

TRIBUNAL DE JUSTIÇA DO ESTADO DO RIO DE JANEIRO. *Corregedoria-Geral da Justiça do Estado do Rio de Janeiro*, 2021. Cadastro de Administradores Judiciais. Disponível em: <http://cgj.tjrj.jus.br/servicos/cadastro-de-administradores--judiciais>. Acesso em: 16 mai. 2021.

TRIBUNAL DE JUSTIÇA DO ESTADO DO RIO GRANDE DO SUL. *Corregedoria-Geral da Justiça*, 2021. Consolidação Normativa Judicial (Atualizada até o Provimento no 010/2021-CGJ – Fevereiro/2021). Disponível em: <https://www.tjrs.jus.br/static/2021/02/CNJCGJ_Provimento-010-2021.pdf>. Acesso em: 16 mai. 2021.

6. O ADMINISTRADOR JUDICIAL E A ÉTICA

Newton De Lucca

Considerações introdutórias

Seja-me permitido iniciar esta singela exposição sobre o administrador judicial e a ética, a título introdutório, com uma reflexão do saudoso professor Miguel Reale:

> "Por mais que o homem descubra e certifique verdades e seja capaz de atingir leis ou princípios, seus conhecimentos da realidade, *sic et simpliciter*, não envolvem a obrigatoriedade da ação. Que devemos fazer? Como devemos nos conduzir? Que vale o homem no plano da conduta? O fato de sermos hoje mais ricos de conhecimentos do que o homem selvagem terá, porventura, influído na bondade do próprio homem? O fato de ser portador de maior soma de conhecimentos leva o homem a reconhecer o caminho de seu dever?
>
> Parece-nos que destas perguntas surgem logo outras: Qual a obrigação do homem diante daquilo que representam as conquistas da ciência? Que dever se põe para o homem em razão do patrimônio da técnica e da cultura que a humanidade conseguiu acumular através dos tempos? A ciência pode tornar mais gritante o problema do *dever*, mas não o resolve. Os conhecimentos científicos tornam, às vezes, mais urgente a necessidade de uma solução sobre o problema da obrigação moral, mas não implicam qualquer solução, positiva ou negativa. O problema do valor do homem como *ser que age*, ou melhor, como o *único ser que se conduz*, põe-se de maneira tal que a ciência se mostra incapaz de resolvê-lo. Este problema que a ciência exige, mas não resolve, chama-se problema *ético*, e marca momento culminante em toda verdadeira Filosofia, que não pode deixar de exercer uma função teleológica, no sentido

do aperfeiçoamento moral da humanidade e na determinação essencial do valor do *bem*, quer para o indivíduo, quer para a sociedade."[1]

Tão sábias considerações de Miguel Reale levam-nos à seguinte indagação, que o próprio título do artigo parece sugerir: entre tantas atribuições, deveres e obrigações que o administrador judicial possui, o problema *ético* – a que se referiu, com propriedade extrema, o grande jurisconsulto pátrio – deve ser considerado o critério mais importante para o magistrado na escolha desse órgão auxiliar da Justiça?

A administradora judicial Adriana Lucena, em artigo intitulado "O Administrador Judicial: atribuições, eficiência e celeridade na condução dos trabalhos", após comentar todas as atribuições atinentes ao administrador judicial, conclui que "para a realização de todos os trabalhos deve o administrador judicial atuar com rigorosa ética, trabalhar com seriedade, competência, lealdade processual, celeridade e presteza"[2], o que significa consagrar o primado da ética acima de qualquer outra qualidade que lhe possa ser atribuída.

Com efeito, na qualidade de fiscal das atividades da empresa recuperanda, por mais célere e preciso que seja o administrador judicial no processo de recuperação judicial; por mais que ele, no importante papel de auxiliar do magistrado, realize o prévio controle da legalidade do plano de recuperação, antes da realização da assembleia geral dos credores; por mais que ele acompanhe, com o devido zelo, a execução e a observância do plano de reestruturação aprovado em tal assembleia; por mais cuidadoso que seja o seu exame da contabilidade da empresa; por mais diligente que seja na observância dos prazos, quer de apresentação dos seus relatórios mensais, quer de elaboração da sua relação de credores, no prazo de 45 dias, previstos na lei; por melhor que atenda os credores da empresa recuperanda e por melhor que presida e faça a mediação na assembleia geral de credores, se lhe faltar a mais rigorosa ética na condução de todos esses encargos e atribuições, tudo feito por ele terá sido irremediavelmente em vão[3].

---

[1] REALE, Miguel. *Filosofia do Direito*, v. 1. 5 ed. Saraiva: São Paulo, 1969, p. 31.

[2] Cf. LUCENA, Adriana. *O Administrador Judicial*: atribuições, eficiência e celeridade na condução dos trabalhos. In: JORGE, André Guilherme Lemos et al (org.). *Coletânea da Atividade Negocial*. São Paulo: Editora Uninove, 2020, p. 339.

[3] Quadra recordar, a propósito, aquela história do grande matemático árabe Al-Khawarizmi a respeito da ética. Perguntado sobre o valor do ser humano, respondeu ele: se tiver ética,

1. Conceito de administrador judicial

Diz o art. 21 da Lei 11.101/05 que o administrador judicial deverá ser profissional idôneo, preferencialmente advogado, economista, administrador de empresas ou contador, ou pessoa jurídica especializada.

Já o parágrafo único desse mesmo artigo estabelece que, se o administrador judicial nomeado for uma pessoa jurídica, declarar-se-á, no termo de que trata o art. 33 dessa lei, o nome do profissional responsável pela condução do processo de falência ou de recuperação judicial, que não poderá ser substituído sem autorização do juiz.

Muito se discutiu na doutrina brasileira se deve o administrador judicial ser *preferencialmente* advogado, como está escrito na lei. Fábio Ulhoa Coelho, por exemplo, é incisivo a esse respeito:

> "Note-se que o advogado não é necessariamente o profissional mais indicado para a função, visto que muitas das atribuições do administrador judicial dependem, para seu bom desempenho, mais de conhecimentos de administração de empresas do que jurídicos. O ideal é a escolha recair sobre pessoa com conhecimentos ou experiência na administração de empresas do porte da devedora e, quando necessário, autorizar a contratação de advogado para assisti-lo ou à massa."[4]

No mesmo sentido é a posição de Manoel Justino Bezerra Filho, para quem

> "o processo de recuperação e de falência é bastante complexo, por envolver inúmeras questões que só o técnico, com conhecimento especializado da matéria, poderá resolver a contento, prestando real auxílio ao bom andamento do feito.
>
> Mesmo se tratando de advogados, economistas, administradores, contadores e outros profissionais especializados, não serão necessariamente

---

então ele é igual a 1; se também for inteligente, acrescente um zero e ele será 10; se também for rico, acrescente outro zero e ele será 100; se também for belo, acrescente outro zero e ele será 1.000. Mas se ele perder o 1, que corresponde à ética, perderá todo o seu valor, pois só restarão os zeros.

[4] COELHO, Fábio Ulhoa. *Comentários à Lei de Falências*. 8 ed., 2ª tiragem. São Paulo: Saraiva, 2011, p. 109.

capacitados para o pleno exercício desse trabalho, que sempre poderá ser resolvido de forma mais correta por aqueles que se especializam em direito comercial e, particularmente, em direito falimentar. Portanto, deve o juiz do feito tomar cuidado especial no momento em que nomear o administrador, atento a todos estes aspectos."[5]

De minha parte, não tenho dúvidas em afirmar que a autorização legal para que possam ser nomeadas pessoas jurídicas para o cargo de administrador judicial, a exemplo do que já ocorria na lei francesa, foi extremamente salutar. A administração judicial das empresas em crise, dada a peculiaridade da situação dessas, deve, muito antes de ser entregue a advogados, economistas, administradores, contadores e mesmo a outros profissionais especializados em tal mister, ficar sob os cuidados de quem, profissional e empresarialmente, preparou-se para lidar com essa situação específica de patologia financeira. É que tal função, dadas as características especiais de que se reveste, exige, necessariamente, um trabalho de equipe de vários tipos de profissionais, tornando-se praticamente impossível que um profissional isoladamente considerado, por mais polivalente que seja, possa reunir tantas qualificações profissionais simultaneamente...

Havia no Brasil acalorada discussão acerca da forma de escolha do administrador judicial pelo magistrado. Vários críticos no nosso sistema vigente sustentavam que – tendo-se em conta, sobretudo, o elevado valor de certos honorários do administrador judicial – deveria existir algum tipo de controle na escolha do juiz, fixando-se critérios específicos, tal como ocorre, por exemplo, na citada legislação francesa.

Trata-se de questão bastante árdua, pois ela afeta a própria independência do juiz, interferindo sobre algo de caráter personalíssimo: o caráter inquestionavelmente *uberrima fides* que caracteriza a relação de confiança mantida entre o juiz e o administrador judicial.

Seja como for, o fato é que não houve nenhuma alteração da nova lei a respeito desse ponto. Houve, sim, um considerável aumento das funções do administrador judicial, conforme se mostrará em seguida.

---

[5] BEZERRA FILHO, Manoel Justino. *Lei de Recuperação de Empresas e Falência*. 9 ed., rev., atual. e ampl. São Paulo: Thomson Reuters, 2013, p. 100.

2. Funções do administrador judicial

Estudar-se a função de qualquer instituto jurídico ou de qualquer ramo do conhecimento humano – notadamente após as contribuições de Tullio Ascarelli e de Norberto Bobbio –, passou a ser uma espécie de ideário metodológico de todo pesquisador cônscio da cientificidade de sua tarefa. Como já ensinou, entre nós, com extrema propriedade, o professor Fábio Konder Comparato:

"Essa consideração biangular dos institutos jurídicos, que já passou em julgado como o melhor método de exposição do direito, só alcança, porém, sua plena virtualidade quando se percebe que não se trata de uma antinomia, mas de ideias complementares. A estrutura de qualquer norma ou instituto jurídico deve ser interpretada em vista das funções, próprias ou impróprias, do conjunto de seus elementos ou disposições: e toda função é limitada pela estrutura do conjunto."[6]

Tendo "passado em julgado" tal método – e inexistindo no horizonte da Ciência Jurídica alguma "ação rescisória" que possa desconstituir essa verdade elementar de "melhor método de exposição do direito" –, cumpre verificar quais são as funções a serem exercidas pelo administrador judicial, seja na administração judicial da recuperação, seja na falência, seja, conjuntamente, em ambas.

Prescreve o art. 22 da Lei 11.101:

"Ao administrador judicial compete, sob a fiscalização do juiz e do Comitê, além de outros deveres que esta Lei lhe impõe:

I – na recuperação judicial e na falência:

a) enviar correspondência aos credores constantes na relação de que trata o inciso III do caput do art. 51, o inciso III do caput do art. 99 ou o inciso II do caput do art. 105 desta Lei, comunicando a data do pedido de recuperação judicial ou da decretação da falência, a natureza, o valor e a classificação dada ao crédito;

b) fornecer, com presteza, todas as informações pedidas pelos credores interessados;

---

[6] Cf. COMPARATO, Fábio Konder. A reforma da empresa. In: _____. *Direito empresarial*: estudos e pareceres. São Paulo, Saraiva, 1990, p. 4.

c) dar extratos dos livros do devedor, que merecerão fé de ofício, a fim de servirem de fundamento nas habilitações e impugnações de créditos;

d) exigir dos credores, do devedor ou seus administradores quaisquer informações;

e) elaborar a relação de credores de que trata o § 2º do art. 7º desta Lei;

f) consolidar o quadro-geral de credores nos termos do art. 18 desta Lei;

g) requerer ao juiz convocação da assembleia-geral de credores nos casos previstos nesta Lei ou quando entender necessária sua ouvida para a tomada de decisões;

h) contratar, mediante autorização judicial, profissionais ou empresas especializadas para, quando necessário, auxiliá-lo no exercício de suas funções;

i) manifestar-se nos casos previstos nesta Lei;

j) estimular, sempre que possível, a conciliação, a mediação e outros métodos alternativos de solução de conflitos relacionados à recuperação judicial e à falência, respeitados os direitos de terceiros, na forma do § 3º do art. 3º da Lei nº 13.105, de 16 de março de 2015 (Código de Processo Civil);

k) manter endereço eletrônico na internet, com informações atualizadas sobre os processos de falência e de recuperação judicial, com a opção de consulta às peças principais do processo, salvo decisão judicial em sentido contrário;

l) manter endereço eletrônico específico para o recebimento de pedidos de habilitação ou a apresentação de divergências, ambos em âmbito administrativo, com modelos que poderão ser utilizados pelos credores, salvo decisão judicial em sentido contrário;

m) providenciar, no prazo máximo de 15 (quinze) dias, as respostas aos ofícios e às solicitações enviadas por outros juízos e órgãos públicos, sem necessidade de prévia deliberação do juízo; [...]"

Percebe-se ter havido a inclusão das alíneas "j", "k", "l" e "m", por intermédio da recente Lei 14.112, de 24 de dezembro de 2020, que acrescentou ao administrador judicial as atribuições retro mencionadas, quais sejam:

(1) estimular a conciliação, a mediação e outros métodos alternativos de solução de conflitos relacionados à recuperação judicial e à falência (alínea "j");

(2) manter endereço eletrônico na internet, com informações atualizadas sobre os processos de falência e de recuperação judicial, com a opção de consulta às peças principais do processo, salvo decisão judicial em sentido contrário (alínea "k");

(3) manter, igualmente, endereço eletrônico específico para o recebimento de pedidos de habilitação ou a apresentação de divergências, ambos em âmbito administrativo, com modelos que poderão ser utilizados pelos credores, salvo decisão judicial em sentido contrário (alínea "l") e

(4) providenciar, no prazo máximo de 15 (quinze) dias, as respostas aos ofícios e às solicitações enviadas por outros juízos e órgãos públicos, sem necessidade de prévia deliberação do juízo (alínea "m").

Tais acréscimos reforçam claramente a ideia de que o administrador judicial desempenha relevantíssimo papel, sendo poderoso auxiliar do magistrado para a boa condução do processo falimentar.

O mesmo art. 22, inciso II, explicita as atribuições do administrador judicial na recuperação judicial, estabelecendo que lhe cabe: a fiscalização das atividades do devedor e o cumprimento do plano de recuperação judicial (alínea "a"); a obrigação de requerer a falência no caso de descumprimento de obrigação assumida no plano de recuperação (alínea "b"); a apresentação ao juiz, para juntada aos autos, do relatório mensal das atividades do devedor, com o acréscimo, trazido pela Lei nº 14.112, de 2020, de fiscalizar a veracidade e a conformidade das informações prestadas pelo devedor (alínea "c"); a apresentação do relatório sobre a execução do plano de recuperação, de que trata o inciso III do *caput* do art. 63 desta Lei (alínea "d"); a fiscalização do decurso das tratativas e a regularidade das negociações entre devedor e credores, tendo sido tal encargo oportunamente incluído pela Lei nº 14.112, de 2020 (alínea "e"); assegurar que devedor e credores não adotem expedientes dilatórios, inúteis ou, em geral, prejudiciais ao regular andamento das negociações, sendo essa nova atribuição igualmente incluída pela Lei nº 14.112, de 2020 (alínea "f"); assegurar que as negociações realizadas entre devedor e credores sejam regidas pelos termos convencionados entre os interessados ou, na falta de acordo, pelas regras propostas pelo administrador judicial e homologadas pelo juiz, observado o princípio da boa-fé para solução

construtiva de consensos, que acarretem maior efetividade econômico-
-financeira e proveito social para os agentes econômicos envolvidos,
tarefa igualmente incluída pela nova Lei nº 14.112, de 2020 (alínea "g");
apresentar, para juntada aos autos, e publicar no endereço eletrônico
específico relatório mensal das atividades do devedor e relatório sobre o
plano de recuperação judicial, no prazo de até 15 (quinze) dias contado
da apresentação do plano, fiscalizando a veracidade e a conformidade das
informações prestadas pelo devedor, além de informar eventual ocorrência
das condutas previstas no art. 64 desta Lei, tendo sido essa outra alínea
incluída pela Lei nº 14.112, de 2020 (alínea "h").

No que se refere ao inciso III, relativo à falência, permaneceram
idênticas às atribuições previstas nas alíneas "a" e "b", quais sejam: a)
avisar, pelo órgão oficial, o lugar e hora em que, diariamente, os credores
terão à sua disposição os livros e documentos do falido; e b) examinar a
escrituração do devedor.

No que toca à alínea "c", porém, "relacionar os processos e assumir a
representação judicial da massa falida", houve, uma vez mais, um acréscimo feito pela Lei nº 14.112, de 2020, dos processos arbitrais da massa
falida, dando-se novamente maior realce ao processo arbitral como modo
alternativo de resolução de conflitos.

Relativamente às alíneas "d" ("receber e abrir a correspondência
dirigida ao devedor, entregando a ele o que não for assunto de interesse
da massa"); "e" ("apresentar, no prazo de 40 (quarenta) dias, contado
da assinatura do termo de compromisso, prorrogável por igual período,
relatório sobre as causas e circunstâncias que conduziram à situação de
falência, no qual apontará a responsabilidade civil e penal dos envolvidos,
observado o disposto no art. 186 desta Lei"); "f" ("arrecadar os bens e
documentos do devedor e elaborar o auto de arrecadação, nos termos
dos arts. 108 e 110 desta Lei"); "g" ("avaliar os bens arrecadados"); "h"
("contratar avaliadores, de preferência oficiais, mediante autorização
judicial, para a avaliação dos bens caso entenda não ter condições técnicas
para a tarefa") e "i" ("praticar os atos necessários à realização do ativo e
ao pagamento dos credores"), não houve nenhuma novidade trazida pela
Lei nº 14.112, de 2020.

Já no que respeita à alínea "j" ("requerer ao juiz a venda antecipada de
bens perecíveis, deterioráveis ou sujeitos a considerável desvalorização
ou de conservação arriscada ou dispendiosa, nos termos do art. 113 desta

Lei"), houve a determinação de o administrador judicial proceder à venda de *todos* os bens da massa falida no prazo máximo de 180 (cento e oitenta) dias, contado da data da juntada do auto de arrecadação, sob pena de destituição, salvo por impossibilidade fundamentada, reconhecida por decisão judicial.

A intenção do legislador, neste passo, pode até ter sido muito boa, tendo em vista a desejável celeridade do processo, mas de execução, talvez, nem sempre muito provável. Como será possível efetuar-se a venda de imóveis, por exemplo, no prazo máximo de 180 dias, num longo período de pandemia, como o que estamos atravessando, e com enorme redução da atividade econômica, com evidente retração dos negócios imobiliários?

Com relação às alíneas "l" ("praticar todos os atos conservatórios de direitos e ações, diligenciar a cobrança de dívidas e dar a respectiva quitação"), "m" ("remir, em benefício da massa e mediante autorização judicial, bens apenhados, penhorados ou legalmente retidos"), "n" ("representar a massa falida em juízo, contratando, se necessário, advogado, cujos honorários serão previamente ajustados e aprovados pelo Comitê de Credores"), "o" ("requerer todas as medidas e diligências que forem necessárias para o cumprimento desta Lei, a proteção da massa ou a eficiência da administração"), "p" ("apresentar ao juiz para juntada aos autos, até o 10º (décimo) dia do mês seguinte ao vencido, conta demonstrativa da administração, que especifique com clareza a receita e a despesa"), "q" ("entregar ao seu substituto todos os bens e documentos da massa em seu poder, sob pena de responsabilidade") e "r" ("prestar contas ao final do processo, quando for substituído, destituído ou renunciar ao cargo"), não houve nenhuma alteração, permanecendo a redação original da Lei 11.101.

Já a atribuição de arrecadar os valores dos depósitos realizados em processos administrativos ou judiciais nos quais o falido figure como parte, oriundos de penhoras, de bloqueios, de apreensões, de leilões, de alienação judicial e de outras hipóteses de constrição judicial, ressalvado o disposto nas Leis nos 9.703, de 17 de novembro de 1998, e 12.099, de 27 de novembro de 2009, e na Lei Complementar nº 151, de 5 de agosto de 2015, prevista na alínea "s", foi mais uma das inclusões feita pela Lei nº 14.112, de 2020.

No que se refere aos quatro parágrafos do art. 22 da Lei 11.101, não houve nenhuma alteração, permanecendo a redação original de todos eles, a saber:

"§ 1º As remunerações dos auxiliares do administrador judicial serão fixadas pelo juiz, que considerará a complexidade dos trabalhos a serem executados e os valores praticados no mercado para o desempenho de atividades semelhantes.

§ 2º Na hipótese da alínea d do inciso I do caput deste artigo, se houver recusa, o juiz, a requerimento do administrador judicial, intimará aquelas pessoas para que compareçam à sede do juízo, sob pena de desobediência, oportunidade em que as interrogará na presença do administrador judicial, tomando seus depoimentos por escrito.

§ 3º Na falência, o administrador judicial não poderá, sem autorização judicial, após ouvidos o Comitê e o devedor no prazo comum de 2 (dois) dias, transigir sobre obrigações e direitos da massa falida e conceder abatimento de dívidas, ainda que sejam consideradas de difícil recebimento.

§ 4º Se o relatório de que trata a alínea e do inciso III do caput deste artigo apontar responsabilidade penal de qualquer dos envolvidos, o Ministério Público será intimado para tomar conhecimento de seu teor."

Idêntica observação deve ser feita relativamente ao art. 23, assim como do seu parágrafo único, que assim permanecem:

"Art. 23. O administrador judicial que não apresentar, no prazo estabelecido, suas contas ou qualquer dos relatórios previstos nesta Lei será intimado pessoalmente a fazê-lo no prazo de 5 (cinco) dias, sob pena de desobediência.

Parágrafo único. Decorrido o prazo do caput deste artigo, o juiz destituirá o administrador judicial e nomeará substituto para elaborar relatórios ou organizar as contas, explicitando as responsabilidades de seu antecessor."

3. Conceito de ética

Segundo os nossos léxicos, a ética pode ser concebida como

"a parte da filosofia responsável pela investigação dos princípios que motivam, distorcem, disciplinam ou orientam o comportamento humano, refletindo especialmente a respeito da essência das normas, valores, prescrições e exortações presentes em qualquer realidade social."[7]

---

[7] Para uma investigação mais pormenorizada, remeto o leitor para o meu "Da Ética Geral à Ética Empresarial", do qual me vali para este breve resumo (DE LUCCA, Newton. *Da ética Geral à Ética Empresarial*. São Paulo: Quartier Latin, 2009, p. 59 ss).

Etimologicamente, a palavra deriva do termo grego *"ethos"*, que denota o modo habitual de agir, o costume. Também possui o sentido de morada ou lugar onde se habita. Ainda, tem o sentido de modo de ser ou de caráter. Assim, por derivação matizada, o *"ethos* é o caráter impresso na alma por hábito"*, consoante apregoa, de forma poética, Adela Cortina[8].

Esclarece o professor João Maurício Adeodato, que "o termo *ethos*, ao lado de *pathos* e *logos*, designa, na Grécia clássica, uma das dimensões ontológicas fundamentais da vida humana", constituindo, igualmente, para "além da doutrina do bom e do correto, da 'melhor' conduta, a teoria do conhecimento e realização desse desiderato"[9].

Os ensinamentos do Prof. Fábio Konder Comparato sobre a origem do vocábulo são fundamentais para o esclarecimento das duas vertentes clássicas da reflexão ética – a subjetiva e a objetiva –, como se pode extrair do seguinte trecho:

> "Na língua grega, duas palavras, quase homônimas e com a mesma etimologia – *êthos* (ηθιχη) e *ethos* (εθιχη) – indicam, a primeira, de um lado, o domicílio de alguém, ou o abrigo dos animais, e de outro, a maneira de ser ou os hábitos de uma pessoa; a segunda, os usos e costumes vigentes numa sociedade e também, secundariamente, os hábitos individuais."[10]

Vê-se, portanto, que, uma vez grafada com *eta* (η) a palavra *"ethos*, num de seus matizes, designa tanto a morada de alguém como dos animais em geral. Trata-se, assim, em sentido amplo, da morada do homem. Ele habita a Terra, acolhendo-se no abrigo seguro do *ethos* (*ê*). A ética, sob tal prisma, poderia ser concebida por um modo de estar no mundo ou de habitá-lo. Por derivação de sentido, então, *"ethos"* pode denotar os costumes ou, por maior extensão ainda, o conjunto de normas que regem a conduta humana.

Já com *épsilon* (ε), *"ethos"* (*é*) significa, numa primeira acepção, o conjunto das características físicas e psíquicas da pessoa, o seu temperamento e caráter. Também por derivação de sentido, chega-se à ideia de usos e costumes vigentes numa sociedade. Numa segunda acepção, segundo

---

[8] Cf. CORTINA, Adela. *Ética aplicada y democracia radical.* 2 ed. Madri: Tecnos, 1997, p. 162.

[9] ADEODATO, João Maurício. *Ética e retórica para uma teoria da dogmática jurídica.* 2 ed. rev. e ampl. São Paulo: Saraiva, 2006, p. 121.

[10] Cf. COMPARATO, Fábio Konder. *Ética: Direito, Moral e Religião no Mundo Moderno.* São Paulo: Companhia das Letras, 2006, p. 96.

o temperamento e o caráter da pessoa, *ethos* refere-se às ações e paixões humanas ou a algo relativo ao senso moral e à consciência ética individuais.

Por mais sedutora que seja a investigação das possíveis – e, até certo ponto, intermináveis – discussões semânticas a respeito da matéria, especialmente aquelas que que dizem respeito às distinções entre a moral e a ética, abstraio-me de todas elas, no presente momento, pois elas ultrapassariam em muito os lindes e os propósitos básicos do presente trabalho. Limito-me, então, à noção propedêutica de que a ética pode ser entendida, singelamente, como a reflexão acerca da dimensão moral caracterizadora do ser humano, irredutível a qualquer outra dimensão do homem, seja ela psicológica, social ou histórica. A ética seria, enfim, "uma reflexão crítica e filosófica sobre a moral na procura daquilo que a caracteriza e a justifica", tal como muito bem apregoado por José Henrique Silveira de Brito[11].

Dadas as características básicas da atividade do administrador judicial, seria despiciendo assinalar que ele deve agir dentro da mais rigorosa ética, sob pena de causar enorme distorção no exercício das suas funções, prejudicando consideravelmente quer os credores, quer a empresa recuperanda ou falida, quer, ainda, o Poder Judiciário e a própria sociedade civil brasileira.

4. Função da ética

Ao lado da evidente importância da investigação da estrutura e da função dos institutos jurídicos, posta em relevo linhas atrás, no item III, parece oportuno reproduzir as palavras de Bobbio, para quem seria preciso deixar de lado "as dificuldades que advêm do emprego de um termo multiuso como função (acerca do qual já foram gastos rios de tinta)"[12].

Nunca será demais repetir, como já afirmado anteriormente, que destacar a importância da função dos institutos não significa menosprezar o valor da sua estrutura. Mario Losano, a propósito, assinalou o seguinte:

"Aceitar a função como elemento essencial do direito não implica, contudo, a rejeição de uma visão estrutural do direito. Trata-se não de um

---

[11] BRITO, José Henrique Silveira de (coord.). *Ética das Profissões* – Atas do Colóquio Luso--Espanhol de Ética das Profissões, Braga, 11-12 de abril de 2005. Braga: Alêtheia, 2006, p. 18.
[12] Cf. BOBBIO, Norberto. *Da Estrutura à Função.* Novos estudos de teoria do Direito. Barueri: Manole, 2007, p. 103.

repúdio, mas sim de um complemento: a explicação estrutural do direito conserva intacta a sua força heurística, mas deve ser completada com uma explicação funcional do direito, ausente em Kelsen porque este último seguira com rigor a escolha metodológica de concentrar-se no aspecto estrutural do direito, e não no aspecto funcional. As duas visões do direito são, para Bobbio, complementares, mas bem distintas: 'Não creio que exista necessidade de insistir no nexo estreitíssimo entre teoria estrutural do direito e ponto de vista jurídico, por um lado, e teoria funcional do direito e ponto de vista sociológico, por outro: basta pensar na expulsão do ponto de vista sociológico na teoria pura do direito de Kelsen'. A formulação está ainda mais clara no prefácio à edição colombiana da sua *Teoria general del derecho*: 'Os elementos desse universo (do direito) iluminados pela análise estrutural são diversos daqueles que podem exsurgir da análise funcional. Os dois pontos de vista não apenas são perfeitamente compatíveis, mas também se integram reciprocamente e de modo sempre útil.' O percurso teórico de Bobbio vinha, assim, convergir com o percurso do amigo Renato Treves, que exatamente naqueles anos estava introduzindo a sociologia do direito na Itália."[13]

A tarefa de tentar apontar uma única função para a ética – seja para a ética geral, seja para a ética empresarial – não parece nada fácil, uma vez que seu caráter polissêmico, conforme pôde ser visto no item anterior, parece conduzir o estudioso pelos meandros de caminhos diversos. Para Adela Cortina e Emílio Martínez[14], por exemplo, a ética teria três funções, a saber: (1ª) *clarificar* o que é a moral e quais as suas características específicas, (2ª) *fundamentar* a moralidade e (3ª) aplicar aos diversos âmbitos da vida humana o que se descobriu nos dois primeiros pontos.

Xavier Etxeberria[15] também considera ser uma função da ética a de "precisar igualmente os *bens* supremos e/ou *regras* ou *imperativos* que se constituem como referente moral último das nossas ações". Annemarie Pieper[16]

---

[13] LOSANO, Mário. Prefácio: o pensamento de Norberto Bobbio, do positivismo jurídico à função do direito. In: BOBBIO, Norberto. *Da Estrutura à Função*. Novos estudos de teoria do Direito. 1ª reimpressão. Barueri: Manole, 2008, p. XLI.
[14] Cf. CORTINA, Adela. *Ética*. Madrid: Ediciones Akal, p. 23.
[15] Cf. ETXEBERRIA, Xavier. *Temas Básicos de Ética*. Bilbao: Desclée De Brouwer, 2002, p. 24.
[16] Cf. PIEPER, Annemarie. *Ética y Moral*. Una introducción a la filosofia práctica. Barcelona: Editorial Critica, 1990, p. 10.

e o Professor José Henrique Silveira de Brito[17] acrescentam, ainda, uma outra função, qual seja, a de "incitar à vivência da vida moral como expressão da humanidade do ser humano".

Se é certo que todos esses enunciados propostos são de nossa intelecção imediata, o mesmo não se pode dizer, ao que parece, a respeito da real dimensão e verdadeiro alcance de cada um deles. Assim, por exemplo, quando se reconhece, com Jean Ladrière[18], que há um problema ético a ser resolvido, porque "a existência é constitucionalmente atravessada por um voto fundamental, por um querer profundo, que visa a sua própria realização autêntica, e que, correlativamente, ela tem o encargo de assegurar para si mesma, na sua ação, essa mesma realização", torna-se necessário responder com que escala de valores essa realização da existência deverá ser obtida.

Sabe-se da grande tentação de dizer-se que esses valores não são universais – sendo muitos os sociólogos e os antropólogos que assim o pensam – e que, em consequência, todas as morais possuem o mesmo valor. O problema está, a meu ver, no fato de que a antropologia e a sociologia não têm nem o mesmo objeto, nem a mesma função da ética. É muito fácil fazermos afirmações quando o problema está distante de nós. Mas, como diz o Prof. José Henrique Silveira de Brito[19], haveria de ter o mesmo valor a moral do flagelo moderno conhecido como *skinhead*[20] e uma outra moral qualquer que, efetivamente, preconiza o respeito mútuo entre os seres?

Se a resposta a tal questão puder ser – como ainda, evidentemente, continuo a acreditar – peremptoriamente negativa, não seria possível pensar-se na criação e na consagração de uma ética universal? Se cremos, efetivamente, que os seres humanos são da mesma espécie, partilham do

---

[17] BRITO. *Ética das Profissões...*, p. 18-19.

[18] Cf. LADRIÈRE, Jean. *Le concept de "dimension éthique"*. In: _____. *L'éthique dans l'univers de la rationalité*. Namur: Artel; Québec: Fides, 1997, p. 34 *apud* BRITO. *Ética das Profissões...*, p. 19.

[19] BRITO. *Ética das Profissões...*, p. 19.

[20] Trata-se de jovens do sexo masculino, pertencentes a uma espécie de bando juvenil, que tosa rente os cabelos e manifesta comportamento de caráter xenófobo e racista. Segundo a *Wikipédia*, são indivíduos racistas e neonazistas, em geral ligados ao movimento denominado *White Power*, que constituem a ala neonazista da cultura *skinhead* desde a década de 1980. Mais uma das misérias da condição humana com a qual, em pleno século XXI, infelizmente ainda somos obrigados a conviver...

mesmo genoma, devendo permanecer sempre livres e iguais, em dignidade e direitos, conforme se depreende do art. 1º da Declaração Universal dos Direitos Humanos, a ideia de uma ética universal, não obstante o quadro desolador que se tem diante dos olhos, constitui um ideal irrenunciável.

Importa, portanto, naquela primeira e fundamental função da ética – de clarificar o que é a moral e quais as suas características específicas –, encontrar uma resposta, por mais precária que seja, do que se *deve fazer* ou do que é possível *fazer melhor* do que estamos fazendo. Tal tentativa de esclarecimento – ainda que situada num plano meramente potencial – poderá nos levar a descobrir, talvez, que determinada norma considerada uma autêntica norma moral, ter-se-á transformado em mera norma social, ou, como se expressa o Prof. José Henrique Silveira de Brito[21], "ou que determinado valor moral concretizado em determinado comportamento, devido a circunstâncias históricas, a descobertas científicas, deixou de se expressar de determinada maneira, deixou de ser vivido na obediência a determinadas normas e passou a ser concretizado numa conduta diferente".

Em suma, é a reflexão ética que deverá proporcionar a descoberta fundamental da norma moral, qual seja, a da sua universalidade, não obstante a interminável controvérsia que tal conceituação necessariamente propicia. Em outras palavras, deverá ser, no objetivo do esclarecimento da vida moral, que se encontrará a noção básica do dever, fundamentalmente presente na esfera moral, com o propósito tão constitutivo do ser humano quanto o é a noção do dever. Enfim, parece ser nessa função do dever "que se deverá explicitar o lugar e alcance da razão e da sensibilidade na vida moral, e a sua articulação na razoabilidade, conceito fundamental para uma vida equilibrada, mas tão difícil de afinar"[22].

Uma segunda fundamental indagação, como não poderia deixar de ser, é por qual razão a conduta humana não pode ser considerada axiologicamente neutra ou, em outras palavras, por que é que um ser humano deve procurar viver de forma moral? Ou, em outros termos ainda, por que é que a vida humana deve estar voltada para procurar o bem, afastando-se do mal? Qual seria, em última análise, a razão pela qual o dever moral deve ser obedecido?

[21] BRITO. *Ética das Profissões...*, p. 19.
[22] BRITO. *Ética das Profissões...*, p. 20.

Tais questionamentos poderiam desdobrar-se, entre outros, nos seguintes: No que consiste aquilo a que chamamos de "bem"? Seria admissível a tese dos que sustentam o relativismo moral? E a que nos conduziria tal relativismo moral? Seria razoável a ideia de conviver-se com o chamado "pluralismo moral"? E, por derradeiro, quais seriam os critérios aceitáveis que permitiriam hierarquizar, axiologicamente, os diversos códigos morais?

Sob o ponto de vista da terceira função da ética – a ética posterior –, há que se fazer o regresso da reflexão sobre a vida moral à moral prática ou, em outros termos, o propósito dessa ética é partir da moral filosófica para a vivência da moral. Consiste na elaboração do que hoje se denominam *éticas aplicadas*. Enquanto a filosofia parte da vida para regressar à própria vida, a ética principia na experiência moral para, num segundo momento, retornar à vida moral.

Tal função, segundo o Prof. José Henrique Silveira de Brito, pode confrontar-se com duas situações. Uma é a procura da tradução na vida moral do que se encontrou na reflexão das outras duas funções da ética. A segunda visa a encontrar o modo de viver moralmente em situações que foram geradas pelas descobertas científicas, novos contextos sociais, alterações de costumes[23].

E, para os propósitos do presente trabalho, o referido professor apresenta como dois bons exemplos de ética aplicada: a bioética, de um lado, e a ética empresarial, de outro; concluindo que a primeira teve origem nas novas circunstâncias criadas pela evolução vertiginosa da tecnociência e pela descoberta da autonomia do doente, a ponto de um dos maiores autores de nomeada na matéria, o Prof. Luís Archer, sustentar ser a bioética simplesmente *avassaladora*. Quanto à segunda – a ética empresarial, objeto central deste estudo –, tece o Prof. José Henrique Silveira de Brito as seguintes considerações:

"A Ética Empresarial, que nasceu nos anos 70, teve a sua origem na crise de confiança gerada por uma série de escândalos que afetaram a sociedade americana, quer na esfera política, quer na esfera propriamente econômica. Para além desta crise que levou ao aparecimento desta ética, hoje as empresas veem-se perante problemas para os quais não há soluções feitas.

---

[23] Cf. BRITO. *Ética das Profissões...*, p. 20.

Os especialistas consideram que o movimento de globalização é imparável *(sic)* e que poderá ser benéfico para os países menos desenvolvidos se for feito com regras."[24]

E conclui com esta inevitável pergunta: "Que normas devem reger as relações entre as empresas e a sociedade, as empresas e o estado, as empresas e a natureza?"[25]

Epílogo

Utilizo-me destas linhas derradeiras, não propriamente para concluir algo que tenha ficado incompleto ao longo do trabalho, mas como simples reforço do que já foi exposto. A esse respeito, tenho dito e repetido, como se fosse um mantra, que a necessidade de um capítulo derradeiro, coroado de conclusões finais, não passa de grosseiro equívoco metodológico, extremamente disseminado no meio acadêmico. Demonstrou-o, com a propriedade de sempre e em páginas decisivas, o professor Fábio Konder Comparato[26], nas quais o autor, depois de identificar a herança que as *disputtationes* escolásticas, de um lado, e a sofística grega, de outro, deixaram para as teses acadêmicas, nelas influindo o caráter tipicamente linear de suas estruturas básicas, semelhantes a um silogismo, explicou, didaticamente: "Hodiernamente, porém, nem toda dissertação apresenta uma estrutura linear, mas radial ou sistemática", arrematando, corajosamente, pouco mais adiante: "Uma dissertação científica não deve, pois, literalmente falando, apresentar conclusões."

Longe de mim, é claro – e tal era escusado dizê-lo –, a ideia de emprestar a esta singela exposição algum caráter mínimo de cientificidade. A troca de pomposas *conclusões* por um simples *epílogo* possui propósito muito mais modesto, significando deixar registrada, apenas, minha fundamental discordância com o *establishment* atualmente existente no meio acadêmico, que concede maior importância à quantidade do que à qualidade teórico--dogmática dos textos produzidos[27].

---

[24] BRITO. *Ética das Profissões...*, p. 21.

[25] BRITO. *Ética das Profissões...*, p. 21.

[26] Cf. COMPARATO, Fábio Konder. *O Poder de Controle na Sociedade Anônima*. Rio de Janeiro: Forense, 1983, p. 400 ss.

[27] Quadra mencionar, a propósito, o recente e primoroso artigo da professora Karina Nunes Fritz, publicado no Migalhas, em 7 de abril do corrente ano de 2021, no qual a autora, após

Restou-me, neste entardecer da vida, a pregação ética como se ela fosse o ultimato de minha derradeira esperança. Quero crer que, quando a alínea "g", do inciso II, do art. 22 da Lei 11.101/2005, introduzida pela Lei 14.112/2020, dispôs que o administrador judicial deverá

> "assegurar que as negociações realizadas entre devedor e credores sejam regidas pelos termos convencionados entre os interessados ou, na falta de acordo, pelas regras propostas pelo administrador judicial e homologadas pelo juiz, observado o princípio da boa-fé para solução construtiva de consensos, que acarretem maior efetividade econômico-financeira e proveito social para os agentes econômicos envolvidos."

Ao aludir à necessária observância do princípio da boa-fé, sinalizou ao administrador judicial a importância, no desempenho de suas funções, de um agir rigorosamente ético.

Permito-me volver, então, nestas linhas derradeiras, à passagem do matemático árabe sobre a ética, dela fazendo a seguinte paráfrase: Se o administrador judicial tiver ética, então ele é igual a 1; se também for inteligente, acrescente um zero e ele será 10; se também for experiente, acrescente outro zero e ele será 100; se também for perspicaz e operoso, acrescente outro zero e ele será 1.000. Mas se ele perder o 1, que corresponde à ética, perderá todo o seu valor, pois só restarão os zeros...

E assim termino, uma vez mais, minha apologética quase obstinada em favor da ética. Tentei, ao menos, ainda que de forma pífia, imitar o Barão de Montesquieu, extraindo meus princípios da natureza das coisas e não de meus próprios preconceitos. Talvez tenha escrito muito e conseguido pouco, mas essa é uma circunstância da própria vida. Como disse Pirandello, num de seus poemas: *"La vita o si vive o si scrive"*.

---

prestar justíssima homenagem ao grande jurista germânico Canaris, recentemente falecido, muito corajosamente afirma: "Ótima lição para nossa agência de fomento científico (Capes), que exige dos pesquisadores uma produção fordista frenética de trabalhos científico quando, na verdade, nenhum ganho substancial traz à ciência do direito a publicação de milhares de artigos inúteis. O direito requer tempo para pesquisa, estudo e reflexão. Só assim se produz uma ciência jurídica de qualidade, apta a ser ouvida e discutida no plano internacional, desafio ainda não superado pela doutrina civilista nacional." (FRITZ, Karina Nunes. Claus-Wilhelm Canaris: O "sistematizador". *Migalhas*, 7 abr. 2021. Disponível em: <https://www.migalhas. com.br/coluna/german-report/343067/claus-wilhelm-canaris-o-sistematizador>. Acesso em: 15 mai. 2021). Coloco-me irrestritamente de acordo com tão judiciosas considerações.

Referências

ADEODATO, João Maurício. *Ética e retórica para uma teoria da dogmática jurídica*. 2 ed. rev. e ampl. São Paulo: Saraiva, 2006.

BEZERRA FILHO, Manoel Justino. *Lei de Recuperação de Empresas e Falência*. 9 ed., rev., atual. e ampl. São Paulo: Thomson Reuters, 2013.

BOBBIO, Norberto. *Da Estrutura à Função*. Novos estudos de teoria do Direito. Barueri: Manole, 2007.

BRITO, José Henrique Silveira de (coord.). *Ética das Profissões* – Atas do Colóquio Luso-Espanhol de Ética das Profissões, Braga, 11-12 de abril de 2005. Braga: Alêtheia, 2006.

_____. *A Ética na Vida Empresarial*, Revista Portuguesa de Filosofia, Braga – outubro/ dezembro, Tomo LV, Fasc. 4, 1999.

COELHO, Fábio Ulhoa. *Comentários à Lei de Falências*. 8 ed., 2ª tiragem. São Paulo: Saraiva, 2011.

COMPARATO, Fábio Konder. A reforma da empresa. In: _____. *Direito empresarial:* estudos e pareceres. São Paulo, Saraiva, 1990, p. 3-26.

_____. *Ética:* Direito, Moral e Religião no Mundo Moderno. São Paulo: Companhia das Letras, 2006.

_____. *O Poder de Controle na Sociedade Anônima*. Rio de Janeiro: Forense, 1983.

CORTINA, Adela. *Ética aplicada y democracia radical*. 2 ed. Madri: Tecnos, 1997.

_____; MARTÍNEZ, Emílio. *Ética*. Madrid: Ediciones Akal, 1996.

DE LUCCA, Newton. *Da Ética Geral à Ética Empresarial*. São Paulo: Quartier Latin, 2009.

ETXEBERRIA, Xavier. *Temas Básicos de Ética*. Bilbao: Desclée De Brouwer, 2002.

FRITZ, Karina Nunes. Claus-Wilhelm Canaris: O "sistematizador". *Migalhas*, 7 abr. 2021. Disponível em: <https://www.migalhas.com.br/coluna/german-report/343067/claus-wilhelm-canaris-o-sistematizador>. Acesso em: 15 mai. 2021.

LOSANO, Mário. Prefácio: o pensamento de Norberto Bobbio, do positivismo jurídico à função do direito. In: BOBBIO, Norberto. *Da Estrutura à Função*. Novos estudos de teoria do Direito. 1ª reimpressão. Barueri: Manole, 2008.

LUCENA, Adriana. *O Administrador Judicial:* atribuições, eficiência e celeridade na condução dos trabalhos. In: JORGE, André Guilherme Lemos *et al* (org.). *Coletânea da Atividade Negocial*. São Paulo: Editora Uninove, 2020, p. 337-343.

PIEPER, Annemarie. *Ética y Moral*. Una introducción a la filosofia prática. Barcelona: Editorial Critica, 1990.

REALE, Miguel. *Filosofia do Direito*, v. 1. 5 ed. São Paulo: Saraiva: 1969.

Referências

7. O ADMINISTRADOR JUDICIAL E O COMPROMISSO COM A CELERIDADE PROCESSUAL

Thomas Benes Felsberg

Fabiana Bruno Solano Pereira

Introdução

A reforma dos processos de insolvência introduzida pela Lei nº 14.112/2020 afetou profundamente o papel dos diversos atores que deles participam ativamente, incluindo o administrador judicial.

Um dos objetivos fundamentais da reforma foi o de acelerar o trâmite desses processos, com o intuito de promover maior efetividade econômico--financeira a todos os envolvidos, especialmente para a sociedade em geral, por meio de um retorno ou reinvestimento célere desses ativos na economia, propiciando maior geração de empregos, capacidade contributiva e fortalecimento da atividade econômica. Isso tudo em detrimento do empresário que causou a crise.

Não à toa, uma das principais formas de atingir esses objetivos foi por meio da positivação do princípio da celeridade processual na lei, que deve, portanto, pautar a aplicação de todas as normas de direito material e processual em vigor.

No caso do administrador judicial, por ser auxiliar do juízo, o legislador atribuiu a ele um papel muito mais ativo e contundente para fazer valer o novo princípio legal, impulsionando o andamento dos processos. Na recuperação judicial isso se traduz principalmente no acompanhamento ativo do processo e na adoção de medidas para promover um rápido alinhamento entre as partes, minimizando a assimetria de informações, as controvérsias e os potenciais litígios que surgirão ao longo do seu desenvolvimento. Já na falência, a interferência do administrador judicial ganhou ainda maior relevância, cabendo-lhe principalmente a efetiva venda dos bens em prol da massa falida em até 180 (cento e oitenta) dias, sob pena de destituição.

Portanto, se tradicionalmente na recuperação judicial o administrador judicial tinha apenas um dever fiscalizatório e se na falência não havia um prazo determinado para desenvolver as suas atividades impulsionadoras do processo, a partir de agora seu papel ganha ainda mais efetividade e importância.

Para bem desenvolver seu papel, o administrador judicial deverá conhecer profundamente a estrutura de capital das empresas devedoras, mapear em detalhes os potenciais conflitos existentes, e agir com destreza visando ao célere desenvolvimento e à conclusão dos processos.

Ao juiz caberá garantir que o administrador judicial cumpra seus deveres, alinhados com esses novos princípios, fulminando potenciais conflitos de interesse que possam surgir no curso dos processos.

Somente com a profunda compreensão e internalização desses novos poderes-deveres pelo administrador judicial e pelas múltiplas partes nos processos de insolvência será possível atingir o objetivo maior almejado pela reforma da lei, que é otimizar a utilização produtiva dos ativos na economia.

1. A celeridade como princípio estrutural dos processos de insolvência após a reforma

A reforma instituída pela Lei nº 14.112/2020 aos processos de insolvência procurou corrigir diversos problemas que vinham sendo observados na prática ao longo dos últimos anos, em que houve a consolidação da recuperação judicial como principal meio de reestruturação judicial das dívidas do empresário e da sociedade empresária insolvente.

Em outras oportunidades[1], tratamos de alguns desses problemas, assim como da nova abordagem da lei visando ao reequilíbrio de forças entre credores e devedor que, se aplicada pelo poder judiciário tal qual idealizada, representará uma alteração profunda de paradigma para todos os atores que participam ativamente desses processos.

---

[1] SOLANO, Fabiana. Nova recuperação judicial de empresas: o palco é dos credores. *Estadão*, 23 abr. 2021. Disponível em: <https://politica.estadao.com.br/blogs/fausto-macedo/nova--recuperacao-judicial-de-empresas-o-palco-e-dos-credores/>. Acesso em: 15 mai. 2021.

No contexto das mudanças fundamentais implementadas com a reforma, o tempo de duração idealizado para a recuperação judicial e para a falência mereceu um destaque especial.

Isso se deve ao fato de que, segundo dados recentes levantados pelo Banco Central, recuperações judiciais exitosas levam em média de dois a três anos para que tenham um plano de recuperação aprovado pelos credores. Casos mais complicados, que terminam com a rejeição do plano de recuperação pelos credores e a decretação da falência do devedor, costumam ser ainda mais lentos, e tendem a durar cerca de três a quatro anos até a efetiva decretação da quebra. A falência, por sua vez, ainda é um grande tabu indesejado por todos e a regra é que dure longos anos, com a perda sistemática de valores para a sociedade como um todo.

O problema não é só quanto ao tempo de duração desses processos. Ainda segundo o Banco Central, o índice de sucesso das recuperações judiciais de pequenas e médias empresas é de apenas 9%, enquanto, para as grandes empresas, esse percentual salta para ainda insuficientes 57%[2].

Esses dados são bastante alarmantes. Significam que a recuperação do crédito e dos investimentos em casos de insolvência ainda se dá de forma lenta. Se a crise do devedor for irreversível e convergir para a falência, a realocação dos ativos na economia em prol da coletividade ocorre de forma ainda mais morosa e insatisfatória.

Isso faz com que a insolvência em geral não seja percebida como um bom negócio no Brasil, apesar de a Lei nº 11.101/05 representar um enorme avanço da matéria no país. Países com uma legislação de insolvência mais eficiente proporcionam um ambiente mais atraente para investimentos no setor, com retornos elevados, céleres e proporcionais ao risco assumido. Já no Brasil, os dados empíricos até então demonstram que empresas insolventes tendem a repelir investidores, intolerantes a prováveis perdas e ao longo prazo de retorno dos investimentos. Diante do baixo índice de sucesso e da morosidade dos processos, outras modalidades de investimento tendem a oferecer maior proteção ao capital investido e melhores retornos em um prazo menor.

---

[2] BANCO CENTRAL DO BRASIL. *Relatório de Estabilidade Financeira* – Outubro 2019. Disponível em: <https://www.bcb.gov.br/content/publicacoes/ref/201910/RELESTAB201910-secao2_4.pdf>. Acesso em: 15 mai. 2021.

Portanto, não foi à toa que o legislador buscou endereçar esses problemas de forma ampla e contundente na recente reforma instituída pela Lei nº 14.112/2020.

Na recuperação judicial, a almejada celeridade processual foi introduzida principalmente por uma nova dinâmica severa relacionada ao prazo de suspensão das execuções contra o devedor (*"stay period"*). O *stay period* continua a ser de 180 (cento e oitenta) dias, mas passou a ser prorrogável uma única vez por igual período, desde que o devedor não haja concorrido para o lapso temporal. Passado esse período estendido, em tese[3], o *stay period* não estará mais sujeito a prorrogações e, a partir de então, abre-se a prerrogativa para que os credores, se assim o desejarem, submetam aos demais credores plano(s) de reestruturação alternativo(s) com propostas para a reorganização da estrutura de capital da empresa devedora. Neste caso, a lei passa a admitir uma última extensão do *stay period* por mais 180 (cento e oitenta) dias a fim de que esse(s) plano(s) alternativo(s) seja(m) deliberado(s) pela coletividade de credores.

Ou seja, com a reforma, o processo de recuperação judicial foi idealizado para durar no máximo 540 (quinhentos e quarenta) dias, dos quais 180 (cento e oitenta) são dedicados exclusivamente à estruturação de uma solução para a crise do devedor idealizada pelos próprios credores.

Nessa nova dinâmica, se o plano de recuperação do devedor for rejeitado; se os credores optarem por não apresentar plano(s) alternativo(s); ou se o(s) plano(s) alternativo(s) dos credores também for(em) rejeitado(s) pela maioria, a única consequência possível será a convolação da recuperação judicial do devedor em falência. Por outro lado, havendo sucesso no desfecho da recuperação judicial, o devedor não é mais obrigado a permanecer neste regime pelos próximos dois anos e, hoje, o juiz tem a discricionariedade de dar por encerrada a recuperação judicial antes desse prazo[4], tornando o processo mais célere.

---

[3] Sob a égide da lei antes da reforma, a jurisprudência uníssona permitia a sucessiva prorrogação do *stay period*, variando apenas a sua modulação segundo entendimento dos diferentes tribunais, *e.g.*: STJ, Quarta Turma, REsp n. 1.193.480/SP, Rel. Min. Aldir Passarinho Júnior, j. 05/10/2010; STJ, Segunda Seção, CC n. 73.380/SP, Rel. Min. Hélio Quaglia Barbosa, j. 28/11/2007; STJ, Primeira Seção, CC n. 79.170/SP, Rel. Min. Castro Meira, j. 10/09/2008; STJ, Segunda Seção, AgRg no CC n. 111.614/DF, Rel. Min. Nancy Andrighi, j. 10/11/2010.

[4] Lei nº 11.101/05, artigo 61.

Na falência, em que há o procedimento de liquidação dos ativos e de saída do empresário fracassado do negócio assolado por uma crise irremediável, o legislador foi ainda mais radical nas alterações implementadas com a reforma. Impôs a obrigação de que todos os bens do devedor falido sejam vendidos em até 180 (cento e oitenta) dias, contados da lavratura do auto de arrecadação, sob pena de destituição do administrador judicial[5].

Em nome da celeridade processual, foi introduzida uma norma expressa no sentido de que a venda de bens na falência dar-se-á independentemente da consolidação do quadro geral de credores e não estará sujeita à aplicação do conceito de preço vil[6]. O processo de venda de bens, por meio de leilão eletrônico, dar-se-á em primeira chamada, pelo valor mínimo de avaliação do bem; em segunda chamada, dentro de 15 (quinze) dias, contados da primeira chamada, por no mínimo 50% (cinquenta por cento) do valor de avaliação; e em terceira chamada, dentro de 15 (quinze) dias, contados da segunda chamada, por qualquer preço[7].

Ou seja, a falência claramente passou a priorizar a realocação eficiente desses bens na economia, ainda que por um valor irrisório, mediante a rápida troca de mãos dos chamados "ativos estressados", e a possibilidade do retorno célere do empreendedor falido no mercado, com o popular "fresh start". O legislador entendeu que, com isso, atingirá maior efetividade econômico-financeira e proveito social para os agentes econômicos envolvidos em geral, ainda que às custas da alienação a qualquer preço dos bens da massa falida.

Vale acrescentar que, aproveitando a chance para encerrar longa controvérsia jurisprudencial a respeito do tema e ainda reforçar o princípio da celeridade processual, o legislador previu expressamente que todos os prazos previstos na Lei nº 11.101/05 ou que dela decorram serão contados em dias corridos[8].

Essa ampla reforma estrutural representa, como dito, uma importante mudança nos comportamentos de credores e devedor. Numa recuperação judicial, o devedor é brutalmente incentivado a deixar expedientes protelatórios de lado e a se engajar em negociações factíveis e razoáveis com os

---

[5] Lei nº 11.101/05, artigo 142, §2º-A, IV.
[6] Lei nº 11.101/05, artigo 142, §2º-A, II e V.
[7] Lei nº 11.101/05, artigo 142, §3º-A.
[8] Lei nº 11.101/05, artigo 189, §1º, I.

credores, a fim de chegar a um denominador comum com a maioria deles em até 360 (trezentos e sessenta) dias contados do ajuizamento do pedido. Esse denominador comum se traduzirá em um acordo que represente uma recuperação melhor aos credores do que a que obteriam num cenário falimentar, incluindo uma análise do *going concern* da empresa devedora. Se a proposta do devedor não corresponder a essa justa expectativa, os credores serão incentivados a apresentar um plano alternativo que vinculará o devedor mesmo contra sua vontade, ou a optar pela falência, agora otimizada pela celeridade do processo de venda dos bens.

Antes da reforma da lei, os credores não tinham esse leque de opções disponível: na recuperação judicial, ou bem se curvavam ao plano do devedor, muitas vezes considerado insatisfatório; ou bem optavam pela falência, que invariavelmente representava uma recuperação ínfima do crédito, diante dos longuíssimos anos de duração do seu processamento e da perda sistemática de valor dos bens da massa falida. Se a falência fosse a via eleita, esse resultado espelhava um desalento dos credores quanto à possibilidade de recuperação do crédito. No caso das instituições financeiras credoras, a recuperação do crédito nesse cenário vinha exclusivamente associada à forma mais benéfica de aproveitamento do prejuízo em seus balanços para fins fiscais, segundo as regras do Banco Central e do Conselho Monetário Nacional.

Fato é que a celeridade processual, agora amplificada com a reforma da lei, vem ao encontro dos princípios sociais previstos na redação original do artigo 47[9] para a recuperação judicial, especialmente sob a forma da função social da empresa e do estímulo à atividade econômica. O legislador adicionou a estes princípios combustíveis novos para maximizar os estímulos a atividade econômica em si, em detrimento do empresário que causou a crise.

Já na falência, a tentativa de reverter seu péssimo estigma e a sua ineficiência crônica vem sob a forma de novos princípios norteadores expressos na norma. São eles: a preservação e a otimização produtiva dos bens e recursos produtivos da empresa insolvente; a liquidação célere

---

[9] "Art. 47. A recuperação judicial tem por objetivo viabilizar a superação da situação de crise econômico-financeira do devedor, a fim de permitir a manutenção da fonte produtora, do emprego dos trabalhadores e dos interesses dos credores, promovendo, assim, a preservação da empresa, sua função social e o estímulo à atividade econômica."

de empresas inviáveis, permitindo a realocação eficiente de recursos na economia; e o fomento ao empreendedorismo, com o retorno célere do empreendedor falido à atividade econômica[10].

O princípio da celeridade na falência, portanto, ganhou um *status* estrutural[11] na reformulação do instituto e foi incorporado como seu objetivo maior, em detrimento inclusive, de outros temas importantes, como a maximização do valor dos bens no processo de venda forçada.

Essas alterações representam uma resposta clara do legislador aos resultados insatisfatórios dos recentes estudos empíricos relacionados à insolvência no Brasil. Se os novos princípios e regras forem de fato aplicados pelo poder judiciário, haverá uma profunda alteração no comportamento dos diversos atores nesses processos, inclusive por parte do administrador judicial, enquanto auxiliar do juízo.

2. O papel ativo do administrador judicial como agente propulsor dos processos de insolvência

Uma vez esclarecido o grande destaque que o princípio da celeridade ganhou com a reforma instituída pela Lei nº 14.122/2020, resta entender o papel que o legislador atribuiu ao administrador judicial, enquanto auxiliar do juízo, na observância e efetivação das novas normas.

Na recuperação judicial, como visto, as alterações materiais atinentes ao *stay period* e à possibilidade de os credores apresentarem um plano alternativo após 360 (trezentos e sessenta) dias do ajuizamento do pedido proporcionaram um incentivo real ao devedor para que antecipe ao máximo as negociações de um plano de recuperação factível.

Com o intuito de incentivar o alinhamento entre as partes e de estimular o processo de negociação nesse prazo legal, foi incluída uma nova seção aos capítulos comuns à recuperação judicial e à falência, de modo a regular procedimentos de conciliação e mediação antecedentes ou incidentais aos processos de recuperação judicial[12].

Por conta disso, foram também incluídas novas atribuições ao administrador judicial nesse desejável alinhamento das partes. A partir de agora,

---

[10] Lei nº 11.101/05, artigo 75.
[11] Lei nº 11.101/05, artigo 75, §1º.
[12] Seção II-A do Capítulo II das "Disposições Comuns à Recuperação Judicial e à Falência" da Lei n. 11.101/2005 (arts. 20-A a 20-D).

o administrador judicial deverá não só fiscalizar como também estimular ativamente o avanço dos processos de acordo, inclusive com a utilização de métodos alternativos de solução de conflitos. Se antes, portanto, suas atribuições legais se limitavam a um poder-dever fiscalizatório das atividades do devedor, agora o legislador quer que o administrador judicial adote uma conduta ativa para estimular esse processo de negociação, que pode se dar nas fases pré-processual e processual de disputas. A título de exemplo, a lei cita a desejada composição, estimulada pelo administrador judicial, em: disputas entre sócios e acionistas das empresas recuperandas; conflitos envolvendo concessionárias ou permissionárias de serviços públicos em recuperação judicial e órgãos reguladores; e conflitos com credores extraconcursais para continuidade da prestação de serviços essenciais.

O administrador judicial deverá fiscalizar o decurso das tratativas e a regularidade das negociações entre devedor e credores, inclusive assegurando que as partes não adotem expedientes dilatórios, inúteis ou, em geral, prejudiciais ao regular andamento das negociações[13]. Deverá também assegurar que as negociações realizadas entre devedor e credores reger-se-ão pelos termos convencionados entre os interessados ou, na falta de acordo, pelas regras propostas pelo administrador judicial e homologadas pelo juiz, observado o princípio da boa-fé. Tudo isso com vistas a proporcionar maior proveito social para os agentes econômicos envolvidos.

Certamente, ao decidir pela eventual possibilidade de extensão do *stay period* por uma única vez em benefício do devedor na recuperação judicial, o juiz ouvirá o administrador judicial sobre o regular andamento das negociações e a ausência de expedientes procrastinatórios pelas partes.

Ou seja, o legislador hoje atribuiu ao administrador judicial a responsabilidade ativa de acompanhar o ritmo e a condução das negociações, atestando a sua lisura. Para isso, será imprescindível conhecer a fundo o quadro completo do endividamento do devedor e a sua estrutura de capital, antecipar eventuais "gargalos" nas negociações e ajudar devedor e credores a chegar a um alinhamento factível.

Decerto que a atividade do administrador judicial é de meio, e não de fim. Logo, se as partes não chegarem a um bom termo das negociações, o administrador judicial não será responsabilizado por isso. Entretanto, não há dúvida de que deverá empreender os melhores esforços para

---

[13] Lei nº 11.101/05, artigo 22, II, *e, f* e *g*

ativamente fiscalizar e contribuir para o bom andamento das negociações dentro dos novos prazos assinalados em lei. Deverá também comprovar o cumprimento desse dever ao juiz.

Já na falência, o papel do administrador judicial ganha maior relevância, até porque, com a quebra, o devedor é de imediato afastado da condução das suas atividades[14]. Dentre as suas atribuições de praxe, a maior novidade é de fato a já antecipada obrigação de proceder à venda de todos os bens da massa falida no prazo máximo de 180 (cento e oitenta) dias, contado da data da juntada do auto de arrecadação, sob pena de destituição, salvo se o juiz proferir decisão em sentido contrário, após analisar a impossibilidade fundamentada de cumprimento desse prazo pelo administrador judicial[15].

Imediatamente após a decretação da falência, o administrador judicial deverá, no prazo de até 60 (sessenta) dias contado do termo de nomeação, apresentar ao juiz um plano detalhado de realização dos ativos, inclusive com a estimativa de tempo – não superior a 180 (cento e oitenta) dias a partir da juntada de cada auto de arrecadação – para a venda dos bens[16].

Logo, o administrador judicial passa a ser o grande responsável por assegurar a efetividade do princípio da celeridade que pretende revolucionar a dinâmica da falência de agora em diante.

Mais a mais, tanto na falência quanto na recuperação judicial houve a inclusão de novas atribuições ao administrador judicial que na prática já eram observadas, com o intuito de facilitar o acesso dos credores às informações essenciais da recuperação judicial e diminuir a assimetria de informações no curso do processo. Assim, o administrador judicial, a partir de agora, deverá manter endereço eletrônico com informações atualizadas sobre os processos, com a opção de consulta às peças principais do processo, salvo decisão judicial em sentido contrário. Deverá também manter endereço eletrônico específico, para o recebimento de pedidos de habilitação ou a apresentação de divergências, ambos em âmbito administrativo, com modelos que poderão ser utilizados pelos credores, também salvo decisão judicial em sentido contrário[17].

---

[14] Lei nº 11.101/05, artigo 75.
[15] Lei nº 11.101/05, artigo 22, III, *j*.
[16] Lei nº 11.101/05, artigo 99, §3º.
[17] Lei nº 11.101/05, artigo 22, I, *k* e *l*.

Deverá, enfim, providenciar respostas aos ofícios e às solicitações enviadas por outros juízos e órgãos públicos, sem necessidade de prévia deliberação do juízo, no prazo máximo de 15 (quinze) dias[18]. A colaboração jurisdicional entre diversos juízos foi também incentivada pela reforma, de modo a diminuir os possíveis conflitos entre juízos diversos. Logo, o administrador judicial ganhou também um papel adicional ao facilitar a comunicação e o alinhamento entre os juízos de forma mais célere e automática, independentemente de impulso judicial.

Todas essas novas atribuições guardam relação direta ou indireta com a maior celeridade e efetividade do processo, diminuindo os potenciais conflitos que são inerentes e inevitáveis nos processos de insolvência e que envolvem múltiplas partes.

O administrador judicial, com isso, deverá incorporar o compromisso com a celeridade processual no âmago das suas atividades, a serem pautadas pela assertividade e pragmatismo necessários para impulsionar esses processos.

Um ponto de atenção nos processos de falência se refere ao potencial conflito de interesses entre os critérios de remuneração do administrador judicial e a nova sistemática de venda de bens na falência. Como visto, o legislador priorizou a venda de bens célere e a realocação eficiente de recursos na economia em detrimento do valor a ser obtido com a venda dos ativos. No entanto, a remuneração do administrador judicial na falência está diretamente atrelada a um percentual sobre o valor de venda desses bens[19]. Portanto, se, de um lado, o administrador judicial corre o risco de ser destituído pelo juiz, caso não promova a venda dos ativos em 180 (cento e oitenta) dias, por outro terá sua remuneração potencialmente reduzida de forma considerável, na medida em que o conceito de preço vil deixa de ser aplicável ao instituto.

Caberá ao juiz, utilizando-se do seu poder discricionário, ponderar e mitigar esse potencial conflito de interesses, sempre em prol dos

[18] Lei nº 11.101/05, artigo 22, I, m.

[19] "Art. 24. O juiz fixará o valor e a forma de pagamento da remuneração do administrador judicial, observados a capacidade de pagamento do devedor, o grau de complexidade do trabalho e os valores praticados no mercado para o desempenho de atividades semelhantes.
§ 1º Em qualquer hipótese, o total pago ao administrador judicial não excederá 5% (cinco por cento) do valor devido aos credores submetidos à recuperação judicial ou do valor de venda dos bens na falência."

princípios maiores norteadores da falência, especialmente o da celeridade processual.

Conclusões

Como visto, a reforma promovida pela Lei nº 14.122/2020 à lei de insolvência visa a aprimorar o sistema em vigor, em prol de uma maior eficiência e efetividade dos processos. A recuperação judicial e a falência tiveram, com isso, suas dinâmicas profundamente alteradas pelo legislador, de modo a se tornarem mais céleres e bem-sucedidas. Isso se traduz num retorno mais elevado, rápido e seguro aos investidores em geral e à economia como um todo.

Para perseguir esses objetivos, o princípio da celeridade foi normatizado na lei como objetivo principal e norteador dos processos de insolvência.

Essa busca por celeridade não é à toa. Trata-se de uma resposta contundente do legislador aos resultados insatisfatórios dos recentes estudos empíricos relacionados à insolvência no Brasil. Se os novos princípios e regras forem de fato aplicados pelo poder judiciário, haverá uma profunda alteração do comportamento dos diversos atores nesses processos, inclusive por parte do administrador judicial, enquanto auxiliar do juízo. A ele caberá não só a fiscalização dos processos como também o dever de buscar ativamente o alinhamento das partes, a minimização dos conflitos e a constante busca pelo célere retorno e reposicionamento dos chamados "ativos estressados" na economia.

Nesse sentido, será imprescindível que o administrador judicial compreenda essa nova dinâmica e os princípios que norteiam os processos de insolvência, com o intuito de pautar suas ações no curso dos processos. Ao juiz, por sua vez, caberá também cuidar para que as partes, inclusive o administrador judicial enquanto seu *longa manus*, cumpram com seus novos deveres. Somente com essa compreensão mais principiológica da nova insolvência será possível superar os problemas observados nos processos recentes.

Referências

BANCO CENTRAL DO BRASIL. *Relatório de Estabilidade Financeira* – Outubro 2019. Disponível em: <https://www.bcb.gov.br/content/publicacoes/ref/201910/RELESTAB201910-secao2_4.pdf>. Acesso em: 15 mai. 2021.

BARROS NETO, Geraldo Fonseca de. *Reforma da Lei de Recuperação Judicial e Falência* – Comentada e Comparada. São Paulo: Forense, 2021.

BEZERRA FILHO, Manoel Justino. *Lei de Recuperação de Empresas e Falência:* Lei 11.101/2005, comentada artigo por artigo. 14 ed. São Paulo: Thomson Reuters, 2019.

CEREZETTI, Sheila C. Neder; MAFFIOLETTI, Emanuelle Urbano. *Dez Anos da Lei nº 11.101/2005:* Estudos sobre a Lei de Recuperação e Falência. São Paulo: Almedina, 2015.

MACHADO, Hugo de Brito. Dívida Tributária e Recuperação Judicial da Empresa. *Revista dialética de direito tributário,* São Paulo, n. 120, p. 69–81, set. 2005.

MACHADO, Rubens Approbato. Alterações da Nova Lei de Falências e Recuperação de Empresas – LRE. *Revista do Advogado – AASP,* São Paulo, a. XXV, n. 83, set. 2005.

SACRAMONE, Marcelo Barbosa. *Comentários à Lei de Recuperação de Empresas e Falência.* São Paulo: Saraiva Educação, 2018.

SALOMÃO, Luis Felipe; SANTOS, Paulo Penalva. *Recuperação judicial, extrajudicial e falência.* Rio de Janeiro: Forense, 2015.

SCALZILLI, João Pedro; SPINELLI, Luis Felipe; TELLECHEA, Rodrigo. *Recuperação de Empresas e Falência:* Teoria e Prática na Lei 11.101/2005. São Paulo: Almedina, 2016.

SOLANO, Fabiana. Nova recuperação judicial de empresas: o palco é dos credores. *Estadão,* 23 abr. 2021. Disponível em: <https://politica.estadao.com.br/blogs/fausto-macedo/nova-recuperacao-judicial-de-empresas-o-palco-e-dos--credores/>. Acesso em: 15 mai. 2021.

THE WORLD BANK. Resolving insolvency: New funding and business survival. *Doing business – 2016,* Oct. 2015. Disponível em: <https://www.doingbusiness.org/en/reports/case-studies/2015/ri>. Acesso em: 15 mai. 2021.

TOLEDO, Paulo Fernando Campos Salles de. A Apresentação de CND e o Parcelamento de Débitos Fiscais. In: CEREZETTI, Sheila C. Neder; MAFFIOLETTI, Emanuelle Urbano (coord.). *Dez Anos da Lei nº 11.101/2005:* Estudos sobre a Lei de Recuperação e Falência. São Paulo: Almedina, 2015.

8. O ADMINISTRADOR JUDICIAL NA RECUPERAÇÃO JUDICIAL: UM AGENTE DE EQUILÍBRIO ENTRE DEVEDOR E CREDORES, PARA A PRESERVAÇÃO DA EMPRESA, O ESTÍMULO À ATIVIDADE ECONÔMICA E O ATENDIMENTO À FUNÇÃO SOCIAL DA EMPRESA

Gilberto Schäfer

Alexandre Kosby Boeira

Introdução

A crise empresarial é um fenômeno que vem merecendo exponencial atenção no Direito Empresarial Brasileiro[1]. Além da grave dificuldade de liquidez ocasional, a deflagração de uma crise sistêmica decorrente da pandemia do vírus Sars-Covid-2 tem colocado à prova os sistemas jurídicos nacionais, especialmente no plano da insolvência empresarial[2].

---

[1] É importante mencionar que a crise vivida pelo Brasil não é apenas uma crise empresarial, ela é sistêmica do ponto de vista econômico, mas é humanitária, reforçada especialmente pela pandemia do COVID-19, que deflagrou a enorme desigualdade social já existente no país, reforçada por concepções negacionistas de dirigentes Estatais. Pode-se dizer que os prognósticos pessimistas apontados infelizmente se tornaram realidade, conforme os antevistos em: CONTI, Thomas V. Crise Tripla do Covid-19: um olhar econômico sobre políticas públicas de combate à pandemia. *Thomas V. Conti*, 2020. Disponível em: <http://thomasvconti.com.br/pubs/coronavirus/>. Acesso em: 15 mai. 2021.

[2] O quadro é muito pior nas questões que envolvem insolvência para a pessoa física, agora resolvida em parte para o consumidor na questão do superendividamento (Lei Federal n. 14.181/2021) e de insolvência para sociedades não empresárias e até associações civis que não contam com um sistema adequado de Recuperação, mesmo quando desenvolvem atividade relevante do ponto de vista econômico e social. A saga do capitalismo brasileiro

O Estado-Juiz possui o desafio de dimensionar e calibrar a intervenção jurisdicional nas relações comerciais para que se possa dar uma resposta adequada e equilibrada à sociedade, para a preservação dos benefícios sociais da atividade empresarial viável em crise, liquidando-se, outrossim, a sociedade empresária inviável e reposicionando-se o mais célere possível os seus ativos no mercado.

O arcabouço processual regido pela Lei 11.101/2005 que concentra os instrumentos judiciais capazes de propiciar a superação da crise da sociedade empresária viável, quando já exauridas as hipóteses reestruturais do próprio mercado – por insuficiência ou incapacidade de desenvolvimento de negociações no âmbito extrajudicial – é denominado de Recuperação Judicial.

A Recuperação Judicial é um regime jurídico negocial concentrado, que possui como escopo a reestruturação do passivo da recuperanda, conjugada com um projeto de reorganização das atividades do devedor. Tem como finalidade oferecer à sociedade empresária uma possibilidade de superar a crise econômica, sem que necessite recorrer individualmente a cada um de seus credores (negociação concursal), apresentando, ainda, de um lado, mecanismos de submissão da minoria resistente e, de outro, obrigações de transparência do devedor, além de meios legais de fiscalização pelos credores (tanto do cumprimento do plano de recuperação, quanto das atividades da devedora)[3]. Ela beneficia também o credor que não precisa mobilizar a jurisdição individualmente – ou a mobilizando, chegaria tarde, quando o devedor não tenha mais patrimônio –, proporcionando, de uma

---

de nosso tempo é a do homem endividado, que está à mercê de uma forma de dominação e não integração que vai reduzindo a sua esfera de autonomia e para o qual o direito e a política devem apontar soluções a fim de que não se volte a uma escravização já abolida (LAZZARATO, Maurizio. *O governo do homem endividado*. São Paulo: n-1 Edições, 2017).

[3] "O instituto da recuperação judicial, normatizado pela Lei nº 11.101/2005 (LRF), tem por finalidade alcançar o soerguimento da empresa economicamente viável em situação de crise econômico-financeira passageira, por meio de um regime jurídico especial de benefícios e de um plano de reorganização da empresa." (MEDINA, José Miguel Garcia; HÜBLER, Samuel. Juízo de admissibilidade da ação de recuperação judicial: exposição das razões da crise econômico-financeira e demonstração perfunctória da viabilidade econômica. *Revista de Direito Bancário e do Mercado de Capitais*, São Paulo, a. 17, v. 63, p. 131-147, jan. 2014).

certa maneira, isonomia entre os credores, atingindo o escopo de evitar a falência[4] e de promover a manutenção do negócio[5].

A concepção processual da Recuperação Judicial supera a definição ordinária de processo como encadeamento sucessivo de atos jurídicos destinados à realização do direito material postulado em juízo. O processo de reestruturação empresarial assume feições de atos complexos de jurisdição, de negociação e de atividades administrativas judiciais e extra-judiciais. Envolve uma gama de relações bilaterais ou multilaterais entre a devedora e aqueles submetidos ao certame recuperacional (ou mesmo terceiros não submetidos ao concurso, mas que dele suportam efeitos em seus interesses individuais não alinhados), situações que somente podem ser bem equacionadas se compreendida a recuperação judicial como um processo estrutural.

---

[4] Sempre é preciso recordar que também a falência protege os valores econômicos e sociais fundamentais. Como anota Daniel Carnio Costa, na falência a preservação ocorre "pela criação de oportunidades de mercado para outras empresas saudáveis e pela realocação de bens de atividades improdutivas para atividades produtivas" (COSTA, Daniel Carnio. A importância social e econômica da falência. *Migalhas*, 09 jan. 2018. Disponível em: <http://www.migalhas.com.br/InsolvenciaemFoco/121,MI272081,71043-A>. Acesso em: 15 mai. 2021). Conforme a doutrina, deve-se evitar tentar salvar empresas que são inviáveis e que não produzem melhores produtos, serviços competitivos, geração de empregos, recolhimento de tributos, dentre outros, especialmente no plano da concorrência. A falência também realoca bens de atividades improdutivas para as produtivas a fim de que os próprios ex-empregados – trabalhadores – recebam os valores, que são existenciais.

[5] Quando a questão é resolvida pelas regras ordinárias – como as do Código de Processo Civil, em que prevalece a regra da anterioridade da penhora, que constitui uma forma de organizar o processo de execução – isso pode conduzir, conforme Cássio Cavalli, a resultados insatisfatórios e indesejáveis quando os credores partilham a percepção de que o devedor não é capaz de satisfazer a dívida de todos os credores, sustentando uma corrida por ativos que "(i) destruirá valor dos ativos do devedor comum de modo a reduzir o grau de satisfação da coletividade de credores, ao mesmo tempo (ii) aumentará os custos incorridos pelos credores e pelo sistema de justiça nas diversas execuções". Neste segundo caso, estamos também falando sobre o que isto representa de custos para o Poder Judiciário. No entanto, o mais relevante para o parecerista, e novamente com adesão destes autores, "é a sua falha em proteger atividades que, apesar da crise financeira, possuem um valor maior mantidas do que liquidadas" (CAVALLI, Cássio. Parecer nos autos do processo 5035686-71.2021.8.21.0001, que tramita junto ao 2º Juízo da Vara de Direito Empresarial, Recuperação de Empresas e Falências da Comarca de Porto Alegre/RS).

O direito à manutenção de um ambiente empresarial saudável não se restringe à tutela de direitos do devedor – de repactuação de suas dívidas e de preservação da atividade empresarial –, mas se deve considerar a integralidade dos objetivos enunciados no art. 47 da LRF[6] . Embora seja o empresário em crise o legitimado ativo a provocar a intervenção estatal, tal ingerência atua na tutela de um direito difuso, titularizado por grupos de pessoas não relacionados entre si e indetermináveis, pois o sistema não serve apenas para solver uma mera contraposição entre o devedor e seus credores, mas sim como meio de permitir a manutenção da fonte produtora, do emprego dos trabalhadores e do interesse dos credores (*players* identificados), preservando a função social da empresa e estimulando a atividade econômica[7].

O equilíbrio entre os múltiplos interesses (individuais, coletivos e difusos) submetidos à tutela judicial no processo de soerguimento da atividade empresária em crise não prescinde da atuação de um sujeito processual com funções auxiliares e complementares à atividade judicante, previstas ou não em lei, lineares ou transversais às linhas mestras do fluxograma processual legislativo.

Por esta razão, para compreender as funções *desse* sujeito processual, é necessário interpretar o processo de recuperação judicial como um processo estruturante, cujo órgão da Administração Judicial é essencial para o seu funcionamento. Por isto, em um primeiro momento, realizar--se-á esta abordagem contextual procedimental preliminar para, então, ingressar-se no papel desempenhado pelo Administrador Judicial na Recuperação Judicial

---

[6] "Art. 47. A recuperação judicial tem por objetivo viabilizar a superação da situação de crise econômico-financeira do devedor, a fim de permitir a manutenção da fonte produtora, do emprego dos trabalhadores e dos interesses dos credores, promovendo, assim, a preservação da empresa, sua função social e o estímulo à atividade econômica."

[7] "A recuperação judicial é o processo instaurado perante o Poder Judiciário mediante ação proposta pelo empresário individual ou sociedade empresária em crise econômico-financeira, na tentativa de reestabelecer a normalidade da respectiva atividade econômica, em prol dos empregados, dos credores, dos consumidores e até mesmo do Estado, tanto em razão da arrecadação fiscal quanto em virtude do fortalecimento da economia nacional." (PIMENTEL, Bernardo. *Direito processual empresarial:* títulos de crédito, ações cambiais, recuperações empresariais e falências. Salvador: Juspodivm, 2008).

1. A Recuperação Judicial como processo estruturante

A categoria de litígio estrutural – ou processo estruturante – ganhou força no direito público como leito próprio para a adoção de mecanismos procedimentais em casos que envolvam a violação contínua e generalizada de direitos fundamentais ou quando mostra-se necessária organização ou reorganização de políticas públicas, como é o caso do direito à saúde e do direito ambiental[8].

Na Recuperação Judicial, os elementos em que se pode visualizar estas categorias (como as características de pluralidade, concorrência e afetação da esfera de terceiros[9]) podem ser fartamente constatados. Essas particularidades podem ser percebidas no caso dos empregados (tanto os que continuam a trabalhar na empresa, quanto os que foram desligados e possuem créditos em seu favor), no fornecimento de bens e serviços para a sociedade através do mercado e no valor agregado ao bolo social propiciado por estes bens na forma de tributos. A Recuperação Judicial atua como a estrutura geradora e garantidora dos mecanismos de organização e preservação de direitos.

As questões postas em uma Recuperação demandam, por esta razão, uma decisão complexa e estrutural, em parte negociada e em parte imposta, que tem como escopo "implantar uma reforma estrutural (*structural reform*) em um ente, organização ou instituição, com o objetivo de concretizar um direito fundamental, realizar uma determinada política pública ou *resolver litígios complexos*"[10] (grifou-se).

Portanto, trata-se de um processo coletivo que busca solver litígios complexos e que exigem, para a sua adequada tutela, uma intervenção estruturante "que organize as contas da empresa em Recuperação ou que

---

[8] Marco Félix reconstrói sua origem nas ações da Suprema Corte norte-americana, especialmente nos casos de integração racial a partir de 1950, como o famoso caso *Brown* vs. *Board of Education of Topeka* (JOBIM, Marco Félix. *Medidas estruturantes*: da Suprema Corte Estadunidense ao Supremo Tribunal Federal. Porto Alegre: Livraria do Advogado Editora, 2013).

[9] ARENHART, Sérgio Cruz. Decisões estruturais no direito processual civil brasileiro. *Revista de Processo*, v. 225, n. 38, p. 389-410, nov. 2013.

[10] DIDIER JR., Fredie; ZANETI JR., Hermes; OLIVEIRA, Rafael Alexandria de. Notas sobre as decisões estruturantes. In: ARENHART, Sérgio Cruz; JOBIM, Marco Félix (org.). *Processos estruturais*. Salvador: JusPodivm, 2017, p. 355; DIDIER JR., Fredie; ZANETI JR., Hermes. *Curso de direito processual civil*: processo coletivo. 10 ed. Salvador: JusPodivm, 2016, p. 380.

organize os pagamentos devidos pela massa falida"[11] quando se tratar da falência. O processo estruturante da Recuperação Judicial decorre da situação de que o Autor – (o devedor e somente ele) busca uma solução para a sua crise econômico-financeira – e não combater propriamente um ato ilícito –, pois o objetivo na recuperação é a reorganização da empresa e da sociedade empresarial[12].

Não se trata de um simples ato de jurisdição voluntária, mas de verdadeira ação[13]. A forma de chamamento ao processo é diversa das demais ações e vamos encontrar um papel especial de novos atores processuais, novas técnicas de tutela de acordo com a finalidade estabelecida[14]. Por isso,

---

[11] DIDIER JR., Fredie; ZANETI JR., Hermes; OLIVEIRA, Rafael Alexandria de. Elementos para uma teoria do processo estrutural aplicada ao processo civil brasileiro. *Revista do Ministério Público do Estado do Rio de Janeiro*, n. 75, jan./mar. 2020, p. 105.

[12] Chamamos atenção de que o ilícito, que é o inadimplemento por parte do devedor, está presente, e ele vai ser solvido com a reorganização da empresa.

[13] Interessante o quadro de tentar inserir a Recuperação Judicial dentro da natureza estanque de categorias jurídicas que não lhe dão a sua devida dimensão. Isso já aconteceu com uma série de ações constitucionais como o Habeas Corpus, o Mandado de Segurança e a Reclamação. Não se pode cair na armadilha da função que desempenha uma determinada classificação. As tarefas classificatórias apresentam dificuldades. Genaro R. Carrió adverte sobre algumas circunstâncias a respeito da classificação e da natureza jurídica. Para ele, os juristas têm uma crença errônea sobre a função que desempenham as classificações. Os juristas creem que as classificações, às vezes herdadas de uma forte tradição, constituem a verdadeira forma de agrupar as regras e os fenômenos, em lugar de ver nelas simples instrumentos para a sua melhor compreensão. (CARRIÓ, Genaro R. *Notas sobre Derecho y Lenguaje*. 4 ed. corr. y aum. Buenos Aires: Abeledo-Perrot, 1994, p. 91 ss). Nesse sentido: "Las clasificaciones no son ni verdaderas ni falsas, son serviciales o inútiles; sus ventajas están supeditadas al interés que guía a quien las formula, y a su fecundidad para presentar un campo de conocimiento de una manera más fácilmente comprensible o más rica en consecuencias prácticas deseables." (CARRIÓ. *Notas sobre Derecho...*, p. 99).

[14] O processo estrutural se caracteriza por: (*i*) pautar-se na discussão sobre um problema estrutural, um estado de coisas ilícito, um estado de desconformidade, ou qualquer outro nome que se queira utilizar para designar uma situação de desconformidade estruturada; (*ii*) buscar uma transição desse estado de desconformidade para um estado ideal de coisas (uma reestruturação, pois), removendo a situação de desconformidade, mediante decisão de implementação escalonada; (*iii*) desenvolver-se num procedimento bifásico, que inclua o reconhecimento e a definição do problema estrutural e estabeleça o programa ou o projeto de reestruturação que será seguido; (*iv*) desenvolver-se num procedimento marcado por sua flexibilidade intrínseca, com a possibilidade de adoção de formas atípicas de intervenção de terceiros e de medidas executivas, de alteração do objeto litigioso e de utilização de

a Recuperação Judicial satisfaz a exigência constitucional de uma tutela adequada, que é corolário do acesso à jurisdição.

Como tutela complexa, a Recuperação está estruturada de modo a cumprir objetivos bem delineados. O primeiro é permitir que o empresário (sociedade ou outra figura individual) negocie com os seus credores de forma compulsória. Por esta razão, há um período de suspensão das execuções (*stay period*), para que o credor seja forçado – de forma mitigada, é verdade – a fazê-lo. Esse período, com a suspensão da execução de algumas garantias, permite o rearranjo para uma reestruturação interna da empresa.

Dada a natureza estrutural e complexa da Recuperação Judicial – donde atos relevantes ao resultado esperado dependem não só da atividade jurisdicional, mas também da expressão da vontade dos credores (tacitamente, reunidos em assembleia ou por adesão), da troca de informações e da efetivação de atos e compromissos que não se realizam nos autos –, inviável que se desenvolva exclusivamente pelo impulso oficial, por requerimento do autor ou mesmo pelo desencadeamento de atos decorrentes dos editais previstos na Lei 11.101/2005.

Dentre outras, as atividades de chamamento e prestação de informações aos credores, apuração e classificação administrativa dos créditos sujeitos, organização, presidência e mediação da assembleia dos credores, fiscalização ativa das atividades da devedora e do cumprimento do Plano de Recuperação Judicial são atividades que não poderiam – de forma efetiva e sem grandes obstáculos – ser exercidas diretamente pelo magistrado.

Portanto, diante da complexidade dos atos indispensáveis para o regular andamento do processo de Recuperação Judicial, mostra-se necessário (como o próprio legislador preconizou) outro sujeito processual que exerça as funções descentralizadas do Poder Judiciário (sob a sua coordenação e em colaboração com este), para tornar possível e eficiente esta prestação jurisdicional complexa: o Administrador Judicial.

mecanismos de cooperação judiciária; (*v*) e, pela consensualidade, que abranja inclusive a adaptação do processo (art. 190, CPC) (DIDIER JR.; ZANETI JR.; OLIVEIRA. Elementos para uma teoria..., p. 107-108).

2. O Administrador Judicial como órgão auxiliar qualificado do Juízo

Como antes referido, o complexo processo estruturado de Recuperação Judicial encerra atos de jurisdição – com múltiplas decisões de eficácia tanto declaratória, quanto constitutivas/desconstitutivas, mandamentais e homologatórias – atos de mediação, atos administrativos e atos e decisões assembleares. A fim de compartilhar as decisões e o impulso processual, o legislador previu na LRF a nomeação e instituição de órgãos com funções auxiliares ou mesmo decisórias, com representatividade e funções próprias[15]: o Comitê de Credores[16], o Administrador Judicial[17], estes na Seção III da LRF, e, na Seção IV, a Assembleia-Geral de Credores[18].

Ao primeiro exame, a divisão dos sujeitos processuais específicos da insolvência empresarial em seções diversas indicaria suas funções primordiais, respectivamente, de auxiliar do juízo, de fiscalização e representação dos credores nos atos não deliberativos exclusivos da assembleia e, por fim, deliberativo sobre o plano de soerguimento do empreendimento.

De tais entes processuais ou órgãos do processo estrutural de Recuperação Judicial, apenas o Administrador Judicial é inafastável, como instrumento indispensável do processo[19], uma vez que a formação Comitê

[15] "A recuperação judicial é um processo peculiar, em que o objetivo buscado – a reorganização da empresa explorada pela sociedade empresária devedora, em benefício desta, de seus credores e empregados e da economia (local, regional ou nacional) – pressupõe a prática de atos judiciais não somente pelo juiz, Ministério Público e partes, como também de alguns órgãos específicos previstos em lei. Em vista da complexidade dos interesses envolvidos e dos fundamentos técnicos da recuperação de qualquer empresa em crise, fazem-se necessárias a constituição e a operacionalização de instâncias deliberativas e fiscais para que a empresa explorada pela sociedade devedora consiga remodelar-se e sobreviver." (COELHO, Fábio. *Curso de Direito Comercial*, v. 3. 19 ed. São Paulo: Revista dos Tribunais, 2020).
[16] "Art. 26. O Comitê de Credores será constituído por deliberação de qualquer das classes de credores na assembléia-geral e terá a seguinte composição: I – 1 (um) representante indicado pela classe de credores trabalhistas, com 2 (dois) suplentes; II – 1 (um) representante indicado pela classe de credores com direitos reais de garantia ou privilégios especiais, com 2 (dois) suplentes; III – 1 (um) representante indicado pela classe de credores quirografários e com privilégios gerais, com 2 (dois) suplentes. IV – 1 (um) representante indicado pela classe de credores representantes de microempresas e empresas de pequeno porte, com 2 (dois) suplentes."
[17] "Art. 21. O administrador judicial será profissional idôneo, preferencialmente advogado, economista, administrador de empresas ou contador, ou pessoa jurídica especializada."
[18] "Art. 35. A assembleia-geral de credores terá por atribuições deliberar sobre: (...)"
[19] "Processualmente falando, como órgão auxiliar da justiça (instituído a partir do deferimento do processamento da recuperação judicial), a administração judicial se constitui como um

de Credores é faculdade de qualquer das classes dos credores reunidos em Assembleia e a própria convocação dos credores para apreciação do Plano de Recuperação em Assembleia somente se dá quando ofertadas objeções[20], ocorrendo, do contrário, a aprovação tácita prevista na primeira parte do art. 58, caput[21] ou até, conforme inserido pelo Lei 14.112/2020, pela redação dos Artigos 45 e 56-A[22], a aprovação do Plano de Recuperação por termo de adesão dos credores.

Dada essa multiplicidade de funções, a classificação do Administrador Judicial como *mero* auxiliar do juízo pode não enunciar a dimensão adequada do seu papel, tendo em vista a gama de atribuições e responsabilidades deste sujeito processual. Quando se comparam os auxiliares da justiça[23] previstos e enumerados no art. 149 do

instrumento do instituto da recuperação judicial, sendo parte integrante da sua organização judiciária, exercendo um verdadeiro munus público durante o processo." (FERNANDES JR., João A. Medeiros; SILVEIRA, Arthur Alves. O administrador judicial na recuperação judicial. In: WAISBERG, Ivo; BEZERRA FILHO, Manoel Justino. *Transformações no Direito de Insolvência*. São Paulo: Quartier Latin, 2021). Nesse sentido: "Como se verá, o administrador judicial é figura imprescindível, cuja nomeação deverá ocorrer obrigatoriamente na sentença que decretar a falência (art. 99, IX) ou no despacho que deferir o processamento da recuperação judicial (art. 52, I). O Comitê de Credores pode ou não ser constituído, dependendo do que ocorrer durante o processamento; da mesma forma, a assembleia geral poderá ou não ser convocada, dependendo também de uma série de aspectos do andamento processual. De qualquer forma, por suas estruturas e formas de funcionamento, verifica-se que tanto o Comitê quanto a assembleia deverão ser formados apenas em processos que envolvam grandes devedores, pelo que representam em termos de dispêndio financeiro e por não ser justificável esse sofisticado esquema em procedimentos de menor monta." (BEZERRA FILHO, Manoel Justino. *Lei de Recuperação de Empresas e Falência*. 14 ed. São Paulo: Revista dos Tribunais, 2019).
[20] "Art. 56. Havendo objeção de qualquer credor ao plano de recuperação judicial, o juiz convocará a assembleia-geral de credores para deliberar sobre o plano de recuperação."
[21] "Art. 58. Cumpridas as exigências desta Lei, o juiz concederá a recuperação judicial do devedor cujo plano não tenha sofrido objeção de credor nos termos do art. 55 desta Lei ou tenha sido aprovado pela assembleia-geral de credores na forma dos arts. 45 ou 56-A desta Lei."
[22] "Art. 45-A. As deliberações da assembleia-geral de credores previstas nesta Lei poderão ser substituídas pela comprovação da adesão de credores que representem mais da metade do valor dos créditos sujeitos à recuperação judicial, observadas as exceções previstas nesta Lei."
[23] "O juiz – detentor do poder jurisdicional –, para consecução de suas tarefas, necessita da colaboração de órgãos auxiliares, que, em seu conjunto e sob a direção do magistrado, formam o juízo. Não é possível a realização da prestação jurisdicional sem a formação e o desenvolvimento do processo. E isso não ocorre sem a participação de funcionários encarregados da documentação dos atos processuais praticados; sem o concurso de serventuários

CPC[24], vê-se que as atividades exercidas pelo Administrador Judicial nos processos de Recuperação não guardam relação com aquela enumeração, mesmo com o administrador ou depositário de bens penhorados (art. 159 do CPC)[25].

Daí decorre que sua primeira característica será a sua *autonomia*, capacidade de interlocução, capacidade de intervenção judicial e postulatória em prol de interesses de credores e devedor(es) e na tutela dos interesses sociais.

Este aspecto finalístico foi bem anotado por Nelson Abrão[26], que já chamava a atenção para a *função* desempenhada pelo administrador consistente não apenas numa tutela homogênea dos interesses dos credores, mas no que denomina de interesses difusos, que vão desde a preservação da empresa, dos *postos de trabalho, com o escopo de manutenção dos empregos*, "na defesa dos direitos dos acionistas minoritários (não controladores) e dos fornecedores do chamado 'capital de crédito' proveniente da coletividade por meio dos bancos". Haveria, para o autor, uma espécie de "poupança difusa, que sustenta tecnicamente a atividade empresarial". Anota a

---

que se incumbam de diligências fora da sede do juízo; sem alguém que guarde ou administre os bens litigiosos apreendidos etc. Para cada uma dessas tarefas, o juiz conta com um auxiliar específico que pode agir isoladamente, como o depositário ou o intérprete, ou que pode dirigir uma repartição ou serviço complexo (ofício), como o escrivão." (THEODORO JR., Humberto. *Curso de Direito Processual Civil* – Teoria geral do direito processual civil, processo de conhecimento e procedimento comum, v. I. 56 ed. rev., atual. e ampl. Rio de Janeiro: Forense, 2015, p. 307).

[24] "Art. 149. São auxiliares da Justiça, além de outros cujas atribuições sejam determinadas pelas normas de organização judiciária, o escrivão, o chefe de secretaria, o oficial de justiça, o perito, o depositário, o administrador, o intérprete, o tradutor, o mediador, o conciliador judicial, o partidor, o distribuidor, o contabilista e o regulador de avarias."

[25] Medeiros Jr ofereceu oportuna apreciação da evolução dos contornos legislativos do Administrador Judicial, acompanhando as alterações do processo do *favor legal* da Concordata para a negociação complexa da Recuperação Judicial. Nesse sentido: "Talvez não seja por acaso a relevância que a lei quis entoar à figura do administrador judicial no expediente da recuperação de empresas (e também na falência). Durante praticamente toda a hermenêutica legislativa este coadjuvante do Poder Judiciário ganha contornos de protagonista, ao se tornar indispensável para o bom andamento do procedimento recuperacional de empresas previsto no ordenamento jurídico brasileiro." (FERNANDES JR.; SILVEIRA. O administrador judicial...).

[26] ABRÃO, Nelson. *Curso de Direito Falimentar*. São Paulo: Livraria e Editora Universitária de Direito, 1997, p. 378.

existência de uma umbilical relação do Administrador Judicial com o interesse público expresso no processo de recuperação, que se pode dizer é uma indicação dada a abertura e mobilidade do ordenamento jurídico.

Exatamente pela complexidade da atuação do Administrador Judicial nos processos estruturais de insolvência empresarial, lidando com interesses coletivos e difusos, que decorre a opção do legislador de não definir na Lei 11.101/2005 sua natureza jurídica, mas apenas tratar de sua qualificação (art. 21)[27], das funções lineares (art. 22)[28], da remuneração

---

[27] "Art. 21. O administrador judicial será profissional idôneo, preferencialmente advogado, economista, administrador de empresas ou contador, ou pessoa jurídica especializada. Parágrafo único. Se o administrador judicial nomeado for pessoa jurídica, declarar-se-á, no termo de que trata o art. 33 desta Lei, o nome de profissional responsável pela condução do processo de falência ou de recuperação judicial, que não poderá ser substituído sem autorização do juiz."

[28] "Art. 22. Ao administrador judicial compete, sob a fiscalização do juiz e do Comitê, além de outros deveres que esta Lei lhe impõe: I – na recuperação judicial e na falência: a) enviar correspondência aos credores constantes na relação de que trata o inciso III do caput do art. 51, o inciso III do caput do art. 99 ou o inciso II do caput do art. 105 desta Lei, comunicando a data do pedido de recuperação judicial ou da decretação da falência, a natureza, o valor e a classificação dada ao crédito; b) fornecer, com presteza, todas as informações pedidas pelos credores interessados; c) dar extratos dos livros do devedor, que merecerão fé de ofício, a fim de servirem de fundamento nas habilitações e impugnações de créditos; d) exigir dos credores, do devedor ou seus administradores quaisquer informações; e) elaborar a relação de credores de que trata o § 2º do art. 7º desta Lei; f) consolidar o quadro-geral de credores nos termos do art. 18 desta Lei; g) requerer ao juiz convocação da assembleia-geral de credores nos casos previstos nesta Lei ou quando entender necessária sua ouvida para a tomada de decisões; h) contratar, mediante autorização judicial, profissionais ou empresas especializadas para, quando necessário, auxiliá-lo no exercício de suas funções; i) manifestar-se nos casos previstos nesta Lei; j) estimular, sempre que possível, a conciliação, a mediação e outros métodos alternativos de solução de conflitos relacionados à recuperação judicial e à falência, respeitados os direitos de terceiros, na forma do § 3º do art. 3º da Lei nº 13.105, de 16 de março de 2015 (Código de Processo Civil); k) manter endereço eletrônico na internet, com informações atualizadas sobre os processos de falência e de recuperação judicial, com a opção de consulta às peças principais do processo, salvo decisão judicial em sentido contrário l) manter endereço eletrônico específico para o recebimento de pedidos de habilitação ou a apresentação de divergências, ambos em âmbito administrativo, com modelos que poderão ser utilizados pelos credores, salvo decisão judicial em sentido contrário; m) providenciar, no prazo máximo de 15 (quinze) dias, as respostas aos ofícios e às solicitações enviadas por outros juízos e órgãos públicos, sem necessidade de prévia deliberação do juízo; II – na recuperação judicial: a) fiscalizar as atividades do devedor e o cumprimento do plano de recuperação

(art. 24)[29], da legitimação e das suas competências (art. 37[30], art. 64[31], art. 65, §1º[32]).

judicial; b) requerer a falência no caso de descumprimento de obrigação assumida no plano de recuperação; c) apresentar ao juiz, para juntada aos autos, relatório mensal das atividades do devedor, fiscalizando a veracidade e a conformidade das informações prestadas pelo devedor; d) apresentar o relatório sobre a execução do plano de recuperação, de que trata o inciso III do caput do art. 63 desta Lei; e) fiscalizar o decurso das tratativas e a regularidade das negociações entre devedor e credores; f) assegurar que devedor e credores não adotem expedientes dilatórios, inúteis ou, em geral, prejudiciais ao regular andamento das negociações; g) assegurar que as negociações realizadas entre devedor e credores sejam regidas pelos termos convencionados entre os interessados ou, na falta de acordo, pelas regras propostas pelo administrador judicial e homologadas pelo juiz, observado o princípio da boa-fé para solução construtiva de consensos, que acarretem maior efetividade econômico-financeira e proveito social para os agentes econômicos envolvidos; h) apresentar, para juntada aos autos, e publicar no endereço eletrônico específico relatório mensal das atividades do devedor e relatório sobre o plano de recuperação judicial, no prazo de até 15 (quinze) dias contado da apresentação do plano, fiscalizando a veracidade e a conformidade das informações prestadas pelo devedor, além de informar eventual ocorrência das condutas previstas no art. 64 desta Lei; III – na falência: (...)."

[29] "Art. 24. O juiz fixará o valor e a forma de pagamento da remuneração do administrador judicial, observados a capacidade de pagamento do devedor, o grau de complexidade do trabalho e os valores praticados no mercado para o desempenho de atividades semelhantes. § 1º Em qualquer hipótese, o total pago ao administrador judicial não excederá 5% (cinco por cento) do valor devido aos credores submetidos à recuperação judicial ou do valor de venda dos bens na falência. § 2º Será reservado 40% (quarenta por cento) do montante devido ao administrador judicial para pagamento após atendimento do previsto nos arts. 154 e 155 desta Lei. § 3º O administrador judicial substituído será remunerado proporcionalmente ao trabalho realizado, salvo se renunciar sem relevante razão ou for destituído de suas funções por desídia, culpa, dolo ou descumprimento das obrigações fixadas nesta Lei, hipóteses em que não terá direito à remuneração. § 4º Também não terá direito a remuneração o administrador que tiver suas contas desaprovadas. § 5º A remuneração do administrador judicial fica reduzida ao limite de 2% (dois por cento), no caso de microempresas e de empresas de pequeno porte, bem como na hipótese de que trata o art. 70-A desta Lei."

[30] "Art. 37. A assembleia será presidida pelo administrador judicial, que designará 1 (um) secretário dentre os credores presentes."

[31] "Art. 64. Durante o procedimento de recuperação judicial, o devedor ou seus administradores serão mantidos na condução da atividade empresarial, sob fiscalização do Comitê, se houver, e do administrador judicial, salvo se qualquer deles: (...)."

[32] "Art. 65. Quando do afastamento do devedor, nas hipóteses previstas no art. 64 desta Lei, o juiz convocará a assembleia-geral de credores para deliberar sobre o nome do gestor judicial que assumirá a administração das atividades do devedor, aplicando-se lhe, no que couber,

Ainda que a doutrina o apresente como auxiliar do juízo, afinando para um *auxiliar qualificado* do juízo[33], *longa manus*[34], órgão[35] ou sujeito processual[36], o ponto comum da maioria das definições é o de ressaltar as funções que desenvolve no processo de insolvência[37], atuando sempre em

todas as normas sobre deveres, impedimentos e remuneração do administrador judicial. § 1º O administrador judicial exercerá as funções de gestor enquanto a assembleia-geral não deliberar sobre a escolha deste."

[33] FAZZIO JR., Waldo. *Nova Lei de Falência e Recuperação de Empresas*. São Paulo: Atlas, 2005, p. 326.

[34] COSTA, Daniel Carnio. *Comentário à Lei de Recuperação de Empresas e Falência*. Curitiba: Juruá, 2021, p. 98.

[35] Joice Bernier (BERNIER, Joice Ruiz. *O administrador judicial na recuperação judicial e na falência*. Dissertação (Mestrado em Direito). Faculdade de Direito da Universidade de São Paulo, São Paulo, 2014, p. 38) reproduz a lição de PROVINCIALI (PROVINCIALI, Renzo. *Trattato di Diritto Falimentare*, v. I. Milano: Dott. A. Giuffré Editore, 1974): "*le parti sono i soggetti del processo (nel fallimento, il debitore fallito e i creditori); gli organi (persone fisiche a ciè preposte) costituiscono gli strumenti mediante i quali il processo opera e si svolge*").

[36] Para Vieira Batista, boa parte das atribuições do Administrador podem ser enquadradas naquilo que a doutrina clássica convencionou considerar como funções dos auxiliares da justiça, em colaboração com o juiz. Nesse sentido: "Contudo, a atuação do administrador judicial vai além disso. Na perspectiva da fase extrajudicial de verificação de créditos, cabe ao administrador judicial decidir sobre eventuais pleitos de habilitação e divergência de créditos relacionados pelo devedor quando da apresentação do pedido (art. 7º, §1º, da Lei nº 11.101/2005). Ademais, é atribuição do administrador presidir a assembleia geral de credores, decidindo os incidentes ocorridos no curso do aludido ato colegiado. Nesse particular, portanto, o administrador judicial exerce função decisória, e não de mero auxiliar do juízo, ainda que sob ulterior controle do juízo. Há situações em que o administrador judicial atua de maneira parcial; isto é, manifesta-se em favor de um determinado estado de coisas favorável aos credores e/ou aos demais sujeitos de direito afetados pela recuperação judicial. É o caso, por exemplo: (i) da formulação do pedido de falência por descumprimento ao plano de recuperação (art. 22, II, "b", da Lei nº 11.101/2005); (ii) da atuação respectiva como substituto do comitê de credores (art. 28, da Lei nº 11.101/2005); e, (iii) da legitimidade para propositura de ação voltada a pedir a exclusão, retificação ou reclassificação de crédito lançado no quadro geral de credores consolidado após a etapa judicial de verificação dos créditos (art. 19, *caput*, da Lei nº 11.101/2005)." (BATISTA, Felipe Vieira. *A recuperação judicial como processo coletivo*. Dissertação (Mestrado em Direito). Faculdade de Direito da Universidade Federal da Bahia, Salvador, 2017, p. 32).

[37] É auxiliar do juízo (*longa manus*), prezando pela eficiência do processo concursal como um todo – ainda que, para isso, seja necessário, às vezes, agir contra uma ou outra parte no caso concreto, mas em prol dos princípios e objetivos do sistema de insolvência (COSTA. *Comentário à Lei...*, p. 98).

prol dos princípios da LRF. Portanto, a dicção de que seja auxiliar do juízo é apenas o ponto de partida para colocá-lo na seara judiciária, buscando a doutrina fixar sua definição na teoria do ofício ou da função judiciária, ou seja, um *órgão* que não representa qualquer parte ou interessado, mas cumpre os deveres inerentes ao cargo.

Então, se todos concordam que é órgão auxiliar do juízo, necessário pontuar que é um *auxiliar qualificado*, que atua com uma maior autonomia do que qualquer outro dos auxiliares antes descritos, e sempre nas finalidades do processo de recuperação, tanto que se admite que possa "recorrer de toda e qualquer decisão judicial que entenda incorreta e/ou conflitante com os deveres e responsabilidades que lhe são impostos"[38]. Importante salientar que o Administrador Judicial é legitimado a recorrer em prol dos princípios da Lei de Recuperação e não apenas em razão dos seus interesses, como é o caso da remuneração e destituição.

Por isto, a *simples* denominação de auxiliar ou *longa manus* não diz muito sobre a função do Administrador Judicial e, justiça seja feita, não o pretendem os autores que assim o designam, pois todos partem daí para buscar os elementos distintivos nas funções escritas e não escritas que o Administrador Judicial exerce, vinculados aos fins do processo recuperacional.

Se usarmos a denominação de auxiliar do juízo, será o de *auxiliar qualificado* do juízo, justamente para revelar aquilo que já foi dito acerca do que "é órgão do procedimento concursal ou do juízo", então é mais do que um simples auxiliar judicial, embora alguns autores, de forma reducionista, assim o denominem. Na dicção de Bezerra Filho, "o conceito de órgão é contraposto ao de parte: partes são os sujeitos ou pessoas interessadas no feito (na falência, o devedor e os credores), enquanto os órgãos (...) constituem os instrumentos mediante os quais o processo opera e se desenvolve"[39].

No direito, qualquer classificação responde a argumentos valorativos e, por isso, é na função e nos valores do ordenamento que devemos

---

[38] SCALZILLI, João Pedro; SPINELLI, Luís Felipe; TELLECHEA, Rodrigo. *Recuperação de Empresas e Falência:* teoria e prática na Lei 11.101/2005. 3 ed. rev., atual. e ampl. São Paulo: Almedina, 2018, p. 245.
[39] BEZERRA FILHO, Manoel Justino. *Lei de Recuperação de Empresas e Falência.* 14 ed. São Paulo: Revista dos Tribunais, 2019.

compreender o papel do Administrador Judicial. Ocorre aqui o que nos perguntamos sobre a sua natureza jurídica, quando tentamos comparar os institutos com aqueles que conhecemos, atenuando o choque da novidade[40]. Uma polêmica classificatória pode ser interminável, como recordou Umberto Eco sobre a perplexidade com a classificação do ornitorrinco[41], quando se busca construir um esquema de um objeto ainda desconhecido, mesmo que seja um objeto normativo.

Por esta razão, situamos o Administrador Judicial como órgão da recuperação, um processo estrutural de recuperação judicial da sociedade empresária, na sua relação de equilíbrio entre os vários credores – que a lei estabelece em classes –, e os interesses do devedor, mas sempre mirando a função social e econômica da empresa de acordo com o art. 47 da LRF[42].

---

[40] "Al preguntarse por la 'naturaleza jurídica' de una institución cualquiera los juristas persiguen este imposible: una justificación única para la solución de todos los casos que, ya en forma clara, ya en forma imprecisa, caen bajo un determinado conjunto de reglas. Es decir, aspiran a hallar un último criterio de justificación que valga tanto para los casos típicos como para los que no lo son. Por supuesto que no hay tal cosa. El ir en pos de ella, sin embargo, no obedece meramente a un obstinado capricho. Varios factores ayudan a explicar el fenómeno: a) El deseo de los juristas de procurarse una guía para resolver aquellos caos cuya solución no puede extraerse de las normas del sistema; b) El deseo – muchas veces no consciente – de conseguir el propósito expresado sin abdicar de estas dos ideas, que definen cierta forma de positivismo jurídico: 1) el orden jurídico es completo, no tiene lagunas: las soluciones de todos los casos concretos pueden ser deducidas de las normas del sistema, siempre que sepamos integrar a éstas con una adecuada captación de la naturaleza jurídica de las figuras que aquéllas diseñan; 2) no es de buena ley fundar la decisión frente al caso concreto en las consecuencias de adoptar tal o cual solución; c) El deseo de hallar un punto de partida inconmovible para la ulterior tarea de clasificación y sistematización; d) En cierta medida, el deseo de emparentar las instituciones de aparición reciente con otras de linaje ilustre, atenuando así el choque de la novedad mediante su absorción por un mundo familiar de ideas ya elaboradas." (CARRIÓ. *Notas sobre Derecho...*, p. 101-102).

[41] Ele explica: "Se escolhemos o ornitorrinco como exemplo de objeto desconhecido, não foi por puro capricho. O ornitorrinco foi descoberto na Austrália em fins de Setecentos e foi, primeiramente, chamado como *watermole, duck-mole*, ou *duckhilled platypus*. Em 1799 foi examinado na Inglaterra um exemplar empalhado e a comunidade de naturalistas não acreditou nos próprios olhos, tanto que alguém insinuou que se tratava de brincadeira de um taxidermista. (...) Quando finalmente decidimos que o ornitorrinco é um mamífero que põe ovos, Kant já estava morto havia oitenta anos." (ECO, Umberto. *Kant e o ornitorrinco*. Trad. de Ana Thereza B. Vieira. Rio de Janeiro; São Paulo: Record, 1998, p. 81).

[42] "Art. 47. A recuperação judicial tem por objetivo viabilizar a superação da situação de crise econômico-financeira do devedor, a fim de permitir a manutenção da fonte produtora, do

3. A atividade do Administrador no equilíbrio das diretrizes do artigo 47 da Lei de Recuperação e Falência

Não se pode exigir do credor, o qual mantém com o devedor em recuperação judicial uma relação comercial, creditícia ou obrigacional, uma visão de conteúdo sistêmico. O sistema econômico enxerga a recuperação judicial como um mecanismo de alocação de perdas, destinado a separar as empresas eficientes das ineficientes e a reduzir os prejuízos que o credor teria em sua relação comercial (presente e futura) com a falência do empreendimento viável, que poderia lhe ensejar novos negócios, ou os prejuízos com a omissão na liquidação do empreendimento inviável. Sob o ponto de vista do credor, a recuperação judicial é o ambiente negocial ao qual ele é convocado a participar, recebendo o poder de decisão no colegiado, conforme a classe e o valor de seu crédito, para exercer legitimamente o direito de minimizar suas perdas pela impossibilidade de satisfação de seu crédito na forma originalmente contratada.

Do ponto de vista do devedor, a recuperação judicial é o meio pelo qual ele pode convocar a intervenção estatal para obrigar seus credores a substituir as ações individuais de satisfação de seus créditos por uma negociação coletiva, voltada à preservação de seu negócio, desde que demonstre viabilidade, mediante a apresentação de um plano de soerguimento que contemple a integralidade dos objetivos do art. 47 da LRF.

O Conselho Nacional de Justiça (CNJ), nas considerações da Recomendação nº 57, de 22 de outubro de 2019, ao conceituar o processo de Recuperação Judicial como uma das ferramentas legais do sistema de insolvência empresarial brasileiro, asseverou que o objetivo do instituto é oportunizar ao empresário ou à sociedade empresária a possibilidade de renegociação das suas dívidas

> "de modo a preservar a atividade empresarial e todos os benefícios econômicos e sociais decorrentes dessa atividade, quais sejam, os empregos, a renda dos trabalhadores, a circulação de bens, produtos e serviços e o recolhimento de tributos e a geração de riquezas em geral"[43].

emprego dos trabalhadores e dos interesses dos credores, promovendo, assim, a preservação da empresa, sua função social e o estímulo à atividade econômica."

[43] Recomendação nº 57, de 22 de outubro de 2019. Disponível em: <https://atos.cnj.jus.br/files/original211815201911045dc09597339db.pdf>. Acesso em: 15 mai. 2021.

A fim de promover a integração entre essas diferentes visões da recuperação judicial, o Administrador Judicial possui, dentre as suas funções de *auxiliar qualificado do juízo*, a tarefa de construir e preservar o ambiente saudável de negociação, estimulando e mediando – no sentido de aproximar e preservar o diálogo – o devedor e seus credores, cuidando para que todos possam traduzir suas legítimas pretensões ao juízo, indicando e apontando meios de equilibrar os ônus de cada um, no intuito de proporcionar solução que atenda aos objetivos da lei.

Para realização desse mister, não pode o Administrador Judicial restringir seu campo de atuação como um *mero* auxiliar o juízo que responda mediante provocação, simplesmente atendendo às intimações e realizando atos e relatórios de ofício nos prazos apontados em lei. A proatividade que se exige do bom Administrador Judicial supera as funções enumeradas na LRF.

O dever de proatividade do Administrador Judicial vem, mais uma vez, estampado em recomendação do CNJ. Na Recomendação nº 72, de 19 de agosto de 2020, consta expressamente que, dada a grande relevância das funções dos Administradores Judiciais, esses "devem buscar sempre pautar sua atuação na mais estreita observância aos *princípios da transparência*, zelando pela celeridade de maneira sempre *proativa*"[44] (grifou-se).

Do texto acima, extraem-se dois dos deveres do Administrador Judicial, fundamentais para balizar sua atuação como fiel ao equilíbrio dos direitos e deveres de credor e devedor no procedimento: o dever de transparência[45] e o dever de agir proativamente.

Se o processo judicial de soerguimento da atividade do devedor exige dele que permita o escrutínio pelos credores de sua operação empresarial e sua situação financeira e jurídica desde o protocolo do pedido de Recuperação Judicial, mediante a entrega de toda sua documentação e submissão à fiscalização legal, é dever do administrador traduzir todas essas informações de modo público e acessível à coletividade de

---

[44] Recomendação nº 72, de 19 de agosto de 2020. Disponível em: <https://atos.cnj.jus.br/atos/detalhar/3426>. Acesso em: 15 mai. 2021.

[45] Para a garantia do dever de transparência, se exige a imparcialidade do Administrador e, por essa razão, "não se pode admitir relação de promiscuidade entre o devedor e o administrador judicial" (BARROS NETO, Geraldo Fonseca de. *Aspectos Processuais da Recuperação Judicial*. Florianópolis: Conceito Editorial, 2014, p. 58).

interessados no processo estrutural. O dever de transparência se exige tanto do devedor, quanto dos atos do Administrador Judicial[46].

Para Leonardo Dias, a transparência vai além da obrigação de informar: é um direito que todos os interessados têm de poder acessar as informações que lhes são relevantes, não sendo apenas aquelas impostas por leis ou regulamentos[47].

A carência ou dessimetria de informações é potencialmente capaz de submeter a parte desinformada a acordos ou procedimentos que lhe desfavoreçam ou gerem ônus além daqueles que naturalmente deveria suportar no processo de Recuperação Judicial. Não é papel do Administrador Judicial tutelar a vontade ou garantir a melhor proposta negocial ao devedor ou aos credor, mas sim que suas decisões ocorram com a disponibilização de todas as informações que lhe deveriam ser acessíveis.

A plena ciência dos ônus processuais de cada parte no processo de soerguimento da atividade empresária e a presteza e correção das informações ao juízo são atribuições do Administrador Judicial que garantem o equilíbrio da distribuição de tais ônus e apontam para a realização de negociações lídimas, voltadas para a realização dos objetivos da LRF.

O Administrador tem o dever fiscalizatório de cobrar da devedora, sem necessidade de que seja instado pelo juízo, para que a recuperanda cumpra com suas obrigações e ônus processuais. Por exemplo: o Administrador deve acompanhar as atividades mensais da devedora não só em sua atividade fim e as que dela decorrem, *ex vi* responsabilidades tributárias (que instruirá seus relatórios mensais), mas também em suas obrigações processuais, como, por exemplo, a tempestiva apresentação de um plano de recuperação que espelhe a atual situação das negociações. Ainda que se possa entender como técnica negocial não oferecer no plano protocolado nos autos o máximo que a devedora poderá se comprometer, em havendo negociações em andamento, com ajustes parciais já aceitos pelos credores,

---

[46] A proatividade exige que se busque meios adequados de comunicação de acordo com a exigência do caso posto ao Judiciário. Neste sentido, por exemplo, importante a comunicação com os credores, mormente os laborais, realizando a ponte entre o processo que declara o direito e aquele que negocia sua efetivação, especialmente orientando a respeito de como habilitar os créditos oriundos da Justiça do Trabalho.

[47] DIAS, Leonardo Adriano Ribeiro. Recuperação judicial e o Princípio da transparência. *Jota*, 03 ago. 2016. Disponível em: <https://jota.info/artigos/recuperacao-judicial-e--transparencia-03082016>. Acesso em: 10 mai. 2021.

estes devem constar no plano como oferta ou meio de soerguimento, sob pena de caracterizar-se vedada conduta protelatória. O Administrador Judicial proativo apresentará, no relatório sobre o Plano de Recuperação (previsto no art. 22, II, *h*, da LRF)[48], a confrontação e conformidade com as informações já apuradas nos autos e com a situação das tratativas com os credores.

De outra banda, o Administrador tem também o dever de bem informar[49] os interessados, *v.g.* trazendo aos autos e, consequentemente, publicando em seu *website*, relatório circunstanciado sobre as objeções ofertadas ao Plano de Recuperação, relacionando os credores objetantes, as cláusulas do plano objetadas e um resumo das razões da objeção. Tal relatório, ainda que não conste expressamente da LRF (ou mesmo da Recomendação nº 72 do CNJ), constitui informação relevante, posto que as objeções não apenas dão causa à necessidade de convocação da Assembleia Geral de Credores, mas oferecem ao devedor – e aos demais credores – as razões de rejeição pelo credor objetante da proposta de reestruturação protocolada nos autos. Ao exigir-se do devedor a boa-fé na apresentação do Plano de Recuperação Judicial, para que a relação seja equilibrada, o mesmo deve ser exigido do credor objetante, sob pena de fazer pesar sobre o voto em assembleia que desborde das balizas de sua objeção indícios de abusividade quando contrário ao soerguimento, ainda que o devedor atenda, em modificativo ou durante as negociações em assembleia, sem outras alterações que lhe sejam prejudiciais, às razões da objeção.

---

[48] "Art. 22. Ao administrador judicial compete, sob a fiscalização do juiz e do Comitê, além de outros deveres que esta Lei lhe impõe: (...) II – na recuperação judicial: (...) h) apresentar, para juntada aos autos, e publicar no endereço eletrônico específico relatório mensal das atividades do devedor e relatório sobre o plano de recuperação judicial, no prazo de até 15 (quinze) dias contado da apresentação do plano, fiscalizando a veracidade e a conformidade das informações prestadas pelo devedor, além de informar eventual ocorrência das condutas previstas no art. 64 desta Lei; (...)."

[49] Para cumprir o dever de informação, o Administrador deve possuir qualificação técnica e expertise, com a estrutura e os recursos técnicos necessários ao bom desempenho da função. Por isto, se aponta também a presença de equipes multidisciplinares para elaborar os relatórios técnicos. Sobre a questão: MEDEIROS, Laurence Bica; COSTA, Nathália Laís Michel. O Administrador Judicial. In: SILVEIRA, Arthur Alves; BÁRIL, Daniel; FERNANDES JR., João Medeiros. *Recuperação Judicial de Empresas*: temas atuais. Porto Alegre: OAB, 2019, p. 219.

O dever de transparência se funde com o dever de proatividade quando a lei passa a exigir do Administrador Judicial a simetria de informações a todos os interessados no processo (cadastrados ou não nos autos), que o interpelem ou não extra autos ou mesmo que sequer a ele se identifiquem, uma vez que, pela redação dada à alínea *k* do inciso I do art. 22 da LRF, pela Lei 14.112/2020, a obrigação de transparência das informações ultrapassa a regra da letra *b* do mesmo dispositivo legal, não se limitando ao atendimento apenas aos credores que peçam as informações, mas se obrigando a "manter endereço eletrônico na internet, com informações atualizadas sobre os processos de falência e de recuperação judicial, com a opção de consulta às peças principais do processo, salvo decisão judicial em sentido contrário", disposição que melhor atende à pluralidade e natureza de interessados e direitos tutelados no processo estrutural de recuperação judicial.

A simetria das informações prestadas a todos os interessados no processo de soerguimento empresarial aparece também nos relatórios do Administrador Judicial quando este deve fiscalizar a veracidade e a conformidade das informações prestadas pelo devedor no relatório mensal das atividades (art. 22, II, *c*), realizando verdadeiro filtro público de eventuais inconsistências (não só ao juízo, mas a todos interessados, conforme regra o art. 22, II, *h,*); e na fiscalização das negociações entre devedores e credores (art. 22, II, *e*). Nesse tópico, a fiscalização é factual, devendo informar ao juízo se existem efetivas negociações durante o *stay period*, e qualitativa, a fim de afastar qualquer possibilidade de uso abusivo do procedimento (art. 22, II, *f*), como também indicar o grau de participação dos credores, mas sem adentrar ao aspecto negocial ou descortinar o teor das propostas levadas à negociação, posto que o Administrador Judicial não é sujeito ativo na mesa de negociações prévias à assembleia, sequer necessário que dela tome assento, mas um dos facilitares da manutenção do efetivo e necessário ambiente negocial.

Conclusões

O cumprimento das funções do Administrador Judicial, lineares ou transversais, quando realizadas com celeridade, proatividade e publicidade, o tornam balizador do juízo para o bom andamento do processo de Recuperação Judicial, assegurando o conhecimento do devedor e dos credores de seus ônus processuais, zelando pela utilidade do processo ao prover o juízo com dados suficientes para tomar as decisões incidentais no tempo economicamente útil. Torna-se elo de aproximação entre credores e devedor, oficiando como verdadeiro agente de equilíbrio não só entre os atores que se apresentam aos autos (devedor e credores) e demais atos do procedimento (notadamente à assembleia), mas a toda a coletividade interessada e atingida pelo resultado do processo recuperacional, proporcionando o ambiente saudável para a negociação e conciliação, voltada para a consecução dos fins sociais do processo estruturante de Recuperação Judicial.

Por esta razão, há que se perceber que a superação de um determinado estado de coisas – a empresa em crise – com pluralidade de credores deve merecer uma solução através de uma técnica processual adequada para "garantir a realização das finalidades gerais e particulares do direito"[50]. A adequação da solução só pode ser aferida quando se conhecem os valores que podem e devem ser realizados, para que haja uma compreensão das necessidades a serem satisfeitas pela técnica, e se os instrumentos são adequados[51].

Todo o processo de Recuperação Judicial vai além de uma mera equalização dos direitos dos credores e do devedor. O soerguimento judicial da atividade empresária deve se dar conforme a finalidade geral do processo de recuperação, com a atuação do juízo e seu auxiliar qualificado, com os olhos nos princípios insculpidos na ordem econômica, no artigo 170 da CF: "Art. 170. A ordem econômica, fundada na valorização do trabalho humano e na livre iniciativa, tem por fim assegurar a todos existência digna, conforme os ditames da justiça social".

Referências

ABRÃO, Nelson. *Curso de Direito Falimentar*. São Paulo: Livraria e Editora Universitária de Direito, 1997.

ARENHART, Sérgio Cruz. Decisões estruturais no direito processual civil brasileiro. *Revista de Processo*, v. 225, n. 38, p. 389-410, nov. 2013.

BARROS NETO, Geraldo Fonseca de. *Aspectos Processuais da Recuperação Judicial*. Florianópolis: Conceito Editorial, 2014.

---

[50] OLIVEIRA, Carlos Alberto Alvaro de. *Do formalismo no processo civil*: proposta de um formalismo valorativo. São Paulo: Saraiva, 2010, p. 170-171.

[51] DI MAJO, Adolfo. *La tutela civilve dei diritti*. Milano: Giufrè, 1987.

BATISTA, Felipe Vieira. *A recuperação judicial como processo coletivo*. Dissertação (Mestrado em Direito). Faculdade de Direito da Universidade Federal da Bahia, Salvador, 2017.

BERNIER, Joice Ruiz. *O administrador judicial na recuperação judicial e na falência*. Dissertação (Mestrado em Direito). Faculdade de Direito da Universidade de São Paulo, São Paulo, 2014.

BEZERRA FILHO, Manoel Justino. *Lei de Recuperação de Empresas e Falência*. 14 ed. São Paulo: Revista dos Tribunais, 2019.

CARRIÓ, Genaro R. *Notas sobre Derecho y Lenguaje*. 4 ed. corr. y aum. Buenos Aires: Abeledo-Perrot, 1994.

COELHO, Fábio. *Curso de Direito Comercial*, v. 3. 19 ed. São Paulo: Revista dos Tribunais, 2020.

CONTI, Thomas V. Crise Tripla do Covid-19: um olhar econômico sobre políticas públicas de combate à pandemia. *Thomas V. Conti*, 2020. Disponível em: <http://thomasvconti.com.br/pubs/coronavirus/>. Acesso em: 15 mai. 2021.

COSTA, Daniel Carnio. A importância social e econômica da falência. *Migalhas*, 09 jan. 2018. Disponível em: <http://www.migalhas.com.br/InsolvenciaemFoco/121, MI272081,71043-A>. Acesso em: 15 mai. 2021.

_____. *Comentário à Lei de Recuperação de Empresas e Falência*. Curitiba: Juruá, 2021.

DI MAJO, Adolfo. *La tutela civile dei diritti*. Milano: Giufrè, 1987.

DIAS, Leonardo Adriano Ribeiro. Recuperação judicial e o Princípio da transparência. *Jota*, 03 ago. 2016. Disponível em: <https://jota.info/artigos/recuperacao-judicial-e-transparencia-03082016>. Acesso em: 10 mai. 2021.

DIDIER JR., Fredie; ZANETI JR., Hermes. *Curso de direito processual civil:* processo coletivo. 10 ed. Salvador: JusPodivm, 2016.

_____; _____; OLIVEIRA, Rafael Alexandria de. Elementos para uma teoria do processo estrutural aplicada ao processo civil brasileiro. *Revista do Ministério Público do Estado do Rio de Janeiro*, n. 75, p. 101-136, jan./mar. 2020.

_____; _____; _____. Notas sobre as decisões estruturantes. In: ARENHART, Sérgio Cruz; JOBIM, Marco Félix (org.). *Processos estruturais*. Salvador: JusPodivm, 2017.

ECO, Umberto. *Kant e o ornitorrinco*. Trad. de Ana Thereza B. Vieira. Rio de Janeiro; São Paulo: Record, 1998.

FAZZIO JR., Waldo. *Nova Lei de Falência e Recuperação de Empresas*. São Paulo: Atlas, 2005.

FERNANDES JR., João A. Medeiros; SILVEIRA, Arthur Alves. O administrador judicial na recuperação judicial. In: WAISBERG, Ivo; BEZERRA FILHO, Manoel Justino. *Transformações no Direito de Insolvência*. São Paulo: Quartier Latin, 2021.

JOBIM, Marco Félix. *Medidas estruturantes:* da Suprema Corte Estadunidense ao Supremo Tribunal Federal. Porto Alegre: Livraria do Advogado Editora, 2013.

LAZZARATO, Maurizio. *O governo do homem endividado*. São Paulo: n-1 Edições, 2017.

MEDEIROS, Laurence Bica; COSTA, Nathália Laís Michel. O Administrador Judicial. In: SILVEIRA, Arthur Alves; BÁRIL, Daniel; FERNANDES JR., João Medeiros. *Recuperação Judicial de Empresas:* temas atuais. Porto Alegre: OAB, 2019.

MEDINA, José Miguel Garcia; HÜBLER, Samuel. Juízo de admissibilidade da ação de recuperação judicial: exposição das razões da crise econômico-financeira e demonstração perfunctória da viabilidade econômica. *Revista de Direito Bancário e do Mercado de Capitais*, São Paulo, a. 17, v. 63, p. 131-147, jan. 2014.

OLIVEIRA, Carlos Alberto Alvaro de. *Do formalismo no processo civil:* proposta de um formalismo valorativo. São Paulo: Saraiva, 2010.

PIMENTEL, Bernardo. *Direito processual empresarial:* títulos de crédito, ações cambiais, recuperações empresariais e falências. Salvador: Juspodivm, 2008.

PROVINCIALI, Renzo. *Trattado di Diritto Falimentare*, v. I. Milano: Dott. A. Giuffré Editore, 1974.

SCALZILLI, João Pedro; SPINELLI, Luís Felipe; TELLECHEA, Rodrigo. *Recuperação de Empresas e Falência:* teoria e prática na Lei 11.101/2005. 3 ed. rev., atual. e ampl. São Paulo: Almedina, 2018.

THEODORO JR., Humberto. *Curso de Direito Processual Civil* – Teoria geral do direito processual civil, processo de conhecimento e procedimento comum, v. I. 56 ed. rev., atual. e ampl. Rio de Janeiro: Forense, 2015.

9. LEI 14.112/2020 – A FORMAÇÃO E A ESCOLHA DO ADMINISTRADOR JUDICIAL

Márcio Souza Guimarães

Introdução

O administrador judicial é um dos atores mais importantes (se não o principal) na recuperação judicial e na falência, cuja responsabilidade é acentuada ao exercer múnus público. Quando um empresário ou sociedade empresária tem o direito especial de se valer dos mecanismos de reestruturação ou liquidação, assim o faz não em decorrência de um privilégio, mas por se tratar de um agente econômico relevante à economia. Os agentes econômicos ocupam posição de grande destaque na sociedade, sendo os principais responsáveis pelo desenvolvimento dos povos, gerando progresso e melhoria de vida à humanidade[1]. E é nesse contexto que se insere o administrador judicial, responsável pela liquidação do empresário ou sociedade empresária, na falência, com a realocação dos ativos na economia e possibilidade de reabsorção da força de trabalho; ou como fiscal do devedor – na recuperação judicial – primando pelo equilíbrio de forças entre este e seus credores, com foco principal na transparência da atividade do devedor (*disclosure*), reduzindo a assimetria informacional e assim viabilizando o melhor quadro para o reerguimento da empresa.

A lei 11.101 de 2005 (LRF) bem delineou o escopo da função do administrador judicial (AJ), porém pecou nos requisitos de sua escolha e

---

[1] GUIMARÃES, Márcio Souza. A Ultrapassada Teoria da Empresa e o Direito das Empresas em Dificuldades. In: WAISBERG, Ivo; RIBEIRO, José Horácio H. R. (org.). *Temas de Insolvência* – Estudos em homenagem ao Professor Manoel Justino Bezerra Filho. São Paulo: IASP, 2017, p. 706.

nomeação, acabando por se resumir no critério de confiança do juízo, que alguns confundem como "confiança do juiz". A reforma da 11.101/2005, implementada pela 14.112/2020, ampliou sobremaneira as funções do AJ, não nos parecendo mais ser possível a escolha desse relevante profissional apenas com base na confiança subjetiva, devendo ser demonstrada a sua profissionalidade, de forma objetiva, em âmbito nacional. Assim, a formação do AJ é tema que deve pautar os próximos passos sobre o tema.

1. A opção brasileira do administrador judicial sem profissionalização

Em 2005, o direito brasileiro passa da era do *Direito Falimentar* ao *Direito das Empresas em Dificuldade*, não mais priorizando a falência e o fim da atividade empresária, a tentativa tímida de reestruturação, com a concordata. Passa-se a um ideal de foco na empresa (atividade econômica organizada), preservando-a, seja na liquidação, com a realocação dos ativos na economia, seja com sua reestruturação, proporcionando, assim, a superação da crise momentânea enfrentada. É natural que movimentos reformistas de sistemas jurídicos sejam de grande complexidade, alcançando institutos mais variados, além dos legítimos interesses de agentes na produção legislativa, como se dá em todo regime democrático[2]. A reforma de 2005 imprimiu avanço considerável em diversas áreas, especialmente ao criar o administrador judicial, substituindo o síndico da falência e o comissário da concordata, dispondo sobre a suas atribuições (item 1.1.). Contudo, deixou de criar requisitos básicos para a sua escolha (item 1.2.).

1.1. A lei de 2005 não deu a devida atenção ao ator de relevo na insolvência

Muito se avançou com a criação da figura do administrador judicial em 2005, explicitando as suas complexas funções[3], reforçadas recentemente com a reforma de 2020, em extenso rol disposto no art. 22 da LRF. O administrador judicial é um dos principais atores do processo de

---

[2] Em se tratando do Direito das Empresas em Dificuldade, tal fenômeno se torna ainda mais presente, mesmo no sistema mais avançado da Europa – o francês. Nesse sentido: SAINT--ALARY-HOUIN, Corinne. Le projet de loi sur la sauvegarde des entreprises: continuité, rupture ou retour en arrière? *Droit & Patrimoine*, n. 133, janvier 2005.

[3] BERNIER, Joice Ruiz. *Administrador Judicial na Recuperação Judicial e na Falência*. São Paulo. Quartier Latin, 2016, p. 30.

insolvência. Na recuperação judicial, funciona como verdadeiro elemento de ligação entre o devedor, os credores e o Poder Público (juízo e ministério público), sendo responsável pela fiscalização das atividades da recuperanda e do cumprimento do plano, bem como pela divulgação à coletividade de credores das informações obtidas, garantindo, com isso, a simetria informacional para as decisões de cada qual[4]. Na falência, atua como verdadeiro "CEO da massa falida", encarregado de promover a liquidação dos ativos do devedor para saldar o passivo, na medida do possível, buscando o resultado mais efetivo para o processo falimentar, e maximizando a realocação dos ativos na economia.

O DL 7.661/45 dispunha que o síndico (na falência) e o comissário (na concordata) deveria ser o maior credor, exceto após três recusas sucessivas, quando era possível a nomeação de pessoa "estranha, idônea e de boa fama, de preferência comerciante"[5]. A lei de 2005 precisava alterar essa premissa, um tanto controvertida, de que o síndico ou comissário era, de certa forma, representante dos credores[6], para um novo regime em que se buscava um profissional capaz de exercer um múnus público, imparcial e independente. Ao mesmo tempo, segregou o interesse dos credores em um novo órgão – o Comitê de Credores. O movimento legislativo andou em linha com aqueles impressos por alguns relevantes países no mundo das empresas em dificuldade[7].

---

[4] No mesmo sentido, o Tribunal de Justiça de São Paulo reconheceu que a função primordial do administrador judicial é a de garantir a transparência, "imprescindível para que os credores possam se habilitar ou impugnar crédito incluído equivocadamente na lista do devedor ou do próprio administrador". (TJSP, 1ª Câmara Reservada de Direito Empresarial, AI 2150439-28.2019.8.26.0000, Rel. Des. Azuma Nishi, j. 04/12/2019, p.4).

[5] Art. 60, 2º, e 142 do DL 7.661/45.

[6] Trajano de Miranda Valverde defendia que o síndico não era o representante dos credores: "Não representa quem quer que seja, mas cumpre os deveres inerentes do cargo. É por isso que pode agir contra ou a favor do falido, contra ou a favor dos credores concorrentes. Contra uns e outros, deve o síndico agir penalmente, eis que existam provas de crimes praticados pelo falido ou qualquer credor." (VALVERDE, Trajano de Miranda. *Comentários à Lei de Falências*. 4 ed. rev. e atual. por J. A. Penalva dos Santos e Paulo Penalva Santos. Rio de Janeiro: Forense, 1999, p. 447). De outro lado, Sampaio de Lacerda indicava que: "O comissário é um fiscal da ação do devedor, visando a tutela dos credores." (LACERDA, J. C. Sampaio de. *Manual de Direito Falimentar*. 2 ed. Rio de Janeiro: Freitas Bastos, 1961, p. 308).

[7] Em Portugal, como o Código da Insolvência e da Recuperação de Empresas português (DL 53/2004, conforme art. 52 e ss) e a Lei Geral da República (Lei nº 32/2004), criando o

Com esse objetivo, a Lei de 2005 elencou uma série de atividades que competem ao AJ, atualmente em *trinta e nove alíneas*[8], divididas entre a recuperação judicial, a falência e algumas comuns a ambas, sem descurar que, ao longo da lei, outras também são dispostas, nos temos da parte final do art. 22 da LRF[9].

E, para tanta exigência no desempenho do mister de AJ, que foge ao escopo restrito do presente ensaio, a Lei foi quase que lacônica nos requisitos necessários ao exercício da função, bastando que seja "um profissional idôneo, preferencialmente advogado, economista, administrador de empresas ou contador, ou pessoa jurídica especializada" (art. 21 da LRF).

1.2. O critério de escolha é a confiança do juízo (juiz)

O Administrador Judicial é órgão da justiça, cuja função é, em síntese, auxiliar o juízo da recuperação judicial ou da falência, como um verdadeiro mandatário de justiça, estando inserido na órbita do Poder Público. Assim sendo, deve atuar de acordo com os ditames legais previstos na lei 11.101/2005, agindo sempre com vistas à maior efetividade dos processos recuperacional e falimentar, de modo a preservar o interesse transindividual inerente à empresa (atividade)[10].

Estatuto do Administrador da Insolvência. Já expusemos que, na França, o *Code de Commerce*, em seu Livro VI, foi completamente reformado em 2005, evidenciando-se a diferença entre a função do *mandataire de justice* (responsável pela tutela dos interesses dos credores) e do *administrateur judiciaire* (que mais se assemelha ao AJ brasileiro). Nesse sentido, ver: GUIMARÃES, Márcio Souza. *Le rôle du ministère public dans les procédures collectives:* approche de droit comparé français et brésilien. France: ANRT, 2011 (tese de doutorado, publicada na França), p. 405. Martin-Serf bem indica a confusão de funções exercidas pelo síndico, nos termos da lei anterior à 2005 (Lei de 25 de janeiro de 1985). Nesse sentido: MARTIN-SERF, Arlette. Redressement judiciaire. L'évolution législative et les conflits. *Gaz. Pal.*, n. 178, 26 juin 2008, p. 9.

[8] Antes da Reforma de 2020 (Lei 14.112/2020), eram *trinta* alíneas.

[9] "Art. 22. Ao administrador judicial compete, sob a fiscalização do juiz e do Comitê, além de outros deveres que esta Lei lhe impõe."

[10] GUIMARÃES, Márcio Souza. *O Controle Difuso das Sociedades Anônimas pelo Ministério Público.* Rio de Janeiro: Lumen Iuris, 2005, p. 22. No mesmo sentido, Marcelo Sacramone Barbosa observa que "suas atividades devem ser desenvolvidas não para a proteção do exclusivo interesse dos credores, ou dos devedores, mas para a persecução do interesse público decorrente da regularidade do procedimento falimentar e recuperacional". (SACRAMONE, Marcelo Barbosa. *Comentários à lei de recuperação de empresas e falência.* São Paulo: Saraiva

Para tamanha responsabilidade, o art. 21 da lei de 2005 acenou com alguns indicativos que deveriam ser inerentes à nomeação do AJ, com possível avanço legislativo[11], mas foi traído com os vocábulos *idôneo* e *preferencialmente*, encetando uma norma de conteúdo aberto:

"Art. 21. O administrador judicial será profissional idôneo, preferencialmente advogado, economista, administrador de empresas ou contador, ou pessoa jurídica especializada."

É de fácil constatação a vasta amplitude de pessoas aptas ao exercício da função de AJ, memorando apenas que o Brasil tem mais de um milhão de advogados. O fato de alguém ser advogado não o qualifica, por si só, ao exercício da administração judicial – muito pelo contrário, eis que os currículos de ensino jurídico não se destinam a tanto[12]. O mesmo pode ser dito para os economistas, administradores de empresas, contadores ou as pessoas jurídicas especializadas. Por último, a única regra cogente é a idoneidade do nomeado, como bem identifica Paulo Salles de Toledo:

"Essa idoneidade, ainda que a norma não o diga expressamente, deve ser moral e financeira. Trata-se de função de confiança, em que se administram valores e bens muitas vezes de grande vulto, e são múltiplos os interesses envolvidos. O respeito à ética é, pois, fundamental. Além disso pode o

---

Educação, 2018, p. 115). Assim também se manifestou Nelson Abrão em: ABRÃO, Nelson. *O síndico da administração concursal*. São Paulo: Revista dos Tribunais, 1988, p. 33-36.

[11] Alfredo Luiz Kugelmas e Fabrício Godoy de Souza indicam que: "Essa alteração na preferência legal demonstrou um avanço legal no sentido de se preferir profissional com melhor perfil técnico, concedendo ainda uma margem de subjetividade mais adequada ao juiz na escolha do profissional que irá lhe auxiliar." (KUGELMAS, Alfredo Luiz; DE SOUZA, Fabrício Godoy. O Papel do Administrador Judicial na Recuperação e na Falência. In: ABRÃO, Carlos Henrique; ANDRIGHI, Fátima Nancy; BENETI, Sidnei. *10 Anos de Vigência da Lei de Recuperação e Falência* (Lei 11.101/2005). São Paulo: Saraiva, 2015, p. 178).

[12] No mesmo sentido Fábio Ulhoa Coelho: "Note-se que o advogado não é necessariamente o profissional mais indicado para a função, visto que muitas das atribuições do administrador judicial dependem, para seu bom desempenho, mais de conhecimentos de administração de empresas do que jurídicos." (COELHO, Fábio Ulhoa. *Comentários à Lei de Falências e de Recuperação de Empresas*. 14 ed. São Paulo: Revista dos Tribunais, 2021, p. 107).

administrador ser chamado a responder por seus atos, o que torna exigível também o requisito da idoneidade financeira."[13]

Assim, sendo uma pessoa idônea, qualidade da grande maioria dos profissionais, qualquer um pode ser escolhido AJ pelo juiz.

Diante do critério legal vago e amplo para a nomeação do AJ, na prática foi cunhada a ideia de que esse profissional deverá ser alguém da "confiança do juiz"[14], não havendo qualquer fundamentação no ato judicial de nomeação ou substituição[15].

---

[13] TOLEDO, Paulo F. C. Salles de. *Comentários à Lei de Recuperação de Empresas e Falência*. 5 ed. São Paulo: Saraiva, 2012, p. 103.

[14] Alberto Camiña aduz que: "A Nova Lei não fala mais em maior credor. Hoje diz que será a pessoa da confiança do juiz. Ainda assim poderia ter havido uma evolução maior. A atividade do administrador é uma atividade que precisaria ser profissionalizada. *Não pode ser pessoa da confiança do juiz que ele escolha segundo o seu agrado.* As funções do administrador deveriam ser assumidas por um corpo de profissionais. Ainda que seja pessoa de sua confiança, deveria ser pessoa constante de um elenco, de alguma maneira, profissional para essa administração da falência." (grifamos) (CAMIÑA, Alberto. Entrevista. In: CASTRO, Rodrigo R. Monteiro De; ARAGÃO, Leandro Santos De (coord.). *Direito Societário e a Nova Lei de Falências e Recuperação de Empresas*. São Paulo: Quartier Latin, IDSA, 2006, p. 408).

[15] Na praxe, as decisões de substituição do administrador judicial também costumam vir desacompanhadas de fundamentação adequada, limitando-se a mencionar, em termos genéricos, uma posterior quebra de confiança. Recentemente, o Tribunal de Justiça do Rio de Janeiro apreciou a matéria, afirmando que a decisão de substituição do administrador judicial – em raciocínio que, naturalmente, se aplica à decisão de nomeação – deve ser fundamentada, de forma a indicar os elementos concretos que levaram à medida, sob pena de reconhecimento de sua nulidade: "AGRAVO DE INSTRUMENTO. AÇÃO FALIMENTAR. SUBSTITUIÇÃO DE ADMINISTRADOR JUDICIAL. NECESSIDADE DE QUE SEJA PROFERIDA DECISÃO FUNDAMENTADA. EXIGÊNCIA CONSTITUCIONAL E LEGAL. NULIDADE DA R. DECISÃO QUE SE RECONHECE. RECURSO PROVIDO. 1. A Constituição da República exige, em seu artigo 93, IX, que todos os julgamentos dos órgãos do Poder Judiciário sejam públicos, 'e fundamentadas todas as decisões, sob pena de nulidade'. 2. Não foi à toa que o Código de Processo Civil, inovando no tema, indicou hipóteses específicas em que não considera fundamentada uma decisão judicial, em seu artigo 489, §1º. 3. Não se questiona o poder de o Juiz proceder à substituição ou destituição de um administrador judicial. Porém, tal faculdade não retira a exigência constitucional e legal de que a decisão que assim proceda seja efetivamente fundamentada. 4. Imprescindível, pois, que o Magistrado indique os elementos concretos que o levaram a concluir que a substituição/destituição do Administrador Judicial, que é peça chave no bom desenvolvimento de qualquer processo falimentar, reflete o melhor interesse da massa e dos credores e está em consonância com

Pode-se dizer que é um critério chancelado pela praxe, dando margem a nomeações reiteradas dos mesmos AJs pelo mesmo juiz, o que não se trata de uma peculiaridade brasileira, já tendo sido objeto de intensa discussão na França[16].

Decisões sem critério e sem previsibilidade – a nomeação do AJ dependendo única e exclusivamente de uma deliberação subjetiva do juiz – geram um custo enorme à economia. Dentro do racional da empresa que passa por dificuldades, na adoção ou não de um dos mecanismos de restruturação ou mesmo de liquidação, deve haver o mínimo de previsibilidade das regras do jogo[17], sob pena de se criar um custo de transação

o artigo 31 da Lei nº 11.101/05. 5. Não se pode deixar de ter em vista que o profissional que exerce tal mister, trabalha em um ramo limitado e altamente especializado. A sua destituição, por mera alegação de 'quebra de confiança', quando desacompanhada de outros elementos, pode acabar por afetar a sua reputação e credibilidade perante outros operadores do Direito, causando-lhe dano potencialmente irreparável. 6. Relembre-se que o artigo 30 da Lei nº 11.101/05 traz uma sanção ao administrador judicial destituído, qual seja, a impossibilidade de ser nomeado para cargo idêntico ou como membro do Comitê de Credores pelo prazo de 5 (cinco) anos. 7. Portanto, dada a gravidade em abstrato das condutas que justificam a destituição do administrador judicial, revela-se inviável a destituição ou substituição de Administrador Judicial sem a devida fundamentação. 8. Reconhecida a nulidade da R. Decisão impugnada, deve-se retornar ao status quo ante, com o retorno do administrador judicial originário. 9. Recurso provido." (TJRJ, Décima Quinta Câmara Cível, AI 0031736-36.2020.8.19.0000, Rel. Des. Gilberto Clóvis Farias Matos, j. 27/10/2020).

[16] Christophe Delattre assim indica: *"on perçoit bien plusieurs cas rencontrés : celui du professionnel qui n'est jamais désigné et celui qui, pour une raison ignorée, n'est plus ou quasiment plus désigné par la juridiction sans réelle explication."* (tradução livre: "percebe-se bem em vários casos práticos: os que um profissional nunca é designado e outros que, por razões ignoradas, não são mais ou raramente são designados pela jurisdição, sem uma real explicação.") (DELATTRE, V. C. L'intervention du ministère public dans la désignation des administrateurs et mandataires judiciaires. *Rev. proc. coll.*, p. 14, mai/juin 2009.

[17] Com relação à teoria dos jogos nos processos de recuperação judicial, já escrevemos que: "A assembleia geral de credores também pode, portanto, ser analisada à luz da teoria dos jogos, tratando-se de situação em que os interesses dos jogadores (o devedor e seus credores) estão em conflito, e cada um tomará uma decisão comportamental com vistas à maximização de suas vantagens." (GUIMARÃES, Márcio Souza. Direito das empresas em dificuldades. In: PINHEIRO, Armando Castellar; PORTO, Antônio J. Maristrello; SAMPAIO, Patrícia Regina Pinheiro (coords.). *Direito e economia:* diálogos. Rio de Janeiro: FGV Editora, 2019, p. 369). No mesmo sentido Jairo Saddi: "Ora, o processo falimentar, como se viu, implica no pressuposto que agentes econômicos são maximizadores racionais de satisfação – ou seja, para suas escolhas, sempre irão se basear na adequação racional e eficiente dos fins aos

enorme, evitando o tão almejado tratamento antecipado da crise, única solução viável ao direito das empresas em dificuldade.

Na busca de aconselhamento jurídico, a primeira indagação de um dirigente de uma sociedade empresária em crise é quais serão as consequências imediatas da adoção de uma medida prevista na LRF, e uma das mais importantes é o custo – seja financeiro, de transação, de aprendizado e de reputação –, para que possa avaliar a melhor decisão (*trade off*) para a solução da sua dificuldade. Em alguns casos, a recuperação judicial realmente não é a medida mais adequada, principalmente após a Reforma de 2020, em que se deu ênfase a outros mecanismos menos onerosos e, em muitos casos, mais eficazes – como a negociação, a mediação, a negociação e a recuperação extrajudicial, ou mesmo a opção pela busca totalmente extrajudicial da solução para suas dificuldades, seja internamente ou com auxílio de consultoria especializada. Note-se que, nesses últimos possíveis caminhos, não haverá a presença do AJ, o que atualmente acarretará menor insegurança jurídica.

Como consequência prática, ausente o incentivo (ou seja, a minimização dos custos das medidas previstas na LRF), continuaremos com empresas praticamente degradadas, aguardando o "último minuto" para buscar algum tipo de solução de soerguimento, quando já se encontram às beiras da falência.

2. A formação do administrador judicial é um requisito prático

A leitura dos trinta e nove incisos do art. 22 da LRF, além das demais atribuições dispostas ao longo da Lei, denotam que o AJ precisa ser alguém com conhecimento contábil, econômico, de gestão e jurídico – ousaria dizer nessa ordem. Para tanto, somente um profissional capacitado pode exercer tal missão (item 2.1.), sendo urgente a uniformização nacional da sua formação e capacitação (item 2.2.).

meios e votarão em Assembleias de acordo com tal premissa (...). Isso significa que, aplicada ao universo do Direito, a decisão de aprovar um plano precisa de, racionalmente, comparar benefícios com custos marginais para optar-se por aquela ação." (SADDI, Jairo. Análise econômica da falência. In: TIMM, Luciano (org.). *Direito e Economia no Brasil*. 4 ed. São Paulo: Foco, 2021, p. 367).

2.1. As atribuições do administrador judicial só podem ser exercidas por profissional capacitado

A profissionalização do AJ foi uma das grandes inovações da LRF, como acentua Mauro Rodrigues Penteado:

> "Uma das inovações mais aplaudidas da Lei consiste na profissionalização imprimida aos órgãos a quem compete tanto a administração, na falência, quanto a fiscalização do processo de recuperação judicial, designados unitária e imprecisamente de 'administrador judicial' (...)."[18]

Todavia, a Lei tratou da profissionalização objetiva, indicando as inúmeras incumbências do AJ, mas se descuidando, talvez, da principal – a profissionalização subjetiva, isto é, a pessoa que vai exercer tais funções.

Além do difícil múnus a ser empreendido pelo AJ, esse ainda deve ser pessoa que está apta a compreender que a solução da crise, na recuperação judicial, pertence exclusivamente ao devedor e aos seus credores, de modo que as hipóteses em que se admite a intervenção estatal na negociação coletiva são escassas, limitando-se, em síntese, à observância das regras estipuladas pela lei 11.101/2005, bem como outras de ordem pública, como é o caso da vedação ao abuso de direito. Na falência, deve ser célere e eficaz na arrecadação e alienação dos ativos, a fim de alocá-los na economia com o máximo de resultado.

Na visão de Daniel Carnio Costa, além das funções lineares do AJ (aquelas listadas na lei), há ainda as funções transversais, assim dispondo:

> "É função transversal do administrador judicial agir verdadeiramente como auxiliar do juízo na condução do processo (e não como advogado que se manifesta nos autos mediante intimação). Assim, deve o administrador judicial estar em permanente contato com o magistrado, alertando-o de fatos e circunstâncias relevantes do processo, mesmo que não tenha sido intimado para tanto."[19]

---

[18] PENTEADO, Mauro Rodrigues. Comentários aos arts. 21 a 25. CORRÊA-LIMA, Osmar Brina; CORRÊA-LIMA, Sérgio Mourão (coord.). *Comentários à Nova Lei de Falências e Recuperação de Empresas*. Rio de Janeiro: Forense, 2009, p. 160.

[19] COSTA, Daniel Carnio. As novas funções do Administrador Judicial em processos de insolvência: funções lineares e transversais. In: WAISBERG, Ivo; RIBEIRO, J. Horácio H.

A Reforma de 2020 inseriu/modificou doze alíneas do art. 22 da LRF, fazendo com que o grau de profissionalização aumentasse ainda mais, exigindo do AJ a manutenção de organização estruturada para acompanhamento mais próximo e preciso da vida empresarial do devedor, estimulando a negociação (art. 22, I, "j"), fiscalizando a veracidade da *fonte de informações* prestadas pelo devedor, sua fidedignidade e conformidade (art. 22, II, "h"), além de estrutura digital para divulgação das informações (art. 22, I, "k") e plataforma eletrônica de verificação, habilitação e divergência (art. 22, I, "l"). É responsável também por assegurar que devedor e credores não adotem expedientes dilatórios, inúteis ou, em geral, prejudiciais ao regular andamento das negociações (art. 22, I, "f"). Na falência, grande relevo é dado à obrigação de proceder à venda de todos os bens da massa falida no prazo máximo de 180 (cento e oitenta) dias[20], contado da data da juntada do auto de arrecadação, sob pena de destituição, salvo por impossibilidade fundamentada, reconhecida por decisão judicial. Como cediço, a destituição do administrador judicial afasta o direito à remuneração (art. 24, §3º, da LRF), além da grave consequência de impedir o exercício da função por cinco anos (art. 30 da LRF).

Para o desempenho de tantas atividades, certamente o profissional que se dedica à função de AJ deverá se preocupar com a sua responsabilidade civil, disposta no art. 32 da LRF[21]. Na França, os AJs são obrigados a cotizar para um fundo comum para que eventual indenização seja custeada, quando um sinistro de responsabilidade civil é comunicado. Registre-se que a cada dois anos é verificada a responsabilização de um AJ[22], ao passo que um advogado francês sofre ao longo de sua vida profissional, em média, duas condenações.

Rezende (coord.). *Temas de Direito da Insolvência* – Estudos em homenagem ao Professor Manoel Justino Bezerra Filho. São Paulo: IASP, 2017, p. 170.

[20] Após a arrecadação, deve ser apresentado plano de venda, em 60 (sessenta) dias (art. 99, §3º, da LRF).

[21] "Art. 32. O administrador judicial e os membros do Comitê responderão pelos prejuízos causados à massa falida, ao devedor ou aos credores por dolo ou culpa, devendo o dissidente em deliberação do Comitê consignar sua discordância em ata para eximir-se da responsabilidade."

[22] GORRIAS, Stéphane. La responsabilité du mandataire judiciaire. *Rev. Proc. coll.*, n. 6, nov. 2010, dossier 12.

Portanto, é de fácil constatação que não será apenas "um profissional idôneo, preferencialmente advogado, economista, administrador de empresas ou contador, ou pessoa jurídica especializada", nos termos do art. 21 da LRF, que obterá êxito no desempenho de tal missão, sendo mais que premente a necessidade de se dar maior atenção aos requisitos subjetivos para a escolha do administrador judicial.

2.2. A urgente necessidade da uniformização nacional dos critérios de nomeação do administrador judicial

A falta de critérios precisos e objetivos na lei 11.101/2005, de âmbito federal, gera verdadeira insegurança jurídica quanto ao ato de nomeação do AJ. Na prática, cada juízo determina seus próprios parâmetros para a escolha de um auxiliar de sua confiança, gerando uma situação de assimetria em âmbito nacional, que deve ser combatida.

O Conselho Nacional de Justiça (CNJ) tem como uma de suas atribuições implementar diretrizes nacionais para nortear a atuação institucional dos órgãos do Poder Judiciário (art. 103-B, §4º, da Constituição Federal), visando a garantir a qualidade da prestação jurisdicional. Assim sendo, trata-se do único órgão no cenário brasileiro que, atualmente, poderia editar recomendações para todo o Judiciário visando a uniformizar os critérios para nomeação do AJ nos processos de insolvência empresarial, contribuindo assim para a fiscalização de todos os interessados sobre o múnus público a ser desempenhado e, consequentemente, para a criação de uma maior segurança jurídica.

Algumas medidas vêm sendo tomadas no âmbito dos tribunais estaduais, criando exigências para os profissionais que busquem atuar como auxiliares do juízo, como é o caso dos AJs nos processos de insolvência empresarial. No Tribunal de Justiça do Estado de São Paulo, o Provimento CSM nº 2.306/2015 e o Comunicado Conjunto nº 2191/2016 exigem desses profissionais a criação de um cadastro em um portal de auxiliares da Justiça aberto à consulta pública, bem como a apresentação de currículo contendo informações sobre a formação profissional e certidões negativas.

Ainda que não faça menção específica ao AJ, o CNJ já adotou medida similar àquela criada pelo TJSP, por meio de sua Resolução nº 233/2016, que determina a criação de um cadastro de profissionais e órgãos técnicos ou científicos pelos tribunais brasileiros, contendo informações sobre a formação profissional, conhecimento e experiência dos cadastrados.

O provimento determina, ainda, que a manutenção do cadastro dependerá de avaliações e reavaliações periódicas, sendo vedada, via de regra, a nomeação de profissionais não cadastrados.

Sobre a formação profissional exigida do AJ[23], Clarissa Somesom Tauk, ao comentar a Reforma de 2020, assevera que:

> "Contudo, segundo as novas diretrizes da Lei, a formação acadêmica não é o principal para a boa atuação do profissional, mais relevante é a maneira como a atividade será desenvolvida, em que o profissional tenha experiência comprovada e estrutura organizacional adequada ao desempenho dessas funções."[24]

Além do Tribunal de Justiça de São Paulo, alguns outros tribunais estaduais, como o do Rio de Janeiro[25], vêm adotando medidas para a formação de um quadro de profissionais qualificados, aptos a serem nomeados como auxiliares nos processos de insolvência empresarial. Exemplo disso é a criação de cursos de especialização em administração judicial, com a aplicação de avaliação final, visando a habilitar potenciais candidatos a desempenhar a função de AJ[26].

Ainda que configure um passo significativo para a criação de critérios precisos e transparentes para a nomeação destes profissionais, a exigência de aprovação nesses cursos não é o suficiente para garantir o bom exercício do múnus público. Rosemarie Adalardo Filardi sugere a criação de concursos para a habilitação de AJs:

---

[23] No sistema francês é denominado como *administrateur* e *mandataire de justice*, conforme art. L. 814-2 do Code de Commerce: *"Les professions d'administrateur judiciaire et de mandataire judiciaire sont représentées auprès des pouvoirs publics par un Conseil national des administrateurs judiciaires et des mandataires judiciaires, établissement d'utilité publique doté de la personnalité morale, chargé d'assurer la défense des intérêts collectifs de ces professions."*

[24] TAUK, Clarissa Somesom. As Novas Funções do Administrador Judicial. In: COSTA, Daniel Cárnio; TARTUCE, Flávio; SALOMÃO, Luis Felipe (coords.). *Recuperação de Empresas e Falência*: Diálogos entre a Doutrina e a Jurisprudência. São Paulo: Atlas, 2021, p. 169.

[25] Provimento 56/2021 da Corregedoria-Geral da Justiça do Estado do Rio de Janeiro.

[26] No sistema francês, o Conselho Nacional de Administradores Judiciais e Mandatários de Justiça é o responsável pela inscrição e formação dos profissionais, com regulamento próprio para o exercício da profissão, o qual pode ser encontrado no sítio eletrônico: <https://www.cnajmj.fr/upload/File/regles-pros/ReIglesprofessionnelles.pdf>. Acesso em: 10 jun. 2010. O mesmo se verifica em Portugal, na Lei 32/2004, em seu artigo 6º.

"O Brasil ainda não atingiu um sistema satisfatório e, para tanto, interessante seria que o Poder Judiciário adotasse um novo formato para a escolha de Administradores Judiciais: o Tribunal de Justiça poderia fazer um concurso para habilitação de Administradores Judiciais, sendo que a nomeação pelo juiz seria vinculada a uma lista com a relação dos aprovados. Tal lista se submeteria à Corregedoria-Geral de Justiça da mesma forma que ocorre com as concessões de cartórios extrajudiciais (notas, registros de imóveis etc.)."[27]

Mais do que a criação de exames de qualificação, é necessária especial conscientização sobre a função que se incumbe ao AJ, cuja confiança não deve se confundir com um apreço pessoal ou simpatia do magistrado, mas sim do Juízo, de forma objetiva e imparcial na escolha, com a respectiva cobrança dos resultados e sobretudo atenção redobrada à fixação da remuneração. O exercício de função de tamanha relevância e de alta complexidade, como é a de administrador judicial, deve ser corretamente remunerado. É o que determina o art. 24 da lei 11.101/2005, ao dispor sobre a fixação do valor e a forma de pagamento da contraprestação referente à função desempenhada pelo auxiliar do juízo.

O mesmo dispositivo estabelece os critérios objetivos que necessariamente deverão nortear a fixação desta remuneração. São eles: (*a*) a *capacidade de pagamento do devedor*; (*b*) o *grau de complexidade* do trabalho; e (*c*) os *valores praticados no mercado* para o desempenho de atividades semelhantes. Assim, o §1º do art. 24 define, ainda, uma limitação dos valores a serem pagos: não poderão exceder 5% (cinco por cento) do valor devido aos credores submetidos à recuperação judicial ou do valor de venda dos bens na falência.

Ainda que os critérios sejam definidos em lei, verificamos que, *na prática forense, está havendo verdadeira inversão da mencionada regra legal,* uma vez que tem sido comum a fixação automática dos honorários em percentuais do valor devido aos credores submetidos à recuperação judicial ou do valor de venda dos bens na falência. A norma inserta no art. 24, §1º da LRF não pode ser deturpada de sua interpretação literal. A lei não estipulou que

---

[27] FILARDI, Rosemarie Adalardo. Órgãos da Recuperação Judicial e da Falência. In: COELHO, Fábio Ulhoa (coord.). *Tratado de Direito Comercial*, v. 7. São Paulo: Saraiva, 2015, p. 229.

a remuneração do AJ deva equivaler a um percentual fixo, mas apenas se valeu de um parâmetro para disposição de seu teto máximo.

A definição do *pro labore* deve ser feita com base em uma análise minuciosa do trabalho a ser efetivamente realizado em concreto, levando-se em conta critérios objetivos como o número de horas a serem dedicadas pelo profissional; a estrutura e a equipe necessária à condução dos trabalhos; o número de credores envolvidos; dentre outros[28]. Por outro lado, não pode afigurar-se excessiva a ponto de comprometer a capacidade de pagamento do devedor.

Note-se, por fim, que a remuneração do AJ não é matéria disponível às partes, de modo que não pode ser objeto de negociação com o devedor e com os credores, ou mesmo objeto de composição[29].

Por derradeiro, para a almejada uniformização dos critérios de nomeação e formação do AJ, caberá ao Superior Tribunal de Justiça exercer sua importante função na definição da correta interpretação do art. 21 da LRF. Como órgão jurisdicional responsável pela uniformização da interpretação da lei federal em território brasileiro, cabe à Corte Superior assegurar a integridade do ordenamento jurídico, minimizando eventuais conflitos interpretativos entre tribunais distintos sobre o ato de nomeação do administrador judicial, delineando parâmetros objetivos a serem seguidos em território nacional por meio de instrumentos como o incidente de resolução de demandas repetitivas, criação de súmulas, dentre outros.

---

[28] No mesmo sentido, Rosemarie Adalardo Filardi nota que: "O administrador judicial merece a remuneração compatível com o desempenho do trabalho a ser realizado que requer dedicação e disponibilidade permanente, devendo-se atentar no sentido de que a remuneração atribuída esteja em consonância ao serviço desenvolvido." (FILARDI. Órgãos da Recuperação Judicial..., p. 233).

[29] Nesse sentido: "Recuperação judicial. Remuneração da Administradora Judicial. Acordo com as recuperandas. Impossibilidade. Matéria não sujeita a transação, por não envolver interesse disponível das partes, dizendo respeito diversamente a arbitramento necessariamente judicial, referente ao pagamento de munus público desempenhado por auxiliar da Justiça. Inconveniência, ademais, da negociação em tal seara, dadas as funções fiscalizatórias inerentes à Administração. Precedentes das Câmaras Reservadas de Direito Empresarial do Tribunal de Justiça de São Paulo. (...)." (TJSP, 2ª Câmara Reservada de Direito Empresarial, AI 2048021-17.2016.8.26.0000, Rel. Des. Fabio Tabosa, j. 24/08/2016).

Conclusões

1. O administrador judicial é um dos atores mais importantes (se não o principal) na recuperação judicial e na falência, cuja responsabilidade é acentuada, ao exercer múnus público, cuja LRF de 2005 imprimiu avanço considerável, o que foi reafirmado na Reforma de 2020.

2. O critério legal de escolha do AJ, disposto no art. 21 da LRF, traduz norma de conteúdo indeterminado, deixando sua discrição ao juiz, pautado apenas no requisito da idoneidade, traduzido em profissional de "confiança do juiz", o que não deve ser assim interpretado.

3. A falta de previsibilidade quanto à escolha do AJ é fonte de aumento do custo de transação, evitando o tão almejado tratamento antecipado da crise, única solução viável ao direito das empresas em dificuldade.

4. As atribuições do administrador judicial só podem ser exercidas por profissional capacitado. A LRF tratou da profissionalização objetiva, indicando as inúmeras incumbências do AJ, descuidando-se talvez da principal – a profissionalização subjetiva, isto é, a pessoa que vai exercer tais funções.

5. Com atribuições tão importantes e numerosas dispostas na LRF, o AJ deve ser profissional técnico e competente, cuja formação deve ser uniformizada em âmbito nacional pelo órgão com atribuição para tanto – qual seja, o Conselho Nacional de Justiça, que, aos poucos, vem trilhando essa direção.

6. Os parâmetros jurídicos dos requisitos de nomeação e formação do AJ devem ser previsíveis em todo o território nacional, pelo órgão jurisdicional responsável pela uniformização da interpretação da lei federal – o Superior Tribunal de Justiça, assegurando a integridade do ordenamento jurídico brasileiro.

Referências

ABRÃO, Nelson. *O síndico da administração concursal*. São Paulo: Revista dos Tribunais, 1988.

BERNIER, Joice Ruiz. *Administrador Judicial na Recuperação Judicial e na Falência*. São Paulo: Quartier Latin, 2016.

CAMIÑA, Alberto. Entrevista. In: CASTRO, Rodrigo R. Monteiro De; ARAGÃO, Leandro Santos De (coord.). *Direito Societário e a Nova Lei de Falências e Recuperação de Empresas*. São Paulo: Quartier Latin, IDSA, 2006.

COELHO, Fábio Ulhoa. *Comentários à Lei de Falências e de Recuperação de Empresas*. 14 ed. São Paulo: Revista dos Tribunais, 2021.

COSTA, Daniel Carnio. As novas funções do Administrador Judicial em processos de insolvência: funções lineares e transversais. In: WAISBERG, Ivo; RIBEIRO, J. Horácio H. Rezende (coord.). *Temas de Direito da Insolvência* – Estudos em homenagem ao Professor Manoel Justino Bezerra Filho. São Paulo: IASP, 2017.

DELATTRE, V. C. L'intervention du ministère public dans la désignation des administrateurs et mandataires judiciaires. *Rev. proc. coll.*, p. 14, mai/juin 2009.

FILARDI, Rosemarie Adalardo. Órgãos da Recuperação Judicial e da Falência. In: COELHO, Fábio Ulhoa (coord.). *Tratado de Direito Comercial*, v. 7. São Paulo: Saraiva, 2015.

GORRIAS, Stéphane. La responsabilité du mandataire judiciaire. *Rev. Proc. coll.*, n. 6, nov. 2010, dossier 12.

GUIMARÃES, Márcio Souza. A Ultrapassada Teoria da Empresa e o Direito das Empresas em Dificuldades. In: WAISBERG, Ivo; RIBEIRO, José Horácio H. R. (org.). *Temas de Insolvência* – Estudos em homenagem ao Professor Manoel Justino Bezerra Filho. São Paulo: IASP, 2017.

_____. Direito das empresas em dificuldades. In: PINHEIRO, Armando Castellar; PORTO, Antônio J. Maristrello; SAMPAIO, Patrícia Regina Pinheiro (coords.). *Direito e economia:* diálogos. Rio de Janeiro: FGV Editora, 2019.

_____. *Le rôle du ministère public dans les procédures collectives:* approche de droit comparé français et brésilien. France: ANRT, 2011 (tese de doutorado, publicada na França).

_____. *O Controle Difuso das Sociedades Anônimas pelo Ministério Público*. Rio de Janeiro: Lumen Iuris, 2005.

KUGELMAS, Alfredo Luiz; DE SOUZA, Fabrício Godoy. O Papel do Administrador Judicial na Recuperação e na Falência. In: ABRÃO, Carlos Henrique; ANDRIGHI, Fátima Nancy; BENETI, Sidnei. *10 Anos de Vigência da Lei de Recuperação e Falência* (Lei 11.101/2005). São Paulo: Saraiva, 2015.

LACERDA, J. C. Sampaio de. *Manual de Direito Falimentar*. 2 ed. Rio de Janeiro: Freitas Bastos, 1961.

MARTIN-SERF, Arlette. Redressement judiciaire. L'évolution législative et les conflits. *Gaz. Pal.*, 26 juin 2008, n. 178, p. 9.

PENTEADO, Mauro Rodrigues. Comentários aos arts. 21 a 25. CORRÊA-LIMA, Osmar Brina; CORRÊA-LIMA, Sérgio Mourão (coord.). *Comentários à Nova Lei de Falências e Recuperação de Empresas*. Rio de Janeiro: Forense, 2009.

SACRAMONE, Marcelo Barbosa. *Comentários à lei de recuperação de empresas e falência.* São Paulo: Saraiva Educação, 2018.

SADDI, Jairo. Análise econômica da falência. In: TIMM, Luciano (org.). *Direito e Economia no Brasil.* 4 ed. São Paulo: Foco, 2021.

SAINT-ALARY-HOUIN, Corinne. Le projet de loi sur la sauvegarde des entreprises: continuité, rupture ou retour en arrière? *Droit & Patrimoine*, n. 133, janvier 2005.

TAUK, Clarissa Somesom. As Novas Funções do Administrador Judicial. In: COSTA, Daniel Cárnio; TARTUCE, Flávio; SALOMÃO, Luis Felipe (coords.). *Recuperação de Empresas e Falência:* Diálogos entre a Doutrina e a Jurisprudência. São Paulo: Atlas, 2021.

TOLEDO, Paulo F. C. Salles de. *Comentários à Lei de Recuperação de Empresas e Falência.* 5 ed. São Paulo: Saraiva, 2012.

VALVERDE, Trajano de Miranda. *Comentários à Lei de Falências.* 4 ed. rev. e atual. por J. A. Penalva dos Santos e Paulo Penalva Santos. Rio de Janeiro: Forense, 1999.

10. CONSIDERAÇÕES SOBRE A NOMEAÇÃO, SUBSTITUIÇÃO E DESTITUIÇÃO DO ADMINISTRADOR JUDICIAL NOS PROCESSOS DE RECUPERAÇÃO JUDICIAL E FALÊNCIA

Eronides Aparecido Rodrigues dos Santos

Introdução

Com o advento da Lei nº 11.101/05 (LRF), que regula a recuperação judicial, a extrajudicial e a falência do empresário e da sociedade empresária, o Brasil deu lugar à preservação da empresa, numa clara intensão de evitar os efeitos prejudiciais da crise, dando-se ênfase à empresa em funcionamento, adotando, desta forma, o conceito do *going concern value*, no sentido de que um negócio operacional é mais valioso do que um em liquidação, passando a viger, portanto, o conceito de preservação da empresa, ressaltando a prevalência do interesse público, como a função social da atividade econômica.

A busca pela mais valia da empresa também é vista nos casos de falência, com a edição de dispositivos que estimulam a liquidação imediata dos bens do devedor e a rápida realocação útil de seus ativos na economia formal.

O princípio preservador da empresa e o estímulo à rápida conclusão da falência encontram-se positivados nos artigos 47 e 75 da LRF e alterações efetivadas pela Lei nº 14.112/20.

Para obter maior eficiência nos processos concursais, ganhou especial destaque o administrador judicial, que, nomeado pelo juiz, passou a ser o grande responsável pela condução do processo. Dependerá de seu bom desempenho e capacidade técnica a eficiência da recuperação empresarial e falência.

1. Critérios para nomeação do administrador judicial

Para o exercício da administração judicial, a lei prescreve que estariam qualificados para serem nomeados, preferencialmente, advogado, economista, administrador de empresas, contador, ou pessoa jurídica especializada, desde que indicado o nome do profissional responsável pela condução do processo ao qual foi nomeada, se de recuperação judicial ou falência. Diz a lei "preferencialmente" porque nada obsta que outras categorias profissionais possam atuar como administradores judiciais. A lei ainda estabelece que, para a nomeação, o profissional deva ser idôneo e especializado (art. 21 da LRF).

A nomeação do administrador judicial é atribuição exclusiva do juiz e insere-se dentre seu poder discricionário de escolha, uma vez que não exige a lei que a escolha seja submetida a quaisquer consultas aos demais participantes do processo de insolvência, devendo apenas ter por norte o disposto no *caput* do artigo 21.

Sem desconsiderar as teorias existentes sobre a "natureza jurídica do administrador judicial"[1], este sempre foi classificado como auxiliar da justiça[2], devendo, portanto, ser profissional da confiança do juízo. A confiança, no entanto, deve ser compreendida como a convicção de que as ações desenvolvidas pelo administrador judicial atenderão aos fins para os quais foi nomeado, e não no sentido léxico de "sentimento de quem confia, de quem acredita na sinceridade de algo ou de alguém"[3]. A confiança, como elemento subjetivo para nomeação do administrador judicial, era um requisito admitido pela doutrina[4] e pela jurisprudência[5] que reconhece a

---

[1] Para maior aprofundamento sobre o tema, recomenda-se a leitura da obra de Joice Ruiz Bernier: BERNIER, Joice Ruiz. *Administrador Judicial:* Na recuperação judicial e na falência. São Paulo: Quartier Latin, 2016, p. 50-56.

[2] TRIBUNAL DE JUSTIÇA DO ESTADO DE SÃO PAULO. Auxiliares da Justiça. Disponível em: <https://www.tjsp.jus.br/AuxiliaresdaJustica>. Acesso em: 26 jun. 2021.

[3] DICIONÁRIO AURÉLIO ONLINE DE PORTUGUÊS. Dicionário Online. Disponível em: <https://www.dicio.com.br/confianca/>. Acesso em: 26 jun. 2021.

[4] Nesse sentido, confira-se, dentre outros: BEZERRA FILHO, Manoel Justino. *Lei de Recuperação de Empresas e Falências:* Lei 11.101/2005 – Comentada Artigo por Artigo. 15 ed. São Paulo: Revista dos Tribunais, 2021; SACRAMONE, Marcelo Barbosa. *Comentários à Lei de Recuperação de Empresas e Falência.* 2 ed. São Paulo: Saraiva Educação, 2021; e BERNIER. *Administrador Judicial...*

[5] TJSP, 1ª Câmara Reservada de Direito Empresarial, AI 2249167-07.2019.8.26.0000, Rel Des. Cesar Ciampolini, j. 19/02/2020; STJ, Quarta Turma, AgRg no AREsp 433.270/ES,

quebra de confiança como motivo determinante para sua substituição ou destituição. Com a edição da Resolução nº 393, de 28 de maio de 2021, do Conselho Nacional de Justiça (CNJ), o requisito "confiança" passou a ser positivado conforme se infere da leitura do art. 5º, "caput", que assim prescreve:

> "A nomeação do administrador judicial compete ao magistrado, nos feitos de sua competência, mas é recomendado que a escolha recaia preferencialmente sobre profissionais de sua confiança que já estejam listados no Cadastro de Administradores Judiciais."[6]

Como pressuposto para a nomeação do administrador judicial, exige-se que seja profissional idôneo, que, em um primeiro momento, nos leva a pensar em profissional moralmente idôneo, ou seja, espera-se que esse profissional reúna um conjunto de atributos, como honra, respeitabilidade, seriedade, dignidade e bons costumes que o qualifiquem para ser auxiliar da justiça.

Trata-se, por certo, de um conceito aberto, que depende da percepção pública sobre esses atributos, porém, o CNJ, procurando dar maior concretude ao que se espera de um profissional idôneo, na Resolução nº 393, passou a exigir, como prova de idoneidade, a apresentação de certidões negativas de débitos tributários para pessoas físicas e jurídicas, e criminais para pessoas físicas (art. 4º, incisos VI e VII).

Ainda sob o espectro da idoneidade, Joice Ruiz Bernier[7] entende que essa exigência deva ser "tratada em sentido amplo, ou seja, o administrador judicial deve ter idoneidade econômico-financeira", a exemplo do que previa o extinto Decreto-lei nº 7.665/45, em seu artigo 60. Não obstante seja razoável que o administrador judicial possua capacidade econômico-financeira para o exercício da administração judicial, o fato é que na recuperação judicial sua remuneração é fixada pelo juízo e distribuída ao longo do período de fiscalização da recuperanda, ou seja, sua

---

Rel. Min. Luis Felipe Salomão, j. 15/12/2015; TJRJ, Quarta Câmara Cível, AI 0034313-60.2015.8.19.0000, Rel. Des. Reinaldo Pinto Alberto Filho, j. 07/07/2015.

[6] Art. 5º da Resolução nº 393 do CNJ.

[7] BERNIER. *Administrador Judicial...*, p. 58.

remuneração é percebida pelo serviço prestado, não recebendo pagamentos adiantados.

Na falência, por outro lado, sua remuneração, embora possa ser feita durante o curso do processo, será reservado 40% do montante devido para pagamento ao final, depois de julgadas as contas e apresentado o relatório final de encerramento – o que por certo confere segurança jurídica na hipótese de o administrador judicial ser responsabilizado por eventual prejuízo ou dano causado no exercício da sua administração (art. 24, LRF).

O outro quesito subjetivo exigido do administrador judicial é a especialização, cujos atributos tanto podem ser a da especialização acadêmica, como de conhecimento, ao menos geral, da realidade econômica em que se insere os negócios da empresa em recuperação judicial ou falência. A especialização acadêmica, pode ser demonstrada com a apresentação de *curriculum vitae*[8] no qual conste a participação em cursos de formação e especialização em administração judicial de empresas e falência.

O conhecimento prévio da atividade desempenhada pelo devedor em crise econômico-financeira, e para atender às especificidades de cada caso concreto, não é razoável que se exija do administrador judicial que seja especialista em todos os ramos empresariais, e, para atender a esse critério, o profissional se vale de uma equipe multidisciplinar, que tem o papel de auxiliá-lo, atendendo, desta forma, o critério da especialização.

Nesse sentido, Marcelo Sacramone entende que a exigência "de outros conhecimentos especializados poderá ser suprida pela autorização judicial para contratação de outros auxiliares (art. 22, I, h)"[9].

O Conselho Nacional de Justiça, no intuito de orientar os magistrados na escolha dos administradores judiciais, criou, através da Resolução nº 393, de 28 de maio de 2021, o Cadastros de Administradores Judiciais, pessoas naturais ou jurídicas, que deve ser alimentado e renovado pelos próprios administradores judiciais, observados os requisitos ali inseridos (art. 6º, III, da Resolução nº 393). De fato, a existência de cadastro dos administradores judiciais já era uma realidade nos tribunais estaduais e agora passou a ser uma exigência normatizada pelo CNJ.

A nomeação do administrador judicial, por ser ato formal, se dá no despacho que defere o processamento da recuperação judicial e na

---

[8] Confira-se o art. 4º, § 1º, da Resolução nº 393 do CNJ.
[9] SACRAMONE. *Comentários à Lei...*, p. 158-158.

sentença declaratória de falência (arts. 52, I e 99, IX), não havendo previsão de nomeação em casos de recuperação extrajudicial – embora, na prática se verifique essa nomeação em casos mais complexos, conforme atestam Justino e Sacramone[10].

2. Impedimentos para nomeação do administrador judicial

Como auxiliar da justiça, o administrador judicial encontra vedações que impedem a sua nomeação, as quais estão elencadas no art. 30 da LRF e "que decorrem de desídia, culpa ou dolo em má administração anterior ocorrida nos últimos cinco anos, ou de relações próximas de parentesco, amizade, inimizade ou dependência, com pessoas próximas à administração do devedor"[11].

Marcelo Sacramone[12] nos ensina que os impedimentos podem ser classificados em impedimentos de caráter geral, nas hipóteses em que o administrador judicial foi destituído – ou seja, quando a destituição se dá por não apresentar, no prazo estabelecido, suas contas ou qualquer dos relatórios previstos nesta Lei (parágrafo único do art. 23);, ou teve suas contas rejeitadas (art. 155) –, e em impedimentos de caráter específico – quando o impedimento decorre da relação de parentesco ou afinidade, até o 3º grau, com o devedor, seus administradores, controladores ou representantes legais ou deles for amigo, inimigo ou dependente (§ 1º, art. 30).

Os impedimentos de caráter geral irradiam seus efeitos para outros processos de recuperação judicial e falência, não podendo o administrador ser nomeado em novos casos de recuperação judicial e falência pelo prazo de 5 anos, que devem ser contados a partir do trânsito em julgado da decisão que o destituiu. Por óbvio, a destituição por desídia, culpa ou dolo revela que o profissional não é confiável, ou seja, que suas ações desenvolvidas como administrador judicial não atenderam aos fins para os quais foi nomeado.

De caráter específico são os impedimentos que impossibilitam a atuação do administrador judicial num determinado processo de recuperação ou falência, mas não impedem que atue nos demais. São impedimentos de

---

[10] BEZERRA FILHO. *Lei de Recuperação...*, p. 147; e SACRAMONE. *Comentários à Lei...*, p. 155.

[11] BEZERRA FILHO. *Lei de Recuperação...*, p. 174.

[12] SACRAMONE. *Comentários à Lei...*, p. 189.

cunho personalíssimo, decorrentes do grau de parentesco ou afinidade entre o administrador judicial e o devedor, seus administradores, controladores ou representantes legais, ou então se for deles amigo, inimigo ou dependente (§ 1º, art. 30).

Embora a lei fale apenas da proximidade entre o administrador judicial e o devedor e coparticipes da devedora, aplica-se, como impedimento específico, por força do disposto no art. 189, *caput*, da LRF, as hipóteses de impedimento e suspeição dispostas nos artigos 144 a 148 Código de Processo Civil. Nesse mesmo sentido, o CNJ, na Resolução nº 396, art. 5º, § 5º, deu ênfase à prática de nepotismo e vedou a nomeação do administrador judicial quando esta recair sobre cônjuge, companheiro ou parente em linha reta, colateral ou por afinidade, até o terceiro grau, inclusive, dos respectivos membros ou juízes vinculados.

Há, também, outras formas de impedimentos específicos, conforme nos alerta Joice Ruiz[13], citando Vera Helena de Mello Franco e Raquel Sztajn, que impossibilitam a nomeação do administrador judicial, como no caso dos incapazes (arts. 3º, 4º e 972 do Código Civil), e aqueles que, por lei, estão impedidos de serem administradores de sociedade empresária ou exercerem outra função em razão do cargo público que ocupam.

Conquanto não seja um impedimento propriamente dito, o CNJ, evocando o princípio da equidade de nomeações, limitou a nomeação simultânea do administrador judicial em mais de quatro recuperações judiciais, ou extrajudiciais, e de quatro falências, com a ressalva de que essa limitação deve levar em conta a divisão de processos entre magistrados quando a Vara for atendida por mais de um magistrado (art. 5º, §§ 3º e 4º). Embora a lei não preveja essa limitação nas nomeações, Manoel Justino[14] lembra que o revogado Decreto-lei nº 7661/45, no inc. IV do § 3º do art. 60, vedava a nomeação de síndico, pelo mesmo juiz, que há menos de um ano havia sido nomeado em outra falência.

Embora seja salutar a busca por um critério equitativo na distribuição justa das nomeações, essa limitação pode trazer problemas práticos em sua aplicação, dadas as especificidades de cada comarca, a observância dos critérios subjetivos, como a especialização daquele que exercerá a administração judicial, além da capacidade variável de pagamento da devedora,

---

[13] BERNIER. *Administrador Judicial...*, p. 84.
[14] BEZERRA FILHO. *Lei de Recuperação...*, p. 609.

sendo oportuno lembrar a fala de David Giansante[15], sob o aspecto remuneratório, segundo a qual, na Comarca da Capital de São Paulo, alguns juízes adotam o critério da "confiança pura, nomeando apenas aqueles profissionais, que no seu ponto de vista, possuem capacidade profissional e idoneidade para o encargo", enquanto outros nomeiam novos profissionais em "casos pequenos, para depois, em sendo demonstrada a competência e merecimento, nomeá-lo em grandes casos".

Dessa forma:

> "Os profissionais renomados serão nomeados simultaneamente, em pequenos e grandes casos, auxiliando o Poder Judiciário nos pequenos, com baixa ou nenhuma remuneração e sendo 'premiados' ou 'compensados' com as falências de grande repercussão."[16]

Esse critério, de nomeação baseada na compensação financeira, apesar de amplamente adotado pelos juízes, não foi levado em consideração pelo CNJ, ao estabelecer um critério equitativo na distribuição justa das nomeações, nada impedindo, a nosso ver, que a equivalência justa das nomeações, sob o aspecto remuneratório, continue sendo adotada quando da escolha do administrador judicial.

Manoel Justino, com muita propriedade, nos alerta acerca da dificuldade experimentada pelos juízes em observar o limite de nomeação previsto na lei revogada, ao afirmar que "tal forma de nomeação ao arrepio da lei tornou-se comum, ante a ausência de pessoas habilitadas, em número suficiente, para que pudesse o juiz exercer a seleção", arrematando que "a Lei atual, de forma correta, atenta à correção do procedimento costumeiro, afastou essa proibição para o administrador judicial (...)". Como a regra criada pelo CNJ é recente e, de certa forma, repristina a limitação que havia no decreto-lei, somente os dias vindouros nos revelarão se será possível aplicá-la na forma positivada.

---

[15] GIANSANTE, David C. O administrador judicial no processo falimentar. In: LAZZARINI, Alexandre A.; KODAMA, Thais; CALHEIROS, Paulo (coords.). *Recuperação de Empresas e Falências:* Aspectos práticos e relevantes da Lei 11.101/05. São Paulo: Quartier Latin, 2014, p. 284.

[16] GIANSANTE. O administrador judicial..., p. 284.

3. Da substituição e destituição do administrador judicial e seus efeitos

Os impedimentos ao exercício da administração judicial, por configurarem exceção à regra da nomeação, nem sempre se apresentam no ato da nomeação, razão pela qual a lei faculta ao devedor, qualquer credor ou o Ministério Público, legitimidade para requerer a substituição do administrador judicial, devendo o juiz, em 24 horas, decidir se acolhe ou não o pedido de substituição (§§ 2º e 3º do art. 30), isso sem embargo do próprio administrador judicial comunicar ao juízo ocorrência de qualquer tipo de impedimento.

A substituição do administrador judicial, à exceção da comunicação do impedimento feita pelo próprio administrador judicial, deve ser vista pelo juiz com extrema cautela, posto que esse requerimento pode ocultar manobra articulada pelo devedor ou credores com o intuito de impedir que seus atos sejam revistos e fiscalizados por profissional competente que venha a apontar sua conduta temerária na gestão da empresa ou na constituição do crédito.

Embora a substituição do administrador judicial não tenha caráter sancionatório, o requerimento de substituição deve ser revestido de cautela, pois a decisão a ser proferida não é um mero despacho de expediente ou impulso processual; ao contrário, trata-se de ato que revoga nomeação do administrador judicial baseada em critérios bem definidos em lei e, por isso, não é razoável que seja proferida no prazo de 24 horas. Em tais hipóteses, cabe ao juiz dar oportunidade para que seu auxiliar se manifeste sobre o requerimento de substituição, conforme assevera Manoel Justino[17]. Com muita propriedade, Paulo Fernando Campos Sales de Toledo[18], sugere que a contagem do prazo de 24 horas deve iniciar depois de ouvido o administrador judicial e o Ministério Público, respeitando, desta forma, o direito de defesa e o devido processo legal.

Há casos em que a substituição se dará de imediato, nos casos de falecimento ou incapacidade do administrador judicial, ou, ainda, quando verificada sua falência ou insolvência civil.

---

[17] BEZERRA FILHO. *Lei de Recuperação...*, p. 175.
[18] TOLEDO, Paulo F. C. Salles de; ABRÃO, Carlos Henrique (coord.). *Comentários à Lei de Recuperação de Empresas e Falência.* 4 ed. São Paulo: Saraiva, 2010, p. 136.

A destituição do administrador judicial, por seu turno, implica verdadeira sanção ao auxiliar do juízo, que por imputar falta grave no desempenho das suas funções, pois, além da destituição nos autos em que foi nomeado, seus efeitos irradiarão para outros feitos, vez que ficará impedido de atuar em qualquer recuperação e falência pelo prazo de 5 anos, perdendo, ainda, o direito a remuneração pelo trabalho já realizado (art. 24, § 3º).

A gravidade dos fatos que envolvem o pedido de destituição impõe que o requerimento seja fundamentado e instruído com provas que o embasem, e que seja respeitado devido processo legal e o amplo exercício do direito de defesa.

Os fatos que justificarem o pedido de destituição devem apontar em que consistiu a violação dos deveres legais do administrador judicial, qual foi o ato, omissivo ou comissivo, por ele praticado em desacordo com a lei – como a falta de apresentação de contas e relatórios dentro dos prazos fixados na lei, a desobediência aos preceitos legais, ou a prática de ato lesivo às atividades do devedor ou de terceiros –, de forma a possibilitar o amplo direito de defesa.

Valendo-nos dos ensinamentos de Joice Ruiz Bernier[19], a petição que requer a destituição do administrador judicial deve ser recebida como incidente de destituição ou exceção de suspeição, seguindo a fórmula prevista no § 2º do art. 148 do CPC, devendo o juiz determinar seu processamento em incidente em separado, sem suspensão do processo, e ouvindo o administrador judicial no prazo de 15 (quinze) dias, facultando a produção de prova, quando necessária. Essa também é a orientação jurisprudencial[20].

Como efeito da destituição, tem-se a inabilitação profissional para atuar como administração judicial pelo prazo de 5 anos. Embora a lei não estabeleça o dia do início da contagem do prazo, pela lógica do sistema processual, esse prazo somente se inicia a partir do trânsito em julgado da decisão de destituição, pois a decisão proferida pelo juiz, por imputar falta

---

[19] BERNIER. *Administrador Judicial...*, p. 157.
[20] TJSP, 10ª Câmara de Direito Privado, AI 0296399-30.2011.8.26.0000, Rel. Des. Carlos Alberto Garbi, j. 19/06/2012; TJSP, 7ª Câmara de Direito Privado, AI 2013643-59.2021.8.26.0000, Rel. Des. Rômolo Russo, j. 21/06/2021; STJ, Terceira Turma, REsp 793.903/RS, Rel. Min. Ari Pargendler, j. 15/12/2005, p. 559.

grave ao administrador, é passível de recurso de agravo de instrumento (art. 189, II).

A lei silencia, no entanto, quanto aos efeitos da inabilitação do administrador judicial em continuar atuando em outros processos de recuperação e falência em que tenha sido nomeado, sendo razoável, nesse caso, que os efeitos decorrentes da destituição surtam efeito para os processos em curso. A questão, por certo, suscita dúvida, pois a sanção imposta em lei se projeta para o futuro.

Conclusões

Em conclusão, pode-se afirmar que a nomeação do administrador judicial, como auxiliar da justiça, deve atender aos critérios objetivos e subjetivos estabelecidos na lei, sendo função privativa do magistrado a escolha do profissional que exercerá a administração judicial, tendo sempre como norte a efetividade do processo dentro dos princípios da preservação da empresa na recuperação e a rápida liquidação dos ativos na falência.

Verificada a ocorrência superveniente de um dos impedimentos para a continuidade da administração judicial, em não sendo caso de substituição imediata, deve o juiz, tanto para a substituição como para a destituição do administrador judicial, velar pela observação do princípio do contraditório e da ampla defesa, proferindo decisão fundamentada, dados os efeitos deletérios decorrentes da destituição.

Referências

BERNIER, Joice Ruiz. *Administrador Judicial:* Na recuperação judicial e na falência. São Paulo: Quartier Latin, 2016.

BEZERRA FILHO, Manoel Justino. *Lei de Recuperação de Empresas e Falências:* Lei 11.101/2005 – Comentada Artigo por Artigo. 15 ed. São Paulo: Revista dos Tribunais, 2021.

GIANSANTE, David C. O administrador judicial no processo falimentar. In: LAZZARINI, Alexandre A.; KODAMA, Thais; CALHEIROS, Paulo (coords.). *Recuperação de Empresas e Falências:* Aspectos práticos e relevantes da Lei 11.101/05. São Paulo: Quartier Latin, 2014.

SACRAMONE, Marcelo Barbosa. *Comentários à Lei de Recuperação de Empresas e Falência.* 2 ed. São Paulo: Saraiva Educação, 2021.

TOLEDO, Paulo F. C. Salles de; ABRÃO, Carlos Henrique (coord.). *Comentários à Lei de Recuperação de Empresas e Falência.* 4 ed. São Paulo: Saraiva, 2010.

11. ANTECIPAÇÃO DOS EFEITOS DO DEFERIMENTO DO PROCESSAMENTO DA RECUPERAÇÃO JUDICIAL E NOMEAÇÃO ANTECIPADA DO ADMINISTRADOR JUDICIAL

André Estevez
Daniela Fabro
Gabriela Mânica

Introdução

Em 24.12.2020 foi sancionada a Lei 14.112, que alterou a Lei 11.101/2005 (LREF), destinada à regulação dos procedimentos de recuperação de empresas e falência em diversos aspectos. Dentre os pontos objeto da Reforma está a inclusão do art. 6º, § 12º[1], o qual prevê a possibilidade de antecipação total ou parcial dos efeitos da decisão que defere o processamento da recuperação judicial.

O requerimento de antecipação dos efeitos da decisão que defere o processamento da recuperação – principalmente os efeitos do *stay period* – já era realizado pelos devedores e analisado pelo Poder Judiciário antes da reforma legislativa. Esse ponto não é uma novidade prática, embora seja salutar a alteração legislativa para pacificar tema que enfrentava importante controvérsia. No entanto, pouco se discutiu sobre o cabimento de nomeação, igualmente antecipada, do administrador judicial.

---

[1] LREF, "Art. 6º A decretação da falência ou o deferimento do processamento da recuperação judicial implica:
§ 12. Observado o disposto no art. 300 da Lei nº 13.105, de 16 de março de 2015 (Código de Processo Civil), o juiz poderá antecipar total ou parcialmente os efeitos do deferimento do processamento da recuperação judicial."

Este estudo tem como objetivo analisar os efeitos da antecipação total ou parcial dos efeitos da decisão que defere o processamento da recuperação judicial e a correlação, especialmente, no que se refere à nomeação antecipada do administrador judicial.

1. Tutela antecedente antes da reforma

O art. 189 da LREF, em sua redação original[2], previa a aplicação subsidiária do CPC/1973, no que coubesse, aos regimes da crise empresarial. Com a promulgação do CPC de 2015, restou revogada a legislação anterior, de modo que a análise dos reflexos da aplicação subsidiária da regra adjetiva foi redirecionada para o novo sistema processual pátrio.

Por sua vez, a Lei 14.112/2020 alterou expressamente o art. 189, passando a fazer menção direta à aplicação do CPC/2015 aos regimes recuperatórios e falimentar, desde que não incompatível com os princípios da LREF[3]. Em síntese, a lei geral de Processo Civil constitui fonte subsidiária inequívoca aplicável aos processos de recuperação de empresas e falência.

O texto da reforma incluiu o § 12º no art. 6º, de modo a positivar a possibilidade de antecipação dos efeitos da decisão que defere o processamento da recuperação judicial. No entanto, justamente em razão da aplicação subsidiária do Código de Processo Civil desde antes da reforma, já se verificava, na prática, a existência de casos em que formulados tais pedidos, mesmo que sem expressa previsão legal.

Foram identificados diversos casos em que requerida a antecipação do *stay period* mediante *cautelares preparatórias*[4] ao pedido de recuperação

---

[2] LREF (redação anterior à reforma), "Art. 189. Aplica-se a Lei nº 5.869, de 11 de janeiro de 1973 – Código de Processo Civil, no que couber, aos procedimentos previstos nesta Lei."

[3] LREF, "Art. 189. Aplica-se, no que couber, aos procedimentos previstos nesta Lei, o disposto na Lei nº 13.105, de 16 de março de 2015 (Código de Processo Civil), desde que não seja incompatível com os princípios desta Lei."

[4] Sustentou-se também a ideia de cautelares preparatórias para a suspensão de pedidos de falência, quando utilizada a recuperação judicial como meio de defesa ao pedido de falência, expressamente autorizado pelo art. 96, VII, da LREF. Nesse sentido, o objetivo da medida seria impedir o início do processo falimentar enquanto não obtida a documentação necessária para o ajuizamento do procedimento recuperatório, considerando o prazo exíguo de 10 (dez) dias previsto em lei para tanto: "Pense-se na hipótese de recuperação judicial distribuída como defesa a pedido de falência. A distribuição da recuperação judicial suspende o pedido de falência. Entretanto, este pedido deve ser aparelhado com extenso rol de documentos no exíguo prazo de dez dias para defesa falimentar, o que o torna virtualmente impraticável.

judicial ou em momento anterior ao deferimento do processamento da recuperação judicial. É o que ocorreu, por exemplo, com a OI[5], a Olvebra[6] e o Grupo Brunetta[7].

Em outros casos, se verificou o indeferimento do pedido de medidas antecipadas ao pedido de recuperação judicial, porquanto se compreendeu como essencial o deferimento do processamento para interferir em outros processos[8]. Em casos específicos, se encontram outras soluções casuísticas, como a decadência em razão da ausência de propositura do pedido de recuperação judicial no prazo legal[9].

Para não tornar a hipótese letra morta, a jurisprudência está a autorizar que se emende a inicial, mediante a juntada da documentação exigida por lei, em prazo razoável, enquanto se assegura, acautelatoriamente, a suspensão do pedido de falência a contar da distribuição da recuperação judicial. Vale dizer, nesta hipótese, a distribuição de petição de recuperação judicial constitui típica cautelar preparatória de futuro pedido de recuperação judicial." (CAVALLI, Cássio; AYOUB, Luiz Roberto. Cautelar preparatória de recuperação judicial. *Migalhas*, 26 nov. 2013. Disponível em: <https://www.migalhas.com.br/depeso/191155/cautelar-preparatoria-de-recuperacao-judicial>. Acesso em: 25 jul. 2021).

[5] Processo nº 0203711-65.2016.8.19.0001, 7ª Vara Empresarial do Rio de Janeiro/RJ, Juiz de Direito Fernando Cesar Ferreira Viana, j. 21/06/2016. Nesse caso, foi deferido o pedido de suspensão de ações e execuções, nos mesmos autos do pedido de recuperação judicial, na semana anterior ao deferimento do processamento da recuperação judicial.

[6] Processo nº 165/1.18.0000921-0, Vara Judicial de Eldorado do Sul/RS, Juiz de Direito Samyra Remzetti Bernardi, j. 05/07/2018. Inicialmente, a tutela cautelar pretendida foi indeferida. Contudo, em sede de embargos de declaração, a tutela foi parcialmente concedida para (*i*) suspender todas as ações e execuções judiciais e extrajudiciais em que a autora figurasse no polo passivo, exceto as que demandassem quantia ilíquida, pelo prazo de 30 (trinta) dias; e (*ii*) determinar a expedição de ofício a determinada instituição financeira para que se abstivesse de realizar novos bloqueios de valores nas contas. A recuperação judicial foi ajuizada em 06/08/2018.

[7] Processo nº 0800876-87.2020.8.10.0026, 2ª Vara de Balsas/MA, Juiz de Direito Tonny Carvalho Araújo Luz, j. 01/04/2020. No caso, a tutela de urgência pleiteada dizia respeito à necessidade de obstaculizar medida de sequestro de sacas de soja determinada por outro órgão jurisdicional enquanto os documentos necessários ao ajuizamento da recuperação judicial eram obtidos. A tutela restou deferida.

[8] TJRS, Décima Terceira Câmara Cível, AI 70058376765, Rel. Desa. Elisabete Correa Hoeveler, j. 05/02/2014; Processo nº 024/1.18.0003138-7, 2ª Vara Cível de Rio Pardo/RS, Juiz de Direito Felipe Só dos Santos Lumertz, j. 12/12/2018.

[9] TJRS, Sexta Câmara Cível, AI 50252605220218217000, Rel. Des. Niwton Carpes da Silva, j. 22/04/2021.

Veja-se, portanto, que na prática já havia pedidos de antecipação dos efeitos da decisão que defere o processamento da recuperação, visando, justamente, a proteger o devedor enquanto o pedido de recuperação judicial era preparado. A despeito disso, houve casos em que o requerimento formulado pela recuperanda foi indeferido, conforme mencionado.

Dessa forma, a inclusão de dispositivo que prevê a possibilidade de antecipação total ou parcial dos efeitos da decisão que defere o processamento da recuperação judicial traz segurança jurídica ao positivar uma temática relevante da prática forense sobre a qual pairava relativa instabilidade.

2. Aspectos processuais da antecipação dos efeitos do deferimento da recuperação judicial

O pedido de antecipação dos efeitos do deferimento do processamento da recuperação judicial precisa atender aos requisitos formulados no diploma processual civil, conforme previsto expressamente no art. 6º, § 12º, da LREF. Por se tratar de tutela de urgência[10][11][12], é necessário demonstrar

---

[10] No CPC de 1973 não havia a previsão, originalmente, da antecipação de tutela, havendo o reconhecimento apenas da tutela cautelar, que correspondia a um terceiro tipo de processo, ao lado do processo de conhecimento e de execução, inspirado nas ideias de Francesco Carnelutti. Influenciado também pela doutrina de Piero Calamandrei, o Código Buzaid incluía a medida cautelar como uma tutela provisória – cujo caráter provisório decorreria, portanto, de sua natureza temporária e transitória. Ao longo da vigência do CPC, a doutrina brasileira de processo civil passou a afirmar que o procedimento ordinário – que antes era visto como o apto a propiciar uma tutela adequada às diversas situações exigidas pelo direito material – era ineficiente para pacificar todos os conflitos nascidos com uma sociedade pós-moderna. Nesse contexto é que se introduziu, pela Lei 8.952/1994, ainda na vigência do Código de Processo Civil de 1973, o instituto da antecipação de tutela ao lado da tutela cautelar, permitindo-se ao juiz, com base num juízo de probabilidade do direito do demandante, conceder, desde logo, uma tutela provisória satisfativa, eliminando-se, com isso, os efeitos deletérios da espera por uma cognição exauriente. A inclusão da antecipação de tutela no CPC se deve, em grande parte, às lições de Ovídio Baptista da Silva, a quem coube diferenciar a antecipação de tutela da tutela cautelar. Foi justamente nesse panorama que "nasceu" o novo Código de Processo Civil. O CPC de 2015 adotou a expressão "tutela provisória" para se referir à tutela antecipada e à tutela cautelar, seja pautada pela urgência, seja pela evidência. Nesse sentido, a tutela cautelar e a tutela antecipada, na terminologia usada pelo CPC, são espécies do mesmo gênero (tutela de urgência) e possuem muitos aspectos similares. Ambas são caracterizadas por uma cognição sumária, são revogáveis e provisórias e estão precipuamente vocacionadas a neutralizar os males do tempo no processo judicial,

a *probabilidade do direito* invocado e o *perigo de dano* ou *risco ao resultado útil do processo*.

A probabilidade do direito indica a existência de válidas razões para tomar determinada alegação como correspondente à realidade[13]. Nesse

mesmo que por meio de técnicas distintas, uma preservando (cautelar) e outra satisfazendo (antecipada). Pelo CPC, a tutela cautelar evita que o processo trilhe um caminho insatisfatório que o conduzirá à inutilidade. Por sua vez, a tutela antecipada possibilita à parte, desde já, a fruição de algo que muito provavelmente virá a ser reconhecido ao final. Sobre o tema, ver: CARNELUTTI, Francesco. *Instituciones del proceso civil*. Tradução por Miguel Angel Rosas Lichtschein da 5ª versão italiana (1956). Buenos Aires: EJEA, 1959, p. 157; CALAMANDREI, Piero. *Introdução ao Estudo Sistemático dos Procedimentos Cautelares*. Tradução por Carla Roberta Andreasi Bassi da versão italiana (1936). Servanda: Campinas, 2000, p. 8-12, 15, 21-22 e 60; SILVA, Ovídio Baptista da. *Curso de Processo Civil*. 3 ed. São Paulo: Revista dos Tribunais, 2000, p. 42, 49, 53-54, 73 e 83; MITIDIERO, Daniel. *Antecipação da tutela*. 3 ed. São Paulo: Revista dos Tribunais, 2017; SCARPARO, Eduardo. A supressão do processo cautelar como *tertium genus* no Código de Processo Civil de 2015. In: BOECKEL, Fabrício Dani de; ROSA, Karin Regina Rick; SCARPARO, Eduardo (org.). *Estudos sobre o novo Código de Processo Civil*. Porto Alegre: Livraria do Advogado, 2015.

[11] Embora não seja tema deste artigo, é necessário referir que a estrutura do CPC de 2015 tem sido criticada por parte da doutrina por não ser adequada. Daniel Mitidiero refere que a antecipação de tutela não é uma forma de tutela jurisdicional do direito, mas sim uma técnica processual que pode ser utilizada para antecipar os efeitos da tutela definitiva, seja ela satisfativa ou cautelar. Logo, a antecipação de tutela é um meio para uma finalidade. Além disso, a tutela cautelar seria tão definitiva quanto a tutela satisfativa, sendo que ambas visam a disciplinar de forma definitiva determinada situação fático-jurídica, outorgando tutela ao próprio direito material e não ao processo. Enquanto a tutela satisfativa visa a certificar ou efetivar o direito postulado em juízo, sendo a tutela padrão, a tutela cautelar seria não satisfativa, cujo objetivo é de cunho assecuratório, a fim de resguardar um direito submetido ao perigo de dano irreparável ou de difícil reparação (MITIDIERO. *Antecipação da tutela*..., p. 29, 49 e 53-55). Didier e Braga, por sua vez, dispõem que a terminologia adotada no CPC/2015, de nominar "tutela provisória" como gênero da qual a antecipação de tutela e a tutela cautelar são espécies, seria equivocada, na medida em que se repetiu o erro do CPC anterior ao utilizar o termo tutela antecipada para designar as tutelas antecipadas de natureza satisfativa, pois "não há uma tutela antecipada definitiva, que se oporia à tutela antecipada provisória". (DIDIER JR., Fredie; BRAGA, Paula Sarno; OLIVEIRA, Rafael Alexandria de. *Curso de direito processual civil*. 11 ed. Salvador: JusPodivm, 2016, p. 581).

[12] O CPC/2015 também introduz a tutela de evidência, que dispensa demonstração sobre perigo de dano ou risco ao resultado útil do processo. No entanto, aplicável em hipóteses substancialmente restritas previstas no art. 311.

[13] MITIDIERO. *Antecipação da tutela*..., p. 115. Nesse sentido, a probabilidade do direito se contrapõe ao conceito de verossimilhança, caracterizada por indicar a confirmação de

sentido, embora a decisão que antecipe os efeitos de determinada tutela jurisdicional seja tomada em base de cognição sumária, não significa que as alegações formuladas não precisam estar demonstradas, ainda que seja possível que o magistrado possa decidir em grau de confirmação menor do que aquele exigido para a decisão final[14].

Para o requerimento de antecipação dos efeitos da decisão que defere o processamento da recuperação judicial, a probabilidade do direito deve ser demonstrada com a juntada, mesmo que parcial, dos documentos necessários à propositura do pedido de recuperação judicial que estejam disponíveis quando da formulação da tutela de urgência.

O que autoriza que o juiz defira o processamento da recuperação judicial é a demonstração da legitimidade e o atendimento aos demais requisitos previstos no art. 48 LREF[15], bem como outros requisitos específicos da LREF e do CPC[16]. Logo, a probabilidade do direito restará demonstrada com a juntada de documentos que evidenciam a legitimidade, a existência de crise econômico-financeira e a situação de regularidade no desenvolvimento das atividades[17].

Além disso, também cabe ao devedor demonstrar, para o deferimento da tutela de urgência, o perigo de dano ou risco ao resultado útil do processo.

Haverá urgência contemporânea ao ajuizamento da ação de recuperação judicial diante: (*i*) da impossibilidade de obtenção de todos

---

determinada alegação àquilo que normalmente acontece, vinculada à possibilidade de que algo tenha ocorrido ou não face o que usualmente ocorre. Sobre o tema, ver: TARUFFO, Michele. *La prova dei fatti giuridici*. Milano: Giuffrè, 1992, p. 158-166.

[14] TARUFFO. *La prova dei fatti giuridici...*, p. 473-474; FLACH, Daisson. *A verossimilhança no processo civil*. São Paulo: Revista dos Tribunais, 2009, p. 119.

[15] SACRAMONE, Marcelo. *Comentários à Lei de Recuperação de Empresas e Falência*. 2 ed. São Paulo: Saraiva, 2021, p. 92.

[16] Por exemplo, deve ser observado aquilo que dispõe o CPC no art. 319 sobre os requisitos da petição inicial.

[17] No ponto, importante destacar que a probabilidade do direito não importa na exigência da demonstração da viabilidade econômico-financeira da empresa. Isso porque não cabe ao magistrado realizar tal exame, o qual deve ficar a cargo dos credores. Inclusive, o art. 51-A, § 5º, da LREF prevê expressamente que é vedado o indeferimento do processamento da recuperação judicial baseado na análise de viabilidade econômica do devedor. Para aprofundamento sobre os limites da atuação do juiz na recuperação judicial, ver: NEVES, Douglas Ribeiro. *Limites do controle jurisdicional no processo de recuperação judicial*. Tese (Doutorado). Faculdade de Direito da Universidade de São Paulo, São Paulo, 2015.

os documentos para a distribuição do pedido em tempo hábil; e/ou (*ii*) dos efeitos prejudiciais da demora para que seja proferida a decisão que defere o processamento da recuperação judicial, ainda mais considerando a hipótese de realização de constatação prévia, agora positivada no art. 51-A da LREF.

Nesse sentido, cabe ao devedor comprovar que, se não for deferida a tutela pretendida, há a possibilidade de se comprometer bens ou direitos que seriam tuteláveis em procedimentos recuperatórios. A busca e apreensão ou a realização de hastas públicas importam potencial afetação sobre a estruturação de negociação coletiva, bem como o próprio desenvolvimento do negócio. Caso o fundamento da tutela de urgência seja a dificuldade de obtenção de alguma informação necessária, o devedor também precisa evidenciar que a urgência é tão iminente a ponto de impossibilitar que a documentação exigida para o ajuizamento da recuperação judicial seja obtida em tempo hábil[18].

O requerimento pautado na urgência pode ser feito tanto de forma antecedente – isto é, antes mesmo do protocolo da petição inicial que dá ensejo ao processo de recuperação judicial – como de forma incidental – isto é, juntamente com a petição inicial da recuperação judicial. Nos dois casos, o requerimento deverá ser feito perante o juízo do principal estabelecimento[19-20], nos termos do art. 3º da LREF.

Se formulado o pedido em caráter antecedente, o Código de Processo Civil prevê procedimento específico, nos termos dos arts. 303

---

[18] SACRAMONE. *Comentários à Lei de Recuperação de Empresas e Falência...*, p. 92.

[19] Sobre estabelecimento, ver: BARRETO FILHO, Oscar. *Teoria do estabelecimento comercial.* 2 ed. São Paulo: Max Limonad, 1988; CAVALLI, Cássio Machado. Apontamentos sobre a teoria do estabelecimento empresarial no direito brasileiro. *Revista dos Tribunais*, São Paulo, v. 858, p. 30-47, 2007.

[20] O conceito de "principal estabelecimento" é considerado um conceito jurídico indeterminado. Contudo, tem-se entendido que o critério definidor é econômico, o qual não se confunde com o local da sede constante do contrato ou do estatuto social. Sobre o tema e as diversas discussões, ver: PENTEADO, Mauro Rodrigues. Capítulo I: Disposições preliminares. In: SOUZA JUNIOR, Francisco Satiro de; PITOMBO, Antonio Sergio A. de Moraes (coord.). *Comentários à Lei de Recuperação de Empresas e Falências.* 2 ed. rev., atual. e ampl. São Paulo: Revista dos Tribunais, 2007, p. 119-123; SCALZILLI, João Pedro; SPINELLI, Luis Felipe; TELLECHEA, Rodrigo. *Recuperação de Empresas e Falência:* teoria e prática na Lei 11.101/2005. 3 ed. São Paulo: Almedina, 2018, p. 179-183.

a 310, a depender se a antecipação diz respeito à tutela satisfativa ou cautelar[21-22].

Caso o pedido de antecipação dos efeitos esteja fundamentado nos arts. 303 a 304 do CPC/2015, que prevê a antecipação dos efeitos da tutela satisfativa em caráter antecedente, o pedido principal deverá ser formulado em 15 (quinze) dias, salvo se o juiz fixar prazo superior (art. 303, § 1º, I, CPC), nos mesmos autos, sem incidência de novas custas processuais (art. 303, § 3º, CPC). A ausência de formulação do pedido principal no lapso temporal leva à extinção do feito sem resolução de mérito (art. 303, § 2º do CPC). Ainda, caso o juízo entenda não estarem presentes os requisitos autorizadores da tutela de urgência, deverá intimar o devedor para que emende a inicial no prazo de 5 (cinco) dias (art. 303, § 6º, CPC)[23-24].

---

[21] Embora não seja o objeto deste estudo analisar as históricas controvérsias sobre tutelas cautelares e satisfativas, é possível anotar algumas linhas distintivas sobre tais questões. Algumas medidas parecem cautelares, como o deferimento antecipado de *stay period*, o que se coaduna com a expressa referência de tal medida como cautelar no art. 20-B, § 1º, da LREF. No mesmo sentido, podem ser compreendidas como medidas de natureza cautelar a suspensão de protestos, a proibição de corte de luz, entre outras tutelas habitualmente verificadas em procedimentos recuperatórios. Por outro lado, medidas tendentes ao fim de renegociar e que importem em alteração de mecanismos contratuais, como a suspensão de trava bancária vinculada à cessão fiduciária de direitos creditórios, podem receber caráter essencialmente de tutela satisfativa. Diante desse contexto de potencial instabilidade de enquadramento, no caso do Grupo Metodista, que teve medidas antecipadas de suspensão de travas bancárias, a emenda à inicial foi realizada no exato prazo de 15 (quinze) dias, tendo em conta o risco de se considerar tratar-se de tutela de caráter satisfativo (Processo nº 5035686-71.2021.8.21.0001, da Vara de Direito Empresarial, Recuperação de Empresas e Falência de Porto Alegre/RS).

[22] Marcelo Sacramone indica em sentido diverso, de forma que assinala o cabimento de emenda no prazo de 15 (quinze) dias, nos moldes do art. 303 do CPC, sem indicar o prazo previsto para a tutela cautelar. (SACRAMONE. *Comentários à Lei de Recuperação de Empresas e Falência...*, p. 92-93).

[23] Prevê o art. 303, § 1º, II e III, que o réu será citado para audiência de conciliação ou mediação. Caso não haja autocomposição, será aberto prazo para apresentação de contestação. No procedimento recuperatório, embora seja possível a realização de audiências de conciliação e mediação para dirimir certas questões, o que restou positivado pela Lei 14.112 nos arts. 20-A a 20-D da LREF, é certo que não há a utilização de métodos de autocomposição para que o processo de recuperação judicial seja extinto com resolução de mérito, na forma do art. 487, III, alínea *b*, do CPC. Da mesma forma, não há um momento para a apresentação de contestação no processo de recuperação judicial, de modo que os credores podem se opor à decisão que defere o processamento da recuperação judicial essencialmente pela via

Se o requerimento antecedente vier pautado em tutela cautelar, o pedido principal da ação de recuperação judicial deverá ser formulado em 30 (trinta) dias (art. 308, caput, CPC), sob pena de cessar a eficácia da tutela concedida (art. 309, I, CPC)[25]. Neste caso, é vedado ao devedor renovar o pedido, salvo sob novo fundamento (art. 309, parágrafo único, CPC)[26].

Tanto em caráter antecedente quanto incidental, o juiz pode, conforme o caso, exigir caução real ou fidejussória idônea para ressarcir os danos que os credores poderão vir a sofrer, na forma do art. 300, § 1º, do CPC. Nesse sentido, independentemente da reparação por dano processual, o devedor

recursal. Assim, é imprescindível que se adapte aquilo que prevê o CPC ao procedimento recuperatório, como dispõe, inclusive, o art. 189 da LREF.

[24] O art. 304 do CPC prevê, por sua vez, que, se concedida tutela antecipada em caráter antecedente e não interposto recurso pela parte contrária, ela torna-se estável, devendo o processo ser extinto. Tal disposição evidentemente não se coaduna com o procedimento recuperatório: não é possível conceber que o provimento jurisdicional que antecipa os efeitos da decisão que defere o processamento da recuperação judicial se torne estável. O processo de recuperação judicial não finda com a decisão que defere o processamento da recuperação judicial, tão somente pela decisão que encerra o processo, na forma do art. 61 da Lei 11.101/2005, ou pela decisão que convola o procedimento em falência, na forma do art. 73 da mesma Lei. Ao longo do procedimento, os credores poderão, inclusive, se opor à continuidade do procedimento, seja com a apresentação de objeção ao plano de recuperação judicial ou em sede de assembleia geral de credores, sendo prerrogativa sua a análise da viabilidade econômica da continuidade da atividade empresarial. Desse modo, não havendo recurso da decisão que antecipa os efeitos da decisão que defere o processamento da recuperação judicial, não haverá a estabilidade dessa tutela, cabendo ao devedor, independentemente, efetuar o pedido final, sob pena de extinção do processo sem resolução de mérito, conforme anteriormente abordado. Críticas ao dispositivo podem ser consultadas em: MITIDIERO. *Antecipação da tutela...*, p. 147-150.

[25] Também são hipóteses de cessação da eficácia (*i*) a não efetivação da tutela de urgência dentro de 30 (trinta) dias e (*ii*) o juiz julgar improcedente o pedido principal formulado pelo autor ou extinguir o processo sem resolução de mérito (art. 309, II e III, CPC). No processo de recuperação judicial, entende-se como passível de ocorrer a cessação da eficácia da tutela apenas quando da extinção do processo sem resolução de mérito, dado que não há julgamento de procedência pelo magistrado e a tutela de urgência requerida dificilmente não seria efetivada no prazo para tanto.

[26] No que se refere à tutela cautelar antecedente, também existe a previsão de citação do réu para comparecimento em audiência de conciliação ou mediação após a formulação do pedido principal, bem como a apresentação de contestação em caso de a autocomposição ser infrutífera. Remete-se, nesse sentido, ao exposto na nota de rodapé 26.

responderá pelo prejuízo que a efetivação da tutela de urgência causar aos credores, por força daquilo que dispõe o art. 302 do CPC.

Em caso de não demonstração dos requisitos autorizadores da medida, o juiz deverá indeferir a concessão da tutela de urgência, podendo o devedor recorrer pela via do agravo de instrumento, nos termos do art. 1.015, I, do CPC.

3. Efeitos da decisão que defere o processamento

Os efeitos da decisão que defere o processamento da recuperação judicial estão parcialmente previstos no art. 52 da LREF[27]. O juiz, ao proferir decisão deferindo o processamento da recuperação judicial, no mesmo ato: (*i*) nomeará o administrador judicial; (*ii*) determinará a dispensa da apresentação de certidões negativas para que o devedor exerça suas atividades; (*iii*) ordenará a suspensão de todas as ações ou execuções contra o devedor, dando início ao *stay period*; (*iv*) determinará ao devedor a apresentação de contas demonstrativas mensais enquanto perdurar a recuperação judicial; e (*v*) ordenará a intimação eletrônica do Ministério Público das Fazendas Públicas Federal, bem como as Estaduais, Municipais e Distrital em que o devedor tiver estabelecimento[28-29].

---

[27] Além dos efeitos expressamente mencionados no art. 52 da LREF, já se destacava a geração de créditos extraconcursais por novas relações obrigacionais inadimplidas a partir deste momento (STJ, 4ª Turma, REsp 1.399.853/SC, Rel. Min. Maria Isabel Gallotti, j. 10/02/2015). Igualmente, a reforma impôs novas regras vinculadas ao deferimento da recuperação judicial, notadamente a vedação à distribuição de lucros ou dividendos a sócios e acionistas (art. 6º-A), bem como o funcionamento de conselhos fiscais de devedores que sejam companhias abertas (art. 48-A).

[28] Felipe Vieira Batista e Paula Sarno Braga fazem importante exame acerca dos efeitos da decisão que defere o processamento da recuperação judicial sob a ótica da natureza do procedimento como sendo um processo estrutural, bem como a razão de tais efeitos existirem. No ponto, mencionam os autores que: "A decisão de processamento do pedido de recuperação declara a admissibilidade da demanda, certifica existência da questão estrutural (do estado de devedor e recuperando daquele que a pleiteia) e direciona os envolvidos ao estado de coisas ideal visado (meta), cujos meios de alcance serão delimitados negocialmente mais adiante (embora a Lei nº 11.101/2005 contenha, em seu art. 50, um rol exemplificativo de meios a serem adotados no plano de recuperação). Seus efeitos principais envolvem a certeza da viabilidade do início da etapa de processamento do pedido (com a presença dos requisitos necessários para tanto), bem como a alteração do próprio estado jurídico do empresário, que passa a estar "em recuperação judicial". É, assim, nesse particular, declaratória e constitutiva.

Na prática, o que se tem observado empiricamente é que o efeito mais desejado pelos devedores é a concessão do *stay period*[30]. De acordo com a LREF, durante o prazo previsto em Lei[31], fica proibida a prática de qualquer ato que possa afetar a continuidade da atividade empresarial de

Além de avaliar a admissibilidade do pedido e alterar o estado jurídico do empresário, a decisão de processamento da recuperação, como qualquer decisão estrutural, já estabelece alguns meios e condutas iniciais necessários para alcançar a meta visada, tais como: (i) a nomeação do administrador judicial (art. 52, I, da Lei nº 11.101/2005); (ii) determinação de apresentação, pelo devedor, de contas mensais demonstrativas enquanto durar a recuperação judicial (art. 52, IV, da Lei nº 11.101/2005); (iii) dispensa de certidões para o exercício da atividade do devedor (art. 52, II, da Lei nº 11.101/2005); e, (iv) suspensão das ações e execuções ajuizadas contra o devedor pelo prazo de 180 (cento e oitenta) dias (medida cautelar, p. ex.)." (BATISTA, Felipe Vieira; BRAGA, Paula Sarno. Primeiras reflexões sobre a recuperação judicial e antecipação dos efeitos da tutela decorrente da decisão do art. 52 da Lei nº 11.101/2005. *Revista Brasileira de Direito Processual*, Belo Horizonte, a. 28, n. 112, p. 255-282, out./dez. 2020, p. 261-262).

[29] Pode-se mencionar também efeitos reflexos e anexos da decisão que defere o processamento da recuperação judicial, tais como a alteração nas relações jurídicas havidas entre os credores e garantidores da dívida que não estejam em recuperação judicial e o deslocamento da competência para o juízo recuperatório acerca de atos de constrição em face do devedor, respectivamente. Para aprofundamento sobre tais efeitos, ver: BATISTA; BRAGA. Primeiras reflexões sobre a recuperação judicial..., p. 263-265.

[30] A título exemplificativo, os casos mais recentes nesse sentido são: Processo nº 0093754-90.2020.8.19.0001, da 5ª Vara Empresarial da Comarca do Rio de Janeiro/RJ; Processo nº 0800876-87.2020.8.10.0026, da 2ª Vara Cível de Balsas/MA; Processo nº 5024222-97.2021.8.24.0023, da Vara Regional de Recuperações Judiciais, Falências e Concordatas da Comarca de Florianópolis/SC; Processo nº 5035686-71.2021.8.21.0001, da Vara de Direito Empresarial, Recuperação de Empresas e Falências da Comarca de Porto Alegre/RS; Processo nº 5046520-86.2021.8.13.0024, da 2ª Vara Empresarial da Comarca de Belo Horizonte/MG.

[31] Originalmente, a Lei 11.101/2005 previa, no art. 6º, § 4º, que o prazo de suspensão seria de 180 (cento e oitenta) dias improrrogáveis. Apesar da taxatividade da regra, os tribunais tendiam a mitigar seu conteúdo, em atenção aos princípios da razoabilidade e da preservação da empresa, quando o devedor não contribuiu para o retardamento do feito. O Poder Judiciário costumava prorrogar o prazo de suspensão: (*i*) por igual período ou por algum outro período adicional; (*ii*) até a convocação da assembleia geral; e (*iii*) até a votação do plano em assembleia geral de credores. Considerando o descontentamento por parte dos credores em relação a tal regra, previu-se na Reforma da Lei 11.101/2005 dispositivo legal que permite a prorrogação do período de proteção por apenas uma vez, isto é, de mais 180 (cento e oitenta) dias. Caso não seja colocado em votação o plano de recuperação judicial dentro do prazo total de suspensão de 360 (trezentos e sessenta) dias, ficam os credores autorizados a apresentar plano alternativo.

créditos que se sujeitem ao procedimento recuperacional[32]. A previsão desse período de proteção importa em criar um ambiente adequado para a negociação coletiva entre devedor e credores, de forma a possibilitar que o procedimento seja efetivo.

A proteção patrimonial serve, inclusive, ao interesse dos próprios credores, para evitar que a corrida destes dilapide os ativos e esvazie o próprio concurso universal na eventual decretação da falência[33]. Ao mesmo tempo, oferece fôlego ao devedor para negociar com seus credores e elaborar o plano de recuperação, sem que seu patrimônio seja diminuído pelas ações e execuções que estavam em curso contra ele, ressalvadas as exceções legais.

Nesse sentido, o requerimento de antecipação dos efeitos do período de proteção tem como objetivo assegurar o resultado útil do processo de recuperação judicial[34]. Isso porque, por exemplo, se praticados atos de constrição em face do devedor, haveria a diminuição do seu patrimônio em detrimento de alguns credores, comprometendo a reestruturação do passivo. Além disso, o prosseguimento de ações e execuções em face do devedor pode prejudicar até mesmo a continuidade da atividade desenvolvida, dado que os atos executórios podem inviabilizar o negócio.

Considerando que o art. 6º, § 12º, da LREF prevê a possibilidade de antecipação total ou parcial dos efeitos, é plausível que o devedor requeira a suspensão de apenas determinadas ações e execuções, as quais têm o condão de colocar em risco a atividade empresarial[35]. No mesmo sentido

---

[32] AYOUB, Luiz Roberto; CAVALLI, Cássio. *A construção jurisprudencial da recuperação judicial de empresas*. Rio de Janeiro: Forense, 2013, p. 131.

[33] COSTA, Daniel Carnio; MELO, Alexandre Correa Nasser de. *Comentários à Lei de Recuperação de Empresas e Falência*. Lei 11.101, de 09 de fevereiro de 2005 – de acordo com a Lei 14.112, de 24/dez/2020. Curitiba: Juruá, 2020, p. 72: "Essa disposição legal é de essencial importância para a proteção das empresas que buscam em juízo a recuperação judicial. Isso porque o simples protocolo do pedido acarreta em uma verdadeira corrida ao ouro, com o ajuizamento de ações pelos credores em busca de seus direitos, antes de o juízo conceder a suspensão prevista na Lei 11.101/2005, art. 6º, §4º. Ao possibilitar a suspensão antes mesmo de ser deferido o processamento da recuperação judicial a lei protege a devedora e assegura ao juízo a tranquilidade de não colocar em processamento recuperação judicial de empresa cuja situação esteja irregular."

[34] BATISTA; BRAGA. Primeiras reflexões sobre a recuperação judicial..., p. 266-269.

[35] SACRAMONE. *Comentários à Lei de Recuperação de Empresas e Falência*..., p. 92.

poderá o juiz assim decidir, mesmo sem pedido por parte do autor sobre a medida de urgência, de acordo com as particularidades do caso concreto.

No entanto, embora o *stay period* seja o efeito da decisão que defere o processamento da recuperação judicial mais requerido pelos devedores, outros também podem ser úteis ao devedor e, portanto, podem ser antecipados, como ocorre com a dispensa de certidões negativas para que o devedor exerça suas atividades.

As certidões negativas[36] tendem a ser exigidas para a participação do devedor em licitações, sendo usual também a exigência de certidões negativas para a alienação de bem imóvel e para o arquivamento de ato societário perante Registro de Empresas e o Registro Civil de Pessoas Jurídicas – como a redução de capital, as operações societárias, a extinção e a baixa da pessoa jurídica e a alienação do controle de sociedade limitada[37]. Além disso, muitos contratos de longa duração entre empresas privadas (contratos de fornecimento, de distribuição, por exemplo) exigem a apresentação periódica de certidões negativas como forma de monitorar a saúde financeira das partes envolvidas na contratação[38].

Logo, é plenamente possível que um devedor que esteja em crise econômico-financeira, em vias de ajuizar recuperação judicial, requeira ao Poder Judiciário a antecipação dos efeitos da decisão que defere o processamento da recuperação judicial para que seja dispensada a apresentação de certidão negativa, exigida, por exemplo, pelo seu principal cliente para que seja renovado o contrato de fornecimento de matéria-prima. O pedido formulado pode ser cumulado com a antecipação de outros efeitos, como o próprio período de proteção, mas tal cumulação não é obrigatória.

No mesmo sentido, torna-se possível que se antecipem efeitos do deferimento do processamento para suspender travas bancárias, interferindo em relações de cessão fiduciária de direitos creditórios que costumam

---

[36] Há certidões negativas de várias espécies. Entre as mais comuns, estão: (*i*) a Certidão Negativa de Falência ou Concordata (expedida pelo distribuidor da sede da pessoa jurídica); (*ii*) a Certidão Negativa de Tributos Federais e Dívida Ativa da União (expedida conjuntamente pela Secretaria da Receita Federal do Brasil – RFB – e pela Procuradoria-Geral da Fazenda Nacional – PGFN); (*iii*) a Certidão Negativa de Débito Previdenciário; (*iv*) o Certificado de Regularidade do FGTS (expedido pela Caixa Econômica Federal); (*v*) a Certidão Negativa de Débitos Trabalhistas.

[37] SCALZILLI; SPINELLI; TELLECHEA. *Recuperação de Empresas e Falência...*, p. 433.

[38] SCALZILLI; SPINELLI; TELLECHEA. *Recuperação de Empresas e Falência...*, p. 434.

nortear contratualmente as operações de crédito garantidas por recebíveis. Nesses casos, inclusive, pode ser relevante a análise de essencialidade dos referidos recebíveis, se for um critério julgado relevante pelo juízo da causa[39].

É cabível, também, a nomeação antecipada de um administrador judicial[40], o qual, no processo de recuperação judicial, possui função essencialmente fiscalizatória (tanto do devedor, quanto do processo), cuja natureza jurídica é de órgão auxiliar da Justiça. Desse modo, pode o devedor requerer que seja antecipado também o efeito da nomeação do administrador judicial, com o objetivo de tornar o procedimento mais transparente e seguro aos credores e ao juízo. Visando a atingir ao mesmo propósito, também é possível que o auxiliar do magistrado seja nomeado mesmo que não haja pedido do devedor para tanto, como condição para que sejam antecipados outros efeitos da decisão que defere o processamento.

4. Nomeação antecipada do administrador judicial

O artigo 52 da LREF dispõe que o juiz pode deferir o processamento da recuperação judicial se os documentos apresentados pelo devedor estiverem de acordo com as exigências do artigo 51 do mesmo diploma legal. Tal artigo também prevê que, em sendo deferido o processamento, será nomeado administrador judicial, conforme visto anteriormente.

Dessa forma, quando formulado requerimento de antecipação dos efeitos da decisão que defere o processamento da recuperação, é possível, também, a nomeação do administrador judicial de forma antecipada, que acontecerá a depender da peculiaridade de cada processo. Para isso, importante que sejam averiguadas, em cada caso, as hipóteses

---

[39] Processo nº 5035686-71.2021.8.21.0001, da Vara de Direito Empresarial, Recuperação de Empresas e Falência de Porto Alegre/RS.

[40] Note-se que igual possibilidade ocorre na recuperação extrajudicial, como se verificou no caso Figueirense (Processo nº 5024222-97.2021.8.24.0023, da Vara Regional de Recuperações Judiciais, Falências e Concordatas da Comarca de Florianópolis/SC), em que foi postulada a tutela antecedente e nomeou-se administrador judicial nessa oportunidade. Reside, nos casos de recuperação extrajudicial, uma controvérsia sobre a nomenclatura adequada, porquanto aquele que for nomeado para auxiliar o juízo da causa não exerce todas as funções típicas de administrador judicial, de forma que ocorre divergência sobre o uso do nome "administrador judicial" ou "perito".

que permitiriam e quais delas justificariam concretamente a nomeação antecipada de um administrador judicial.

A figura do administrador judicial foi inserida no ordenamento jurídico pela LREF em substituição à do síndico (na falência) e à do comissário (na concordata) previstos na legislação revogada (DL 7.661/1945). Possui natureza jurídica de órgão auxiliar da Justiça, exercendo relevante *múnus público*, tanto no processo de recuperação judicial, quanto no processo de falência[41]. A LREF, em seu artigo 21, prevê, assim, que o administrador judicial deve ser profissional idôneo, preferencialmente advogado, economista, administrador de empresas ou contador, ou, ainda, pessoa jurídica especializada[42].

Como auxiliar da Justiça, o administrador judicial se submete aos mesmos impedimentos e suspeições do magistrado, com base nos artigos 144, 145 e 148 do Código de Processo Civil[43]. Por não ser detentor de nenhum direito subjetivo para permanência no cargo, pode ser substituído a qualquer tempo, desde que haja perda de confiança do juiz ou se verifique alguma das situações previstas no art. 30 da LREF[44], ou destituído em decorrência das hipóteses previstas no art. 31[45] do mesmo diploma legal.

---

[41] SCALZILLI; SPINELLI; TELLECHEA. *Recuperação de Empresas e Falência: teoria e prática na Lei 11.101/2005...*, p. 243.

[42] Esse papel não se confunde com o papel de perito judicial, que pode ser nomeado pelo Juízo em determinado caso para a realização de perícia específica.

[43] BERNIER, Joice Ruiz. *Administrador Judicial*. São Paulo: Quartier Latin, 2016, p. 157.

[44] LREF, "Art. 30. Não poderá integrar o Comitê ou exercer as funções de administrador judicial quem, nos últimos 5 (cinco) anos, no exercício do cargo de administrador judicial ou de membro do Comitê em falência ou recuperação judicial anterior, foi destituído, deixou de prestar contas dentro dos prazos legais ou teve a prestação de contas desaprovada. § 1º Ficará também impedido de integrar o Comitê ou exercer a função de administrador judicial quem tiver relação de parentesco ou afinidade até o 3º (terceiro) grau com o devedor, seus administradores, controladores ou representantes legais ou deles for amigo, inimigo ou dependente. § 2º O devedor, qualquer credor ou o Ministério Público poderá requerer ao juiz a substituição do administrador judicial ou dos membros do Comitê nomeados em desobediência aos preceitos desta Lei. § 3º O juiz decidirá, no prazo de 24 (vinte e quatro) horas, sobre o requerimento do § 2º deste artigo."

[45] LREF, "Art. 31. O juiz, de ofício ou a requerimento fundamentado de qualquer interessado, poderá determinar a destituição do administrador judicial ou de quaisquer dos membros do Comitê de Credores quando verificar desobediência aos preceitos desta Lei, descumprimento de deveres, omissão, negligência ou prática de ato lesivo às atividades do devedor ou a terceiros. § 1º No ato de destituição, o juiz nomeará novo administrador judicial ou convocará

Com a reforma da LREF, a controvérsia quanto à possibilidade de ser nomeado antecipadamente um administrador judicial aparentemente foi resolvida, uma vez que foi expressamente positivada no artigo 6º, § 12º, da LREF a possibilidade de antecipação total ou parcial de qualquer efeito da decisão que defere o processamento da recuperação judicial. Agora, passou a ser necessário investigar e definir em que casos seria útil que o magistrado, ao deferir a antecipação dos efeitos do deferimento da recuperação judicial, nomeasse de imediato um administrador judicial.

Para responder a tais questionamentos, faz-se importante relembrar as principais funções do administrador judicial no processo de recuperação judicial. O administrador judicial é responsável, principalmente, por: (i) fiscalizar as atividades do devedor; (ii) apresentar relatórios mensais da atividade do devedor, fiscalizando a veracidade e a conformidade das informações prestadas; e (iii) prestar informações a credores e interessados[46]. Todas essas funções começam a ser desempenhadas a partir da sua nomeação no despacho de processamento.

Ocorre, todavia, que há a possibilidade de ser nomeado profissional[47] no processo de recuperação judicial cuja função é realizar a constatação prévia. Nesse sentido, da análise do artigo 51-A da LREF, verifica-se que o juiz, após a distribuição do pedido de recuperação judicial, pode nomear

os suplentes para recompor o Comitê. § 2º Na falência, o administrador judicial substituído prestará contas no prazo de 10 (dez) dias, nos termos dos §§ 1º a 6º do art. 154 desta Lei."

[46] Hipóteses extraídas do art. 22 da LREF.

[47] Existe relativa controvérsia sobre a natureza da figura jurídica que é nomeada para certos atos, como para a realização de constatação prévia ou para o auxílio do juízo em recuperações extrajudiciais. Embora alguns sustentem que possam ser peritos, regidos pelas regras aplicáveis do CPC, parece que a orientação correta indica tratar-se de exercício de funções típicas de administrador judicial, mesmo que de forma parcial ou incompleta. Apesar de não ser o cerne de análise deste texto, tal distinção parece relevante e impacta certas regras do procedimento. Ao se considerar que a função é típica de administrador judicial e, portanto, regida perante as respectivas regras, observa-se, por exemplo, que: (a) não poderá ser nomeado para realizar a constatação prévia aquele que foi destituído da função de administrador judicial; (b) a remuneração para efeitos de cálculo deverá observar o teto remuneratório previsto no art. 24 da LREF. A respeito do problema remuneratório levantado, tal aspecto não impactará em casos de endividamento relevante. No entanto, pode ser um aspecto essencial nos casos de endividamento de baixo valor, como o caso de uma recuperação judicial de passivo de R$ 50.000,00 (Processo nº 5007219-62.2020.8.21.0019, da Vara Regional Empresarial de Novo Hamburgo/RS).

profissional[48] da sua confiança, com capacidade técnica, para promover a constatação das reais condições de funcionamento do requerente, bem como da regularidade e da completude da documentação apresentada com a petição inicial. Essa "perícia prévia" normalmente ocorre em casos em que o juiz, antes de deferir o processamento da recuperação judicial, entende prudente verificar a regularidade técnica da operação do devedor para posteriormente deferir, ou não, o processamento da recuperação judicial.

O profissional nomeado na constatação prévia costuma ser aquele que será, posteriormente, quando do deferimento do processamento da recuperação judicial, o administrador judicial[49].

Assim, havendo pedido de antecipação dos efeitos da decisão que defere o processamento da recuperação judicial, é possível que seja nomeado desde logo um administrador judicial que seja responsável por realizar, também, a constatação prévia, cuja função, remuneração e método de trabalho deveria observar o que prevê o art. 51-A da LREF. Tal profissional já poderia, de imediato, examinar os documentos instruídos com a inicial e visitar o estabelecimento empresarial para constatar a real situação operacional. A possibilidade de antecipar atos evitaria, inclusive, a postergação do deferimento do processamento, porquanto restaria, quando da apresentação do pedido principal, apenas a análise de elementos residuais[50].

---

[48] Esse perito pode ser o próprio administrador judicial, que atuará se deferido o processamento do pedido de recuperação judicial.

[49] Mitiga-se o risco de parcialidade e de conflito de interesses no momento da realização da constatação prévia por parte da figura nomeada para tanto ao se considerar que o administrador judicial é pessoa de inteira confiança do juízo (BERNIER, Joice Ruiz; TURCO, Aline. Comentários aos artigos 51 a 54 da Lei 11.101/2005. In: OLIVEIRA FILHO, Paulo Furtado de (coord.). *Lei de Recuperação e falência*: pontos relevantes e controversos da reforma, v. 2. Indaiatuba: Foco, 2021, p. 41).

[50] De acordo com dados do Observatório da Insolvência, resultado de pesquisa realizada pelo NEPI/PUC-SP (Núcleo de Estudo e Pesquisa de Insolvência da PUC/SP) e pela ABJ (Associação Brasileira de Jurimetria), o tempo até o deferimento do processamento da recuperação judicial, quando realizadas perícias prévias, era, em média, 33 (trinta e três) dias, sendo que o aumento mediano de 25 (vinte e cinco) dias era apenas e tão somente para a realização da perícia prévia (CORRÊA, Fernando; NUNES, Marcelo Guedes; SACRAMONE, Marcelo. *Observatório da Insolvência*: primeira fase. Disponível em: <https://abj.org.br/cases/insolvencia/>. Acesso em: 25 jul. 2021). Nesse sentido, embora a LREF preveja agora prazo

Mesmo que o administrador judicial não seja nomeado para realizar a constatação prévia em específico, também se mostra possível a nomeação do auxiliar do juízo para que fiscalize as atividades do devedor enquanto não apresentado o pedido principal, trazendo maior transparência ao procedimento e gerando segurança ao conjunto de credores e ao Juízo. Até mesmo porque as atribuições do administrador judicial foram ampliadas com a reforma da lei, passando a ter uma função mais ativa na fiscalização das informações prestadas pela recuperanda e devendo, inclusive, acompanhar o desenrolar das negociações entre devedor e credores, a fim de evitar expedientes dilatórios ou prejudiciais ao processo.

Dessa forma, a atuação antecipada do administrador judicial pode ser útil para: (*i*) antecipar atos e agilizar a realização de eventual constatação prévia; (*ii*) analisar a essencialidade de bens para eventuais medidas relacionadas a, por exemplo, alienação fiduciária, cessão fiduciária de direitos creditórios ou arrendamento mercantil; (*iii*) verificar a existência de informações lançadas, inclusive por credor fiscal, sobre fraudes ou potenciais manobras fraudulentas realizadas anteriormente pelo devedor[51]. No entanto, não há sentido, por si só, em nomeação antecipada de administrador judicial para medidas pontuais como: (*i*) suspensão de pedido de falência em razão da impossibilidade de pedir recuperação judicial no prazo contestacional de 10 (dez) dias; e (*ii*) suspensão de execução específica por dívida, em tese, submetida ao procedimento recuperatório.

A medida processual de antecipar os efeitos da decisão que defere o processamento da recuperação judicial deve ser vista como excepcional,

---

para a realização da constatação em 5 (cinco) dias, entende-se que não é garantia de que o deferimento do processamento será necessariamente mais rápido, dado que tal questão envolve, também, a atuação do julgador, que atua, na maioria das vezes, em varas que não são especializadas.

[51] Apesar do interesse em fiscalizar a eventual fraude, a reforma encaminhou de forma inadequada o procedimento, caso se descubra fraude. Conforme o art. 51-A, § 6º, da LREF, caso seja descoberta eventual fraude, deverá ser indeferido o pedido de recuperação judicial. Parece punir o devedor por ter fraudado o procedimento, mas deixa claramente em desamparo os credores, porquanto teria sido descoberta manobra do devedor enquanto o magistrado se livraria do procedimento, deixando os credores sem tutela. Além do mais, eventual crime falimentar não poderia ser objeto de denúncia na esfera penal, uma vez que não ocorreria a condição objetiva de punibilidade prevista no art. 180 da LREF.

sendo observado pelo julgador se cumpridos os requisitos autorizadores desse tipo de tutela, de modo a não ser utilizada de forma temerária pelo devedor, em prejuízo à satisfação dos interesses dos credores e aos objetivos que a própria recuperação judicial procurou tutelar[52]. Assim, mostra-se prudente que o devedor que requerer a antecipação dos efeitos da tutela tenha conhecimento de que poderá estar, desde que concedida a medida, sendo fiscalizado e acompanhado pelo administrador judicial, que tem o dever de reportar a situação nos autos.

A figura do administrador judicial representa instrumento de implementação da política legislativa. O exercício de suas atribuições fiscalizatórias visa não só a constatar o implemento de medidas efetivas para a superação da crise e preservação da empresa, mas também ao efetivo zelo pelo bom andamento do procedimento recuperacional. Dessa forma, deve desempenhar suas funções atento às determinações do artigo 22 da LREF e imbuído do espírito insculpido no artigo 47. De outra ponta, deverá exercer suas atribuições com isenção, não sendo admitido que se insira na tomada de decisões negociais da empresa em crise, ou mesmo com credores, para que adotem determinada conduta[53].

Conclusões

A reforma da LREF positivou, em seu art. 6º, § 12º, a possibilidade de antecipação total ou parcial dos efeitos da decisão que defere o processamento da recuperação judicial.

Na prática concursal, antes mesmo da reforma legislativa, já se verificava a existência de pedidos de antecipação dos efeitos da decisão que defere o processamento da recuperação, bem como a de decisões favoráveis em relação a tais requerimentos. Em contrapartida, também havia casos em que o pedido formulado pelo devedor foi indeferido, o que demonstrava a necessidade de trazer ao sistema segurança jurídica, dado que se trata de temática relevante da prática forense sobre a qual pairava inconstância e variabilidade da jurisprudência.

---

[52] SACRAMONE. *Comentários à Lei de Recuperação de Empresas e Falência...*, p. 92.
[53] CABEZÓN, Ricardo de Moraes. As novas atribuições do administrador judicial na reforma do artigo 22 da lei de falências e recuperações judiciais. In: OLIVEIRA FILHO, Paulo Furtado de (coord.). *Lei de Recuperação e falência*: pontos relevantes e controversos da reforma, v. 2. Indaiatuba: Foco, 2021, p. 39 e 43.

Observados os requisitos autorizadores da tutela de urgência previstos no Código de Processo Civil, pode o devedor requerer a antecipação total ou parcial de qualquer um dos efeitos da decisão que defere o processamento da recuperação judicial. Alguns exemplos são a suspensão das ações e execuções e a dispensa de exigência de certidões negativas. Além disso, poderá o devedor requerer a nomeação antecipada do administrador judicial, a fim de tornar o procedimento mais transparente e seguro aos credores e ao juízo.

Também é possível que o auxiliar do juízo seja nomeado mesmo que não haja pedido do devedor para tanto, como condição para que sejam antecipados outros efeitos da decisão que defere o processamento. Assim, a nomeação antecipada do administrador judicial deve ser considerada pelo magistrado naqueles casos em que a atividade fiscalizatória for necessária desde o início do processo, sendo útil para agilizar a constatação prévia; realizar a análise da essencialidade dos bens para eventuais medidas relacionadas a garantias de créditos não sujeitos ao procedimento concursal; verificar as informações contábeis; verificar eventuais acusações de fraude ou de paralisação de operação, etc.

As situações exemplificadas acima, apesar de serem as mais comuns, não são taxativas, de modo que deve ser analisada a possibilidade de nomeação antecipada pelo magistrado quando do requerimento formulado pelo devedor, a partir das especificidades do caso concreto.

Referências

AYOUB, Luiz Roberto; CAVALLI, Cássio. *A construção jurisprudencial da recuperação judicial de empresas*. Rio de Janeiro: Forense, 2013.

BARRETO FILHO, Oscar. *Teoria do estabelecimento comercial*. 2 ed. São Paulo: Max Limonad, 1988.

BATISTA, Felipe Vieira; BRAGA, Paula Sarno. Primeiras reflexões sobre a recuperação judicial e antecipação dos efeitos da tutela decorrente da decisão do art. 52 da Lei nº 11.101/2005. *Revista Brasileira de Direito Processual*, Belo Horizonte, a. 28, n. 112, p. 255-282, out./dez. 2020.

BERNIER, Joice Ruiz. *Administrador judicial*. São Paulo: Quartier Latin, 2016.

_____; TURCO, Aline. Comentários aos artigos 51 a 54 da Lei 11.101/2005. In: OLIVEIRA FILHO, Paulo Furtado de (coord.). *Lei de Recuperação e falência*: pontos relevantes e controversos da reforma, v. 2. Indaiatuba: Foco, 2021.

CABEZÓN, Ricardo de Moraes. As novas atribuições do administrador judicial na reforma do artigo 22 da lei de falências e recuperações judiciais. In: OLIVEIRA

FILHO, Paulo Furtado de (coord.). *Lei de Recuperação e falência*: pontos relevantes e controversos da reforma, v. 2. Indaiatuba: Foco, 2021.

CALAMANDREI, Piero. *Introdução ao Estudo Sistemático dos Procedimentos Cautelares*. Tradução por Carla Roberta Andreasi Bassi da versão italiana (1936). Servanda: Campinas, 2000.

CARNELUTTI, Francesco. *Instituciones del proceso civil*. Tradução por Miguel Angel Rosas Lichtschein da 5ª versão italiana (1956). Buenos Aires: EJEA, 1959.

CAVALLI, Cássio. Apontamentos sobre a teoria do estabelecimento empresarial no direito brasileiro. *Revista dos Tribunais*, São Paulo, v. 858, p. 30-47, 2007.

_____; AYOUB, Luiz Roberto. Cautelar preparatória de recuperação judicial. *Migalhas*, 26 nov. 2013. Disponível em: <https://www.migalhas.com.br/depeso/191155/cautelar-preparatoria-de-recuperacao-judicial>. Acesso em: 25 jul. 2021.

COELHO, Fábio Ulhoa. *Comentários à Lei de Falências e de Recuperação de Empresas*. 14 ed. São Paulo: Revista dos Tribunais, 2021.

CORRÊA, Fernando; NUNES, Marcelo Guedes; SACRAMONE, Marcelo. *Observatório da Insolvência*: primeira fase. Disponível em: <https://abj.org.br/cases/insolvencia/>. Acesso em: 25 jul. 2021.

COSTA, Daniel Carnio; MELO, Alexandre Correa Nasser de. *Comentários à Lei de Recuperação de Empresas e Falência*. Lei 11.101, de 09 de fevereiro de 2005 – de acordo com a Lei 14.112, de 24/dez/2020. Curitiba: Juruá, 2020.

DIDIER JR., Fredie; BRAGA, Paula Sarno; OLIVEIRA, Rafael Alexandria de. *Curso de direito processual civil*. 11 ed. Salvador: JusPodivm, 2016.

FLACH, Daisson. *A verossimilhança no processo civil*. São Paulo: Revista dos Tribunais, 2009.

MITIDIERO, Daniel. *Antecipação da tutela*. 3 ed. São Paulo: Revista dos Tribunais, 2017.

NEVES, Douglas Ribeiro. *Limites do controle jurisdicional no processo de recuperação judicial*. Tese (Doutorado). Faculdade de Direito da Universidade de São Paulo, São Paulo, 2015.

PENTEADO, Mauro Rodrigues. Capítulo I: Disposições preliminares. In: SOUZA JUNIOR, Francisco Satiro de; PITOMBO, Antonio Sergio A. de Moraes (coord.). *Comentários à Lei de Recuperação de Empresas e Falências*. 2 ed. rev., atual. e ampl. São Paulo: Revista dos Tribunais, 2007.

SACRAMONE, Marcelo. *Comentários à Lei de Recuperação de Empresas e Falência*. 2 ed. São Paulo: Saraiva, 2021.

SCALZILLI, João Pedro; SPINELLI, Luis Felipe; TELLECHEA, Rodrigo. *Recuperação de Empresas e Falência*: teoria e prática na Lei 11.101/2005. 3 ed. São Paulo: Almedina, 2018.

SCARPARO, Eduardo. A supressão do processo cautelar como *tertium genus* no Código de Processo Civil de 2015. In: BOECKEL, Fabrício Dani de; ROSA, Karin

Regina Rick; _____ (org.). *Estudos sobre o novo Código de Processo Civil.* Porto Alegre: Livraria do Advogado, 2015.

SILVA, Ovídio Baptista da. *Curso de Processo Civil.* 3 ed. São Paulo: Revista dos Tribunais, 2000.

SOUZA JUNIOR, Francisco Satiro de; PITOMBO, Antonio Sergio A. de Moraes (coord.). *Comentários à Lei de Recuperação de Empresas e Falências.* 2 ed. rev. atual. e ampl. São Paulo: Revista dos Tribunais, 2007.

TARUFFO, Michele. *La prova dei fatti giuridici.* Milano: Giuffrè, 1992.

12. A PERÍCIA PRÉVIA COMO MECANISMO DE AUXÍLIO AOS PARTICIPANTES DO PROCESSO DE RECUPERAÇÃO JUDICIAL

Juliana Bumachar

Gabriel Broseghini

Introdução

A perícia prévia (ou constatação prévia) sempre foi um assunto muito controvertido nos processos de recuperação judicial, visto que, em inúmeros casos antes da reforma da Lei 11.101/2005 ("LRF"), condicionava-se o deferimento do pedido de recuperação judicial à realização da perícia prévia nos documentos contábeis do devedor com a finalidade de averiguar a viabilidade econômico-financeira da devedora.

Mas do que se trata a perícia prévia? Trata-se a perícia prévia, com efeito, de uma diligência realizada na documentação financeira e contábil apresentada pela devedora, com o objetivo de avaliar sua regularidade, bem como atestar suas reais condições de funcionamento, de sorte a conferir ao magistrado condições mais adequadas para decidir sobre o deferimento, ou não, do processamento da recuperação judicial[1].

Criticava-se a medida sobretudo pela falta de amparo legal, pois, de acordo com a redação do artigo 52 da LRF, bastaria que o devedor atendesse aos requisitos objetivos previstos no artigo 48 e que a petição inicial do pedido de recuperação judicial estivesse instruída com os documentos

---

[1] COSTA, Daniel Carnio *et al*. A perícia prévia em recuperação judicial de empresas – Fundamentos e aplicação prática. *Migalhas*, 03 abr. 2018. Disponível em: <https://www.migalhas.com.br/coluna/insolvencia-em-foco/277594/a-pericia-previa-em-recuperacao-judicial-de-empresas---fundamentos-e-aplicacao-pratica>. Acesso em: 24 jul. 2021.

descritos no artigo 51 do mesmo diploma legal para que fosse deferido o processamento do pedido de reorganização judicial.

A análise, portanto, acerca do deferimento do processamento do pedido de recuperação judicial deveria ser realizado em cunho meramente formal, sendo vedado ao magistrado se imiscuir em questões econômicas da recuperação judicial[2]. Além disso, também se criticava a medida em razão dos custos adicionais que eram gerados para realização do ato, os quais tinham que ser arcados integralmente pela devedora, que já se encontrava em situação de dificuldade.

Por outro lado, havia quem elogiasse a medida, pois, a depender do resultado da perícia prévia, evitar-se-ia o prosseguimento de processos de recuperação judiciais manifestamente inviáveis, sem qualquer chance de soerguimento[3], o que acabava por transferir, de forma desigual, os riscos e custos do processo recuperacional aos credores.

De toda forma, com o advento da Lei 14.112/2020, incluiu-se o artigo 51-A[4] na LRF, que deu roupagem legal à constatação prévia, de modo que

---

[2] Enunciado 46 da I Jornada de Direito Comercial: "Não compete ao juiz deixar de conceder a recuperação judicial ou de homologar a extrajudicial com fundamento na análise econômico-financeira do plano de recuperação aprovado pelos credores."

[3] Nem toda falência é um mal. Algumas empresas, porque são tecnologicamente atrasadas, descapitalizadas ou possuem organização administrativa precária, devem mesmo ser encerradas. Para o bem da economia como um todo, os recursos – materiais, financeiros e humanos – empregados nessa atividade devem ser realocados para que tenham otimizada a capacidade de produzir riqueza. Assim, a recuperação da empresa não deve ser vista como um valor jurídico a ser buscado a qualquer custo. Pelo contrário, as más empresas devem falir para que as boas não se prejudiquem. Quando o aparato estatal é utilizado para garantir a permanência de empresas insolventes inviáveis, opera-se uma inversão inaceitável: o risco da atividade empresarial transfere-se do empresário para os seus credores (COELHO, Fábio Ulhoa. *Comentários à Lei de Falências e de Recuperação de Empresas*. 8 ed. São Paulo: Saraiva, 2011, p. 173).

[4] Na íntegra: "Art. 51-A. Após a distribuição do pedido de recuperação judicial, poderá o juiz, quando reputar necessário, nomear profissional de sua confiança, com capacidade técnica e idoneidade, para promover a constatação exclusivamente das reais condições de funcionamento da requerente e da regularidade e da completude da documentação apresentada com a petição inicial. § 1º A remuneração do profissional de que trata o caput deste artigo deverá ser arbitrada posteriormente à apresentação do laudo e deverá considerar a complexidade do trabalho desenvolvido. § 2º O juiz deverá conceder o prazo máximo de 5 (cinco) dias para que o profissional nomeado apresente laudo de constatação das reais condições de funcionamento do devedor e da regularidade documental. § 3º A constatação prévia será determinada sem que seja ouvida a outra parte e sem apresentação de quesitos por qualquer das partes, com a

"poderá o juiz, quando reputar necessário, nomear profissional de sua confiança, com capacidade técnica e idoneidade, para promover a constatação exclusivamente das reais condições de funcionamento da requerente e da regularidade e da completude da documentação apresentada com a petição inicial".

Não obstante a expressa previsão legal, a perícia prévia continua sendo alvo de severas críticas, as quais serão tratadas neste artigo, sem a intenção de se esgotar o assunto.

1. A Perícia Prévia antes da reforma da Lei 11.101/2005

Apesar da ausência de previsão legal na LRF, a perícia prévia passou a ser utilizada nos processos de recuperação judicial como contracautela para se evitar a má utilização do instituto por determinados empresários, que o utilizavam em prol de sociedades empresárias que não exerciam atividade econômica alguma, quando claramente a medida mais adequada seria o ajuizamento de um processo de falência, ou até mesmo para fraudar credores com a "blindagem" patrimonial advinda do *stay period*[5].

Nesse sentido, como bem recorda Daniel Carnio:

"Surgiu a necessidade, portanto, de se desenvolver um mecanismo de verificação previa da documentação técnica apresentada pela devedora e de suas

possibilidade de o juiz determinar a realização da diligência sem a prévia ciência do devedor, quando entender que esta poderá frustrar os seus objetivos. § 4º O devedor será intimado do resultado da constatação prévia concomitantemente à sua intimação da decisão que deferir ou indeferir o processamento da recuperação judicial, ou que determinar a emenda da petição inicial, e poderá impugná-la mediante interposição do recurso cabível. § 5º A constatação prévia consistirá, objetivamente, na verificação das reais condições de funcionamento da empresa e da regularidade documental, vedado o indeferimento do processamento da recuperação judicial baseado na análise de viabilidade econômica do devedor. § 6º Caso a constatação prévia detecte indícios contundentes de utilização fraudulenta da ação de recuperação judicial, o juiz poderá indeferir a petição inicial, sem prejuízo de oficiar ao Ministério Público para tomada das providências criminais eventualmente cabíveis. § 7º Caso a constatação prévia demonstre que o principal estabelecimento do devedor não se situa na área de competência do juízo, o juiz deverá determinar a remessa dos autos, com urgência, ao juízo competente."

[5] Nomenclatura utilizada para o prazo de suspensão de 180 (cento e oitenta) dias dos atos expropriatórios intentados contra a devedora.

reais condições de funcionamento como forma de se garantir a efetividade da recuperação judicial, sua adequada aplicação em benefício da sociedade e da economia nacional, combatendo-se o uso desviado e fraudulento da Justiça."[6]

Assim, buscava-se com a perícia prévia evitar a indevida utilização do processo de recuperação judicial por empresas manifestamente inviáveis, com isso reduzindo os custos incidentes sobre os credores e demais *stakeholders*. Sabe-se que os processos falimentares (*lato sensu*) são regidos, pelo menos, por 7 (sete) princípios[7], notadamente: (*i*) preservação da empresa; (*ii*) retirada do mercado da empresa inviável; (*iii*) participação ativa dos credores; (*iv*) redução do custo do crédito; (*v*) proteção ao trabalhador; (*vi*) preservação e maximização dos ativos do falido; e (*vii*) transparência.

A determinação de perícia prévia se relacionava com ao menos 2 (dois) desses princípios. Com o princípio da retirada do mercado da empresa inviável, pois esse princípio assegura que nem toda empresa deve ser salva[8], pois "não é possível – nem razoável – exigir que se mantenha uma empresa a qualquer custo; quando os agentes econômicos que exploram a atividade não estão aptos a criar riqueza e podem prejudicar a oferta de crédito, a segurança e a confiabilidade do merda"[9].

A perícia prévia também se relaciona com o princípio da transparência, uma vez que os processos regidos pela LRF "devem ser transparentes, de modo que todos os credores possam acompanhar as decisões nele adotadas e conferir se o prejuízo que eventualmente suportam está, com efeito, na exata medida do inevitável"[10]. Assim, com base sobretudo nesses 2 (dois)

---

[6] COSTA, Daniel Carnio *et al*. A perícia prévia...

[7] SCALZILLI, João Pedro *et al*. *Recuperação de Empresas e Falência*: teoria e prática na Lei 11.101/2005. São Paulo: Almedina, 2016, p. 77-78.

[8] "Esta Corte de Justiça entende que a função social da empresa exige sua preservação, mas não a todo custo. A sociedade empresária deve demonstrar ter meios de cumprir eficazmente tal função, gerando empregos, honrando seus compromissos e colaborando com o desenvolvimento da economia, tudo nos termos do art. 47 da Lei n. 11.101/2005. Precedentes. 5. Agravo interno desprovido." (STJ, Terceira Turma, AgInt no AREsp 1.632.907/SP, Rel. Min. Marco Aurélio Bellizze, j. 08/03/2021, DJe 15/03/2021).

[9] SCALZILLI. *Recuperação de Empresas...*, p. 72.

[10] COELHO, Fábio Ulhoa. *Princípios do Direito Comercial*. São Paulo: Saraiva, 2012, p. 58-59.

princípios, passou-se admitir a realização de perícia prévia no âmbito dos Tribunais estaduais[11-12-13].

No entanto, a perícia prévia nunca foi unanimidade. Isso porque, para outra parte da doutrina, "ajuizada a ação de recuperação judicial, o juiz deverá verificar inicialmente a legitimidade do requerente, o cumprimento dos requisitos, a regularidade da petição, bem como a regularidade da documentação juntada"[14]. Veja-se:

> "Ao receber o pedido de recuperação judicial, o juiz deverá verificar a legitimação do devedor para postular recuperação judicial, bem como se a petição inicial foi adequadamente instruída. Aliás, não se deve realizar, nesse momento, a análise da viabilidade econômica da empresa devedora. A análise dos documentos que devem instruir a petição inicial é formal, não material"[15].

Logo, aqueles que eram contrários à possibilidade de se determinar a realização de perícia prévia assim o faziam, em primeiro lugar, pela ausência de previsão legal, por ela contrariar a regra disposta no artigo 52 da LRF e, em segundo lugar, por ela ampliar, em excesso, a duração da fase postulatória. Assim, com base nesses fundamentos, era possível encontrar inúmeros julgados[16] oriundos dos Tribunais estaduais em sentido contrário à realização da perícia prévia.

Porém, independentemente de quem era favorável ou contrário à realização da constatação prévia, sucedeu-se nova discussão acerca da perícia preliminar: ao magistrado é dado a faculdade de indeferir o pedido de processamento do pedido de recuperação judicial de determinada

---

[11] TJSP, 2ª Câmara Reservada de Direito Empresarial, AI 2133504-44.2018.8.26.0000, Rel. Des. Ricardo Negrão, j. 07/11/2018.

[12] TJRJ, 22ª Câmara Cível, AI 0038873-45.2015.8.19.0000, Rel. Des. Carlos Santos de Oliveira, j. 08/09/2015.

[13] TJRS, 5ª Câmara Cível, AI 70083428755, Rel. Des. Lusmary Fatima Turelly da Silva, j. 15/04/2020.

[14] TOMAZETTE, Marlon. *Curso de direito empresarial:* Falência e recuperação de empresas, v. 3. 5 ed. rev. e atual. São Paulo: Atlas, 2017, p. 133.

[15] AYOUB, Luiz Roberto; CAVALLI, Cássio. *A construção jurisprudencial da recuperação judicial de empresas.* 3 ed. rev., atual. e ampl. Rio de Janeiro: Forense, 2017, p. 200.

[16] TJSP, 1ª Câmara Reservada de Direito Empresarial, AI 2019089-77.2020.8.26.0000, Rel. Des. Cesar Ciampolini, j. 22/05/2020.

sociedade, não obstante a devedora tenha apresentado os documentos previstos em lei, quando a perícia prévia indicar a precariedade de sua situação econômico-financeira?

Mais uma vez, a questão não era unânime entre os Tribunais. De um lado, existem julgados que entendem pela legalidade da decisão de indeferimento do pedido de processamento do pedido de recuperação judicial quando do exame do pedido, seja constatado a existência de indícios de utilização fraudulenta ou abusiva do instituto[17]. Do outro lado, existe julgados no sentido de que ao juiz cabe, após a verificação do cumprimento quanto aos requisitos elencados na LRF, deferir o processamento da medida, sem qualquer realização de juízo de valor acerca da situação econômico-financeira da devedora[18].

Particularmente, no que tange às decisões proferidas antes da reforma da LRF, não nos parece razoável que houvesse o indeferimento do processamento do pedido de recuperação judicial quando a devedora preenchesse os requisitos legais para concessão do benefício legal. As conclusões alcançadas pela constatação prévia deveriam ser disponibilizadas aos credores para que estes sim pudessem definir a sorte da devedora, não devendo o magistrado indeferir o pedido de processamento do pedido de recuperação judicial ante a expressa vedação legal pela LRF antes da reforma.

A bem da verdade é que nesses casos, o mais correto seria disponibilizar as informações e conclusões alcançadas pela constatação prévia aos credores para que estes sim pudessem escolher a sorte da devedora.

Com isso, respeita-se ao mesmo tempo o princípio da soberania dos credores (afinal, são eles os responsáveis por decidirem se a haverá recuperação judicial ou não) e ainda se evita o famigerado ativismo judicial, tão prejudicial[19] para o subsistema de proteção das empresas em dificuldade.

---

[17] TJSP, 2ª Câmara Reservada de Direito Empresarial, Apelação Cível 1056643-88.2019.8.26.0100, Rel. Des. Maurício Pessoa, j. 22/04/2020.

[18] TJRJ, 22ª Câmara Cível, AI 0055037-85.2015.8.19.0000, Rel. Des. Marcelo Lima Buhatem, j. 17/11/2015.

[19] Segundo Luis Roberto Barroso, três objeções podem ser opostas à Judicialização e, sobretudo, ao ativismo judicial no Brasil: riscos para a legitimidade democrática, risco da politização da Justiça e a capacidade institucional judiciária e seus limites. (BARROSO, Luis Roberto. Judicialização, ativismo e legitimidade democrática. *Conjur*, 22 dez. 2008.

2. A Perícia Prévia após a reforma da Lei 11.101/2005

Com a reforma da LRF, a constatação prévia foi formalmente inserida no ordenamento jurídico, conforme o correspondente artigo 51-A, §§1º ao 7º. De modo geral, a critério do magistrado, poderá ser determinada a realização de perícia prévia para que sejam averiguadas (*i*) as reais condições de funcionamento da devedora, bem como (*ii*) a regularidade da documentação apresentada com a petição inicial.

A diligência de constatação prévia poderá ser realizada sem a prévia ciência do devedor e o laudo técnico deverá ser apresentado no prazo de até 5 (cinco) dias a contar da nomeação do profissional responsável. A LRF previu a possibilidade de a constatação prévia ocorrer sem a prévia anuência do devedor para evitar que o devedor simule determinada operação de modo que a perícia não demonstre a real situação da sociedade empresária. A indigitada lei não determina que o perito exerça uma ou outra profissão, mas que apenas que ele tenha capacidade técnica para exercício do múnus, que eventualmente poderá exigir a apresentação de um laudo de viabilidade. Por isso, talvez o mais recomendado seja que o perito seja da área de finanças.

O prazo de 5 (cinco) dias para entrega do laudo de constatação foi o prazo que o legislador entendeu ser razoável para não prejudicar a celeridade necessária para deferimento do processamento do pedido de recuperação judicial, o que aparentemente é um prazo razoável.

O objetivo da constatação prévia é fornecer informações ao juízo e aos credores acerca das reais condições de funcionamento da devedora, bem como atestar a regularidade da documentação que instruiu a petição inicial apresentada pela devedora.

É vedado ao magistrado indeferir o pedido de processamento do pedido de recuperação judicial com base em dados econômicos e financeiros verificados pela perícia prévia. Apenas nos casos em que for verificado indícios contundentes de utilização fraudulenta é que o magistrado poderá indeferir o processamento do pedido de recuperação judicial.

Ao que parece, a LRF se atentou para o entendimento doutrinário e jurisprudencial existente no sentido de que é vedado ao magistrado se imiscuir em questões econômicas da devedora, as quais são de estrito

Disponível em: <https://www.conjur.com.br/2008-dez-22/judicializacao_ativismo_legitimidade_democratica>. Acesso em: 28 jul. 2021).

interesse dos credores, salvo na hipótese em que houver manifesto abuso de direito ou violação às normas de ordem pública.

Não obstante a agora expressa regulamentação legal, parte da doutrina[20] ainda critica a perícia prévia, sobretudo por três motivos: (*i*) o primeiro, pois retardaria injustificadamente o processo; (*ii*) o segundo, pois haveria um incentivo ao perito em não retratar o real funcionamento da empresa com vistas a ser nomeado como administrador judicial; e (*iii*) o terceiro, pois eventual indeferimento da petição inicial com fundamento na apresentação de informações que não retratam a realidade permitiria que a devedora continuasse a contratar e exercer sua atividade econômica, o que traria malefícios ao mercado.

Por outro lado, é possível realizar um contraponto aos argumentos acima – conjuntamente com outros aspectos – e, com isso, demonstrar pontos positivos advindos da realização da perícia prévia, conforme será demonstrado no próximo capítulo.

---

[20] Referido posicionamento jurisprudencial foi consagrado pela alteração legal da lei, sem se avaliar, entretanto, o efeito deletério resultante no procedimento. Como já anteriormente fora demonstrado com mensuração empírica, não se retardava o deferimento do processamento da recuperação judicial, como a nomeação do perito para a perícia prévia, com a habitual nomeação posterior como administrador judicial caso houvesse a deferimento do processamento da recuperação judicial, gerava um incentivo perverso a este profissional que, caso constatasse a falta de atividade ou a documentação insuficiente, não seria nomeado como administrador durante o procedimento. Como consequência, demonstrou-se que a realização da perícia prévia fazia com que a mediana de indeferimentos do processamento da recuperação judicial não apenas não subisse, o que seria esperado diante da nomeação de um especialista para checar se a atividade era real e se os documentos foram apresentados, como fosse reduzida pela metade. [...] Ainda que consagrada como faculdade do juízo, sua realização não tem qualquer funcionalidade e acarreta prejuízo justamente ao interesse que se procura preservar, a negociação entre devedor e credor para a solução comum de uma empresa que, em crise, pode ainda ser viável. Isto porque, embora o juiz possa não ter conhecimento especializado sobre o ramo contábil, o que poderia exigir a nomeação de um profissional a tanto, a aferição da veracidade dos documentos contábeis, nesse momento, não lhe compete. Um indeferimento da petição inicial pela apresentação de informações inverídicas ou em função de um desenvolvimento de uma atividade inviável economicamente permite que o empresário continue a contratar e a prejudicar outros agentes econômicos livremente no mercado. (SACRAMONE, Marcelo Barbosa. *Comentários à Lei de Recuperação de Empresas e Falência*. 2 ed. São Paulo: Saraiva, 2021, p. 304-306.)

3. Considerações sobre a utilização do mecanismo da perícia prévia nos processos de recuperação judicial

De acordo com estudo realizado pelo Núcleo de Estudo e Pesquisa sobre Insolvência da Pontifícia Universidade Católica de São Paulo e pela Associação Brasileira de Jurimetria ("ABJ")[21], com o apoio da Corregedoria Geral da Justiça perante a 1ª e a 2ª Varas de Falência e Recuperação Judicial do Foro Central da Comarca de São Paulo, constatou-se a realização, com frequência, de perícias prévias ao deferimento (ou não) do pedido de processamento da recuperação judicial.

Em 80,4% dos processos houve emenda à petição inicial ou perícia prévia, sendo que, destes casos, 56,1% tiveram o pedido de recuperação deferido. Nos demais casos, a taxa de deferimento foi significativamente menor: foram deferidos apenas 31,6% dos casos em que não houve nem emenda, nem perícia prévia à decisão de deferimento.

Concluiu-se que a perícia prévia é a variável mais propensa ao deferimento do processamento se comparada à própria emenda à inicial isolada. Enquanto a perícia prévia, acompanhada de emenda, gera 80% de taxa de deferimentos da recuperação judicial, a emenda desacompanhada de perícia prévia gera apenas 58,7% de despachos positivos.

Além disso, o Observatório também constatou que o tempo médio para deferimento do processamento dos pedidos de recuperação judicial nos casos em que houve a realização de perícia prévia e aditamento à petição inicial foi de 6,02 semanas, ao passo que, nos processos em que não houve determinação de constatação prévia e aditamento à petição inicial, esse prazo foi reduzido para 1,14 semanas (ou 8 dias).

A ABJ também conduziu estudo similar no âmbito do Tribunal de Justiça do Rio de Janeiro[22]. A base da pesquisa analisou 208 processos de recuperação judicial entre o período de 2010 e 2017. De acordo com o estudo, a perícia prévia foi realizada em apenas 6,1% dos processos nas varas especializadas e em 8,8% dos processos nas varas comuns.

---

[21] WAISBERG, Ivo *et al*. Recuperação Judicial nas Varas da Capital. *Associação Brasileira de Jurimetria*. Disponível em: <https://abj.org.br/pdf/ABJ_resultados_observatorio_1a_fase.pdf>. Acesso em: 29 jul. 2021.

[22] WAISBERG, Ivo *et at*. Observatório da Insolvência. Processos de Recuperação Judicial no Rio de Janeiro. *Associação Brasileira de Jurimetria*. Disponível em: <https://abjur.github.io/obsRJRJ/relatorio/obs_rjrj_abj.pdf>. Acesso em: 16 ago. 2021.

Tal como no Tribunal bandeirante, o índice de deferimento do processamento dos pedidos de recuperação judicial em solo fluminense aumenta significativamente quando há realização da perícia prévia. Sem a perícia prévia, a taxa de deferimento do pedido é de 70%. Com a perícia prévia, a taxa aumenta para 93,3%.

Os números demonstraram que a perícia prévia é um importante mecanismo e que contribuiu para a maior efetividade dos processos de recuperação judicial. Naturalmente, a sua realização pode vir a causar um ligeiro retardo no andamento do processo, o que confirma uma preocupação externada em âmbito doutrinário, principalmente no tocante à efetividade da medida.

Ao que parece, a LRF cuidou de conferir o prazo impreterível de 5 (cinco) dias para entrega do laudo de constatação justamente para que não haja demora na apreciação do pedido pelo magistrado. Ademais, é questionável imputar eventual demora na decisão de deferimento do processamento do pedido de recuperação judicial à realização da perícia prévia. Isso porque, não são raros os casos em que a petição inicial do pedido de recuperação judicial não é instruída com a documentação prevista no artigo 51 da LRF, o que acaba por obstar o deferimento do pedido, à luz do que determina o artigo 52 do mesmo diploma legal. A lei é clara ao dispor que somente após a apresentação da documentação necessária é que o magistrado poderá deferir o pedido de recuperação judicial.

Nesse sentido, a perícia prévia poderia funcionar até como mecanismo de auxílio ao próprio devedor, visto que ao acompanhar a realização da constatação prévia, este poderá se antecipar a uma eventual decisão judicial e providenciar a documentação faltante e, com isso, suprir a omissão antes que ela seja declarada para fins de obtenção da decisão favorável de processamento ao pedido.

Por outro lado, não se desconhece que, em certas circunstâncias, é essencial ao êxito da recuperação judicial que o devedor consiga se valer dos efeitos do *stay period* com a maior brevidade possível e que, neste contexto, a perícia prévia poderia vir a frustrar a possibilidade de soerguimento da devedora. Porém, nessas situações, é possibilitado ao devedor, com fundamento nos artigos 189, §1º, da LRF e 300 do Código de Processo Civil ("CPC"), formular pedido de tutela de urgência ao juízo responsável pela condução do processo de recuperação judicial, a fim de que seja determinada a antecipação dos efeitos do *stay period*.

Nesse ponto, existem decisões[23] que deferiram pedido de tutela provisória de urgência para antecipar os efeitos do *stay period*, a contar do protocolo da petição inicial, com fundamento no artigo 300 do CPC. O STJ[24] também reconhece a competência do juízo da recuperação judicial

---

[23] "Ademais, no intuito de manter a garantia da continuidade das atividades do Grupo, sem quaisquer interrupções das prestações dos serviços educacionais dos Requerentes, a fim de que a recuperação judicial seja exitosa e cumpra as finalidades indicadas no artigo 47, da LREF, a saber, a "manutenção da fonte produtora, do emprego dos trabalhadores e dos interesses dos credores", DEFIRO a TUTELA PROVISÓRIA DE URGÊNCIA para antecipar os efeitos do stay period para a data do protocolo da petição inicial" (Processo nº 0093754-90.2020.8.19.0001, da 5ª Vara Empresarial da Comarca do Rio de Janeiro)

[24] "CONFLITO DE COMPETÊNCIA. RECUPERAÇÃO JUDICIAL. PEDIDO DE PROCESSAMENTO PENDENTE DE ANÁLISE. EXECUÇÃO FISCAL. TUTELA DE URGÊNCIA. SUSPENSÃO. ATOS EXPROPRIATÓRIOS. COMPETÊNCIA DO JUÍZO DA RECUPERAÇÃO JUDICIAL. 1. Cinge-se a controvérsia a definir o juízo competente para o julgamento de tutela de urgência incidente em ação de recuperação judicial na qual ainda não foi deferido o processamento do pedido, objetivando a suspensão de atos expropriatórios determinados em execução fiscal. 2. O conflito positivo de competência ocorre não apenas quando dois ou mais Juízos se declaram competentes para o julgamento da mesma causa, mas também quando proferem decisões incompatíveis entre si acerca do mesmo objeto. 3. O artigo 189 da LRF determina que se apliquem aos processos de recuperação e falência as normas do Código de Processo Civil no que couber, sendo possível concluir que o Juízo da recuperação está investido do poder geral de tutela provisória (arts. 297, 300 e 301 do CPC.2015), podendo determinar medidas tendentes a alcançar os fins previstos no artigo 47 da Lei nº 11.101/2005. 4. Um dos pontos mais importantes do processo de recuperação judicial é a suspensão das execuções contra a sociedade empresária que pede o benefício, o chamado stay period (art. 6º da LRF). Essa pausa na perseguição individual dos créditos é fundamental para que se abra um espaço de negociação entre o devedor e seus credores, evitando que, diante da notícia do pedido de recuperação, se estabeleça uma verdadeira corrida entre os credores, cada qual tentando receber o máximo possível de seu crédito, com o consequente perecimento dos ativos operacionais da empresa. 5. A suspensão das execuções e, por consequência, dos atos expropriatórios, é medida com nítido caráter acautelatório, buscando assegurar a elaboração e aprovação do plano de recuperação judicial pelos credores ou, ainda, a paridade nas hipóteses em que o plano não alcance aprovação e seja decretada a quebra. 6. Apesar de as execuções fiscais não se suspenderem com o processamento da recuperação judicial (art. 6º, § 7º, da Lei nº 11.101/2005), a jurisprudência desta Corte se firmou no sentido de que os atos expropriatórios devem ser submetidos ao juízo da recuperação judicial, em homenagem ao princípio da preservação da empresa. 7. O Juízo da recuperação é competente para avaliar se estão presentes os requisitos para a concessão de tutela de urgência objetivando antecipar

para exame de pedido de tutela de urgência que tenha por objetivo antecipar o início do *stay period* ou suspender os atos expropriatórios determinados em outros juízos, antes mesmo de deferido o processamento da recuperação.

A LRF também parece acertar ao impedir que o magistrado indefira o processamento do pedido de recuperação judicial com base na análise de viabilidade econômica do devedor, pois a atividade de avaliar a capacidade econômica e potencial de soerguimento é dos credores. Dessa forma, conforme explicitado acima, as informações obtidas com a constatação prévia ficarão à disposição dos credores, que por sua vez terão mais elementos para exercício do direito de voto com relação a potencial aprovação ou rejeição do plano de recuperação judicial da devedora.

O magistrado somente poderá indeferir o pedido com base em resultado obtido pela perícia prévia caso verifique a utilização indevida do instituto da recuperação judicial pela devedora. A determinação contida no §6º do artigo 51-A da LRF está alinhada ao que já foi decidido pela jurisprudência[25], no tocante à impossibilidade de se utilizar a recuperação judicial para fraudar e/ou lesar credores. Com isso, impede-se que o processo se prolongue no tempo, gerando gastos aos envolvidos e ocupando a máquina judiciária.

---

o início do stay period ou suspender os atos expropriatórios determinados em outros juízos, antes mesmo de deferido o processamento da recuperação. 8. Conflito positivo de competência conhecido para declarar a competência do Juízo da 10ª Vara Cível de Maceió/AL." (STJ, Segunda Seção, CC 168.000/AL, Rel. Min. Ricardo Villas Bôas Cueva, j. 11/12/2019, DJe 16/12/2019).

[25] "Apelação. Recuperação Judicial. Decisão que indefere o processamento diante da prova de que a empresa não exerce regularmente a atividade empresarial, pressuposto exigido pelo artigo 48 da Lei nº 11.101/2005. Simples registro na Junta Comercial não é suficiente para o reconhecimento de exercício regular da atividade empresarial, quando há elementos robustos de práticas de graves irregularidades, inclusive com instauração de inquérito policial para apuração de infrações penais de grande potencial de lesividade. A recuperação judicial é instituto criado para ensejar a preservação de empresas dirigidas sob os princípios da boa-fé e da moral. Sentença de indeferimento mantida. Apelo desprovido." (TJSP, Câmara Esp. de Falências e Recuperações Judiciais, Apelação Sem Revisão 9100359-58.2007.8.26.0000, Rel. Des. Pereira Calça, j. 28/05/2008).

Inclusive, há um precedente[26] do Tribunal de Justiça do Estado de São Paulo em que foi constatado, através da perícia prévia, que determinada sociedade ajuizara pedido de recuperação judicial, sem que, todavia, realizasse qualquer tipo de atividade econômica. Ou seja, apurou-se que a sociedade existia apenas no papel e que o pedido de recuperação judicial foi utilizado para fins diversos do previsto na LRF. Em casos como esse, parece claro que a perícia prévia assume posição importante, pois, se não fosse pela diligência realizada pelo administrador judicial, as chances de deferimento do processamento do pedido de recuperação judicial seriam consideravelmente superiores, vez que bastaria que o devedor apresentasse a documentação necessária para obtenção do benefício legal. Certamente seria um processo que traria custos desnecessários aos credores, além de uma inútil movimentação da máquina judiciária. É importante se ter em mente que os custos de um processo de recuperação judicial são repartidos por toda sociedade e casos como esse mostram a importância da constatação prévia.

De toda sorte, a hipótese de indeferimento da petição inicial com fundamento no §7º do artigo 51-A da LRF só deve ocorrer em hipóteses excepcionais, quando houver elementos inequívocos que comprovem a utilização indevida e fraudulenta do instituto pelo devedor. Caso os credores e/ou magistrados tenham dúvidas acerca das conclusões alcançadas pela perícia prévia, poderá ser instaurado, de ofício ou a requerimento da parte, incidente específico para apuração do ocorrido.

Com isso, confere-se, concomitantemente, o benefício da dúvida ao devedor e se permite que os credores realizem as diligências necessárias para apuração de eventuais ilícitos praticados pelo devedor, o qual correrá o risco de ter sua falência decretada caso os credores optem por não aprovar seu plano de recuperação judicial em razão, por exemplo, da prática de atos fraudulentos.

Relativamente ao argumento de que haveria potencial conflito de interesse por parte do perito em não prestar informações verídicas acerca da real situação da devedora para futura nomeação como administrador

---

[26] TJSP; Apelação Cível 1042612-72.2020.8.26.0506; Relator (a): Cesar Ciampolini; Órgão Julgador: 1ª Câmara Reservada de Direito Empresarial; Foro Especializado da 1ª RAJ – 1ª Vara Regional de Competência Empresarial e de Conflitos Relacionados à Arbitragem da 1ª RAJ; Data do Julgamento: 28/07/2021; Data de Registro: 04/08/2021.

judicial, vale destacar que inexiste obrigatoriedade de que aquele que for realizar a perícia prévia seja nomeado administrador judicial, até porque, diferentemente do que ocorre na hipótese do artigo 51-A, o administrador judicial preferencialmente deverá exercer a função de advogado, economista, administrador de empresas ou contador, ou pessoa jurídica especializada, á luz do que dispõe o artigo 21 da LRF.

Conclusões

A perícia prévia consiste em um importante mecanismo para todos os participantes do processo de recuperação judicial, sobretudo pelo fato de ela conferir informações necessárias aos *stakeholders* acerca da real situação econômica do devedor no momento do ajuizamento do pedido de recuperação judicial (*i.e.*, ocultação de informações, alterações na contabilidade, etc.). Além disso, a constatação prévia pode servir como meio de economia processual, quando restar comprovado que o empresário pretende utilizar o instituto da recuperação judicial para fins diversos do previsto da LRF, o que reduzirá (e muito) os custos do litígio, além de desobstruir o judiciário.

Por outro lado, é necessário que o instituto seja utilizado com cautela, a fim de que a perícia não seja demasiadamente longa, o que poderia trazer prejuízos à empresa em dificuldade, que precisa se socorrer do instituto da recuperação judicial.

Referências

AYOUB, Luiz Roberto; CAVALLI, Cássio. *A construção jurisprudencial da recuperação judicial de empresas*. 3 ed. rev., atual. e ampl. Rio de Janeiro: Forense, 2017.

BARROSO, Luis Roberto. Judicialização, ativismo e legitimidade democrática. *Conjur*, 22 dez. 2008. Disponível em: <https://www.conjur.com.br/2008-dez-22/judicializacao_ativismo_legitimidade_democratica>. Acesso em: 28 jul. 2021.

BRASIL. STJ, Segunda Seção, CC 168.000/AL, Rel. Min. Ricardo Villas Bôas Cueva, j. 11/12/2019, DJe 16/12/2019.

BRASIL. STJ, Terceira Turma, AgInt no AREsp 1.632.907/SP, Rel. Min. Marco Aurélio Bellizze, j. 08/03/2021, DJe 15/03/2021.

BRASIL. TJRJ, 22ª Câmara Cível, AI 0038873-45.2015.8.19.0000, Rel. Des. Carlos Santos de Oliveira, j. 08/09/2015.

BRASIL. TJRJ, 22ª Câmara Cível, AI 0055037-85.2015.8.19.0000, Rel. Des. Marcelo Lima Buhatem, j. 17/11/2015.

BRASIL. TJRS, 5ª Câmara Cível, AI 70083428755, Rel. Des. Lusmary Fatima Turelly da Silva, j. 15/04/2020.

BRASIL. TJSP, 1ª Câmara Reservada de Direito Empresarial, AI 2019089-77.2020. 8.26.0000, Rel. Des. Cesar Ciampolini, j. 22/05/2020.

BRASIL. TJSP, 2ª Câmara Reservada de Direito Empresarial, AI 2133504-44.2018. 8.26.0000, Rel. Des. Ricardo Negrão, j. 07/11/2018.

BRASIL. TJSP, 2ª Câmara Reservada de Direito Empresarial, Apelação Cível 1056643-88.2019.8.26.0100, Rel. Des. Maurício Pessoa, j. 22/04/2020.

BRASIL. TJSP, Câmara Esp. de Falências e Recuperações Judiciais, Apelação Sem Revisão 9100359-58.2007.8.26.0000, Rel. Des. Pereira Calça, j. 28/05/2008.

COELHO, Fábio Ulhoa. *Comentários à Lei de Falências e de Recuperação de Empresas*. 8 ed. São Paulo: Saraiva, 2011.

COELHO, Fábio Ulhoa. *Princípios do Direito Comercial*. São Paulo: Saraiva, 2012.

COSTA, Daniel Carnio *et al.* A perícia prévia em recuperação judicial de empresas – Fundamentos e aplicação prática. *Migalhas*, 03 abr. 2018. Disponível em: <https://www.migalhas.com.br/coluna/insolvencia-em-foco/277594/a-pericia-previa-em--recuperacaojudicial-de-empresas---fundamentos-e-aplicacao-pratica>. Acesso em: 24 jul. 2021.

SACRAMONE, Marcelo Barbosa. *Comentários à Lei de Recuperação de Empresas e Falência*. 2 ed. São Paulo: Saraiva, 2021.

SCALZILLI, João Pedro *et al. Recuperação de Empresas e Falência*: teoria e prática na Lei 11.101/2005. São Paulo: Almedina, 2016.

TOMAZETTE, Marlon. *Curso de direito empresarial:* Falência e recuperação de empresas, v. 3. 5 ed. rev. e atual. São Paulo: Atlas, 2017.

WAISBERG, Ivo *et al.* Recuperação Judicial nas Varas da Capital. *Associação Brasileira de Jurimetria*. Disponível em: <https://abj.org.br/pdf/ABJ_resultados_observatorio_1a_fase.pdf>. Acesso em: 29 jul. 2021.

WAISBERG, Ivo *et at.* Observatório da Insolvência. Processos de Recuperação Judicial no Rio de Janeiro. *Associação Brasileira de Jurimetria*. Disponível em: <https://abjur.github.io/obsRJRJ/relatorio/obs_rjrj_abj.pdf>. Acesso em: 16 ago. 2021.

BRASIL. [DEL]. *Código Penal*. Lei de Introdução ao [...]. DL 2.848, de 07.12.2020. Saraiva, Rio de Janeiro, Imprensa, [...].

BRASIL. HSF. *Súmula*. Recurso de Revista de apuração [...]. TST-RR-14.2016 [...]. Relator, Min. Dias Toffoli. Julgado, 02.07.2016.

BRASIL. HSF. *Turma*. Reservatório Direito Empresarial, Aplicação [...]. Processos, 2019-1507/010, Relator, Min. [...]. Vieira, 22.06.2020.

BRASIL. TST. *Turma*. Tipo de Recursos e Recursos, [...]. Relator, Min. [...]. Julgamento, RR 2020-130/10.2013/10, [...], Recife, Caçe 128.06.2014.

COELHO, Fábio Ulhoa. *Comentários à Lei de Falências de Recuperação de Empresa*. 5. ed. São Paulo: Saraiva, [2011].

COELHO, Fábio Ulhoa. *Comentários do Direito Comercial*. São Paulo: Saraiva, 2012.

SACCHI, Daniel. Crédito e a perda prevista em recuperação judicial de empresas. Funcionamento e implementação legal. 02. jan. 2018. Disponível em: <https://www.migalhas.com.br/coluna/insolvencia-em-...77VS804-perda-prevista-em-recuperacao-de-...-de-empresa-prejudicante-pos-prática>. Acesso em: 24 jul. 2021.

SACRAMONE, Marcelo Barbosa. *Comentários à Lei de Recuperação de Empresas e Falência*. 2. ed. São Paulo: Saraiva, 2021.

SCALZILLI, João Pedro et al. *Recuperação de Empresas e Falência: teoria e prática na Lei 11.101/2005*. São Paulo: Almedina, 2018.

TOMAZETTE, Marlon. *Curso de direito empresarial: Falência e recuperação de empresas*. v. 3. 6 ed. rev. e atual. São Paulo: Atlas, 2017.

VERDELHO, Pedro. *A Recuperação de Judicial*. [...]. Vistas de Revista. São Paulo Direito, às [...]. Empresarial em [...] economico-laboral [...] pdf/ABNT estudos [...]. Disponível em: Isac.org.br. Acesso em: 30 abr. 2021.

WAISBERG, Ivo et al. *Observatório da Insolvência: Processos de [...]*. [...]. Núcleo de Estudo Avançados Estudos de Insolvência, [...] em empresarial [...]. e fluxo. [...]/PUC/RJ. Disponível em: <ttj_abj_pdf>. Acesso em: 16 ago. 2021.

13. A TRANSFORMAÇÃO DIGITAL DO ADMINISTRADOR JUDICIAL

José Paulo Dorneles Japur
Rafael Brizola Marques

Introdução

A humanidade observa o avanço veloz de inúmeras tecnologias como ciência de dados, inteligência artificial, impressão 3D, robótica, biotecnologia, bioinformática, neurociência. Acredita-se que o entrelaçamento dessas diferentes tecnologias impulsione a inovação em ritmo mais acelerado do que em outros momentos na história, levando Salim Ismail, Michael Malone e Yuri Van Gees a, rememorando Arquimedes[1], sentenciar que a humanidade nunca teve uma alavanca maior para mover o mundo[2]. A tecnologia da informação trouxe movimentações tectônicas transformando quase todos os aspectos da vida humana e a própria ciência jurídica. Na medida em que o mundo vem sendo devorado pelo *software*, surge o "Direito Exponencial", ramo autônomo do Direito responsável por compreender esse fenômeno[3].

O Poder Judiciário brasileiro não está inerte a esse movimento, sendo que recentemente o Conselho Nacional de Justiça (CNJ) iniciou a implementação do Juízo 100% Digital no modelo de prestação de serviço com uso intensivo de tecnologia, mais acessível e sem necessidade de estrutura

---

[1] "Dê-me uma alavanca longa o suficiente, e eu moverei o mundo".

[2] ISMAIL, Salim; MALONE, Michael S.; GEEST, Yuri Van. *Organizações Exponenciais*: por que elas são 10 vezes melhores, mais rápidas e mais baratas que a sua (e o que fazer a respeito). São Paulo: HSM Editora, 2015.

[3] FEIGELSON, Bruno; LEITE, Luiza. *Sandbox*: Experimentalismo no Direito Exponencial. São Paulo: Thomson Reuters, 2020, p. 21.

física no atendimento ao jurisdicionado[4]. O próprio processo eletrônico é uma revolução sem limites, capaz de garantir a celeridade e a efetividade esperadas pela sociedade.

Diante disso, o escopo do presente artigo é analisar os reflexos da transformação digital[5] nos processos de insolvência empresarial regidos pela Lei nº 11.101/2005 ("LREF"), especialmente sob o enfoque da atuação do administrador judicial, agente auxiliar da justiça, cujos interesses não estão restritos às partes (devedor – credores), mas à coletividade em geral[6]. Aliás, para o adequado desenvolvimento desse mister, sustenta a doutrina ser recomendável ao administrador judicial o conhecimento multidisciplinar.

Considerando essa premissa, à diferença do que ocorre com devedor e credores, os quais necessitam ser representados em juízo por advogado, à luz das previsões da Lei nº 8.906/94, Estatuto da Advocacia e a Ordem dos Advogados do Brasil (OAB)[7], a LREF, em seu art. 21, estabelece que

---

[4] Neste contexto, a recém aprovada Política Nacional de Gestão da Inovação no Poder Judiciário, enquanto estratégica para o futuro digital da Justiça brasileira, conforme recentemente afirmado pelo Ministro Luiz Fux, presidente do Conselho Nacional de Justiça (CNJ). Disponível em: <https://www.cnj.jus.br/politica-de-inovacao-apoia-transicao-para--justica-digital/>. Acesso em: 16 jun. 2021.

[5] *"These disruptive Technologies will come to dominate not just in substantive legal work but also in the way that providers of legal services (both human beings and computer systems) are selected. Price comparison systems, reputation systems, and online auctions for legal services (see Chapter 5) will be used frequently, creating an electronic legal marketplace quite unlike the traditional basis of legal trading that has endured for decades and more.*

It is not that computer systems will replace all legal work by, say, 2020. Of course not. But around that time and from then on it will become commonplace across the legal profession for all substantial and successful legal businesses to be converting their business processes from human handcrafting to ever more sophisticated and capable technology-based production. We have seen such changes in many other sectors of our economy and there is no reason to think that the law should be immune from technology. If analogous technologies can transform the practice of medicine and audit, the lawyers should be open to similar overhaul." (SUSSKIND, Richard. *Tomorrow's Lawyers*. Oxford: Oxford University Press, 2017, p. 63).

[6] VALVERDE, Trajano de Miranda. *Comentários à Lei de Falências*, v. 1. Rio de Janeiro: Forense, 1948, p. 439-448.

[7] "Art. 1º São atividades privativas de advocacia:

I – a postulação a qualquer órgão do Poder Judiciário e aos juizados especiais; (Vide ADIN 1.127-8)

II – as atividades de consultoria, assessoria e direção jurídicas.

§ 1º Não se inclui na atividade privativa de advocacia a impetração de habeas corpus em qualquer instância ou tribunal.

o juiz escolherá *preferencialmente* advogado, economista, administrador de empresas, contador ou pessoa jurídica especializada para o encargo.

É com esse pano de fundo que enfocaremos o estudo da transformação digital do administrador judicial desde a edição da LREF, em 2005, até os dias de hoje. Especial atenção será dada à guinada que tal movimento teve a partir do início da pandemia da Covid-19. Afinal, no período pandêmico, o arcabouço jurídico da insolvência empresarial recebeu a Recomendação CNJ nº 63/2020 e, especialmente, a recentíssima Lei nº 14.112/2020 reformando substancialmente a LREF.

A análise será dividida por tópicos com o que se acredita serem as principais manifestações dessa transformação digital como, por exemplo, a criação de sítios eletrônicos, a virtualização das visitas fiscalizatórias aos devedores que informam os relatórios mensais de atividades, a realização das assembleias gerais de credores.

1. A criação de sítios eletrônicos

Historiar sobre a origem da internet[8] e sua evolução até os dias de hoje foge do escopo deste breve estudo[9]. De qualquer sorte, para a análise

§ 2º Os atos e contratos constitutivos de pessoas jurídicas, sob pena de nulidade, só podem ser admitidos a registro, nos órgãos competentes, quando visados por advogados.

§ 3º É vedada a divulgação de advocacia em conjunto com outra atividade."

[8] "O advento da internet alterou profundamente a sociedade em que vivemos. Mas, afinal, o que é a internet? Concebida como uma rede p2p (peer-to-peer ou pessoa para pessoa), ela é, hoje, o conjunto de diversos elementos que foram sendo somados a uma de rede comunicação simples, tais como o email, as pontocom, as redes sociais, a internet móvel, a computação em nuvem, as blockchains e por aí vai. Criada para fins militares, expandida para uso acadêmico e, posteriormente, consolidada como parte da vida humana, a alvorada da internet mudou o mundo de forma tão impactante como a invenção do fogo ou da roda.

A sociedade é atualmente, graças à internet, hiperconectada, e, por isso, há uma amplificação significativa dos conflitos, haja vista a amplificação das interações sociais e comerciais. Como afirma o professor Ethan Katsh, trata-se do efeito colateral da inovação, sobretudo, da tecnologia da informação. A maior parte dos cidadãos do mundo consegue se interconectar em questão de segundos, sendo, sem exageros, completamente dependente da internet para as atividades mais mundadas." (BECKER, Daniel. O acesso à informação jurídica on-line como medida de garantia ao direito de aceso à justiça. In: FEIGELSON, Bruno; MALDONADO, Viviane Nóbrega (coords.). *Advocacia 4.0.* São Paulo: Thomson Reuters, 2019, p. 91-92).

[9] Para saber mais, dentre outros, ver: INTERNET, da origem aos dias de hoje. *ELSYS*, 2017. Disponível em: <https://blog.elsys.com.br/internet-da-origem-aos-dias-de-hoje/>. Acesso em: 17 jun. 2021.

aqui enfocada, observarmos que, embora na década de 90 tenham surgido grandes portais de busca como, por exemplo, o Google[10], foi com a democratização do acesso aos computadores nos anos 2000 que a internet se popularizou. Assim, considerando ter a LREF sido editada em 2005, pode-se afirmar que o processo de virtualização da atuação do administrador judicial é comum ao próprio processo de popularização da internet como um todo.

Desde 2005, muitos administradores judiciais possuem suas páginas na internet como, aliás, o fazem advogados e profissionais liberais em geral. Afinal, hoje, o Google e demais canais de busca da internet são fonte primária de pesquisa para parcela considerável da população. Os portais dos administradores judiciais sempre tiveram a finalidade de expor a história do profissional ou empresa especializada, seus respectivos currículos, bem como informações sobre os casos de recuperação judicial e de falência sob sua responsabilidade. Nesse contexto, tais sítios eletrônicos servem como fonte de pesquisa para juízes e demais serventuários da justiça concluírem sobre a adequação ou não da capacidade dos interessados em serem nomeados como administrador judicial de determinado caso. O sítio eletrônico do administrador judicial serve, por exemplo, para que magistrados possam observar outras comarcas de atuação do profissional, buscando informações sobre a performance e a expertise demonstradas.

Outra importante função dos portais de administradores judiciais é propiciar aos credores uma melhor informação sobre os processos recuperacionais ou falimentares. Há algum tempo, talvez nos últimos 5 (cinco) anos, diversos profissionais passaram a destacar campos próprios em seus *sites* para melhor informar credores e interessados sobre o andamento dos processos. Aliás, até a disseminação dos processos judiciais eletrônicos, pode-se dizer que a disponibilização de cópia integral dos processos foi inclusive um importante diferencial de alguns administradores judiciais. A esse respeito, o escólio de Daniel Becker é no sentido de que a liberdade de trânsito da informação jurídica na rede tornou a lei disponível para pessoas até então excluídas, mitigando a crise de acesso à justiça e confirmando os evangelizadores da tecnologia, os quais defendiam, desde

---

[10] ISMAIL; MALONE; GEEST. *Organizações Exponenciais...*, p. 51.

os primórdios da internet, que a tecnologia seria capaz de maximizar o bem-estar social se usada corretamente[11].

Um capítulo importante desse tema adveio com a Recomendação CNJ nº 63/2020. O art. 5º desse ato normativo recomendou aos juízos responsáveis pela condução dos processos de recuperação empresarial e falência que determinassem aos administradores judiciais que os RMA fossem "divulgados em suas respectivas páginas na Internet". A previsão reforçou aos magistrados a importância de nomear administradores judiciais com adequado investimento em tecnologia, inclusive como canal auxiliar do Poder Judiciário na consecução da publicidade dos processos de insolvência empresarial.

Mais recentemente e na mesma linha da Recomendação CNJ nº 63/2020, a Lei nº 14.112/2020 aparece como um divisor de águas no processo de virtualização da atuação do administrador judicial. A referida lei modificou a redação do art. 22, da LREF, para inserir, no inciso I, as alíneas "k" e "l", prevendo que o administrador judicial deve possuir sítio eletrônico com as principais informações dos processos, bem como campo próprio para o recebimento *on-line* de habilitações e divergências de créditos realizadas pelos credores[12]. Adiante, a Lei nº 14.112/2020 também alterou o art. 36, *caput*, da LREF, para estabelecer que o edital de convocação da assembleia-geral de credores deve ser publicado no *site* do administrador judicial[13].

As novas redações dos artigos 22 e 36 da LREF inclusive estabelecem um novo requisito à própria escolha do administrador judicial pelos juízos com competência para julgamento dos processos de recuperação

---

[11] BECKER. O acesso à informação..., p. 21

[12] "Art. 22. Ao administrador judicial compete, sob a fiscalização do juiz e do Comitê, além de outros deveres que esta Lei lhe impõe: (...)

k) manter endereço eletrônico na internet, com informações atualizadas sobre os processos de falência e de recuperação judicial, com a opção de consulta às peças principais do processo, salvo decisão judicial em sentido contrário;

l) manter endereço eletrônico específico para o recebimento de pedidos de habilitação ou a apresentação de divergências, ambos em âmbito administrativo, com modelos que poderão ser utilizados pelos credores, salvo decisão judicial em sentido contrário; (...)"

[13] "Art. 36. A assembleia-geral de credores será convocada pelo juiz por meio de edital publicado no diário oficial eletrônico e disponibilizado no sítio eletrônico do administrador judicial, com antecedência mínima de 15 (quinze) dias, o qual conterá: (...)"

judicial e falência. Vale dizer, deverá o magistrado nomear interessado de sua confiança, *preferencialmente* advogado, economista, administrador de empresas, contador ou pessoa jurídica especializada (art. 21), dentre aqueles que comprovadamente possuírem sítios eletrônicos aptos ao atendimento dos artigos 22 e 36 da LREF.

Embora a mudança legislativa ainda venha sendo inobservada por alguns juízos[14], acredita-se que tal observância seja uma questão de tempo. Aliás, já se observa caso na jurisprudência no qual a própria devedora se insurgiu contra nomeação de escritório de advocacia para administrador judicial porque o sítio eletrônico não se mostrava aderente às novas previsões da LREF, pois inapto ao recebimento *on-line* de habilitações e divergências de créditos realizadas pelos credores[15].

Seja como for, é indene de dúvida que uma importante manifestação do processo de virtualização da atuação do administrador judicial seja o incremento de qualidade dos sítios eletrônicos dos administradores judiciais. Há inúmeros ótimos exemplos nesse sentido, inclusive com empresas especializadas em administração judicial cujos sites trazem, além dos itens legalmente previstos, campo para expedição automatizada do perfil profissiográfico previdenciário (PPP), necessidade muito comum nas falências, além de canal de *WhatsApp, chatbots* e balcões virtuais para atendimento, democratizando o acesso da informação aos interessados em geral.

2. A virtualização das visitas fiscalizatórias aos devedores que informam os relatórios mensais de atividades (RMA)

A LREF dispõe, no seu art. 22, inciso II, alínea "c", que incumbe ao administrador judicial fiscalizar as atividades do devedor e apresentar ao juiz, para juntada aos autos, o RMA.

---

[14] No âmbito do Tribunal de Justiça do Estado do Rio Grande do Sul, *v.g.*: Processo nº 5000169-76.2021.8.21.0042, na comarca de Canguçu; Processo nº 5000596-90.2021.8.21.0004, na comarca de Bagé; Processo nº 5001541-59.2021.8.21.0010, na comarca de Caxias do Sul. No âmbito do Tribunal de Justiça do Estado de Santa Catarina, *v.g.*: Processo nº 5000184-20.2021.8.24.0282, na Comarca de Jaguaruna; e Processo nº 5000433-93.2021.8.24.0015, na Comarca de Canoinhas.

[15] No âmbito do Tribunal de Justiça do Estado do Rio Grande do Sul, *v.g.*: Processo nº 5003363-98.2021.8.21.0005, na comarca de Bento Gonçalves.

Nos primeiros anos da promulgação da LREF, o RMA não era tido pelas partes envolvidas no processo recuperacional como elemento de relevo no processo de reestruturação. Chegou-se inclusive a defender sua desnecessidade, sob a alegação de que sua juntada aos autos poderia tornar o processo mais moroso[16]. A bem da verdade, sequer os administradores judiciais se atentavam para a sua real importância, não sendo incomum processos recuperacionais complexos desassistidos de RMA que bem informassem ao juízo e aos interessados sobre a real situação do devedor.

Esse cenário foi sendo alterado com a profissionalização da administração judicial de maneira geral gradualmente[17]. Sempre foi praxe o RMA trazer algum relato das impressões colhidas pelo auxiliar do juízo durante as visitas ao(s) estabelecimento(s) do devedor, com registros fotográficos de tal inspeção. Todavia, com o passar do tempo, os RMA passaram a incorporar vídeos e respectivos *QR-Codes* para melhor reproduzir o quanto observado nas visitas fiscalizatórias *in loco*. A medida facilita a compreensão do juízo e dos interessados sobre a real situação da empresa, especialmente no que se refere à pujança das atividades operacionais, o que muitas vezes resta prejudicado quando o RMA é composto apenas de registros fotográficos.

Também a forma de apresentação dos relatórios mudou. Dos relatórios em formatos de simples petição se passou a adotar *templates* mais contemporâneos, bastante alinhados ao que as empresas de consultoria financeira e de auditoria lançavam mão há algum tempo na expedição de seus relatórios. Ainda, a elaboração do RMA passou a incorporar o emprego de elementos visuais para tornar as análises jurídicas e contábeis mais cognoscíveis a credores com os mais diversos níveis de conhecimento. O texto descritivo está sendo constantemente dispensado com a incorporação de vídeos, infográficos, *story mapping, gamification* etc[18].

---

[16] VERÇOSA, Haroldo Malheiros Ducler. Seção III: Do administrador judicial e do comitê de credores. In: SOUZA JUNIOR, Francisco Satiro de; PITOMBO, Antônio Sério de A. Moraes (coords.) *Comentários à Lei de Recuperação de Empresas e Falência.* 2 ed. São Paulo: Revista dos Tribunais, 2007, p. 171.

[17] JAPUR, José Paulo Dorneles; MARQUES, Rafael Brizola. Recomendação nº 72/2020 do CNJ e a Democratização de Boas Práticas de Administração Judicial em Recuperações Judiciais. In: _____; _____ (org.). *Recomendações do CNJ em Direito Recuperatório e Falimentar.* Porto Alegre: Editora Buqui, 2021, p. 127.

[18] JAPUR; MARQUES. Recomendação n. 72/2020..., p. 127.

O processo de virtualização da atuação do administrador judicial foi acentuado com a Recomendação CNJ n. 63/2020. Tal ato normativo dispôs, em seu art. 5º, que as visitas dos administradores judiciais às empresas em crise continuassem a ocorrer de maneira remota ou virtual, devendo o auxiliar do juízo apresentar os relatórios nos autos do processo e em sua página da internet. Considerando que a Recomendação foi editada no início da pandemia da Covid-19, em um momento em que os decretos governamentais impunham restrições à circulação de pessoas em gradação máxima, as visitas virtuais do administrador judicial ao devedor tornaram-se, por algum tempo, a única opção para evitar a solução de continuidade na fiscalização das operações. Com o prolongamento da pandemia da Covid-19, alternou-se a gradação da restrição de circulação de pessoas e algumas visitas presenciais dos administradores judiciais às empresas em recuperação foram retomadas. Porém, diante da necessidade imposta no início do período pandêmico, as visitas guiadas on-line ou *tours* virtuais tornaram-se habituais.

A virtualização das visitas de fiscalização da devedora reportadas nos autos por meio do RMA pode ser analisada de diferentes pontos de vista. Sob a ótica dos administradores judiciais, o processo de virtualização reclamou a realização de forte investimento em *hardware* e conexão de internet mais adequada à realização do encargo. É intuitivo, porém, que tais valores serão compensados com a redução de custos com deslocamento e hospedagem incorridos na fiscalização presencial. Além disso, a virtualização das visitas de campo reduz o tempo efetivamente despendido no ato. Outra particularidade benéfica da virtualização das visitas fiscalizatórias é a facilidade de reunir pessoas de diferentes cidades, algo não raro em recuperações judiciais de devedores com menor poderio econômico, nas quais, por exemplo, a contabilidade é terceirizada com profissionais liberais de cidades vizinhas à sede da devedora.

Todavia, também podem se observar prejuízos à virtualização das visitas. Existem muitos casos em que a visita virtual não nos parece recomendável, como, *v.g.*, nos casos de reestruturação de produtores rurais. Haverá outros casos que, embora o ramo de atividade da recuperanda permita, igualmente a visita virtual não nos parece o melhor caminho, pelo menos não considerando as tecnologias hoje existentes. É o caso, por exemplo, de empresas que estejam com a atividade operacional claudicante, hipótese em que a visita presencial possibilita ao administrador judicial melhor observar indícios de recente paralisação do parque fabril por meio de diligências simples como a análise da temperatura do maquinário e entrevista com funcionários.

Seja como for, acredita-se que os ganhos do processo de virtualização das visitas fiscalizatórias do administrador judicial à devedora superam as perdas. Mais do que isso, quando mais se prolongar o período pandêmico, mais irreversível será a adoção da virtualização nas visitas fiscalizatórias como regra. Talvez uma boa prática seja a adoção de um modelo híbrido, no qual as visitas sejam em regra realizadas de maneira remota, alternando-se visitas presenciais. Assim, agregam-se o dinamismo e a redução de custo daquela com a melhor análise de alguns detalhes desta.

3. A realização das assembleias gerais de credores (AGC)

A AGC está regulada na Seção IV da LREF, artigos 35 a 46. Na condição de presidente, a condução do conclave é certamente uma das mais importantes atribuições do administrador judicial nos processos de recuperação judicial e de falência. Nesse sentido, a evolução das assembleias de credores representa possivelmente a maior manifestação do processo de virtualização da atividade do administrador judicial.

Nos primeiros anos da LREF, as assembleias aconteciam exclusivamente em formato presencial. Da mesma forma, o cômputo do quórum de instalação e dos votos dos credores eram realizados sem grande sofisticação, com máquinas de calculadora e simples planilhas. O uso de recursos audiovisuais era raro, circulando entre os credores resumos impressos do plano de recuperação.

Em um segundo momento, a partir do ano de 2010, as assembleias passaram a receber o influxo do avanço tecnológico, movimento natural ao próprio desenvolvimento do novel instituto da recuperação judicial no Brasil, inserido no nosso sistema de insolvência empresarial apenas em 2005 pela LREF. Nesse estágio, embora ainda realizadas exclusivamente em formato presencial, o cômputo do quórum de instalação e dos votos dos credores passou a ocorrer de forma eletrônica. Nessa época, as assembleias passaram a ter áudio e vídeo gravados. Surgiram, também, as primeiras empresas que desenvolveram produtos ou serviços tecnológicos, as chamadas *lawtechs* ou *legaltechs*, com foco na automação das AGC[19].

---

[19] A empresa Assemblex intitula-se a pioneira nesse segmento. Ver mais em: <https://assemblex.com.br/>. Acesso em: 16 jun? 2021.

Já nessa época, ocorreram assembleias presenciais na comarca de tramitação da recuperação judicial com transmissão por videoconferência para outra cidade, onde credores também poderiam exercer o direito de voz e voto. Nessa linha, citamos como exemplo, em 2017, a recuperação judicial do Grupo Diplomata, cuja AGC ocorreu de forma presencial em Cascavel/PR com transmissão ao vivo por videoconferência para Xanxerê/SC[20], o mesmo ocorrendo, em 2019, na recuperação judicial da empresa Zamin Amapá Mineração, com a AGC presencial de São Paulo/SP e transmissão ao vivo por videoconferência para Macapá/AP[21].

Ainda assim, pode-se dizer que as assembleias permaneceram nesse estágio de virtualização, ou seja, conclaves presenciais com a apuração de quórum e de votos automatizada até março de 2020, ou seja, até o início da pandemia da Covid-19.

Com a crise sanitária e econômica da Covid-19, o CNJ emitiu a Recomendação nº 63/2020, inaugurando um terceiro momento no processo de virtualização das assembleias. O ato normativo recomendou a suspensão das assembleias presenciais durante a pandemia, facultando excepcionalmente, porém, sua realização quando urgente para manter as atividades da devedora e para início do pagamento dos credores.

De início, a migração para o sistema virtual dividiu a opinião dos operadores do Direito. De um lado, a virtualização das assembleias sofreu contestação oriunda de abalizados doutrinadores[22], inclusive de administradores judiciais. Alguns argumentos como, por exemplo, a dificuldade de acesso a *hardware*, a intermitência de conexão de internet e o desconhecimento na utilização das plataformas digitais supostamente trariam restrições ao debate e ao direito de voz, a justificar a não realização dos conclaves no formato virtual. Nesse sentido, foi a decisão nos autos da recuperação judicial da Empresa Oi tomada pela 7ª Vara Empresarial

---

[20] TJPR, 1ª Vara Cível de Cascavel, Processo nº 0039802-28.2017.8.16.00.21, em andamento.

[21] TJSP, 2ª Vara de Falências e Recuperações Judiciais do Foro Central Cível de São Paulo, Processo nº 1088747-75.2015.8.26.0100, em andamento.

[22] SCALZILLI, João Pedro; SPINELLI, Luis Felipe; TELLECHEA, Rodrigo. *Pandemia, Crise Econômica e Lei de Insolvência*. Porto Alegre: Editora Buqui, 2020, p. 52.

da Comarca da Capital do Estado do Rio de Janeiro[23], a qual acabou reformada pelo Tribunal de Justiça Fluminense[24].

Em lado oposto, especialmente empresas especializadas em administração judicial permeáveis à inovação defendiam a adoção imediata das AGC virtuais. Argumentavam especialmente a redução de custos com deslocamentos e viagens, a economia de tempo despendido, etc. Emblemática nessa toada foi a decisão havida na recuperação judicial do Grupo Odebrecht pelo Juízo da 1ª Vara de Falências e Recuperações Judiciais de São Paulo a permitir a realização de AGC virtual. O julgado se tornou um ponto de inflexão sobre o tema, tendo destacado inclusive que o texto da LREF deveria ser interpretado à luz das inovações tecnológicas surgidas desde 2005[25].

A recente reforma da LREF pela Lei nº 14.112/2020 positivou o processo tecnológico em curso. O § 4º do art. 39 da LREF passou a prever que qualquer deliberação da AGC poderá ser substituída por (i) termo de adesão firmado por tantos credores quanto satisfaçam o quórum de aprovação específico, (ii) votação realizada por meio de sistema eletrônico

---

[23] TJRJ. 7ª Vara Empresarial da Comarca da Capital do Estado do Rio de Janeiro, Processo nº 0203711- 65.2016.8.19.000, Juiz de Direito Dr. Fernando Cesar Ferreira Viana: "Ainda que a AGC na modalidade presencial também tenha suas desvantagens, é preciso considerar os riscos na obtenção das informações no sistema virtual, por conta do gigantismo dessa recuperação que conta com mais de 50 mil credores, muitos deles credores pessoas físicas que terão dificuldade de participar no sistema virtual, seja pela falta de estrutura operacional, seja pela dificuldade em operar o sistema. O administrador judicial trouxe informações relevantes aos autos, afirmando que realizou testes e simulações com as quatro maiores empresas responsáveis pelo desenvolvimento e operação de plataforma online voltadas para a realização de AGCs virtuais, tendo constatado intermitências nas conexões dos participantes simulados, restrições ao debate e ao direito de voz, e dificuldades na utilização das plataformas por falta de conhecimento do programa ou falta de habitualidade na utilização de tecnologia pelos participantes. Assim, não há garantia de que a adoção do sistema virtual para realização do ato suporte o fluxo e a participação de dezenas de milhares de credores, característica singular deste processo que o difere das outras recuperações judiciais que adotaram o sistema virtual para realização da assembleia."

[24] TJRJ, 8ª Câmara Cível, AI nº 054925-43.2020.8.19.0000, Rel. Des. Mônica Maria Costa, j. 21/08/2020.

[25] TJSP, 1ª Vara de Falências e Recuperações Judiciais do Foro Central Cível, Processo nº 1057756-77.2019.8.26.0100, Juiz de Direito Dr. João de Oliveira Rodrigues Filho, j. 23/03/2020.

que reproduza as condições de tomada de voto da assembleia geral de credores ou (*iii*) outro mecanismo reputado suficientemente seguro pelo juiz. Em realidade, conforme leciona Marcelo Sacramone, já era essa a melhor interpretação da LREF de forma a compatibilizá-la à consecução dos princípios da celeridade, da segurança e da participação ativa dos credores que a norteiam[26].

Por conseguinte, acredita-se que hoje a divisão inicial de opiniões esteja superada, não apenas quanto à juridicidade, mas quanto à conveniência e à oportunidade da virtualização das assembleias como regra. Com o prolongamento do período pandêmico, os pontos de atenção da vertente contrária à virtualização da AGC foram sendo paulatinamente superados. Também o formato virtual deixou de ser uma opção para representar a única via possível a garantir o prosseguimento de processos recuperacionais em curso. Neste contexto, alinhamo-nos à posição de Gabriela Wallau e de Giovana Farenzena, para quem as assembleias virtuais são instrumento de acesso e democratização às deliberações assembleares, as quais vieram para ficar mesmo após o final da pandemia do Covid-19[27].

4. A criação de aplicativos *mobile*

A atuação do administrador judicial é campo fértil para a inovação. Assim, outras manifestações do processo de virtualização da atividade do administrador judicial surgem constantemente.

Nesse diapasão, uma inovação alinhada aos novos tempos e orientada a diminuir a assimetria informacional é a criação dos aplicativos mobile, por meio dos quais os interessados podem acompanhar a evolução da empresa em crise baixando um aplicativo criado pelo próprio administrador judicial ou por *legaltechs*.

A título exemplificativo, cita-se o aplicativo CredorMais®, cuja funcionalidade hoje desenvolvida permite ao credor se cadastrar em

---

[26] SACRAMONE, Marcelo Barbosa. *Comentários à Lei de Recuperação de Empresas e Falência*. 2 ed. São Paulo: Saraiva, 2021, p. 216.

[27] WALLAU, Gabriela; FARENZENA, Giovana. Assembleias Virtuais de Credores: Análise da Recomendação n. 63/2020 do CNJ e Perspectivas Futuras em Recuperações Judiciais. In: JAPUR, José Paulo Dorneles; MARQUES, Rafael Brizola (org.). *Recomendações do CNJ em Direito Recuperatório e Falimentar*. Porto Alegre: Editora Buqui, 2021, p. 91.

determinando caso de recuperação judicial, passando a receber notificações em seu telefone sobre a ocorrência de andamentos relevantes do processo[28].

Nesse formato, o credor ou interessado não precisa buscar as informações de determinado processo, como o faz quando acessa o sítio eletrônico de um administrador judicial. Por meio do aplicativo, o credor ou interessado passa a receber as novidades do caso em tempo real, potencializado sua participação no processo.

Sem dúvida, a superação do absenteísmo dos credores nos processos de insolvência é um desafio a ser constantemente enfrentado pelos profissionais do meio e o uso de aplicativos ou outras ferramentas pode contribuir para isso.

Conclusões

A revolução tecnológica está modificando o mundo e o Poder Judiciário do Brasil de maneira geral. Os processos de insolvência empresarial não ficam imunes a esses movimentos.

O administrador judicial representa verdadeira "válvula de escape" à exclusividade da advocacia prevista pela Lei nº 8.906/94, não obstante sua atuação seja precipuamente judicial. Acredita-se que essa particularidade tenha aberto as portas dos processos de insolvência empresarial às inovações tecnológicas de maneira mais célere do que em outros ramos do direito[29].

Trata-se de uma benfazeja oxigenação que permitiu que grandes empresas de consultoria financeira e auditoria passassem a atuar nesse mercado, agregando um avançado estágio de utilização de soluções tecnológicas em geral, especialmente quando contrapostas a tradicionais advogados ou escritórios de advocacia.

Nesse diapasão, é possível constatar claramente o processo de inflexão tecnológica na atuação do administrador judicial em diversos aspectos.

---

[28] Disponível em: <https://play.google.com/store/apps/details?id=br.com.credormais. app&hl=pt_BR> (Google Play) ou em: <https://apps.apple.com/gb/app/credor-mais/ id1480748463?l=ca> (Apple Store). Acesso em: 17 jun. 2021.

[29] SUSSKIND, Richard; HUNTER, Emilie. The End of Lawyers? Rethinking the Nature of Legal Services, *Human Rights Law Review*, Volume 10, Issue 4, December 2010, Pages 797–801, https://doi.org/10.1093/hrlr/ngq034.

A criação de sítios eletrônicos pelos administradores judiciais representa importante manifestação da transformação digital analisada. Inicialmente criados com o objetivo de dar publicidade de sua atuação, com o tempo os portais dos administradores judiciais passaram a ser um instrumento essencial para garantir o amplo acesso dos credores e interessados aos processos, inclusive viabilizando a habilitação de créditos e o cadastramento para assembleias. Recentemente, a Recomendação CNJ nº 63/2020 e, por último, a Lei nº 14.112/2020 tornaram explícita a importância de o administrador judicial ter seu sítio eletrônico, o que se tornou requisito à própria nomeação para o encargo de auxiliar do juízo.

Outro exemplo do processo de transformação tecnológica na atuação do administrador judicial ocorreu nos relatórios mensais de atividades previstos no art. 22, II, "c", da LREF. Inicialmente, esses relatórios consistiam em petições comuns que reproduziam as informações repassadas pelo devedor e reportavam a visita de fiscalização do administrador judicial à recuperanda, trazendo fotos do ato. Após, passaram a veicular o teor da fiscalização via vídeos e *QR-Codes* incorporados em relatórios, que passaram a adotar *templates* modernos e com inúmeros recursos visuais para acrescentar sua cognoscibilidade. Por fim, com o advento da pandemia da Covid-19, instauraram-se as visitas virtuais, as quais se acredita que se tornarão regra para muitos casos, mesmo após o fim do período pandêmico.

Porém, a maior evidência da transformação digital do administrador judicial parece residir na assembleia-geral de credores. Em um primeiro momento, eram exclusivamente presenciais, sem qualquer sofisticação. Uma primeira transformação foi sentida com a incorporação das plataformas eletrônicas para computar o quórum dos presentes e dos votos, muito embora seguissem presenciais. A pandemia da Covid-19 exigiu a aceleração do processo de transformação, levando o CNJ a editar a Recomendação nº 63/2020, que previu a juridicidade da realização do conclave de forma virtual. Com isso, atualmente a grande maioria das assembleias é feita de modo virtual, revelando uma tendência aparentemente irreversível no novo normal.

Com mais de quinze anos de vigência da Lei nº 11.101/2005, observamos um grande avanço no ecossistema da insolvência em nosso País. As instituições se desenvolveram, os profissionais se aperfeiçoaram, o mercado se tornou mais sofisticado, tudo visando a garantir as condições necessárias para a efetiva preservação da empresa e para a recuperação do crédito.

Como não poderia deixar de ser, a atividade do administrador judicial evoluiu sensivelmente e a irrefreável virtualização da sua atuação é um dos sinais mais claros desse progresso. Por isso, aqueles profissionais que não mudarem seu *mindset*, incorporando as inovações tecnológicas à consecução de suas obrigações previstas na LREF, em breve estarão nas "cinzas da história", à semelhança do que ocorreu nos mais diversos setores de atividade, juntando-se à Iridium, Kodak, Polaroid, Blockbuster etc., outrora dominantes em seus respectivos setores, mas incapazes de se adaptar às rápidas mudanças do mundo[30].

Referências

BECKER, Daniel. O acesso à informação jurídica on-line como medida de garantia ao direito de aceso à justiça. In: FEIGELSON, Bruno; MALDONADO, Viviane Nóbrega (coords.). *Advocacia 4.0.* São Paulo: Thomson Reuters, 2019.

FEIGELSON, Bruno; LEITE, Luiza. *Sandbox*: Experimentalismo no Direito Exponencial. São Paulo: Thomson Reuters, 2020.

ISMAIL, Salim; MALONE, Michael S.; GEEST, Yuri Van. *Organizações Exponenciais*: por que elas são 10 vezes melhores, mais rápidas e mais baratas que a sua (e o que fazer a respeito). São Paulo: HSM Editora, 2015.

JAPUR, José Paulo Dorneles; MARQUES, Rafael Brizola. Recomendação n. 72/2020 do CNJ e a Democratização de Boas Práticas de Administração Judicial em Recuperações Judiciais. In: _____; _____ (org.). *Recomendações do CNJ em Direito Recuperatório e Falimentar.* Porto Alegre: Editora Buqui, 2021.

SACRAMONE, Marcelo Barbosa. *Comentários à Lei de Recuperação de Empresas e Falência.* 2 ed. São Paulo: Saraiva, 2021.

SCALZILLI, João Pedro; SPINELLI, Luis Felipe; TELLECHEA, Rodrigo. *Pandemia, Crise Econômica e Lei de Insolvência.* Porto Alegre: Editora Buqui, 2020.

SUSSKIND, Richard; HUNTER, Emilie. The End of Lawyers? Rethinking the Nature of Legal Services, *Human Rights Law Review*, Volume 10, Issue 4, December 2010, Pages 797–801, https://doi.org/10.1093/hrlr/ngq034.

_____. *Tomorrow's Lawyers.* Oxford: Oxford University Press, 2017.

VALVERDE, Trajano de Miranda. *Comentários à Lei de Falências*, v. 1. Rio de Janeiro: Forense, 1948.

VERÇOSA, Haroldo Malheiros Ducler. Seção III: Do administrador judicial e do comitê de credores. In: SOUZA JUNIOR, Francisco Satiro de; PITOMBO, Antônio

---

[30] ISMAIL; MALONE; GEEST. *Organizações Exponenciais...*, p. 51.

Sério de A. Moraes (coords.) *Comentários à Lei de Recuperação de Empresas e Falência.* 2 ed. São Paulo: Revista dos Tribunais, 2007.

WALLAU, Gabriela; FARENZENA, Giovana. Assembleias Virtuais de Credores: Análise da Recomendação n. 63/2020 do CNJ e Perspectivas Futuras em Recuperações Judiciais. In: JAPUR, José Paulo Dorneles; MARQUES, Rafael Brizola (org.). *Recomendações do CNJ em Direito Recuperatório e Falimentar.* Porto Alegre: Editora Buqui, 2021.

14. A LEI GERAL DE PROTEÇÃO DE DADOS E O ADMINISTRADOR JUDICIAL

Aline Turco
Luis Augusto Roux Azevedo
Luis Eduardo Marchette Ruiz

Introdução

O presente trabalho visa a analisar as repercussões da Lei nº 13.709/2018 (Lei Geral de Proteção de Dados, ou simplesmente LGPD) sobre as atividades e obrigações a cargo do Administrador Judicial, em especial sobre eventuais alterações, adaptações e precauções que deva adotar no desenvolvimento de sua atividade.

Como se sabe, o incremento da tecnologia em todas as dimensões da vida moderna implica a produção, circulação, comercialização e exploração de dados referentes às pessoas, cujos exemplos podem se estender ao infinito. Pode-se pensar numa pessoa que vai a um laboratório de exames, localizado em determinado prédio comercial. Desde o momento em que chega à recepção do prédio, passando pela triagem do laboratório e concluindo na coleta e análise dos exames, haverá a obtenção de dados por agentes diversos que interagem com aquela dada pessoa.[1]

---

[1] Nas palavras do Senador Ricardo Ferraço, constantes do parecer que encaminhou o projeto de lei para votação: "*O dado pessoal é hoje insumo principal da atividade econômica em todos os setores possíveis da sociedade. É, ainda, como já afirmamos, elemento fundamental até mesmo para a concretização de políticas públicas, dado o elevado grau de informatização e sistematização do Estado brasileiro, em todos os níveis federativos. Mais que isso: o dado pessoal é um ingrediente indissociável da privacidade do cidadão e sua preservação guarda conformidade com o efetivo respeito a garantias fundamentais do indivíduo, tal como prescritas na Constituição Federal.*" (Disponível em:

Esses dados pertencem aos seus titulares, mas vinham sendo livre e indiscriminadamente transacionados, daí a necessidade de se regulamentar por meio de uma lei específica a sua proteção. É certo que outros diplomas legais já possuíam disposições que atribuíam algum grau de proteção, mas a LGPD, por ser específica, tem o potencial de ser mais eficaz. Também não se pode olvidar a influência exercida pela normatização da matéria por diversos países, sendo de se destacar a relativamente recente diretriz europeia a respeito da matéria, que inspirou a norma brasileira.[2]

1. LGPD: aspectos gerais

A LGPD foi editada com fundamento em dispositivos da Constituição Federal, insculpidos em seu art. 5º, em especial os direitos de liberdade e de privacidade, assim como o livre desenvolvimento da pessoa natural.[3] É de se notar que a lei preocupa-se com a necessidade de se conciliar valores contemporâneos, próprios da sociedade de informação em que vivemos, com aqueles resultantes da necessidade de se propiciar aos indivíduos a *"construção e consolidação de uma esfera privada própria, distinta daquela ideia de garantia de isolamento social abordada e consolidada no conceito do direito de ser deixado só."*[4]

A LGPD tem como fundamentos[5] o respeito à privacidade, a autodeterminação informativa, as liberdades de expressão, informação, comunicação e de opinião, a inviolabilidade da intimidade, da honra e da imagem, o desenvolvimento econômico e tecnológico e a inovação e os direitos humanos, o livre desenvolvimento da personalidade, a dignidade e o exercício da cidadania pelas pessoas naturais.[6]

<https://legis.senado.leg.br/sdleg-getter/documento?dm=7751566&ts=1534796215492&disposition=inline&ts=1534796215492>. Acesso em: 25 set. 2021).

[2] Estamos nos referindo ao Regulamento Geral de Proteção de Dados na Europa, que entrou em vigor em 25 de maio de 2018.

[3] LGPD, art. 1º.

[4] RODRIGUES, Yuri Gonçalves dos Santos; FERREIRA, Keila Pacheco. A privacidade no ambiente virtual. Avanços e insuficiências da Lei Geral de Proteção de Dados no Brasil (Lei 13.709/18). *Revista de Direito do Consumidor*, |v. 122, p. 181-202, mar./abr. 2019.

[5] Referimo-nos aos ensinamentos de Miguel Reale para uma conceituação de fundamento: *"Em suma, entendemos por fundamento, no plano filosófico, o valor ou o complexo de valores que legitima uma ordem jurídica, dando a razão de sua obrigatoriedade, e dizemos que uma regra tem fundamento quando visa a realizar ou tutelar um valor reconhecimento necessário à coletividade."* (REALE, Miguel. *Filosofia do Direito*. 13 ed. São Paulo: Editora Saraiva, 1990, p. 594).

[6] LGPD, art. 2º.

Esses fundamentos encontram-se em linha com uma sociedade da informação, que, ao mesmo tempo, produz (e recolhe) um número infinito de dados, preocupa-se com a utilização que pode ser dada a esses dados, em cotejo com outros valores caros ao ordenamento jurídico, como a privacidade e a intimidade.

Dando mais explicitude à relação entre a norma e os valores que as fundam, a LGPD elenca diversos princípios que a norteiam, dentre os quais se encontram o respeito à boa-fé, à privacidade (que se observa, então, como fundamento e como princípio), à inviolabilidade da intimidade, honra e imagem e à dignidade.[7]

Dado seu ineditismo no ordenamento jurídico nacional,[8] a LGPD contém uma série de definições que se relacionam com o tema essencial da norma, a proteção de dados pessoais. Como não poderia deixar de ser, encontram-se ali as definições de dados e dados sensíveis, mas também outras definições, como o tratamento, o controlador e operador.

Pensando nas relações que se estabelecem diuturnamente e têm por objeto ou resultado dados pessoais, a LGPD disciplina o titular dos direitos, o objeto da proteção, aqueles que entram de alguma forma em contato com os dados e finalmente as atividades que podem ser realizadas sobre os dados. Por sua relevância, entendemos pertinente tratá-los a seguir.

Os dados pessoais são todas as informações relacionadas a uma pessoa natural identificada ou identificável. Vê-se que a LGPD ocupa-se apenas com as informações pertinentes a pessoas naturais, excluindo, por definição, dados relativos a pessoas jurídicas.[9] Trata-se de uma definição bastante ampla, que pode ser aplicada indefinidamente.

---

[7] O art. 6º da LGPD elenca 10 princípios, além da boa-fé, dentre os quais destacamos alguns, por entendermos mais aproximados ao conteúdo deste trabalho.

[8] No tocante aos dados, aponta Caio César Carvalho Lima que: *"Acerca dos dados pessoais, não há no Marco Civil [da Internet] conceito sobre o que se entender sobre o verbete, havendo inclusive direcionamento de que isso será objeto de lei específica, como consta do artigo 3º, inciso III."* (LIMA, Caio César Carvalho. Garantia da Privacidade e Dados Pessoais à Luz do Marco Civil da Internet. In: LEITE, George Salomão; e LEMOS, Ronaldo (orgs.). *Marco Civil da Internet*. São Paulo: Ed. Atlas, 2014, p. 154).

[9] Conforme Ricardo Alexandre de Oliveira: *"Isso posto, a LGPD lançou uma pá de cal na discussão, pois, se o pressuposto da proteção de dados pessoais é a preservação da privacidade, esta última somente é útil para os seres humanos (pessoas naturais), nunca para pessoas jurídicas."* (OLIVEIRA, Ricardo Alexandre de. Lei Geral de Proteção de Dados Pessoais e Seus Impactos no Ordenamento Jurídico. *Revista dos Tribunais*, v. 998, p. 241-261, dez. 2018).

Dentro da categoria dos dados é de especial relevo a distinção que se faz sobre os "dados pessoais sensíveis". Esses são, nos dizeres da lei, os dados pessoais sobre origem racial ou étnica, convicção religiosa, opinião política, filiação a sindicato ou a organização de caráter religioso, filosófico ou político, dado referente à saúde ou à vida sexual, dado genético ou biométrico, quando vinculado a uma pessoa natural.[10]

De acordo com a LGPD, os dados pessoais somente podem ser tratados mediante o expresso consentimento de seu titular[11] ou na presença de uma das hipóteses que permita a supressão dessa exigência, sendo certo que a lei ressalta que essas hipóteses devem ser indispensáveis, dentre outras, para: o cumprimento de obrigação legal ou regulatória pelo controlador e o exercício regular de direitos, inclusive em contrato e em processo judicial, administrativo e arbitral.[12]

A lei estabelece, então, como seus pilares: a ampla definição de dados pessoais, a necessidade de que qualquer tratamento tenha uma base legal e a necessidade de um interesse legítimo para que o controlador proceda ao tratamento.[13]

---

[10] LGPD, art. 5º, II. A este respeito, dizem Fabíola Meira de Almeida Santos e Rita Taliba: *"Notório que a pretensão é resguardar as liberdades individuais e evitar qualquer discriminação e violação à dignidade humana, de forma a garantir o princípio da igualdade a todos os titulares de dados pois, no caso dos dados sensíveis, o direito à livre disposição dos dados pessoais merece proteção exacerbada, não podendo a livre-inciativa se sobrepor à tais garantias. Em síntese, a autodeterminação informativa, ou seja, a liberdade de fornecer ou não seus próprios dados sem ser impedido de ter acesso à determinada atividade econômica, merece ainda mais atenção em se tratando de dados sensíveis."* (SANTOS, Fabíola Meira de Almeida; e TALIBA, Rita. Lei Geral de Proteção de Dados no Brasil e os Possíveis Impactos. *Revista dos Tribunais*, v. 998, p. 225-239).

[11] Sendo o titular a pessoa natural a quem se referem os dados pessoais que são objeto de tratamento, conforme o art. 5º, V, da LGPD. Confira-se, a respeito da necessidade do consentimento do titular para o tratamento de dados sensíveis, a sentença proferida na ação civil pública nº 1090663-42.2018.8.26.0100, da 37ª Vara Cível da Comarca de São Paulo.

[12] Tudo conforme o art. 7º da LGPD.

[13] Nesse sentido a doutrina de Laura Schertel Mendes e Danilo Doneda: *"A grande inovação que a LGPD operou no ordenamento jurídico brasileiro pode ser compreendida na instituição de um modelo ex ante de proteção de dados, baseado no conceito de que não existem mais dados irrelevantes diante do processamento eletrônico e ubíquo de dados na sociedade da informação³. Os dados pessoais são projeções diretas da personalidade e como tais devem ser considerados.⁴ Assim, qualquer tratamento de dados, por influenciar na representação da pessoa na sociedade, pode afetar a sua personalidade e, portanto, tem o potencial de violar os seus direitos fundamentais. Esse modelo está amparado em três características centrais: i) amplo conceito de dado pessoal; ii) necessidade de que qualquer tratamento de dados tenha*

O tratamento de dados pessoais sensíveis observa disciplina mais rígida ainda, mas também prevê a dispensa do consentimento em algumas hipóteses, dentre as quais destacamos o cumprimento de obrigação legal ou regulatória.[14]

As atividades estão sintetizadas na palavra tratamento, que é toda operação realizada com dados pessoais, como as que se referem a coleta, produção, recepção, classificação, utilização, acesso, reprodução, transmissão, distribuição, processamento, arquivamento, armazenamento, eliminação, avaliação ou controle da informação, modificação, comunicação, transferência, difusão ou extração.[15] Vê-se, novamente, que a definição é extremamente ampla e deriva da extensão do conceito de dados e da importância de seu tratamento para o titular.

As atividades de tratamento devem observar a boa-fé e os princípios estabelecidos na LGPD, dentre os quais, para as estreitas finalidades deste trabalho, inserem-se o da finalidade, adequação, necessidade, qualidade, transparência e segurança, cada qual com sua definição na lei, como segue:[16]

i. Finalidade: realização do tratamento para propósitos legítimos, específicos, explícitos e informados ao titular, sem possibilidade de tratamento posterior de forma incompatível com essas finalidades;

ii. Adequação: compatibilidade do tratamento com as finalidades informadas ao titular, de acordo com o contexto do tratamento;

iii. Necessidade: limitação do tratamento ao mínimo necessário para a realização de suas finalidades, com abrangência dos dados pertinentes, proporcionais e não excessivos em relação às finalidades do tratamento de dados;

iv. Qualidade dos dados: garantia, aos titulares, de exatidão, clareza, relevância e atualização dos dados, de acordo com a necessidade e para o cumprimento da finalidade de seu tratamento;

---

uma base legal; e iii) legítimo interesse como hipótese autorizativa e necessidade de realização de um teste de balanceamento de interesses." (MENDES, Laura Schertel; e DONEDA, Danilo. Comentário à Nova Lei de Proteção de Dados (Lei 13.709/2018): o novo paradigma da proteção de dados no Brasil. *Revista de Direito do Consumidor*, v. 120, p. 555-587).

[14] LGPD, art. 11, II, "a".

[15] LGPD, art. 5º, X

[16] LGPD, art. 6º, incisos I, II, III, V, VI e VII

v.   Transparência: garantia, aos titulares, de informações claras, precisas e facilmente acessíveis sobre a realização do tratamento e os respectivos agentes de tratamento, observados os segredos comercial e industrial;

vi. Segurança: utilização de medidas técnicas e administrativas aptas a proteger os dados pessoais de acessos não autorizados e de situações acidentais ou ilícitas de destruição, perda, alteração, comunicação ou difusão.

No que diz respeito ao agente do tratamento, a lei divide em duas categorias: o controlador e o operador. É de se notar que a diferença é dada pela atividade, podendo ambas recair sobre a mesma pessoa, física ou jurídica. O controlador é aquele que toma as decisões a respeito do tratamento[17] e o operador é quem as executa, em nome do controlador.[18]

Tanto o controlador como o operador devem manter registro das operações de tratamento de dados pessoais que realizarem, especialmente quando baseado no legítimo interesse.[19]

A LGPD (com a redação, neste particular, que lhe foi dada pela Lei nº 13.853/2019) criou a Autoridade Nacional de Proteção de Dados ("ANPD"), com diversas atribuições[20], dentre as quais a de estabelecer para os controladores e operadores um tempo de guarda dos registros, observada a necessidade e a transparência.[21] Também se encontra na esfera de competência da ANPD regulamentar práticas para que os agentes de tratamento adotem as

> "medidas de segurança, técnicas e administrativas aptas a proteger os dados pessoais de acessos não autorizados e de situações acidentais ou ilícitas de destruição, perda, alteração, comunicação ou qualquer forma de tratamento inadequado ou ilícito."[22]

---

[17] LGPD, art. 5º, VI
[18] LGPD, art. 5º, VII; ver também art. 39.
[19] LGPD, art. 37.
[20] LGPD, art. 55 – J
[21] LGPD, art. 40
[22] LGPD, art. 46.

Mostra-se pertinente, ainda, discorrer sobre o momento em que termina o tratamento dos dados pessoais e a sua eliminação.

Diz o art. 15 da LGPD que o tratamento de dados pessoais terminará (i) caso se verificar que sua finalidade foi alcançada ou que os dados deixaram de ser necessários ou pertinentes ao alcance da finalidade específica almejada; (ii) se ocorrer o fim do período de tratamento; (iii) se o titular promover a comunicação, o que inclui o exercício de seu direito de revogação de consentimento[23]; ou (iv) quando houver determinação da ANPD, em caso de violação dos termos da LGPD.

A regra geral para o destino dos dados pessoais é a eliminação, após o término de seu tratamento, conforme estabelece o *caput* do art. 16 da LGPD. Contudo, admite-se a sua conservação em certas hipóteses, quais sejam: (i) cumprimento de obrigação legal ou regulatória pelo controlador; (ii) necessidade de guarda para estudo por órgão de pesquisa, garantida a possibilidade de anonimização dos dados pessoais; (iii) transferência a terceiro, desde que respeitados os requisitos de tratamento de dados estabelecidos na LGPD; ou (iv) uso exclusivo do controlado (não autorizado acesso por terceiro) e desde que anonimizados os dados.

Em caso de violação aos preceitos da lei, o agente de tratamento (tanto o controlador como o operador) estará sujeito à obrigação de indenizar o titular dos dados pessoais que sofreu o dano.[24] Para que haja a efetiva responsabilização do causador do dano, a LGPD estabelece a solidariedade entre (i) o operador e o controlador, quando o operador descumprir as obrigações previstas na legislação de proteção de dados ou quando não houver seguido as instruções lícitas do controlador;[25] e (ii) entre os controladores que estiverem diretamente envolvidos no tratamento.[26]

A LGPD prevê, nos processos civis, a possibilidade de inversão do ônus da prova, quando for verossímil a alegação, houver hipossuficiência para fins de produção de prova ou quando a sua produção for muito onerosa para o seu titular.[27]

---

[23] Conforme arts. 5º, §8º e 18, IX, da LGPD.

[24] LGPD, art. 42, caput.

[25] LGPD, art. 42, §1º, I.

[26] LGPD, art. 42, §1º, II.

[27] LGPD, art. 42, §2º.

A lei estabelece como causas de isenção de responsabilidade (i) o fato de o agente de tratamento não ter realizado o tratamento de dados pessoais que lhe é atribuído; (ii) não haver violação à legislação de proteção de dados; ou (iii) a culpa exclusiva do titular dos dados ou de terceiro pela causação do dano.

De se dizer que os requisitos não alterados pela lei a respeito da responsabilidade civil ainda são exigidos, em especial a necessidade de se demonstrar a existência de um dano, o que pode não se revelar uma tarefa tão evidente ao se tratar de dano moral. Além da responsabilidade civil, o agente de tratamento estará sujeito a sanções de natureza administrativa.[28]

2. LGPD: Compatibilidade com outras normas do ordenamento jurídico

Cumpre, neste particular, começar a identificar as relações entre as disposições da LGPD e as obrigações e tarefas que incumbem ao Administrador Judicial, derivadas da Lei nº 11.101/2005, com as alterações que lhe foram introduzidas pela Lei nº 14.112/2020.

A LGPD ocupa-se da proteção de dados pessoais. Por conta desse objeto, tem-se que sua aplicação prática é imensa, havendo necessidade de integrar seus dispositivos com direitos e obrigações estabelecidos em outras normas. De imediato destaca-se que a sua aplicação não exclui direitos e garantias previstos no ordenamento jurídico pátrio ou em tratados internacionais de que o Brasil seja parte.[29]

Todavia, há de se pensar em como conciliar obrigações previstas em outras normas com os direitos estabelecidos na LGPD. Como já se viu no tópico anterior, uma das hipóteses de dispensa do consentimento do titular para o tratamento dos dados pessoais é o cumprimento de obrigação legal ou regulatória.

Por outro ângulo, tem-se que o sistema de insolvência que obrigatoriamente envolve a participação do administrador judicial compreende os processos de falência e recuperação judicial. Tais processos regem-se por princípios próprios, que giram em torno da preservação da empresa (no caso da recuperação judicial), da maximização de ativos (na falência), da paridade entre os credores e da transparência.

---

[28] Conforme art. 52 da LGPD.
[29] LGPD, art. 64.

E a transparência nos processos de insolvência permeia as atividades do administrador judicial, que, em seu trabalho, realiza o tratamento de dados, de pessoas naturais e jurídicas. Como já se viu, os dados que dizem respeito às pessoas jurídicas não são objeto da proteção conferida pela LGPD. Todavia, os dados de pessoas naturais devem ser observados e protegidos, de acordo com as normas ali estabelecidas.

Os próximos tópicos procurarão explorar a atuação do administrador judicial em cotejo com as disposições de LGPD e as cautelas que são recomendáveis, de forma a possibilitar o atendimento ao seu mister sem violar as disposições que digam respeito aos dados pessoais.

3. Funções, atribuições e deveres do Administrador Judicial

O administrador judicial apresenta-se como órgão de extrema importância tanto na recuperação judicial como na falência, atuando em prol do procedimento de reorganização, tutelando a salvaguarda dos interesses focados na preservação da empresa que seja economicamente viável e auxiliando na rápida retirada do mercado das empresas inviáveis com a otimização da venda dos ativos e sua realocação, além do pagamento dos credores da massa falida.[30]

As competências comuns atribuídas ao auxiliar do juízo na recuperação judicial e na falência estão dispostas no art. 22, inc. I, da Lei nº 11.101/2005, enquanto as atividades exclusivas da recuperação judicial encontram-se previstas no inciso II desse mesmo artigo e, por fim, as atividades exclusivas no âmbito da falência encontram-se elencadas no seu inciso III.

Por ser oportuno a este breve estudo, cabe o destaque para o que trazem algumas dessas prescrições legais: (i) prestar as informações necessárias aos credores e ao juízo; (ii) exigir de credores, devedores e seus administradores as informações devidas; (iii) manter *site* com as informações mais relevantes e peças principais do processo; (iv) manter *e-mail* específico para recebimento de habilitações e/ou divergências de créditos administrativas; (v) fiscalizar as atividades do devedor e o cumprimento do seu plano de recuperação, com a apresentação dos devidos relatórios; (vi) abrir as

---

[30] Para o estudo dos devedores e atribuições do administrador judicial, confira-se: BERNIER, Joice Ruiz. *Administrador Judicial na Recuperação Judicial e na Falência*. São Paulo: Quartier Latin, 2016, p. 87-135.

correspondências dirigidas ao devedor; (vii) arrecadar, avaliar e guardar os bens e documentos do devedor; (viii) entregar ao seu substituto todos os bens e documentos da massa em seu poder.[31]

Uma breve leitura dessas disposições permite identificar dentre as incumbências do administrador judicial obrigações que constituem importantes pilares ao bom desempenho da função nos procedimentos de recuperação judicial e falência: mitigar a assimetria informacional, facultando o acesso às informações, de onde decorrem o *dever de informação* e a necessária obediência ao *princípio da transparência*.

3.1. O dever de informação e o princípio da transparência

O princípio da transparência, em sua essência, decorre do preceito constitucional da democracia.[32] Ele está presente em diversas searas do sistema normativo brasileiro, norteando o dever de informação do administrador judicial nos processos de recuperação judicial e falência.

É um dos pilares da governança corporativa (*disclosure*), ao lado dos conhecidos princípios da equidade (*fairness*), prestação de contas (*accountability*) e cumprimento das leis (*compliance*)[33]. Indo além da obrigação de informar, consiste em um direito de todos os interessados ao acesso às informações que lhes são relevantes, não se limitando àquelas impostas por leis ou regulamentos, objetivando gerar clima de confiança que beneficie tanto as relações internas como as relações com terceiros e permita aos

---

[31] Sobre as funções do administrador judicial, incluindo aquelas inseridas a partir da Lei 14.112/2020, confira-se: BERNIER, Joice Ruiz. Administrador Judicial: Impactos na responsabilidade civil e na remuneração em face das novas funções atribuídas pela Lei 14.112/20. In: VASCONCELOS, Ronaldo; PIVA, Fernanda Neves; ORLEANS E BRAGANÇA, Gabriel José de (coords.). *Reforma da Lei de Recuperação e Falência* (Lei n. 14.112/20). São Paulo: Iasp, 2021, p. 413-433.

[32] Ao tratar do princípio da transparência na recuperação judicial, Orleans e Bragança considera que, apesar de não escrito na Constituição Federal, o princípio da transparência *"integra a ideia de democracia sendo um dos pilares para o bom funcionamento do processo. Nesse pilar, estão sustentados os deveres de informação previstos da LRE, cuja infração, a desencadear odiosa assimetria informacional, subverterá a sistemática do processo e o fim por ela buscado"* (ORLEANS E BRAGANÇA, Gabriel José de. *Administrador Judicial:* transparência no processo de recuperação judicial. São Paulo: Quartier Latin, 2017, p. 62-63).

[33] INSTITUTO BRASILEIRO DE GOVERNANÇA CORPORATIVA. *Código das Melhores Práticas de Governança Corporativa.* 4 ed. São Paulo: IBGC, 2009.

stakeholders o pleno conhecimento das informações e resultados para a tomada de decisões.[34]

Ao definir o princípio da transparência nos procedimentos de insolvência, a doutrina especializada destaca que

"o processo de falência e a recuperação judicial importam, inevitavelmente, 'custos' para os credores da empresa em crise. Eles, ou ao menos parte deles, suportarão prejuízo em razão da quebra ou da recuperação judicial do empresário devedor. Os processos falimentares, por isso, devem ser transparentes, de modo que todos os credores possam acompanhar as decisões nele adotadas e conferir se o prejuízo que eventualmente suportam está, com efeito, na exata medida do inevitável. A transparência dos processos falimentares deve possibilitar que todos os credores que saíram prejudicados possam se convencer razoavelmente de que não tiveram nenhum prejuízo além do estritamente necessário para realização dos objetivos da falência ou da recuperação judicial".[35]

Alicerçado no princípio da transparência, o dever de informar constitui elemento substancial nas atribuições do administrador judicial. Seu objetivo é assegurar aos envolvidos o conhecimento fidedigno da situação econômico-financeira da sociedade falida ou em recuperação judicial, permitindo-lhes a reflexão, nessa base sólida informacional, sobre os riscos e benefícios frente às possibilidades de tutela de seu direito.

A preocupação de que os credores, ao votarem o futuro da companhia em crise no contexto da recuperação judicial, estejam municiados de informações suficientes a embasar a tomada de decisão de tamanha relevância, pode ser vista também no código legal estadunidense, o qual exige que, em casos de reorganização sob o *Chapter 11* – que inspirou a Lei nº 11.101/2005 –, antes de serem ponderadas as manifestações de credores quanto ao plano, o juízo declare que o pedido

---

[34] LANCELLOTTI, Renata Weingrill. *Governança corporativa na recuperação judicial:* Lei nº 11.101/2005. Rio de Janeiro: Elsevier, 2010, p. 45-46.

[35] COELHO, Fabio Ulhoa. *Princípios do direito comercial:* com anotações ao projeto do Código Comercial. São Paulo: Saraiva, 2012, p. 30.

do devedor havia sido acompanhado da divulgação de informações adequadas.[36-37]

A qualidade da informação na execução dessa incumbência por parte do administrador judicial tem suma relevância, constituindo condição para que haja transparência nos procedimentos. Ela deve ser franqueada de forma precisa, compreensível, atualizada, íntegra, verossímil e facilmente acessível, de forma a propiciar a melhor participação de todos no processo e na tomada de decisões.[38]

Essas premissas são observadas desde sempre nos procedimentos de recuperação judicial e falência, notadamente sua inescusável obediência pelo administrador judicial, dada a natureza de suas funções e atribuições legais.

Meses depois da entrada em vigor da LGPD,[39] foi sancionada a reforma da Lei nº 11.101/2005, conduzida por meio da Lei nº 14.112/2020. Essa reforma ampliou o dever de informação do administrador judicial ao exigir-lhe que mantenha "endereço eletrônico na internet, com informações atualizadas sobre os processos de falência e de recuperação judicial, com a opção de consulta às peças principais do processo" (art. 22, I, "k") e

---

[36] CEREZETTI, Sheila Christina Neder. *A Recuperação Judicial de Sociedade por Ações: O Princípio da Preservação da Empresa na Lei de Recuperação e Falência*. São Paulo: Malheiros, 2012, p. 305- 306.

[37] O §1125(a)(1) do Bankruptcy Code traz a definição a respeito da informação adequada: *"adequate information' means information of a kind, and in sufficient detail, as far as is reasonably practicable in light of the nature and history of the debtor and the condition of the debtor's books and records, including a discussion of the potential material Federal tax consequences of the plan to the debtor, any successor to the debtor, and a hypothetical investor typical of the holders of claims or interests in the case, that would enable such a hypothetical investor of the relevant class to make an informed judgment about the plan, but adequate information need not include such information about any other possible or proposed plan and in determining whether a disclosure statement provides adequate information, the court shall consider the complexity of the case, the benefit of additional information to creditors and other parties in interest, and the cost of providing additional information"* (*Office of the Law Revision Counsel ("OLRC") of the U.S. House of Representatives*. Disponível em: <https://uscode.house. gov/view.xhtml?req=%2adequate+information%22&f=treesort&fq=true&num=7&hl=tru e&edition=prelim&granuleId=USC-prelim-title11-section1125>. Acesso em: 25 set. 2021).

[38] ORLEANS E BRAGANÇA, Gabriel José de. *Administrador judicial*: transparência no processo de recuperação judicial. São Paulo: Quartier Latin, 2017, p. 67.

[39] Por força da Lei 14.010/2020, as sanções previstas na LGPD entraram em vigor a partir de 1º de agosto de 2021.

"endereço eletrônico específico para o recebimento de pedidos de habilitação ou a apresentação de divergências, ambos em âmbito administrativo, com modelos que poderão ser utilizados pelos credores" (art. 22, I, "l").

Foi incluída, ainda, a obrigação de que os relatórios mensais de atividades, assim como o relatório do plano de recuperação judicial, sejam disponibilizados nos referidos sites (art. 22, I, "h").

Na linha da ampliação do acesso à informação e antes mesmo da aprovação pelo Congresso Nacional do projeto de lei que culminou na reforma da Lei nº 11.101/2005, o Conselho Nacional de Justiça (CNJ) editou, em agosto de 2020, a Recomendação nº 72/2020[40], a qual dispõe sobre a padronização dos relatórios apresentados pelo administrador judicial em processos de recuperação empresarial.

O § 4º do art. 1º da referida recomendação estabelece que:

"[o] administrador judicial deve criar um website para servir de canal de comunicação com os credores, contendo as cópias das principais peças processuais, cópias dos RMAs, lista de credores e demais informações relevantes", sob a justificativa de que "[a] criação do site contribui para a divulgação de informações e o acesso aos autos que ainda são físicos em muitas comarcas."

No mesmo sentido, a Corregedoria Geral da Justiça do Tribunal de Justiça de São Paulo (CG-TJSP) editou, em setembro/2020, o Comunicado CG nº 876/2020[41], que recomenda aos juízes com competência para processos de recuperação judicial que determinem aos administradores judiciais a adoção de procedimentos e documentos padronizados, inclusive com indicação de quais informações devem estar contidas no *site* do auxiliar, dentre elas a relação de credores e o relatório mensal de atividades das recuperandas.

---

[40] Conselho Nacional de Justiça. Presidência. Recomendação nº 72, de 19 de agosto de 2020. DJe/CNJ nº 272, de 21/08/2020, p. 2-9. Dispõe sobre a padronização dos relatórios apresentados pelo administrador judicial em processos de recuperação empresarial. Disponível em: <https://atos.cnj.jus.br/atos/detalhar/3426>. Acesso em: 24 set. 2021.

[41] SÃO PAULO. Tribunal de Justiça. Corregedoria Geral da Justiça. Comunicado CG Nº 876/2020 (Processo 2020/81417). Republicado em 10/09/2020. Disponível em: <https://api.tjsp.jus.br/Handlers/Handler/FileFetch.ashx?codigo=120447>. Acesso em: 24 set. 2021.

As alterações legislativas, assim como as orientações dos órgãos de administração do poder judiciário, têm por objetivo facilitar aos credores e aos demais agentes envolvidos nos procedimentos o acesso às informações indispensáveis, de forma clara e objetiva, garantindo assim a efetividade da prestação jurisdicional.

4. O dever de informação do administrador judicial e a LGPD

Como visto, seja em obediência aos deveres expressos da Lei nº 11.101/2005 e às suas diretrizes, ou à Recomendação do CNJ, é inerente à incumbência do administrador judicial que sejam por ele prestadas informações aos interessados (o juiz, o Ministério Público, o devedor e os credores) de forma ampla, exigência desde sempre difundida como corolário da sua atuação, tanto que reforçada por meio das recentes alterações legais e orientações institucionais, sendo ele "o maior responsável pelo cumprimento da transparência do processo por meio do seu dever de informação".[42]

A par dessas diretrizes, a diversidade de situações que naturalmente acarretam, ou podem acarretar, o trânsito de informações dentre as quais se encontrem dados pessoais no exercício da atividade do administrador judicial é incalculável, razão pela qual ele será, inevitavelmente, responsável por *recepcionar, manter, guardar, tratar* e *eliminar* dados pessoais (nome, prenome, número de RG, número de CPF, endereço, números de telefone, contas de *e-mail*, dados bancários), seja como controlador, quando tomar decisões a respeito dos dados pessoais, seja como operador, efetuando o seu tratamento, tudo conforme visto no item 2 acima.

Por isso, deve o administrador judicial estar sempre atento às diretrizes da LGPD no exercício do *múnus*, o que repercute sensivelmente na forma como ele deve conduzir o procedimento no tocante às informações que recebe, fornece e mantém.

A despeito da inescusável observância às regras trazidas pela LGPD, é inegável que os preceitos de difusão ampla da informação, dentro do princípio da transparência e dever de informar nos procedimentos de recuperação judicial e falência, certamente não foram concebidos à luz dos preceitos da LGPD. Do mesmo modo, a LGPD não foi elaborada tendo

---

[42] ORLEANS E BRAGANÇA, Gabriel José de. *Administrador judicial*: transparência no processo de recuperação judicial. São Paulo: Quartier Latin, 2017, p. 171.

em mente as particularidades que envolvem o processo de recuperação judicial e de falência, e, muito menos, a atuação do administrador judicial.

Justamente em razão da necessidade de disseminação do amplo acesso à informação na condução desses procedimentos pelo administrador judicial, à primeira vista, poder-se-ia inferir aparente conflito entre essa necessidade e o respeito às regras introduzidas pela LGPD na tutela dos dados pessoais. Entendemos, contudo, que a premissa a conduzir a adequação da atividade da administração judicial às novas exigências da LGPD deve ser o consenso entre as diretrizes existentes em cada um dos institutos.

Deve-se ter em mente, em primeiro lugar, que o desempenho dos deveres do administrador judicial, à luz dos mandamentos legais a ele dirigidos, coaduna-se com o processamento de dados pessoais para o cumprimento de obrigação legal ou regulatória pelo controlador (art. 5º, II, LGPD), bem como para o exercício regular de direitos (art. 7º, VI, LGPD).

Não sendo a hipótese de obrigação legal ou exercício regular de direito, há, ainda, a hipótese de consentimento por parte do titular dos dados, previsto no art. 7º, I, da LGPD, mediante manifestação *livre, informada e inequívoca* desse para que seja realizado o tratamento dos seus dados pessoais (art. 5º, XII, LGPD).

A partir dessas premissas legais que embasam, quanto aos dados pessoais, o exercício do dever de informar por parte do administrador judicial nos processos, o que importa quanto ao atendimento à LGPD são as cautelas que devem ser adotadas na condução dessa obrigação no contexto do tratamento das informações, observando-se a boa-fé e os princípios nela estabelecidos expressamente, tal como abordado anteriormente: finalidade, adequação e necessidade da transmissão dos dados (art. 6º, I, II e III, LGPD), além da qualidade, transparência e segurança (art. 6º, V, VI e VII, LGPD).

Como visto, dentro da disciplina de proteção ao tratamento dos dados pessoais pela LGPD, encontram-se as etapas de coleta, produção, recepção, classificação, utilização, acesso, reprodução, transmissão, distribuição, processamento, arquivamento, armazenamento, eliminação, avaliação ou controle da informação, modificação, comunicação, transferência, difusão ou extração (art. 5º, X).

Inobstante a infinidade de hipóteses nas quais o administrador judicial realizará o tratamento de dados, há atividades corriqueiras que, invariavelmente, integram essa realidade no dia a dia do exercício do seu *múnus*.

No tocante às atividades embasadas no cumprimento de *obrigação legal* (art. 7º, II, LGPD), são típicos exemplos: (i) a disponibilização de endereço eletrônico para recebimento de habilitações ou divergências (art. 22, I, "1", Lei nº 11.101/2005); (ii) a arrecadação de documentos do falido (art. 104, V e art. 108, Lei nº 11.101/2005); (iii) o relatório do cumprimento do plano de recuperação judicial (art. 22, II, "a" e "h", Lei nº 11.101/2005); (iv) a elaboração e envio das correspondências aos credores comunicando a data do pedido de recuperação judicial ou da decretação da falência, a natureza, o valor e a classificação dada ao crédito (art. 22, I, "a", Lei nº 11.101/2005); (v) a elaboração e disponibilização da segunda lista de credores (art. 22, I, "e",); (vi) o credenciamento, realização e lavratura da ata da assembleia geral de credores (art. 37, Lei nº 11.101/2005); (vii) a elaboração do relatório mensal de atividades (art. 22, II, "c", Lei nº 11.101/2005); e (viii) a fiscalização do decurso das tratativas e a regularidade das negociações entre devedor e credores (art. 22, II, "e", Lei nº 11.101/2005).

É possível se presumir, portanto, que nessas situações haverá potencialmente o tratamento e/ou a transmissão de dados pessoais, contidos em documentos envolvendo diferentes pessoas que tenham ou possam ter tido qualquer relação com a falida/recuperanda, tais como contratos, documentos de identificação, fichas de admissão de empregados, dentre outros.

Sob outro aspecto, o administrador judicial também poderá realizar tratamento de dados pessoais na defesa dos interesses da massa falida (art. 22, III, "l" e "n", Lei nº 11.101/2005), hipótese em que estará embasado no art. 7º, VI da LGPD, que autoriza o processamento para o exercício regular de direitos em processo judicial, administrativo ou arbitral, observando, sempre, aos princípios da *necessidade, finalidade e adequação* da LGPD.

Há, ainda, a hipótese de coleta e tratamento pelo administrador judicial de dados classificados como *sensíveis*, na forma como definidos no tópico acima. Nesse particular, dentre as atividades do administrador judicial, pode-se exemplificar o credenciamento do sindicato na assembleia geral de credores, expressamente autorizado no art. 37, § 4º da Lei nº 11.101/2005. Ao habilitar-se, o sindicato informa quem são seus associados a serem representados, implicando, portanto, informações sobre nome, endereço, CPF, telefone etc. Tais dados são considerados sensíveis de acordo com a sistemática da LGPD, uma vez que evidenciam a filiação dos titulares a uma associação civil.

De acordo com os princípios já elencados, deve-se atentar para a coleta apenas e tão somente dos dados pessoais que sejam realmente imprescindíveis para o cumprimento da tarefa para a qual eles sejam necessários, considerando, ainda, a segurança dos meios pelos quais serão disponibilizados.

Inclusive porque as possibilidades concretas de tratamento são inumeráveis, inexistindo uma resposta geral aplicável, pelo que, sempre que se deparar com situação que não lhe pareça razoável ou que contenha pedidos despropositados ou abusivos, o administrador judicial deve comunicar o juízo sobre a impossibilidade de atendimento do pedido, sob seu escrutínio à luz dos princípios da LGPD: a finalidade, a adequação e a necessidade (art. 6º, I, II e III), sem prejuízo de orientar o interessado, se for o caso, à consulta dos autos do processo.

Inobstante a necessidade de tratamento dos dados pelo administrador judicial estar bem alicerçada nas hipóteses de cumprimento de obrigação legal, no exercício regular de direitos ou mesmo amparada pelo consentimento do titular, deve-se adotar como premissa que dados pessoais somente devem ser objeto de tratamento quando estritamente necessário, de forma a observar a política de máxima restrição.

A esse respeito, inclusive, a doutrina já fazia ponderações quando da edição da Lei nº 11.101/2005, ao tratar da necessidade de haver limites à disponibilização de documentos e informações aos credores e interessados por ocasião da publicação da relação de credores do administrador judicial (art. 7º, §2). Nesse sentido:

"Tal documentação, como se infere do caput do preceito, compreende os livros e documentos contábeis, não se cingindo a eles, no entanto. Tudo o que interessar aos créditos contra o devedor deve ser tornado disponível aqueles que demonstrarem legítimo interesse. A Lei não especifica quem pode ter acesso a esses documentos, se apenas os credores relacionados, se outras partes. Em princípio, o credor não relacionado deve ter acesso à documentação, bastando-lhe provar a qualidade de credor, ainda que minimamente. Cabe ao administrador judicial decidir ao que for de direito, sob esse aspecto, ressalvando-se ao prejudicado o direito de arguir suas razões em juízo (art. 8º)."[43]

Tem suma relevância a forma de condução do armazenamento dos dados que estejam sob tratamento pelo administrador judicial, que deve zelar por sua segurança durante todo o período em que esteja em sua posse, com a adoção de medidas técnicas e administrativas de segurança da informação – considerando que hodiernamente os dados são quase sempre armazenados por meio digital.

Deve-se dar especial importância a treinamentos da equipe da administração judicial em todas as fases de tratamento de dados visando à conscientização das diretrizes da LGPD, além de limitar ao máximo o seu acesso, centralizando sua disponibilização somente àqueles que deles efetivamente *necessitem* para a realização da respectiva tarefa, restritos a quem dela participe e ao período de seu início e conclusão.

No mesmo contexto, deve-se centralizar o canal por meio do qual haja o fluxo das informações (site ou e-mail, por exemplo), sempre contando com políticas internas claras e rigorosas sobre a coleta de dados que sejam de conhecimento de todos os que trabalham com o administrador judicial.[44]

O site mantido pelo administrador judicial deve contar com ferramentas que permitam as adequações necessárias, levando-se em conta as particularidades de determinadas funções disponibilizadas aos usuários que possam constituir porta de entrada para dados pessoais, definindo-se uma política de privacidade clara e transparente e colhendo-se o consentimento sempre que utilizada qualquer funcionalidade que implique o trânsito desses dados.

Em observância ao disposto nos incisos IV, V e VI do artigo 6º da LGPD, que impõem, respectivamente, a obrigatoriedade de livre acesso, qualidade e transparência, deverá ser franqueada, pelo administrador

---

[43] GUERREIRO, José Alexandre Tavares. Da verificação e da habilitação de créditos. In: SOUZA JUNIOR, Francisco Satiro de; PITOMBO, Antônio Sergio A. de Moraes (coords.). *Comentários à Lei de recuperação de empresas e falência*: Lei 11.101/2005 – artigo por artigo. São Paulo: Editora Revista dos Tribunais, 2007, p. 147.

[44] FABRO, Daniela de Andrade. *O Tratamento de Dados Pessoais na LGPD*: um estudo a partir da atuação do administrador judicial em processos concursal. No prelo.

judicial, consulta aos dados pessoais que estão sob sua guarda, sempre que solicitado pelo respectivo titular.

Segundo a sistemática da LGPD, os dados devem ser mantidos apenas e tão somente enquanto forem necessários. No entanto, o legislador não fez menção a qualquer prazo durante o qual os dados sejam conservados, mesmo após o término do tratamento, tampouco sobre o lapso temporal em que a obrigação do controlador de eliminar os dados deve ser cumprida. Nesse caso, pode ser recomendável que o administrador judicial solicite ao juízo que determine o prazo para eliminação dos dados coletados durante o procedimento.

O administrador judicial, enquanto controlador na forma da LGPD, deverá informar aos agentes de tratamento com os quais tenha realizado uso compartilhado de dados (assistentes financeiros etc.) sobre a política de eliminação, para que observem idêntico procedimento (art. 18, § 6º, LGPD).

Apesar das hipóteses que impõem a exclusão dos dados, independentemente da vontade do administrador judicial, por meio da revogação do consentimento (art. 15, III, LGPD) e em caso de determinação pela autoridade nacional – a ANPD (art. 15, IV, LGPD) –, prevalece a obrigação de sua conservação pelo administrador judicial em caso de cumprimento de obrigação legal ou regulatória, especialmente nos processos falimentares, considerando a atribuição de arrecadação dos bens e documentos do falido e o respectivo dever de guarda – circunstâncias essas que, antes mesmo da LGPD, já geravam questionamentos a respeito da responsabilidade que essa dinâmica faz recair sobre o administrador judicial.

Por fim, é preciso ponderar que todas essas circunstâncias, notadamente as adequações estruturais que se tornaram indispensáveis, impactam de forma direta os custos que o administrador judicial deve arcar no exercício de sua atividade.

Não se pode negar também que, a par dessas circunstâncias, a intensidade dos impactos advindos das necessárias adequações será sensivelmente distinta na heterogenia estrutural que permeia a atuação dos administradores judiciais pelo país.

Tais questões, naturalmente, deverão (ou ao menos deveriam) refletir em incremento da remuneração do administrador judicial na mesma medida, consequência sofrida pelo mercado como um todo, mas que, dadas as particularidades que envolvem seus deveres e responsabilidades, certamente repercutirão de forma relevante na complexidade do desenvolvimento da atividade.

Conclusões

A LGPD trouxe a necessidade de grandes adaptações e reformas no modo de agir de empresas, organizações e instituições. Essas adaptações hão de interferir também no exercício da atividade do administrador judicial.

Como exposto, os processos de recuperação judicial e falência envolvem um princípio muito caro, o da transparência de forma a se evitar fraudes e se permitir, com a sua observância em grau extremo, o atendimento aos reclamos de igualdade (ao menos dentre as diversas categorias de credores) e de lealdade.

A forma como a LGPD irá dialogar com esses processos ainda haverá de ser aperfeiçoada com a experiência. Todavia, desde o início da vigência desta lei, recomenda-se aos administradores judiciais a preocupação com o estrito cumprimento de suas normas, recorrendo, sempre que necessário, ao juízo competente para esclarecer dúvidas na sua aplicação, conferindo-lhe segurança no atendimento ao princípio da transparência e ao dever de informar que orientam os regimes de insolvência.

Referências

BERNIER, Joice Ruiz. *Administrador Judicial na Recuperação Judicial e na Falência*. São Paulo: Quartier Latin, 2016.

_____. Administrador Judicial: Impactos na responsabilidade civil e na remuneração em face das novas funções atribuídas pela Lei 14.112/20. In: VASCONCELOS, Ronaldo; PIVA, Fernanda Neves; ORLEANS E BRAGANÇA, Gabriel José de (coords.). *Reforma da Lei de Recuperação e Falência* (Lei n. 14.112/20). São Paulo: Iasp, 2021.

CEREZETTI, Sheila Christina Neder. *A Recuperação Judicial de Sociedade por Ações: O Princípio da Preservação da Empresa na Lei de Recuperação e Falência*. São Paulo: Malheiros, 2012.

COELHO, Fabio Ulhoa. *Princípios do direito comercial:* com anotações ao projeto do Código Comercial. São Paulo: Saraiva, 2012.

FABRO, Daniela de Andrade. *O Tratamento de Dados Pessoais na LGPD:* um estudo a partir da atuação do administrador judicial em processos concursais. No prelo.

GUERREIRO, José Alexandre Tavares. Da verificação e da habilitação de créditos. In: SOUZA JUNIOR, Francisco Satiro de; PITOMBO, Antônio Sergio A. de Moraes (coords.). *Comentários à Lei de recuperação de empresas e falência:* Lei 11.101/2005 – artigo por artigo. São Paulo: Editora Revista dos Tribunais, 2007.

INSTITUTO BRASILEIRO DE GOVERNANÇA CORPORATIVA. *Código das Melhores Práticas de Governança Corporativa.* 4 ed. São Paulo: IBGC, 2009.

LANCELLOTTI, Renata Weingrill. *Governança corporativa na recuperação judicial:* Lei nº 11.101/2005. Rio de Janeiro: Elsevier, 2010.

LIMA, Caio César Carvalho. Garantia da Privacidade e Dados Pessoais à Luz do Marco Civil da Internet. In: LEITE, George Salomão; e LEMOS, Ronaldo (orgs.). *Marco Civil da Internet.* São Paulo: Ed. Atlas, 2014.

MENDES, Laura Schertel; e DONEDA, Danilo. Comentário à Nova Lei de Proteção de Dados (Lei 13.709/2018): o novo paradigma da proteção de dados no Brasil. *Revista de Direito do Consumidor,* v. 120, p. 555-587.

OLIVEIRA, Ricardo Alexandre de. Lei Geral de Proteção de Dados Pessoais e Seus Impactos no Ordenamento Jurídico. *Revista dos Tribunais,* v. 998, p. 241-261, dez. 2018.

ORLEANS E BRAGANÇA, Gabriel José de. *Administrador judicial:* transparência no processo de recuperação judicial. São Paulo: Quartier Latin, 2017.

REALE, Miguel. *Filosofia do Direito.* 13 ed. São Paulo: Editora Saraiva, 1990.

RODRIGUES, Yuri Gonçalves dos Santos; FERREIRA, Keila Pacheco. A privacidade no ambiente virtual. Avanços e insuficiências da Lei Geral de Proteção de Dados no Brasil (Lei 13.709/18). *Revista de Direito do Consumidor,* |v. 122, p. 181-202, mar./abr. 2019.

SANTOS, Fabíola Meira de Almeida; e TALIBA, Rita. Lei Geral de Proteção de Dados no Brasil e os Possíveis Impactos. *Revista dos Tribunais,* v. 998, p. 225-239.

15. A LEI 14.112/2020 E OS MÉTODOS ALTERNATIVOS PARA SOLUÇÃO DE DISPUTAS NA RECUPERAÇÃO JUDICIAL. A ATUAÇÃO DO ADMINISTRADOR JUDICIAL E A RECOMENDAÇÃO 58/2020 DO CNJ[1]

DIEGO FALECK

LUIZ FERNANDO VALENTE DE PAIVA

Introdução

A redação original da Lei 11.101/2005 (LRE) não continha nenhuma disposição para tratar dos métodos alternativos de solução de conflito, o que gerava certa insegurança jurídica na utilização das vias alternativas para a solução de disputas envolvendo empresas em recuperação judicial[2]. Após a entrada em vigor da LRE, os métodos alternativos de solução de disputas sofreram significativa evolução entre nós, com a promulgação de sucessivas leis que passaram a estimular, regular e aprimorar o uso dos institutos, a saber, a Lei 13.015/2015 (Código de Processo Civil), Lei 13.129/2015 (que reformou a Lei de Arbitragem), a Lei 13.140/2015 (Lei de Mediação), culminando com a recente entrada em vigor da Lei 14.112/2020 (que reformou a LRE).

---

[1] O presente artigo é uma versão revista e ampliada do artigo publicado originalmente publicado em: FALECK, Diego; PAIVA, Luiz Fernando Valente de. Mediação na Recuperação Judicial: Análise da Recomendação nº 58/20 do CNJ e Perspectivas Futuras. In: JAPUR, José Paulo; MARQUES, Rafael Brizola (org.). *Recomendações do CNJ em Direito Recuperatório e Falimentar.* Porto Alegre, Buqui, 2021.

[2] SCHMIDT, Gustavo da Rocha; BUMACHAR, Juliana. Sistema de Pré-Insolvência Empresarial – Mediação e Conciliação Antecedentes. In: SALOMÃO, Luis Felipe; TARTUCE, Flávio; COSTA; Daniel Carnio. *Recuperação de Empresas e Falência:* Diálogos entre a Doutrina e a Jurisprudência. Barueri: Atlas, 2021, p. 210.

Embora a LRE fosse silente acerca dos meios alternativos de solução de disputas, houve, desde sua promulgação, discussões relevantes a respeito dos efeitos do ajuizamento de uma recuperação judicial nas arbitragens envolvendo a recuperanda. Em contrapartida, a lacuna da lei não impediu o uso da conciliação em diversos processos. Entre os métodos alternativos, a mediação foi a que gerou maior resistência para sua adoção e menor volume de debates sobre os limites e benefícios desse instrumento em litígios envolvendo recuperandas, e só recentemente houve notícias do início de sua utilização, ainda assim, de forma muito tímida e, não raro, atécnica. No entanto, há uma razão histórica para tal resistência.

O Decreto-Lei 7.661/1945 vigorou por cerca de 60 (sessenta) anos e continha a previsão, em seu art. 2º, de que o devedor que convocasse credores e lhes propusesse dilação, remissão de créditos ou cessão de bens praticava um ato de falência. Em outras palavras, por décadas em nossa história recente, o devedor que propusesse a seus credores a renegociação de suas dívidas corria o risco de ter sua falência decretada.

Não havia, portanto, uma cultura de negociação coletiva, nem profissionais preparados e capacitados para o exercício dessa difícil arte. É certo que, antes mesmo da entrada em vigor da LRE, existiram casos em que devedores propuseram suspensão de pagamentos e negociaram com seus credores, inicialmente, em sigilo, e, depois, às escâncaras, com matérias relatando a evolução das negociações nas primeiras páginas dos jornais.

Tratou-se de casos emblemáticos, que anteciparam e até influenciaram a adoção de muitos dos princípios e remédios introduzidos em nosso sistema legal pela LRE. Foram embriões do início de uma nova cultura:

> "A implementação e a eficácia dos institutos da recuperação judicial e extrajudicial introduzidos pela Nova Lei de Falências estão intrinsecamente relacionadas a uma mudança cultural. Na elaboração do plano de recuperação (judicial ou extrajudicial), deve-se afastar o dualismo negocial prevalecente na lei anterior, de forma a equacionar os múltiplos interesses envolvidos, por meio de propostas criativas e soluções que visem maximizar a satisfação de todos."[3]

---

[3] PAIVA, Luiz Fernando Valente de. Apresentação do plano de recuperação pelo devedor e a atuação dos credores. *Revista do Advogado*, v. 25, n. 83, p. 73-81, set. 2005, p. 74.

É preciso reconhecer que o processo de mudança cultural está em franco desenvolvimento, tendo experimentado uma enorme evolução desde a entrada em vigor da LRE, em 2005, com alguns poucos milhares de casos. Por um lado, não dá para negar que os processos de recuperação judicial e extrajudicial ainda encontram enormes ineficiências e são muito numerosos os casos em que as negociações são frustradas ou os resultados muito aquém do que seria possível, com perda de valor para todos os envolvidos.

Nesse sentido, a mediação, que poderia ter exercido um papel central desde o início do desenvolvimento dessa cultura de negociação em processos envolvendo empresas em crise econômico-financeira, continua a constituir uma importantíssima ferramenta que pode ser utilizada em muitos casos.

Este artigo tem por finalidade apontar, ainda que brevemente, as mudanças trazidas pela Lei 14.112/2020 no que diz respeito à utilização dos métodos alternativos de solução de disputas para os devedores em recuperação judicial, os desafios e os benefícios do uso da mediação em processos de recuperação e as formas pelas quais ela pode ser adotada, bem como o papel a ser exercido pelo administrador judicial nos procedimentos.

1. Objetivo dos processos de recuperação

Os processos de recuperação são de jurisdição voluntária e não têm uma natureza litigiosa intrínseca. O processo de recuperação judicial tem por propósito conceder ao devedor uma proteção pelo tempo necessário para repactuar suas obrigações. O processo de recuperação extrajudicial, por sua vez, tem "por finalidade a homologação, por sentença, de acordo celebrado como determinada(s) espécie(s) ou grupo de credores"[4]. A partir da recente alteração provocada pela promulgação da Lei 14.112/2020, o devedor poderá distribuir seu pedido de recuperação extrajudicial com um mínimo de adesão de pelo menos um terço de credores, obtendo a adesão de credores faltantes para somar mais da metade dos créditos sujeitos ao plano de recuperação extrajudicial, para então ter direito à homologação do plano.

---

[4] PAIVA, Luiz F. Valente de. Da Recuperação Extrajudicial. In: _____ (coord.). *Direito Falimentar e a Nova Lei de Falências e Recuperação Judicial*. São Paulo: Quartier Latin, 2005, p. 569.

Em ambos, seja aprovado o plano e concedida a recuperação judicial ou homologado o plano de recuperação extrajudicial, a expectativa é a de que o devedor volte a ter capacidade de honrar suas obrigações no vencimento. Assim, diante da possibilidade de controvérsias sobre a existência, valor e classificação de créditos ou outras questões de direito material, pode-se dizer que a essência dos processos de recuperação é econômica e que a negociação entre as diversas partes envolvidas é pressuposto, sem o qual não há processo de recuperação.

Nesse sentido, sendo um instrumento de enorme utilidade na busca de soluções consensuais, a mediação tem um campo de aplicação muito vasto nos processos que envolvem empresas em crise. A aplicação vai desde a solução dos impasses mais complexos com a multiplicidade dos interesses implicados na negociação de planos de recuperação abrangendo diversas classes de credores, com interesses antagônicos – como ex-empregados que querem receber seus créditos no menor espaço de tempo possível e empregados cuja prioridade é manter os empregos a garantir sua renda mensal, até conflitos entre acionistas ou entre a própria pessoa jurídica devedora e seus acionistas.

É claro que o objetivo de um processo de recuperação é a solução de conflitos entre acionistas, mas não raro a não solução de um conflito dessa ordem constitui um obstáculo intransponível para o sucesso de um processo de recuperação. No amplo espectro de problemas que uma empresa em crise poderá enfrentar, não é difícil encontrar algum conflito que necessite ou possa ser resolvido de maneira mais eficiente com o apoio ou a utilização de um mediador.

2. Objetivos da mediação e seu uso crescente no Brasil

A mediação consiste na facilitação de uma negociação por um terceiro imparcial, que não representa nenhuma das partes nem tem por objetivo impor uma decisão vinculante. O mediador atua para estruturar um processo de negociação que auxilie as partes a superar os obstáculos para um acordo e encontrar uma solução para o caso.

A prática da mediação é tão antiga quanto a própria existência das desavenças humanas. Entretanto, o desenvolvimento moderno, nos formatos que encontramos hoje no mercado, tem sua origem no chamado *"ADR Movement"* norte-americano – movimento pelos métodos alternativos de resolução de disputas –, iniciado nos meados da década de 1970.

O movimento tem fundamento em sólida base teórica e em décadas de pesquisas empíricas, bem como no trabalho de grandes pensadores como Mary Parker Follet, Roger Fisher, Lon Fuller, Frank Sander, entre diversos outros, que compõem a conhecida "Escola de Harvard".

Existem inúmeros estilos de mediação, que variam conforme a ciência-base do profissional, a experiência, o posicionamento no mercado e as características pessoais. O debate internacional aponta para dois modelos preponderantes: (*i*) o *facilitativo*, em que o mediador se abstém de intervir no mérito da disputa e na sugestão de uma solução, deixando esse trabalho para as partes; (*ii*) e o *avaliativo*, parecido com o facilitativo em matéria de processo, mas nele o mediador não se abstém de emitir opiniões e dar sugestões. O estilo e o grau de intervenção do mediador podem influenciar tanto a direção e o controle do processo de mediação – agenda, temas a serem discutidos e sua ordem, separar ou unir as partes em reuniões, busca de informação ou análises técnicas, etc. – quanto o mérito da controvérsia.

Ambos os tipos possuem vantagens e desvantagens – avaliar e sugerir excessivamente podem reduzir a percepção de imparcialidade e ser totalmente facilitativo pode minar a eficácia –, razão pela qual os mediadores mais bem sucedidos, conforme pesquisas, são aqueles que sabem transitar bem entre os estilos e são verdadeiros camaleões, se adaptando ao contexto e às partes. Existe ainda um terceiro formato, denominado *transformativo*, ou *terapêutico*, com pouca expressão no mercado.

O uso da mediação empresarial, ainda que lentamente, vem se estendendo no Brasil por diversos motivos. Entre eles, podemos mencionar a influência da experiência internacional de empresas e advogados com o tema, o crescente número de casos nacionais de sucesso, o incremento de políticas públicas de desjudicialização por parte de tribunais e instituições de justiça, a promulgação da Lei de Mediação (Lei 13.140/2015) e a inclusão do instituto no Código de Processo Civil de 2015.

3. A crescente utilização de mediação em processos de insolvência

A mediação no contexto da recuperação de empresas tem sido considerada por lideranças de pensamento no mercado, na academia e no judiciário. Entende-se que o processo de mediação, tanto incidental quanto relacionado com a aprovação de um plano de recuperação, pode contribuir para melhores resultados para as partes envolvidas.

Entre os benefícios, podem ser listados: (*i*) melhoria ou maior resgate da confiança entre as partes; (*ii*) redução de assimetria de informações; (*iii*) maior igualdade e oportunidade de negociação para partes afetadas; (*iv*) maximização de chances de aprovação do plano; (*v*) apoio na construção de plano capaz de atender ao máximo o espectro de interesses, com os mesmos recursos; e (*vi*) evitar que interesses encobertos e assimetrias de informação causem a não aprovação do plano, ou a aprovação de plano defeituoso.

A utilização da mediação em processos de insolvência é uma tendência que vem crescendo de forma muita rápida também no exterior, porém de modo ainda recente. Nos Estados Unidos da América, por exemplo, a mediação ganhou notoriedade e teve seu uso acelerado e ampliado após o caso Lehman Brothers. Nesse sentido:

"O *Title 11* do *United States Code* ('*Bankruptcy Code*') não proíbe nem estabelece a mediação em assuntos envolvendo os regimes de insolvência[5]. A utilização de formas alternativas de resolução de disputas[6] nos processos de insolvência nos Estados Unidos, entretanto, é expressamente autorizada pela *Alternate Dispute Resolution Act* de 1998 ('*Dispute Resolution Act*')[7]. A *Dispute Resolution Act* adotou a sugestão do relatório de 1997 da *National Bankruptcy Review Commission*, que recomendou (com algumas exceções) a incorporação de norma legal para o emprego da mediação em processos de insolvência."[8]

[5] Ver: PEEPLES, Ralph. The Uses of Mediation in Chapter 11 Cases. *17 ABI Law Review*, 401-426 (Winter 2009).

[6] Para a definição de resolução alternativa de disputas, ver 28 U.S.C. §651 (a) ("*For purpose of this chapter, an alternative dispute resolution process includes any process or procedure, other than an adjudication by a presiding judge, in which a neutral third party participates to assist in the resolution of issues in controversy, through processes such as early neutral evaluation, mediation, minitrial, and arbitration as provided in sections 654 through 658.*").

[7] Ver 28 U.S.C. §651 (b) ("*Each United States district court shall authorize, by local rule adopted under section 2071(a), the use of alternative dispute resolution processes in all civil actions, including adversary proceedings in bankruptcy, in accordance with this chapter, except that the use of arbitration may be authorized only as provided in section 654. Each United States district court shall devise and implement its own alternative dispute resolution program, by local rule adopted under section 2071(a), to encourage and promote the use of alternative dispute in its district.*").

[8] Ver: National Bankruptcy Review Commission, Bankruptcy: The Next Twenty Years – National Bankruptcy Review Commission Final Report, 489 (Recommendation 2.4.7) (1997) ("*Congress should authorize judicial districts to enact local rules establishing mediation programs in*

Com base na *Dispute Resolution Act*, os juízos locais são autorizados a implementar regras próprias para regular a aplicação da mediação nos processos de insolvência[9]. Certas regulações locais estabelecem que alguns temas não podem ser passíveis de mediação, como, por exemplo, disputas abrangendo entes governamentais[10], contratação e remuneração de profissionais envolvidos no processo de insolvência e remuneração dos auxiliares do juízo (como os *Trustees* e outros peritos)[11]. Pesquisas submetidas aos Juízos de Falência nos Estados Unidos demonstram que a principal utilização da mediação por tais Juízos cocorre em questões contenciosas e disputas no âmbito de tais processos de insolvência, bem como no processo de negociação e eventual aprovação de Planos de Recuperação[12], muito embora tenha sido relatado que a mediação também é usada no contexto da avaliação das habilitações/impugnações dos credores[13-14].

which the court may order non-binding, confidential mediation upon its own motion or upon the motion of any party in interest. The court should be able to order mediation in adversary proceeding, contested matter, or otherwise in a bankruptcy case, except that the court may not order mediation of a dispute arising in connection with the retention or payment of professionals or in connection with a motion for contempt, sanctions, or other judicial disciplinary matters. The court should also have explicit statutory authority to approve the payment of persons performing mediation functions pursuant to the local rules of that district's mediation program who satisfy the training requirements or standards set by the local rules of that district. The statute should provide further that the details of such mediation programs that are not provided herein may be determined by local rule.").

[9] Ver: Collier on Bankruptcy P. 11.02 (*"Once such programs are established, courts are required to set up local rules by which litigants in all civil cases (which presumably includes all bankruptcy cases) can consider the use of an alternative dispute resolution process at an appropriate stage of the ligation, and the courts are required to offer at least one alternate dispute resolution process for them to consider."*).

[10] Ver: Collier on Bankruptcy P. 11.03 (fazendo referência à uma outra exclusão efetuada pelo Southern District of New York, *"although the local rules make no other categorical distinction, instead relying on the discretion of the presiding judge to filter cases."*).

[11] Ver: Collier on Bankruptcy P. 11.03 (Discutindo as regras locais do Distrito Central da Califórnia).

[12] Ver: PEEPLES. The Uses of Mediation..., p. 418 (*"Adversary proceedings were identified as the type of proceeding most often referred to mediation (n=89), followed by contested matters (n=57) and plan negotiation/confirmation (n=51)."*).

[13] Ver: Collier on Bankruptcy P. 11.01 (*"[mediation] has also been successfully used to help winnow and assess creditor's claims when many of such claims are similar."*).

[14] JUNQUEIRA, Thiago Braga; PAIVA, Luiz Fernando Valente de. A Efetividade da Mediação no Sistema Americano. Um incentivo à recente Experiência Brasileira. In: MARTINS, André Chateubriand; YAGUI, Marcia (coord.). *Recuperação Judicial, Análise Comparada Brasil-Estados Unidos*. São Paulo: Almedina, 2020, p. 128.

No Brasil, assim como nos Estados Unidos da América, não havia previsão legal, tampouco vedação, para o uso da mediação em processos de recuperação e falência – o início de sua utilização entre nós é relativamente recente. Sua importância, contudo, foi destacada pelo CNJ, que editou a Recomendação 58[15], contendo diretrizes para sua aplicação, e pela Lei nº 14.112/2020, que apresenta disposições expressas tratando de sua aplicação, conforme será demonstrado ainda neste artigo.

4. Princípios da mediação relevantes para o processo de recuperação e falência

Antes de tratar da Lei 14.112/2020 e da Recomendação 58, convém destacar os seguintes princípios que devem orientar a mediação no processo de recuperação de empresas e falência:

- *Isonomia*, no sentido de que situações semelhantes devem ser tratadas com semelhança;
- *Confidencialidade*, no âmbito das negociações, para promover ambiente juridicamente seguro para troca de informações, o que é essencial para se maximizarem as chances de acordos viáveis. Os resultados dos acordos, naturalmente, não devem ser confidenciais e devem ser submetidos à homologação judicial;
- *Transparência*, para que as partes interessadas e afetadas possam conhecer o processo e saber o que dele esperar;
- *Pleno acesso*, com oportunidade de participação das partes interessadas e afetadas;
- *Eficiência*, para cumprir os prazos estabelecidos em lei e lidar com a natural escassez de recursos dessa categoria de casos;
- *Neutralidade e Imparcialidade* dos profissionais de mediação;
- *Devido processo legal*, para a segurança jurídica das partes envolvidas.

Ainda quanto à *confidencialidade*, vale ressaltar que a obrigação legal do mediador de manter a confidencialidade das informações recebidas, salvo aquelas porventura de domínio público, estende-se ao magistrado, que não pode exigir que o mediador revele as informações confidenciais recebidas,

---

[15] A redação da Recomendação CNJ nº 58 teve sua redação atualizada pela Recomendação CNJ nº 112, de 20 de outubro de 2021.

exceto, naturalmente, aquelas que deverão se tornar públicas na hipótese de acordo e respectiva submissão para homologação. Isso significa que o mediador deve exercer suas funções com autonomia, o que inclui a escolha dos procedimentos a serem adotados nas sessões de mediação, devendo respeitar a legislação e os padrões éticos – inclusive, sendo recomendável ao Centro de Mediação do qual seja membro instituir código de ética e conduta, obrigando seus membros a segui-lo.

5. Início e aspectos práticos da mediação em processos de recuperação

Trataremos em seguida dos aspectos práticos da mediação na recuperação empresarial, seja na modalidade extrajudicial ou judicial. A mediação na recuperação empresarial pode se dar em diferentes frentes. Questões bilaterais ou multipartes podem ser enfrentadas com o apoio de um mediador e o próprio plano de recuperação propriamente dito poderá ser mediado.

A mediação incidental no contexto de uma recuperação empresarial pode seguir rito muito semelhante ao de uma mediação empresarial comum. Exemplos de mediações incidentais seriam a mediação entre sócios da empresa, cujo resultado interessaria ao processo, eventual discussão de questões contratuais com terceiros que possam implicar créditos para a empresa, entre outras.

É claro que a negociação/mediação de um acordo no contexto de uma recuperação judicial é sensível e sujeita às restrições legais. O resultado das tratativas deve ser robusto e justificável perante as partes interessadas e afetadas, quais sejam, os credores, o Administrador judicial, o Ministério Público e o juízo competente. Se, por um lado, as limitações podem implicar menor flexibilidade e liberdade para as partes, por outro, a necessidade de justificar pode levar o processo a um apoio mais amplo em critérios objetivos e independentes, e a uma maior racionalidade das partes, o que vai ao encontro da própria essência de um processo de mediação.

A utilização de um mediador renomado e de ilibada reputação e/ou de uma instituição renomada como sede da mediação, *per se*, podem servir como fatores que proporcionam maior legitimidade e credibilidade ao acordo perante o público, em comparação a um acordo negociado pelas próprias partes, sem auxílio externo.

No caso de mediações com grande número de partes ou na hipótese de um plano de recuperação, o processo ganha outro nível de complexidade. No Brasil, a prática da mediação de plano de recuperação ainda é extremamente incipiente. São raras as experiências práticas já concluídas – tendo havido um crescente número de casos, em especial nos últimos meses. Entretanto, já é possível notar que, ao se pensar na mediação de um plano, a técnica aplicada transcende o mecanismo processual da mediação isoladamente considerado. O mediador do plano deve aprender de bases mais sofisticadas do campo de resolução de disputas e agregar técnicas do campo de Criação de Consenso[16], Desenho de Sistemas de Disputas[17], além, é claro de ter pleno domínio da ciência e da arte da negociação, na modalidade complexa e multipartes[18], bem como ter um mínimo de conhecimento da LRE, até para evitar, por exemplo, a conclusão de um acordo que estará fadado a ter sua homologação rejeitada em razão de disposições ilegais e que vêm sendo rechaçadas pela jurisprudência.

6. Reunião de informações e diagnóstico

Para a mediação de um plano, a princípio, o mediador deverá se dedicar a uma etapa de juntar informações e de diagnóstico do contexto da empresa e seus credores. Com efeito, a reunião de informações sobre o contexto permite ao mediador identificar todas as partes envolvidas, mapear seus interesses, necessidades, preocupações, medos, recursos físicos, capacidades e alternativas, o histórico das tratativas e começar a definir as áreas de concordância e discordância entre elas. Esse processo também propicia ao mediador analisar os incentivos e as preferências das partes e sua boa-fé em explorar opções para viabilizar ou aprimorar um plano de recuperação.

---

[16] Sobre o tema, vide: SUSSKIND, Lawrence E.; MCKEARNAN, Sarah; THOMAS-LARMER, Jennifer (eds.). *The Consensus Building Handbook*: A Comprehensive Guide to reaching Agreement. Thousand Oaks, CA: Sage Publications, 1999.

[17] Sobre o tema, vide: FALECK, Diego. *Manual de Design de Sistemas de Disputas*: Criação de Estratégias e Processos Eficazes para Tratar Conflitos. Rio de Janeiro: Editora Lumen Juris, 2018; e ROGERS, Nancy H.; BORDONE, Robert C.; SANDER, Frank E. A.; McEWEN, Craig. *Designing Systems and Processes for Managing Disputes*. New York: Wolters Kluwer, 2013.

[18] Sobre o tema, vide: RAIFFA, Howard. *Negotiation Analysis*: The science and art of collaborative decision making. Cambridge, MA: Belknap Harvard, 2002; e LAX, David A.; SEBENIUS, James K. *3D Negotiation* – Powerful Tools to Change the Game in Most Important Deals. Cambridge, MA: Harvard Business School Press, 2006.

O mediador de um plano deve se reunir com a empresa recuperanda e com o administrador judicial para a coleta inicial de informações sobre os credores e partes interessadas e afetadas. Pode se valer também de pesquisas e de fontes de informações públicas. Deverá também se dedicar a uma etapa de entrevistas e reuniões com as partes, para recolher as informações diretamente. Em linhas gerais, o mediador deverá estruturar um processo em que possa ouvir os credores e obter o máximo de informações e impressões possíveis.

O processo auxilia na compreensão do contexto do problema, quais os temas em disputa, bem como os aspectos emocionais técnicos e jurídicos relevantes. A compreensão abrangente do contexto e a reunião diligente de informações são fundamentais para determinar como um novo plano pode ser estruturado. Essa fase de diagnóstico e coleta de informações também permite ao mediador educar as partes sobre o processo, conferir maior justiça procedimental[19] e construir o relacionamento de confiança entre o próprio mediador e as partes. As entrevistas individuais ou estruturadas em grupos que essa etapa implica possibilitam maior contato e proximidade com as partes, bem como a oportunidade de que elas também avaliem o mediador.

A grande questão é a estruturação de um processo custo-eficiente para a realização das reuniões com os credores, que podem ser numerosos em muitos casos. Por vezes pode ser necessário promover reuniões coletivas, grupos focais, alguma forma de organização de representação dos grupos de interesses.

As informações coletadas devem ser organizadas e apresentadas para a empresa recuperanda, o que poderá ser feito por meio de um relatório. O mediador deve garantir a confidencialidade das informações quando solicitada pelos credores e a não atribuição das informações às fontes e aos credores que as revelaram. Quando um relatório de diagnóstico é redigido, o texto oferece um mapa para as partes sobre as disputas a serem tratadas. O texto pode refletir os pontos de concordância e discordância entre as partes, os interesses identificados e assim permitir maior clareza a respeito do contexto.

---

[19] Sobre o tema, vide: TYLER, Tom. Governing pluralistic societies. *Law & Contemporary Problems*, Durham, NC, U.S., v. 72, p. 187 (Spring 2009).

O prévio diagnóstico é essencial para o sucesso do arranjo consensual. Com apoio na teoria geral de criação de consenso, que entendemos plenamente aplicável à espécie, de acordo com Susskind, alguns profissionais consideram "perda de tempo" o investimento de energia e recursos nessa etapa do processo. Para eles, a fase de entrevistas pode gerar custos desnecessários e os pontos principais e partes afetadas são evidentes, dispensando maiores esforços de investigação.

O maior perigo em não conduzir o diagnóstico seria negligenciar um ator ou grupo interessado e afetado. Uma parte sequer que não seja atendida poderá criticar o sistema e minar sua legitimidade. David Lax e James Sebenius[20], na mesma esteira, chamam atenção para os danos de negligenciar potenciais grupos bloqueadores e agentes que, ainda que informais, são consideravelmente influentes no contexto.

Além disso, ao deixar de ouvir uma parte, o devedor e/ou o mediador perdem a oportunidade de identificar eventuais insatisfações pontuais que podem minar e comprometer a continuidade da relação comercial entre as partes. A experiência mostra que não raro aquilo que é um problema para um credor ou grupos de credores pode ser resolvido sem necessariamente um custo ou um custo elevado para o devedor – portanto, é possível gerar valor para uma das partes sem que isso implique perda para a outra parte. Assim, negligenciar um ator ou grupo interessado e afetado pode trazer um resultado aquém do que a mediação de um plano poderia oferecer – o que transcende a mera busca da aprovação do plano de recuperação judicial, passando pela restauração da relação de confiança entre as partes.

Outro perigo apontado por Susskind seria a criação de um procedimento que não trate dos temas adequados. Se assuntos importantes forem deixados de fora da agenda, a credibilidade do esforço poderá ser questionada. O problema negligenciado poderá ser atendido fora do sistema, de maneira mais difícil. O diagnóstico oferece a oportunidade de que todos os tópicos ou perspectivas relevantes sejam considerados.

Susskind[21] pondera que as partes nem sempre expressam suas verdadeiras perspectivas e interesses facilmente. Nem todos os temas importantes ou partes relevantes são evidentes sem que se consiga penetrar

---

[20] LAX; SEBENIUS. *3D Negotiation...*, p 54.

[21] SUSSKIND, Lawrence E.; THOMAS-LARMER, Jennifer. Conducting a Conflict Assessment. In: SUSSKIND, Lawrence E.; MCKEARNAN, Sarah; THOMAS-LARMER,

em um círculo de diálogo mais próximo, com maior grau de confiança. O papel de um neutro, imune à desconfiança gerada pelo desgaste da relação, conduzindo o diagnóstico, por meio de um procedimento adequado, aumentará as chances de trazer informações importantes à tona. Um neutro poderá investigar as visões das partes interessadas, lidar com dificuldades e partes relutantes e identificar pontos fundamentais para aprovação de um plano.

Por fim, o diagnóstico pode revelar a inviabilidade da iniciativa. Um ator fundamental pode admitir que não tem interesse na iniciativa, ou que tem uma melhor alternativa para o procedimento, que o esvaziará. Outro ator poderia ter motivos para se voltar contra o projeto e minar suas bases. O diagnóstico pode evidenciar dificuldades de sustentabilidade econômica da iniciativa a médio e longo prazo.

7. *Drawing Board* com a recuperanda e implementação da estratégia

Ao fim e ao cabo da etapa inicial de reunião de informações e diagnóstico, o mediador deverá se reunir com a empresa recuperanda e sua equipe de advogados, assessores e negociadores. O processo decisório e "as regras do jogo" do processo de recuperação judicial e extrajudicial são bem claros e definidos e o processo de mediação deve se amoldar às normas existentes.

A proposta de um plano parte da empresa recuperanda. Com as informações existentes e de acordo com seus recursos e capacidades, deve ela formular uma proposta capaz de ser aprovada, de acordo com seus objetivos e considerando o universo de credores, as resistências, as relações de influência e os apetites. O bom mediador, com conhecimento superior na ciência e na arte de negociação, poderá colaborar com a formulação e implementação da estratégia, considerando a ordem, a agenda e o sequenciamento, para aproximação das partes de maneira a favorecer o consenso e evitar a construção de coalizões bloqueadoras.

O mediador poderá auxiliar a empresa recuperanda e suas equipes de diversas maneiras na relação direta com os grupos de credores. Exemplos são a promoção de melhor comunicação entre a recuperanda e seus credores, ou categorias de credores, para resgatar confiança, esclarecer

Jennifer (eds.). *The Consensus Building Handbook*: A Comprehensive Guide to reaching Agreement. Thousand Oaks, CA: Sage Publications, 1999, p. 99-136 (p. 104).

fatos, trocar informações, desenvolver opções, testar hipóteses, entre outros elementos que favoreçam o acordo.

O mediador, igualmente, prestará auxílio aos credores. Com a sofisticação do processo, com melhor qualidade na troca de informações e maior ênfase em construção de opções criativas e abrangentes, o processo de mediação colabora para a construção de soluções ótimas, o que poderá maximizar as chances de satisfação de um maior número de credores, com os mesmos recursos e capacidades existentes.

O mediador também poderá atuar em questões incidentais preexistentes ou identificadas no processo. Poderá o mediador colaborar para o desenho de processos para resolução de questões que envolvam frentes relevantes, como, por exemplo, iniciativas online para lidar com consumidores, que às vezes são extremamente numerosos, ou programas incidentais de acordos de casos trabalhistas.

Em linhas gerais, um bom modelo de mediação para a recuperação empresarial é o que Roger Fisher se refere como *"shuttle mediation"* ou *"one text procedure"*[22], em que o mediador transita entre as partes e grupos de interesse, promovendo conversas privadas e trocas de informação visando à aprovação de um texto único – o plano.

8. Os métodos alternativos de resolução de disputas na Lei 14.112, de 24/12/2020, e a atuação do administrador judicial

O § 9º do artigo 6º da LRE, com a recente alteração dada pela Lei 14.11/2020, afasta uma das dúvidas surgidas pela lacuna decorrente da redação original de 2005 ao prever, de forma expressa, que o processamento da recuperação judicial ou a decretação da falência não autoriza o administrador judicial a recusar a eficácia da convenção de arbitragem, não impedindo ou suspendendo a instauração de procedimento arbitral. Em outras palavras, ficou claro que não há restrição para que as massas falidas e as recuperandas se submetam à jurisdição arbitral.

Por sua vez, o art. 22, III, *c*, inclui, entre as competências do administrador judicial, a obrigação de relacionar os processos arbitrais e neles assumir a representação processual. Não se trata de obrigação nova, pois se limita a sanar a lacuna da lei quanto à necessidade de relacionar tais

---

[22] FISHER, Roger; URY, William. *Getting to Yes:* Negotiating Agreements Without Giving In. New York, NY: Penguin, 1983, p. 112.

processos e neles representar os interesses da Massa Falida. O art. 51 teve sua redação alterada para incluir a previsão expressa de que o devedor, ao distribuir a recuperação judicial, deve arrolar também os procedimentos arbitrais em que estiver envolvido.

É possível que haja um conflito entre as disposições que determinam à devedora e ao administrador judicial, conforme o caso, informar a existência do procedimento arbitral em curso e eventual acordo de confidencialidade estabelecido pelas partes. No entanto, nesse caso, optou o legislador por dar publicidade quanto à existência do procedimento a fim de permitir aos credores uma análise mais apurada da situação do devedor, o que não significa que o conteúdo da disputa deve necessariamente se torna público. A par desse fato, o administrador judicial, a fim de cumprir sua função de fiscalizar a atividade da recuperanda, tem legitimidade para requerer as informações sobre o conteúdo da disputa e até opinar sobre a legalidade de eventual acordo proposto.

Finalmente, em linha do disposto no art. 6º da LRE, o § 2º do art. 167-M prevê que os credores conservam o direito de ajuizar e de prosseguir em quaisquer processos, judiciais ou arbitrais, que visem à condenação do devedor, ao reconhecimento ou à liquidação de seus créditos, a par do reconhecimento de processo estrangeiro principal.

No que diz respeito à conciliação e à mediação, a Lei 14.112/2020 reproduz, em linhas gerais, nos arts. 20-A e seguintes, de forma sintética, o texto da Recomendação 58 do CNJ, estendendo-a à conciliação, além de incluir no art. 22, I, *j*, entre as obrigações do administrador judicial, o dever, sempre que possível, de estimular a conciliação e a mediação, bem como outros métodos alternativos de solução de conflitos. Se, por um lado, a promulgação de lei com tais dispositivos é um avanço em relação à redação original da LRE, pois deixa clara a possibilidade da utilização da conciliação e da mediação – e vai além, estimulando seu uso –, de outro lado, o legislador perdeu a oportunidade de incorporar no texto legal várias das recomendações, tornando-as de aplicação obrigatória.

A recente alteração legislativa veda a mediação e a conciliação sobre classificação de créditos e critérios de votação em assembleia geral de credores e inclui um rol, também exemplificativo, porém mais restrito, de hipótese de aplicação da mediação e conciliação em processos de recuperação e falência. É silente, contudo, quanto à hipótese de utilização da mediação e da conciliação em processos de recuperação extrajudicial.

Contudo, a novel reforma modifica um dos requisitos essenciais para o ajuizamento da recuperação extrajudicial, possibilitando a distribuição do pedido com a adesão de credores titulares de um terço dos créditos sujeitos ao plano de recuperação extrajudicial, viabilizando a obtenção das adesões faltantes para a homologação do plano de recuperação extrajudicial – percentual que será reduzido para mais de cinquenta por cento dos créditos sujeitos ao plano. Isso significa que, na hipótese de distribuição do plano sem o percentual necessário para a homologação, o devedor terá de continuar negociando com os credores faltantes, não havendo impedimento para eventuais modificações do plano, desde que com a concordância dos credores que o haviam subscrito originalmente. Assim, em razão dessas modificações e da ausência de vedação, não parece haver impedimento para o uso de mediação e conciliação nos processos de recuperação extrajudicial, a par do silêncio da Lei 14.112/2020 e da Recomendação 58 do CNJ.

Finalmente, a Lei 14.112/2020 introduz a possibilidade de mediação e conciliação antecedentes, isto é, que antecedem a distribuição de um pedido de recuperação extrajudicial ou judicial. Os devedores que preencherem as condições para distribuir pedido de recuperação judicial podem requerer a instauração de mediação e/ou conciliação para negociação com seus credores perante o Centro Judiciário de Solução de Conflitos e Cidadania ou câmara especializada e, ato contínuo, pleitear a concessão de tutela de urgência cautelar para suspender as execuções contra eles propostas.

Na hipótese de distribuição de pedido de recuperação judicial ou extrajudicial, o prazo de suspensão concedido para a realização de mediação ou conciliação antecedente será deduzido do prazo de suspensão da recuperação, e, se a distribuição dos pedidos ocorrer no prazo de 360 dias contados do acordo firmado durante o período da mediação ou conciliação antecedentes, os credores terão seus direitos e garantias reconstituídos. Tal previsão tem por objetivo evitar um desestímulo a que credores celebrem acordos na mediação ou conciliação antecedentes e sejam penalizados, por exemplo, com um novo desconto na recuperação judicial. Tal vedação não impede que os credores que participaram da mediação e/ou conciliação concordem em ratificar em eventual plano de recuperação as condições pactuadas na mediação e/ou conciliação.

O administrador judicial pode exercer – e, em inúmeros casos, já vinha desempenhando – a função de conciliador, com o propósito de aproximar as partes, seja visando à celebração de acordos em litígios bilaterais, seja objetivando a aprovação de um plano pela maioria dos credores. Trata-se de função extremamente relevante, pois pode influenciar diretamente o resultado da recuperação judicial, mas deve ser exercida com muita cautela, pois o administrador judicial deverá dar parecer sobre a legalidade dos acordos celebrados e, em sua atuação como conciliador, deve preservar sua independência e posição equidistante das partes para poder opinar com isenção.

Na mediação, por seu turno, embora não possa atuar como mediador e não se envolva diretamente na negociação dos direitos disponíveis, o administrador judicial também exerce papel de apoio a ele. Para tanto, deve fornecer, quando solicitado, informações acerca da situação da devedora e do processo, auxiliando o mediador a compreender todos os interesses envolvidos e os limites para a celebração dos acordos.

Quanto a esse aspecto, o art. 20-C da LRE é expresso ao prever que o acordo obtido por meio de mediação ou conciliação deve ser homologado pelo juiz competente, que deverá realizar o controle de legalidade. No caso de recuperação judicial em curso, o administrador judicial deverá ser ouvido e ponderar ao magistrado eventuais obstáculos à homologação do acordo, sendo isso, no caso dos procedimentos arbitrais, não um dever, mas uma faculdade que pode ser exercida pelo administrador judicial.

9. A Recomendação n58 do CNJ para utilização da mediação nos processos de recuperação empresarial e falência

O CNJ, conforme mencionado acima, editou, em 22 de outubro de 2019, a Recomendação 58, buscando suprir a lacuna existente na legislação então em vigor para a utilização da mediação em processos de recuperação empresarial e falências. Não cabe ao CNJ legislar, e não é essa a pretensão da Recomendação. É certo que há ainda relativamente pouco conhecimento da mediação – e por que não reconhecer também, em um país com dimensão continental como o nosso, o pouco conhecimento da LRE e dos princípios que norteiam o direito concursal e/ou recuperacional? Essa circunstância causa para muitos aplicadores do direito certa estranheza e dúvidas quanto a adequada utilização da mediação nesses processos.

Em contrapartida, a utilização de maneira disforme, quando não equivocada, da mediação poderia colocar em risco a própria credibilidade do instrumento como meio eficaz na busca de soluções de conflito para as empresas em crise. Nesse sentido, é preciso realçar a importância da iniciativa do CNJ de editar a Recomendação com diretrizes para que os magistrados, as partes e as próprias Câmaras de Mediação utilizem a mediação de forma mais uniforme e correta, em harmonia com os princípios que a norteiam tanto quanto os processos de recuperação empresarial e falência.

A publicação da Recomendação provocou dois efeitos quase imediatos. Identificou-se um maior esclarecimento dos aplicadores do direito acerca da possibilidade da utilização da mediação, gerando um aumento imediato e gradual do número de casos e de mediadores escolhidos – o que aponta para outra questão a ser resolvida –, bem como houve uma maior padronização dos procedimentos adotados nas mediações instaladas nas recuperações judiciais nas mais diversas Comarcas.

Ainda na esteira da Recomendação, ocorreu um inegável e produtivo aumento dos debates acerca da utilização da mediação, seus limites e questões práticas como, por exemplo, se tudo o que é revelado e discutido é confidencial ou se a confidencialidade se limita às informações recebidas e às tratativas, mas o resultado e as informações que justificam o eventual acordo devem ser apresentados para que o magistrado faça o exame da legalidade antes da homologação do acordo.

Finalmente, após a Recomendação, foram inseridas no projeto que resultou na Lei 14.112/2020 as disposições referidas acima, tratando de forma expressa da aplicação da mediação e da conciliação nos processos de recuperação e falências.

As discussões ganharam importância proporcional à relevância do tema, a tal ponto que, em um recente e prestigiado Congresso da área de insolvência, antes ainda da aprovação pelo Congresso Nacional da reforma da LRE, a utilização da mediação foi mencionada em quase todos os painéis por profissionais dos mais diversos Estados. Entretanto, é necessário conter a expectativa acerca de sua adoção, pois a mediação não é um bálsamo para todos os males e não vai resolver as ineficiências dos processos de recuperação, mas é, sem dúvida, um instrumento muito útil que pode auxiliar na solução de impasses e aprimorar determinadas negociações.

Tratando especificamente do conteúdo, a Recomendação traz um rol exemplificativo das hipóteses em que a mediação pode ser utilizada e menciona: (*i*) os incidentes de verificação de crédito, seja quanto ao valor do crédito, seja quanto aos critérios para atribuição de valores aos bens gravados com direito real de garantia; (*ii*) a negociação de um plano de recuperação judicial; (*iii*) a solução de disputas entre sócios/acionistas do devedor; (*iv*) a negociação para a participação dos entes reguladores no processo em casos de concessionárias/permissionárias de serviços públicos e órgãos reguladores; e (*v*) as negociações com credores detentores de créditos excluídos dos processos de recuperação ou cujo direito de promover a excussão sobre a garantia que recai sobre patrimônio do devedor não é afetado pela recuperação judicial. Por sua vez, a previsão de uso da mediação para a pactuação de eventual consolidação substancial nos casos de consolidação processual deixou de ter aplicação com a reforma da LRE, que atribuiu ao magistrado que preside a recuperação judicial a competência para decidir sobre a questão, aspecto que deverá ser objeto de eventual atualização da Recomendação pelo CNJ.

Quanto ao plano de recuperação judicial, a recomendação ressalva expressamente a necessidade de o plano ser submetido à deliberação pela assembleia de credores e ao controle de legalidade, para posterior "homologação" ou concessão da recuperação. De se notar que a Recomendação não trata da mediação de plano de recuperação extrajudicial, o que se explica pelo fato de a LRE em vigor na data da edição da Recomendação ter como pressuposto que a recuperação extrajudicial somente era ajuizada quando as negociações já tivessem se encerrado, tendo o devedor obtido o quórum mínimo de adesão de credores – que era, antes da reforma da LRE, de mais de 60% dos créditos sujeitos à recuperação extrajudicial – para a homologação do plano.

A Recomendação também enfrenta a celeuma criada acerca da possibilidade de haver mediação nos procedimentos de verificação de crédito e esclarece que a mediação é possível, porém afasta a vedação quanto à classificação dos créditos, uma vez que não se trata de direito disponível do devedor. Portanto, o devedor não pode reconhecer a existência de um direito real de garantia não formalizado, mas nada impede que o credor que detém uma garantia a ela renuncie, tema que parece ter sido resolvido de forma definitiva pelo § 2º do art. 20-B da LRE. Em linhas gerais, a Recomendação admite a possibilidade sempre que o litígio em questão permitir a autocomposição, com as ressalvas e limites impostos pela legislação.

Segundo a Recomendação, a mediação pode ser iniciada por requerimento da devedora, do administrador judicial ou de credor, nas negociações bilaterais, ou de credores que detenham percentual relevante de créditos do devedor nos casos de negociações envolvendo múltiplas partes, ou ainda, em qualquer hipótese, de ofício. A mediação deve ser incentivada em qualquer grau de jurisdição e não implica a suspensão ou interrupção do processo e dos prazos previstos na LRE, salvo consenso entre as partes ou deliberação judicial. Com relação à remuneração, os honorários do mediador deverão ser custeados pelo devedor nas mediações plurilaterais, e repartidos entre as partes nas mediações bilaterais, salvo se as partes pactuarem de forma diversa.

O CNJ recomenda que o mediador escolhido possua as qualificações para atuar como tal e tenha experiência em processos de insolvência e negociações complexas com múltiplas partes. Não há necessidade de um único mediador reunir todas as qualificações – o que, a rigor, diminuiria muito a utilização da ferramenta dada à existência de um número muito reduzido de profissionais que apresentasse todas as qualificações recomendadas. Quanto a esse ponto, é necessário o oferecimento de cursos e investimento na preparação dos mediadores que pretendam atuar em processos de recuperação. A Recomendação indica – e isso parece valer tanto para a situação atual, ante a inexistência de ampla gama de profissionais habilitados, como para o futuro – que os requisitos de qualificação poderão ser dispensados pelas partes quando elas optarem por indicar um mediador de comum acordo.

A Recomendação parece ter colocado um fim a outra celeuma surgida com os primeiros casos de mediação em processos de recuperação e que consiste no impedimento de o administrador judicial exercer a função, dada a incompatibilidade de funções e com o papel que teria em eventual decretação de falência do devedor. O reconhecimento do impedimento parece hoje pacífico em todos os debates, aplicando-se também ao magistrado, e nada obstando que este último e o administrador judicial exerçam a função de conciliador. Aliás, a conciliação é sempre possível nos casos em que é permitida a autocomposição – e em nada se confunde com a mediação.

O mediador escolhido pode indicar a necessidade ou conveniência da utilização de comediadores, em virtude da complexidade do caso, ou do número de credores ou grupo de credores envolvidos, ou, ainda, o número de conflitos a serem mediados, sendo possível o uso de plataformas eletrônicas, conforme mencionado.

Finalmente, a Recomendação também sugere a forma pela qual a escolha do mediador deve se dar:

"(i) o autor do requerimento para instauração da mediação poderá indicar até três nomes para exercer a função de mediador; (ii) a contraparte poderá aceitar um dos nomes indicados, sendo que na hipótese de serem múltiplas partes, o magistrado deverá certificar que há consenso na aceitação de um dos nomes, hipóteses em que o nome objeto do consenso deverá ser nomeado pelo magistrado; (iii) se não houve aceitação do nome indicado ou não houver consenso na aceitação de um nome na hipótese de múltiplas partes, o magistrado deverá oficiar a um Centro de Mediação, que possua dentre seu corpo de mediadores profissionais habilitados a atuar em processos de insolvência, para que indique um mediador apto; (iv) caso o mediador indicado pelo Centro de Mediação aceitar o encargo, o juiz deverá nomeá-lo; (v) caso mediador indicado pelo Centro de Medição não aceitar a indicação, não haja Centro de Mediação com profissionais habilitados, uma das partes não aceite e indicação feita pelo Centro de Mediação, ou, ainda, o Centro não faça a indicação, bem como nos casos em que a mediação se dá por determinação de ofício, o Magistrado deve fazer a nomeação de profissional, à sua escolha, dentre aqueles habilitados para exercer a função, podendo a escolha recair sobre um dos nomes previamente indicado pelas partes."[23]

Conclusões

Para concluir, espera-se, com essa reforma da LRE, por um lado, a eliminação de dúvidas acerca dos efeitos dos processos de insolvência nos procedimentos arbitrais e, de outro, em conjunto com a Recomendação 58 do CNJ, um incremento da utilização da mediação e da conciliação. Por sua vez, a consolidação do uso da mediação em processos de recuperação dependerá, em boa parte, da escolha apropriada e da devida preparação dos mediadores, da observância dos princípios e recomendações acima elencados, além do cuidado na seleção dos conflitos a serem mediados, o que fará com que tenhamos casos de sucesso como exemplo a estimular a adoção do instituto de forma mais ampla.

[23] JUNQUEIRA; PAIVA. A Efetividade da Mediação..., p. 136.

Referências

FALECK, Diego. *Manual de Design de Sistemas de Disputas:* Criação de Estratégias e Processos Eficazes para Tratar Conflitos. Rio de Janeiro: Editora Lumen Juris, 2018.

_____; PAIVA, Luiz Fernando Valente de. Mediação na Recuperação Judicial: Análise da Recomendação nº 58/20 do CNJ e Perspectivas Futuras. In: JAPUR, José Paulo; MARQUES, Rafael Brizola (org.). *Recomendações do CNJ em Direito Recuperatório e Falimentar.* Porto Alegre, Buqui, 2021.

FISHER, Roger; URY, William. *Getting to Yes:* Negotiating Agreements Without Giving In. New York, NY: Penguin, 1983.

JUNQUEIRA, Thiago Braga; PAIVA, Luiz Fernando Valente de. A Efetividade da Mediação no Sistema Americano. Um incentivo à recente Experiência Brasileira. In: MARTINS, André Chateaubriand; YAGUI, Marcia (coord.). *Recuperação Judicial, Análise Comparada Brasil-Estados Unidos.* São Paulo: Almedina, 2020.

LAX, David A.; SEBENIUS, James K. *3D Negotiation* – Powerful Tools to Change the Game in Most Important Deals. Cambridge, MA: Harvard Business School Press, 2006.

PAIVA, Luiz F. Valente de. Da Recuperação Extrajudicial. In: _____ (coord.). *Direito Falimentar e a Nova Lei de Falências e Recuperação Judicial.* São Paulo: Quartier Latin, 2005.

PAIVA, Luiz Fernando Valente de. Apresentação do plano de recuperação pelo devedor e a atuação dos credores. *Revista do Advogado,* v. 25, n. 83, p. 73-81, set. 2005.

PEEPLES, Ralph. The Uses of Mediation in Chapter 11 Cases. *17 ABI Law Review,* 401, 407 (Winter 2009).

RAIFFA, Howard. *Negotiation Analysis:* The science and art of collaborative decision making. Cambridge, MA: Belknap Harvard, 2002.

ROGERS, Nancy H.; BORDONE, Robert C.; SANDER, Frank E. A.; McEWEN, Craig. *Designing Systems and Processes for Managing Disputes.* New York: Wolters Kluwer, 2013.

SCHMIDT, Gustavo da Rocha; BUMACHAR, Juliana. Sistema de Pré-Insolvência Empresarial – Mediação e Conciliação Antecedentes. In: SALOMÃO, Luis Felipe; TARTUCE, Flávio; COSTA; Daniel Carnio. *Recuperação de Empresas e Falência:* Diálogos entre a Doutrina e a Jurisprudência. Barueri: Atlas, 2021.

SUSSKIND, Lawrence E.; THOMAS-LARMER, Jennifer. Conducting a Conflict Assessment. In: SUSSKIND, Lawrence E.; MCKEARNAN, Sarah; THOMAS-LARMER, Jennifer (eds.). *The Consensus Building Handbook:* A Comprehensive Guide to reaching Agreement. Thousand Oaks, CA: Sage Publications, 1999, p. 99-136.

_____; MCKEARNAN, Sarah; THOMAS-LARMER, Jennifer (eds.). *The Consensus Building Handbook:* A Comprehensive Guide to reaching Agreement. Thousand Oaks, CA: Sage Publications, 1999.

TYLER, Tom. Governing pluralistic societies. *Law & Contemporary Problems,* Durham, NC, U.S., v. 72, p. 187 (Spring 2009).

16. O PAPEL DO ADMINISTRADOR JUDICIAL NO ACOMPANHAMENTO E NA FISCALIZAÇÃO DAS NEGOCIAÇÕES NA RECUPERAÇÃO JUDICIAL

Andrea Galhardo Palma

Joice Ruiz Bernier

Introdução

Desde a edição da Lei 11.101/05 (LRE), o Administrador Judicial, órgão de essencial importância para a boa condução dos processos de insolvência empresarial, exerce, basicamente, uma função fiscalizatória na recuperação judicial e de gestor e liquidante na falência.

Com a reforma da LRE decorrente da promulgação da Lei 14.112, de 24 de dezembro de 2020, o protagonismo do Administrador Judicial cresceu ainda mais em face de novas funções e deveres que a ele foram conferidos. Somente o artigo 22 da LRE, que elenca as competências ordinárias do Administrador Judicial, apresenta 10 novas funções ao auxiliar do juízo.

Dentre essas novas funções, mais especificamente no que diz respeito às competências exclusivas na recuperação judicial, a LRE determina que o Administrador Judicial fiscalize o decurso das tratativas e a regularidade das negociações entre devedor e credores (art. 22, inc. II, alínea *e*), bem como assegure que as partes não adotem expedientes dilatórios ou inúteis que prejudiquem o regular andamento das negociações (art. 22, inc. II, alínea *f*) e que obedeçam aos termos convencionados, propondo, na falta de acordo, as regras a serem homologadas pelo juiz, caso seja necessário (art. 22, inc. II, alínea *g*).

O presente artigo pretende discutir justamente essas novas funções fiscalizatórias, traçando os limites da atuação do Administrador Judicial e a sua efetividade na prática. Para tanto, será explorada a importância dos métodos alternativos de solução de conflitos na recuperação judicial, a natureza jurídica do Administrador Judicial e as funções a ele conferidas pela legislação, incluindo o seu papel nas negociações.

1. A importância dos métodos alternativos de solução de conflitos na recuperação judicial

Embora não seja o objetivo deste artigo o estudo da negociação e da mediação, mas sim o de sua fiscalização pelo auxiliar do juízo, é oportuno tecer breves comentários a respeito dos conceitos desses institutos, diante de sua pertinência ao processo de recuperação judicial.

Tanto a negociação quanto a mediação são indicados pela doutrina processualista clássica como meios alternativos de resolução de disputas, utilizados desde o surgimento da autocomposição[1-2]. A *negociação*, essência da recuperação judicial, é um método voluntário e consensual, no qual as partes, tendo interesses conflitantes e mediante comunicação direta, controlam a conformação e o desenvolvimento do modo pelo qual obterão um acordo[3]. Já na *mediação*, uma terceira pessoa, imparcial e independente,

---

[1] Conforme a clássica doutrina processual: "Sendo disponível o interesse material, admite--se a autocomposição, em qualquer de suas três formas clássicas: transação, submissão, desistência (e qualquer uma delas pode ser processual ou extraprocessual). Em todas essas hipóteses, surge um novo preceito jurídico concreto, nascido da vontade das partes (ou de uma delas), e que irá validamente substituir aquela vontade da lei que ordinariamente derivara do encontro dos fatos concretos com a norma abstrata contida no direito objetivo." (ARAÚJO CINTRA, Antônio Carlos; GRINOVER, Ada Pellegrini; DINAMARCO, Cândido Rangel. *Teoria geral do processo*. 26 ed. São Paulo: Malheiros, 2010, p. 36).

[2] Consoante ensinamentos da saudosa jurista Ada Pellegrini Grinover: "Outros métodos adequados de solução de conflitos, não estatais, podem ser utilizados para pacificar com justiça e com maior eficiência. Tais são chamados meios alternativos de solução de conflitos (*alternative dispute resolution* ou, em outra denominação, *meios alternativos de solução de conflitos*), nos quais se busca uma *autocomposição*, isto é, uma solução do conflito por ato das próprias partes (conciliação ou mediação), ou uma *heterocomposição privada* (decisão por árbitros nomeados pelos próprios litigantes). Como forma de autocomposição existe também a *negociação*, em que as partes em conflito dirimem seus conflitos diretamente ou com a colaboração de um terceiro (*negociação assistida*)." (GRINOVER, Ada Pellegrini. *Ensaio sobre a processualidade: fundamentos para uma nova teoria geral do processo*. Brasília: Gazeta Jurídica, 2016, p. 62).

[3] GIBBONS, T. F.; MORROW, J. W. *Mediation training*. Chicago: Northwestern University, 2008, p. 24, *apud* GUERRERO, Luis Fernando. *Os Métodos de Solução de Conflitos e o Processo Civil*. São Paulo: Grupo GEN, 2015, p. 27.

orientará as partes envolvidas em uma controvérsia no intuito de auxiliá-
-las a melhor compreender a situação em que se encontram e, assim,
chegarem a um acordo[4].

A mediação, portanto, não se confunde com a *negociação ampla* inerente
à recuperação judicial, dependendo de efetiva instauração com a aceitação
das partes e nomeação de profissional capacitado[5].

Com o advento da Lei 11.101/2005 e introdução da recuperação judicial
no ordenamento jurídico, a negociação assumiu inegável protagonismo na
solução da crise empresarial, permitindo a credores e devedores lançarem
mão de regras preestabelecidas para que, coordenada e harmonicamente,
possam contemporizar a satisfação das obrigações e viabilizar a continuidade da atividade economicamente saudável.

A recuperação judicial consiste, portanto, em um instrumento legalmente estruturado para que o devedor negocie, de forma concentrada e
coordenada, com as diferentes categorias de credores, a quem é conferido
o poder de decisão. Ela visa à eliminação de idiossincrasias e à neutrali-
zação das dificuldades características da crise empresarial, especialmente
em virtude da multiplicidade dos interesses envolvidos[6].

[4] ZAPAROLLI, Célia Regina. Procurando entender as partes nos meios de resolução pacífica
de conflitos, prevenção e gestão de crises. In: BRAGA NETO, Adolfo; SIOUF FILHO, Alfred
Habib; SALLES, Carlos Alberto de. *Negociação, Mediação e Arbitragem*. Curso Básico Para
Programas de Graduação em Direito. São Paulo: Método, 2012, p. 39.

[5] Para estudo das características da mediação na Lei 11.101/2005, conferir: PALMA, Andrea
Galhardo. A mediação na recuperação judicial e sua inclusão na lei de falências (com redação
determinada pela Lei n.14.112, de 25/12/2020). In: VASCONCELOS, Ronaldo; PIVA,
Fernanda Neves; ORLEANS E BRAGANÇA, Gabriel José de; *et al* (coord.). *Reforma da Lei de
Recuperação e Falência* – Lei 14.112/2020. São Paulo: Editora IASP, 2021, p. 289-311.

[6] SATIRO ressalta que: "Com interesses assim potencialmente contraditórios, não se pode
esperar um alinhamento natural e voluntário, especialmente em função dos altíssimos
custos de transação para sua organização e a ausência de incentivos para que um ou
alguns deles assumam a função de coordenadores (como procuradores dos demais, por
exemplo). No entanto, como se reconhece na continuidade da empresa viável um valor a
ser protegido em benefício de uma gama de interessados mas principalmente dos credores,
a LRF os organiza e qualifica de forma a obter um foro único de decisão majoritária,
a Assembleia Geral de Credores, e assim viabilizar a eventual aprovação da proposta
de reorganização do devedor". (SOUZA JÚNIOR, Francisco Satiro de. Autonomia dos
credores na aprovação do plano de recuperação judicial. *ResearchGate*, jan. 2013. Disponível
em: <https://www.researchgate.net/profile/Francisco-Satiro/publication/283503466_
Autonomia_dos_credores_na_aprovacao_do_plano_de_Recuperacao_Judicial/

Disso traduz-se a vantagem da intervenção do Poder Judiciário na superação da crise empresária por meio de uma ferramenta sistêmica, que permite a negociação livre e centralizada em um ambiente confortável, que, ao mesmo tempo, é judicializado (segurança jurídica) e democrático (liberdade e autonomia).

Essa dinâmica, por conseguinte, viabiliza a criação de um espaço onde, de um lado, há a inevitabilidade para os credores de participação na negociação e, de outro, há a proteção ao devedor para a condução dessas tratativas. Ela prevê ao devedor, no complexo cenário de multifacetados credores, relevante economia de recursos, os quais poderão ser aplicados nas negociações e na continuidade da atividade empresarial, aliado ao fôlego resultante do *stay period* (art. 6º, inc. II, par. 4º da LRE), durante o qual é vedado aos credores sujeitos ao procedimento executar suas dívidas, possibilitando ao devedor mitigar sua vulnerabilidade para negociar.

O *stay period* consiste, assim, em verdadeira "barganha" no processo de persuasão do devedor dentro do plano de recuperação judicial que, naturalmente, deve se mostrar mais vantajoso em relação ao cenário falimentar, para que os credores o prefiram[7].

links/563b8fa708ae45b5d286915e/Autonomia-dos-credores-na-aprovacao-do-plano-de-Recuperacao-Judicial.pdf>. Acesso em: 24 set. 2021).

[7] Conforme bem ilustra CAVALLI sobre o tema: "Conquanto o modelo das normas concursais deva ser baseado em uma barganha hipotética, é virtualmente impossível celebrar *ex ante* um tal contrato. Por esse motivo, para coordenar os interessados (isto é, todos os que podem se servir dos ativos da empresa, como credores, acionistas, fornecedores e administradores) e maximizar o valor dos ativos da empresa devedora, as normas de direito concursal devem (i) ser coletivas e compulsórias, no sentido de que devem disciplinar o procedimento de cobrança a ser adotado por todos os credores da empresa ou, mais precisamente, de todos aqueles que por algum título jurídico podem buscar se servir dos ativos da empresa; e devem (ii) afastar a incidência das regras procedimentais que marcam a execução contra devedor solvente, notadamente o princípio da preferência, sintetizada no brocardo *potior in tempore, prior in jure*. Enquanto procedimentos que disciplinam a forma como os interessados podem se servir dos ativos comuns titularizados pelo devedor insolvente, os procedimentos concursais são marcados por regras que impedem as execuções singulares e, com isso, preservam o valor da empresa devedora. Esta, em síntese, é a lógica do direito concursal, conforme postulado pela teoria do contratualismo concursal." (CAVALLI, Cassio. Reflexões para a reforma da Lei de recuperação de empresas. In: BEZERRA FILHO, Manoel Justino; RIBEIRO, José Horácio Hafeld Rezende; e WAISBERG, Ivo (org.). *Temas de Direito da Insolvência*: Estudos em homenagem ao Professor Manoel Justino. São Paulo: Editora IASP, 2017, p. 110-111).

O plano de recuperação judicial, que constitui a formalização propriamente dita desse amplo acordo buscado no procedimento recuperacional, é caracterizado como negócio jurídico celebrado entre devedor e seus credores, embora tenha um processo judicial como nascedouro[8]. Ele deverá ilustrar a cooperação e o equilíbrio entre os interesses de devedor e credores, essência da recuperação judicial, e será objeto de deliberação no ambiente democrático de negociação, a assembleia geral de credores[9].

O viés negocial que alicerça a recuperação judicial na LRE seguiu uma tendência mundial[10] que, naturalmente, passou a ganhar força no sistema normativo e orientador brasileiro ao longo dos últimos anos, com a edição de leis e orientações que têm prestigiado os meios alternativos de resolução de conflitos para além da negociação.

A despeito do notório reconhecimento da negociação como a forma mais simples, rápida e menos onerosa de solução de controvérsias – uma vez que, nela, os envolvidos tratam diretamente entre si, buscando a composição de seus interesses, bem como dispensando a presença (e o custo) com terceiros –, o movimento que recrudesceu o prisma negocial como um todo nos últimos anos trouxe consigo diversas possibilidades de resolução alternativa das disputas empresariais, dentre os quais a mediação.

---

[8] SOUZA JÚNIOR. *Autonomia dos credores...*

[9] A partir da reforma da LRE recentemente introduzida pela Lei 14.112/2020, é possível ao credor substituir a deliberação que seria obtida em assembleia por termo de adesão, votação eletrônica ou outro mecanismo que o juízo repute seguro (inc. I, II e II, art. 39).

[10] Esse movimento teve destaque global a partir das diretrizes divulgadas pelo Banco Mundial em abril de 2001 (*Principles and Guidelines for effective insolvency and creditors rights systems*), quando a instituição já pregava a negociação como chave para o alcance da superação da crise empresarial: "*Judicial decision making should encourage consensual resolution among parties where possible, and should otherwise undertake timely adjudication of issues with a view to reinforcing predictability in the system through consistent application of the law.*" (BANCO MUNDIAL. *Principles and Guidelines for effective insolvency and creditor rights systems*. 2001. Disponível em: <https://documents1.worldbank.org/curated/pt/424141468762589301/pdf/306470v--10DC200100008.pdf>. Acesso em: 24 set. 2021). Essas diretrizes permanecem vigentes nas divulgações do World Bank, conforme a edição mais recente, de 2021 (BANCO MUNDIAL. *Principles and Guidelines for effective insolvency and creditor rights systems*. 2021. Disponível em: <https://openknowledge.worldbank.org/bitstream/handle/10986/35506/Principles-for-Effective-Insolvency-and-Creditor-and-Debtor-Regimes.pdf?sequence=1&isAllowed=y>. Acesso em: 24 set. 2021).

O Projeto de Lei n.º 4.827/98 é indicado pela doutrina como a primeira iniciativa legislativa referente à mediação. Mas foi a partir de 2003, quando iniciado amplo debate sobre a reforma do sistema de justiça no âmbito do Poder Executivo, que as discussões em torno da mediação ganharam força. Desde então, o apoio à disseminação do uso de mecanismos alternativos de solução de conflitos tem feito parte da agenda do Ministério da Justiça[11].

Exemplo expressivo da sinergia do ordenamento jurídico no encorajamento da utilização das soluções alternativas dos conflitos foi visto no Novo Código de Processo Civil, em vigor desde março de 2016[12], o qual trouxe a positivação de importante incentivo por meio de seu Capítulo III, Seção V (art. 165 e seguintes), em contrapartida à cultura de litigiosidade e no contexto da crise experimentada pelo Poder Judiciário ao longo dos anos. Anos antes de sua promulgação, a tendência já tinha recebido adesão por meio do regramento contido na Resolução 125/2010 do CNJ[13], que retomou a intensidade da utilização dos métodos alternativos para resolução dos conflitos.

Nessa mesma toada, houve a promulgação da Lei 13.140/2015, que veio regular a mediação e a autocomposição. Essas positivações, aliadas à Resolução do CNJ, ressignificaram a ótica normativa brasileira frente aos litígios, constituindo marcos da utilização da conciliação e da mediação como meios de pacificação social. Também no ano de 2016, a I Jornada de Prevenção a Solução Extrajudicial de Litígios do Conselho da Justiça

---

[11] GARCEZ, José Maria Rossani *et al.* Origens e norteadores da mediação de conflitos. In: ALMEIDA, Tania; PELAJO, Samantha; JONATHAN, Eva (coord.). *Mediação de Conflitos.* Para iniciantes, praticantes e docentes. 2 ed. rev., atual. e ampl. Salvador: JusPodvim, 2019, p. 48-49; BUMACHAR, Juliana; SCARDOA, Renato. Mediação como método de resolução de disputas societárias no âmbito das recuperações judiciais. In: VASCONCELOS, Ronaldo; PIVA, Fernanda Neves; ORLEANS E BRAGANÇA, Gabriel José de; *et al* (coord.). *Reforma da Lei de Recuperação e Falência* – Lei 14.112/2020. São Paulo: Editora IASP, 2021, p. 316-317.

[12] Aplicável supletivamente aos processos de recuperação judicial e falência pelo art. 189, *caput*, LRE.

[13] "Art. 1º. Fica instituída a Política Judiciária Nacional de tratamento dos conflitos de interesses, tendente a assegurar a todos o direito à solução dos conflitos por meios adequados à sua natureza e peculiaridade.

Parágrafo único. Aos órgãos judiciários incumbe, além da solução adjudicada mediante sentença, oferecer outros mecanismos de soluções de controvérsias, em especial os chamados meios consensuais, como a mediação e a conciliação, bem assim prestar atendimento e orientação ao cidadão." (Disponível em: <https://atos.cnj.jus.br/atos>. Acesso em: 24 set. 2021).

Federal (CJF), coordenada pelo ilustre Ministro do Superior Tribunal de Justiça Luís Felipe Salomão, editou o Enunciado n. 45:

> "A mediação e conciliação são compatíveis com a recuperação judicial, a extrajudicial e a falência do empresário e da sociedade empresária, bem como em casos de superendividamento, observadas as restrições legais."

Por ocasião da II Jornada realizada recentemente foi aprovado mais um enunciado, o de n. 222, que enfatiza a necessidade de aplicar à recuperação a resolução dos conflitos visando à desjudicialização e preservação da atividade empresarial:

> "O juiz incentivará, com o auxílio do administrador judicial, a desjudicialização da crise empresarial, seja nos processos de recuperação judicial, seja extrajudicial, como forma de encontrar a solução mais adequada ao caso e, com isso, concretizar o princípio da preservação da atividade viável."[14]

Dentro desse forte movimento de estímulo às negociações no ambiente da recuperação judicial, foi editada em 2019 a Recomendação n. 58 do Conselho Nacional de Justiça (CNJ), diretriz importante que prevê, em seu artigo 2º, a possibilidade de se utilizar a mediação:

> "Art. 2º A mediação pode ser implementada nas seguintes hipóteses, entre outras:
>
> I – nos incidentes de verificação de créditos, permitindo que o devedor e credores cheguem a um acordo quanto ao valor dos créditos e escolham um dos critérios legalmente aceitos para atribuição de valores aos bens gravados

---

[14] O Enunciado n. 222, aprovado na II Jornada do CJF realizada em agosto de 2021, traz como Justificativa: "A Lei n. 11.101/2005 incentiva a adoção de canais extrajudiciais de solução de conflitos, responsabilizando as partes pela solução da crise do devedor de forma negociada e fora do Poder Judiciário. Trata-se de uma importante mudança cultural impulsionada pela Reforma (Lei n. 14.112/2021). Os magistrados, principalmente os não especializados, e os administradores judiciais precisam ser orientados para a utilização de caminhos menos gravosos e mais fluídos, autocompositivos, que podem ser escolhidos tanto das recuperações judiciais, quanto nas extrajudiciais. Por essas razões, é importante um enunciado que indique essa nova direção, como forma de trazer ao quotidiano processual os meios adequados de solução de conflitos." (Disponível em: <https://www.cjf.jus.br/cjf/corregedoria-da-justica--federal/centro-de-estudos-judiciarios-1/prevencao-e-solucao-extrajudicial-de-litigios/ ii-jornada-2013-enunciados-aprovados>. Acesso em: 29 set. 2021).

com direito real de garantia, otimizando o trabalho do Poder Judiciário, e conferindo celeridade à elaboração do Quadro Geral dos Credores;

II – para auxiliar na negociação de um plano de recuperação judicial, aumentando as suas chances de aprovação pela assembleia geral de credores sem a necessidade de sucessivas suspensões da assembleia;

III – para que credor e devedores possam pactuar, em conjunto, nos casos de consolidação processual, se haverá consolidação substancial;

IV – para solucionar disputas entre sócios/acionistas do devedor;

V – em casos de concessionárias/permissionárias de serviços públicos e órgãos reguladores, para pactuar acerca da participação dos entes reguladores no processo; e

VI – nas diversas situações que envolvam credores não sujeitos à recuperação, nos termos do §3º do art. 49 da Lei nº 11.101/2005, ou demais credores extraconcursais.

§ 1º É vedada a mediação acerca de classificação dos créditos.

§ 2º O acordo obtido por meio de mediação não dispensa a deliberação por Assembleia Geral de Credores nas hipóteses exigidas por lei, nem afasta o controle de legalidade a ser exercido pelo magistrado por ocasião da respectiva homologação."[15]

Em meio aos intensos debates que antecederam a promulgação da reforma da LRE (Lei 14.112/2020), notadamente com a crise sanitária mundial, a negociação enquanto essência da recuperação judicial não passou despercebida: obtê-la mediante as melhores práticas, estimuladas pelos atores do procedimento, é um dos nortes da reforma.

Dentro desse contexto, foram introduzidas novas previsões que vieram positivar o procedimento de negociação, conciliação e mediação antecedentes e incidentais na recuperação judicial (arts. 20-A a 20-D, LRE), seguidas da Recomendação n. 71/2020 do CNJ (que trata da criação dos CEJUSCs Empresariais – Centros Judiciários de Solução de Conflitos e Cidadania Empresariais). Seguindo a trajetória dessa ideologia, também foram inseridas na recente reforma da LRE as previsões que impõem ao Administrador Judicial obrigações no ambiente negocial da recuperação (art. 22, inc. II, alíneas *e, f* e *g*).

---

[15] CONSELHO NACIONAL DE JUSTIÇA. Recomendação nº 58, de 22 de fevereiro de 2019. Disponível em: <https://www.atos.cnj.jus.br>. Acesso em: 29 set. 2021.

2. Natureza jurídica e funções do Administrador Judicial na recuperação judicial

O Administrador Judicial é "órgão criado pela lei para auxiliar a justiça na realização de seu objetivo"[16-17]. Sob o aspecto processual, o conceito de "órgão" é contraposto ao de "parte" porque, enquanto "as partes são os sujeitos do processo (na falência, o devedor falido e os credores), os órgãos (pessoas físicas que o compõem) constituem os instrumentos pelos quais o processo opera e se desenvolve"[18].

O Administrador Judicial "não representa quem quer que seja, mas cumpre os deveres inerentes ao cargo" e é por essa razão que "pode agir contra ou a favor do falido, contra ou a favor das pretensões dos credores concorrentes"[19], sempre nos termos da lei. Ele auxilia o juízo a atingir os fins previstos na lei, e não figura como representante dos credores ou do devedor, ou ainda um simples *longa manus* do juiz; na verdade, ele atua em benefício do procedimento de reorganização ou liquidação[20].

Sua atuação se dá em benefício do procedimento de reorganização, tutelando a salvaguarda dos interesses focados na preservação da empresa que seja economicamente viável e auxiliando na rápida retirada do

---

[16] VALVERDE, Trajano de Miranda. *Comentários à Lei das Falências* (Decreto-lei nº 7.661, de 21 de junho de 1945), v. I (arts. 1º a 61). 4 ed. rev. e atual. por J. A. Penalva Santos e Paulo Penalva Santos. Rio de Janeiro: Revista Forense, 1999, p. 446.

[17] Erasmo Valladão Azevedo e Novaes França, lembrando as lições de Francesco Carnelutti, destaca que a "idéia de órgão está vinculada à de interesse comum ou coletivo" (FRANCA, Erasmo Valladão Azevedo e Novaes. Seção IV: Da Assembléia-Geral de Credores. In: SOUZA JUNIOR, Francisco Satiro de; e PITOMBO, Antônio Sérgio de A. Moraes (coord.). *Comentários à Lei de Recuperação de Empresas e Falência*. Lei 11.101/2005 – Artigo por Artigo. 2 ed. São Paulo: Revista dos Tribunais, 2007, p. 203).

[18] Tradução livre de "*le parti sono i soggetti del processo (nel fallimento, il debitore fallito e i creditori); gli organi (persone fisiche a ciò preposte) costituiscono gli strumenti mediante i quali il processo opera e si svolge*" (PROVINCIALI, Renzo. *Trattado di Diritto Fallimentare*, v. I. Milão: Dott. A. Giuffrè Editore, 1974, p. 659).

[19] VALVERDE. *Comentários à Lei das Falências...*, p. 447.

[20] Neste sentido, João Pedro Scalzilli, Luis Felipe Spinelli e Rodrigo Tellechea ao tratarem sobre a imparcialidade do Administrador Judicial ressaltam que ele "não é fiduciário de nenhuma das partes interessadas no processo, pois não administra os interesses de nenhuma delas. O administrador judicial não possui, assim, deveres fiduciários para com os credores ou devedor, sua responsabilidade é com a administração da justiça". (SCALZILLI, João Pedro; SPINELLI, Luis Felipe; e TELLECHEA, Rodrigo. *Recuperação de empresas e falência*: teoria e prática na Lei 11.101/205. 3 ed. São Paulo: Almedina, 2018, p. 245).

mercado das empresas inviáveis com a otimização da venda dos ativos, que serão realocados em atividades produtivas, bem como o pagamento dos credores da massa falida. Tanto na recuperação judicial como na falência, exerce a função de auxiliar da justiça em prol do interesse público, permanecendo equidistante às disputas das partes[21].

Ele exerce *munus* público, mas não é funcionário público[22] e nem a ele é equiparado para fins penais. O Administrador Judicial recebe o encargo de atuar na recuperação judicial ou na falência, em decorrência de disposição legal (daí se falar em *munus* público) e atua com verdadeiro auxiliar da justiça, com todas as funções, deveres e ônus decorrentes[23]. Ao Administrador Judicial são impostos os deveres de obediência aos preceitos da LRE, além de diligência, lealdade, boa-fé, imparcialidade e independência na sua atuação, sob pena de responsabilidade (arts. 31 a 33 da LRE).

Sucintamente, o Administrador Judicial exerce atividades essencialmente fiscalizatórias no âmbito da recuperação judicial e apenas assumirá a gestão da recuperanda em hipóteses especiais e remotas, nos termos no art. 65, par. 1º, da LRE.

O art. 22 da LRE elenca apenas as competências ordinárias do Administrador Judicial, sem, no entanto, esgotá-las[24]. Trata-se de rol meramente exemplificativo já que caberá ao auxiliar do juízo o exercício

---

[21] Abrão, Nelson. *O síndico na falência.* 2 ed. São Paulo: Liv. e Ed. Universitária de Direito, 1999, p. 34.

[22] José Xavier Carvalho de Mendonça, ao tratar da figura jurídica dos síndicos e liquidatários da Lei 5.746/29, assim já dizia: "Eles são instituídos no interesse público, para a realização do exercício das funções que lhes são confiadas; não participam, porém, do exercício de poderes públicos, nem fazer parte de ramo da administração pública" (MENDONÇA, José Xavier Carvalho de. *Tratado de Direito Comercial*, v. VIII. 2 ed. Rio de Janeiro: Freitas Bastos, 1962, p. 31).

[23] Ainda que não seja funcionário público, o Administrador Judicial é considerado auxiliar eventual da justiça. Ao assumir de forma voluntária o múnus público a ele conferido, deve, portanto, observar também os deveres de lealdade, de obediência e de conduta ética dos servidores públicos. Sobre os deveres dos servidores públicos, cf. MEIRELLES, Hely Lopes. *Direito Administrativo Brasileiro.* 26 ed. São Paulo: Malheiros, 1990, p. 436-438.

[24] No que diz respeito às demais competências do Administrador Judicial trazidas pela Lei 14112/20 não englobadas no art. 22, confira-se: BERNIER, Joice Ruiz. Administrador Judicial: impactos na responsabilidade civil e na remuneração em face das novas funções atribuídas pela Lei 14.112/20. In: VASCONCELOS, Ronaldo; PIVA, Fernandes Neves;

de todas as funções necessárias para o desempenho do cargo da forma mais eficaz possível[25].

O exercício de funções nitidamente distintas na recuperação judicial e na falência[26] não impede que ao Administrador Judicial sejam conferidas competências comuns a ambos os procedimentos.

A redação original do art. 22 da LRE já previa funções gerais ao Administrador Judicial, que podem ser resumidas: envio de correspondências aos credores, para informar a data do pedido de recuperação judicial ou da falência, a natureza, o valor e a classificação dada ao crédito; prestação das informações necessárias aos credores e ao juízo; coleta junto a credores, devedores e seus administradores das informações devidas; verificação e organização dos créditos, com a realização da relação de credores e consolidação do quadro geral; requerimento de convocação de assembleia geral de credores, quando necessário, e presidência do conclave, exceto nas deliberações sobre seu afastamento ou em outras em que haja incompatibilidade (art. 37, par. 1º); e contratação de auxiliares, mediante autorização judicial, sem prejuízo de manifestação nos demais casos previstos na LRE.

A reforma trazida pela Lei 14.112/20 trouxe mais atividades comuns ao auxiliar do juízo, que dizem respeito à celeridade e à transparência, essenciais a todo procedimento de recuperação judicial e falência e à salutar composição das partes relacionadas.

Pela nova redação do inc. I, do art. 22 da LRE, compete também ao Administrador Judicial manter *site* com as informações mais relevantes e peças principais do processo; disponibilizar e-mail específico para recebimento de habilitações e/ou divergências administrativas; responder a ofícios e solicitações enviadas por outros juízos e órgãos públicos, sem a necessidade de deliberação anterior do juízo (art. 22, inc. I, alíneas *k*, *l*, e *m*, LRE). Além disso, deve estimular, sempre que possível, a conciliação,

---

ORLEANS E BRAGANÇA, Gabriel José de; *et al* (coord.). *Reforma da Lei de Recuperação e Falência* – Lei 14.112/2020. São Paulo: Editora IASP, 2021, p. 413-433.

[25] TOLEDO, Paulo Fernando Campos Salles de; e ABRÃO, Carlos Henrique (coord.). *Comentários à Lei de Recuperação de Empresas e Falência*. 4 ed. São Paulo: Saraiva, 2010, p. 107.

[26] Uma vez que, diferentemente do que ocorre na recuperação judicial, na falência o Administrador Judicial representa e administra a massa falida com o fim de arrecadar e liquidar seus ativos para o pagamento de seus credores.

a mediação e outros métodos alternativos de solução de conflitos (art. 22, inc. I, alínea *j*, LRE).

Com efeito, à exceção da nova função de resposta a ofícios e a solicitações diretamente, essas ora intituladas "novas" competências do Administrador Judicial já eram descritas pela doutrina como funções transversais[27] ou deveres implícitos[28] do Administrador Judicial, mesmo antes da nova redação da lei, e, em sua grande maioria, já vinham sendo adotadas pelos auxiliares atuantes junto a juízos especializados[29].

No que tange às atividades ordinárias e exclusivas da recuperação judicial, relacionadas no inciso II do artigo 22 da Lei, a nova redação determinou que o Administrador Judicial apresentasse, além dos relatórios mensais de atividades, relatórios específicos sobre o plano de recuperação judicial, fiscalizando "a veracidade e a conformidade das informações prestadas pelo devedor" (art. 22, inc. II, alíneas *c* e *h*).

A Lei 14.112/20 acrescentou, ainda, a fiscalização pelo Administrador Judicial do decurso das tratativas e a regularidade das negociações entre devedores e credores, para que obedeçam às regras convencionadas e não adotem "expedientes dilatórios, inúteis, ou em geral, prejudiciais ao regular andamento das negociações", propondo, na falta de acordo, as regras a serem homologadas pelo juiz, caso seja necessário (art. 22, inc. II, alíneas *e, f* e *g*).

3. O papel do Administrador Judicial nas negociações da recuperação judicial

A principal função atribuída ao Administrador Judicial na recuperação judicial é a fiscalização exercida de forma ampla, como meio de se garantir que não haja irregularidades que possam prejudicar o procedimento e os envolvidos, podendo resultar na indicação de descumprimento de deveres

---

[27] COSTA, Daniel Carnio; MELO, Alexandre Correa Nasser. *Comentários à lei de recuperação de empresas e falência:* Lei 11.101/2005, de 09 de fevereiro de 2005. Curitiba: Juruá, 2021, p. 102.

[28] BERNIER, Joice Ruiz. *Administrador Judicial na Recuperação Judicial e na Falência.* São Paulo: Quartier Latin, 2016, p. 129-135.

[29] Neste sentido, confira-se a Recomendação 72, do Conselho Nacional de Justiça (CNJ), de 19 de agosto de 2020, e Recomendações da Corregedoria Geral do Tribunal de Justiça de São Paulo (TJSP. Corregedoria Geral da Justiça. Processo n.º 2020/75325, publicado em 19/08/2020 e 02/09/2020; Processo nº 2020/76446, publicado em 27/08/2020; e Processo nº 2020/81417, publicado em 10/09/2020).

fiduciários por parte do devedor e de prejuízo a diferentes *stakeholders* (art. 22, inc. II, LRE).

Tendo em vista esse dever de zelar pelo procedimento, compete ao Administrador Judicial atuar em prol do mais adequado desenvolvimento do processo, para o bem de todos os participantes, servindo à preservação da empresa e aos interesses dos credores[30]. Para tanto, ele deve conferir a maior transparência possível ao processo, com o objetivo de mitigar a assimetria informacional existente entre credores e devedor. Não figura, nessa conjuntura, como agente fiduciário dos credores, tampouco como representante dos interesses do devedor.

O combate à assimetria informacional nos processos de recuperação judicial é guiado pelos mecanismos de *disclosure* inerentes às expectativas do procedimento, dado que a disparidade dos dados apresentados em relação à realidade é praticamente inevitável no contexto em que os envolvidos estão sujeitos às informações disponibilizadas pelo devedor. Daí o papel fundamental do Administrador Judicial, que, ao conferir transparência ao processo, viabiliza aos credores conhecerem a dimensão da crise do devedor em suas especificidades e o potencial de soerguimento para, ao final, estarem aptos à tomada de decisão[31].

Aliada ao combate da assimetria informacional, a lei tem papel fundamental como instrumento de proteção das negociações, para delimitar direitos e impedir abusos. É nesse contexto que a figura do Administrador Judicial, enquanto auxiliar do juízo, sempre esteve presente na fiscalização das negociações realizadas no ambiente da recuperação judicial.

De sorte que a negociação constitui pressuposto da própria existência da recuperação judicial, a autonomia dos envolvidos assume a mesma característica elementar, inerente ao procedimento, razão pela qual a premissa que deve conduzir a atuação do Administrador Judicial na fiscalização das negociações entre credores e devedor deve ser pautada pela equidistância, preservando o dinamismo que seu desenvolvimento requer.

---

[30] CEREZETTI, Sheila Christina Neder. *A Recuperação judicial de Sociedades por Ações – O princípio da Preservação da Empresa na Lei de Recuperação e Falência*. São Paulo: Malheiros, 2012, p. 424.

[31] Sobre a transparência no processo e o Administrador Judicial, conferir: ORLEANS E BRAGANÇA, Gabriel José de. *Administrador judicial: transparência no processo de recuperação judicial*. São Paulo: Quartier Latin, 2017.

Embora a atuação do Administrador Judicial mostre-se necessária no desempenho da fiscalização que lhe cabe, sobretudo para garantir que eventual acordo celebrado respeite a legalidade necessária e não prejudique direitos de terceiros, ela deve ser pautada pela prudência, justamente para não desvirtuar o seu papel e interferir no ambiente negocial que compete, exclusivamente, aos credores e devedor.

Cabe ao Administrador Judicial, nesse contexto, acompanhar as negociações, obtendo informações a respeito de seu andamento e sobre as partes envolvidas, mas sem qualquer ingerência, tampouco participação.

Sob essa mesma ótica, deve o Administrador Judicial analisar a legalidade dos acordos firmados por meio da mediação incidental que venha a ser instaurada na recuperação judicial, quando findada a negociação (art. 20-B), uma vez que devem submeter-se à homologação judicial (art. 20-C), emitindo o seu parecer *a posteriori*, sem interferir nas negociações em curso.

A figura do mediador, a propósito, não se confunde com a do Administrador Judicial, tampouco as suas funções. Ao mediador, terceiro isento e *expert* na área, cabe promover as negociações por meio de diferentes técnicas específicas da mediação (facilitativa, avaliativa, transformativa ou adaptativa). Ele auxiliará os *players* na composição desses interesses, de forma a encurtar o procedimento, tornando-o mais eficaz[32]. Já o Administrador Judicial, no encargo da fiscalização do procedimento, atua governado pelo princípio da publicidade, transparência e isonomia, como forma de se assegurar a regularidade do procedimento de negociação. Sua atuação é, portanto, incompatível com o princípio da confidencialidade da mediação[33].

Por outro lado, a sinergia entre a atuação do mediador e do Administrador Judicial é fundamental. O diagnóstico da empresa realizado pelo Administrador Judicial facilita o trabalho do mediador desde o início, ao buscar a aproximação do devedor com os credores e terceiros

---

[32] PALMA. A mediação na recuperação judicial..., p. 298.
[33] A Lei 13.140/15 é clara quanto à exigência de imparcialidade e independência do mediador (art. 2º), que atuará preservando a autonomia de vontade das partes, em um ambiente de confidencialidade. Aplicam-se ao mediador, segundo a supracitada Lei, as mesmas hipóteses legais do impedimento e suspeição do juiz (art. 5º).

interessados para uma solução viável, que acomode os heterogêneos interesses envolvidos[34].

Como mencionado alhures, o estímulo à mediação, à conciliação e a outros métodos de solução de conflitos já estava presente em meio às atribuições do Administrador Judicial, categorizado dentre suas funções transversais (ou deveres implícitos[35]), sem prejuízo, ainda, da regra geral sobre o tema, disposta no Código de Processo Civil (art. 3º, par. 3º), a ser observada pelo juízo e, consequentemente, por seus auxiliares, tanto que assim remete à recente reforma por meio do art. 22, inc. I, alínea *j*.

O exímio desempenho desse papel caracteriza-se, em primeiro lugar, por sua atuação como agente catalisador de uma solução negociada fomentando o consenso, primordialmente. Além disso, ele poderá contribuir em situações pontuais diretamente, sempre que verificar pertinente (art. 22, inc. II, alíneas *f* e *g*), desde que mediante circunstâncias concretas específicas, como as que requerem apaziguamento, por exemplo, como é corriqueiro nas exaltações de ânimos em assembleias gerais de credores.

Diante da natureza de sua função, como visto, é incompatível, além de altamente desaconselhável, a interferência direta do Administrador Judicial nas negociações, que devem ser guiadas pela completa liberdade, limitadas apenas à legalidade. Regras preestabelecidas engessam a fluidez que o processo de composição requer.

Por essa razão, o Administrador Judicial figura como mero coadjuvante nas tratativas entre credores e devedor, fato que dificulta a visualização completa do ambiente negocial a ponto de lhe permitir saber em todos os casos se estariam sendo empregados *expedientes dilatórios*, ou se estariam sendo respeitados os *termos convencionados entre os interessados*.

Isso não impede que o auxiliar do juízo, ao tomar conhecimento de qualquer fato particular que esteja evidentemente obstruindo a obtenção da solução negociada, leve as informações ao juízo. Esse aspecto, a propósito, remete à fiscalização ampla tratada anteriormente, da qual o Administrador Judicial sempre esteve encarregado.

---

[34] PALMA. A mediação na recuperação judicial..., p. 295-299.
[35] Para estudo dos deveres implícitos do Administrador Judicial: BERNIER, Joice Ruiz. *Administrador Judicial na Recuperação Judicial e na Falência*. São Paulo: Quartier Latin, 2016, p. 129-135.

A par dessas circunstâncias, é inegável que o equilíbrio entre o fiel desempenho do *múnus* do Administrador Judicial e a sua atuação nas negociações entre credores e devedor é extremamente sensível e, consequentemente, as disposições legais recentes que a regulam são fonte de censura na doutrina.

As críticas surgiram antes mesmo da promulgação da Lei 14.112/2020, notadamente quanto ao dever dirigido ao auxiliar do juízo de avaliar situações que possam configurar *expedientes dilatórios, inúteis ou prejudiciais,* ou o de interferir nas negociações a ponto de propor regras *que acarretem maior efetividade econômico-financeira e proveito social para os agentes econômicos envolvidos*[36], conjuntura que retiraria do ambiente da recuperação o pressuposto da livre negociação entre credores e devedor, além de desvirtuar a primordial função do Administrador Judicial de fiscal do processo, alijado da posição dos *stalkeholders*[37].

Questiona-se, inclusive, a compatibilidade das novas atribuições acrescentadas pela recente reforma com o sentido geral da função do Administrador Judicial, que é auxiliar o juiz, o qual pode se perder em meio a conflitos de interesses entre os envolvidos no procedimento[38].

A fiscalização ampla, função desde sempre desempenhada pelo Administrador Judicial na recuperação judicial, compreende todo o acompanhamento que pode ser feito por ele. Quaisquer interferências maiores implicariam, além de desvio de sua função, uma expectativa ilusória de que ele poderia impor às partes a forma como devem negociar, sem prejuízo de antagonizar com os pressupostos da autocomposição.

Não se deve olvidar, ainda, que a boa-fé é requisito que, naturalmente, deve permear toda e qualquer negociação, mais ainda sendo ela judicializada, dentro de um processo de recuperação judicial. No mesmo sentido, espera-se (e exige-se) das partes o atendimento a princípios

---

[36] Art. 22, I, *f* e *g*, LRE.

[37] SPINELLI discorre ferrenhas críticas a tais atribuições: "Parece que o legislador nega a realidade e busca estabelecer atribuições indevidas e que não podem ser minimamente cumpridas de modo adequado pelo Administrador Judicial – ou mesmo pelo Poder Judiciário." (SPINELLI, Luiz Felipe. A negociação na recuperação judicial e o Projeto de Lei 4.458/2020. *Conjur*, São Paulo, out. 2020. Disponível em: <https://www.conjur.com.br/2020--out-22/spinelli-negociacao-recuperacao-judicial-pl-44582020>. Acesso em: 22 set. 2021).

[38] COELHO, Fábio Ulhoa. *Comentários à Lei de falências e de recuperação de empresas.* 15ª ed. São Paulo: Thomson Reuters Brasil, 2021, p. 113-114.

básicos processuais, tais como a legalidade, duração razoável do processo, efetividade, cooperação, dentre outros[39].

Os métodos autocompositivos, no entanto, são disponíveis e não obrigatórios às partes. Regramentos acessórios estabelecidos pelo Administrador Judicial e/ou pelo Judiciário cabem de forma excepcional: somente na hipótese de omissão ou divergência entre os envolvidos e desde que esses manifestem interesse, tanto pelo método autocompositivo quanto por submeterem o seu regramento à apreciação judicial. Do contrário, há ambiente já previsto na LRE para a negociação e apreciação do plano de recuperação judicial, que é a Assembleia Geral de Credores[40].

Conclusões

O crescimento da importância dos métodos alternativos de resolução de conflitos atende a anseios que se desdobram desde o abarrotamento sofrido pelo Poder Judiciário e a consequente insuficiência de suas entregas aos jurisdicionados, até a necessidade de modernização das soluções para os litígios, fruto da hodierna busca por expedientes mais eficientes frente à baixa efetividade dos resultados obtidos nas disputas judiciais.

A reforma da LRE ilustra bem a relevância do papel que a negociação e a mediação têm exercido nas recuperações judiciais. Como consequência natural dessa dinâmica, também às funções do Administrador Judicial foram acrescidas obrigações relacionadas à fiscalização do bom andamento das tratativas entre credores e devedor, além do respeito à legalidade nos acordos celebrados na mediação incidental.

As novas disposições legais refletem a preocupação do legislador em garantir, mediante expedientes dotados de roupagem própria, que o procedimento obedeça a preceitos importantes para a eficiência das negociações, ainda que eles já lhe fossem inerentes, seja em decorrência do próprio ordenamento jurídico ou de princípios norteadores da recuperação judicial. A interpretação desses novos dispositivos deve ser feita em consonância com a liberdade das negociações na recuperação judicial, pressuposto do bom desenvolvimento do procedimento.

---

[39] Theodoro Júnior, Humberto. *Curso de direito processual civil*, v. 1. 62 ed. Rio de Janeiro: Forense, 2021, p. 75-93.

[40] SACRAMONE, Marcelo Barbosa. *Comentários à Lei de Recuperação de Empresas e Falência*. 2 ed. São Paulo: Saraiva Educação, 2021, p. 168.

Deve-se ter em mente os objetivos da recuperação judicial, que caminham lado a lado com o papel relevantíssimo que deve ser desempenhado pelo Administrador Judicial no procedimento, fundamentais para o seu bom andamento e para a obtenção dos melhores e mais eficientes resultados, compatibilizando-os com o providencial estímulo oriundo das novas regras aos métodos alternativos de resolução de disputas.

Respeitada essa premissa e dentro do dever de fiscalização amplo inerente a sua função na recuperação judicial, deverá o Administrador Judicial aproximar as partes envolvidas, mas sem que isso implique intervenção direta nas negociações, apenas alertando o juízo sobre eventuais ilegalidades e expedientes evidentemente dilatórios.

Portanto, o Administrador Judicial deve, enquanto agente catalisador de soluções negociadas, estimular devedor e credores à mediação, à conciliação e a outros métodos de solução de conflitos, e permanecer equidistante de todos, já que atua em benefício do procedimento de reorganização e do interesse público, destoando de sua função qualquer intervenção direta nas negociações.

Referências

ABRÃO, Nelson. *O síndico na falência*. 2 ed. São Paulo: Liv. e Ed. Universitária de Direito, 1999.

ARAÚJO CINTRA, Antônio Carlos; GRINOVER, Ada Pellegrini; DINAMARCO, Cândido Rangel. *Teoria geral do processo*. 26 ed. São Paulo: Malheiros, 2010.

BERNIER, Joice Ruiz. *Administrador Judicial na Recuperação Judicial e na Falência*. São Paulo: Quartier Latin, 2016.

_____. Administrador Judicial: impactos na responsabilidade civil e na remuneração em face das novas funções atribuídas pela Lei 14.112/20. In: VASCONCELOS, Ronaldo; PIVA, Fernanda Neves; ORLEANS E BRAGANÇA, Gabriel José de; *et al* (coord.). *Reforma da Lei de Recuperação e Falência – Lei 14.112/2020*. São Paulo: Editora IASP, 2021.

BRASIL. Lei nº 11.101, de 09 de fevereiro de 2005. *Diário Oficial da União*, Brasília, 09 fev. 2005. Disponível em: <http://www.planalto.gov.br/ccivil_03/_ato2004-2006/2005/lei/l11101.htm>. Acesso em: 24 set. 2021.

BUMACHAR, Juliana; SCARDOA, Renato. Mediação como método de resolução de disputas societárias no âmbito das recuperações judiciais. In: VASCONCELOS, Ronaldo; PIVA, Fernanda Neves; ORLEANS E BRAGANÇA, Gabriel José de; *et al* (coord.). *Reforma da Lei de Recuperação e Falência – Lei 14.112/2020*. São Paulo: Editora IASP, 2021.

CAVALLI, Cassio. Reflexões para a reforma da Lei de recuperação de empresas. In: BEZERRA FILHO, Manoel Justino; RIBEIRO, José Horácio Hafeld Rezende; e WAISBERG, Ivo (org.). *Temas de Direito da Insolvência:* Estudos em homenagem ao Professor Manoel Justino. São Paulo: Editora IASP, 2017.

CEREZETTI, Sheila Christina Neder. *A Recuperação judicial de Sociedades por Ações* – O princípio da Preservação da Empresa na Lei de Recuperação e Falência. São Paulo: Malheiros, 2012.

COELHO, Fábio Ulhoa. *Comentários à Lei de falências e de recuperação de empresas.* 15 ed. São Paulo: Thomson Reuters Brasil, 2021.

CONSELHO NACIONAL DE JUSTIÇA. Recomendação nº 58. Ministro Dias Toffoli. Publicada em: 19 de agosto de 2020. Disponível em: <https://atos.cnj.jus.br/files/original201650202008245f442032966ff.pdf >. Acesso em: 24 set. 2021.

CONSELHO NACIONAL DE JUSTIÇA. Recomendação nº 72. Ministro Dias Toffoli. Publicada em: 19 de agosto de 2020. Disponível em: <https://atos.cnj.jus.br/atos/detalhar/3426>. Acesso em: 24 set. 2021.

COSTA, Daniel Carnio, MELO, Alexandre Correa Nasser. Comentários à lei de recuperação de empresas e falência: Lei 11.101/2005, de 09 de fevereiro de 2005. Curitiba: Juruá, 2021.

FRANCA, Erasmo Valladão Azevedo e Novaes. Seção IV: Da Assembléia-Geral de Credores. In: SOUZA JUNIOR, Francisco Satiro de; e PITOMBO, Antônio Sérgio de A. Moraes (coord.). *Comentários à Lei de Recuperação de Empresas e Falência.* Lei 11.101/2005 – Artigo por Artigo. 2 ed. São Paulo: Revista dos Tribunais, 2007.

GARCEZ, José Maria Rossani *et al.* Origens e norteadores da mediação de conflitos. In: ALMEIDA, Tania; PELAJO, Samantha; JONATHAN, Eva (coord.). *Mediação de Conflitos.* Para iniciantes, praticantes e docentes. 2 ed. rev., atual. e ampl. Salvador: JusPodvim, 2019.

GIBBONS, T. F.; MORROW, J. W. *Mediation training.* Chicago: Northwestern University, 2008, p. 24, *apud* GUERRERO, Luis Fernando. *Os Métodos de Solução de Conflitos e o Processo Civil.* São Paulo: Grupo GEN, 2015.

GRINOVER, Ada Pellegrini. *Ensaio sobre a processualidade:* fundamentos para uma nova teoria geral do processo. Brasília: Gazeta Jurídica, 2016.

MEIRELLES, Hely Lopes. *Direito Administrativo Brasileiro.* 26 ed. São Paulo: Malheiros, 1990.

MENDONÇA, José Xavier Carvalho de. *Tratado de Direito Comercial,* v. VIII. 2 ed. Rio de Janeiro: Freitas Bastos, 1962.

ORLEANS E BRAGANÇA, Gabriel José de. *Administrador judicial:* transparência no processo de recuperação judicial. São Paulo: Quartier Latin, 2017.

PALMA, Andrea Galhardo. A mediação na recuperação judicial e sua inclusão na lei de falências (com redação determinada pela Lei n.14.112, de 25/12/2020). In: VASCONCELOS, Ronaldo; PIVA, Fernanda Neves; ORLEANS E BRAGANÇA,

Gabriel José de; *et al* (coord.). *Reforma da Lei de Recuperação e Falência* – Lei 14.112/2020. São Paulo: Editora IASP, 2021.

PROVINCIALI, Renzo. *Trattado di Diritto Fallimentare*, v. I. Milão: Dott. A. Giuffrè Editore, 1974.

SACRAMONE, Marcelo Barbosa. *Comentários à Lei de Recuperação de Empresas e Falência*. 2 ed. São Paulo: Saraiva Educação, 2021.

SCALZILLI, João Pedro; SPINELLI, Luis Felipe; e TELLECHEA, Rodrigo. *Recuperação de empresas e falência:* teoria e prática na Lei 11.101/205. 3 ed. São Paulo: Almedina, 2018.

SOUZA JÚNIOR, Francisco Satiro de. Autonomia dos credores na aprovação do plano de recuperação judicial. *ResearchGate*, jan. 2013. Disponível em: <https://www.researchgate.net/profile/Francisco-Satiro/publication/283503466_Autonomia_dos_credores_na_aprovacao_do_plano_de_Recuperacao_Judicial/links/563b8fa708ae45b5d286915e/Autonomia-dos-credores-na-aprovacao-do-plano-de-Recuperacao-Judicial.pdf>. Acesso em: 24 set. 2021.

SPINELLI, Luiz Felipe. A negociação na recuperação judicial e o Projeto de Lei 4.458/2020. Conjur, São Paulo, out/2020. Disponível em: <https://www.conjur.com.br/2020-out-22/spinelli-negociacao-recuperacao-judicial-pl-44582020>. Acesso em: 24 set. 2021.

TOLEDO, Paulo Fernando Campos Salles de; e ABRÃO, Carlos Henrique (coord.). *Comentários à Lei de Recuperação de Empresas e Falência*. 4 ed. São Paulo: Saraiva, 2010.

TRIBUNAL DE JUSTIÇA DO ESTADO DE SÃO PAULO. Resolução nº 809/2019, de 21 de março de 2019. Presidente do TJ Manoel de Queiroz Pereira Calças. Disponível em: <https://www.tjsp.jus.br/Download/Conciliacao/Resolucao809-2019.pdf>. Acesso em: 24 set. 2021.

VALVERDE, Trajano de Miranda. *Comentários à Lei das Falências* (Decreto-lei nº 7.661, de 21 de junho de 1945), v. I (arts. 1º a 61). 4 ed. rev. e atual. por J. A. Penalva Santos e Paulo Penalva Santos. Rio de Janeiro: Revista Forense, 1999.

ZAPAROLLI, Célia Regina. Procurando entender as partes nos meios de resolução pacífica de conflitos, prevenção e gestão de crises. In: BRAGA NETO, Adolfo; SIOUF FILHO, Alfred Habib; SALLES, Carlos Alberto de. Negociação, Mediação e Arbitragem. Curso Básico Para Programas de Graduação em Direito. São Paulo: Método, 2012.

17. O ADMINISTRADOR JUDICIAL E OS NEGÓCIOS JURÍDICOS PROCESSUAIS

Ronaldo Vasconcelos

Introdução[1]

O Código de Processo Civil de 2015 trouxe novidades até então consideras "tabus" para o processo civil brasileiro. A visão assimétrica do processo – associada à ideia de o Estado-Juiz encontrar-se em posição de superioridade em relação às partes – não mais se coaduna aos princípios e diretrizes do processo civil atual com vistas à *cooperação* entre os sujeitos do processo (CPC, art. 6º).

Espera-se do juiz, diante da positivação do princípio da colaboração processual, conduta ativa e imparcial, devendo ser "isonômico na condução do processo e assimétrico quando da decisão das questões processuais e materiais da causa, [uma vez que] a cooperação converte-se em uma prioridade do processo"[2].

Isso porque a efetividade da prestação jurisdicional depende não apenas da atuação isolada do juiz, das partes ou de quem intervenha

---

[1] Este trabalho é uma versão atualizada e revisada de publicação anterior: VASCONCELOS, Ronaldo. Convenções processuais e a recuperação judicial: a busca por um processo estrutural recuperacional. In: WAISBERG, Ivo; RIBEIRO, José Horácio Halfeld Rezende (coord.). *Temas de direito da insolvência:* estudos em homenagem ao Professor Manoel Justino Bezerra Filho. São Paulo: IASP, 2017, p. 990-1017.

[2] MITIDIERO, Daniel. Colaboração no Processo Civil: Pressupostos sociais, lógicos e éticos. In: MARINONI, Luiz Guilherme; BEDAQUE, José Roberto dos Santos (coords.). *Coleção Temas Atuais de Direito Processual Civil*, v. 14. 2 ed. São Paulo: Revista dos Tribunais, 2009, p. 72-73.

na causa. Em verdade, a utilidade do processo depende da atuação conjunta e colaborativa de todos os seus sujeitos para que os elementos de cognição sejam colhidos de forma rápida, célere, ágil, sem morosidade ou ineficiências.

Tal cooperação é reforçada pelas convenções processuais, consubstanciando instrumentos adequados para juízes e partes ajustarem ônus, direitos, deveres, faculdades, prerrogativas, funções e outras utilidades para o melhor desenvolvimento do procedimento e resultado útil do processo.

A finalidade acima descrita visa à adequação do acesso à justiça, tornando o processo um instrumento útil para o direito material e para os jurisdicionados, priorizando a eficiência e aquilatando a qualidade da tutela pleiteada, haja vista a cooperação exigida durante o trâmite processual de reforçar a *transparência de informações* necessária para obtenção do correto deslinde do caso concreto. Essa transparência pode muito bem ser ajustada entre as partes, o julgador e os demais sujeitos do processo, vinculando cada qual a agir sob os preceitos da boa-fé objetiva (CPC, art. 5º).

Aí reside utilidade de grande valia para a recuperação judicial. Enquanto método, o procedimento da recuperação judicial pode incorporar aos seus objetivos os princípios e institutos trazidos pelo novel diploma processual, em especial no que tange à cooperação e às convenções processuais (CPC, art. 190).

O presente artigo objetiva verificar a compatibilidade entre a recuperação judicial e o acordo processual, alinhando-os à diretriz da cooperação processual, tendo como principal escopo examinar o papel do administrador judicial para celebração de eventual convenção processual. Tudo isso para identificar a melhor oportunidade para ajustá-lo entre os sujeitos processuais com vistas à extração da melhor comunhão de interesses na recuperação judicial, seja para soerguê-la, seja para liquidar rápida e eficazmente a empresa em recuperação.

1. Limites da convenção processual e atuação do juiz

A convenção processual possui relação de intimidade com a autonomia da vontade, com a qual as relações jurídicas civis comumente se correlacionam, sempre sob um viés de natureza privada. O breve raciocínio exposto aproxima o instituto "convenção processual" ao instituto civilista "negócio jurídico", especialmente no que se refere aos planos de existência, validade e eficácia[3], podendo-se inferir que este engloba aquele, em uma relação de gênero e espécie[4].

A convenção processual (chamada pela doutrina também de "negócio jurídico processual"), enquanto acordo celebrado entre os sujeitos processuais para dispor sobre determinada faculdade, ônus ou dever processual, submete-se aos planos naturais de quaisquer negócios jurídicos civis, devendo ser interpretada à luz das limitações infligidas por tais planos.

O teor do art. 190 do CPC delineia as barreiras e liberdades para a celebração de um acordo processual. Admitindo o direito material tutelado a autocomposição, tem-se que "é lícito às partes plenamente capazes estipular mudanças no procedimento para ajustá-lo às especificidades da causa e convencionar sobre os seus ônus, poderes, faculdades e deveres processuais, antes ou durante o processo".

Extrai-se do *caput* os seguintes requisitos para viabilidade do ajuste procedimental: (*i*) partes plenamente capazes discutindo sobre (*ii*) direito que admita autocomposição. Por direito que admita autocomposição, entendam-se direitos disponíveis ou indisponíveis que admitam transação, como dispõe a moderna redação do art. 3º da Lei de Mediação (Lei nº 13.140/2015).

Além desses requisitos expressos no artigo 190 do CPC, outras barreiras são impostas com objetivo de conter abusos e arbitrariedades por conta da parte que possua posição privilegiada na relação jurídica. São limites depreendidos da teoria geral dos negócios jurídicos[5], cujo objetivo primordial reside em reforçar o equilíbrio e a isonomia no momento da celebração do acordo.

---

[3] CABRAL, Antônio do Passo. *Convenções processuais*. Salvador: Juspodivm, 2016, p. 255-268.

[4] Até porque "há negócios jurídicos de direito das gentes, de direito constitucional, de direito administrativo, de direito social, de direito processual, de direito privado", justificando-se a aplicação dos planos dos negócios jurídicos aos negócios jurídicos de direito processual (PONTES DE MIRANDA, Francisco Cavalcanti. *Tratado de direito privado*: parte geral, t. III. Atualizado por Marcos Bernardes de Mello e Marcos Ehrhardt Jr. São Paulo: Revista dos Tribunais, 2012, p. 62).

[5] AZEVEDO, Antônio Junqueira. *Negócio jurídico*: existência, validade e eficácia. 4 ed. São Paulo: Saraiva, 2002.

Assim, também se exige que o acordo processual seja celebrado com (*iii*) paridade de armas, desdobramento do princípio da isonomia; (*iv*) obediência à boa-fé objetiva; e (*v*) a cooperação processual.

Essas diretrizes são de rigor para a validade de quaisquer acordos processuais, incumbindo ao julgador da causa verificar, em momento oportuno, a existência de eventuais excessos, abusos, arbitrariedades, disparidades. Tanto que, à luz do parágrafo único do art. 190 do CPC, atribui-se ao magistrado a importante tarefa de verificar se houve (ou não) observância às balizas referidas, permitindo-lhe – de ofício ou a requerimento – controlar "a validade das convenções" firmadas entre os sujeitos do processo.

O controle de validade, repise-se, deve ser exercido sob a égide dos princípios norteadores das relações privadas, em especial dos vetores da autonomia da vontade, da boa-fé objetiva e da paridade de armas. Nessa linha, o julgador possui poderes limitados para realizar o controle de validade dessas convenções, porquanto não pode invadir o mérito do ato de disposição de direito passível de ser transacionado ou, nos exatos termos do art. 190, passível de ser objeto de autocomposição.

Isso porque a autonomia das partes, em se tratando de direito disponível ou indisponível passível de transação, limita-se principalmente pela legalidade em sentido amplo, razão pela qual cada indivíduo encontra-se autorizado a dispor sobre matérias transacionáveis. O Estado-Juiz, nessas relações jurídicas, deve manter-se atento não ao ato de disposição em si, mas sim às discricionariedades, aos abusos, sendo-lhe "vedado negar aplicação a convenção processual por qualquer outro motivo (*v.g.*, por não ser de seu maior agrado o conteúdo do negócio)"[6].

O ato de disposição incumbe tão só às partes, não podendo o juiz imiscuir-se em seu conteúdo para analisar o seu mérito, sob o risco de – se assim o fizer – assumir a posição das partes, ditando o comportamento de cada uma. Fixa-se, portanto, a principal barreira a ser respeitada pelo julgador da causa: a *autonomia da vontade*, principal faceta da liberdade que possui o cidadão para contrair obrigações, direitos, deveres, ônus e faculdades.

Privar o indivíduo de sua discricionariedade para dispor de seus direitos transacionáveis implica privá-lo de exercer atos relacionados

---

[6] REDONDO, Bruno Garcia. Negócios jurídicos processuais: existência, validade e eficácia. In: LUCON, Paulo Henrique dos Santos; OLIVEIRA, Pedro Miranda de (coords.). *Panorama atual do novo CPC*. Florianópolis: Empório do Direito, 2016, p. 32.

à intimidade, à vida social, ao convívio em sociedade, impedindo-o de contrair obrigações e deveres que devem ser regidos pelo seu livre arbítrio, desde que não prejudique terceiros.

O vetor axiológico do livre arbítrio é tutelado pelo ordenamento jurídico brasileiro, como se vê no art. 5º, *caput*, e inciso II, da Constituição Federal, com fortes influências da Declaração dos Direitos do Homem e do Cidadão, de 1789. O documento francês, em seu art. 4º, consignou limites às liberdades individuais contemporâneos ao momento atual, dispondo que: "A liberdade consiste em poder fazer tudo que não prejudique o próximo [...] o exercício dos direitos naturais de cada homem não tem por limites senão aqueles que asseguram aos outros membros da sociedade o gozo dos mesmos direitos".

Assim, a única forma de limitar a liberdade à luz dessa premissa seria por meio da lei, conforme dispõe o final do artigo 4º: "estes limites apenas podem ser determinados pela lei". Dessa forma, compreende-se o porquê de o juiz não poder exercer controle de mérito de atos de disposição da parte sobre direitos transacionáveis, uma vez que refletem a própria liberdade de escolha do indivíduo para direcionar suas condutas em sociedade.

Deste modo, o ajuste processual pode versar sobre direitos transacionáveis, encontrando limites naquilo que a lei entende por vedado, podendo o cidadão dispô-los livremente na ausência de proibições, desde que assim o faça com o seu livre consentimento. Fixa-se, assim, dois pressupostos das convenções processuais, quais sejam: a exteriorização da vontade e a legalidade em sentido amplo.

Assim sendo, constata-se que ao juiz não incumbe analisar o conteúdo propriamente dito da convenção processual. Em verdade, incumbe-lhe examinar a legalidade em sentido amplo – *i.e.*, verificar se há lei vedando a disposição de tal direito – e, mais importante, se há vícios de consentimento da vontade. Melhor dizendo "não está o juiz, no julgamento do caso concreto, autorizado a decidir segundo a equidade, mas a apreciar se aquelas disposições negociais são conforme à equidade; se conclui pela incompatibilidade, nula é a cláusula contratual"[7].

Nesse último aspecto (validade) reside a tarefa mais árdua dos magistrados. A averiguação da validade da vontade é tema deveras delicado, uma

---

[7] MELLO, Marcos Bernardes de. *Teoria do fato jurídico*: plano da validade. 11 ed. São Paulo: Saraiva, 2011, p. 125.

vez que interfere na própria autonomia de que dispõe a parte para celebrar negócios jurídicos. O julgador da causa deve ter a astúcia de verificar eventuais vícios de vontade com cuidado suficiente para não se imiscuir propriamente em seu conteúdo jurídico, tendo em vista que o liame entre vícios de validade e conteúdo jurídico da convenção processual é tênue e de difícil delimitação.

Para tanto, o juiz deve se guiar por três diretrizes essenciais para a validação da convenção processual: *paridade de armas, boa-fé objetiva* e *cooperação processual*.

Como corolário da isonomia, a exteriorização da vontade das partes não pode estar maculada por coação, arbitrariedade, discricionariedades ou abusos, pois "a falta de consciência da exteriorização da vontade de negócio jurídico exclui a existência da declaração de vontade, ou da atuação de vontade para compor suporte fáctico de negócio jurídico"[8].

A relação entre os signatários da convenção processual deve ser de igualdade, sem que um sobreponha algum ônus ou dever a outro em razão da sua superioridade na relação jurídica, seja em decorrência de influência política ou econômica, seja em razão de induzir comportamentos não desejáveis pela parte contrária.

A vontade, em se tratando de convenções processuais, deve ser de livre consentimento entre as partes, sem influências tendenciosas de uma sobre a outra, visto que "para que estejamos diante de verdadeiros acordos processuais, os efeitos desencadeados pelo negócio jurídico devem ser queridos pelos sujeitos, os convenentes, através de sua autonomia, devem ter programado a produção daqueles efeitos"[9]. Ou seja, os convenentes não só realizam o negócio jurídico como também planejam seus efeitos futuros, cientes dos possíveis malefícios e benesses que do ato possam usufruir.

A vontade livre deve vir atrelada ao conteúdo jurídico do princípio da igualdade[10], concatenada à ideia de paridade de armas, no sentido de que as partes devem estar em condição isonômica no momento de celebração da convenção processual, uma vez que a isonomia se revela na garantia do tratamento igualitário das partes.

---

[8] PONTES DE MIRANDA. *Tratado de direito privado...*, p. 59.
[9] CABRAL. *Convenções processuais...*, p. 257.
[10] BANDEIRA DE MELLO, Celso Antônio. *Conteúdo jurídico do princípio da igualdade*. 3 ed. São Paulo: Malheiros, 1998.

Para tanto, faz-se mister a imbricação entre *paridade de armas* e *boa-fé objetiva*, porquanto inexiste tratamento igualitário sem que as partes ajam de acordo com as condutas esperadas à luz da situação jurídica.

A boa-fé objetiva, enquanto cláusula geral norteadora das relações jurídicas privadas, confere segurança jurídica às expectativas no momento da celebração da convenção processual. Isso porque a celebração de um ato induz comportamentos para o presente e para o futuro, vinculando o comportamento das partes para a concretude da convenção processual.

Sob esse viés, a boa-fé objetiva "se relaciona com o comportamento leal das pessoas no desenvolvimento de suas relações com as demais"[11]. Nessa circunstância, a parte que agir ao arrepio do entabulado no acordo fere a justa expectativa da parte contrária, impedindo o bom desenvolvimento do acordo firmado e maculando a produção de seus efeitos.

Por isso, há de se examinar a relação entre *paridade de armas* e *boa-fé objetiva*. A conduta da parte que induz alguém a celebrar a convenção processual (sugerindo inúmeros benefícios), mas ocultando outros tantos malefícios que desequilibram a relação jurídica, deve ser coibida pelo julgador quando examinar a validade da convenção, haja vista afrontar a boa-fé objetiva e, por conseguinte, mitigar significativamente a paridade de armas e a isonomia.

Disso, chega-se a outra baliza essencial das convenções processuais, sem a qual o "negócio jurídico processual" eiva-se de inutilidade, sendo imperiosa a observância dessa diretriz pelo julgador para garantir a prosperidade do acordo firmado.

Trata-se do princípio da cooperação processual, novidade trazida à baila pelo diploma processual brasileiro de 2015 em seu art. 6º: "Todos os sujeitos do processo devem cooperar entre si para que se obtenha, em tempo razoável, decisão de mérito justa e efetiva"[12].

A cooperação processual é de observância obrigatória para a concretude dos efeitos da convenção processual, uma vez que não há acordo sem que as partes colaborem entre si, incluindo-se sob esse viés o próprio julgador da causa.

Frise-se que a cooperação processual não pode ser enxergada como um fim em si. Seu valor para as convenções processuais encontra significado

---

[11] MELLO. *Teoria do fato jurídico...*, p. 125.
[12] Ver: MITIDIERO. *Colaboração no Processo Civil...*

quando compatibilizado com os demais vetores axiológicos, quais sejam: a *paridade de armas* e a *boa-fé objetiva*.

Nesse ponto, se a convenção processual é celebrada antes do processo, ao julgador compete verificar se tais premissas não foram desvirtuadas, realizando o exame de validade do parágrafo único do art. 190. Se celebrada durante o processo, intensifica-se o labor de controle de validade do julgador, porquanto acompanha de perto as tratativas por meio de um procedimento no qual deve se observar o contraditório. Na última hipótese, se exige muito mais do juiz da causa, uma vez que participa efetivamente da negociação, podendo verificar abusos e excessos concomitantemente às tratativas.

Mais do que isso: o acordo realizado durante o processo pode contar – inclusive – com a *participação ativa* do julgador da causa, dando sentido mais robusto ao princípio da cooperação em razão de o juiz ingressar como parte do acordo processual, aceitando ou vetando determinados pedidos ou mesmo sugerindo procedimento mais adequado.

Corroborando com a participação ativa do magistrado na convenção processual, o CPC positivou no art. 191 a possibilidade de as partes, em conjunto com o juiz, celebrarem acordo processual para dispor sobre a calendarização do caso concreto, agendando datas para audiências, impondo prazos próprios para o julgador, dentre outras possibilidades de flexibilização, desde que compatíveis com mencionada norma: "de comum acordo, o juiz e as partes podem fixar calendário para a prática dos atos processuais, quando for o caso". Tais fatos demonstram a expansão do significado da colaboração processual no direito brasileiro.

Inicialmente, pode ser que a tendência à utilização de convenções processuais não se torne regra nos litígios brasileiros. Contudo, há situações em que a complexidade do contexto litigioso clama por certa *flexibilização procedimental* para melhor resolução do caso concreto, sendo imperiosa a atuação conjunta entre partes e juiz (colaboração) no momento de ajustar aquilo que entendem mais adequado.

O direito processual, enquanto instrumento para a obtenção da solução da crise e persecução do bem da vida[13], é que se adequa ao direito material (e não o contrário). Os limites das convenções processuais devem ser atre-

---

[13] Ver: DINAMARCO, Cândido Rangel. *A instrumentalidade do processo*. 15 ed. São Paulo: Malheiros, 2013.

lados e somados às características, especificidades e impeditivos típicos do instituto da recuperação judicial, combinando as metas e objetivos da recuperação com a utilidade do acordo processual[14].

2. A adequação da convenção processual à recuperação judicial

A convenção processual surge como alento ao aperfeiçoamento da tutela jurisdicional, com intuito de compatibilizar o procedimento ao direito material discutido, técnica comumente utilizada em processos estruturais[15], nos quais a complexidade do caso exige tratamento diferenciado para o seu justo deslinde.

Considerando a complexidade da demanda como um forte indício favorável à utilização das convenções processuais, entende-se que tal instituto processual pode ser de extrema valia para a organização da recuperação judicial pelo procedimento comum, desde que utilizado adequadamente, ou seja, à luz dos pressupostos aqui fixados.

Não existe processo que envolva maiores pretensões (muitas vezes contrapostas) ou maior gama de sujeitos do processo (diretos e indiretos) do que a recuperação judicial. Diante da natural dificuldade encontrada na composição dos multifacetados conflitos apresentados pelos diversos sujeitos processuais da recuperação judicial, impõe-se a revisitação do princípio do contraditório (diálogo) e a ampla aplicação do princípio da fungibilidade das formas.

Por meio desses instrumentos, fomenta-se a instituição de um produtivo fluxo de informações entre os sujeitos do processo, dentro e fora do procedimento, impedindo a consubstanciação da prejudicial situação de *assimetria de informações*.

---

[14] Isso porque "uma causa pode apresentar especificidades a autorizar a modificação do procedimento por peculiaridades da relação jurídica que afeta o direito material controvertido, por interesses processuais ou, ainda, pela simples manifestação de vontade na adaptação procedimental desde que minimamente justificável. Em todas as situações, no entanto, é indispensável que as partes observem as limitações constitucionais e infraconstitucionais inerentes à espécie". (MULLER, Julio Guilherme. *Negócios processuais e desjudicialização da produção da prova*: análise econômica e jurídica. São Paulo: Revista dos Tribunais, 2017, p. 125).

[15] Sobre o tema, Ada Pellegrini infere que o processo estrutural demanda "aplicação do chamado método dialogal, com o diálogo entre os Poderes, maior publicidade, participação e transparência [...]". (GRINOVER, Ada Pellegrini. *Ensaio sobre a processualidade*: fundamentos para uma nova teoria geral do processo. Brasília: Gazeta Jurídica, 2016, p. 52).

A *assimetria de informações* pode se mostrar tão ou mais pernóstica do que a ausência de instrumentos econômicos, jurídicos e societários capazes de reverter a crise da empresa. A crise deriva também da falha de mecanismos internos e externos de troca de informações entre os sujeitos do processo, que devem ser combatidas, sob pena de inviabilidade do projeto de recuperação da empresa em crise[16].

Impedir a *assimetria de informações* pode se mostrar uma forma inteligente de acabar com odiosos privilégios daqueles que monopolizam o poder de controle da empresa em crise[17]. A simples atividade de disseminar a informação certamente gerará benefícios para todos os demais sujeitos do processo, evitando-se assim o uso oportuno de posições relativas no âmbito da votação do plano em detrimento dos demais interessados.

Impõe-se, portanto e dentre outras alterações de procedimento, que todos os sujeitos do processo sejam colocados em contato com o projeto de plano de recuperação logo após a distribuição do pedido. Tudo isso para que a determinação da viabilidade de empresa seja obtida a partir de critérios objetivos de formação de preço no mercado, ao mesmo tempo em que confira aceitáveis "opções de saída das negociações" para o atingimento da desejada comunhão de interesses[18].

E essa participação envolve também (e principalmente) o juiz, reforçando-se seus poderes e deveres, de modo a oferecer ao longo de todo o procedimento e a cada um dos sujeitos do processo oportunidades para "participar pedindo, participar alegando e participar provando"[19]. É importante afastar a ultrapassada concepção do processo civil do autor, uma vez que o contraditório somente será preservado na medida em que a igualdade e a oportunidade de participação entre os litigantes também o sejam[20]. No processo de recuperação judicial, com ainda maior

---

[16] KIRSCHBAUM, Deborah. *A recuperação judicial no Brasil*: Governança, financiamento extraconcursal e votação do plano. Tese (Doutorado em Direito). Faculdade de Direito da Universidade de São Paulo, São Paulo, 2009, p. 55.

[17] SALOMÃO FILHO, Calixto. *O novo direito societário*. São Paulo: Malheiros, 1998, p. 135-168.

[18] BAIRD, Douglas; GERTNER, Robert H.; PICKER, Randal C. *Game theory and the law*. Cambridge: Harvard University Press, 1994, p. 232-237.

[19] DINAMARCO, Cândido Rangel. *Instituições de direito processual civil*. 6 ed. São Paulo: Malheiros, 2009, p. 221.

[20] BARBOSA MOREIRA, José Carlos. A garantia do contraditório na atividade de instrução. *Revista de Processo*, São Paulo, n. 35, jul. 1984, p. 232.

razão, diante da necessidade de "composição" de interesses tão antagô-nicos em face da grande quantidade de sujeitos processuais (devedor, credores, Juiz, Ministério Público, administrador judicial e terceiros interessados)[21].

Aliás, não se pode desconsiderar, ainda que não formalmente inseridos na relação jurídica processual, a figura do próprio *Estado* (enquanto arrecadador de tributos), da *Empresa* (enquanto fonte geradora de riquezas organizada) e da *Sociedade* (enquanto destinatária final dos "lucros" e "prejuízos" da atividade econômica) no grupo dos sujeitos do processo de recuperação judicial, a partir de uma análise "macro" dos efeitos projetados por essa relação jurídica processual multifacetada à luz da função social da empresa.

A ampla gama de pretensões apresentadas no processo de recuperação judicial demanda solução "sob medida" para cada crise apresentada ao Poder Judiciário. A própria existência de um maior número de sujeitos interessados no processo exige a adaptação e revisitação do conceito de contraditório para o processo de recuperação judicial. Para solucionar isso, impõe-se a ampla aplicação do *princípio da fungibilidade das formas* no processo de recuperação judicial por meios dos negócios jurídicos processuais (CPC, art. 190)[22].

A partir das conclusões a respeito da necessidade de flexibilização da técnica do processo, impõe-se uma análise menos formalista (aqui entendido o "formalismo" em sentido menos nobre do termo)[23] das regras destinadas a regular a prática dos diversos atos processuais dos sujeitos do processo de recuperação judicial ao longo do seu procedimento.

---

[21] Importante se faz analisar a recuperação judicial a partir das diferentes visões dos sujeitos do processo, conforme defende o autor português Henrique Vaz Duarte à luz do CPEREF, especialmente a partir da visão do devedor (empresário), gestor judicial (administrador judicial), credores, magistrado e membro do Ministério Público. (DUARTE, Henrique Vaz. *Questões sobre recuperação e falência*. 2 ed. Coimbra: Almedina, 2004, p. 57-63).

[22] BEDAQUE, José Roberto dos Santos. *Efetividade do processo e técnica processual*. 3 ed. São Paulo: Malheiros, 2010, p. 112-113.

[23] "Repelida a forma pela forma, forma oca e vazia, a sua persistência ocorre apenas na medida de sua utilidade ou como fator de segurança, portanto, apenas e enquanto ligada a algum conteúdo, a algum valor considerado importante." (OLIVEIRA, Carlos Alberto Alvaro de. *Do formalismo no processo civil*. 2 ed. São Paulo: Saraiva, 2003, p. 6).

Tal flexibilização inflige uma ampliação legítima e necessária do alcance hodiernamente atribuído ao princípio da fungibilidade[24]. Logicamente, a referida flexibilização encontra limites claros de aplicabilidade determinados pelo princípio da legalidade, instrumentalidade das formas e pela máxima da ausência de nulidade sem prejuízo (*pas de nullitè sans grief*)[25], insculpida em nosso sistema processual no art. 277 do CPC.

Corroborando a aplicabilidade desse raciocínio, quando o objeto do debate é a empresa em crise e a importância da sua preservação (CF, arts. 3º, inc. II, e 170, incs. III e VIII; e LRF, art. 47), qualquer limitação que imponha a sua liquidação como primeira alternativa deve ser evitada[26]. Tudo isso com o objetivo de proteger os interesses sociais em benefício da comunidade, inclusive garantidos constitucionalmente e encarados como questão de dignidade da pessoa humana (decorrentes da função social da empresa)[27].

A fungibilidade em questões relativas ao processo de recuperação judicial não pode ficar limitada apenas às hipóteses expressamente previstas em lei ou consagradas pela doutrina ou jurisprudência. Em realidade, deve ser alçada à categoria de princípio do sistema processual plenamente aplicável ao processo de recuperação judicial, tal qual o princípio da instrumentalidade das formas de que é decorrente[28].

Isso não quer dizer, contudo, que a fungibilidade deverá ser aplicada como regra no processo de recuperação judicial. Muito pelo contrário, pois a aplicação do princípio da fungibilidade dar-se-á somente com validade se estiver em consonância com o princípio da proporcionalidade, do contraditório e da função social da empresa.

Em regra, não existe justificativa para a aplicabilidade do princípio da fungibilidade quando preclusa a faculdade de realização de um ato processual, por exemplo. A preclusão existe justamente para levar a

---

[24] BEDAQUE. *Efetividade do processo...*, p. 119 ss.

[25] DINAMARCO. *Instituições de direito processual civil...*, p. 616-617.

[26] GHIDINI, Mario. *Lineamenti del dirritto dell'impresa*. Milano: Giuffrè, 1978, p. 77. Em contraposição a essa ideia, vale a pena conferir com base na teoria de "*Law & Economics*": PAJARDI, Piero. *Radici e ideologie del fallimento*. 2 ed. Milano: Giuffrè, 2002, p. 149.

[27] Sobre a importância do postulado da dignidade da pessoa humana como núcleo da preservação da empresa e a aparente antinomia em relação à eficiência econômica, conferir: PERIN JUNIOR, Ecio. *Preservação da empresa na lei de falências*. São Paulo: Saraiva, 2009, p. 114-120.

[28] BEDAQUE. *Efetividade do processo...*, p. 115.

"marcha processual adiante" e evitar a demora do processo em atenção ao princípio constitucional da razoável duração do processo (CF, art. 5º, parágrafo 1º)[29].

Tudo isso porque há normas fixando prazos para o exercício das faculdades, poderes e ônus pelos sujeitos do processo, sendo que a sua não observância implica necessariamente a sujeição da parte às consequências negativas de sua omissão. Exemplo claro disso no processo de recuperação judicial seria a não apresentação do plano de recuperação judicial no prazo previsto pelo art. 53 da Lei de Recuperação e Falências (LRF, Lei nº 11.101/05). Até mesmo porque a consequência de sua não apresentação é a decretação da falência (art. 73, inc. II).

Em realidade, mesmo aplicando-se em sua totalidade o princípio da fungibilidade ao caso exemplificado acima, ainda assim não encontraríamos argumentos para relevar o descumprimento da norma a respeito do tempo do ato, o que inviabiliza totalmente a abertura de nova possibilidade de exercício após seu esgotamento. Isso porque a fungibilidade não pode servir de instrumento apto a viabilizar o retorno de fases já superadas do procedimento[30].

Em compensação, e ao mesmo tempo, a plena aplicabilidade dos princípios do contraditório (participação) e fungibilidade das formas (flexibilização procedimental) permitiria a superação do rigor formal ao possibilitar que o juiz autorize a extensão de prazo para a realização de assembleia geral de credores, ainda que em detrimento do preclusivo prazo legal de cento e cinquenta dias fixado para tanto (LRF, art. 56, § 1º).

Em realidade, a plena compatibilização de institutos ligados à técnica processual – tais como a "preclusão", que é utilizada como mecanismo de aceleração do processo –, com as garantias constitucionais destinadas a assegurar a todos os sujeitos o pleno acesso à ordem jurídica justa – tais como o contraditório –, dar-se-á somente quando não mais se permitir a interpretação exagerada das regras processuais, fato que compromete o

---

[29] CRUZ E TUCCI, José Rogério. Garantia do processo sem dilações indevidas. In: _____ (coord.). *Garantias constitucionais do processo civil*. São Paulo: Revista dos Tribunais, 1999, p. 234-235; GIANNICO, Maurício. *A preclusão no direito processual civil brasileiro*. São Paulo: Saraiva, 2005, p. 74-75.

[30] BEDAQUE. *Efetividade do processo...*, p. 143.

próprio resultado pretendido[31]. Tudo isso porque se deve levar em conta fundamentalmente os interesses em jogo no caso concreto: a empresa e a função social por ela desempenhada.

A obtenção da mais adequada tutela jurisdicional para a solução da crise da empresa deve ser a razão de ser do Estado-juiz na recuperação judicial, em detrimento, inclusive, da formal aceitação de "dogmas"[32] como a preclusão temporal, segurança jurídica ou celeridade.

Isso nos leva a reconhecer até mesmo que, em caráter excepcional, caso o reconhecimento da preclusão viabilize a equivocada concessão da tutela jurisdicional a quem não tenha direito, é dever do juiz resolver o problema por meio da adoção de solução inteligente e proporcional que restabeleça o fim último do processo de recuperação judicial: solucionar a crise da empresa, seja com a sua rápida e eficaz liquidação, seja com a sua preservação.

A razão de ser dos mecanismos preclusivos está ligada ao interesse público de conferir segurança, celeridade e efetividade ao processo[33]. No entanto, nem a segurança jurídica e muito menos a celeridade detém o condão de afastar o objetivo do processo que é a obtenção da tutela jurisdicional mais eficiente para a solução da crise instalada.

De tudo isso, conclui-se que somente com a participação real e envolvimento ativo de todos os sujeitos do processo alcançar-se-á o objetivo do processo de recuperação judicial. Para tanto, deverão o juiz e os demais

---

[31] "O princípio basilar em que se assentou nossa Lei de Falências foi o de disciplinar meios tendentes a acertar as situações à situação obrigacional entre devedor-credores, o que, até certo ponto se constitui em objetivo normal dos procedimentos concursais. Mas, exacerbou-se num processualismo tal que as tricas formais acabaram ofuscando a realidade econômica, de modo que o próprio fim precípuo a que a lei se propõe – realização do direito dos credores – acaba frustrado." (ABRÃO, Nelson. *O novo direito falimentar*: nova disciplina jurídica da crise econômica da empresa. São Paulo: Revista dos Tribunais, 1985, p. 164-165).

[32] DINAMARCO, Cândido Rangel. Relendo princípios e renunciando a dogmas. In: _____. *A nova era do processo civil*. São Paulo: Malheiros, 2003, p. 129.

[33] "A preclusão (em suas várias facetas) acabará naturalmente por revelar-se instituto que, a exemplo da coisa julgada, volta-se precipuamente a garantir celeridade processual e segurança jurídica às partes. Como esses não são os únicos valores dignos de proteção no sistema (também o é o valor da justiça das decisões), convém realmente que o tema seja revisitado, com vistas a adaptar sua interpretação de acordo com a garantia da efetividade do processo e da jurisdição que decorre do art. 5º, XXXV, da Constituição da República." (SICA, Heitor Vitor Mendonça. *Preclusão processual civil*. São Paulo: Atlas, 2006, p. 4).

sujeitos do processo aplicarem eficientemente seus esforços na prática de atos norteados pelos princípios da proporcionalidade e fungibilidade de formas, conforme será demonstrado nos itens a seguir.

Excelente exemplo prático da aplicabilidade dessa inovadora proposta pode se dar com a simples adoção do instituto da mediação na fase deliberatória do plano de recuperação judicial, fazendo com que o diálogo efetivo e aberto entre os sujeitos do processo (contraditório) seja utilizado como ferramenta fundamental de obtenção da solução mais eficiente para a crise da empresa[34].

3. Objetivos da recuperação judicial: compatibilidade com as convenções processuais

A análise da compatibilidade entre recuperação judicial e acordos processuais deve ser feita à luz do direito material tutelado. Em se tratando da LRF, impõe-se a compreensão de seus objetivos e finalidades para alinhar as expectativas trazidas pela lei com as possíveis utilidades das convenções processuais.

Isso porque o direito processual deve ser instrumento útil ao direito material. O acordo procedimental não pode ser aplicado de plano nas relações jurídicas que envolvam a recuperação judicial sem antes se adequar às especificidades da LRF, pois "não faz sentido algum que a velocidade do ponteiro do processo esteja desalinhada do movimento da ampulheta dos direitos materiais"[35].

A recuperação, enquanto instrumento que visa à reestruturação econômico-financeira da empresa em crise, possui objetivos que extrapolam a simples viabilidade econômica do plano e da recuperanda.

Para entender como a recuperação extrapola os objetivos de viabilidade do plano e da recuperanda, imperioso averiguar o teor do artigo 47, cujo conteúdo jurídico demanda análise detida e profunda para compreensão

---

[34] VASCONCELOS, Ronaldo. A mediação na recuperação judicial: compatibilidade entre as Leis nº 11.101/05, 13.015/15 e 13.140/15. In: CEREZETTI, Sheila C. Neder; MAFFIOLETTI, Emanuelle Urbano (coords.). *Dez anos da Lei nº 11.101/2005*: Estudos sobre a Lei de Recuperação e Falência. São Paulo: Almedina, 2015, p. 451-467.

[35] TELLECHEA, Rodrigo; SPINELLI, Luis Felipe; SCALZILLI, João Pedro. Apontamentos sobre a aplicação do novo CPC à LREF. *Revista de direito recuperacional e empresa*, v. 4, abr./jun. 2017.

do espírito da LRF, haja vista fixar diretrizes que norteiam as medidas a serem tomadas no decorrer da recuperação.

Tal dispositivo, além de prever a meta de viabilizar a superação da *crise econômico-financeira* do devedor, fixa os seguintes paradigmas: (*i*) permitir a manutenção da fonte produtora, (*ii*) do emprego dos trabalhadores e (*iii*) dos interesses dos credores; (*iv*) promover a preservação da empresa, (*v*) sua função social; e (*vi*) estimular a atividade econômica.

Por isso se diz que a recuperação judicial vai muito além de tão somente resguardar os interesses da recuperanda e de seus credores, uma vez que o instituto tutela, acima de tudo, o "valor social da empresa em funcionamento, que deve ser preservado não só pelo incremento da produção, como, principalmente, pela manutenção do emprego, elemento de paz social"[36], pois a preservação da empresa, princípio consagrado pelo art. 47, se presta à "manutenção da segurança jurídica dos interesses de empregados, credores, empresa e de qualquer pessoa (jurídica ou não) que possua alguma relação com a recuperanda, seja direta ou indireta" (atividade econômica)[37].

Note-se que a convenção processual não pode ser aplicada sem observar essas premissas essenciais. Diferentemente doutras relações jurídicas, regidas por diferentes direitos materiais, a recuperação exige a compatibilização da medida pretendida com o teor do artigo 47, zelando especialmente pela preservação da empresa e pela manutenção de sua função social, sem deixar de considerar os prejuízos que eventual falência possa produzir não só para a empresa, como também para toda a sociedade que com ela se relaciona.

A complexidade da recuperação judicial, envolvendo múltiplos interesses dos mais variados setores da economia, aponta que a lógica e organização de seu procedimento sejam pautadas pela dinâmica do processo estrutural, segundo a qual o direito material é melhor resolvido por meio de um procedimento flexível, elaborado e ajustado pelas partes

---

[36] BEZERRA FILHO, Manoel Justino. *Lei de recuperação de empresas e falência*. 10ª ed. São Paulo: Revista dos Tribunais, 2014, p. 144.

[37] VASCONCELOS, Ronaldo; GULIM, Marcello de Oliveira. Cessão fiduciária de crédito e a recuperação judicial. In: MELO, Diogo Leonardo Machado de (org.). *PRODIREITO – Direito Civil – Programa de atualização em direito – Ciclo 2*, v. 1. Porto Alegre: Artmed Panamericana, 2017, p. 48.

– e aí se inclui o juiz –, sempre com o intuito de adequar o processo às demandas específicas do caso concreto, conjuminando interesses díspares da forma mais coerente e adequada possível.

Sob essa visão, pode-se equiparar a recuperação judicial a um método de trabalho apto para a superação da crise da empresa ou, ainda, identificar a necessidade da sua eficiente liquidação. Ambos os objetivos devem ser delineados à luz dos vetores sinalizados pelo princípio constitucional da função social da empresa, de modo que a tutela jurisdicional ao final concedida não se torne utópica[38].

Assim é que por meio da flexibilização procedimental almeja-se potencializar a persecução dos objetivos e finalidades do art. 47 da LRF, sendo mister a consagração de um processo estrutural típico (processo estrutural recuperacional).

Entende-se, nesse contexto, a razão pela qual compreender os objetivos e especificidades da recuperação judicial faz-se de rigor para a aplicação da convenção processual, uma vez que o direito material amolda o processo (por meio de convenções processuais) para melhor solução dos conflitos, transformando o procedimento de recuperação em um verdadeiro método balizado pelos fundamentos dos processos estruturais.

Para tanto, a convenção processual deve seguir, além dos seus vetores interpretativos típicos, as diretrizes fixadas pelo art. 47, medida essencial para alinhar objetivos e metas da recuperação judicial com interesses dos envolvidos na recuperação judicial.

A uma, a convenção em hipótese nenhuma pode funcionar como óbice à manutenção da fonte produtora, sob o risco de impedir a empresa-devedora de obter rendimentos por meio do desempenho de sua atividade econômica, inviabilizando completamente a possibilidade de elidir a crise econômico--financeira, além de esvaziar o próprio viés da recuperação judicial.

A duas, garantir a manutenção da fonte produtora implica assegurar o emprego dos trabalhadores com os quais a recuperanda mantém vínculo empregatício para continuidade de sua atividade econômica. Tal objetivo

---

[38] Dentro desse contexto, importante ressaltar a diferença estabelecida entre tutela jurisdicional e prestação jurisdicional. Isso porque, enquanto a primeira implica essencialmente a efetiva proteção e satisfação do direito, a segunda consiste mais propriamente no serviço judiciário que se instrumentaliza por meio do processo (YARSHELL, Flávio Luiz. *Tutela jurisdicional*. 2 ed. São Paulo: DPJ Ed., 2006, p. 23-24).

também deve ser considerado no momento da celebração da convenção processual, evitando-se a supressão do principal pilar de sustentação da fonte produtora da devedora: sua mão de obra.

A três, a viabilidade e legitimidade da convenção processual se dá com a anuência dos envolvidos no caso concreto, sendo imperiosa a coerência entre o teor do acordo com os interesses dos credores. Nesse ponto, faz-se mister a realização de audiência una e indivisível ("audiência de gestão democrática"), reunindo interessados e credores (ou seus representantes) para ajuste de expectativas, incumbindo ao julgador examinar a validade do acordo processual, nos termos do art. 190, parágrafo único, do CPC[39].

A quatro, a convenção processual que flexibiliza o procedimento recuperacional não pode esquivar-se da máxima de preservação da empresa, desobedecendo às linhas mestras da função social da empresa, da isonomia e da proporcionalidade, porquanto tais diretrizes devem "ser enfrentadas sempre conforme as especificidades da causa, sendo essencial o gerenciamento adequado do litígio, a fim de compreender os interesses envolvidos"[40] dos sujeitos que possam ser afetados pela recuperação.

Os critérios mencionados conglobam os objetivos e metas exigidos pelo art. 47 da LRF para a consecução das finalidades da recuperação. A convenção processual, além dos limites que lhe são próprios, curva-se às diretrizes, objetivos e finalidades do instituto da recuperação judicial quando nela for celebrada. Atendendo a tais requisitos, "a regra nova [das convenções processuais] ajusta-se aos critérios que informam o sistema

---

[39] "A audiência de gestão democrática, ao permitirem a participação efetiva de todos os agentes do processo, tem o poder de interferir decisivamente na mudança da postura desses agentes em relação ao desenvolvimento do caso. Na medida em que todos conhecem os rumos do processo e conseguem enxergar de forma límpida como é a atuação de todos os agentes do processo, é natural que as partes abandonem a tradicional postura resistente e passem a ser mais colaborativos com os destinos do processo." (COSTA, Daniel Carnio. O método de gestão democrática de processos de insolvência. In: CEREZETTI, Sheila C. Neder; MAFFIOLETTI, Emanuelle Urbano (coords.). *Dez anos da Lei nº 11.101/2005*: Estudos sobre a Lei de Recuperação e Falência. São Paulo: Almedina, 2015, p. 66-81).
[40] VASCONCELOS; GULIM. Cessão fiduciária de crédito..., p. 61.

diferenciado [da recuperação judicial] e, sob certo aspecto, presta-se a aperfeiçoá-lo"[41].

Some-se a isso os fundamentos dos processos estruturais, os quais sugerem que a complexidade da causa demanda flexibilização procedimental para obtenção de cooperação entre os sujeitos envolvidos no litígio. A convenção processual, nesse quesito, pode ser de grande utilidade se infligir à recuperação judicial a obrigatoriedade do método dialogal, exigindo-se das partes participação e transparência no fornecimento de informações para melhorar o desenvolvimento e eficiência do possível plano recuperacional (diminuir a assimetria de informações por meio da publicidade e transparência).

Desdobra-se disso relevante discussão sobre o momento adequado da celebração da convenção processual, porquanto o processo recuperacional detém três fases distintas (fase do processamento, fase do plano e fase de execução), podendo o ajuste procedimental surtir diferentes efeitos em cada uma delas.

4. Momento adequado da convenção processual na recuperação

A recuperação judicial possui três fases principais, a saber, a fase de processamento (LRF, arts. 51-52), a de deliberação do plano de recuperação (LRF, arts. 53 e ss) e a de execução (LRF, art. 61-63).

Para a fixação do momento considerado como adequado para obtenção da convenção processual eficiente, mister verificar em que situação se constata a maior concentração de expectativas dos envolvidos no processo recuperacional. Tal exame possibilita compreender em que fase do processo de recuperação judicial os sujeitos interessados estão mais suscetíveis a negociações. Ou seja, qual seria o melhor momento para que as partes se sujeitem à flexibilização do procedimento em prol de um deslinde mais adequado.

A princípio, a recuperação judicial objetiva o deferimento de seu processamento para subsecutiva elaboração do plano de recuperação, no qual constarão as formas de pagamento, os prazos de carência, os padrões comportamentais esperados pelos credores e pelo devedor, dentre tantas outras disposições que podem ser ajustadas entre as partes, sempre sob

---

[41] YARSHELL, Flávio Luiz. Convenção das partes em matéria processual no processo de recuperação judicial. *Revista de direito recuperacional e empresa*, v. 1, jul./set., 2016.

a égide do princípio da soberania da Assembleia Geral dos Credores, corolário da autonomia da vontade, haja vista o plano ser "formado pela manifestação de vontade apresentada sucessivamente por devedor e credores, tendo como condição indispensável o consentimento destes"[42].

Aprovado o plano de recuperação pela Assembleia Geral de Credores, incumbe ao julgador exercer o controle de legalidade, sem se imiscuir no conteúdo da vontade de cada classe de credores, uma vez que prevalece na recuperação a sobreposição da autonomia da vontade sobre o senso de equidade de que dispõe o juiz para exame de mérito[43].

Todavia, não se nega que o juiz da recuperação deva orientar-se pelas linhas mestras do art. 47 da LRF, adotando postura ativa e contumaz a fim de zelar pela viabilidade do instituto da recuperação judicial[44]. Isto é, o julgador deve zelar pela "viabilização da recuperação, não no sentido econômico propriamente dito do plano, mas no seu aspecto de estimular a manutenção das expectativas produzidas pela função social desempenhada durante a atividade empresarial da recuperanda"[45].

Homologado o plano de recuperação, resta às partes e à empresa recuperanda cumprir com o anuído, ficando a devedora obrigada a adimpli-lo no prazo de dois anos sob controle judicial, sob pena de a recuperação ser convolada em falência.

Por todo o exposto, a escolha da oportunidade adequada para celebração da convenção processual deve ser feita à luz do momento em que a recuperação reunir a maior concentração de expectativas dos sujeitos do processo recuperacional, situação na qual partes e juiz são mais suscetíveis à cooperação, uma vez que se trata de momento fundamental para o desenvolvimento adequado da recuperação.

---

[42] WAMBIER, Teresa Arruda Alvim. A *vis attractiva* do juízo da vara empresarial, créditos trabalhistas, sucessão da empresa em regime de recuperação. *Revista de processo*, v. 143, jan. 2007, p. 289-306.

[43] Sobre o tema, dispõem os enunciados 44 e 46 da "I Jornada de Direito Comercial": "44. A homologação de plano de recuperação judicial aprovado pelos credores está sujeita ao controle judicial de legalidade" e "46. Não compete ao juiz deixar de conceder a recuperação judicial ou de homologar a extrajudicial com fundamento na análise econômico-financeira do plano de recuperação aprovado pelos credores".

[44] ABRÃO, Carlos Henrique. A soberania da AGC e seu controle judicial da legalidade. *Revista de direito recuperacional e empresa*, v. 3, jan./mar. 2017.

[45] VASCONCELOS; GULIM. Cessão fiduciária de crédito..., p. 60-63.

As partes no processo recuperacional, diante da complexidade inerente da recuperação judicial por atrelar díspares pretensões, apenas obtêm a tutela adequada mediante ajuste de expectativas, cedendo em alguns aspectos para que o processo seja convertido em ganhos proporcionais aos envolvidos. Assim, as partes compreendem que a cooperação no processo recuperacional é imprescindível para atingir a finalidade da recuperação judicial de compatibilizar a viabilidade da empresa recuperanda com os interesses dos credores.

Ante o exposto, considerando as fases do processo de recuperação, entende-se que o momento adequado para celebração da convenção processual se dê instantes antes do deferimento do processamento da recuperação, uma vez que o processamento implica a suspensão das execuções contra a recuperanda (*stay period*), aumentando as expectativas de todos os envolvidos com a empresa em crise (LRF, art. 6º).

O juiz da causa, ao receber o pedido de recuperação judicial, examina seus pressupostos de admissibilidade (LRF, art. 51), verificando se a empresa em crise atende aos requisitos legais essenciais para ter direito ao benefício (especialmente a moratória e a suspensão das ações e execuções ajuizadas contra o devedor). Estando o julgador convencido acerca do processamento da recuperação, incumbe-lhe, antes de deferi-lo (LRF, art. 52), realizar audiência una e indivisível com os envolvidos no litígio para ajustar ônus e deveres processuais, zelando pela eficiência da fase de elaboração do plano.

A audiência anterior ao deferimento do processamento da recuperação é o momento pertinente para que as partes, junto ao julgador e demais envolvidos, celebrem a convenção processual, flexibilizando o procedimento de acordo com a complexidade do caso concreto, exigindo maior colaboração entre credores e devedor por meio de transparência, vinculando cada qual a fornecer dados, informações e documentos úteis à viabilidade do plano. Isso porque o processamento da recuperação funciona como "divisor de águas" para recuperanda e credores, porquanto dele surgem responsabilidades impostas a cada uma das partes do processo, vinculando comportamentos e atitudes para instrumentalizar a elaboração do plano.

Para a recuperanda, trata-se do momento mais esperado para reorganização de seu estado de crise, visto que as execuções contra ela são suspensas (*stay period*), podendo, a partir de então, reestruturar-se com parcimônia, fixar novas metas para adimplir seus créditos, viabilizar sua atividade econômico-financeira e engendrar estratégias para dar concretude ao plano de recuperação.

Para os credores, trata-se do momento mais crítico para assegurar os créditos devidos, pois o processamento da recuperação redunda na automática suspensão das execuções dos credores concursais. Valendo-se da convenção processual, pode a classe de credores exigir mais transparência durante a elaboração do plano, vinculando a recuperanda a fornecer documentos, informações e dados úteis para demonstrar que a recuperação judicial pode viabilizá-la, revertendo o período de suspensão em ganhos para todos os credores (e não só para a devedora).

Ou seja, esse parece ser o momento adequado e a melhor oportunidade para exigir da empresa em crise maiores garantias de que ela agirá diligentemente, com a finalidade de se reerguer para arcar com seus créditos de acordo com o que for ajustado no plano de recuperação.

Para o juiz, trata-se da chance de organizar todo o procedimento de elaboração do plano, garantindo cooperação e boa-fé objetiva de todos os sujeitos processuais. Mais do que isso: a vinculação dos convenentes às propostas da convenção processual reforça os princípios da celeridade e efetividade da prestação jurisdicional, uma vez que as partes se obrigam a cooperarem em prol da resolução rápida e eficiente, sem burlas ou abusos. Para tanto, a atuação do juiz para o cumprimento da convenção mostra-se essencial, devendo controlar os eventuais excessos e desvios de condutas, impondo sanções aos que agirem de forma inadequada.

Frise-se que o momento aqui mencionado como adequado para celebração da convenção processual concentra elevada carga de expectativas de todas as partes do processo, incluindo-se o juiz da causa. Ocorre que, para a viabilidade da convenção, faz-se necessária a realização de audiência a fim de reunir interessados no ajuste procedimental, sendo imperioso considerar, para tanto, a quantidade de credores existentes na recuperação em comento com o fim de mensurar a possibilidade de chamar todos os credores ou apenas os representantes de cada classe.

Nesse ponto, entende-se que a análise deva ser casuística, cabendo ao juiz da causa, quando estiver convencido do processamento da recuperação, proferir despacho determinando a audiência para o possível ajuste procedimental com a respectiva quantidade de credores que representarão cada uma das classes.

Se for possível chamar todos os credores, deve o juiz assim proceder. Havendo quantidade exacerbada de credores, o exame casuístico do julgador deve determinar a quantidade proporcional de representantes de cada classe (LRF, art. 26).

5. O papel do administrador judicial na elaboração de convenções processuais: o caso Editora Três

O administrador judicial, como é cediço, é marco distintivo dos procedimentos regidos pela LRF e, atuando como *longa manus* do juiz, é um dos sujeitos do processo que melhor pode compreender a crise da empresa e, consequentemente, como solucioná-la. É natural, portanto, que ele desempenhe papel relevante na elaboração e no estímulo das convenções processuais no âmbito da recuperação judicial.

Sua atuação, contudo, e ao menos no que tange à analise ora proposta – convenções processuais –, é bifronte. Em certos aspectos, o papel do administrador judicial se assemelha ao do juiz, ao passo que, em outros, ele age quase como os sujeitos parciais do processo.

Em relação à atuação própria do juiz ou, melhor dizendo, do Estado-juiz, o administrador judicial tem um papel de *incentivo* e de *controle* das convenções processuais celebradas pelas partes. Incentivo, como decorrência direta do dever do magistrado de estimular o uso de instrumentos autocompositivos – principalmente em sede incidental, com o processo judicial já em trâmite. Controle tanto para preservar uma parte de eventuais arbítrios da outra em razão de sua vulnerabilidade, quanto para preservar as normas cogentes do direito processual e evitar que os sujeitos processuais parciais modifiquem as regras do jogo, inexoráveis para o bom andamento da atividade jurisdicional[46].

De outro lado, a atuação mais importante do administrador judicial na consecução de convenções processuais em processos de recuperação assume traços de protagonismo. Parte dele a iniciativa de propor esses negócios jurídicos, submetê-los ao controle de legalidade do juiz, operacionalizá-los – tudo com vistas a garantir um procedimento mais célere e eficiente, em linha com os ditames adotados em processos estruturais e com os vetores axiológicos do direito processual civil brasileiro hodierno. Em termos práticos, é do administrador que deve sair a proposta da

---

[46] CABRAL. *Convenções processuais...*, p. 257-260.

convenção processual, bem como as sugestões para implementá-la no caso concreto.

Não é segredo que o administrador judicial é sujeito imparcial – porquanto *longa manus* do juiz – e se encontra equidistante das partes[47]. Seus objetivos, portanto, se confundem com aqueles previstos no artigo 47 da LRF (e já examinados acima), todos direcionados à preservação da empresa, da atividade econômica produtiva. Ocorre que a posição imparcial do administrador não é, de forma alguma, impeditivo a que ele seja parte integrante das convenções – ou mesmo que as proponha. Ora, se o mencionado artigo 191 do CPC prevê a calendarização do processo e constitui verdadeira convenção processual típica que tem o juiz como parte, e não como mero controlador, é perfeitamente possível, a partir da permissão ampla do artigo 190, que haja convenções processuais atípicas. E, se a iniciativa do próprio juiz em todos esses casos é tarefa hercúlea, com mais facilidade pode o administrador judicial – seu *longa manus* – dar concretude a essa importante ferramenta do direito processual.

Essa atuação proativa do administrador judicial se justifica das mais diversas maneiras. A uma, como *longa manus* do juiz, ele exerce o papel de incentivo à celebração de convenções processuais e, a partir de outros tantos institutos como o *case management*, tem a faculdade de participar ativamente desses negócios jurídicos. A duas, tal como as partes (e o juiz), o administrador judicial deve zelar pela colaboração processual, buscando alternativas a todo momento que possibilitem uma melhora, em termos qualitativos, na prestação jurisdicional direcionada a resolver a crise da empresa. E, por fim, mas também como uma extensão do Estado-juiz, o administrador judicial deve permanecer atento à noção de processo estrutural, viabilizando, sempre que necessário, a flexibilidade procedimental que permita o melhor atingimento dos fins da recuperação judicial.

O objeto das convenções processuais que o administrador judicial pode implementar, contudo, não se confunde com as posturas ativas do juiz

---

[47] "A atuação do administrador judicial, portanto, é responsável pelo fornecimento de adequadas informações aos participantes da recuperação judicial. Trata-se de medida de extrema valia não apenas para os credores, envolvidos diretamente no caos, mas também para todos aqueles que de alguma forma foram atingidos pela crise empresarial." (CEREZETTI, Sheila C. Neder. *A recuperação judicial de sociedade por ações*: o princípio da preservação da empresa na lei de recuperação e falência. São Paulo: Malheiros, 2012, p. 421).

– que pode, por exemplo, dilatar o *stay period* e outros prazos processuais. O espaço de utilização da medida aqui proposta reside, principalmente, nas próprias funções do administrador judicial, como, por exemplo, sugerir a adoção da mediação judicial para contribuir com o "decurso das tratativas e a regularidade das negociações entre devedor e credores" (LRF, art. 22, II, alínea *e*), ou simplificar procedimentos de verificação de crédito e, assim, "assegurar que devedor e credores não adotem expedientes dilatórios" (LRF, art. 22, II, alínea *f*).

Nessa seara, é interessante a análise de um exemplo prático, que foi o ocorrido na recuperação judicial da Editora Três, ajuizada em 24/04/2020[48].

Pouco tempo após ser nomeado (01/06/2020), o administrador judicial da Editora Três sugeriu a celebração de um negócio jurídico processual ou, mais precisamente, em convenções processuais *faseadas*, para encaminhar o processo a partir de cada fase já destrinchada acima da recuperação judicial.

A grande iniciativa do administrador judicial consistiu na fase dos procedimentos de verificação de crédito (habilitações e impugnações), previstos no artigo 8º da LRF. Pretendeu-se *extrajudicializar* essa fase, para que os credores, ao invés de se manifestarem via incidente processual, discutissem seu crédito com o próprio administrador em sede administrativa (via *e-mail*). Permaneceu aberta a possibilidade de impugnar a decisão ulterior do administrador judicial perante o Poder Judiciário, mas, caso o credor com ela anuísse, o valor constaria da lista definitiva de credores, tal como se habilitação ou impugnação administrativa fosse (LRF, art. 52, § 1º).

Sob uma perspectiva subjetiva, é interessante ressaltar que a proposta de convenção processual feita pelo administrador judicial não apenas foi acolhida, como não foi combatida. A proposta foi homologada pelo juízo em 14/09/2020, em decisão que ressaltou o "tumulto processual" decorrente dos credores multitudinários. E, mais importante ainda, referida decisão não foi impugnada por recurso ou qualquer outro sucedâneo por nenhuma das mais de duas mil partes no processo.

---

[48] Processo nº 1033888-36.2020.8.26.0100, 2ª Vara de Falências e Recuperação de Empresas, Comarca de São Paulo/SP, Juiz de Direito Paulo Furtado de Oliveira Filho, distribuído em 24/04/2020.

Já sob a perspectiva objetiva, e relembrando a lógica mercadológica que perpassa os procedimentos de recuperação judicial, é preciso se atentar aos *custos* e ao *tempo* das iniciativas propostas.

Em termos de custos e despesas para a devedora, o negócio jurídico processual foi verdadeiramente gratuito: as atividades desempenhadas não representaram acréscimo na remuneração do administrador judicial, cuja verba seria a mesma independentemente dessa "nova fase administrativa" de verificação de créditos.

E, em relação ao tempo, vale a pena comparar essa conduta com a média de processos de recuperação judicial, a partir dos dados empíricos coletados pelo Núcleo de Estudo e Pesquisa sobre Insolvência (NEPI), atividade de pesquisa e extensão vinculada à Faculdade de Direito da Pontifícia Universidade Católica de São Paulo (PUC/SP). O NEPI realizou um levantamento dos processos de recuperação judicial em trâmite não apenas perante as duas varas especializadas na comarca de São Paulo, como também dos demais processos de insolvência no Estado, entre janeiro de 2010 e julho de 2017[49].

Veja-se o tempo mediano até a instalação da Assembleia Geral de Credores, levando em consideração que, no caso da Editora Três, o juízo propôs a convocação da Assembleia em 26/05/2021:

TABELA 1 – **Tempo mediano até a instalação da Assembleia Geral de Credores nas varas comuns, nas especializadas e no caso Saraiva**

	Número de recuperações	**Tempo mediano até a AGC**
Varas comuns	237	433
Varas especializadas	122	314
Caso Editora Três	1	397

Fonte: elaborado pelo autor a partir dos dados do NEPI[50]

[49] WAISBERG, Ivo; SACRAMONE, Marcelo Barbosa; NUNES, Marcelo Guedes; CORRÊA, Fernando. *Recuperação judicial no Estado de São Paulo* – 2ª fase do Observatório da Insolvência – Relatório. São Paulo: Associação Brasileira de Jurimetria, 2019, p. 8.
[50] WAISBERG; SACRAMONE; NUNES; CORRÊA. *Recuperação judicial...*, p. 46.

À primeira vista, a iniciativa não parece muito proveitosa: o interregno até a instauração da Assembleia Geral de Credores supera a média das varas especializadas na comarca de São Paulo. Contudo, vale lembrar que o processo da Editora Três teve mais de dois mil credores, e conta com um passivo de mais de duzentos e sessenta milhões de reais, conforme consta dos autos e da lista de credores consolidada pelo administrador judicial. Novamente comparando com os dados do NEPI, vê-se que a recuperação judicial da Editora Três figura no grupo dos 5,7% processos com devedoras com maior passivo. Porém, no estudo mencionado, esse número representa devedoras com passivo acima de R$ 100.000.000,00 (cem milhões de reais), ao passo que a Editora Três conta com mais que o dobro desse montante:

TABELA 2 – **Distribuição das companhias pela faixa de passivo circulante e não circulante (conforme dados extraídos do balanço contábil)**

Faixa de passivo	Frequência	Frequência relativa
Sem informação	431	47,3%
Até R$ 1MM	68	7,5%
Entre R$ 1MM e R$ 5MM	98	10,7%
Entre R$ 5MM e R$ 10MM	65	7,1%
Entre R$ 10MM e R$ 50MM	161	17,7%
Entre R$ 50MM e R$ 100MM	37	4,1%
Acima de R$ 100MM	52	5,7%

Fonte: NEPI[51]

É dizer: o resultado, para fins de qualidade da prestação jurisdicional, da convenção processual proposta pelo administrador judicial não foi apenas positivo. Ele foi *ainda mais positivo* se considerado o tamanho e a abrangência do caso Editora Três, com (literalmente) milhares de sujeitos processuais e centenas de milhões em dívidas a serem novadas.

[51] WAISBERG; SACRAMONE; NUNES; CORRÊA. *Recuperação judicial...*, p. 19.

Mesmo com milhares de partes processuais, o processo não destoou da média temporal aferida empiricamente entre o ajuizamento do pedido de recuperação e a instauração da Assembleia Geral de Credores.

A contrario sensu, embora consista em mera atividade hipotética, é bastante plausível presumir que, via de regra, uma recuperação da magnitude do caso Editora Três superaria em muito a média das recuperações judiciais na comarca de São Paulo. E isso não apenas nos poucos oitenta dias aferidos acima, mas sim em incontáveis meses, decorrentes principalmente do grande número de impugnações e habilitações de créditos trabalhistas cujos exames o administrador judicial avocou para si, desafogando o juízo e permitindo a consecução de uma recuperação judicial mais eficiente para todas as partes envolvidas.

Conclusões

O instituto da convenção processual se amolda adequadamente aos anseios e objetivos a serem perseguidos pela recuperação judicial. A utilidade do ajuste do procedimento recuperacional pode ser de grande valia, desde que obedecidos limites inerentes às convenções processuais, além das limitações e especificidades do próprio direito material.

Analisando a compatibilidade entre acordos processuais e recuperação judicial, constatou-se a existência de um momento adequado para celebração da convenção, qual seja, o instante anterior ao deferimento do processamento da recuperação, uma vez que nessa oportunidade há grande concentração de expectativas, ficando as partes do processo mais suscetíveis à flexibilização do procedimento em prol da viabilização de um plano mais condizente ao caso concreto.

Para tanto, exige-se do juiz atuação imparcial, ativa e contumaz, evitando abusos e arbitrariedades dos credores. Como o deferimento do processamento da recuperação, no momento da audiência para celebração da convenção processual, já é certo pelo juiz, compete-lhe estimular as partes a cooperarem, propondo medidas ligadas à transparência de informações, de dados, de documentos, bem como medidas relacionadas à flexibilização do procedimento para amoldá-lo à complexidade do caso, sugerindo expansão do prazo de *stay period*, prazos diferenciados para reuniões da Assembleia Geral de Credores, dentre outros.

O processo recuperacional, para se valer dessas benesses, necessita estar em consonância com as diretrizes gerais do CPC, em especial no concernente ao princípio da cooperação, porquanto não há acordo sem colaboração das partes, motivo pelo qual o juiz deve ser ativo e imparcial para instrumentalizá-lo, seja no juízo de validade da convenção processual, seja para viabilizar o ajuste de procedimento (uma vez que também é parte da convenção).

Cabe ao administrador judicial, *longa manus* do Estado-juiz, adotar uma postura proativa e sugerir, estimular, controlar, fiscalizar e protagonizar a implementação das convenções processuais nos processos de recuperação. Seja, de um lado, porque os deveres de colaboração do juízo também podem ser efetivados por seu *longa manus*, seja porque, como sujeito imparcial que atua bastante próximo às partes em conflito, cabe ao administrador trazer ideias que possam adequadamente coordenar os diversos interesses, muitas vezes apenas aparentemente conflitantes em tais demandas.

A recuperação judicial engloba um plexo de interesses díspares. Diante disso, as convenções processuais, se utilizadas adequadamente, flexibilizam a recuperação judicial de forma benéfica, sendo sua utilização um possível início para consolidação de um processo estrutural recuperacional.

Referências

ABRÃO, Carlos Henrique. A soberania da AGC e seu controle judicial da legalidade. *Revista de direito recuperacional e empresa*, v. 3, jan./mar. 2017.

ABRÃO, Nelson. *O novo direito falimentar:* nova disciplina jurídica da crise econômica da empresa. São Paulo: Revista dos Tribunais, 1985.

AZEVEDO, Antônio Junqueira. *Negócio jurídico:* existência, validade e eficácia. 4 ed. São Paulo: Saraiva, 2002.

BAIRD, Douglas; GERTNER, Robert H.; PICKER, Randal C. *Game theory and the law*. Cambridge: Harvard University Press, 1994.

BANDEIRA DE MELLO, Celso Antônio. *Conteúdo jurídico do princípio da igualdade.* 3 ed. São Paulo: Malheiros, 1998.

BARBOSA MOREIRA, José Carlos. A garantia do contraditório na atividade de instrução. *Revista de Processo*, São Paulo, n. 35, jul. 1984.

BEDAQUE, José Roberto dos Santos. *Efetividade do processo e técnica processual.* 3 ed. São Paulo: Malheiros, 2010.

BEZERRA FILHO, Manoel Justino. *Lei de recuperação de empresas e falência.* 10 ed. São Paulo: Revista dos Tribunais, 2014.

CABRAL, Antônio do Passo. *Convenções processuais*. Salvador: Juspodivm, 2016.

CEREZETTI, Sheila C. Neder. *A recuperação judicial de sociedade por ações:* o princípio da preservação da empresa na lei de recuperação e falência. São Paulo: Malheiros, 2012.

COSTA, Daniel Carnio. O método de gestão democrática de processos de insolvência. In: CEREZETTI, Sheila C. Neder; MAFFIOLETTI, Emanuelle Urbano (coords.). *Dez anos da Lei nº 11.101/2005:* Estudos sobre a Lei de Recuperação e Falência. São Paulo: Almedina, 2015, p. 66-81.

CRUZ E TUCCI, José Rogério. Garantia do processo sem dilações indevidas. In: _____ (coord.). *Garantias constitucionais do processo civil.* São Paulo: Revista dos Tribunais, 1999.

DINAMARCO, Cândido Rangel. *A instrumentalidade do processo.* 15 ed. São Paulo: Malheiros, 2013.

_____. Relendo princípios e renunciando a dogmas. In: _____. *A nova era do processo civil.* São Paulo: Malheiros, 2003.

_____. *Instituições de direito processual civil.* 6 ed. São Paulo: Malheiros, 2000.

DUARTE, Henrique Vaz. *Questões sobre recuperação e falência.* 2 ed. Coimbra: Almedina, 2004.

GHIDINI, Mario. *Lineamenti del dirritto dell'impresa.* Milano: Giuffrè, 1978.

GIANNICO, Maurício. *A preclusão no direito processual civil brasileiro.* São Paulo: Saraiva, 2005.

GRINOVER, Ada Pellegrini. *Ensaio sobre a processualidade:* fundamentos para uma nova teoria geral do processo. Brasília: Gazeta Jurídica, 2016.

KIRSCHBAUM, Deborah. *A recuperação judicial no Brasil:* Governança, financiamento extraconcursal e votação do plano. Tese (Doutorado em Direito). Faculdade de Direito da Universidade de São Paulo, São Paulo, 2009.

MELLO, Marcos Bernardes de. *Teoria do fato jurídico:* plano da validade. 11 ed. São Paulo: Saraiva, 2011.

MITIDIERO, Daniel. Colaboração no Processo Civil: Pressupostos sociais, lógicos e éticos. In: MARINONI, Luiz Guilherme; BEDAQUE, José Roberto dos Santos (coords.). *Coleção Temas Atuais de Direito Processual Civil,* v. 14. 2 ed. São Paulo: Revista dos Tribunais, 2009, p. 72-73.

MULLER, Julio Guilherme. *Negócios processuais e desjudicialização da produção da prova:* análise econômica e jurídica. São Paulo: Revista dos Tribunais, 2017.

OLIVEIRA, Carlos Alberto Alvaro de. *Do formalismo no processo civil.* 2 ed. São Paulo: Saraiva, 2003.

PAJARDI, Piero. *Radici e ideologie del fallimento.* 2 ed. Milano: Giuffrè, 2002.

PERIN JUNIOR, Ecio. *Preservação da empresa na lei de falências.* São Paulo: Saraiva, 2009.

PONTES DE MIRANDA, Francisco Cavalcanti. *Tratado de direito privado:* parte geral, t. III. Atualizado por Marcos Bernardes de Mello, Marcos Ehrhardt Jr. São Paulo: Revista dos Tribunais, 2012.

REDONDO, Bruno Garcia. Negócios jurídicos processuais: existência, validade e eficácia. In: LUCON, Paulo Henrique dos Santos; OLIVEIRA, Pedro Miranda de (coords.). *Panorama atual do novo CPC*. Florianópolis: Empório do Direito, 2016, p. 27-32.

SALOMÃO FILHO, Calixto. *O novo direito societário*. São Paulo: Malheiros, 1998.

SICA, Heitor Vitor Mendonça. *Preclusão processual civil*. São Paulo: Atlas, 2006.

TELLECHEA, Rodrigo; SPINELLI, Luis Felipe; SCALZILLI, João Pedro. Apontamentos sobre a aplicação do novo CPC à LREF. *Revista de direito recuperacional e empresa*, v. 4, abr./jun. 2017.

VASCONCELOS, Ronaldo. A mediação na recuperação judicial: compatibilidade entre as Leis nº 11.101/05, 13.015/15 e 13.140/15. In: CEREZETTI, Sheila C. Neder; MAFFIOLETTI, Emanuelle Urbano (coords.). *Dez anos da Lei nº 11.101/2005*: Estudos sobre a Lei de Recuperação e Falência. São Paulo: Almedina, 2015, p. 451-467.

_____. Convenções processuais e a recuperação judicial: a busca por um processo estrutural recuperacional. In: WAISBERG, Ivo; RIBEIRO, José Horácio Halfeld Rezende (coord.). *Temas de direito da insolvência*: estudos em homenagem ao Professor Manoel Justino Bezerra Filho. São Paulo: IASP, 2017, p. 990-1.017.

_____; GULIM, Marcello de Oliveira. Cessão fiduciária de crédito e a recuperação judicial. In: MELO, Diogo Leonardo Machado de (org.). *PRODIREITO* – Direito Civil – Programa de atualização em direito – Ciclo 2, v. 1. Porto Alegre: Artmed Panamericana, 2017, p. 41-69.

WAISBERG, Ivo; SACRAMONE, Marcelo Barbosa; NUNES, Marcelo Guedes; CORRÊA, Fernando. *Recuperação judicial no Estado de São Paulo – 2ª fase do Observatório da Insolvência – Relatório*. São Paulo: Associação Brasileira de Jurimetria, 2019.

WAMBIER, Teresa Arruda Alvim. A *vis attractiva* do juízo da vara empresarial, créditos trabalhistas, sucessão da empresa em regime de recuperação. *Revista de processo*, v. 143, jan. 2007, p. 289-306.

YARSHELL, Flávio Luiz. Convenção das partes em matéria processual no processo de recuperação judicial. *Revista de direito recuperacional e empresa*, v. 1, jul./set., 2016.

_____. *Tutela jurisdicional*. 2 ed. São Paulo: DPJ, 2006.

18. O ADMINISTRADOR JUDICIAL E A CONSOLIDAÇÃO PROCESSUAL E SUBSTANCIAL

Sheila C. Neder Cerezetti

Introdução

Em medida pouco usual às legislações de insolvência empresarial mundiais, a reforma promovida pela Lei 14.112/2020 inseriu na Lei 11.101/2005 ("Lei de Recuperação e Falência" ou "LRF") dispositivos específicos acerca da recuperação judicial de grupos de sociedades.

Os atuais artigos 69-G a 69-L abordam tanto o tema da consolidação processual quanto a hipótese de consolidação substancial obrigatória, prevendo seus requisitos e efeitos, bem como as diferenciando uma da outra.

Este último aspecto é de extrema relevância, em especial no que diz respeito à atividade desempenhada pelo administrador judicial nas recuperações judiciais. Sabe-se que a confusão entre uma e outra figura marcou o início da admissão do processamento conjunto de pedidos de recuperação judicial e que os efeitos deletérios de tal prática podem ser até hoje sentidos[1].

O assunto deve ser objeto de destacada atenção por parte de administradores judiciais, conforme abordado no item 2, abaixo. A experiência demonstra que o alerta é necessário e que a adequada atuação de tais agentes tem o condão de facilitar ou gravemente impedir que a distinção

---

[1] Sobre o tema, vide: NEDER CEREZETTI, Sheila C. . Reorganization of corporate groups in Brazil: substantive and the limited liability tale, in: *International Insolvency Review* (2021), DOI: 10.1002/iir.1410, p. 1-22.

entre as duas figuras seja observada[2]. Nada mais natural, dada a atuação fundamental do agente no procedimento de habilitação e verificação de créditos, que impacta diretamente a identificação do passivo de cada recuperanda.

Considerando-se a atual disciplina da recuperação judicial de grupos, bem como o reforço e detalhamento do papel dos administradores judiciais operados pela recente reforma, mostra-se especialmente oportuno dissecar as regras relativas ao processamento do pedido de recuperação judicial em litisconsórcio e entender como deve o auxiliar do juízo atuar para contribuir ao bom andamento do procedimento.

Para tanto, o presente artigo está dividido em quatro partes, sendo a primeira dedicada a esta introdução e a última a encerrar o escrito. O segundo item servirá para contextualizar a atuação do administrador judicial na experiência pretérita de casos de recuperação judicial que envolveram mais de uma devedora e delimitar conceitos relevantes da matéria. Em seguida, será o momento de abordar o tema à luz do novo regramento legal.

1. Administrador judicial e consolidação: um passado turbulento
1.1. Breves linhas sobre a atuação do administrador judicial na recuperação judicial

Sendo um agente auxiliar da justiça e tendo o legislador o considerado indispensável aos processos de recuperação e falência, o administrador judicial deve desempenhar suas funções de forma diligente e em benefício de todos os envolvidos[3], o que se traduz fundamen-

---

[2] Cf. pesquisa realizada pelo Grupo de Estudos de Direito das Empresas em Crise (Gedec), da Faculdade de Direito da Universidade de São Paulo, relatada em: NEDER CEREZETTI, Sheila C. ; SATIRO, Francisco. A silenciosa "consolidação" da consolidação substancial: resultados de pesquisa empírica sobre recuperação judicial de grupos empresariais. *Revista do Advogado*, São Paulo, v. 36, n. 131, p. 216-223, out. 2016.

[3] Fala-se em atuação *zum Wohl aller Beteiligten*, o que não permite o favorecimento a qualquer das partes. Sobre o tema, vide, por exemplo: BERGER, Christian; FREGE, Michael. Business Judgment Rule bei Unternehmensfortführung in der Insolvenz – Haftungsprivileg für den Verwalter?, in: *ZIP* 5 (2008), p. 206; UHLENBRUCK, Wolfgang. Corporate Governance, Compliance and insolvency judgement rule als Problem der Insolvenzverwalterhaftung. In: BITTER, Georg; LUTTER, Marcus; PRIESTER, Hans-Joachim; SCHÖN, Wolfgang; ULMER, Peter (org.). *Festschrift für Karsten Schmidt zum 70. Geburtstag*. Köln: Otto Schmidt,

talmente naquilo que contribui para o mais adequado desenrolar do procedimento[4].

Com efeito, reconhece-se internacionalmente a relevância de se exigir algumas qualidades do administrador judicial a ser indicado pelo juízo. Fala-se, em especial, em atributos como integridade, imparcialidade, independência e boas habilidades administrativas[5]. Tudo isso para que as atividades desempenhadas contribuam para que se alcance o melhor resultado possível, seja ele sob a reestruturação do devedor ou por meio da via falimentar.

No processo de recuperação judicial, são especialmente importantes as atividades relativas à (i) identificação do passivo sujeita da devedora e à (ii) fiscalização da devedora, com a devida garantia do fluxo de informações desta para os demais interessados.

Com relação à primeira, cumpre dizer que, por meio da desjudicialização de algumas matérias e da instituição de agilidades compatíveis com as necessidades econômicas impostas pela urgência de uma situação de crise[6], se entregou ao administrador judicial o encargo de iniciar o procedimento de verificação de créditos e receber habilitações e divergências quanto à relação de credores apresentada pela devedora. O ofício culmina, finalmente, na elaboração de uma nova relação de credores a servir de base para a preparação do quadro-geral de credores. Em outras palavras, cuida-se de transferir ao administrador judicial a responsabilidade acerca da inicial análise de créditos e formação do arrolamento dos débitos da recuperanda.

O art. 7º, § 1º, da Lei de Recuperação e Falência, admite que qualquer credor apresente habilitações e divergências que digam respeito não apenas a incorreções ou ausências que envolvam seus próprios créditos, mas também acerca de inexatidões que recaiam sobre créditos de outros credores. Eis claro reconhecimento da importância da composição da

---

2009, p. 1615-1622; BVerfG, Senatsbeschl. v. 23.05.2006 – 1 BvR 2530/04, in: *ZIP* 29 (2006), p. 1355-1362.

[4] Vide, no mesmo sentido: SACRAMONE, Marcelo B. *Comentários à Lei de Recuperação de Empresas e Falência*. 2 ed. São Paulo: Saraiva, 2021, p. 155.

[5] Cf. UNITED NATIONS COMMISSION ON INTERNATIONAL TRADE LAW. *Legislative Guide on Insolvency Law*. New York: UNCITRAL, 2005, p. 175.

[6] Cf. TOLEDO, Paulo F. C. S.; ABRÃO, Carlos Henrique (coords.). *Comentários à Lei de Recuperação de Empresas e Falência*. São Paulo: Saraiva, 2005, p. 22.

relação de credores e do intuito de todos em obter adequada visão sobre o passivo sujeito à recuperação judicial. Isso ocorre em vista da composição de interesses perpetrada pela recuperação de empresas, da qual decorre que a exclusão ou incorreta avaliação de um crédito acarreta consequências não apenas ao próprio credor, mas também aos demais e à devedora. Evita-se, dessa forma, que erros sejam prolongados em prejuízo de todos os envolvidos.

A atividade desempenhada pelo administrador judicial reveste-se, destarte, de relevância crucial ao processo, já que a boa resolução da crise passa pela identificação do correto montante do passivo a ser adimplido pela devedora nos termos do plano a ser por ela proposto. A definição deste passivo sujeito ao concurso também é essencial para que se esclareça quem serão os responsáveis pela tomada de decisão acerca do futuro da recuperanda. Conforme dispõe o art. 39 da Lei de Recuperação e Falência, os credores mencionados na relação elaborada pelo administrador judicial, caso disponível, são justamente aqueles a serem admitidos às votações até que o quadro geral de credores esteja pronto.

Assim, impossível deixar de perceber que o período administrativo da verificação de créditos, a ser posteriormente complementado pela fase contenciosa iniciada com o recebimento de impugnações, gera verdadeiro impacto nos direitos dos envolvidos e, muitas vezes, na própria definição dos termos da recuperação. Não por outro motivo, o administrador judicial deve apenas fazer constar na relação de credores o passivo que julgar adequadamente comprovado e sobre cuja sujeição à recuperação não possuir dúvidas.

Esses comentários introdutórios e gerais acerca da performance do administrador judicial são de especial relevância para o específico tema em análise. Se a conformidade das práticas de definição do passivo sujeito importa na recuperação de um devedor, o tema ganha importância na hipótese de processo que envolva multiplicidade de autores.

Isso porque, neste caso, (i) a atenção se voltará à identificação de mais de um passivo e (ii) a depender dos termos sob os quais o processamento do feito tiver sido aprovado, será necessário não apenas identificar inúmeros passivos, mas também respeitar a separação entre eles.

Ora, este é aspecto crucial em processos de recuperação judicial iniciados em litisconsórcio ativo, já que dele decorrerão a organização das partes envolvidas, as possibilidades de reestruturação e os efeitos centrais do procedimento.

Para que se possa bem compreender essa afirmação, é preciso dar um passo atrás e retomar conceitos próprios do tratamento da crise da empresa plurissocietária.

1.2. O administrador judicial e a higidez da consolidação

Antes que se possa detalhar a centralidade da atuação do administrador judicial para o adequado desenrolar do procedimento de recuperação que evolve múltiplos devedores, cabe relembrar os conceitos das medidas referidas como consolidação processual e consolidação substancial.

Os dois termos dizem respeito a uma das maneiras de lidar com a situação de crise que afeta a empresa plurissocietária: trata-se do caminho que permite o enfrentamento da dificuldade por meio de esforços conjugados, seja em termos apenas procedimentais, seja de maneira mais profunda e intrincada[7].

Com efeito, denomina-se consolidação processual o litisconsórcio ativo no processo de recuperação judicial, que permite a condução conjunta da recuperação judicial de devedoras que compõem um grupo societário e não tem o condão de afetar os direitos e responsabilidades de credores e devedores, sendo apenas uma medida de conveniência administrativa e economia processual[8].

A consolidação processual permite o alinhamento das mais diversas fases na caminhada processual da recuperação judicial das devedoras. Pode-se, assim, falar (*i*) na atuação de apenas um administrador judicial, (*ii*) na reunião conjunta de comitês de credores, (*iii*) na simplificação da apuração de créditos, (*iv*) na facilitada troca de informações para que se obtenha precisa compreensão da situação societária e financeira das devedoras e (*v*) na adoção dos mesmos prazos processuais para os importantes momentos da recuperação – tais como a apresentação das relações de

---

[7] Para uma abordagem mais detalhada, vide estudo prévio em: NEDER CEREZETTI, Sheila C. . Grupos de sociedades e Recuperação Judicial: o indispensável encontro entre direitos societário, processual e concursal. In: YARSHELL, Flávio Luiz; PEREIRA, Guilherme Setoguti J. (coords.). *Processo Societário II*. São Paulo: Quartier Latin, 2015, p. 735-789. As definições abaixo decorrem justamente do quanto exposto neste artigo.

[8] BLUMBERG, Phillip I.; STRASSER, Kurt A.; GEORGAKOPOULOS, Nicholas L.; GOUVIN, Eric J. *Blumberg on Corporate Groups*, v. 2. 2 ed. New York: Aspen Publishers, 2005.

credores e dos planos de recuperação judicial, bem como a realização de assembleia de credores para deliberação sobre proposta das devedoras[9].

Muito embora seja imperioso reconhecer as vantagens da consolidação processual, não se pode esquecer que ela deve possuir limitado alcance, na medida em que não tem o condão de fortemente influenciar os direitos subjetivos das partes do processo de recuperação judicial. Para as situações em que, na opinião dos credores ou na avaliação do juiz parametrada por requisitos, conforme o caso, a solução da crise demandar medida de agregação mais profunda entre devedores, fala-se em consolidação substancial.

Em linhas gerais, esta segunda modalidade consiste na consolidação – total ou parcial – das dívidas concursais e ativos das sociedades, que passam a responder perante todo o conjunto de credores, desconsiderando-se o fato de que cada devedora teria gerado um específico passivo.

Mas, se a consolidação processual entre sociedades de grupo societário praticamente confere apenas vantagens aos envolvidos, a substancial deve ser vista com muita cautela. Ela é medida absolutamente excepcional, pois permite o tratamento dos devedores, ainda que usualmente de maneira momentânea e para os fins da reestruturação, como se fossem titulares de um único patrimônio e de um mesmo passivo.

A excepcionalidade da consolidação substancial justifica-se devido ao fato de que, muito embora agrupadas, as sociedades devedoras caracterizam-se como entes com personalidade jurídica e patrimônios autônomos. Com efeito, sabe-se que a mera existência do grupo societário não conduz, no ordenamento jurídico brasileiro, ao afastamento da personalização dos seus componentes, variando o grau de independência e liberdade para o sacrifício dos interesses individuais dos entes conforme se trate de grupo de direito ou de fato[10].

---

[9] Sobre as várias possibilidades de coordenação oferecidas pela consolidação processual, vide: UNITED NATIONS COMMISSION ON INTERNATIONAL TRADE LAW. *Legistative Guide on Insolvency Law – Part Three*: Treatment of enterprise groups in insolvency. Vienna: UNCITRAL, 2012, p. 21. O tema também é tratado, em especial à luz da recomendação da UNCITRAL, por: COOPER, Neil H. *Insolvency Proceedings in case of Group of Companies*: Prospects of Harmonisation at EU Level, European Parliament, 2011, p. 11.

[10] Sobre o tema, vide: VIO, Daniel de Avila. *Grupos societários*. Ensaio sobre os grupos de subordinação, de direito e de fato, no direito societário brasileiro. São Paulo: Quartier Latin, 2016.

A rápida retomada de conceitos acima explicita o aspecto que, por ora, importa destacar: as duas hipóteses de consolidação diferem profundamente entre si. Aqueles que lidam com o processo de recuperação judicial precisam estar atentos à distinção de conceitos e, especialmente, de efeitos.

Foi justamente esta a conclusão que detalhada pesquisa empírica alcançou ao analisar processos de recuperação judicial iniciados em litisconsórcio nas varas especializadas da Comarca de São Paulo[11]. Evidenciou-se, então, que a facilitada admissão do processamento de recuperações judiciais em consolidação processual aos poucos e sem qualquer decisão explícita acabava redundando na aceitação da consolidação substancial.

Mais do que isso, o estudo demonstrou que a atuação dos administradores judiciais havia sido crucial e determinante para que esta indevida "consolidação" da consolidação substancial ocorresse. Isso porque, ao desempenhar as funções relativas à verificação de créditos, conforme acima mencionado, administradores judiciais deixaram de elaborar relações de credores individualizadas para cada recuperanda mesmo nos casos em não havia qualquer determinação de unificação de ativos e passivos de devedores.

Na prática, isso significava que processos em que apenas havia sido admitido o litisconsórcio ativo passavam a ser conduzidos de maneira a que os documentos essenciais à recuperação judicial e à futura votação pelos credores em assembleia fossem produzidos em desrespeito à separação patrimonial entre recuperandas. Mesmo sem que o juiz determinasse ou os credores optassem pela consolidação substancial, na prática ela se verificava, na medida em que não havia relações de credores segregadas e que planos eram elaborados e assembleias convocadas sem qualquer atenção à existência de devedores distintos e independentes.

Essa triste constatação influenciou a opção, no final de 2016, de prever a disciplina da recuperação judicial de grupos em projeto de lei voltado à alteração da LRF[12]. Identificou-se, à época, a necessidade de plasmar

---

[11] Sobre o tema, vide os dados apresentados em: NEDER CEREZETTI; SATIRO. A silenciosa "consolidação"...

[12] Trata-se do projeto elaborado por Francisco Satiro, Sheila C. Neder Cerezetti, Paulo F. C. Salles de Toledo e Cassio Cavalli em atenção à Portaria nº 467 do Ministério da Fazenda, de 16 de dezembro de 2016.

na disciplina legal a imprescindível distinção entre as duas figuras de consolidação e fornecer os subsídios e regramento de cada uma delas. Com o caminhar do processo legislativo, a proposta ali formulada foi profundamente alterada no que diz respeito à consolidação substancial (em especial, o atual art. 69-J), mas ao menos a diferenciação entre as medidas permaneceu no texto editado como Lei 14.112/2020.

2. Novas bases de atuação para o administrador judicial na recuperação judicial de grupos

O fato de o direito das empresas em crise precisar lidar com processos de reestruturação ou de liquidação que digam respeito a mais de um devedor decorre, em grande parte, da elevada frequência com que a atividade empresarial é organizada por meio da atuação de diversas sociedades. Com efeito, a empresa plurissocietária caracteriza-se como agente usual no mercado e, em caso de dificuldades econômico-financeiras, busca se valer dos institutos legais disponíveis.

Ocorre que, como bem indica o cenário internacional, a disciplina legal dos procedimentos de reestruturação raramente se dedica à hipótese de multiplicidade de autoras. Também assim ocorria no Brasil até o advento da Lei 14.112/2020. Com a reforma (e todos os benefícios e malefícios que a acompanham), foram adicionados seis artigos à LRF para lidar com a recuperação judicial de sociedades pertencentes a grupo societário.

O novo regramento afeta essencialmente devedores e credores, mas naturalmente também importa para todos aqueles que de alguma forma se relacionam com o ente em crise e com o processo. É preciso, assim, buscar compreender os novos dispositivos, com especial atenção ao desempenho das funções do administrador judicial tanto na hipótese de consolidação processual quanto em situações de consolidação substancial.

Dados o propósito e as limitações de espaço do presente estudo, não se pretende aqui esgotar a interpretação das regras recém-editadas, mas apenas destacar os pontos mais relevantes no que diz respeito à atuação dos auxiliares do juízo[13].

---

[13] Para uma análise abrangente da nova Seção IV-B, da Lei 11.101/2005, vide: NEDER CEREZETTI, Sheila C. . In: CAMPANA FILHO, Paulo F.; MOMBACH, Matheus Martins Costa. *Direito da Empresa em Crise*: temas atuais sobre recuperação empresarial e falência no Brasil. Rio de Janeiro: Lumen Juris (no prelo).

2.1. A consolidação processual: garantia da autonomia e segregação entre devedoras

As previsões constantes dos arts. 69-G a 69-H da LRF indicam dois claros propósitos do legislador: (*i*) permitir expressamente o pedido de recuperação em litisconsórcio ativo e, especialmente, (*ii*) indicar que essa admissão tem efeitos apenas de congregação procedimental, os quais são essencialmente distintos daqueles alcançados mediante a aplicação do art. 69-J (que regula a consolidação substancial).

Essa afirmação deve ser feita desde logo e a ela deve ser dada máxima atenção, especialmente à luz do que se verificou no passado (vide item 2.2, acima) e para que a situação não se repita.

Sobre a primeira intenção, cabe destacar que a admissão do processamento da recuperação judicial em litisconsórcio depende da satisfação individual dos requisitos previstos no art. 48 e da apresentação de documentos por parte de cada devedora. Além disso, agora a consolidação processual passa a ser cabível apenas com relação a devedoras que integrem grupo sob controle societário comum (art. 69-G, *caput*).

A específica delimitação das condições indispensáveis para que se admita o processamento conjunto das demandas demonstra que, ao contrário do que vinha ocorrendo até a reforma, não se pretende que o litisconsórcio seja utilizado por devedoras que não possam comprovar a existência de relevante vínculo societário e tampouco como subterfúgio por devedoras que não obteriam o deferimento do pedido de recuperação caso o buscassem de maneira segregada.

Aos administradores judiciais caberá atuar para garantir que, em casos de consolidação processual, a inicial segregação de dados e, notadamente, de informações sobre o passivo das recuperandas permaneça hígida durante todo o desenrolar do processo. Com efeito, de nada adianta a exigência de apresentação individual dos documentos se, passo seguinte, a separação almejada pudesse ser superada com a elaboração de relações de credores ou relatórios que não dessem conta da existência de sociedades distintas.

Considerando que os pedidos formulados por número elevado de devedoras envolvem ampla quantia de informações, é de se imaginar que, com apoio no novo art. 51-A, venha a ser nomeado profissional para, em constatação prévia, averiguar a completude da documentação apresentada. No exercício dessa função, será preciso considerar especialmente o disposto no § 1º do art. 69-G, ou seja, a obrigatoriedade de apresentação segregada dos documentos por parte de cada uma das postulantes.

Da mesma forma, caso se decida pela adoção da constatação prévia, o profissional indicado deverá incluir em seu relatório informações sobre os principais estabelecimentos das devedoras (art. 51-A, § 7º), de forma a subsidiar a análise judicial quanto à definição do juízo competente. Para tanto, dever-se-á levar em conta o fato de que o juízo competente para o processamento da recuperação judicial em consolidação processual é aquele correspondente ao local do principal estabelecimento entre os das devedoras (art. 69-G, § 2º).

Nos termos do art. 69-H, caso se entenda que a documentação de cada uma das devedoras está adequada, o juízo nomeará apenas um administrador judicial. Esta determinação está em perfeita sintonia com um dos mais destacados benefícios da consolidação processual: permitir aos profissionais envolvidos uma visão global – ainda que respeitados os limites da personalidade jurídica de cada ente – da situação da crise que assola membros de determinado grupo societário.

A indicação de um mesmo auxiliar do juízo busca contribuir justamente para que as vantagens de celeridade e eficiência processual sejam alcançadas, autorizando o alinhamento das fases da caminhada processual e contribuindo para evitar o desencontro de informações[14].

Considerando-se o dispositivo em comento, é possível questionar se a prática razoavelmente usual de nomeação de múltiplos administradores judiciais não mais seria admissível. Sabe-se que se trata de medida adotada em alguns processos complexos, que usualmente envolvem mais de uma recuperanda e que demandam profissionais com aptidões distintas.

Ao que tudo indica, a determinação legal de atuação de apenas um administrador judicial está ligada ao referido objetivo de eficiência e não a uma vedação absoluta à contribuição entre profissionais com variadas habilidades. O texto do dispositivo foi redigido em época em que a prática não era comum e tinha como intuito inicial evitar que um administrador judicial fosse nomeado para lidar com cada uma das recuperandas, o que impediria a compreensão geral da situação da empresa plurissocietária. Assim, caso o juízo entenda imprescindível contar com mais de um administrador judicial, em especial nos casos que demandarem diferentes

---

[14] Vide nota de rodapé 9, acima.

expertises, parece apenas imprescindível que se determine a atuação dos mesmos profissionais para lidar com todas as recuperandas.

É preciso ter em conta que processos de recuperação judicial sob consolidação processual usualmente envolvem elevado grau de complexidade. Como se sabe, este é justamente um dos critérios a ser levado em conta quando da definição da remuneração do administrador judicial, nos termos do art. 24 da LRF. Não há como fechar os olhos para o fato de que, nas hipóteses de litisconsórcio facultativo, cada uma das devedoras poderia ter iniciado a demanda de forma independente e, nesta situação, contaria com um auxiliar do juízo. O acúmulo de funções em um único processo e a necessidade de tratamento separado das informações de cada recuperanda devem ser objeto de atenção quando da fixação do valor a ser pago.

Ainda que a razoabilidade deva ser uma máxima a acompanhar a definição de tal valor, a remuneração não pode encontrar como limite o valor dos vencimentos dos desembargadores do Tribunal de Justiça competente para o processamento do feito[15]. Com efeito, a caracterização como auxiliar do juiz não faz com que o administrador judicial se submeta ao mesmo regime ou aos mesmos parâmetros que dão balizas à formação dos salários de magistrados. Some-se a isso o fato de que o desempenho da função envolve, sobretudo em casos de litisconsórcio ativo, a necessidade de atuação de profissional que conte com equipe que o auxilia e que seja capaz de garantir o bom desempenho das múltiplas incumbências[16].

Conforme dito e repetido acima, a consolidação processual tem a vantagem de permitir a coordenação de atos processuais, mas encontra seus limites justamente no fato de que as recuperandas permanecem independentes e com ativos e passivos segregados.

Disso decorre a correta disciplina constante dos parágrafos do art. 69-I: devedoras devem oferecer planos de recuperação específicos, que devem ser apreciados apenas pelos seus respectivos credores, os quais serão convocados a comparecer em assembleia geral própria a cada recuperanda.

---

[15] Esse limite já chegou a ser ventilado em julgado do Tribunal de Justiça de São Paulo (TJSP, Câmara Reservada à Falência e Recuperação Judicial, AI 994.09.273351-1, Rel. Des. Pereira Calças, j. 26/01/2010).

[16] No mesmo sentido, vide, por exemplo: BERNIER, Joice Ruiz. *Administrador judicial*. São Paulo: Quartier Latin, 2016, p. 160-161.

A determinação de submissão de proposta atenta à crise e ao patrimônio de cada recuperanda não impede que os planos sejam apresentados em um único documento, ou seja, em um assim chamado "plano único". O termo se contrapõe àquele constante do art. 69-L ("plano unitário") e que, em hipótese de consolidação substancial, permite que se ultrapassem as barreiras patrimoniais de cada devedora. No caso de consolidação apenas processual, somente o plano único é admitido, o que significa que as propostas são materialmente feitas de maneira segregada, ainda que sejam descritas em um mesmo documento.

Ao administrador judicial cumprirá garantir que os credores de cada recuperanda se reúnam para apreciar a proposta particular relativa aos créditos detidos perante a mesma devedora. Caso as assembleias sejam convocadas para ocorrerem concomitantemente – o que pode se tornar conveniente nos casos em que os planos possuam cláusulas com disposições que os condicionem uns aos outros –, será necessário apurar quóruns de instalação e votação de maneira segregada para cada uma das recuperandas. Da mesma maneira, deverão ser lavradas atas específicas de cada uma das reuniões, permitindo que o juízo e todos os demais interessados obtenham informações sobre os conclaves dos credores de cada devedora.

Cabe notar que, caso as recuperandas (todas ou algumas delas) queiram propor a consolidação substancial como meio de recuperação para a superação de suas dificuldades – naquilo que se conhece como consolidação substancial voluntária[17] – o mesmo procedimento acima descrito deve ser observado. Isso significa que a votação dos planos seguirá ocorrendo de maneira independente e segregada, uma vez que, até que tal medida de unificação seja aprovada, não há autorização para que se considere a congregação dos ativos e passivos das diferentes sociedades[18].

---

[17] Vide: NEDER CEREZETTI. Grupos de sociedades..., p. 778.

[18] Como se extrai, por exemplo, de: TJSP, 2ª Câmara Reservada de Direito Empresarial, AI 2050747-56.2019.8.26.0000, Rel. Des. Ricardo Negrão, j. 17/06/2019 (refutando-se até mesmo que a votação acerca da consolidação substancial ocorresse em única assembleia com a reunião de todos os credores do grupo); TJRJ, 16ª Câmara Cível, AI 0070417-46.2018.8.19.0000, Rel. Des. Eduardo Gusmão Alves de Brito Neto, j. 26/03/2019 (apontando que, para além de hipóteses de confusão patrimonial e abuso da personalidade jurídica, a decisão sobre a utilização da consolidação substancial deve recair sobre os credores, em votações separadas por cada devedora); TJRJ, 22ª Câmara Cível, AI 0014816-26.2016.8.19.0000, Rel. Des. Carlos Santos

Toda essa descrição dá conta da expectativa de uma atuação atenta e precisa por parte do administrador judicial. Se deste usualmente já se requer proatividade no desempenho das funções[19], também aqui se deve esperar trabalho diligente, dedicado, vigilante e atento às características de sociedades em crise que compõem grupo societário.

Como consequência da previsão de um litisconsórcio voluntário, na hipótese de a assembleia geral de alguma(s) recuperanda(s) não aprovar o plano colocado em votação e caso não seja possível homologá-lo base no art. 58, §§ 1º e 2º (*cram down*) e nem haja interesse na formulação de plano de credores, deve haver convolação da recuperação judicial dessa(s) recuperanda(s) em falência. Note-se que este destino não deve ser atribuído a todas as devedoras, mas apenas àquelas que se encontram na situação descrita.

Neste caso, o processo será desmembrado em tantos quantos forem necessários para atender os destinos das demandantes. Ao administrador judicial caberá, então, seguir acompanhando cada uma das devedoras, adotando, a partir daquele momento e conforme o caso, funções que são próprias do procedimento falimentar (art. 22, III).

de Oliveira, j. 26/07/2016 (asseverando que a apresentação de plano unitário deveria ser decidida separadamente, pelos credores de cada devedora, a fim de evitar diluição do "peso" do seu respectivo voto, bem como que, de modo geral, a consolidação deve ser apreciada no caso concreto à luz do princípio da preservação da empresa); TJMG, 6ª Câmara Cível, AI 1.0000.17.009711-7/002, Rel. Des. Audebert Delage, j. 10/07/2018 (indicando que a votação apartada evitaria confusão patrimonial, preservando a autonomia das empresas e os interesses dos credores); TJMG, 3ª Câmara Cível, AI 1.0441.15.000772-8/001, Rel. Des. Albergaria Costa, j. 25/08/2016 (sustentando a necessidade de apresentação de planos individualizados e de sua votação separada); TJPR, 18ª Câmara Cível, AI 0026983-88.2018.8.16.0000, Rel. Des. Marcelo Gobbo Dalla Dea, j. 14/11/2018 (reiterando que, na ausência de confusão patrimonial, compete aos credores de cada devedora avaliar, separadamente, os planos formulados); TJRS, 5ª Câmara Cível, AI 0182096-46.2018.8.21.7000, Rel. Des. Isabel Dias Almeida, j. 26/09/2018 (afirmando a necessidade de votação separada pelos credores de cada devedora, em especial pela observância do princípio da *par condicio creditorum*); TJRS, 6ª Câmara Cível, AI 0134283-86.2019.8.21.7000, Rel. Des. Thais Coutinho de Oliveira, j. 13/06/2019 (destacando que a consolidação substancial consistiria em "matéria eminentemente contratual e negocial").

[19] Cf. SACRAMONE. *Comentários à Lei...*, p. 162.

2.2. A consolidação substancial: da determinação à implementação

Casos excepcionais existirão em que a mera consolidação processual não será apropriada para lidar com a crise da empresa plurissocietária. A consolidação substancial pode se mostrar necessária e adequada em circunstâncias específicas e, espera-se, raras.

Quando for assim, a segregação de patrimônios que marca a consolidação processual deixa de ser imposta e, em seu lugar, passa-se a tratar ativos e passivos das devedoras como se pertencessem a um único ente. A busca pela recuperação parte, nessas situações extraordinárias, da consideração de que os credores sujeitos devem ser tratados em conjunto por meio de solução que congregue todos aqueles que compõem o polo ativo e o polo passivo da demanda. Não por outro motivo, na hipótese de consolidação substancial, devem as recuperandas apresentar plano de recuperação unitário, que abrange todos os ativos e passivos, a ser votado em conjunto por todos os credores afetados.

A LRF disciplina no art. 69-J a situação em que o juízo determinará a consolidação substancial. Não é aqui o local para detalhar a melhor interpretação do nefasto dispositivo[20]. Para os fins do presente estudo, importa principalmente reconhecer que, em uma das hipóteses de consolidação – aquela denominada obrigatória e que decorrerá de determinação do juízo nesse sentido –, é de se imaginar que o administrador judicial será demandado a opinar antes da decisão judicial.

Com efeito, para que se imponha a consolidação substancial, deve o juízo concluir pela presença de interconexão e confusão entre os patrimônios de devedoras e, mais do que isso, entender que não seja possível identificar a titularidade de ativos ou passivos sem que se precise dispender tempo ou recursos excessivos. Além disso, tal cenário deverá ser acompanhado de, ao menos, duas das quatro situações descritas nos incisos do dispositivo.

É preciso, contudo, notar que nenhuma das circunstâncias ali mencionadas demonstra prática indevida que justifique o tratamento legal conferido. Ora, existir entre as devedoras "relação de controle ou de dependência" (inc. II) ou "identidade total ou parcial do quadro societário" (inc. III) é algo absolutamente esperado em cenários de grupo societário,

---

[20] Vide nota de rodapé 12, acima.

que, como visto, é requisito para que a mera consolidação processual (antecedente à substancial) seja admitida. O fato de as devedoras contarem com "atuação conjunta no mercado" (inc. IV) ou de existirem "garantias cruzadas" (inc. I) tampouco representa medida pouco usual ou *per se* indevida, de forma que não se justifica a opção legislativa de fazer referência a essas circunstâncias como ensejadoras, em conjunto com a descrita no *caput*, da medida excepcional e gravosa – especialmente aos interesses dos credores – de conjugação de patrimônios.

Causa espécie que o legislador tenha imaginado que deveria caber ao juízo da recuperação a definição sobre o quão oneroso às partes seria proceder à identificação de titularidade de ativos ou passivos e, com base nisso, a conclusão de que não valeria a pena enfrentar os custos envolvidos, determinando-se o tratamento conjunto dos patrimônios. A solução em tudo destoa da clássica opção da LRF de conferir ao juízo apenas averiguações de legalidade, deixando aos envolvidos as decisões de cunho econômico[21].

A disciplina prevista no art. 69-J, ao proceder a uma importação parcial e indevidamente alterada do que consta do Guia da UNCITRAL[22], misturou preocupações e traiu a própria orientação sistemática do diploma brasileiro no que diz respeito à divisão de atribuições no procedimento de recuperação. Ao invés de restringir a análise judicial a uma avaliação sobre a higidez e o respeito aos limites de cada personalidade jurídica (como seria o caso se pautasse a análise judicial na ocorrência de confusão patrimonial ou disfunção societária), optou por usar termo indefinido (como "interconexão") e, ainda, juntou a isso uma apreciação de razoabilidade

---

[21] Nesse sentido, vide, por todos, o posicionamento do Superior Tribunal de Justiça, que assim entende no que diz respeito à análise judicial dos acordos consubstanciados em planos de recuperação judicial: "Embora o juiz não possa analisar os aspectos da viabilidade econômica da empresa, tem ele o dever de velar pela legalidade do plano de recuperação judicial, de modo a evitar que os credores aprovem pontos que estejam em desacordo com as normas legais". (BRASIL. Superior Tribunal De Justiça. *Jurisprudência em teses n. 37*. Brasília: Superior Tribunal De Justiça, 24 jun. 2015. Disponível em: <https://scon.stj.jus.br/docs_internet/ jurisprudencia/jurisprudenciaemteses/Jurisprudencia%20em%20Teses%2037%20-%20 Recuperacao%20Judicial%20II.pdf>. Acesso em: 25 mai. 2021).

[22] Vide: *Recommendation* 220 do UNITED NATIONS COMMISSION ON INTERNATIONAL TRADE LAW. *Legistative Guide on Insolvency Law – Part Three*: Treatment of enterprise groups in insolvency. Vienna: UNCITRAL, 2012, p. 72.

de potenciais gastos envolvidos com o deslinde da conurbação de ativos e passivos de recuperandas.

Será adequado solicitar que o administrador judicial, de posse de documentos e informações adequadas das devedoras, opine sobre a eventual constatação de um tal estado de coisas, bem como sobre o grau de dificuldade de se esclarecer a quem pertencem ativos ou a quem devem ser imputados os débitos.

Ao se envolver como auxiliar capaz de repassar informações e opinar de maneira fundada sobre o tema, o administrador judicial pode contribuir para que todos os envolvidos tenham percepção mais adequada da situação patrimonial e de gestão das devedoras. Deve atuar para que a consolidação substancial seja imposta apenas excepcionalmente, exatamente como informa a parte inicial do dispositivo.

Tudo isso para que contribua à construção de necessária interpretação restritiva do art. 69-J, sob pena de, em ambiente de recuperação judicial, se atacar gravemente as já fragilizadas separação patrimonial e limitação de responsabilidade, que normalmente marcam os entes societários empresariais.

Também é preciso notar que a consolidação substancial pode dizer respeito apenas a uma parcela das sociedades que compõem o polo ativo da ação de recuperação. Com efeito, a medida excepcional deve ser aplicada apenas às recuperandas que indubitavelmente satisfizerem os seus precisos requisitos.

Caso a consolidação substancial – obrigatória ou voluntária – venha a ser efetivamente adotada, o administrador judicial deverá atuar no procedimento de maneira a viabilizar o tratamento de ativos e passivos de devedoras como se pertencessem a um único ente (art. 69-K). Será colocado em votação um plano unitário, que levará em conta ativos e passivos de todas as envolvidas na consolidação e proporá meios de recuperação voltados a solucionar a totalidade das crises. Como consequência da admissão, serão extintas as garantias fidejussórias e os créditos detidos por uma devedora em face de outra. Trata-se de medida ínsita à ideia de congregação e confusão entre patrimônios, impedindo-se a manutenção de obrigações de umas perante outras. A situação do credor com garantia real, contudo, não poderá ser afetada, a não ser que ele aprove expressamente a medida, em linha com a tutela prevista no art. 50, § 1º, da LRF.

Se o plano de recuperação unitário não for aprovado, deverá o administrador atentar ao disposto no art. 56, § 4º, da LRF, permitindo que se delibere sobre a concessão de prazo para a apresentação de plano elaborado pelos credores. A ausência de referência a essa possibilidade no § 2º do art. 69-L não deve ser entendida como impossibilidade de adoção da medida. Trata-se de falha no texto do dispositivo, que não foi atualizado após a inserção dos §§ 4º a 9º ao art. 56. Considerando-se justamente o quanto previsto no § 1º do art. 69-L, ou seja, que as regras gerais sobre deliberação e homologação se aplicam à hipótese de consolidação substancial, não há motivos para se imaginar que não se poderia fazer uso do plano alternativo.

É claro que esse caminho deverá observar a prévia determinação de consolidação substancial, de forma que o plano apresentado por credores também será unitário. Não seria de se imaginar que a obrigatoriedade da consolidação substancial, ou a opção pela medida, no caso de medida voluntária, poderia ser afastada pelo simples fato de que a incumbência de formular a proposta de enfrentamento da crise não mais recai sobre a devedora.

A intenção do § 2º do art. 69-L parece residir não tanto na determinação da convolação imediata, mas na indicação de que, ao contrário do que ocorre em caso de consolidação processual (art. 69-I, §§ 4º e 5º), os destinos das devedoras em consolidação substancial será o mesmo.

Conclusões

A disciplina da recuperação judicial de sociedades que compõem grupo societário, tal qual introduzida na LRF, muito embora mereça críticas no que diz respeito especialmente ao regramento da consolidação substancial, tem o condão de corrigir a grave confusão entre as figuras da consolidação processual e substancial, devidamente identificada em pesquisa empírica.

A principal mensagem do estudo da matéria no que tange à atuação dos administradores judiciais deve ser o clamor para que empreguem suas funções de forma a garantir que os importantes efeitos da consolidação processual não sejam confundidos com aqueles que apenas podem advir da absolutamente excepcional consolidação substancial.

Na difícil tarefa de lidar com processos relativos à crise da empresa plurissocietária, acredita-se que o atento exercício do múnus legal atribuído ao auxiliar do juízo permitirá que soluções mais adequadas sejam alcançadas.

Referências

BERGER, Christian; FREGE, Michael. *Business Judgment Rule bei Unternehmensfortführung in der Insolvenz – Haftungsprivileg für den Verwalter?*, in: *ZIP* 5 (2008).

BLUMBERG, Phillip I.; STRASSER, Kurt A.; GEORGAKOPOULOS, Nicholas L.; GOUVIN, Eric J. *Blumberg on Corporate Groups*, v. 2. 2 ed. New York: Aspen Publishers, 2005.

NEDER CEREZETTI, Sheila C.. Grupos de sociedades e Recuperação Judicial: o indispensável encontro entre direitos societário, processual e concursal. In: YARSHELL, Flávio Luiz; PEREIRA, Guilherme Setoguti J. (coords.). *Processo Societário II*. São Paulo: Quartier Latin, 2015, p. 735-789.

_____. Reorganization of corporate groups in Brazil: substantive and the limited liability tale, in: *International Insolvency Review* (2021), DOI: 10.1002/iir.1410.

_____; SATIRO, Francisco. A silenciosa "consolidação" da consolidação substancial: resultados de pesquisa empírica sobre recuperação judicial de grupos empresariais. *Revista do Advogado*, São Paulo, v. 36, n. 131, p. 216-223, out. 2016.

COOPER, Neil H. *Insolvency Proceedings in case of Group of Companies:* Prospects of Harmonisation at EU Level, European Parliament, 2011.

BERNIER, Joice Ruiz. *Administrador judicial*. São Paulo: Quartier Latin, 2016.

SACRAMONE, Marcelo B. *Comentários à Lei de Recuperação de Empresas e Falência*. 2 ed. São Paulo: Saraiva, 2021.

TOLEDO, Paulo F. C. S.; ABRÃO, Carlos Henrique (coords.). *Comentários à Lei de Recuperação de Empresas e Falência*. São Paulo: Saraiva, 2005.

UHLENBRUCK, Wolfgang. Corporate Governance, Compliance and insolvency judgement rule als Problem der Insolvenzverwalterhaftung. In: BITTER, Georg; LUTTER, Marcus; PRIESTER, Hans-Joachim; SCHÖN, Wolfgang; ULMER, Peter (org.). *Festschrift für Karsten Schmidt zum 70. Geburtstag*. Köln: Otto Schmidt, 2009, p. 1615-1622.

UNITED NATIONS COMMISSION ON INTERNATIONAL TRADE LAW. *Legislative Guide on Insolvency Law*. New York: UNCITRAL, 2005.

_____. *Legistative Guide on Insolvency Law – Part Three:* Treatment of enterprise groups in insolvency. Vienna: UNCITRAL, 2012.

VIO, Daniel de Avila. *Grupos societários*. Ensaio sobre os grupos de subordinação, de direito e de fato, no direito societário brasileiro. São Paulo: Quartier Latin, 2016.

19. O ADMINISTRADOR JUDICIAL NA IDENTIFICAÇÃO DA ESSENCIALIDADE DOS BENS

André Barbosa Guanaes Simões

1. Justificativa

Os tribunais, impulsionados pelo múnus de dar solução às tantas pretensões que lhe são encaminhadas, avançaram, significativamente, na formação de jurisprudência suficiente a revelar a interpretação que se fez acerca da sorte dos bens que, essenciais à atividade empresarial em recuperação, sofram alguma ameaça de constrição por credores imunes ao plano de recuperação judicial. De igual forma, a doutrina, reconhecendo a relevância, debruçou-se sobre o tema, de maneira a esmiuçar os conceitos e os institutos envolvidos.

A despeito disso, presume-se que as pretensões que opõem credores e devedores não tenham gerado controvérsia, merecedora de pacificação judicial, acerca da participação que tem o administrador judicial neste exame que se faz nos autos da recuperação. Semelhantemente, os estudos consultados passaram ao largo dessa mesma discussão, mesmo aqueles que, especificamente, dispuseram-se à análise dos encargos do administrador judicial e dos aspectos processuais da ação de recuperação judicial.

A carência jurisprudencial e doutrinária que se constatou, antes de demonstrar alguma irrelevância prática do tema, pode só revelar a adoção, pelo Poder Judiciário, de formas não contestadas de processar os pedidos dos interessados. Por isso, em razão da importância dos efeitos da retirada de bens potencialmente essenciais à empresa recuperanda, presume-se igualmente pertinente averiguar a forma que haveria de adotar o processamento das pretensões dos credores e dos devedores, notadamente quanto à possibilidade de convocação do administrador judicial e ao conteúdo de seu parecer.

2. A participação do administrador judicial

A Lei 11.101/2005, pretendendo equilibrar o "malfadado pêndulo"[1] que, simbolicamente, representava a alternância, entre credores e devedores, à proteção conferida pelas normas falimentares anteriores, animou-se, mais detidamente, à preservação das fontes de produção[2], quer pela demonstração da viabilidade econômica da empresa, alavancada pelo plano de recuperação judicial, quer pelo aproveitamento organizado desses recursos produtivos, na falência.

No que se refere à preservação proporcionada pelo regime da recuperação judicial, mesmo em sua redação original, a LRF já atribuía ao administrador judicial, para além da fiscalização do cumprimento do plano de recuperação, o encargo de acompanhar as atividades do devedor e o de apresentar relatório mensal delas. A fiscalização e os relatórios mensais, evidentemente precedentes à atividade de verificação do cumprimento do plano, serviam – ou, ao menos, haveriam de servir[3] – também para entregar aos credores informações suficientes acerca da verdadeira situação da empresa frente às obrigações assumidas no plano de recuperação judicial.

A esses encargos originais do administrador judicial, acresceram-se outros. Por força da Lei 14.112/2020, deixou de ser suficiente a simples apresentação de relatórios mensais instruídos apenas com os documentos

---

[1] Referindo-se ao fenômeno constatado por Fábio Konder Comparato: VAZ, Janaína Campos Mesquita. *Recuperação Judicial de Empresas*: Atuação do Juiz. Dissertação (Mestrado em Direito Comercial), Faculdade de Direito da Universidade de São Paulo, São Paulo, 2015, p. 21.

[2] MELO, Cinira Gomes Lima. *O plano de recuperação judicial como negócio jurídico plurilateral*: a análise da existência, da validade e da eficácia. Tese (Doutorado em Direito). Faculdade de Direito da Pontifícia Universidade Católica de São Paulo, São Paulo, 2016.p. 38.

[3] A prática confirmou que, mantendo o apego ao sistema adversarial, as deliberações dos credores acerca do plano de recuperação judicial ainda se embasam nas expectativas de satisfação de seus créditos, sem a análise à capacidade do empresário em vencer a crise da empresa. Nos autos do processo 1000935-57.2018.8.11.0051, por exemplo, procedeu-se à realização da assembleia-geral, com a aprovação do plano, mesmo sem a apresentação, pelo empresário, dos documentos necessários à confecção dos relatórios mensais.

fornecidos pelo devedor: entregou-se ao administrador judicial a tarefa de fiscalizar a veracidade e a conformidade dessas informações prestadas[4].

Embora tenha sido da recente reforma do procedimento recuperacional o objetivo também de adaptar a lei à evolução jurisprudencial[5], nenhum detalhamento adicional se fez à definição do que haveriam de ser os bens essenciais ou mesmo ao procedimento que haveria de abrigar tal questão. Por isso, a lei continua a não entregar ao administrador judicial nenhuma tarefa explícita na verificação da qualidade dos bens que sejam afetados, material ou processualmente, em favor de credores que não se sujeitem ao plano de recuperação judicial.

Em razão disso, já se sugeriu[6] que a omissão legal, obrigatoriamente a ser integrada pela atividade judicial, fosse contornada pela instauração oficiosa de procedimento que obrigasse a apresentação, pelo devedor, de relação de bens que entendesse essenciais, sucedida pela manifestação dos credores proprietários, e, ao final intimando-se o administrador judicial para que tomasse conhecimento da decisão proferida. Presume-se que a limitada participação do administrador nesse procedimento se justifique pela atribuição, a cada uma das partes, do ônus de demonstrar a idoneidade de suas alegações ou, talvez, pela nomeação de perito capaz de elucidar as questões que persistam, caso não se pretenda deixar a solução do impasse à simples aplicação de regra de julgamento.

Joice Ruiz Bernier, tendo se dedicado ao administrador judicial na recuperação judicial e na falência, não previu sua participação no procedimento que declarar o reconhecimento da essencialidade. A omissão, porém, só não é eloquente – no desenvolvimento do trabalho, qualificou--se, a nosso ver corretamente, o administrador como *órgão auxiliar da justiça*, com a função de prestar assistência ao juízo para o atingimento dos fins previstos na lei[7], sem limitação ao rol só exemplificativo do art. 22

---

[4] Tal encargo, nos moldes do novo art. 22, II, 'c', da LRF, já era assumido pelos bons administradores judiciais mesmo antes da vigência da Lei 14.112/2020.

[5] SCALZILLI, João Pedro; FABRO, Daniela. Panorama da Reforma da Lei de Recuperação de Empresas e Falência. *Revista Digital CAO Cível*, n. 63, p. 72-81, jan./fev. 2021.

[6] EGAWA, Leonardo Nobuo Pereira; LUCON, Paulo Henrique dos Santos. *Nova lei de recuperação e bens essenciais*. Disponível em: <https://valor.globo.com/legislacao/coluna/nova--lei-de-recuperacao-e-bens-essenciais.ghtml>. Acesso em: 13 mai. 2021.

[7] BERNIER, Joice Ruiz. *O administrador judicial na recuperação judicial e na falência*. Dissertação (Mestrado em Direito), Faculdade de Direito da Universidade de São Paulo, São Paulo, 2014, p. 39.

da LRF, obrigando-se ao exercício de "todas as funções necessárias para desempenhar o cargo assumido"[8].

O trabalho de Geraldo Fonseca de Barros Neto[9], voltado ao aspecto processual da recuperação judicial, não tratou da forma pela qual se processariam os pedidos de constrição de bens do devedor, nem os que a eles se contrapusessem, por meio da alegação de essencialidade. A desconsideração desse desdobramento processual – tal como a da participação do administrador judicial no incidente, no estudo a que antes se referiu – talvez revele apenas a tendência dos autores em prestigiar a análise dos aspectos principais da recuperação judicial sob a perspectiva escolhida, não uma oposição silente ao que se desconsiderou.

Em outra oportunidade[10], a despeito da omissão legal, qualificamos como *imprescindível* a manifestação do administrador judicial no procedimento em que se instaurasse, qualquer que fosse sua forma, a apuração da essencialidade dos bens empregados na atividade empresarial. Justifica-se, superando a inexistência de norma expressa, devido ao conhecimento proporcionado pelas atividades normais de fiscalização e acompanhamento, atinente às condições da empresa como as obrigações que se consignarem no plano de recuperação judicial.

Em verdade, a proximidade do administrador às particularidades da empresa e do plano de recuperação judicial, se a tal fase já houver chegado a ação, e, ainda, a confiança[11] que sua nomeação revelou merecer do juiz, habilitam-no à manifestação sobre toda questão que, na ação recuperacional ou em seus apensos, possa acarretar consequências

---

[8] BERNIER. *O administrador judicial...*, p. 70-71.

[9] BARROS NETO, Geraldo Fonseca de. *Aspectos Processuais da Recuperação Judicial*. Dissertação (Mestrado em Direito), Faculdade de Direito da Pontifícia Universidade Católica de São Paulo, São Paulo, 2012. Também pela natureza só exemplificativa do dispositivo: SCALZILLI, João Pedro; SPINELLI, Luis Felipe; TELLECHEA, Rodrigo. *Recuperação de Empresas e Falência*: Teoria e Prática na Lei 11.101/2005. 3 ed. São Paulo: Almedina, 2018, p. 246.

[10] SIMÕES, André Barbosa Guanaes. Os bens essenciais à atividade empresarial na recuperação judicial. In: BRASIL, Glaucia Albuquerque; CABRAL, Taciani Acerbi Campagnaro Colnago; FIGUEIREDO, Claudete Rosimara de Oliveira; GOMES, Camila Aboud; SCALZILLI, João Carlos Lopes. (Coords.). *Recuperação judicial, falência e administração judicial*. Belo Horizonte: Editora D'Plácido, 2019, p. 27.

[11] BERNIER. *O administrador judicial...*, p. 49.

ao desenvolvimento da atividade empresarial ou ao cumprimento das obrigações novadas[12].

3. A investigação da essencialidade dos ativos pelo administrador judicial

Como de regra ocorre, o julgamento acerca da qualidade dos bens cuja constrição se solicitou para a realização de créditos não sujeitos ao plano de recuperação judicial dependerá da consideração conjugada de situações de fato e de direito. Como adiante se verá, caberá ao administrador judicial a averiguação dos predicados desses bens, considerados em si mesmos e em relação aos demais que componham o ativo do devedor.

De outra banda, não será atribuição do administrador judicial a qualificação jurídica desses bens. Assim, o conceito de *bem de capital*, termo a que se refere o art. 49, § 3º, da LRF, haverá de ser definido, no caso, pelo juiz presidente da recuperação judicial. Caberá ao órgão judicial, portanto, estabelecer se a essencialidade se limita, apenas, aos bens que assim sejam considerados pela Economia, ou, diferentemente, se alcança também os bens de consumo e os intermediários.

A qualificação jurídica, porém, dar-se-á em momento posterior à manifestação do administrador judicial. Portanto, nas diligências que adotar para a identificação das características dos bens ameaçados de constrição, o administrador judicial pode não ter a noção segura do objeto de sua investigação[13]. A consequência de se restringir a investigação apenas àquela parte do ativo que, para o administrador judicial, poderia merecer o benefício da essencialidade pode ser, no mínimo, a de se impor algum atraso à decisão da questão[14].

---

[12] A expertise do administrador judicial, para João Pedro Scalzilli, Luis Felipe Spinelli e Rodrigo Tellechea, aliás, justificaria sua participação em diversas oportunidades, embora não tenham se referido, expressamente, à análise da essencialidade. (SCALZILLI; SPINELLI; TELLECHEA. *Recuperação de empresas e falência...*, p. 251).

[13] Evidentemente, conforme se reiterem os pedidos de constrição de bens do devedor, a solução judicial dada aos primeiros indicará, com considerável precisão, o posicionamento a ser repetido pelo magistrado nos posteriores. Mesmo nessa hipótese, até que se julguem os recursos, a indefinição poderá persistir por período muito razoável do procedimento.

[14] Tome-se como exemplo o parecer do administrador judicial que tenha se limitado aos bens de capital, excluindo os de consumo e os intermediários, certamente a ser considerado

Diante dessa indefinição acerca da extensão do conceito de bens de capital a ser adotado pelo juiz no caso concreto, mais razoável é que o estudo do administrador judicial não seja limitado pelas convicções que ele próprio tiver acerca do tema. Porque, como visto, a subsunção cabe, ao final, ao Poder Judiciário, e o critério a definir a investigação do administrador judicial deve ser, apenas, o da *essencialidade*.

Pela mesma razão, aliás, a investigação não deve ser limitada aos bens cuja constrição decorra de algum dos créditos listados no art. 49, § 3º, da LRF. De novo, cabe ao juiz decidir se aquele crédito que não se sujeita à recuperação judicial, sequer à restrição analisada, haverá de ser satisfeito em prejuízo à continuidade da empresa.

Nesse contexto, reitera-se, é do administrador a atribuição de apartar, dos comuns, os bens que sejam essenciais à atividade empresarial, independentemente da qualificação que a Economia lhes entregue e, também, da natureza do crédito de onde se extraia a ameaça de constrição.

A tarefa do administrador judicial, mesmo aliviada da qualificação jurídica de que se encarregará o juiz, não deixa de ser complexa. Presume-se, aliás, mais minuciosa a avaliação da essencialidade do que a subsunção ao art. 49, § 3º, da LRF.

O que, à partida, merece destaque é que a atuação do administrador judicial, nesta tarefa de identificar a essencialidade, ou não, dos bens ameaçados de constrição, deve empregar todo seu empenho para entregar ao juiz informações bastantes para decisão que acolha ou rejeite a pretensão do devedor ou dos credores, escorada na qualidade dos bens envolvidos. Dito de outro modo, em razão do dano que se pode impor, em especial, ao devedor, e considerando, ainda, o prejuízo social acarretado por eventual paralisação da fonte de produção, não se quer decisão que decorra da aplicação de regra de julgamento, por desatenção, pelo empresário, ao seu encargo probatório[15].

---

insuficiente pelo juiz que admitir a essencialidade a todos aqueles bens. Nesse caso, a provável consequência será a complementação do exame, pelo administrador, de maneira a verificar a essencialidade também dos bens excluídos no primeiro estudo.

[15] Em sentido contrário: DOMINGOS, Carlos Eduardo Quadro; MEISTER, Luiz Fernando Cortelini. Bens essenciais à atividade da empresa recuperanda e dados em garantia de alienação fiduciária. *Revista Jurídica da Escola Superior de Advocacia da OAB-PR*, a. 2, n. 3, dez. 2017

No que se refere, propriamente, ao termo "essencial", reiteramos[16] que, à míngua de uma desnecessária descrição legal, o significado deve ser o que seja imprescindível ao desenvolvimento da atividade empresarial. E, porque, evidentemente, existem níveis diferentes em que a empresa pode se desenvolver, o parâmetro deve ser o de cumprimento das obrigações ordinárias e, também, das que decorrerem do plano de recuperação judicial.

Tais critérios, eminentemente abstratos, complementam-se pelas particularidades da empresa, já concretamente[17]. A análise da relevância do bem para os fins que se estudam passa pela análise da organização que se deu ao capital e ao trabalho. O exame, necessariamente interdisciplinar, atendendo mais a regras de outras ciências do que a do Direito, mediante demonstração contábil, haverá de demonstrar a consequência concreta de eventual retirada do bem da posse do devedor.

Acolhe-se, pelo que se expôs, a conclusão de Marcus Vinícius Ramon Soares de Mello[18], no sentido de que o exame da essencialidade se trata de *estudo complexo*, ultrapassando *as meras definições superficiais*, então a demandar *análise técnica aprofundada*.

4. Os procedimentos

Em razão da complexidade da questão, não é só por simples ato judicial que se delibera sobre a essencialidade dos bens que tenham sido destacados, de uma ou de outra forma, à satisfação de créditos estranhos ao plano de recuperação judicial. Porque a resposta judicial às pretensões de credores e devedor passa a depender, necessariamente, da manifestação de cada um deles e, pelo que aqui se defende, do parecer prévio do administrador judicial, um procedimento que haverá de ser inaugurado nos próprios autos da recuperação judicial.

À míngua de previsão legal, distinguiram-se, nos juízos recuperacionais, ao menos dois procedimentos distintos para a acomodação das

---

[16] SIMÕES. *Os bens essenciais...*, p. 20.

[17] Marcus Vinícius Ramon Soares de Mello, citando Ivo Waisberg, destacou a essencialidade como suporte fático peculiar ao caso concreto (MELLO, Marcus Vinícius Ramon Soares de. *Bens em estoque:* uma análise voltada à essencialidade no contexto da Lei n. 11.101, de 9 de fevereiro de 2005. Dissertação (Mestrado em Direito Comercial), Faculdade de Direito da Pontifícia Universidade Católica de São Paulo, São Paulo, 2020, p. 161).

[18] MELLO. *Bens em estoque...*, p. 169.

alegações dos credores e do devedor, bem como do parecer do administrador judicial, todos eles precedentes à decisão judicial.

Na sugestão de Leonardo Nobuo Pereira Egawa e de Paulo Henrique dos Santos Lucon[19], já se disse que haveria de ser inaugurado procedimento específico para que se colhesse relação do devedor que contivesse todos os bens que julgasse essenciais, depois exigindo-se a manifestação dos credores que, sobre eles, tivesse posição jurídica que impedisse a sujeição do crédito ao plano de recuperação judicial.

Talvez mais frequente na prática, entretanto, seja procedimento diverso, por meio do qual se posterga a apreciação da alegação de essencialidade para o momento em que o credor se valer de medida judicial ou extrajudicial de realização de seu direito[20]. Diferentemente da alternativa, portanto, as decisões que se prolatam acerca da essencialidade ocorrem pontualmente, conforme a provocação dos interessados.

Não é do administrador judicial, evidentemente, a escolha do procedimento adotado. Em razão do que julgar adequado, conforme as vantagens que pretender tirar de cada um desses procedimentos, o juiz da recuperação judicial definirá a maneira pela qual se processará tal análise, a ela se sujeitando o administrador.

4.1. O procedimento prévio

A ser escolhido o procedimento amplo, de prévia identificação de todos os bens de capital do devedor que sejam essenciais à atividade empresarial, algumas peculiaridades se farão presentes, positivas e negativas. À partida, nota-se de dimensões consideráveis a tarefa, tanto maior quanto for o porte da empresa e o volume de negócios jurídicos que escapem à recuperação judicial. O labor, então, exige mais severamente do devedor, do administrador judicial e do juiz da causa e, em menor grau, do credor, a menos que seja ele o titular de muitos créditos nessa mesma situação[21].

---

[19] EGAWA; LUCON. *Nova lei de recuperação...* A proposta foi, inclusive, adotada em parte na recuperação judicial 1000448-61.2020.8.11.0037.

[20] Nesse sentido, o procedimento sugerido no nosso artigo: SIMÕES. *Os bens essenciais...*

[21] Como ocorreria na recuperação judicial de empresa de transporte de cargas em que figure, como credor fiduciário, a concessionária responsável pela revenda de parte considerável da frota.

É justamente essa dimensão que pode assumir aquilo que, a uma primeira vista, poderia desaconselhar dito procedimento. A análise das qualidades de todos os bens que sejam qualificados como essenciais pelo devedor poderia demandar esforço desproporcional ao resultado auferido, nomeadamente nos casos em que os credores não buscarem a satisfação de seus direitos por meio de medidas de expropriação que alcancem aqueles bens[22].

Por outro lado, ao menos no que se refere ao encargo atribuído ao administrador judicial, o simples exercício das suas funções ordinárias de fiscalização e de acompanhamento poderia acomodar, também, a investigação sobre a qualidade dos bens de capital. Assim se faria, inclusive, com a vantagem de conferir ao administrador um conhecimento quase que forçado sobre a generalidade dos bens do devedor e da importância deles para a atividade empresarial protegida.

Nesse contexto, seria do administrador judicial o trabalho de identificar e de qualificar os bens de capital que sirvam à empresa. A qualificação, evidentemente, teria como critério os predicados individuais do bem, notadamente a sua função, sua capacidade de produção e sua depreciação, e bem assim sua relação com os demais que componham o ativo imobilizado.

Melhor do que a definição, explicam os exemplos: a máquina que sirva à transformação na atividade industrial deve ser qualificada conforme a contribuição que, por si só, puder entregar à empresa. Em razão disso, excluem-se do rol dos essenciais os bens que, por uma ou outra razão[23], não estiverem em funcionamento ou que, em razão da depreciação, não justificarem seu emprego na linha de produção. Tal análise das características do bem, eminentemente individual, complementa-se pela consideração do conjunto a que pertencer. Dessa maneira, vencido o primeiro plano de verificação dos atributos individuais, passa-se à projeção dos efeitos de eventual substituição do bem ou de repartição de sua produção a outros maquinários.

---

[22] Serve como exemplo a hipótese de composição entre credores e devedor, nos termos dos artigos 20-A e seguintes da LRF.

[23] Não é incomum que, diante da crise que justificou o pedido de recuperação judicial, o empresário tenha retirado peças de equipamentos menos eficientes para a substituição de partes de equipamentos mais novos. Nessa hipótese, os equipamentos inutilizados podem não ser qualificados como essenciais.

Semelhantemente, para o empresário rural, a colheitadeira, que tanto se associa à própria atividade, não necessariamente haverá de ser essencial se a produção puder ser repartida, sem grandes prejuízos, a outras máquinas semelhantes, ou se o produtor, também sem acréscimo significativo em seu custo, puder contratar os serviços de terceiros[24].

A análise mais abrangente que se exige do administrador judicial não se faz sem estudo aprofundado. As variáveis mencionadas demandam estudo tanto completo quanto possível da atividade e da extrapolação dos dados colhidos para a formação de um juízo de probabilidade acerca do impacto causado por eventual retirada daquele bem de capital, seguida, ou não, de posterior substituição por outro equipamento.

A tanto, aliás, serve o histórico do próprio devedor, talvez bem retratado nos documentos que, necessários à propositura da ação de recuperação judicial, tenham acompanhado a inicial. Por outro lado, impõe-se igualmente o olhar adiante, porque a projeção terá que considerar os impactos que comumente causa o simples ajuizamento do pedido de recuperação judicial, quer aqueles que venham com as modificações estruturais acordadas no plano recuperacional, quer os que o mercado impuser ao devedor[25].

Outras variáveis se somam a essas já mencionadas. A diminuição de receita ou o aumento dos custos que, porventura, decorrerem das medidas adotadas pelo empresário para a compensação da retirada do bem devem ser suficientemente acomodados àquele fluxo de caixa necessário à manutenção das atividades e, ao mesmo tempo, ao cumprimento das obrigações constantes do plano de recuperação judicial.

Também a sazonalidade ínsita à empresa deve ser adequadamente considerada[26]. Assim, a falta de uso de alguma máquina durante a baixa

---

[24] Nos autos do processo 7612-57.2017.8.11.0051, a averiguação da essencialidade de colheitadeiras cuja apreensão se solicitou judicialmente exigiu da administradora judicial a consideração da área total plantada, da produção de cada uma das máquinas, do custo de eventual contratação de terceiro prestador do mesmo serviço, comparado ao fluxo de caixa necessário ao custeio das safras posteriores e ao cumprimento do plano de recuperação judicial.

[25] A resposta do mercado à recuperação judicial do devedor pode exigir que mantenha bens de capital e estoque superiores aos de período de normalidade, no que, informalmente, denomina-se de "gordura da recuperação judicial".

[26] A indústria de beneficiamento de algodão, por exemplo, normalmente se sujeita a oscilação em sua produção, conforme o determinem os períodos de safra e entressafra.

não obrigatoriamente revelará a pertinência de sua retirada do estabelecimento. De igual forma, o empréstimo de equipamento agrícola a terceiro na entressafra, e bem assim o desmonte para reparo preventivo nesse mesmo período, não desqualificarão o bem essencial, caso sua remoção afete a produção quando do plantio ou da colheita.

Pode-se auferir, por tal procedimento, outra vantagem. A serem apartados, previamente, os bens essenciais dos comuns, eventual constrição que se queira em benefício de crédito excluído do plano de recuperação judicial poderia ser realizada de pronto. Apreensões, leilões e penhoras poderiam ser mais rapidamente finalizados, porque as partes e os juízos poderiam conhecer, de antemão, sobre a aplicação, ou não, da restrição prevista no art. 49, § 3º, da LRF.

O ganho, aqui, porém, é só potencial. Conforme se modifiquem as circunstâncias da empresa, aí incluindo alguma eventual modificação do plano de recuperação, poder-se-á ter por prejudicada aquela análise. Nisso se constitui, aliás, possível desvantagem desse procedimento amplo, porque a alteração superveniente da situação de fato pode exigir a requalificação do bem, com a repetição daquele minucioso exame.

4.2. O procedimento por provocação

Como alternativa a esse procedimento, apresenta-se outro, qual seja, o de, pontualmente, averiguar a qualidade dos bens de capital, assim que o exijam o devedor, juízos ou credores, por meio de petições ou de expedientes juntados aos autos da recuperação judicial. As providências posteriores, já o dissemos[27], podem ser ligeiramente diferentes. Encaminhada a informação da constrição – ou, conforme a hipótese, a solicitação para sua efetivação – por juízo diverso, perante o qual tramite a ação correspondente, passar-se-á, obrigatoriamente, à oitiva do devedor e do credor, seguindo-se ao parecer do administrador judicial. De outra banda, havendo pedido do devedor, geralmente no sentido de que se obste a manutenção de constrição já determinada por juízo diverso, o comum é que já se apresentem os argumentos tendentes ao reconhecimento da essencialidade, de maneira que o impulso oficial será o de buscar a manifestação do credor e, depois, do administrador judicial.

---

[27] SIMÕES. *Os bens essenciais...*, p. 26.

O procedimento que, dessa forma, averigue, individualmente, as constrições que se pretender lançar aos bens do empresário em recuperação poderá dispensar o administrador judicial daquela única análise ampla. Mais provável é que seja ele reiteradamente convocado a qualificar os bens na medida em que se tentar a retirada deles. O objeto de estudo, então, pode ser limitado a determinada classe de bens, para a compreensão da relevância daquele sob ameaça de retomada. A despeito disso, caberá ao administrador, ao menos nessa classe de bens, dedicar-se à consideração dos predicados individuais da coisa, e bem assim de sua interação com os demais elementos do conjunto a que pertencer. Consequentemente, se a tentativa de apreensão se voltar a maquinário que integre a linha de produção industrial, o foco do administrador se ajustará às particularidades dele e, também, da relação com outros maquinários com que partilhem as funções, nos moldes já explicitados anteriormente[28], sem que se faça necessária, na hipótese, a consideração das outras classes de bens que sirvam à empresa protegida.

Para além de reduzir significativamente o objeto do estudo – ou, ao menos, de fragmentá-lo –, o procedimento que se fizer mediante provocação dos interessados ou de outros juízos se caracterizará pela atualidade. As alegações das partes e o parecer do administrador judicial, portanto, retratarão as condições da empresa e a qualidade do bem que existirem à época do pedido ou da comunicação da retirada, sem a possibilidade de revisões.

Conclusões

Do que se expôs, mantém-se a sugestão de buscar a manifestação do administrador judicial acerca da relevância dos bens cuja remoção for autorizada pela posição jurídica de credores que não se sujeitem ao plano de recuperação judicial. Embora inexista previsão legal à entrega desse encargo, o conhecimento do administrador judicial sobre as particularidades da empresa e sobre as obrigações consignadas no plano de recuperação judicial lhe confere autoridade sobre quaisquer questões referentes ao soerguimento do devedor.

---

[28] Assim, a tentativa de apreensão de máquina agrícola de produtor rural em recuperação judicial não deflagrará a análise de todo o patrimônio empregado na atividade, apenas do bem em si e, também, dos demais de mesma classe, a fim de permitir que se projetem as consequências da remoção do bem.

A averiguação que subsidiará o parecer do administrador judicial deve considerar, em especial, as qualidades dos bens disputados, quer sob perspectiva individual, focada nos predicados de cada uma das coisas que componham o ativo do devedor, quer sob ótica coletiva, que considere a relação dos bens entre si.

O estudo, aliás, deve ser amplo, qualquer que seja o procedimento adotado pelo juiz. Os bens que sejam essenciais devem ser destacados pelo administrador judicial, ainda que, em sua leitura, não se beneficiem de algum favor legal capaz de impedir a constrição que o direito do credor autorize. Porque a subsunção do suporte fático à norma haverá de ser feita pelo juiz, especialmente no que se refere à incidência da suspensão do art. 49, § 3º, da LRF – o administrador judicial que excluir, de sua análise, a qualidade de algum bem se sujeitará, no mínimo, à repetição do ato.

Em razão de sua já propagada expertise, nada impede, evidentemente, que o administrador apresente sua posição jurídica quanto ao tema, que poderá, ou não, ser acolhida judicialmente. Entretanto, ainda que assim o faça, importa que, feita a ressalva, arrole todos os bens essenciais, única forma de entregar ao juiz, na condição de destinatário imediato dessa breve instrução, os meios necessários à sua decisão.

Não basta a presunção de essencialidade, embasada apenas em raciocínio lógico que, abstratamente, possa vincular o bem à atividade empresarial. Impõe-se que, por meio da análise das particularidades da empresa, e bem assim das obrigações assumidas no plano de recuperação judicial, sejam projetados os efeitos concretos da subtração da coisa. Qualquer que seja a alteração promovida, haverá de ser obstada, se suficiente impedir o desenvolvimento regular da atividade, considerando-se a capacidade de cumprimento das obrigações ordinárias e das novadas.

A ser convocado a um estudo prévio e geral sobre os bens cuja essencialidade houver sido alegada pelo devedor, o administrador judicial poderá tentar a conciliação dessa investigação às suas tarefas comuns na recuperação. O parecer que emitir deverá ponderar sobre todos os bens do devedor, na forma já explicitada.

Por outro lado, feita pontualmente, e por provocação, na análise acerca da essencialidade, as diligências poderão se limitar àquela classe específica de bens que integrem o ativo do devedor, formada pelo conjunto de coisas que partilhem funções semelhantes. O parecer, nessa hipótese, é marcado pela atualidade, porque contemporâneo ao pedido de constrição.

Referências

BARROS NETO, Geraldo Fonseca de. *Aspectos Processuais da Recuperação Judicial*. Dissertação (Mestrado em Direito), Faculdade de Direito da Pontifícia Universidade Católica de São Paulo, São Paulo, 2012.

BERNIER, Joice Ruiz. *O administrador judicial na recuperação judicial e na falência*. Dissertação (Mestrado em Direito), Faculdade de Direito da Universidade de São Paulo, São Paulo, 2014.

CAMPINHO, Sérgio. *Curso de Direito Comercial:* Falência e Recuperação de Empresas. São Paulo: Saraiva, 2018.

CARDOSO, Talitha Saez. Alienação fiduciária de bens essenciais à atividade da empresa em recuperação judicial: breves apontamentos críticos. *Revista Comercialista*, a. 4, n. 13, p. 48-55, 2015.

CASTRO, Bruno Oliveira; IMHOF, Cristiano. *Lei de Recuperação de Empresas e Falência*. 4 ed. Balneário Camboriú: Booklaw, 2017.

CHO, Tae Young. *Mediação e Conciliação como instrumentos de Governança na Recuperação Judicial*. Tese (Doutorado em Direito). Faculdade de Direito da Pontifícia Universidade Católica de São Paulo, São Paulo, 2016.

COELHO, Fábio Ulhoa. *Comentários à Lei de Falências e de recuperação de empresas*. 9 ed. São Paulo: Saraiva, 2013.

CRIPPA, Carla Smith de Vasconcello. *O abuso de direito na recuperação judicial*. Dissertação (Mestrado em Direito), Faculdade de Direito da Pontifícia Universidade Católica de São Paulo, São Paulo, 2013.

DOMINGOS, Carlos Eduardo Quadro; MEISTER, Luiz Fernando Cortelini. Bens essenciais à atividade da empresa recuperanda e dados em garantia de alienação fiduciária. *Revista Jurídica da Escola Superior de Advocacia da OAB-PR*, a. 2, n. 3, dez. 2017.

EGAWA, Leonardo Nobuo Pereira; LUCON, Paulo Henrique dos Santos. *Nova lei de recuperação e bens essenciais*. Disponível em: <https://valor.globo.com/legislacao/coluna/nova-lei-de-recuperacao-e-bens-essenciais.ghtml>. Acesso em: 13 mai. 2021.

MELLO, Marcus Vinícius Ramon Soares de. *Bens em estoque:* uma análise voltada à essencialidade no contexto da Lei n. 11.101, de 9 de fevereiro de 2005. Dissertação (Mestrado em Direito Comercial), Faculdade de Direito da Pontifícia Universidade Católica de São Paulo, São Paulo, 2020.

MELO, Cinira Gomes Lima. *O plano de recuperação judicial como negócio jurídico plurilateral:* a análise da existência, da validade e da eficácia. Tese (Doutorado em Direito). Faculdade de Direito da Pontifícia Universidade Católica de São Paulo, São Paulo, 2016.

MENDES, Carlos Magno. TREDEZINI, Cícero Antônio de Oliveira; BORGES, Fernando Tadeu de Miranda; FAGUNDES, Mayra Batista Bitencourt. *Economia* (introdução). Florianópolis: Departamento de Ciências da Administração da Universidade Federal de Santa Catarina, 2007.

PIPOLO, Henrique Afonso. *Princípio da Preservação da Empresa na Recuperação Judicial: uma análise da sua aplicação na jurisprudência.* Tese (Doutorado em Direito Comercial). Faculdade de Direito da Pontifícia Universidade Católica de São Paulo, São Paulo, 2016.

RODRIGUES, Lásara Fabrícia. *Fundamentos de Economia.* Cuiabá: Instituto Federal Minas Gerais e Universidade Federal de Mato Grosso, 2012.

SACRAMONE, Marcelo Barbosa. *Comentários à Lei de Recuperação de Empresas e Falência.* São Paulo: Saraiva, 2018.

SCALZILLI, João Pedro; FABRO, Daniela. Panorama da Reforma da Lei de Recuperação de Empresas e Falência. *Revista Digital CAO Cível,* n. 63, p. 72-81, jan./fev. 2021.

_____; SPINELLI, Luis Felipe; TELLECHEA, Rodrigo. *Recuperação de Empresas e Falência:* Teoria e Prática na Lei 11.101/2005. 3 ed. São Paulo: Almedina, 2018.

SIMÕES, André Barbosa Guanaes. Os bens essenciais à atividade empresarial na recuperação judicial. In: BRASIL, Glaucia Albuquerque; CABRAL, Taciani Acerbi Campagnaro Colnago; FIGUEIREDO, Claudete Rosimara de Oliveira; GOMES, Camila Aboud; SCALZILLI, João Carlos Lopes. (Coords.). *Recuperação judicial, falência e administração judicial.* Belo Horizonte: Editora D'Plácido, 2019, p. 13-39.

VAZ, Janaína Campos Mesquita. *Recuperação Judicial de Empresas:* Atuação do Juiz. Dissertação (Mestrado em Direito Comercial), Faculdade de Direito da Universidade de São Paulo, São Paulo, 2015.

20. O PAPEL DO ADMINISTRADOR NA RECUPERAÇÃO JUDICIAL DO PRODUTOR RURAL

Anglizey Solivan de Oliveira

Introdução

A definição mais aceita pela doutrina especializada é a de que o administrador judicial é órgão ou agente auxiliar da Justiça, criado por lei, com atuação nos processos de recuperação judicial e falência, função que exerce a bem do interesse público.[1]

O administrador judicial é nomeado pelo juiz na decisão que defere a recuperação judicial ou decreta a falência. A Lei nº 11.101/2005, que regula a recuperação judicial, a extrajudicial e a falência do empresário e da sociedade empresária, disciplina desde a investidura do administrador no cargo, os impedimentos e suspeições, os deveres e atribuições até a sua remuneração.

O presente artigo, que tem o instituto da recuperação judicial como pano de fundo, procura identificar e descrever as atribuições desse profissional, na hipótese de recuperação judicial proposta pelo empresário rural individual ou sociedade empresária rural.

---

[1] VERÇOSA, Haroldo Malheiros Duclerc. Do administrador judicial e do comitê de credores – Seção III. In: SOUZA JUNIOR, Francisco Satiro de; PITOMBO, Antonio Sérgio de A. Moraes (coord.). *Comentários à Lei de Recuperação de Empresas e Falência*. Lei 11.101/2005 – Artigo por Artigo. 2. ed. rev., atual. e ampl. São Paulo: Revista dos Tribunais, 2007, p. 165.

1. As alterações promovidas pela Lei nº 14.112/2020

Na última década, a doutrina e a jurisprudência avançaram no reconhecimento do direito do empresário individual rural de lançar mão dos instrumentos disponibilizados pela Lei nº 11.101/2005 para o soerguimento da sua atividade econômica.

Essa evolução foi constatada por diversas decisões judiciais que reconheceram esse direito e também pela produção de abalizadas opiniões doutrinárias pelo país, dando corpo a uma tendência que culminou com a inclusão de dispositivos na Lei nº 11.101/2005, consoante a recente reforma efetuada pela Lei nº 14.112/2020.

A legislador reformista ratificou o entendimento de que o produtor rural pode ingressar com pedido de recuperação judicial, desde que atenda a todos os requisitos exigidos, entre os quais estão a prévia inscrição no Registro Público de Empresas Mercantis (art. 51, inc. V), ainda que a atividade rural seja considerada regular independentemente dessa providência, segundo a disciplina do Código Civil de 2002 (CC) (art. 971 e 984), e a prova do exercício regular da atividade pelo prazo de 2 (dois) anos (art. 48).

A propósito, o artigo 970 do CC prevê tratamento diferenciado para o empresário rural e para o pequeno empresário quanto à inscrição no Registro Público de Empresas Mercantis e seus efeitos. Esse benefício visa a simplificar o próprio ato da inscrição, as obrigações tributárias e as exigências da escrituração contábil-fiscal, o que, evidentemente, só se justifica para o pequeno produtor rural, que desenvolve sua atividade dentro de uma estrutura mínima, diferente daquela praticada pelos integrantes da cadeia do chamado "agronegócio".[2]

A inscrição na Junta Comercial é uma opção do produtor rural, resultante da autonomia da vontade diante de uma faculdade prevista na lei, que pode ser exercida em qualquer momento da sua existência, segundo o seu arbítrio, e leva à migração do regime civil para o empresarial, com todos os efeitos daí decorrentes.

---

[2] Agronegócios são "a soma total das operações de produção e distribuição de suprimentos agrícolas, das operações de produção nas unidades agrícolas, do armazenamento, processamento e distribuição dos produtos agrícolas e itens produzidos a partir deles". John Davis e Ray Goldberg assim os definiram em 1957. Cf. NEVES, Marcos Fava. *Doutor Agro*. São Paulo: Gente, 2012, p. 227.

Entretanto, como o sistema da recuperação judicial exige o preenchimento, pelo devedor, da conjugação dos requisitos previstos nos artigos 1º e 48 da Lei nº 11.101/2005, além de comprovar a prévia inscrição na Junta da Comercial, o produtor rural deve demonstrar a regularidade da atividade há pelo menos 2 (dois) anos.

No art. 48 da Lei de Recuperação Judicial e Falências, os §§ 2º e 3º definem os documentos eleitos para comprovação do tempo de exercício da atividade rural: (i) quanto à pessoa jurídica, a entrega da Escrituração Contábil Fiscal (ECF) ou os registros contábeis que venham a substitui-la; e, (ii) quanto à pessoa natural, a exibição do Livro Caixa Digital do Produtor Rural (LCDPR), da Declaração do Imposto sobre a Renda da Pessoa Física (DIRPF) e do Balanço Patrimonial. O § 4º permite que, no período em que não for exigível a entrega do LCDPR, o produtor apresente o livro caixa utilizado para a elaboração da DIRPF.

Segundo disposição do inciso II do § 6º do art. 51, os documentos exigidos pelo inciso II do *caput* foram substituídos por aqueles mencionados no § 3º do art. 48, incluídos pela Lei nº 14.122/2020. A interpretação aqui é de que o produtor rural, pessoa física ou natural, para comprovação do biênio de atividade, está obrigado apenas a apresentar os documentos mencionados nesse dispositivo, especificamente: Livro Caixa Digital do Produtor Rural (LCDPR), Declaração do Imposto sobre a Renda da Pessoa Física (DIRPF) e Balanço Patrimonial.

Anteriormente à reforma da lei, a jurisprudência admitia que a prova do tempo de atividade pudesse ser feita por qualquer meio em direito admitido. Mas, a partir da reforma, com a substituição dos documentos do inciso II do *caput* do art. 51 por aqueles do § 3º do art. 48, foram indicados em rol taxativo os documentos aptos a provar o tempo de atividade. Portanto, o produtor rural autor da ação de recuperação judicial deverá observar a enumeração legal, nada impedindo que acrescente outros documentos que entenda convenientes. Entre esses documentos, encontra-se o livro caixa, que nada mais é do que o registro da movimentação diária de recebimentos e pagamentos (entradas e saídas) efetuado pelo ente, em certo período. O livro caixa é um livro de partida simples (apenas um elemento – despesa ou receita), unidimensional, ou seja, não permite conciliação para verificação de consistência nos lançamentos.

A partir de 2019, a Instrução Normativa da SRF nº 1848/2018 instituiu a obrigatoriedade de elaboração do referido livro na forma digital para a pessoa física com receita bruta superior a R$ 4.800.000,00 (quatro milhões e oitocentos mil reais) ao ano.[3] Para a pessoa física com receita bruta inferior a esse montante, é facultativa a adoção da escrituração de forma digital, permanecendo, contudo, obrigatória a sua elaboração na forma mecânica, para fins de controle da atividade.

Note-se que a maioria dos produtores rurais pessoa física, mesmo com expressiva movimentação, costuma apresentar sua situação de resultados e apuração fiscal no regime de caixa, com um lançamento para cada evento, utilizando apenas um "livro de entradas e saídas", o chamado "livro caixa", em partidas simples.

Embora a lei tenha autorizado expressamente a apresentação do livro caixa como um dos meios para comprovação do tempo de atividade, a sua leitura isoladamente não traz grande precisão, uma vez que os eventos estão difusos e frequentemente são distribuídos entre as diversas pessoas que operam juntas, tornando a identificação e a consolidação da situação financeira do(s) devedor(es) mais complexas. Essa prática dificulta a conciliação de dívidas e de haveres com os resultados informados no livro caixa, na Declaração de Imposto de Renda e no Balanço Patrimonial. Isso porque o livro caixa registra apenas as operações diárias de aquisições/pagamentos, sem elaboração, por exemplo, da Demonstração de Resultado, considerada um dos instrumentos que revelam a orientação adotada na gestão dos negócios empresariais.

A dificuldade de conciliação do livro caixa abre espaço para uma possível inflação do endividamento, com a manipulação da base de credores e ampliação da fragilidade financeira, que, eventualmente, embasarão pleitos de reestruturação mais drásticos do que o realmente necessário.

Bom lembrar que o uso do livro caixa não fornece a mesma acurácia e facilidade de conciliação do que a escrituração contábil pelo método de partidas dobradas permitiria, nem obedece ao regime de competência. Exatamente por isso, a lei enumerou outros documentos que devem ser apresentados pelo empresário individual rural, como a Declaração de Ajuste Anual do Imposto de Renda (DIPF), obrigatória para o produtor

---

[3] A Instrução Normativa nº 1848/2018 da Secretaria Especial da Receita Federal (SRF) modificou a redação da Instrução nº 83/2001, que dispõe sobre a tributação dos resultados da atividade rural das pessoas físicas.

rural pessoa física perante a Receita Federal do Brasil,[4] cuja plataforma digital possui um campo específico para que sejam registradas as atividades e as operações rurais, quanto a imóvel explorado, receitas e despesas, apuração do resultado, movimentação de rebanho, bens da atividade rural e dívidas vinculadas à atividade rural.

Por último, a lei prevê o Balanço Patrimonial, que é o relatório contábil destinado ao registro das movimentações econômico-financeiras de uma empresa em determinado período; é o espelho da sua situação patrimonial, ou seja, demonstra seus bens, direitos e obrigações, investimentos, fontes e aplicações de recursos, informações essas que ampliam o poder de análise sobre a empresa.

O produtor rural, vale lembrar, quando exerce a atividade como pessoa física não é obrigado a apresentar o Balanço Patrimonial, embora seja um documento imprescindível à propositura da ação de recuperação judicial.

Os documentos mencionados linhas atrás devem ser entregues tempestivamente, isto é, apresentados aos órgãos reguladores competentes dentro do prazo,[5] elaborados de acordo com o padrão estabelecido pelo Conselho Federal de Contabilidade (CFC) e as regras do artigo 1.179 e seguintes do CC, guardar obediência ao regime de competência e, quando exigido, confeccionados por profissionais habilitados (§§ 3º e 5º).

O texto dos parágrafos incluídos, apesar de potencialmente aumentar os custos operacionais do empresário, gera impactos positivos a médio prazo, uma vez que, ao estabelecer os padrões mínimos da respectiva escrituração contábil, promove mudanças do padrão organizacional do setor, mitigando o risco de indeferimento da recuperação judicial em razão da deficiência da documentação.

A regularidade e a completude da documentação atendem ao princípio da transparência e reduzem a denominada assimetria da informação, o que será decisivo, tanto para o desenvolvimento do processo como para a análise do plano.

---

[4] BRASIL. Secretaria Especial da Receita Federal. *Instrução Normativa RFB nº1924, de 19 de fevereiro de 2020.* Dispõe sobre a apresentação da Declaração de Ajuste Anual do Imposto sobre a Renda da Pessoa Física referente ao exercício de 2020, ano-calendário de 2019, pela pessoa física residente no Brasil. Disponível em: <http://normas.receita.fazenda.gov.br/sijut2consulta/link.action?visao=anotado&idAto=107054>. Acesso em: 17 set. 2021.

[5] A exigência de que os documentos tenham sido apresentados aos órgãos reguladores dentro do prazo legal, não se aplica ao balanço patrimonial, já que não é exigível da pessoa física.

A documentação apresentada pelo devedor deve espelhar a sua real situação, ou seja, revelar o nível de endividamento e a evolução da fragilidade financeira, o que pode ser comparado com o que fora apresentado, por exemplo, aos setores de fornecimento de crédito em anos anteriores, permitindo verificar se as premissas do pedido estão amparadas nos documentos acostados à inicial.

A aferição da documentação que acompanha a petição inicial pode ser feita diretamente pelo juiz ou pelo profissional nomeado para a realização da constatação prévia, o que resultará em deferimento, indeferimento ou até mesmo determinação de emenda da inicial.[6]

O fato é que, provavelmente, a documentação contábil-fiscal a ser apresentada deve referir-se pelo menos aos dois últimos anos de atividade exercida pelo produtor rural como pessoa física; isso porque sua atividade é considerada regular mesmo antes da inscrição na Junta Comercial. Na prática, observa-se alguma dificuldade na conciliação dos números apresentados com a realidade e com a consistência histórica da atividade, pois a grande maioria dos produtores rurais opera como pessoa física em razão de vantagens (tributárias, por exemplo), mas de modo precário, marcado pela informalidade.

De qualquer modo, chama atenção o fato de que, apesar disso, os produtores rurais mantêm acesso a linhas de crédito expressivas no setor bancário e continuam atraindo investidores nacionais e internacionais, o que permite concluir que essa contabilidade desproporcional ao volume movimentado pelo setor é reconhecida pelos fornecedores de crédito, embora seja uma barreira a ser superada para acesso à recuperação judicial. Teoricamente, cada transação concedida por uma instituição fornecedora de crédito foi lastreada em minuciosa análise da documentação apresentada pelo tomador, especialmente porque, no caso, a concessão de crédito está relacionada ao sistema produtivo e há interesse público em se constatar se aquele valor foi, de fato, implementado na finalidade declarada.

---

[6] COSTA, Daniel Carnio; MELO, Alexandre Correa Nasser de. *Comentários à Lei de Recuperação Judicial e Falência*: Lei 11.101, de 9 de fevereiro de 2005. Curitiba: Juruá, 2021, p. 160-161.

2. Atividades próprias do administrador na recuperação judicial do produtor rural

Nos últimos quinze anos, os empresários e sociedades empresárias que lançaram mão de algum dos instrumentos previstos na Lei nº 11.101/2005 concentravam suas atividades principalmente em áreas relacionadas à indústria, ao comércio e à prestação de serviços. Entretanto, com a expansão do agronegócio e com o crescente reconhecimento da legitimidade dos empresários individuais rurais para o pedido de recuperação judicial é cada vez maior o ajuizamento desse tipo de ação pelos devedores do campo.

Esse fato, por si só, evidencia a necessidade de os operadores do direito estarem atentos e aptos para atender às especificidades da ação proposta pelos integrantes do setor primário da economia, qual seja, aqueles que praticam atividade encadeada e organizada destinada à produção e circulação de bens abrangidos pela agricultura, pecuária, reflorestamento, pesca e aquicultura, destinados ao mercado.[7]

O Conselho Nacional de Justiça (CNJ), primando por melhores práticas nos processos de insolvência, recomendou que o administrador judicial apresente relatório da fase administrativa (art. 1º), relatório de andamentos processuais (art. 3º), relatório dos incidentes processuais (art. 4º), bem como a padronização dos relatórios mensais de atividades (RMA) (art. 2º e §§)[8], contendo, minimamente, informações parametrizadas, além de outras que entenda pertinentes, ou que forem requisitadas.

A propósito do relatório inicial, é importante destacar a necessidade de identificação da atividade exercida pelo devedor, a estrutura societária (sua composição e órgãos de administração), a existência de consolidação processual e substancial e a localização dos ativos. Na primeira hipótese, a atividade exercida pelo devedor deve ser individualizada e acompanhada da informação sobre como se enquadram os demais devedores na cadeia da atividade e verificação sobre utilização de ativos em comum, como áreas e

---

[7] BURANELLO, Renato. *Cédula de produto rural*: mercados agrícolas e financiamento de produção. 1. ed. Londrina: Thoth, 2021.

[8] CONSELHO NACIONAL DE JUSTIÇA. *Recomendação n. 72 de 19/08/2020*. Dispõe sobre a padronização dos relatórios apresentados pelo administrador judicial em processos de recuperação empresarial. Disponível em: <https://atos.cnj.jus.br/atos/detalhar/3426>. Acesso em: 17 set. 2021.

maquinários. Além disso, deve constar a indicação das áreas exploradas, a dimensão da efetiva utilização, localização, matrículas e nome dos imóveis rurais – se são próprios (integrantes do ativo imobilizado) ou pertencentes a terceiros, com indicação da modalidade contratual, e o referido instrumento (arrendamento, parceria, cessão etc.); se há arrendamento ativo a terceiros para fins de registro dos termos inicial e final, bem como os valores envolvidos, para acompanhamento por meio contábil.

Ainda, a respeito dos ativos do produtor rural declarados na exordial, é necessário informar se há utilização de maquinários e quais operam, ou se são provenientes de terceiros, hipótese em que a apresentação dos respectivos instrumentos contratuais será obrigatória.

A apresentação dos contratos firmados pelo empresário rural no curso de sua atividade é de grande relevância porque servirão como base comparativa para a contabilidade e para a fiscalização da manutenção da atividade exercida, consoante as informações prestadas pelo devedor, as quais subsidiarão o RMA.

Igualmente relevante não só para os produtores rurais é a apresentação da relação de créditos extraconcursais, créditos garantidos por alienação fiduciária, cessão fiduciária, arrendamento mercantil, adiantamento de câmbio, débito fiscal nas esferas municipal, estadual e federal. Essas informações são essenciais ao dimensionamento global do passivo real existente e facilitam a recente atribuição da administração judicial relativa à apresentação do relatório do plano recuperacional (art. 22, inc. II, "h").

A produção agrícola se distingue de outros segmentos da economia em razão de suas características peculiares, entre as quais se destacam a sazonalidade da produção e a concentração da venda em período muito curto, com expectativa de faturamento em poucas semanas. Diferentemente, nos demais setores, a produção e a venda ocorrem de maneira mais estável e fragmentada no tempo. Essas características próprias, ademais, demandam fiscalização das diferentes atividades do setor, como safras, preparação do solo, aplicação de insumos, plantio, colheita, tipo de grão, formação de safra ou safrinha, período de cada fase, principalmente a estimativa da colheita.

Na linha de análise da documentação pelo administrador judicial também podem ser solicitadas: (i) a apresentação (por amostragem) de notas fiscais de compra de insumos, contratos de compra e venda de grãos, de transporte de grãos e de armazenagem, assim como informação de utilização de silo próprio ou de terceiros (nesse caso, exigir-se-á apresentação de contrato para identificação da modalidade do negócio jurídico); (ii) informações sobre contratações e demissões, apresentação de contratos de prestadores de serviços ou temporários, além da comprovação do recolhimento de tributos, encargos trabalhistas (INSS e FGTS) e impostos; (iii) no caso das Unidades de Beneficiamento de Sementes (UBS), indicação de sua existência, se são exploradas em sua própria atividade, se são arrendadas a terceiros, hipótese em que deverá ser apresentado o contrato representativo do negócio jurídico; (iv) havendo emprego de tecnologia na atividade de plantio explorada, tanto para produção de sementes ou de grãos para comercialização, informações sobre sua utilização.

A pecuária, aqui compreendida na sua acepção genérica, também exige fiscalização com conhecimento específico e, não havendo, o administrador judicial poderá requerer a contratação de especialista para dar o suporte técnico necessário, por exemplo, quanto à produção dos animais e a índices de natalidade e de mortalidade de animais durante o período de fiscalização, isso com a finalidade de evitar eventual desvio/omissão de informações. O auxiliar deve ainda comparar o número de animais declarado pelas devedoras com a informação do registro público de controle de animais.

Além disso, considerando as peculiaridades de cada cultura, o administrador judicial deve atentar para a capacidade de produção de animais, uma vez que esse fator será determinante na análise da possibilidade de soerguimento, ou seja, na hipótese de o produtor declarar que produzirá, por exemplo, determinada quantidade de bezerros para abate, mas a extensão do pasto ou o espaço de confinamento não lhe permite atingir tal objetivo.

O administrador judicial, como se observa, precisa compreender bem a atividade desenvolvida pelo produtor rural, suas especificidades, os métodos de produção e de armazenamento utilizados, os sistemas de escoamento e de comercialização, com vistas a prestar as informações necessárias aos interessados dentro do processo de recuperação judicial.

De fato, o conhecimento das diversas e complexas atividades desenvolvidas no setor primário da economia é o que permite um desempenho eficaz de uma das funções do administrador judicial, qual seja, fiscalizar a veracidade e a conformidade das informações prestadas pelo devedor (art. 22, inc. II, "a" e "c"), com a cautela de não se imiscuir na gestão da atividade, tampouco praticar atos de auditoria, que destoam das prerrogativas e dos deveres de fiscalização do auxiliar do Juízo.

A prática, vale dizer, demonstra que a correção das informações constantes dos relatórios resulta em transparência e consequentemente maior confiança da atividade empresarial desenvolvida, o que permitirá o alcance do desejado resultado útil do processo recuperacional.

Por último, bem sabemos que a decisão quanto ao futuro da atividade está reservada aos credores por ocasião da apreciação do plano de reestruturação. A precisão desse plano depende não só da correta interpretação de dados apresentados, mas também da compreensão das estratégias traçadas para defesa do negócio e de eventual ajuste do modelo de produção, sinalizando confiança na continuidade do negócio. O cumprimento do plano, por sua vez, é tarefa que pode tornar-se bastante complexa, especialmente quando se leva em consideração o limitado número de produtores que adota gestão interna e está apto a realizar uma leitura exata das condições econômico-financeiras do negócio, bem como identificar eventuais pendências fundiárias e ambientais.

3. Créditos sujeitos à recuperação judicial do produtor rural

O artigo 49 da Lei nº 11.101/2005 estabelece que estão sujeitos à recuperação judicial todos os créditos existentes na data do pedido, ainda que não vencidos, com as exceções previstas na própria lei, como aqueles dos credores detentores de garantia em alienação fiduciária, créditos ilíquidos, créditos fiscais etc.

A definição dos créditos submetidos à recuperação judicial postulada pelo empresário ou sociedade empresária rural obedece às regras gerais da Lei nº 11.101/2005, respeitadas as especificidades introduzidas pela Lei nº 14.112/2020, que estabeleceu hipóteses de créditos sujeitos ou não ao processo recuperacional do produtor rural.

Segundo o artigo 51, § 6º, da lei de regência, no caso de atividade rural exercida por pessoa física ou jurídica (§§ 2º e 3º do art. 48), somente os créditos decorrentes da atividade rural estão sujeitos à recuperação judicial, entendimento que prevaleceu por maioria de votos no Superior Tribunal de Justiça (STJ) no julgamento do REsp. 1.800.032/MT, pela

4ª Turma, em 05/11/2019;[9] e do REsp. 1.811.952/MT, pela 3ª Turma, em 06/10/2020.[10]

Nesse ponto do estudo, é oportuno esclarecer o que vem a ser atividade rural, tarefa difícil diante da ausência de definição na legislação.

O Estatuto da Terra (Lei nº 4.504/1964), no artigo 4º, inciso VI, define empresa rural como aquela que explora econômica e racionalmente imóvel rural, seja para atividade agrícola, seja para pecuária.[11]

A Lei nº 8.023/1990, que altera a legislação do Imposto de Renda sobre o resultado da atividade rural, no seu artigo 2º,[12] define o que é atividade rural para a finalidade específica dessa lei.

A Lei nº 13.986/2020, que alterou a Lei nº 8.929/1994 (instituiu a Cédula de Produtor Rural), deu nova redação ao artigo 1º e descreveu de forma mais ampla o que são produtos rurais.[13]

As normas retrocitadas não definem exatamente o que é atividade rural nem produtor rural (a Lei nº 8.023/1990 se refere à atividade rural, mas para fins fiscais), em contrapartida, refletem o alargamento dos vários conceitos diante dos progressos humano e tecnológico do setor.

---

[9] BRASIL. Superior Tribunal de Justiça. REsp 1.800.032/MT. Rel. Ministro Marco Buzzi, Rel. p/ Acórdão Ministro Raul Araújo, Quarta Turma. Brasília, DF, j. 05/11/2019. Disponível em: <https://www.stj.jus.br/sites/portalp/Processos/Consulta-Processual>. Acesso em: 19 fev. 2021.

[10] BRASIL. Superior Tribunal de Justiça. REsp 1.811.953/MT. Rel. Ministro Marco Aurélio Bellizze, Terceira Turma. Brasília, DF, j. em 06/10/2020. Disponível em: <https://www.stj.jus.br/sites/portalp/Processos/Consulta-Processual>. Acesso em: 19 fev. 2021.

[11] Art. 4º. "Para os efeitos desta Lei, definem-se: [...] VI – 'Empresa Rural' é o empreendimento de pessoa física ou jurídica, pública ou privada, que explore econômica e racionalmente imóvel rural, dentro de condição de rendimento econômico da região em que se situe e que explore área mínima agricultável do imóvel segundo padrões fixados, pública e previamente, pelo Poder Executivo. Para esse fim, equiparam-se às áreas cultivadas, as pastagens, as matas naturais e artificiais e as áreas ocupadas com benfeitorias; [...]".

[12] Art. 2º. "Considera-se atividade rural: I – a agricultura; II – a pecuária; III – a extração e a exploração vegetal e animal; IV – a exploração da apicultura, avicultura, cunicultura, suinocultura, sericicultura, piscicultura e outras culturas animais; V – a transformação de produtos decorrentes da atividade rural, sem que sejam alteradas a composição e as características do produto "in natura", feita pelo próprio agricultor ou criador [...]".

[13] Art. 1º. "Fica instituída a Cédula de Produto Rural (CPR) [...] § 2º Para os efeitos desta Lei, produtos rurais são aqueles obtidos nas atividades: I – agrícola, pecuária, de floresta plantada e de pesca e aquicultura, seus derivados, subprodutos e resíduos de valor econômico, inclusive quando submetidos a beneficiamento ou a primeira industrialização [...]".

Enfim, o fato determinante para a caracterização do produtor rural, empresário rural ou empresa rural é a atividade desenvolvida, qual seja, a sucessão encadeada e organizada da produção e circulação de bens para o mercado, abrangidos por agricultura, pecuária, reflorestamento, pesca e aquicultura.[14]

O fato de o crédito ter sido tomado em decorrência da atividade rural é matéria que pode ser objeto de prova, isso porque o exercício e a dimensão da atividade pode variar segundo o perfil do produtor rural.[15]

A lei também estabelece que os créditos relacionados pelo devedor estejam discriminados na escrituração contábil, livro caixa, declaração de imposto de renda e balanço patrimonial – documentos referidos nos §§ 2º e 3º do art. 48. Aqui, parece haver uma tentativa do legislador de impor maior regularidade à documentação contábil-fiscal apresentada pelo produtor rural, na medida em que se exige, além da existência, que o crédito conste dos documentos relacionados.

Resta saber se créditos regularmente constituídos mas que não tenham recebido o tratamento contábil-fiscal adequado pelo devedor podem ser objeto de habilitação, ou ainda de inclusão, pelo administrador judicial, na fase de verificação administrativa, uma vez que a "inserção" do crédito na documentação contábil-fiscal é ato unilateral do devedor, o que permitiria a manipulação com a exclusão de determinados credores, segundo o seu interesse.

Essa restrição parece potencialmente negativa porque a recuperação judicial é instituto que procura assegurar a negociação coletiva para obtenção da melhor solução para a satisfação dessa coletividade, de modo que a contabilização do crédito é indiferente para sua inclusão ou não.[16]

---

[14] BURANELLO. *Cédula de produto rural...*, p. 229.

[15] Fransciso Satiro sustenta que: "[...] não há dúvidas de que todo empresário individual, inscrito ou não, regular ou irregular, que movimente parcos recursos ou verdadeiras fortunas, responde pessoalmente, com todos seus bens e direitos, por todas as suas dívidas, tenham elas sido contraídas no curso regular de sua atividade ou não, antes ou depois do registro." (SATIRO, Fransciso. *"Agro é pop"*: a questão da recuperação judicial do produtor rural individual e seus efeitos sobre as obrigações do devedor, 2020. Disponível em: <https://usp-br.academia.edu/FranciscoSatiro>. Acesso em: 23 fev. 2021).

[16] SACRAMONE, Marcelo Barbosa. *Comentários à Lei de Recuperação de Empresas e Falência*. 2. ed. São Paulo: Saraiva, 2021.

Nos termos do § 7ª do art. 49 da Lei 11.101/2005, o administrador judicial deverá atentar para a não sujeição de créditos originados de recursos controlados e abrangidos pelo Sistema Nacional do Crédito Rural (art. 14 e 21 da Lei nº 4.829/1965). Trata-se de linha de crédito criada para fomento de atividades rurais desempenhadas por produtores rurais e suas cooperativas, relacionadas a custeio, investimento, comercialização ou industrialização de produtores agropecuários (nos termos do artigo 9º da Lei nº 4.829/1965), estando restrita, ainda, às modalidades de operações de crédito e às estruturas específicas indicadas pela lei.

A definição da política de concessão de créditos é de responsabilidade do Conselho Monetário Nacional. As linhas de crédito são divulgadas pelo Banco Central do Brasil, cabendo às instituições financeiras disponibilizá--las no mercado.

Essa exclusão legal visa à proteção de créditos fornecidos ao setor ruralista subsidiado, portanto, a custos menores do que as taxas livres praticadas no mercado. Trata-se, na verdade, de proteção da entidade financeira repassadora ou eventual responsabilização do Tesouro Nacional.

Ao mesmo tempo, cabe ao administrador judicial verificar se, eventualmente, os créditos obtidos foram repactuados, uma vez que o § 8º do mesmo artigo incentiva a renegociação pelas instituições financeiras participantes do sistema, ao prever que esses créditos se sujeitam se não tiverem sido objeto de renegociação.

Estão excetuados os créditos tomados pelo produtor rural nos últimos 3 (três) anos em instituições financeiras e destinados à aquisição de imóvel rural. A medida visa a desestimular o parcelamento da aquisição no plano de recuperação (§ 9º).

Note-se que a proteção dos créditos destinados à aquisição de terras foi uma opção do legislador, provavelmente, calcada no fato de que no Brasil a aquisição de imóveis rurais é feita "a crédito concedido pelos próprios vendedores", ou seja, "um produtor concede prazo a outro produtor para pagamento do imóvel rural".

O conceito de imóvel rural parte da concepção trazida pelo Estatuto da Terra (Lei nº 4.504/1964[17]), sendo elemento preponderante a desti-

---

[17] Artigo 4º, inciso I – "Imóvel Rural, o prédio rústico, de área contínua qualquer que seja a sua localização que se destina à exploração extrativa agrícola, pecuária ou agro-industrial, quer através de planos públicos de valorização, quer através de iniciativa privada; [...]".

nação efetiva do bem imóvel em questão, que se sobrepõe a sua mera localização.

Por último, a Lei nº 14.112/2020 deu nova redação ao art. 11 da Lei nº 8.929/1994, cuja redação, inicialmente, sofreu veto pela Presidência da República, com a justificativa de que enfraqueceria a matriz de crédito do setor ao permitir a alegação de hipóteses de caso fortuito ou força maior, centradas principalmente em situações de quebra de safra.

Não obstante, o Congresso Nacional, em sessão conjunta, derrubou o veto, permanecendo vetada apenas a previsão das atribuições que teria o Ministério da Agricultura, Pecuária e Abastecimento no que tange à definição do que seriam eventos de caso fortuito e força maior.

Não se sujeitam à recuperação judicial créditos e garantias cedulares vinculados à CPR com liquidação física, ou seja, quando o produtor se compromete a pagar o crédito com determinado produto rural ou representativo da operação de *barter* (troca de insumos), desde que tenha havido a antecipação parcial ou total do preço, salvo motivo de caso fortuito ou força maior que comprovadamente impeça o cumprimento parcial ou total da entrega do produto.

Por outro lado, incluem-se na recuperação judicial as CPRs financeiras, comuns no âmbito das transações do mercado financeiro e de capitais, em que o produtor rural se compromete a pagar o crédito no fim da colheita em dinheiro. Aqui, a proteção é destinada aos negócios típicos da atividade, já que a CPR é um dos principais instrumentos do financiamento rural, como título representativo de promessa de entrega de produção agrícola futura.

Com a criação do patrimônio rural em afetação, é possível o fracionamento e a segregação do patrimônio do devedor como garantidores da CPR. Segundo a lei, a CPR garantida pelo instituto da afetação não será atingida pelos efeitos da recuperação judicial.

Conclusões

O Brasil, além de ser o maior produtor mundial de café, laranja, cana-de-açúcar, soja e suco de laranja, figura entre os maiores produtores mundiais de carne bovina.[18] Celeiro da produção de alimentos, o país lida com a

---

[18] INSTITUTO MATOGROSSENSE DE ECONOMIA AGROPECUÁRIA. *Relatórios de mercado*. Disponível em: <https://www.imea.com.br/imea-site/relatorios-mercado>. Acesso em: 19 set. 2021.

complexidade de abrigar uma das maiores áreas de florestas nativas e plantadas do mundo, além de ostentar uma das maiores biodiversidades vegetais do planeta.[19]

O agronegócio, segundo cálculo apresentado pelo Centro de Estudos Avançados em Economia Aplicada (Cepea), da Esalq/USP, em parceria com a Confederação da Agricultura e Pecuária do Brasil (CNA), alcançou participação de 26,6% no PIB brasileiro em 2020, o que corresponde, em valores monetários, a quase R$ 2 trilhões.[20]

O setor produtivo rural, com seus exuberantes resultados econômico--financeiros, torna-se um suporte fundamental da economia brasileira.

Com água em abundância, imensa extensão territorial, clima privilegiado, estações definidas na maior parte do ano em vários estados, o Brasil se apresenta como um dos países com potencial para participar ativamente do fornecimento de alimentos a uma população mundial estimada em aproximadamente 10 bilhões de pessoas para o ano de 2050.[21]

O potencial de crescimento do agronegócio, contudo, não isenta o setor de ser abatido por crises econômico-financeiras – afinal, crises são naturais dos ciclos econômicos.[22] A crise não é algo desejado, mas sim um risco concreto no decorrer de qualquer atividade empresarial, sujeita a fatores que extrapolam a capacidade de gestão ou a previsibilidade do mercado.

Uma crise pode ser superada com estratégias adotadas pelo próprio empresário ou então exigir solução exógena fornecida por algum dos meios previstos na Lei nº 11.101/2005, hipótese em que as medidas de reestruturação saem da esfera individual do devedor e passam a envolver todos aqueles com os quais ele (devedor) se relaciona.

---

[19] BRASIL. Serviço Florestal Brasileiro. Sistema Nacional de Informações Florestais. *FAO lança principais resultados de Relatório de Avaliação Global dos Recursos Florestais* (FRA 2020). Disponível em: <https://snif.florestal.gov.br>. Acesso em: 17 set. 2021.

[20] SISTEMA CNA/SENAR. *PIB do agronegócio alcança participação de 26,6% no PIB brasileiro em 2020.* Disponível em: <https://www.cnabrasil.org.br/boletins>. Acesso em: 17 set. 2021.

[21] WORLD RESOURCES INSTITUTE. *Relatório de Recursos Mundiais.* Criando um futuro alimentar sustentável. Julho/2019. Disponível em: <https://research.wri.org/wrr-food>. Acesso em: 17 set. 2021.

[22] "In a free-market economy, the possibility of failure is as ever-present as the hope of success, creating of shadow that businesses ignore at their peril." (WARREN, Elizabeth. *Chapter 11*: Reorganizing American Business. NY: Aspen Publishers, 2008, p. 1).

Embora não haja dados estatísticos oficiais quanto ao aumento do ajuizamento de recuperações judiciais por produtores rurais nos últimos anos, percebe-se que o tema vem sendo abordado com bastante frequência em diversos fóruns de debates travados entre especialistas, acadêmicos e os próprios produtores rurais interessados na evolução do entendimento acerca da recuperação judicial ou extrajudicial como saída para crises.

A consolidação do entendimento de que o produtor rural tem direito aos instrumentos previstos na Lei nº 11.101/2005 já exige que o administrador judicial conheça os meandros da atividade rural, em especial as características dos créditos sujeitos, as especificidades do plano de reestruturação e a singularidade dos meios de recuperação, inibindo qualquer tentativa precipitada de encaixar a lógica de um ramo da economia tão específico em modelos próprios do comércio, da indústria ou da prestação de serviços.

Ao longo da vigência da Lei nº 11.101/2005, a atividade do administrador judicial foi aperfeiçoada pelas necessidades que emergiam do cotidiano, o que resultou na ampliação de suas atribuições pela recente reforma da lei, com a positivação de algumas das denominadas funções transversais destinadas a dar maior transparência e efetividade ao processo, no escopo do soerguimento da atividade empresarial.

Por último, espera-se que o administrador judicial, com tantas atribuições, tenha um desempenho correspondente à importância do seu papel no processo de recuperação judicial do devedor cuja atividade central seja a produção rural e a compreensão do modelo de negócio adotado, sem olvidar que as decisões tomadas no âmbito do setor rural podem impactar, para o bem ou para o mal, o desenvolvimento da economia do país.

Referências

BURANELLO, Renato. *Cédula de produto rural*: mercados agrícolas e financiamento de produção. 1. ed. Londrina: Thoth, 2021.

COSTA, Daniel Carnio; MELO, Alexandre Correa Nasser de. *Comentários à Lei de Recuperação Judicial e Falência*: Lei 11.101, de 9 de fevereiro de 2005. Curitiba: Juruá, 2021.

NEVES, Marcos Fava. *Doutor Agro*. São Paulo: Gente, 2012.

SACRAMONE, Marcelo Barbosa. *Comentários à Lei de Recuperação de Empresas e Falência*. 2. ed. São Paulo: Saraiva, 2021.

SATIRO, Fransciso. *"Agro é pop"*: a questão da recuperação judicial do produtor rural individual e seus efeitos sobre as obrigações do devedor, 2020. Disponível em: <https://usp-br.academia.edu/FranciscoSatiro>. Acesso em: 23 fev. 2021.

VERÇOSA, Haroldo Malheiros Duclerc. Do administrador judicial e do comitê de credores – Seção III. In: SOUZA JUNIOR, Francisco Satiro de; PITOMBO, Antonio Sérgio de A. Moraes (coord.). *Comentários à Lei de Recuperação de Empresas e Falência*. Lei 11.101/2005 – Artigo por Artigo. 2. ed. rev., atual. e ampl. São Paulo: Revista dos Tribunais, 2007.

WARREN, Elizabeth. *Chapter 11:* Reorganizing American Business. NY: Aspen Publishers, 2008.

21. O ADMINISTRADOR JUDICIAL E A VERIFICAÇÃO DE CRÉDITOS

Leonardo Adriano Ribeiro Dias

1. Verificação de créditos e a Lei 14.112/2020

A verificação de créditos é procedimento aplicável tanto na recuperação judicial como na falência e consequência necessária da suspensão das execuções contra o devedor[1]. Tem por objetivo identificar os créditos submetidos ao concurso para ulterior formação do quadro-geral de credores[2], precisando-se a existência, natureza, classificação e valor de cada um, com a consequente apuração do passivo do devedor.

Por meio dela, os credores podem tomar parte no processo para defender seus interesses e receber o que lhes for devido[3]. Nesse sentido, poderão interpor recursos, manifestar-se quando pertinente ou adequado, objetar o plano de recuperação judicial, formular plano de credores e votar na assembleia geral de credores (AGC), conforme o valor e a classificação que lhes for atribuída. Ademais, a verificação de créditos permite que se estabeleça a ordem de pagamentos na falência.

---

[1] Cf. GUERREIRO, José Alexandre Tavares. In: SOUZA JUNIOR, Francisco Satiro de; PITOMBO, Antônio Sérgio A. de Moraes (coord.). *Comentários à Lei de recuperação de empresas e falências*: Lei 11.101/2005 – Artigo por artigo. 2 ed. São Paulo: RT, 2007, p. 144; e SACRAMONE, Marcelo Barbosa. *Comentários à lei de recuperação de empresas e falência*. 2 ed. São Paulo: Saraiva Educação, 2021, p 114.

[2] Cf. AYOUB, Luis Roberto; CAVALLI, Cássio. *A construção jurisprudencial da recuperação de empresas*. Rio de Janeiro: Forense, 2013, p. 159.

[3] Cf. SCALZILLI, João Pedro; SPINELLI, Luis Felipe; TELLECHEA, Rodrigo. *Recuperação de Empresas e Falência*: Teoria e Prática na Lei 11.101/2005. 3 ed. São Paulo: Almedina, 2018, p. 219.

O intuito da Lei n. 11.101/2005 (LRE), ao conceber a verificação de créditos em sua redação original, foi desjudicializar e tornar mais célere a apuração dos créditos nos procedimentos concursais[4]. Isso porque, em um primeiro momento, trata-se de atividade desempenhada exclusivamente pelo administrador judicial, que terá funções diretivas e decisórias[5], não havendo que se falar em intervenção do juiz concursal, ao menos por ora.

Assim, a verificação de créditos tem uma fase administrativa (conduzida apenas pelo administrador judicial) e outra judicial, que envolve prestação jurisdicional em resposta às impugnações que forem deduzidas pelos legitimados, além das habilitações e divergências retardatárias, tudo com vistas à formação do quadro-geral de credores[6], mas sem prejuízo do prévio exercício de outros direitos, como participação com voto nas AGCs e inclusão nos eventuais rateios.

A Lei n. 14.112/2020 não alterou essa sistemática, mas introduziu o art. 7º-A, que regula o chamado "incidente de classificação de crédito público". Além disso, positivou algumas práticas admitidas pela jurisprudência, como a possibilidade de envio de habilitações e divergências por *e-mail* (art. 22, I, "l") e de encerramento da recuperação judicial antes da consolidação do quadro-geral de credores (art. 10, § 9º). No mais, previu a reserva automática do valor objeto de habilitação ou impugnação retardatária (art. 10, § 8º c/c art. 16, § 1º) e facultou a realização de rateios na falência antes da formação do quadro-geral de credores, desde que as impugnações da classe a ser satisfeita já tenham sido apresentadas (art. 16, § 2º).

Analisemos, pois, o procedimento de verificação de créditos à luz do papel do administrador judicial e das modificações legais realizadas.

---

[4] Cf. SACRAMONE. *Comentários...*, p. 114.

[5] Cf. TOLEDO, Paulo Fernando Campos Salles de. In: TOLEDO, Paulo Fernando Campos Salles de; ABRÃO, Carlos Henrique (coords.). *Comentários à Lei de Recuperação de Empresas e Falência.* 4 ed. São Paulo: Saraiva, 2010, p. 75.

[6] Parte da doutrina divide o sistema de verificação de créditos em duas fases, em função do tratamento para cada um deles: procedimento para credores tempestivos e procedimento para credores retardatários (Cf. SCALZILLI; SPINELLI; TELLECHEA. *Recuperação...*, p. 220).

2. O administrador judicial e a fase administrativa da verificação de créditos

A verificação de créditos tem como ponto de partida a relação de credores apresentada pelo devedor na recuperação judicial, em pedido de auto-falência ou em falência requerida por terceiro[7]. Trata-se da chamada "primeira lista" ou "lista do devedor"[8].

Nos casos de falência, quando o falido ou seus administradores não são localizados e não apresentam a lista de credores, defende-se[9] que, como medida excepcional, o administrador judicial deverá elaborar a relação com os documentos e informações de que dispuser, a fim de que se inicie o procedimento de verificação de créditos com a publicação do edital do art. 99, § 1º, da LRE.

Apresentada a lista pelo devedor (falido ou recuperanda), o adminis-trador judicial enviará correspondência a todos os credores lá indicados, sujeitos ou não à recuperação judicial, concursais e extraconcursais[10], comunicando acerca da data do pedido de recuperação judicial ou da decretação de falência, bem como da natureza, do valor e da classificação do crédito[11].

Para tanto, a LRE exige que o devedor apresente o endereço de cada credor – a propósito, a Lei n. 14.112/2020 alterou o art. 51, III, da LRE, que agora determina que o devedor apresente tanto o endereço físico

---

[7] Art. 51, III; art. 105, II; e art. 99, III, LRE, respectivamente.

[8] Cf. SCALZILLI; SPINELLI; TELLECHEA. *Recuperação...*, p. 220.

[9] Cf. SACRAMONE. *Comentários...*, p. 114.

[10] Vide art. 22, I, "a", LRE. O envio de correspondência inclusive para os credores titulares de créditos não sujeitos à recuperação judicial decorre de interpretação conjunta desse disposi-tivo com o art. 51, III, da LRE, que, em sua nova redação, obriga o devedor a indicar também esses credores que, por constarem na lista do devedor, terão de ser cientificados quanto à data do pedido de recuperação judicial, à natureza, ao valor e à classificação de seu crédito como não sujeito. A alteração implementada pela Lei n.14.112/2020 reflete o disposto no Enunciado 78 da II Jornada de Direito Comercial, segundo o qual "O pedido de recuperação judicial deve ser instruído com a relação completa de todos os credores do devedor, sujeitos ou não à recuperação judicial, inclusive fiscais, para um completo e adequado conhecimento da situação econômico-financeira do devedor".

[11] No Tribunal de Justiça de São Paulo, o Comunicado CG 876/2020 recomenda a adoção de determinados formulários e práticas para facilitar o procedimento de verificação de créditos aos credores, dentre os quais o conteúdo das correspondências a serem enviadas, do *website* do administrador judicial e dos editais publicados.

como o endereço eletrônico (*e-mail*) dos credores, medida essa que, em nosso sentir, almeja oferecer ao administrador judicial uma alternativa para o envio da comunicação exigida pela LRE, que não necessariamente deverá ser por carta ao endereço físico. Essa solução prima pela celeridade e eficiência do processo, pois a informação tende a chegar mais rápido aos credores, que poderão adotar tempestivamente as medidas necessárias para proteger seus direitos[12]. Infelizmente, a Lei n. 14.112/2020 não previu a apresentação de endereço eletrônico na lista do devedor apresentada na falência, o que não impede que o juiz assim o determine (inclusive a pedido do administrador judicial), quer por analogia com o art. 51, III, da LRE, quer porque tal mecanismo otimiza o andamento do processo.

Caso o devedor não tenha apresentado os respectivos endereços, ou apresente endereços incorretos, caberá ao administrador judicial exigir que ele exponha essas informações, com fulcro no art. 22, I, "d", da LRE e, em caso de resistência, comunicar ao juízo concursal, inclusive para fins de aplicação do art. 64, V, da LRE e consequente afastamento do devedor ou de seus administradores[13].

Na decisão de deferimento do processamento da recuperação judicial, o juiz determinará que seja expedido edital, para publicação no órgão oficial, contendo a relação nominal de credores apresentada pelo devedor, com o valor atualizado e a classificação de cada crédito, além de advertência

---

[12] Na prática, a comunicação enviada pelo administrador judicial acaba sendo de pouca valia aos credores, pois frequentemente é recebida após a publicação do edital contendo a primeira relação de credores. Além disso, o termo inicial para a apresentação de habilitações ou divergências ao administrador judicial é a data da publicação desse edital, pelo que a correspondência enviada possui eficácia informativa limitada e dificilmente cumpre seu papel, servindo mais como um encargo do administrador judicial. Na maior parte dos casos, decerto os credores tomarão ciência do início do processo por outras vias, como jornais, revistas, *websites* de notícias, informações do mercado ou mesmo pela publicação do edital, quando pretenderem conferir o valor e a classe em que seus respectivos créditos foram arrolados.

[13] "Art. 64. Durante o procedimento de recuperação judicial, o devedor ou seus administradores serão mantidos na condução da atividade empresarial, sob fiscalização do Comitê, se houver, e do administrador judicial, salvo se qualquer deles: (...) V – negar-se a prestar informações solicitadas pelo administrador judicial ou pelos demais membros do Comitê; (...)."

acerca dos prazos para habilitação dos créditos[14]. Na falência, será publicado edital eletrônico com a relação de credores apresentada pelo falido[15].

Em ambos os casos, a publicação da lista do devedor – e não o recebimento da correspondência do administrador judicial[16] – representa o início do marco temporal para que os credores (não o devedor[17]) possam apresentar suas habilitações ou divergências apenas e diretamente ao administrador judicial[18], em 15 dias, nos termos do art. 7º, § 1º, da LRE[19]. Esse prazo deverá ser contado em dias corridos, menos pela sua natureza material e mais pelo disposto no art. 189, § 1º, I, pelo qual todos os prazos previstos na LRE ou que dela decorram serão contados em dias corridos[20].

Uma ressalva se faz a respeito das reclamações trabalhistas, as quais não se suspendem com o deferimento do processamento da recuperação judicial ou a decretação de falência e, quer por fundamento constitucional[21], quer por demandarem quantia ilíquida, prosseguirão perante a Justiça do Trabalho até a apuração do crédito, que então será, conforme o caso,

---

[14] Art. 52, § 1º, LRE.

[15] Art. 99, § 1º, LRE.

[16] Cf. TJSP, 1ª Câmara Reservada de Direito Empresarial, AI 2168331-23.2014.8.26.0000, Rel. Des. Teixeira Leite, j. 03/02/2015. Em sentido contrário, cf. TOLEDO. *Comentários...*, p. 76-77.

[17] Cf. GUERREIRO. *Comentários...*, p. 146.

[18] Prática inadequada, mas ainda bastante comum, consiste na apresentação, durante a fase administrativa, de habilitações ou divergências diretamente ao juízo da recuperação ou da falência, mediante protocolo nos respectivos autos. No entanto, a LRE, em seu art. 7º, § 1º, é expressa no sentido de que tais expedientes devem ser direcionados ao administrador judicial, de modo que o juiz não participa dessa fase da verificação dos créditos. Portanto, se juntadas aos autos principais, as habilitações ou divergências deverão ser desentranhadas e, quando protocoladas como incidente, este deverá ser extinto, em qualquer caso remetendo-se a documentação ao administrador judicial.

[19] Saliente-se que, por um lapso legislativo, o art. 7º, § 1º não foi alterado e continua fazendo referência ao parágrafo único do art. 99, que, após a Lei n. 14.112/2020, passou a corresponder ao § 1º do art. 99.

[20] Antes mesmo da alteração legal, parte da jurisprudência já se inclinava para essa conclusão. Nesse sentido: TJSP, 1ª Câmara Reservada de Direito Empresarial, AI 2083091-27.2018.8.26.0000, Rel. Des. Hamid Bdine, j. 31/08/2018.

[21] Art. 114, I e IX, da Constituição Federal.

habilitado, excluído ou modificado no quadro-geral de credores[22], o que pode se dar por simples ofício encaminhado pela Justiça do Trabalho[23].

Mesmo assim, a LRE admite que o credor trabalhista ou qualquer interessado apresente habilitação ou divergência perante o administrador judicial, que as apreciará a despeito da competência da Justiça laboral. E, caso haja discordância da conclusão exarada, será possível apresentar impugnação à lista do administrador judicial ou ação para reconhecimento ou alteração do crédito, as quais tramitarão, contudo, perante a Justiça do Trabalho[24].

As habilitações destinam-se à inclusão dos créditos que não constaram da lista do devedor, enquanto as divergências se prestam a retificar algum de seus elementos, como os dados do credor, valor, natureza ou classificação de crédito listado[25]. Por se tratar de procedimento administrativo, não é necessário que o credor esteja, nesta fase, representado por advogado, embora possa constituir procurador ou preposto[26].

Não há necessidade de o titular de crédito não sujeito à recuperação judicial habilitar seu crédito caso não conste da primeira lista, embora nada impeça que ele informe essa condição ao administrador judicial ou que este, no exercício de seu múnus, solicite ao credor informações sobre

---

[22] Vide art. 6º, § 2º, LRE. Não obstante a redação do dispositivo legal, é certo que o crédito trabalhista deve ser calculado até a data do pedido de recuperação ou da decretação de falência, ainda que se faça a discriminação de juros e encargos posteriores a tais marcos temporais, devendo o administrador judicial diligenciar para que o crédito seja corretamente listado. Acerca do tema, dispõe o Enunciado 73 da II Jornada de Direito Comercial: "Para que seja preservada a eficácia do disposto na parte final do § 2º do artigo 6º da Lei n. 11.101/05, é necessário que, no juízo do trabalho, o crédito trabalhista para fins de habilitação seja calculado até a data do pedido da recuperação judicial ou da decretação da falência, para não se ferir a *par condicio creditorum* e observarem-se os arts. 49, 'caput', e 124 da Lei n. 11.101/2005."

[23] Cf. SACRAMONE. *Comentários...*, p. 99.

[24] Cf. SACRAMONE. *Comentários...*, p. 100. O autor ressalta que, caso a divergência verse apenas sobre a adequação do crédito trabalhista à decretação de falência ou ao pedido de recuperação judicial, apurando-se os juros e encargos até essa data, a competência será do juízo recuperacional ou falimentar, pois não se aprecia o montante do crédito, mas suas condições de pagamento pelo devedor.

[25] Cf. SCALZILLI; SPINELLI; TELLECHEA. *Recuperação...*, p. 222.

[26] Cf. COSTA, Daniel Carnio; MELO, Alexandre Correa Nasser de. *Comentários à Lei de Recuperação de Empresas e Falência – Lei 11.101, de 09 de fevereiro de 2005 – de acordo com a Lei 14.112, de 24 de dezembro de 2020*. São Paulo: Juruá, 2020, p. 76.

o crédito. Por outro lado, na falência, recomenda-se que os titulares de créditos extraconcursais, especialmente os classificados nos incisos I-B, I-C[27] e I-E do art. 84, habilitem seus créditos ou apresentem divergência para retificá-lo, assegurando que serão pagos na ordem e montante corretos.

Parte da doutrina[28] aventa para a possibilidade de se habilitar crédito contra o garantidor em recuperação judicial ou falido, ainda que o devedor principal também figure no processo como litisconsorte ativo. Essa prática é altamente recomendável nas recuperações judiciais em que não há consolidação substancial e, portanto, serão apresentados planos separados, assegurando-se ao credor o direito de voto nas assembleias de cada devedor contra o qual seja titular de crédito. Assim, deve o administrador judicial mencionar na relação de credores de cada devedor o crédito nessas condições. E, decerto, na hipótese de consolidação substancial, o valor e o voto somente deverão ser computados uma única vez.

O art. 9º da LRE indica os documentos e informações[29] que as habilitações e divergências deverão conter e, embora o dispositivo mencione apenas habilitação de crédito, é fato que os requisitos são os mesmos para as divergências[30]. No mais, não é necessário apresentar uma habilitação ou divergência para cada crédito, desde que a peça individualize cada um deles e explicite os respectivos fundamentos[31]. Além disso, por se tratar de procedimento administrativo, não haverá custas judiciais ou sucumbência.

---

[27] No inciso I-C do art. 84, ao classificar como créditos extraconcursais as restituições em dinheiro do art. 86, a Lei n. 14.112/2020 não esclareceu qual será o procedimento para que esses créditos sejam reconhecidos: se via pedido de restituição (art. 87 e seguintes) ou mediante verificação de créditos em suas fases administrativa ou judicial. Na omissão do legislador, entendemos ser facultado ao credor optar pelo meio processual que reputar mais adequado, uma vez que qualquer via se destina a assegurar o direito material de receber a quantia devida na ordem estabelecida pela LRE.

[28] Cf. SCALZILLI; SPINELLI; TELLECHEA. *Recuperação...*, p. 221.

[29] São eles: I – o nome, o endereço do credor e o endereço em que receberá comunicação de qualquer ato do processo; II – o valor do crédito, atualizado até a data da decretação da falência ou do pedido de recuperação judicial, sua origem e classificação; III – os documentos comprobatórios do crédito e a indicação das demais provas a serem produzidas; IV – a indicação da garantia prestada pelo devedor, se houver, e o respectivo instrumento; V – a especificação do objeto da garantia que estiver na posse do credor.

[30] Cf. COSTA; MELO. *Comentários...*, p. 76.

[31] Cf. GUERREIRO. *Comentários...*, p. 152.

Por outro lado, ainda que o parágrafo único do art. 9º mencione que os títulos e documentos que legitimam os créditos deverão ser exibidos no original ou cópias autenticadas, se estiverem juntados em outro processo, tem-se admitido a apresentação de documentos digitalizados, que deverão ser substituídos pelos originais somente quando o administrador judicial expressamente o requerer[32]. A fim de desburocratizar a fase administrativa, o administrador judicial apenas deve exigir a apresentação de documentos originais quando houver indícios de fraude ou adulteração no documento copiado/digitalizado ou, em se tratando de título de crédito, elementos que indiquem que este foi endossado.

Na mesma senda, a Lei n. 14.112/2020 positivou[33] prática louvável corroborada pela jurisprudência, consistente na possibilidade de apresentação de habilitações ou divergências pelo *e-mail* específico do administrador judicial, que deverá constar nos editais publicados com a lista do devedor na recuperação judicial ou na falência[34]. A fim de se transmitir segurança aos credores, é recomendável que o administrador judicial confirme o recebimento da documentação pertinente e, na falta de confirmação, que os credores contatem o administrador judicial para checar o recebimento. Além disso, pela alteração legal, o administrador judicial poderá disponibilizar modelos de habilitações e divergências, que poderão ser utilizados pelos credores, embora seu uso não deva ser compulsório.

As novidades imprimem celeridade e eficiência aos procedimentos de verificação de créditos, além de facilitar seu acesso pelos credores que, por vezes, estão localizados em diversas partes do Brasil e deveriam enviar por correio suas habilitações e divergências, acompanhadas dos respectivos documentos.

---

[32] Cf. COSTA, Daniel Carnio; MELO, Alexandre Correa Nasser de. *Comentários...*, p. 82. Nesse sentido, ressaltam João Pedro Scalzilli, Luis Felipe Spinelli e Rodrigo Tellechea: "...a jurisprudência tem flexibilizado essa exigência, sem contar que, na prática, muitas vezes, os administradores judiciais aceitam cópias autenticadas ou mesmo cópias simples, bem como, quando a habilitação é feita pela internet, que o documento seja apresentado em versão digitalizada (mesmo porque pode ser extremamente delicado entregar documento original, como um título de crédito, ao administrador judicial)" (SCALZILLI; SPINELLI; TELLECHEA. *Recuperação...*, p. 225-226).

[33] Art. 22, I, "l", LRE.

[34] Cf. SACRAMONE. *Comentários...*, p. 166.

De mais a mais, é dever do administrador judicial exigir dos credores, do devedor ou de seus administradores quaisquer informações[35], inclusive para fundamentar sua decisão acerca das habilitações e divergências apresentadas. Portanto, caso a documentação esteja incompleta ou falte algum dado imprescindível, a ponto de comprometer a formação da convicção do administrador judicial, ele deve contatar o respectivo credor e pedir que a informação ou documento seja apresentado, ao invés de não acolher a habilitação ou divergência[36]. O mesmo raciocínio pode ser aplicado ao documento em língua estrangeira, que deverá ser analisado pelo administrador judicial ou, caso lhe falte o conhecimento no idioma, solicitará ao credor que apresente tradução simples[37].

Parte da doutrina reporta[38], entre as melhores práticas de administração judicial, a instauração de um "processo interno, autônomo e numerado" para cada habilitação ou divergência, aos quais terão acesso o devedor e seus representantes, podendo contestar ou concordar com os pedidos apresentados pelos credores – o que, em tese, se alinharia à cooperação, eficiência e razoável duração do processo, evitando posterior sobrecarga do Poder Judiciário. Não obstante, entendemos que a instauração de um "contencioso administrativo" não é possível nem prudente, pois (*i*) não há previsão legal para manifestação do devedor na fase administrativa; (*ii*) facultando-se a apresentação de "contestação" pelo devedor, ao credor deveria se assegurar o direito de réplica; (*iii*) o administrador judicial deve apresentar a sua lista em 45 dias corridos, o que não se coaduna com a possibilidade de manifestações de devedor e credor; e (*iv*) esse procedimento não impede – e provavelmente não evitará – que a matéria seja discutida também em impugnação de crédito perante o juízo, tornando-se inócuo[39].

---

[35] Art. 22, I, "d", LRE.

[36] Cf. COSTA; MELO. *Comentários...*, p. 82; e BRAGANÇA, Gabriel José de Orleans e. *Administrador Judicial*: transparência no processo de recuperação judicial. São Paulo: Quartier Latin, 2017, p. 145.

[37] No mesmo sentido, inclusive dispensando a tradução juramentada, cf. BRAGANÇA. *Administrador...*, p. 145.

[38] Cf. COSTA; MELO. *Comentários...*, p. 76.

[39] Em sentido contrário, pela possibilidade de manifestação do devedor, desde que não se ultrapasse o prazo de 45 dias, cf. SCALZILLI; SPINELLI; TELLECHEA. *Recuperação...*, p. 228. Ainda, defendendo se tratar de medida desnecessária, embora recomendada, cf. SACRAMONE. *Comentários...*, p. 115.

Findo o prazo para apresentação de habilitações ou divergências, o administrador judicial terá 45 dias corridos[40] para fazer publicar edital com a nova relação de credores ("segunda lista", "segunda relação de credores" ou "lista do administrador judicial"), considerando as informações e documentos colhidos nas habilitações e divergências, além daqueles obtidos com base nos livros contábeis e documentos comerciais e fiscais do devedor[41]. O novo edital também deverá indicar o local, o horário e o prazo comum em que o comitê, os credores, o devedor ou seus sócios ou o Ministério Público terão acesso aos documentos que fundamentaram a elaboração dessa relação. Tanto na primeira como na segunda lista, não é preciso intimar os advogados dos credores, ainda que constituídos nos autos da recuperação ou da falência[42].

Na verificação dos créditos e no desempenho de outras funções, é possível que o administrador judicial seja auxiliado por profissionais ou empresas especializadas, a serem contratados mediante autorização judicial, às expensas do devedor ou da massa falida[43]. O juiz fixará a remuneração dos auxiliares do administrador judicial considerando a complexidade dos trabalhos a serem executados e os valores praticados no mercado para o desempenho de atividades semelhantes[44].

Indaga-se se o administrador judicial deve, na verificação dos créditos, ater-se àqueles objeto de habilitação ou divergência, se é necessário analisar cada crédito constante na lista do devedor ou se pode analisá-los por amostragem. Parte da doutrina[45] sustenta que ele não deve se

---

[40] Note-se que, por vezes, esse prazo é desrespeitado, sem que haja qualquer sanção ao administrador judicial, não obstante a previsão do art. 31 da LRE. Isso pode ser explicado pela complexidade de alguns processos de recuperação judicial, no qual muitas habilitações e divergências são apresentadas. Entretanto, a dilação do prazo previsto no art. 7º, § 2º, não deve ser automática, só deve acontecer quando sua necessidade for devidamente comprovada pelo administrador judicial ao juiz.

[41] Art. 7º, § 2º, LRE.

[42] STJ, 3ª Turma, REsp 1.163.143/SP, Rel. Min. João Otávio de Noronha, j. 11/02/2014.

[43] Art. 7º, caput, c/c art. 22, I, "h", c/c art. 25, LRE.

[44] Art. 22, § 1º, LRE.

[45] Cf. COSTA; MELO. Comentários..., p. 75; e SACRAMONE. Comentários..., p. 114. Observam, ainda, tratar-se de exceção à regra do sigilo dos documentos contábeis e fiscais do devedor a solicitação de acesso pelo administrador judicial para aferição da veracidade das informações constantes na lista do devedor e nas habilitações e divergências apresentadas, bem como para salvaguarda dos credores.

restringir aos casos impugnados nem apurar créditos por amostragem[46], mas tem de analisar também os livros contábeis e documentos fiscais e comerciais do devedor que obtiver. Isto lhe permite incluir, excluir, alterar o valor ou a classificação de determinado crédito, ainda que o respectivo credor não tenha apresentado habilitação ou divergência[47].

Esta é a regra e assim deve ser seguida pelos administradores judiciais. No entanto, por mais sofisticada que seja a estrutura do administrador judicial, não se ignora o fato de que, em casos excepcionais, o prazo de 45 dias pode não ser suficiente para que se analise cada crédito constante na lista do devedor e outros omitidos, especialmente quando houver significativa quantidade de credores, diversas habilitações e divergências apresentadas e documentação faltante. Nesses casos, que devem ser a exceção – até porque o administrador judicial pode contratar profissionais para auxiliá-lo –, ou o magistrado autoriza a extensão do prazo para apresentação da segunda lista ou autoriza que o administrador judicial restrinja a verificação de créditos às habilitações e divergências apresentadas, bem como aos créditos de maior valor, que serão determinantes para o deslinde do processo.

Pela leitura da nova redação do art. 51, III, da LRE, a lista do administrador judicial deverá apontar também os créditos não sujeitos à recuperação judicial. Como eles não são habilitados – embora muitas vezes sejam objeto de divergência em que se pleiteia sua exclusão da lista do devedor –, o administrador judicial deve analisar os documentos do devedor e indicar, em sua lista, eventuais créditos não sujeitos à recuperação judicial que tenham sido omitidos ou incorretamente listados pelo devedor.

No mais, questiona-se se o administrador judicial deve responder, justificar ou formular juízo sobre as habilitações ou divergências apresentadas.

---

[46] Cf. BRAGANÇA. *Administrador...*, p. 161.

[47] No escólio de Joice Ruiz Bernier: "O administrador judicial deverá analisar de forma minuciosa, individual e pormenorizada tanto a contabilidade, a relação e débitos e a documentação do devedor, como as habilitações e divergências e respectivos documentos apresentados pelo credor. Ele será o responsável pela conferência, ao menos nesta primeira fase, da regularidade e também licitude dos créditos listados, para futura consolidação de um quadro geral de credores que expresse a verdadeira situação do passivo do devedor." (BERNIER, Joice Ruiz. *O administrador judicial na recuperação judicial e na falência*. Dissertação (Mestrado em Direito Comercial). Faculdade de Direito da Universidade de São Paulo, São Paulo, 2014, p. 76).

Em que pese a divergência doutrinária[48], defendemos que assim deve agir o administrador judicial, até para que o credor possa conhecer as razões pelas quais sua manifestação foi ou não admitida, justificando-se a apresentação, nos autos principais, das decisões administrativas tomadas em cada habilitação ou divergência[49], as quais não deverão ser pautadas por atos de discricionariedade do administrador judicial, mas em análise técnica, objetiva e detalhada[50].

Nesse sentido, de acordo com a Recomendação 72 do Conselho Nacional de Justiça (CNJ), os juízos recuperacionais deveriam determinar aos administradores judiciais a apresentação do chamado "Relatório da Fase Administrativa", contendo resumo das análises feitas para a confecção do edital contendo a relação de credores[51]. O relatório deverá conter, no mínimo, as seguintes informações: (a) relação dos credores que apresentaram divergências ou habilitações de créditos, indicando seus nomes completos ou razões sociais e números de inscrição no CPF ou CNPJ; (b) valores dos créditos indicados pela recuperanda, valores apontados pelos credores em suas respectivas divergências ou habilitações e valores finais encontrados pelo administrador judicial que constarão do edital; (c) indicação do resultado de cada divergência e habilitação após a análise do administrador judicial, com a breve exposição dos fundamentos para a rejeição ou acolhimento de cada pedido; e (d) explicação sucinta para a manutenção, na lista do administrador judicial, daqueles credores que foram relacionados pela recuperanda em sua relação nominal de credores. O relatório deverá ser protocolado no processo e divulgado no site do administrador judicial.

---

[48] Cf. COELHO, Fábio Ulhoa. *Comentários à Lei de Falências e de recuperação de empresas.* 14 ed. São Paulo: Thomson Reuters, 2021, p. 78.

[49] Nesse sentido, cf. COSTA; MELO. *Comentários...*, p. 77; e SCALZILLI; SPINELLI; TELLECHEA. *Recuperação...*, p. 229. Invocam, por analogia ou diretamente, os arts. 93, IX, da Constituição Federal, 11 do Código de Processo Civil (CPC) e 50 da Lei n. 9.784/99.

[50] Cf. BERNIER. *O Administrador...*, p. 76.

[51] Art. 1º, Recomendação n. 72, CNJ. Pelo § 1º do referido artigo: "O objetivo do Relatório da Fase Administrativa é conferir maior celeridade e transparência ao processo de recuperação judicial, permitindo que os credores tenham amplo acesso às informações de seu interesse já no momento da apresentação do edital de que trata o art. 7º, § 2º, da Lei nº 11.101/2005, inclusive para conferir-lhes subsídios para que possam decidir de maneira informada se formularão habilitação ou impugnação judicialmente."

O edital com a lista do administrador judicial será disponibilizado em sítio eletrônico próprio, na internet, dedicado à recuperação judicial e à falência, o qual pode ser o próprio site do administrador judicial[52]. Contudo, não se dispensa a publicação na imprensa oficial[53].

3. A fase judicial da verificação de créditos

Ressalvado o disposto no art. 7º-A, a fase judicial da verificação de crédito não sofreu alterações significativas com a Lei n. 14.112/2020.

Publicada a lista do administrador judicial, tem início o prazo de 10 dias corridos[54] para apresentação de impugnações pelo comitê, por qualquer credor, pelo devedor ou seus sócios ou pelo Ministério Público, apontando a ausência de qualquer crédito ou opondo-se à legitimidade, importância ou classificação de crédito relacionado. O mais comum é que o credor ou o devedor apresentem impugnações.

Sua finalidade pode ser tanto incluir crédito não arrolado na segunda lista como atacar crédito dela constante, seja para excluí-lo ou alterar qualquer de seus elementos, como valor e classificação. Admite-se impugnação também para alterar o nome do credor em caso de cessão de crédito listado, incluir nome de credor solidário[55] ou quando há honra de fiança de crédito sujeito, com sub-rogação do fiador no crédito afiançado.

Qualquer um dos legitimados pode impugnar quaisquer créditos da lista do administrador judicial, pois é do interesse de todos que o passivo seja corretamente apurado[56]. Ademais, impugnações que versem sobre o mesmo crédito serão autuadas em conjunto[57]. Entende-se[58], ainda, que a segunda lista como um todo pode ser impugnada, quando resultar, *v.g.*, de procedimento irregular. Também, parte da doutrina advoga que, em situações excepcionalíssimas, o juiz poderia excluir, de ofício, créditos

---

[52] Art. 191, LRE.

[53] Cf. SACRAMONE. *Comentários...*, p. 685.

[54] Art. 189, § 1º, I, LRE.

[55] Cf. SCALZILLI; SPINELLI; TELLECHEA. *Recuperação...*, p. 230-231.

[56] Cf. GUERREIRO. *Comentários...*, p. 149; e SCALZILLI; SPINELLI; TELLECHEA. *Recuperação...*, p. 231.

[57] Art. 13, parágrafo único, LRE.

[58] Cf. SCALZILLI; SPINELLI; TELLECHEA. *Recuperação...*, p. 231.

eivados de nulidades como simulação ou fraude independentemente de impugnação, além de poder declarar a prescrição[59].

As impugnações serão instruídas com os documentos de que dispuser o impugnante, indicando as provas consideradas necessárias, bem como serão dirigidas ao juiz e processadas em autos apartados[60], pelo que não devem ser protocoladas nos próprios autos da recuperação judicial. Trata-se de processo contencioso, de natureza cognitiva, com rito sumaríssimo e incidental, que resulta em sentença declaratória[61]. Como procedimento judicial, é necessária a representação por advogado.

Os credores cujos créditos forem impugnados serão intimados para contestar a impugnação no prazo de 05 dias, juntando os documentos que tiverem e indicando outras provas que reputem necessárias[62]. Na sequência, o devedor e o comitê se manifestarão no mesmo prazo[63]. Naturalmente, se o próprio credor tiver impugnado a lista de credores relativamente ao seu crédito, o devedor é que será intimado para se manifestar no prazo legal.

Após a manifestação do devedor, o administrador judicial deverá emitir seu parecer em 05 dias, indicando se a impugnação deve ser acolhida ou não, juntando laudo elaborado pelo profissional ou empresa especializada, se for o caso, e todas as informações existentes nos livros fiscais e demais documentos do devedor acerca do crédito objeto da impugnação, constando ou não da relação de credores[64]. Na hipótese de juntada de documentos pelo impugnado ou pelo administrador judicial, embora a LRE não seja expressa, deve-se abrir vistas ao impugnante para que se manifeste em 05 dias, em observância ao princípio do contraditório[65]. Também se defende que o Ministério Público deve participar das impugnações, a despeito da lacuna legal nesse sentido[66].

Na sequência, os autos da impugnação serão conclusos ao juiz. Para as impugnações que reputar suficientemente esclarecidas pelas alegações e provas apresentadas pelas partes, o magistrado decidirá, mencionando,

---

[59] Cf. SCALZILLI; SPINELLI; TELLECHEA. *Recuperação...*, p. 231-232.
[60] Art. 13, LRE.
[61] Cf. SCALZILLI; SPINELLI; TELLECHEA. *Recuperação...*, p. 231.
[62] Art. 11, LRE.
[63] Art. 12, LRE.
[64] Art. 12, parágrafo único, LRE.
[65] Cf. TOLEDO. *Comentários...*, p. 87.
[66] Cf. TOLEDO. *Comentários...*, p. 87.

para cada crédito, o valor e a classificação. Para as demais impugnações, ele fixará os aspectos controvertidos, decidirá questões processuais pendentes e determinará as provas a serem produzidas, designando audiência de instrução e julgamento, se necessário[67].

Realizada a instrução, o juiz proferirá "decisão judicial" sobre o acolhimento ou não da impugnação, a qual será passível de agravo de instrumento[68]. Sustenta-se[69] que há um amplo rol de legitimados para interpor o recurso (qualquer credor, devedor e seus sócios, comitê de credores, Ministério Público e administrador judicial), pois todos teriam interesse na consolidação do quadro-geral de credores com exatidão. Recebido o agravo, o relator poderá conceder efeito suspensivo à decisão que reconhece o crédito ou determinar a inscrição ou modificação do seu valor ou classificação no quadro-geral de credores, para fins de exercício do direito de voto do credor em AGC[70]. É comum que sejam ouvidos não apenas o agravado, como também o administrador judicial e o Ministério Público. Ainda, salienta-se[71] a possibilidade de, em casos específicos, proceder-se à coleta de votos em separado na AGC, até o julgamento final sobre o valor ou classificação de crédito impugnação.

Havendo resistência à pretensão do impugnante e formação da lide, a parte vencida suportará os ônus sucumbenciais[72]. Todavia, em qualquer situação, não são devidos honorários sucumbenciais ao administrador judicial ou a seu patrono, uma vez que ele não é parte na lide.

Inexistindo impugnações, o juiz homologará a relação do administrador judicial como quadro-geral de credores, ressalvado o disposto quanto ao incidente de classificação de crédito público, descrito no art. 7º-A da LRE[73].

---

[67] Art. 15, LRE.

[68] Vide art. 17, LRE. A doutrina critica o dispositivo, por se tratar de decisão terminativa e não interlocutória, mas adverte ser erro grosseiro a interposição de apelação e não de agravo de instrumento, como previsto na LRE (cf. SCALZILLI; SPINELLI; TELLECHEA. *Recuperação...*, p. 234).

[69] Cf. COSTA; MELO. *Comentários...*, p. 89; e SCALZILLI; SPINELLI; TELLECHEA. *Recuperação...*, p. 234.

[70] Art. 17, parágrafo único, LRE.

[71] Cf. COSTA; MELO. *Comentários...*, p. 90.

[72] Cf. SCALZILLI; SPINELLI; TELLECHEA. *Recuperação...*, p. 235.

[73] Art. 14, LRE.

3.1. As habilitações retardatárias

As habilitações retardatárias, quando apresentadas antes da homologação do quadro-geral de credores, serão processadas pelo mesmo rito das impugnações de crédito[74]. Note-se que elas podem ser apresentadas mesmo depois do prazo previsto no art. 8º da LRE para as impugnações, intelecção já apontada pela doutrina[75] e reforçada pela Lei n. 14.112/2020, ao introduzir os §§ 7º e 8º no art. 10 da LRE, que mencionam "habilitações e as impugnações retardatárias".

Não se trata das habilitações apresentadas ao administrador judicial, na fase administrativa, mas de pretensão formulada diretamente ao juízo da recuperação judicial ou da falência quando o credor perdeu o prazo para habilitar seu crédito perante o administrador judicial, já que não se trata de prazo preclusivo[76].

Por outro lado, caso a habilitação retardatária seja apresentada após a homologação do quadro-geral de credores, ela seguirá o procedimento ordinário previsto no CPC, devendo o credor requerer ao juízo da falência ou da recuperação judicial a retificação do quadro-geral para inclusão do respectivo crédito, conforme abordaremos adiante[77].

Embora a lei não seja expressa, doutrina e jurisprudência admitem[78], em homenagem ao princípio constitucional da igualdade, a apresentação de divergência retardatária, quando o credor perde o prazo para apresentá--la ao administrador judicial, seguindo-se o mesmo rito das as habilitações retardatárias.

Na recuperação judicial, a consequência para o credor que não apresentou habilitação tempestivamente, excetuados os credores titulares de créditos derivados da relação de trabalho, é a ausência de direito de voto na AGC[79]. Isso implica principalmente que o credor retardatário não poderá

---

[74] Art. 10, §5º, LRE.

[75] Cf. SCALZILLI; SPINELLI; TELLECHEA. *Recuperação...*, p. 236. Mencionando alguns precedentes jurisprudenciais no mesmo sentido, cf. AYOUB; CAVALLI. *A construção...*, p. 200.

[76] Cf. SCALZILLI; SPINELLI; TELLECHEA. *Recuperação...*, p. 236.

[77] Art. 10, § 6º, LRE.

[78] Cf. COELHO. *Comentários...*, p. 86; TJSP, 1ª Câmara Reservada de Direito Empresarial, AI 2236564-62.2020.8.26.0000, Rel. Des. J. B. Franco de Godoi, j. 10/03/2021; e TJSP, 2ª Câmara Reservada de Direito Empresarial, AI 2238612-91.2020.8.26.0000, Rel. Des. Araldo Telles, j. 18/01/2021.

[79] Art. 10, § 1º, LRE.

deliberar sobre o plano de recuperação judicial, embora possa participar da respectiva AGC com direito de voz[80], sem que seu crédito seja computado para fins de instalação do conclave. Ainda, defende-se[81] que, em caso de admissão judicial do crédito retardatário antes da realização da AGC, o credor terá direito de voto com base no art. 39 da LRE.

Já nos casos de divergência retardatária em que se discute o valor ou a classificação de crédito, o credor terá preservado seu direito de voto pelo valor e na classe em que estiver listado, exceto se a divergência retardatária tiver sido julgada antes da AGC, quando então votará nos termos decididos pelo juiz.

Na falência, o credor retardatário somente poderá votar na AGC se já tiver sido homologado o quadro-geral de credores contendo o crédito retardatário[82]. Além disso, os créditos retardatários na falência perderão o direito aos rateios eventualmente realizados e ficarão sujeitos ao pagamento de custas (desde que haja previsão na respectiva legislação estadual), não se computando os acessórios compreendidos entre o término do prazo e a data do pedido de habilitação[83].

Além disso, entende-se[84] que é o credor quem suportará os ônus sucumbenciais, por ter dado causa à ação, mesmo em caso de procedência do pedido.

De acordo com o art. 10, § 4º, da LRE, o credor poderá pedir reserva de valor para que seu crédito na falência seja satisfeito em eventuais rateios até que a habilitação retardatária seja julgada. Todavia, com a inclusão do § 8º no art. 10, a mera apresentação de habilitações ou impugnações retardatárias acarretará a reserva de valor para satisfação do crédito. Assim, o administrador judicial deverá destacar o total do crédito habilitando para posterior pagamento ao seu titular ou rateio suplementar, caso a habilitação ou impugnação retardatária seja julgada improcedente.

Parcela da doutrina[85] sustenta que a reserva de valores por pedido de habilitação retardatária não é aplicada aos processos de recuperação

---

[80] Cf. TOLEDO. *Comentários...*, p. 84.
[81] Cf. TOLEDO. *Comentários...*, p. 84.
[82] Art. 10, § 2º, LRE.
[83] Art. 10, § 3º, LRE.
[84] Cf. SCALZILLI; SPINELLI; TELLECHEA. *Recuperação...*, p. 235.
[85] Cf. COSTA; MELO. *Comentários...*, p. 84.

judicial, pois o § 4º aludiria apenas ao processo falimentar. Todavia, temos que o § 8º não se restringe às hipóteses de habilitação retardatária na falência, de modo que o credor não pode ser penalizado pela demora no julgamento de sua habilitação, sob pena de violação da *par condicio creditorum*. Por isso, o devedor, ao cumprir o plano de recuperação, deve reservar parcela do crédito a ser pago aos credores da mesma classe e depositá-la em juízo até o deslinde do feito.

Uma novidade trazida pela Lei n. 14.112/2020 e que reflete a aplicação jurisprudencial consiste na possibilidade de encerramento da recuperação judicial antes da consolidação definitiva do quadro-geral de credores, quando há impugnações de crédito ou habilitações retardatárias pendentes de julgamento[86]. Nessa situação, os respectivos incidentes serão redistribuídos ao juízo da recuperação judicial como ações autônomas e observarão o rito comum.

A dúvida que se coloca é se o administrador judicial continuará participando desses processos e se deverá emitir seu parecer, nos termos do parágrafo único do art. 12 da LRE. Entendemos ser negativa a resposta, uma vez que, com a sentença de encerramento da recuperação, o administrador judicial é exonerado de suas funções[87].

Nos termos do § 10 do art. 10, há prazo decadencial de 03 anos para o credor apresentar pedido de habilitação ou de reserva de crédito, contados da data de publicação da sentença que decretar a falência. A LRE nada dispõe acerca do prazo para habilitação de créditos na recuperação judicial, pelo que se depreende que ela poderá acontecer até o encerramento do processo.

4. A formação do quadro-geral de credores

É de responsabilidade do administrador judicial elaborar o quadro-geral de credores, com base na relação que ele tiver apresentado e nas decisões

---

[86] Art. 10, § 9º, c/c art. 63, parágrafo único, LRE. Para Daniel Cárnio Costa e Alexandre Correa Nasser de Melo, a norma vai ao encontro do princípio constitucional da razoável duração do processo, pois em casos com grande quantidade de impugnações, o encerramento da recuperação judicial no prazo de dois anos seria inviabilizado (COSTA; MELO. *Comentários...*, p. 85).

[87] Art. 63, IV, LRE.

proferidas nas impugnações[88], incluídas as habilitações retardatárias que tiverem sido decididas até o momento da sua formação[89].

O quadro-geral mencionará a importância e a classificação de cada crédito corrigido até a data do pedido de recuperação judicial ou da decretação da falência. Será juntado aos autos e deverá ser analisado pelo magistrado, que poderá determinar retificações[90]. Uma vez que decida por sua homologação, o juiz o assinará juntamente com o administrador judicial e, então, o quadro-geral será publicado em 05 dias contados do trânsito em julgado da última sentença de impugnação[91].

4.1. O quadro-geral de credores e a nova disciplina das reservas e rateios na falência

A Lei n. 14.112/2020 alterou o art. 16 da LRE e detalhou os critérios para reservas de valor, para fins de rateio, do crédito impugnado. Por primeiro, o dispositivo abrange apenas o rateio na falência, enquanto a disciplina anterior não fazia essa restrição. Em segundo lugar, a princípio, os rateios são condicionados à formação do quadro-geral de credores, composto pelos créditos não impugnados da relação do administrador judicial, pelos créditos definidos nas impugnações tempestivas que tiverem sido apresentadas e pelos créditos decorrentes de habilitações retardatárias que já tiverem sido julgadas.

No § 1º do art. 16, a LRE novamente prevê que as habilitações retardatárias não julgadas acarretarão a reserva do valor controvertido, mas dispõe que elas não impedirão o pagamento da parte incontroversa. Assim, o administrador judicial deverá ter o cuidado de (a) averiguar a classificação dos créditos impugnados; (b) caso não se discuta sua classificação, mas apenas o valor, se há algum crédito ou parcela de crédito incontroversa; (c) reservar o montante controvertido; e (d) realizar o pagamento do crédito ou da parcela incontroversos.

---

[88] Art. 18 c/c art. 22, I, "f", LRE.

[89] Art. 10, § 7º, LRE.

[90] Cf. COSTA; MELO. *Comentários...*, p. 90.

[91] Cf. COSTA; MELO. *Comentários...*, p. 90; e BERNIER. *O Administrador...*, p. 78. Em sentido contrário, entendendo que, na pendência de impugnações ou de habilitações retardatárias, o administrador judicial deverá apresentar quadro-geral suplementar com as devidas retificações, a depender do julgamento da medida, cf. BRAGANÇA. *Administrador...*, p. 162.

Ainda que o quadro-geral de credores não esteja formado, o rateio de pagamentos na falência poderá ser realizado desde que a classe de credores a ser satisfeita já tenha tido todas as impugnações judiciais apresentadas no prazo previsto no art. 8º da LRE, ressalvada a reserva dos créditos controvertidos em função das habilitações retardatárias pendentes de julgamento. Ademais, é certo que não apenas as reservas de créditos decorrentes de habilitações retardatárias devem ser consideradas, mas também aquelas que forem determinadas pelos respectivos juízos em que se processe demanda ilíquida ou reclamações trabalhistas, nos termos do art. 6º, §§ 1º a 3º da LRE.

Nessa circunstância, poderia haver uma ordem para apreciação das impugnações na falência, em consonância com a prioridade de pagamento das diversas classes de credores, a fim de que o rateio parcial seja realizado antes da formação do quadro-geral de credores[92]. Caso haja habilitações ou impugnações retardatárias, como visto, elas implicarão a reserva do valor discutido.

Com a possibilidade de realização de rateios antes da homologação do quadro-geral de credores, pode não ser necessário aguardar o julgamento das impugnações tempestivas e das habilitações ou impugnações retardatárias relativas a créditos cuja ordem de pagamento seja posterior à das classes em que tenha havido o rateio quando já não houver mais bens a serem arrecadados ou liquidados, nem demandas pendentes envolvendo valores reservados. Nesses casos, o administrador judicial apresentará suas contas nos termos do art. 154 e o juiz encerrará a falência, conforme art. 156 da LRE.

4.2. A ação de retificação do quadro-geral de credores

Mesmo depois de homologado, o quadro-geral de credores poderá ser alterado. Consoante art. 19 da LRE, o administrador judicial, o comitê de credores, qualquer credor ou o representante do Ministério Público poderá, até o encerramento da recuperação judicial ou da falência, observado o procedimento ordinário previsto no CPC, pedir a exclusão, reclassificação, inclusão ou a retificação de qualquer crédito, nos casos de descoberta de falsidade, dolo, simulação, fraude, erro essencial ou, ainda,

---

[92] Cf. SACRAMONE. *Comentários...*, p. 143.

documentos ignorados na época do julgamento do crédito ou da inclusão no quadro-geral de credores. Esta última hipótese relaciona-se às situações de fato novo (art. 966, VII, CPC)[93].

Por opção legislativa, o devedor não figura no rol de legitimados, pois os motivos que ensejariam a ação de retificação decorrem, em regra, de sua conduta indevida[94].

A ação de retificação tem natureza jurídica de processo de conhecimento e proposta perante o juízo universal[95], quando o crédito não tiver sido objeto de sentença transitada em julgado. Do contrário, a ação terá natureza rescisória[96].

Para eventuais pagamentos já realizados, devem ser tomadas as medidas visando à sua restituição e, se for o caso, a apuração de crime falimentar[97]. Finalmente, proposta a ação de retificação do quadro-geral de credores, o pagamento ao titular do crédito por ela atingido somente poderá ser realizado mediante a prestação de caução no mesmo valor do crédito questionado.

5. O novo incidente de classificação de créditos fiscais (art. 7º-A)

A Lei n. 14.112/2020 introduziu o denominado "incidente de classificação de crédito público". Trata-se de incidente de natureza jurisdicional, restrito aos processos de falência, que será instaurado de ofício pelo magistrado logo após a realização das intimações ao Ministério Público e às Fazendas Públicas e a publicação do edital com a primeira lista, nos termos do art. 99, XIII e § 1º, da LRE. Portanto, referido incidente não integra a fase administrativa da verificação de créditos, embora tramite concomitantemente a ela[98].

---

[93] Cf. COSTA; MELO. *Comentários...*, p. 92.

[94] Cf. COSTA; MELO. *Comentários...*, p. 91.

[95] Excetuadas nas hipóteses previstas no art. 6º, §§ 1º e 2º, da LRE, em que as ações serão propostas perante o juízo que inicialmente reconheceu o crédito (art. 19, § 1º, LRE).

[96] Cf. COSTA; MELO. *Comentários...*, p. 91.

[97] Cf. SCALZILLI; SPINELLI; TELLECHEA. *Recuperação...*, p. 238.

[98] Em sentido contrário, pela possibilidade de habilitação direcionada pelo credor fiscal diretamente ao administrador judicial, sem a necessidade de instalação de incidente de verificação, cf. SACRAMONE. *Comentários...*, p. 120. O jurista menciona a previsão legal de se apresentar a relação de créditos fiscais diretamente ao administrador judicial "a depender do momento processual", conforme prevê o art. 7º-A, *caput*. No entanto, até pela diferença de

A doutrina debate o incidente à luz do art. 187 do Código Tributário Nacional (CTN) e do art. 29 da Lei n. 6.830/80, segundo os quais a cobrança judicial do crédito tributário não é sujeita a concurso de credores ou habilitação em falência, em que pese o entendimento de que as Fazendas Públicas têm a faculdade de optar entre a execução fiscal e habilitação de seus créditos[99]. Para Fábio Ulhôa Coelho[100], a Lei n. 14.112/2020 teria derrogado o dispositivo do CTN, pois, a despeito de a referida lei ser ordinária e o CTN uma lei complementar, o conceito de "normas gerais" do art. 146, III, da Constituição Federal não incluiria a sujeição ou não de crédito tributário aos processos concursais[101].

Decerto, instaurado o incidente, não faz sentido que ele tramite em conjunto com a respectiva execução fiscal. Por isso, a LRE determina que as execuções fiscais permanecerão suspensas até o encerramento da falência, sem prejuízo da possibilidade de prosseguimento contra os corresponsáveis[102]. Tal suspensão tem como marco temporal não a decretação de falência, mas a instauração do incidente de classificação de crédito público pelo juiz, devendo o administrador judicial peticionar em cada execução fiscal comunicando a instauração do incidente em referência e requerendo a suspensão[103].

prazos, não nos parece que isto exclui a instalação do incidente pelo juiz, nem que equivalha a uma habilitação de créditos perante o administrador judicial. Caso ele receba os documentos, deverá tão somente protocolá-los nos respectivos incidentes.

[99] Nesse sentido: "Falência. Apelação. Pedido de declaração de crédito fiscal formulado pela Fazenda Estadual, objetivando aplicação do artigo 186 do CTN. A Fazenda Pública não está sujeita à habilitação em processo de falência. Por isso, as execuções fiscais em andamento não são atraídas para o Juízo universal, a teor do artigo 76 da LRF. Nada impede o ajuizamento de novas execuções fiscais contra a massa falida, que iniciar-se-ão pela penhora no rosto dos autos, conforme criação pretoriana. Inexiste proibição legal para que a Fazenda Pública requeira a habilitação de crédito fiscal na fase administrativa do artigo 7º, §§ 1º e 2º. Caso a Fazenda deixe de se habilitar no prazo legal, poderá fazê-lo retardatariamente, observando o procedimento da impugnação, a teor dos artigos 13 a 15 da LRF. Apelo desprovido, mantida a extinção do pedido fazendário, ressalvada a renovação de acordo com o procedimento legal." (TJSP, Câmara Especial de Falências e Recuperações Judiciais, APC 9130858-88.2008.8.26.0000, Rel. Des. Pereira Calças, j. 28/01/2009).

[100] COELHO. Comentários..., p. 80.

[101] Em sentido oposto, considerando a norma inconstitucional, por afrontar matéria restrita à legislação complementar, cf. SACRAMONE. Comentários..., p. 118.

[102] Art. 7º-A, § 4º, V, LRE.

[103] Cf. COELHO Ulhoa. Comentários..., p. 81.

Ademais, a instauração do incidente não é faculdade das Fazendas Públicas, pois a LRE é expressa no sentido de que ele será instaurado de ofício nos processos falimentares, independentemente de provocação[104].

Será aberto um incidente para cada Fazenda Pública credora do falido, assim entendida como aquela que conste da lista do devedor, ou que, após a intimação prevista no inciso XIII do *caput* do art. 99 (endereçada às Fazendas Públicas federal e de todos os Estados, Distrito Federal e Municípios em que o devedor tiver estabelecimento), alegue nos autos, no prazo de 15 dias, possuir crédito contra o falido[105]. Instaurado o incidente, as Fazendas Públicas serão intimadas eletronicamente para apresentar, em 30 dias, a relação completa de seus créditos inscritos em dívida ativa, acompanhada dos cálculos, da classificação e das informações sobre a situação atual. Trata-se de ônus das Fazendas Públicas e não do administrador judicial apresentar os cálculos e a classificação corretos, considerando a data da decretação da falência e a discriminação de multas e juros.

Como explanado acima, embora a lei preveja que os documentos poderão ser apresentados ao administrador judicial, não há sentido nisto, pois o incidente já terá sido instaurado e o administrador judicial deverá nele se manifestar. Por isso, a documentação eventualmente recebida pela via administrativa deve ser imediatamente protocolada no respectivo incidente.

Cada incidente contemplará os créditos fiscais concursais (art. 83, III, VII e IX[106]) e extraconcursais (art. 84, V). Nesse particular, aponta-se, como prática a ser observada, a apresentação, em separado, do cálculo de juros vencidos após a decretação de falência e das multas fiscais, pois sua classificação é distinta no concurso falimentar[107].

O § 3º do art. 7º-A detalha o procedimento a ser seguido: terminado o prazo de 30 dias para apresentação dos créditos fazendários e demais documentos, o falido, os demais credores e o administrador judicial disporão do prazo comum de 15 dias para manifestar objeções, limitadamente,

---

[104] Em sentido contrário, entendendo que o credor fiscal pode se habilitar na falência pelo art. 7º-A como alternativa à execução fiscal, cf. SACRAMONE. *Comentários...*, p. 119.

[105] Art. 7º-A, § 1º, LRE.

[106] Respectivamente, crédito tributário principal, multas tributárias e juros vencidos após a quebra.

[107] Cf. COSTA; MELO. *Comentários...*, p. 79.

sobre os cálculos e a classificação. Em seguida, a Fazenda Pública terá 10 dias para "prestar esclarecimentos" sobre as manifestações e, se rejeitar os argumentos apresentados, o crédito será objeto de reserva integral até julgamento definitivo do incidente. Os créditos incontroversos, desde que exigíveis, serão imediatamente incluídos no quadro-geral de credores, observada a sua respectiva classificação.

Antes de homologar o quadro-geral de credores, o juiz concederá prazo comum de 10 dias para que o administrador judicial e a Fazenda Pública titular de crédito objeto de reserva manifestem-se sobre a situação do crédito e, ao final, decidirá acerca da necessidade de mantê-la. A norma almeja verificar se, durante o incidente, o crédito foi pago por algum coobrigado.

Pelo § 5º, se Fazenda Pública perder o prazo de 30 dias, o incidente será arquivado, mas poderá ser futuramente desarquivado, observando-se o procedimento aplicável às habilitações retardatárias.

Quanto à matéria objeto do incidente, competirá ao juízo falimentar decidir sobre os cálculos e a classificação dos créditos para os fins da LRE, bem como sobre a arrecadação dos bens, a realização do ativo e o pagamento aos credores[108]. Isto significa que (a) o juízo universal declarará a natureza do crédito fiscal, para fins de pagamento (art. 83, III, VII e IX c/c art. 84, V); (b) o juízo universal adequará o valor até a data da decretação de falência (e.g., se os juros foram computados até a decretação da falência e se os valores de multa são destacados do principal); e (c) caso tenha havido penhora de bens do falido na execução fiscal, competirá ao juízo universal a arrecadação e alienação desses bens, cujo produto será distribuído entre os credores conforme a respectiva ordem de pagamento.

Por sua vez, o juízo da execução fiscal é competente para decidir sobre a existência, a exigibilidade e o valor do crédito, bem como sobre eventual prosseguimento da cobrança contra os corresponsáveis[109]. Uma observação importante: a LRE determina que essa decisão observe o disposto no art. 9º, II, segundo o qual as habilitações deverão mencionar o valor do crédito, atualizado até a data da decretação da falência, sua origem e classificação. Logo, no exercício de sua competência, o juízo da execução fiscal deverá cuidar para que a atualização do cálculo ocorra até a data da decretação

---

[108] Art. 7º-A, § 4º, I, LRE.
[109] Art. 7º-A, § 4º, II, LRE.

de falência e indicar sua classificação, a qual será mantida ou alterada pelo juízo universal, que é o competente para tanto.

Diante disso, é importante que o administrador judicial diligencie para assegurar que os juízos das execuções fiscais e as Fazendas Públicas informem os cálculos de maneira correta, considerando a data da decretação de falência e a discriminação entre principal, juros vencidos antes e depois da quebra, e multas, sob pena de, em sua manifestação, ter de objetar os cálculos e refazê-los para corretamente classificar cada crédito fiscal. Nesse mister, o administrador judicial deve ter sua atuação pautada na proteção da ordem de pagamento dos créditos, evitando a habilitação de créditos tributários acompanhados de multa e juros pós-falimentares[110].

O administrador judicial e o juízo falimentar deverão respeitar a presunção de certeza e liquidez da Dívida Ativa regularmente inscrita (art. 4º, IV) que só poderiam ser afastadas pelo juízo da execução fiscal, mediante prova inequívoca, a cargo do executado ou de terceiro, a quem aproveite[111]. Assim, se o administrador judicial obtiver tal prova, deverá, na qualidade de representante da massa falida, peticionar na execução fiscal (ou oferecer embargos, conforme o caso), visando à apuração do valor correto ou de sua existência, e não se aplicando, nesses casos, a suspensão de que trata o inciso V do § 4º enquanto não se solucionar a controvérsia[112].

No caso de haver créditos não definitivamente constituídos, não inscritos em dívida ativa ou com exigibilidade suspensa, a LRE prevê que eles poderão ser informados "em momento posterior"[113]. Essa disposição deve ser interpretada em conjunto com o § 5º, pelo qual o transcurso *in albis* do prazo de 30 dias previsto no caput do art. 7º-A implicará o arquivamento do incidente, que poderá ser desarquivado a requerimento da Fazenda Pública, observadas, no que couber, as normas sobre habilitação retardatária.

---

[110] COSTA; MELO. *Comentários...*, p. 80.

[111] Art. 3º, parágrafo único, Lei n. 6.830/80.

[112] Na Argentina, a *"presunción de legitimidad"* dos créditos fiscais também não impede que o síndico não a possa impugnar, devendo contar com informações sobre a causa que originou o crédito e os elementos para sua determinação, em homenagem ao seu direito de defesa (cf. DUBOIS (h), Eduardo M. Favier; SPAGNOLO, Lucia. *Herramientas legales para el síndico concursal*. Buenos Aires: Ad-Hoc, 2012, p. 66-67).

[113] Art. 7º-A, § 2º, LRE.

No mais, serão preservadas restituições em dinheiro (art. 86) e a compensação (art. 122)[114]. A Lei n. 14.112/2020 passou a tratar as restituições em dinheiro do art. 86 como créditos extraconcursais, pagos nos termos do art. 84, I-C. No fim das contas, qualquer que seja o procedimento (incidente de classificação de crédito público ou pedido de restituição), o resultado será o mesmo. Porém, se o incidente é instaurado de ofício, a Fazenda Pública careceria de interesse processual para ingressar com pedido de restituição.

Por fim, a lei diz que não haverá sucumbência no incidente de classificação de crédito público, porque este é instaurado de ofício pelo magistrado[115].

Conclusões

A Lei n. 14.112/2020 reformou o sistema concursal brasileiro e, no que se refere à verificação dos créditos, não houve alteração das linhas mestras do procedimento, que continua sendo realizado, em um primeiro momento, pelo administrador judicial e, após, pelo juízo concursal da recuperação ou da falência.

Entretanto, foram positivadas importantes soluções adotadas na prática das recuperações judiciais e falências por muitos administradores judiciais em benefício da eficiência do processo, como a possibilidade de apresentação de habilitações e divergências por *e-mail*. Além disso, previu-se expressamente a hipótese de encerramento da recuperação judicial sem a consolidação definitiva do quadro-geral de credores, bem como a possibilidade de realização de rateios na falência sem que o quadro-geral esteja formado.

A grande novidade fica a cargo do incidente de classificação de crédito público, aplicável às falências para separação e classificação dos créditos fiscais, o que, se corretamente utilizado pelas Fazendas Públicas, otimizará o trabalho dos administradores judiciais.

---

[114] Art. 7º-A, § 4º, V, LRE.
[115] Cf. COSTA; MELO. *Comentários...*, p. 80. Criticando essa opção, por contrariar o regime de sucumbência do CPC e da LRE, cf. SACRAMONE. *Comentários...*, p. 121.

Referências

AYOUB, Luis Roberto; CAVALLI, Cássio. *A construção jurisprudencial da recuperação de empresas*. Rio de Janeiro: Forense, 2013.

BERNIER, Joice Ruiz. *O administrador judicial na recuperação judicial e na falência*. Dissertação (Mestrado em Direito Comercial). Faculdade de Direito da Universidade de São Paulo, São Paulo, 2014.

BRAGANÇA, Gabriel José de Orleans e. *Administrador Judicial*: transparência no processo de recuperação judicial. São Paulo: Quartier Latin, 2017.

COELHO, Fábio Ulhoa. *Comentários à Lei de Falências e de recuperação de empresas*. 14 ed. São Paulo: Thomson Reuters, 2021.

COSTA, Daniel Carnio; MELO, Alexandre Correa Nasser de. *Comentários à Lei de Recuperação de Empresas e Falência – Lei 11.101, de 09 de fevereiro de 2005 – de acordo com a Lei 14.112, de 24 de dezembro de 2020*. São Paulo: Juruá, 2020.

DUBOIS (h), Eduardo M. Favier; SPAGNOLO, Lucia. *Herramientas legales para el síndico concusal*. Buenos Aires: Ad-Hoc, 2012.

GUERREIRO, José Alexandre Tavares. In: SOUZA JUNIOR, Francisco Satiro de; PITOMBO, Antônio Sérgio A. de Moraes (coord.). *Comentários à Lei de recuperação de empresas e falências*: Lei 11.101/2005 – Artigo por artigo. 2 ed. São Paulo: RT, 2007.

SACRAMONE, Marcelo Barbosa. *Comentários à lei de recuperação de empresas e falência*. 2 ed. São Paulo: Saraiva Educação, 2021.

SCALZILLI, João Pedro; SPINELLI, Luis Felipe; TELLECHEA, Rodrigo. *Recuperação de Empresas e Falência*: Teoria e Prática na Lei 11.101/2005. 3 ed. São Paulo: Almedina, 2018.

TOLEDO, Paulo Fernando Campos Salles de. In: TOLEDO, Paulo Fernando Campos Salles de; ABRÃO, Carlos Henrique (coords.). *Comentários à Lei de Recuperação de Empresas e Falência*. 4 ed. São Paulo: Saraiva, 2010.

22. MODALIDADES ALTERNATIVAS DE ASSEMBLEIA GERAL DE CREDORES

Laís Machado Lucas

João A. Medeiros Fernandes Jr.

Laurence Medeiros

Introdução

A Lei 11.101/2005 caracteriza-se por ter trazido ao sistema de insolvência brasileiro uma série de objetivos, que vão se concretizando através das regras constantes de seu texto. Um desses objetivos é a participação ativa dos credores, dando-lhes um protagonismo nunca visto nas legislações falimentares. Esse destaque foi materializado através de deliberações de competência exclusiva dos credores, em ritos especialmente pensados e instituídos para garantir a segurança e validade das decisões. Nesses ritos, destaca-se a assembleia geral de credores (AGC), responsável, dentre outras tarefas, pela rejeição ou aprovação do plano de recuperação judicial. A previsão da AGC, em 2005, não contemplou, por óbvio, todos os obstáculos que a prática imporia. Neste cenário e, com a ocorrência da pandemia da COVID-19, foi necessário lançar um novo olhar para as formas de deliberação dos credores. A Lei 14.112/2020, sensível a esta realidade, traz inovação, com a inclusão do parágrafo 4º no artigo 39, que trata de meios alternativos para a assembleia geral de credores. É a este ponto que se dedica a presente pesquisa.

1. O contexto da Lei 11.101/2005

É inegável que a publicação da Lei 11.101/2005 trouxe grandes avanços ao tratamento da crise empresarial para a ordem jurídica e econômica brasileiras[1]. Esses avanços não se resumem tão somente ao fato de terem sido positivados nessa legislação regimes de reorganização do estado de insolvência, tais como a recuperação judicial, recuperação extrajudicial e recuperação de micro e pequenos empresários, mas também por toda a carga principiológica embarcada na legislação, que, comparada ao regime anteriormente vigente (Decreto-Lei 7661 de 1945[2]), lhe faz mais adequada ao ambiente de mercado do século 21[3].

[1] "Quero dizer, com tais considerações introdutórias, que o primeiro grande mérito do novo diploma legal que regula a recuperação judicial, a extrajudicial e a falência do empresário e da sociedade empresária há de ser, com toda certeza – não obstante algumas de suas notáveis contradições –, a sua própria existência." (DE LUCCA, Newton. Uma Reflexão Inicial. In: OLIVEIRA, Fatima Bayma de. *Recuperação de Empresas – Uma Múltipla Visão da Nova Lei*. São Paulo: Pearson Prentice Hall, 2006, p. 4).

[2] O Decreto Lei 7.661/1946 foi bastante útil durante seu período de vigência. No entanto, as suas premissas basilares, influenciadas pela Conferência de Bretton Woods – quais sejam, (*a*) paridade dólar-ouro; (*b*) restrita movimentação internacional de capitais financeiros; e (*c*) atuação do Fundo Monetário Internacional (FMI) como "emprestador" internacional de última instância – desatualizaram-se com o advento da globalização, não sendo mais essa legislação suficiente para dar conta da espécie de crise que poderia assolar as empresas nos novos tempos. Sobre esse assunto: HOLANDA, Francisco Uribam Xavier de. *Do Liberalismo ao Neoliberalismo*. 2 ed. Porto Alegre: EDIPUCRS, 2001, p. 93 e seguintes).

[3] Na exposição de motivos da Lei 11.101/2005, fica claro o contexto da alteração legislativa, motivada pelas "numerosas e profundas" modificações das práticas comerciais ocorridas no Brasil nas últimas seis décadas. A intensa flutuação das moedas internacionais, o surgimento do Euro, o movimento de capitais e recursos financeiros com mínimas barreiras, a utilização de composições societárias complexas a fim de otimizar a organização da atividade empresarial, a tendência de algumas empresas de eliminar o ativo físico, novas formas contratuais para regular as relações de posse e propriedade e sistema de garantias obrigacionais que proliferam outras modalidades de contratação foram alguns dos motivos determinantes para se repensar a forma de resolver a crise empresarial. (PARECER 534, DE 2004. Disponível em: <http://redir.stf.jus.br/paginadorpub/paginador.jsp?docTP=TP&docID=580933>. Acesso em: 29 jun. 2021). Não obstante esses motivos, a reforma da lei falimentar segue uma tendência mundial, inspirada nos *"Principles and Guidelines for Effective Insolvency and Creditor Rights Systems"*. Nas palavras de Spinelli, Tellechea e Scalzilli, "são princípios e diretrizes estabelecidos pelo Banco Mundial em resposta às crises dos mercados emergentes ocorridas nos anos 90. Eles representam um consenso internacional a respeito das melhores práticas a serem adotadas pelos sistemas mundiais de insolvência e o padrão necessário para medir seus graus de eficiência. Compõem uma ampla iniciativa global em prol da reforma convergente das leis de insolvência com o objetivo de promover mais certeza nos resultados dos processos de insolvência, permitir uma acurada identificação dos riscos por agentes financiadores, estimular o cuidado com o endividamento e promover o tratamento adequado de devedores

Essa carga principiológica já está presente na exposição de motivos da legislação, que traz de forma detalhada quais os objetivos pretendia o legislador alcançar com a Lei 11.101/2005: 1) preservação da empresa; 2) separação dos conceitos de empresa e empresário; 3) recuperação das sociedades e empresários recuperáveis; 4) retirada do mercado de sociedades e empresários não recuperáveis; 5) proteção aos trabalhadores; 6) redução do custo de crédito no Brasil; 7) celeridade e eficiência dos processos judiciais; 8) segurança jurídica; 9) participação ativa dos credores; 10) maximização do valor dos ativos do falido; 11) desburocratização da recuperação de microempresas e empresas de pequeno porte; e 12) rigor na punição de crimes relacionados à falência e à recuperação judicial.

É evidente que o princípio da preservação da empresa desponta como o mais importante e basilar objetivo[4]. Aliás, não só da legislação ora em comento, mas de toda a ordem jurídica que busca a promoção da livre iniciativa. Isso porque a empresa, enquanto unidade produtiva, gera riquezas, postos de trabalho, arrecadação de tributos, desenvolve tecnologia, contribui para o equilíbrio da concorrência e do mercado de consumo, entre outros benefícios direitos e indiretos[5]. Assim, é interesse

e credores em situações de crise econômico-financeira. Até o ano de 2004, os *Principles and Guidelines* foram utilizados para auxiliar a reforma de leis concursais em aproximadamente 24 países em todo mundo (...)". (SPINELLI, Luis Felipe; TELLECHEA, Rodrigo; SCALZILLI, João Pedro. *Recuperação Extrajudicial de Empresas*. São Paulo: Quartier Latin, 2013, p. 31).

[4] O princípio da preservação da empresa está presente em vários dispositivos da legislação falimentar, mas nenhum é mais contundente que o artigo 47: "A recuperação judicial tem por objetivo viabilizar a superação da situação de crise econômico-financeira do devedor, a fim de permitir a manutenção da fonte produtora, do emprego dos trabalhadores e dos interesses dos credores, promovendo, assim, a preservação da empresa, sua função social e o estímulo à atividade econômica."

[5] Alexandre Nazzarini defende que o princípio da preservação da empresa "dá uma nova característica à empresa, deslocando-a de uma condição limitada ao interesse de seus sócios, para elevar ao patamar de interesse público, ou seja, passa a ser considerada como uma instituição e não mais uma relação de natureza contratual. Deixa de ter dependência da vontade dos sócios para, no caso, passar a atender outros interesses (a função social, os empregados, os credores, etc) que se sobrepõem ao interesse dos sócios". Complementa esclarecendo que "daí o fundamento de outro princípio, ou seja, da "separação dos conceitos de empresa e de empresário", que, no dizer do Senador Ramez Tebet, assim, separa-se a empresa de quem a controla, seja pessoa natural ou jurídica". (LAZZARINI, Alexandre Alves. Reflexões Sobre

do Estado e de todos os seus partícipes o bom e perene desenvolvimento das empresas[6]. O próprio princípio da preservação da empresa serve como sustento para os demais objetivos destacados da lei falimentar, na medida em que somente as empresas que possuem sérias chances de recuperação – e mediante ela – poderão cumprir com os papeis aqui designados. A retirada do mercado daquelas empresas que não possuem mais condições de operação é medida necessária, eis que os custos da recuperação de uma empresa acabam por recair sobre toda a sociedade, devido a um encadeamento complexo de relações econômicas e sociais[7].

Seguindo o caminho dos objetivos da legislação e fazendo-se um recorte metodológico de viés comparativo entre a legislação vigente e o Decreto-Lei 7.661/45, desponta como grande avanço a participação ativa dos credores. As regras vigentes até 2005 estavam em evidente descompasso com a realidade. O procedimento padrão do Decreto-Lei de 1945 enclausurava-se entre o devedor e o juiz, que tomava as decisões pertinentes com base nas informações prestadas unicamente pelo interessado (em especial com relação ao pedido de concordata). Assim, constituía a concordata uma espécie de "favor" legal, concedido exclusivamente pelo Poder Judiciário, mesmo que contrário ao interesse dos credores.

a Recuperação Judicial de Empresas. In: DE LUCCA, Newton; DOMINGUES, Alessandra de Azevedo. *Direito Recuperacional* – Aspectos Teóricos e Práticos. São Paulo: Quartier Latin, 2009, p. 124-125).

[6] Nas palavras de Rachel Stajn: "(...) agora a organização empresária é repensada, remodelada e, sua continuidade, sob mesma ou outra administração, é entendida como resgate ou manutenção da atividade econômica que pode durar, exequível sem custos mais acentuados. Manter empregos, estimular a atividade econômica, fomentar a produção de bens e serviços, devem ser destacados como elementos informadores da análise mediante a qual se proporá, ou não, a reorganização, ou seja, a recuperação da empresa em crise". (SZTAJN, Rachel. Seção I: Disposições gerais. In: SOUZA JUNIOR, Francisco Satiro de; PITOMBO, Antônio Sérgio A. de Moraes (coord.). *Comentários à Lei de Recuperação de Empresas e Falência* – Lei 11.101/2005 – Artigo por Artigo. 2 ed. São Paulo: Editora Revista dos Tribunais, 2007, p. 221).

[7] Neste sentido, Fabio Ulhoa Coelho exemplifica a situação com o caso hipotético de um banco, credor de uma empresa em recuperação, que, como forma de pagamento de seus créditos, receberá participação societária dessa empresa. Em sendo infrutífera essa recuperação, o banco sofrerá o prejuízo dos valores emprestados e certamente isso impactará nas taxas de juros praticadas, já que os bancos calcularão um *spread* específico para embutir em seus juros. (COELHO, Fabio Ulhoa. *Curso de Direito Comercial*, v. 3. 14 ed. São Paulo: Saraiva, 2013, p. 398-399).

A alteração da racionalidade legislativa, nesse aspecto, se impunha, não só para adequar o procedimento à realidade, já que são os credores, via de regra, os maiores conhecedores da situação do devedor, mas também por respeito àqueles que poderão ser, ao final, os principais prejudicados pela insolvência. Scalzilli, Spinelli e Tellechea[8] bem explicam essa dinâmica ao referir que "afinal de contas, como são os credores que sofrerão os efeitos da recuperação, nada mais justo que o poder decisório acerca disso recaia sobre eles (...)". Os mesmos autores ainda referem o que talvez seja a principal vantagem da participação ativa dos credores ao afirmar que "(...) parte-se da premissa de que os credores tenderão a cooperar para a solução da crise do credor, pois os resultados advindos da conduta cooperativa costumam ser economicamente mais eficientes".

A concretização da participação ativa dos credores se deu de várias formas na legislação, tais como: a possibilidade de criação de comitê de credores, a legitimidade para objetar o plano de recuperação judicial e aprovar o plano em assembleia geral, a faculdade de aprovar a desistência do pedido de recuperação judicial, a possibilidade de aderir ao plano de recuperação extrajudicial, dentre outras prerrogativas de atuação que lhes são conferidas pela lei vigente.

Pela sua importância no procedimento de recuperação, a assembleia geral de credores assume posição de destaque dentre essas concreções. Passa-se a analisá-la para atingir os objetivos desta pesquisa.

2. A concreção da participação ativa dos credores através da AGC

A assembleia geral de credores encontra seu principal espaço na recuperação judicial. Como referido anteriormente, a sua existência, em si, não se trata de situação inovadora na legislação[9]; a grande novidade fica a cargo das funções deliberativas, que tornam praticamente inevitável a sua ocorrência em algum momento do processo.

---

[8] SCALZILLI, João Pedro; SPINELLI, Luis Felipe; TELLECHEA, Rodrigo. *Recuperação de Empresas e Falência*. Teoria e Prática na Lei 11.101/2005. São Paulo: Almedina, 2016, p. 79.

[9] Gabriel Buschinelli refere que a ideia de coletividade de credores data da Idade Moderna, com o instituto da *cessio bonorum*, se caracterizava pela apropriação dos bens do devedor pelos credores, que poderiam os alienar para satisfazer os seus créditos. (BUSCHINELLI, Gabriel Saad Kik. *Abuso de Direito de Voto na Assembleia Geral de Credores*. São Paulo: Quartier Latin, 2014, p. 29).

De todas as competências que lhe são conferidas pelo artigo 35, certamente a aprovação ou rejeição do plano de recuperação está em destaque.

O pedido de recuperação, exclusividade do devedor[10], apresentará as causas do seu estado de crise econômica e/ou financeira, fundamentação acerca da pertinência da recuperação para a sua situação, bem como os documentos previstos no artigo 51 da Lei. O juiz analisará os aspectos formais da petição inicial e o cumprimento das exigências de documentação, para decidir se há condições de deferimento ou não. Sendo deferido o processamento da recuperação judicial, o juiz determina as providências do artigo 52 e é dado início à contagem do prazo de 60 (sessenta dias) para a apresentação do plano de recuperação.

Aqui se está diante da máxima concreção do princípio da participação ativa dos credores: o plano de recuperação judicial será apresentado pelo devedor para apreciação pelos credores. Quem decidirá pela aprovação ou não do plano e, consequente continuidade da recuperação judicial ou convolação em falência, será a comunidade de credores. O juiz, além de fazer a verificação de legalidade do plano, detém-se na sanção deste último. Veja-se que, mesmo nos casos de incidência do artigo 58 (o chamado *cram down* à brasileira[11]), o magistrado só pode "impor" o plano aos credores desde que alcançados os critérios de votação previstos nesse artigo[12].

Nessa linha, Alexandre Alves Lazzarini defende ser a recuperação mais que um processo judicial, mas sim um processo "negocial-empresarial, pois seu sucesso dependerá primordialmente não da tutela judicial, mas da capacidade da empresa em crise em negociar com seus credores, mostrando a eles a existência da possibilidade de superar a referida crise"[13-14].

---

[10] Deverão ser observados os requisitos de legitimidade do artigo 48.

[11] Para uma leitura crítica em relação ao *cram down*: MUNHOZ, Eduardo Secchi. Seção IV: Do procedimento de recuperação judicial. In: SOUZA JUNIOR, Francisco Satiro de; PITOMBO, Antônio Sérgio A. de Moraes(coord.). *Comentários à Lei de Recuperação de Empresas e Falência – Lei 11.101/2005 – Artigo por Artigo*. 2 ed. São Paulo: Editora Revista dos Tribunais, 2007, p. 290-291.

[12] Neste sentido, SCALZILLI; SPINELLI; TELLECHEA. *Recuperação de Empresas...*, p. 79.

[13] LAZZARINI. Reflexões Sobre a Recuperação Judicial de Empresas..., p. 124.

[14] Em sentido contrário a essa afirmação, importa referir a doutrina de Jorge Lobo, que defende ser a recuperação judicial um instituto de Direito Econômico. Entende o doutrinador que não se trata de instituto de Direito Privado, eis que existem casos na lei falimentar em que

A fim de garantir o melhor interesse dos credores e do devedor e a lisura de todo o processo de votação do plano de recuperação judicial, o ato da assembleia geral de credores foi cercado de uma série de ritos, cujo não atendimento pode gerar a invalidade do conclave. O legislador determinou regras para a sua convocação (forma, prazos, conteúdo da pauta), para o seu desenvolvimento (presidência, secretariado, regras de votação, habilitação para votação) e para o seu encerramento e atos posteriores (ata e demais documentos a serem protocolados no processo judicial). Todas essas regras, no momento de promulgação da Lei 11.101/2005, foram pensadas para a perspectiva visível naquele momento histórico: de que as assembleias gerais de credores se dariam exclusivamente na forma presencial.

A previsão do legislador, no tocante ao rito das assembleias, se operacionalizou, mas não sem custos e externalidades que não haviam sido previstos. Grande quantidade de credores habilitados para exercerem o direito de voto, recuperandas localizadas em locais longínquos e de difícil acesso, necessidade de se adiar o conclave para melhor análise do plano, falta de preparo de alguns administradores judiciais, elevadas despesas para a realização do conclave, dificuldade de compreensão por parte de alguns credores não familiarizados com o procedimento, dentre outros problemas, levaram ao questionamento do quão eficiente é ou não a realização da assembleia geral de credores em alguns casos.

Um caso emblemático vivenciado, que demonstra a dimensão de custos de realização de uma assembleia de credores, foi da empresa Ecovix Construções Oceânicas S/A[15]. Com a expectativa de receber cerca de 1.300 (mil e trezentos) credores habilitados, a administração judicial alugou um

---

o plano é imposto aos credores, contra a vontade deles, quando, por exemplo, o juiz decide homologar o plano, desde que preenchidas as condições do artigo 58. A defesa pelo Direito Econômico, nas palavras do autor, se dá pelo fato de a recuperação judicial "ser uma técnica, um instrumento, um meio de o Estado privilegiar, principalmente, o interesse comum econômico, de produtividade da economia, e de sua economicidade, pondo em segundo plano, no dizer de Radbruch, a justa equiparação entre as pessoas diretamente interessadas em determinadas relações econômicas". (LOBO, Jorge. Recuperação Judicial da Empresa. In: OLIVEIRA, Fatima Bayma de. *Recuperação de Empresas* – Uma Múltipla Visão da Nova Lei. São Paulo: Pearson Prentice Hall, 2006, p. 21-23).

[15] Processo nº 5000021-98.2016.8.21.0023, da 2ª Vara Cível da Comarca de Rio Grande/RS.

ginásio para a realização da solenidade, bem como estrutura de segurança e filmagem, as quais geraram diversas despesas.

Quando da realização da assembleia, estavam presentes apenas cerca de 150 (cento e cinquenta) dos credores habilitados, muitos representados pelo mesmo procurador, de forma que o número de pessoas presentes era ainda menor. Ainda, a solenidade foi suspensa, não havendo resultado prático – apenas despesas.

Assim, percebe-se que muitas vezes a assembleia geral de credores representa um gasto excessivo (e desnecessário) para empresas que já se encontram em uma situação financeira delicada, impondo ainda mais onerosidade à devedora e a seus credores.

Diante desse cenário, ainda no ano de 2018, o legislador brasileiro já idealizava aprimorar o sistema deliberativo dos credores. O Projeto de Lei 10.220/2018[16] previa a introdução do parágrafo 4º no artigo 39 da Lei 11.101/2005, com a seguinte redação:

> "Art. 39...
> ....
> § 4º Qualquer deliberação prevista nesta Lei, para ocorrer por meio de assembleia geral de credores, poderá ser substituída, com idênticos efeitos, por:
> I – termo de adesão firmado por tantos credores quantos satisfaçam o quórum de aprovação específico, nos termos estabelecidos no art. 45-A;
> II – votação realizada por meio de sistema eletrônico que reproduza as condições de tomada de voto da assembleia geral de credores; ou
> III – outro mecanismo reputado suficientemente seguro pelo juiz e que venha a ser proposto pelo credor interessado."

O que não se esperava é que a adoção de meios alternativos para a realização da assembleia ou para a congregação da vontade dos credores fosse se dar por medida de necessidade – e não por alteração legislativa.

Em março de 2020, foi declarado o estado de pandemia por conta da disseminação do vírus da COVID-19. Esse fato interferiu seriamente

---

[16] PROJETO DE LEI 10.220/2018. Disponível em: <https://www.camara.leg.br/proposico-esWeb/prop_mostrarintegra;jsessionid=node01jbs4u2flruf41tb0tnxtfuiha26542623.node0?codteor=1658833&filename=PL+10220/2018>. Acesso em: 29 jun. 2021.

na vida da sociedade civil, em todas as esferas; restrições de locomoção, fechamento de serviços não essenciais, imposição de medidas sanitárias extremas, especialmente o distanciamento social. Por óbvio, as atividades do Poder Judiciário também foram impactadas, ocorrendo a suspensão dos prazos e serviços por ele prestados. Muitos processos de recuperação judicial tiveram seus cursos regulares atingidos por essa situação, em especial com imperiosa necessidade de suspensão das assembleias gerais de credores. Scalzilli, Spinelli e Tellechea, em livro publicado concomitante ao período pandêmico, alertaram sobre essa necessidade:

"(...) nenhuma condição de se admitir aglomerações no momento. Em segundo lugar, porque muitas empresas em recuperação, senão a quase totalidade delas, terá de readequar seus planos à nova realidade econômica, certamente bem mais difícil que a anterior. Projeções de fluxo de caixa feitas pré-COVID-19 terão de ser revisadas e laudos de viabilidade inteiramente revistos. Enfim, há todo um novo trabalho a ser feito e não há como imputar culpa às recuperandas pela não realização das assembleias durante o período de isolamento social. Daí porque a suspensão das AGC se mostra razoável."[17]

Em que pese a total necessidade e compreensão em relação às medidas sanitárias adotadas e das suas consequências, um estado de inércia total da economia, da sociedade e dos serviços prestados pelo Estado também poderia levar a efeitos nefastos, em especial às empresas em processo de insolvência pré-pandemia, com planos já apresentados, aprovados ou aguardando aprovação, ou, ainda, em fase de execução de pagamento dos credores. A continuidade dos objetivos antes traçados era de fundamental importância para a superação do estado de crise, pois alguns casos não poderiam ficar aguardando indefinidamente a possibilidade de retorno das atividades presenciais para submeter aos credores, em assembleia, as situações que precisavam ser decididas.

Impôs-se, então, a realidade das assembleias virtuais. Alvo de muitas dúvidas, críticas e preconceitos, os conclaves virtuais foram chamados

---

[17] SCALZILLI, João Pedro; SPINELLI, Luis Felipe; TELLECHEA, Rodrigo. *Pandemia, Crise Econômica e Lei de Insolvência*. Porto Alegre: Buqui, 2020, p. 50-51.

como "remédio imediato" para aqueles "casos de justificada urgência"[18], com a chancela do Conselho Nacional de Justiça, presente no artigo 2º da Recomendação 63, de 31 de março de 2020[19]:

> "Art. 2º Recomendar a todos os Juízos com competência para o julgamento de ações de recuperação empresarial e falência que suspendam a realização de Assembleias Gerais de Credores presenciais, em cumprimento às determinações das autoridades sanitárias enquanto durar a situação de pandemia de Covid-19.
>
> Parágrafo único. Verificada a urgência da realização da Assembleia Geral de Credores para a manutenção das atividades empresariais da devedora e para o início dos necessários pagamentos aos credores, recomenda-se aos Juízos que autorizem a realização de Assembleia Geral de Credores virtual, cabendo aos administradores judiciais providenciarem sua realização, se possível."

Após a publicação da recomendação do CNJ e diante da necessidade apresentada nos casos concretos, os tribunais estaduais passaram a emitir resoluções e portarias admitindo a realização das assembleias por meio virtual durante o período pandêmico. Esse movimento, no entanto, era só o prenúncio do que viria na alteração legislativa da Lei 11.101/2005, através da Lei 14.112/2020, de 24 de dezembro de 2020.

Mais do que admitir a realização de atos deliberatórios por meios eletrônicos, o novo texto de Lei abriu a possibilidade de se substituir o ato da assembleia geral de credores por outros meios que entreguem igual resultado, desde que garantida a mesma segurança e eficiência.

3. Modalidades alternativas de assembleia geral de credores

A entrada em vigor da Lei 14.112/2020 materializou muitas das adaptações trazidas em razão da pandemia do COVID-19, em especial no

---

[18] Vale-se das expressões constantes no texto de: WALLAU, Gabriela; FARENZENA, Giovana. Assembleias Virtuais de Credores: Análise da Recomendação n. 63/2020 do CNJ e Perspectivas Futuras. In: JAPUR, José Paulo; MARQUES, Rafael Brizola. *Recomendações do CNJ em Direito Recuperatório e Falimentar*. Porto Alegre: Buqui, 2021, p. 92.

[19] CONSELHO NACIONAL DE JUSTIÇA. RECOMENDAÇÃO 63/2020. Disponível em: <https://atos.cnj.jus.br/atos/detalhar/3261>. Acesso em: 29 jun. 2021.

que diz respeito aos novos modos de realização de assembleia geral de credores.

Procurando se adequar aos novos padrões de reunião entre indivíduos – exclusivamente virtuais –, administradores judiciais passaram a realizar a solenidade de credores de maneira virtual, desenvolvendo novos meios e plataformas para possibilitar votações de planos de recuperação judicial e demais deliberações durante o período pandêmico, de modo a não prejudicar o andamento do processo concursal.

A reforma da Lei 11.101/05, sobretudo a inclusão do parágrafo 4º no artigo 39, veio para confirmar a validade dos meios alternativos de realização de assembleia geral de credores, não apenas oficializando a solenidade realizada por meio virtual, mas trazendo um meio inédito de alternativa à realização de AGC, o termo de adesão:

"§ 4º Qualquer deliberação prevista nesta Lei a ser realizada por meio de assembleia-geral de credores poderá ser substituída, com idênticos efeitos, por:

I – termo de adesão firmado por tantos credores quantos satisfaçam o quórum de aprovação específico, nos termos estabelecidos no art. 45-A desta Lei;

II – votação realizada por meio de sistema eletrônico que reproduza as condições de tomada de voto da assembleia-geral de credores; ou

III – outro mecanismo reputado suficientemente seguro pelo juiz."

Pode-se dizer que a realização de assembleia geral de credores por meio virtual já se tornou um procedimento habitual, tendo em vista a extensão do período de pandemia e a falta de previsão de retorno à normalidade. Grande parte das empresas especializadas em administração judicial já se adequaram aos novos procedimentos, adaptando plataformas já existentes ou desenvolvendo sistemas próprios para realização das solenidades.

A utilização do meio virtual para a realização de AGC representa considerável economia processual para todas as partes envolvidas, uma vez que não há necessidade de deslocamento até a comarca de realização da solenidade, não havendo despesas com transporte, estadia, aluguel de local para realização do conclave pela recuperanda, dentre outras, bem como possibilita a participação de maior número de credores, inclusive residentes em outros estados e municípios, e promove uma maior celeridade do processo concursal.

Um ponto a ser ponderado é a possibilidade de acesso universal de credores à plataforma onde ocorrerá a votação e o direito à voz e voto. Nas palavras de Marcelo Sacramone:

> "A realização da Assembleia Geral de Credores por meio exclusivamente eletrônico, embora possa assegurar maior participação dos credores em virtude da desnecessidade de deslocamento e menor onerosidade ao devedor, pode impedir a participação de credores sem acesso aos meios eletrônicos. (...) Nesse sentido, para que a Assembleia Geral de Credores possa ocorrer de forma exclusivamente eletrônica, por exemplo, imprescindível que o princípio da participação ativa dos credores seja efetivamente assegurado. Para tanto, importante que se analise, no caso concreto, se a coletividade de credores terá efetivo acesso à Assembleia. Tal situação deverá ser especialmente considerada diante da ampla quantidade de credores trabalhistas eventualmente mais vulneráveis ou de microempresários sem acesso a essa forma eletrônica de votação."[20]

Nesse sentido, se faz essencial a atuação do administrador judicial no sentido de promover a publicação do edital de convocação da assembleia geral de credores dentro do prazo mínimo de 15 (quinze) dias, estipulado pelo artigo 36 da Lei 11.101/05. Isso porque a antecedência da publicação, bem como sua disponibilização em diferentes meios (diário oficial eletrônico ou site da administração judicial), permite que o credor que não possua acesso à forma eletrônica de realização de AGC possa ter conhecimento da solenidade e procurar um meio de conexão à plataforma ou o auxílio, por exemplo, do sindicato de sua categoria, no caso de credor trabalhista.

Um *case* de efetividade do procedimento virtual foi a realização da assembleia geral de credores da empresa Estaleiro Atlântico Sul S/A[21], com cerca de 600 (seiscentos) credores. A empresa possuía sede em Ipojuca/PE, enquanto a sede principal da administração judicial – de onde foi

---

[20] SACRAMONE, Marcelo Barbosa. *Comentários à Lei de recuperação de empresas e falência*. 2 ed. São Paulo: Saraiva Educação, 2021, p. 720.

[21] Processo nº 0000162-07.2020.8.17.2730, da 1ª Vara Cível da Comarca de Ipojuca/PE.

conduzida a solenidade – está localizada em Porto Alegre/RS, a mais de três mil quilômetros de distância. O plano de recuperação judicial foi votado e aprovado por credores em diferentes estados do país, que não precisaram ter qualquer custo com deslocamento, hospedagem, dentre outras despesas inerentes à viagem – o que não seria possível se a AGC fosse realizada de modo presencial.

Sanada a questão de acessibilidade e garantido direito de voz e voto a todos os credores, não há óbice à realização da assembleia geral de credores de modo virtual, a qual possibilita uma economia de tempo e recursos da empresa devedora, preservando o ativo e beneficiando a coletividade de credores.

O artigo 39 da Lei 11.101/05 trouxe, ainda, como novidade, no seu parágrafo 4º, inciso I, a possibilidade de substituição da realização da assembleia geral de credores pelo termo de adesão firmado por credores suficientes a satisfazerem o quórum de aprovação específico da deliberação.

A possibilidade é relembrada por meio do disposto no art. 45-A da Lei 11.101/05 (com as alterações trazidas pela Lei 14.112/20:

> "Art. 45-A. As deliberações da assembleia-geral de credores previstas nesta Lei poderão ser substituídas pela comprovação da adesão de credores que representem mais da metade do valor dos créditos sujeitos à recuperação judicial, observadas as exceções previstas nesta Lei."

Na prática, o termo de adesão representa uma maneira simplificada de o credor expressar sua concordância com a matéria em deliberação. Sua utilização, contudo, possui requisitos específicos. Na lição de Marcelo Sacramone:

> "(...) o termo de adesão deve ser composto pela descrição específica da matéria a ser objeto de deliberação, acompanhada da assinatura dos credores representantes de mais da metade dos valores dos créditos sujeitos à Assembleia Geral de Credores ou do quórum legal qualificado exigido para deliberar sobre ela."[22]

O quórum necessário para a aprovação da pauta varia, podendo ser de maioria simples, para questões gerais a serem definidas no âmbito da

---

[22] SACRAMONE, Marcelo Barbosa. *Comentários à Lei...*, p. 720.

assembleia geral de credores, ou de quórum qualificado, para questões atinentes à constituição do comitê de credores, votação do plano de recuperação judicial ou deliberações sobre forma alternativa de realização do ativo na falência.

O termo de adesão, assim, pode substituir a votação do plano de recuperação judicial por meio de AGC. Caso a opção seja aderida pelos credores, o devedor deverá comprovar a aprovação do plano pelo quórum exigido por lei, juntando-o nos autos até 5 (cinco) dias antes da data de realização da assembleia geral de credores e requerendo sua homologação judicial.

O termo de adesão representa uma redução de custos com a realização da assembleia de credores (caso essa ocorresse de maneira presencial), bem como uma maior celeridade processual, uma vez que permite e aprovação do plano de recuperação de modo simplificado, como forma alternativa.

Contudo, sua aplicação prática pode se tornar complicada em casos com elevado número de credores, tendo em vista que exige o cumprimento de uma série de protocolos para sua validação. Ainda, em se tratando de documento físico, é importante que haja uma atenta diligência por parte da administração judicial, a fim de se evitar a ocorrência de fraudes, conforme ensina Daniel Carnio Costa:

> "Para evitar eventuais termos de adesão falsos ou fraudulentos, é prudente que a equipe de administração judicial, para validação do referido termo, exija o cumprimento de requisitos objetivos, idênticos aos requisitos para credenciamento da participação do credor em AGC. Sendo assim, os termos devem ser encaminhados ao administrador judicial com documento hábil que comprove os poderes suficientes de quem pactuou a adesão ao plano, ou que indique as folhas dos autos do processo em que se encontre o documento que confira tais poderes."[23]

Já existem diversos casos de utilização prática dos termos de adesão para votação de plano de recuperação judicial. Um dos exemplos é a recuperação judicial da empresa Sama Máquinas Agrícolas Ltda.[24], na

---

[23] COSTA, Daniel Carnio. *Comentários à Lei de Recuperação de Empresas e Falência* – Lei 11.101, de 09 de fevereiro de 2005. Curitiba: Juruá, 2021.

[24] Processo nº 0300007-97.2019.8.24.0004, da 2ª Vara Cível da Comarca de Araranguá/SC.

qual a recuperanda comprovou tempestivamente nos autos a aprovação de plano modificativo por credores titulares de mais da metade dos créditos de cada classe, por meio de termo de adesão. O Juízo acabou por dispensar a realização de assembleia geral de credores, nos termos do art. 56-A, §1º, da Lei 11.101/2005.

O inciso III do §4º do art. 39, por sua vez, deixa aberta uma série de possibilidades ao determinar que a assembleia geral de credores pode ser substituída por qualquer mecanismo reputado suficientemente seguro pelo juiz, permitindo, inclusive, a tomada de votos de forma híbrida, de forma a permitir que os credores realizem seus votos por termo, mesmo que a assembleia esteja ocorrendo de forma virtual ou presencial, desde que previamente consultado e autorizado pelo juízo, bem como fiscalizado pelo administrador judicial.

Há, ainda, caso recente em tramitação na Vara de Direito Empresarial de Novo Hamburgo, no Estado do Rio Grande do Sul, no qual foi utilizada modalidade híbrida na assembleia, visando à deliberação sobre o plano de recuperação judicial. O termo de adesão serviu apenas para determinada classe de credores, contando também com a participação virtual dos demais.

O Juízo recuperacional[25] autorizou a modalidade híbrida de votação do plano, inclusive com homologação prévia do termo de adesão que foi submetido aos credores, com ressalva de que o termo de adesão teria validade apenas ao plano apresentado ou à deliberação nele explicitada, não se tratando de uma procuração dada pelo credor à recuperanda, e, em havendo plano modificativo apresentado em assembleia ou votação de tema diverso, seria inviável o cômputo de votos por adesão.

A decisão acima ainda pende de julgamento no Tribunal de Justiça do Estado face à interposição de recurso por um credor. No entanto, já houve o indeferimento da liminar que visava à suspensão do conclave, no sentido de que: "A *priori* não se verifica irregularidade na utilização do termo de adesão conjuntamente a assembleia virtual, uma vez que facultado aos credores o exercício pelo procedimento que lhe fosse mais favorável."[26]

---

[25] Processo nº 5008261-83.2019.8.21.0019, da Vara Empresarial da Comarca de Novo Hamburgo.
[26] TJ/RS, 5ª Câmara Cível, AI 5062489-46.2021.8.21.7000, Rel. Des. Isabel Dias Almeida, em andamento.

Independentemente da forma utilizada e do desfecho do julgado acima, é importante que seja observado o princípio da razoabilidade para que a medida eleita seja de implementação célere, transparente e de custo baixo, de modo que os credores possam exercer seu direito de voto com segurança.

Em qualquer novidade processual, é importante que haja uma constante fiscalização do cumprimento dos requisitos legais pelo responsável – nos casos das alterações trazidas pelo art. 39, §4º, o administrador judicial. Nesse sentido é a determinação do §5º do art. 39:

"§ 5º As deliberações nos formatos previstos no §4º deste artigo serão fiscalizadas pelo administrador judicial, que emitirá parecer sobre sua regularidade, previamente à sua homologação judicial, independentemente da concessão ou não da recuperação judicial."

O administrador judicial é peça chave na implementação de modalidades alternativas de realização de assembleia geral de credores. Não apenas no sentido de desenvolver novas ferramentas para que as modalidades alternativas possam, de fato, ocorrer, mas também no sentido de fiscalizar sua execução, assegurando o tratamento igualitário de todas as classes de credores e garantindo que não haja prejuízo ao concurso, ao ativo, nem à empresa devedora.

Nesse ponto, reforça-se a importância da transparência e do compromisso do administrador judicial, que deverá atuar junto ao juízo, à recuperanda ou falida e aos credores para certificar que, quaisquer que sejam as modalidades alternativas implementadas, elas irão ocorrer de acordo com os princípios da celeridade, transparência e igualdade entre credores.

Conclusões

O presente artigo buscou elucidar as mudanças trazidas pela reforma da Lei 11.101/05 no que diz respeito à implementação de modalidades alternativas de assembleia geral de credores. Em breve análise ao contexto da lei de falências e recuperação judicial, em avaliação da evolução histórica da concretização da participação ativa dos credores, verificou-se que tal participação se dá de várias formas na legislação, como a possibilidade de criação de comitê de credores, a legitimidade para objetar o plano de recuperação judicial e aprovar o plano em assembleia geral, a faculdade de aprovar a desistência do pedido de recuperação judicial, a possibilidade de aderir ao plano de recuperação extrajudicial, dentre outras.

Pela sua importância dentro do procedimento de recuperação, entende-se que a assembleia geral de credores assume posição de destaque dentre essas concreções, de forma que se fez necessária uma análise mais profunda do tópico – debatendo-se suas atribuições, seus requisitos e desafios enfrentados na prática em sua realização.

Passando-se à avaliação das mudanças trazidas pela reforma da Lei 11.101/05, identificou-se três possibilidades alternativas à realização da assembleia geral de credores presencial: (*i*) AGC realizada por meio virtual, (*ii*) utilização de termo de adesão e (*iii*) outro meio a ser definido pelo juízo.

Em análise pormenorizada, concluiu-se que a AGC virtual possibilita uma economia de tempo e recursos da empresa devedora, preservando o ativo e beneficiando a coletividade de credores. Contudo, devem ser observadas as particularidades de cada credor, como, por exemplo, a falta de acesso a recursos eletrônicos – situação que deve ser sanada para que seja possível a realização da solenidade virtual, garantindo direito de voz e voto para cada credor que desejar se manifestar.

O termo de adesão, por sua vez, representa a desburocratização de um procedimento longo e dispendioso como a assembleia geral de credores. Possibilita uma negociação direta entre devedora e credores – a qual deve sempre ter a supervisão do Juízo e do administrador judicia –, de modo que a votação de questões importantes para o deslinde do processo se dê de forma mais célere, devendo ser respeitados os requisitos legais e o quórum estabelecido para cada deliberação a ser votada pelos credores. Em sendo um documento físico, importante que haja uma fiscalização ainda mais rigorosa por parte do administrador judicial, evitando-se fraudes.

Em suma, concluiu-se que as modalidades alternativas de realização de assembleia geral de credores representam uma renovação que era necessária no procedimento de deliberação de questões atinentes ao concurso de credores.

É comum que o procedimento de assembleia de credores seja suspenso por diversas vezes, pelos mais diversos motivos, causando não apenas uma demora no andamento do processo, mas também um prejuízo a todos os credores e demais envolvidos que investem tempo e recursos para se fazerem presentes na solenidade.

Dessa forma, as modalidades alternativas trazidas pela reforma da Lei 11.101/05 são essenciais para que se possa construir uma nova realidade na realização das assembleias de credores: mais célere, menos dispendiosa e que possibilite a participação de todos os credores.

Referências

BUSCHINELLI, Gabriel Saad Kik. *Abuso de Direito de Voto na Assembleia Geral de Credores*. São Paulo: Quartier Latin, 2014.

COELHO, Fabio Ulhoa. *Curso de Direito Comercial*, v. 3. 14 ed. São Paulo: Saraiva, 2013.

CONSELHO NACIONAL DE JUSTIÇA. RECOMENDAÇÃO 63/2020. Disponível em: <https://atos.cnj.jus.br/atos/detalhar/3261>. Acesso em: 29 jun. 2021.

COSTA, Daniel Carnio. *Comentários à Lei de Recuperação de Empresas e Falência* – Lei 11.101, de 09 de fevereiro de 2005. Curitiba: Juruá, 2021.

DE LUCCA, Newton. Uma Reflexão Inicial. In: OLIVEIRA, Fatima Bayma de. *Recuperação de Empresas* – Uma Múltipla Visão da Nova Lei. São Paulo: Pearson Prentice Hall, 2006.

HOLANDA, Francisco Uribam Xavier de. *Do Liberalismo ao Neoliberalismo*. 2 ed. Porto Alegre: EDIPUCRS, 2001.

LAZZARINI, Alexandre Alves. Reflexões Sobre a Recuperação Judicial de Empresas. In: DE LUCCA, Newton; DOMINGUES, Alessandra de Azevedo. *Direito Recuperacional* – Aspectos Teóricos e Práticos. São Paulo: Quartier Latin, 2009.

LOBO, Jorge. Recuperação Judicial da Empresa. In: OLIVEIRA, Fatima Bayma de. *Recuperação de Empresas* – Uma Múltipla Visão da Nova Lei. São Paulo: Pearson Prentice Hall, 2006.

MUNHOZ, Eduardo Secchi. Seção IV: Do procedimento de recuperação judicial. In: SOUZA JUNIOR, Francisco Satiro de; PITOMBO, Antônio Sérgio A. de Moraes(coord.). *Comentários à Lei de Recuperação de Empresas e Falência* – Lei 11.101/2005 – Artigo por Artigo. 2 ed. São Paulo: Editora Revista dos Tribunais, 2007.

PARECER 534, DE 2004. Disponível em: <http://redir.stf.jus.br/paginadorpub/paginador.jsp?docTP=TP&docID=580933>. Acesso em: 29 jun. 2021

PROJETO DE LEI 10.220/2018. Disponível em: <https://www.camara.leg.br/proposicoesWeb/prop_mostrarintegra;jsessionid=node01jbs4u2flruf41tb0tnxtfuiha26542623.node0?codteor=1658833&filename=PL+10220/2018>. Acesso em: 29 jun. 2021.

SACRAMONE, Marcelo Barbosa. *Comentários à Lei de recuperação de empresas e falência*. 2 ed. São Paulo: Saraiva Educação, 2021.

SCALZILLI, João Pedro; SPINELLI, Luis Felipe; TELLECHEA, Rodrigo. *Pandemia, Crise Econômica e Lei de Insolvência*. Porto Alegre: Buqui, 2020.

_____; _____; _____. *Recuperação de Empresas e Falência*. Teoria e Prática na Lei 11.101/2005. São Paulo: Almedina, 2016.

SPINELLI, Luis Felipe; TELLECHEA, Rodrigo; SCALZILLI, João Pedro. *Recuperação Extrajudicial de Empresas*. São Paulo: Quartier Latin, 2013.

SZTAJN, Rachel. Seção I: Disposições gerais. In: SOUZA JUNIOR, Francisco Satiro de; PITOMBO, Antônio Sérgio A. de Moraes (coord.). *Comentários à Lei de Recuperação de Empresas e Falência – Lei 11.101/2005 – Artigo por Artigo*. 2 ed. São Paulo: Editora Revista dos Tribunais, 2007.

WALLAU, Gabriela; FARENZENA, Giovana. Assembleias Virtuais de Credores: Análise da Recomendação n. 63/2020 do CNJ e Perspectivas Futuras. In: JAPUR, José Paulo; MARQUES, Rafael Brizola. *Recomendações do CNJ em Direito Recuperatório e Falimentar*. Porto Alegre: Buqui, 2021.

23. ASSEMBLEIAS VIRTUAIS E OUTRAS FORMAS DE MANIFESTAÇÃO DA VONTADE DOS CREDORES NOS PROCEDIMENTOS CONCURSAIS

Gabriela Wallau

Giovana Farenzena

Introdução

A participação ativa dos credores está dentre os principais aspectos que diferenciam os atuais regimes de Falência e Recuperação de Empresas de sistemas anteriores[1], consubstanciando-se na prerrogativa de manifestar sua vontade sobre os temas relevantes que influenciam no destino da empresa em recuperação ou da massa falida.

Com a promulgação da Lei 11.101/05, a Assembleia Geral de Credores, mediante conclave presencial, tornou-se o tradicional mecanismo para a realização dessas deliberações. Mas, passados mais de 15 anos da vigência da Lei, esse e outros institutos acabaram sendo inevitavelmente revisitados.

Muitas das mudanças que já vinham sendo projetadas foram catalisadas com a deflagração da pandemia de Covid-19. Dentre elas, está o formato de realização das assembleias gerais, que, abruptamente, deixaram de poder ser realizadas na forma presencial e tiveram de ser remodeladas.

---

[1] Para Jairo Saddi: "A despeito das dificuldades que porventura venhamos a enfrentar, vejo a Assembleia de Credores como uma das maiores inovações da nova Lei de Falências, devendo, portanto, ser tratada como tal". (SADDI, Jairo. Assembleia de credores: um ano de experiência da nova Lei de Falências. Uma avaliação. *Revista de Direito Bancário e do Mercado de Capitais*, v. 10, n. 36, abr./jun. 2007, p. 217).

Somada a isso, a recente reforma da Lei de Recuperação de Empresas e Falência, operada pela Lei nº 14.112/20, trouxe significativas mudanças e, no que tange às deliberações de credores, passou a permitir não apenas assembleias virtuais, mas também outros instrumentos de deliberação, prestigiando a substância em detrimento da forma.

Diante desse contexto, o presente artigo tem por objetivo investigar as possibilidades e os desafios na realização de assembleias virtuais de credores e outros mecanismos de deliberação para além do momento de pandemia.

Inicia-se identificando o papel e a importância da manifestação de vontade dos credores, tradicionalmente veiculada por meio de assembleias presenciais e, no segundo tópico, avalia-se a necessidade de adaptação desse e de outros institutos no curso do tempo.

Na sequência, o texto aborda a Recomendação nº 63 do CNJ e demonstra como as assembleias de credores foram afetadas a partir das limitações legais e sanitárias para a reunião presencial entre a coletividade de credores. São analisadas as experiências com a realização de assembleias virtuais durante esse período, diagnosticando-se o seu sucesso.

No último tópico, buscando vislumbrar algumas perspectivas futuras, é analisada a atual redação da Lei de Recuperação de Empresas e Falência para verificar a possibilidade de realização de assembleias virtuais ou mesmo de adoção de outros mecanismos que revelem, com eficiência, a manifestação da vontade dos credores e a satisfação dos objetivos da Lei.

1. A manifestação de vontade dos credores como elemento essencial nos processos de recuperação de empresas e falência

A participação ativa dos credores é fundamental nos procedimentos concursais, especialmente porque, uma vez superada a noção de *favor legal* vigente no antigo regime da concordata, a disciplina da Recuperação Judicial é marcada pelo caráter negocial que se dá especialmente pela prerrogativa de aceitação ou não do plano[2], embora não se possa

---

[2] Ayoub e Cavalli destacam que não se trata de conferir uma noção contratual pura ao plano de recuperação, no sentido puramente privatístico, mas que se trata, de fato, de um retorno ao sistema negocial, uma "renegocialização do instituto". (AYOUB, Luiz Roberto; CAVALLI, Cassio. *A Construção Jurisprudencial da Recuperação de Empresas*. Rio de Janeiro: Forense, 2020, p. 254).

olvidar a existência do controle jurisdicional sobre a regularidade do ato[3].

Também no sistema falimentar, cujo principal objetivo é proceder na liquidação dos bens do devedor segundo a ordem legal[4], é por meio da deliberação dos credores que se pode constituir o Comitê de Credores, aprovar formas alternativas de alienação do ativo e deliberar sobre quaisquer outras matérias de seu interesse[5].

Para Marcelo Sacramone[6], os credores são os principais interessados na superação da crise econômico-financeira da empresa devedora e, portanto, também na preservação e otimização da utilidade produtiva dos bens, o que justifica o seu papel ativo na tomada de decisões acerca da condução do procedimento recuperacional ou falimentar.

Nesse contexto, embora seja necessária toda a prudência e diligência para permitir a deliberação apta a permitir a participação e a manifestação efetiva de vontade de todos os credores[7], cabe questionar se o conclave presencial é, de fato, a melhor forma para garantir esses objetivos.

---

[3] Nesse sentido: "Ora, diante da divergência latente em todas as assembleias (e que somente não se verifica quando as deliberações são tomadas por unanimidade), e da evidente relevância da matéria em discussão nas causas concursais, impõe-se o controle judicial sobre as deliberações assembleares. Por maior que tenha sido, no atual diploma brasileiro, o papel atribuído aos credores, suas decisões devem ser sempre submetidas ao crivo judicial, para que se verifique sua conformidade à ordem jurídica [...]. O juiz concursal não é, evidentemente, um simples espectador do andamento dos processos." (TOLEDO, Paulo Fernando Campos Salles de. Parecer – Recuperação Judicial – Sociedades Anônimas – Debêntures – Assembleia Geral de Credores – Liberdade de Associação – Boa-fé Objetiva – Abuso de Direito – *Cram Down – Par Conditio creditorum. Revista de Direito* Mercantil, n. 142, 2006, p. 269).

[4] SCALZILLI, João Pedro; SPINELLI, Luis Felipe; TELLECHEA, Rodrigo. *Recuperação de Empresas e Falência:* Teoria e Prática na Lei n. 11.101/05. 3 ed. São Paulo: Almedina, 2018, p. 288.

[5] Além das matérias constantes do artigo 35 da Lei 11.101/05, a Assembleia Geral é competente para deliberar sobre quaisquer matérias de interesse dos credores na recuperação judicial. (AYOUB; CAVALLI. *A Construção Jurisprudencial...*, p. 269).

[6] SACRAMONE, Marcelo Barbosa. *Comentários à Lei de Recuperação de Empresas e Falência.* 2 ed. São Paulo: Saraiva, 2021, p. 100.

[7] "O método assemblear deve ser respeitado com transparência, segurança e confiabilidade, permitindo-se amplo acesso a todos que podem dela participar e disponibilizando mecanismo para viabilizar a correção imediata de todo e qualquer problema que venha a existir." (SCALZILLI, João Pedro; SPINELLI, Luis Felipe; TELLECHEA, Rodrigo. *Pandemia, Crise Econômica e Lei de Insolvência.* Porto Alegre: Buqui, 2020, p. 55).

Hoje, empresas realizam negócios que transcendem fronteiras e, portanto, é comum a existência de credores em localidades muito diversas daquela em que se processa a Recuperação Judicial ou a Falência, somando--se a isso o fato de que a própria comarca também possa ter seu acesso dificultado. Desse modo, o mero aprazamento da Assembleia e a convocação dos credores para o ato, por mais bem advertidos que estejam da sua realização, não garantem a sua presença e genuína manifestação da vontade.

Feliz exemplo de adaptação a essas circunstâncias ocorreu em agosto de 2019, na Recuperação Judicial da empresa Zamin Amapá Mineração[8]. No caso, o Juízo da 2ª Vara de Falências e Recuperações de São Paulo deferiu a realização de assembleia de credores que, embora acontecesse de modo presencial, foi transmitida simultaneamente por videoconferência para Macapá, na sede da Ordem dos Advogados do Brasil do Amapá, onde credores puderam participar do ato e exercer seu voto de maneira remota.

O caso é emblemático e revela a preocupação com o impacto econômico e os altos custos envolvidos no deslocamento dos credores para o ato, o que poderia inviabilizar a sua efetiva participação. A circunstância foi contornada pela adoção do modelo híbrido, desenvolvido com sucesso, que culminou na aprovação do plano de recuperação da devedora.

2. A necessidade de adaptação dos institutos no curso do tempo e a reforma da Lei de Recuperação de Empresas e Falência

A subsistência dos institutos legais e de sua funcionalidade exige esforços de adaptação e conformação no curso do tempo. Exemplos como o da assembleia híbrida realizada no caso acima narrado demonstram quão necessária é a coadunação das normas às necessidades impostas pela prática jurídica.

Sobre a estrutura da Lei 11.105/05, Luiz Fernando Paiva[9] lembra que, dado o significativo rompimento com o modelo anterior, sua elaboração foi fruto de uma longa tramitação e inúmeras emendas que alteraram substancialmente direitos materiais de diversos setores da sociedade, de modo que, desde sua promulgação em 2005, já se sabia que seriam necessários aprimoramentos.

---

[8] Processo nº 1088747-75.2015.8.26.0100, 2ª Vara de Falências e Recuperações Judiciais do Foro Central Cível de São Paulo, Juiz de Direito Dr. Paulo Furtado de Oliveira Filho.

[9] PAIVA, Luiz Fernando Valente de. Necessárias alterações no sistema falimentar brasileiro. In: CEREZETTI, Scheila C. Neder; MAFFIOLETTI, Emanuelle Urbano (coords.). *Dez Anos da Lei nº 11.101/2005*. São Paulo: Almedina, 2015, p. 137.

Agora, passada mais de uma década e meia, a reforma da Lei de Falências e Recuperação de Empresas tornou-se imperativa, não porque o espírito geral dos regimes concursais tenha sido alterado, mas justamente porque, para mantê-lo, certos instrumentos, tais como a Assembleia Geral de Credores, tiveram de ser recalibrados.

Contudo, o fenômeno não se esgota na alteração legislativa. Trata-se de um processo complexo, retroalimentado pela prática forense e pela construção jurisprudencial. Sobre o papel desta última no desenvolvimento dos regimes concursais, vale destacar trecho da decisão que deferiu a realização de Assembleia Virtual de Credores em abril de 2020:

> "A lei, pela casuística, pode e deve se adequar à realidade em que é aplicada, não ficando presa à realidade existente quando da sua promulgação. No caso da Lei 11.101/05 essa situação é ainda mais evidente, vide inúmeros artigos que preveem situações expressas, sem lacunas, que a jurisprudência e a prática forense simplesmente tornaram sem efeito, com decisões consolidadas em sentido diverso ao legal. Como por exemplo, cito o prazo do stay period, a questão da apresentação das certidões negativas para a concessão da RJ, o prazo para a elaboração da lista de credores do AJ, etc."[10]

Hoje, o uso dos instrumentos eletrônicos é necessidade premente nos mais diversos estágios do procedimento concursal. Vale lembrar que os processos judiciais de Recuperação de Empresas e Falência tramitam atualmente, como regra, na forma eletrônica. Inclusive eventuais manifestações ou insurgências dos credores quanto à condução da assembleia ou de outro ato tem de, inevitavelmente, ser manejadas de forma virtual, o que exige adaptação de todos os envolvidos.

A bem da verdade, esse movimento de progresso e ajuste não é exclusivo dos sistemas concursais e faz parte de todas as relações sociais. A título de analogia, cabe lançar um olhar para as relações societárias, cujos mecanismos de deliberação passaram, recentemente, a admitir tanto assembleias puramente virtuais quanto formas híbridas, com a participação à distância e o envio de boletim de voto.

---

[10] Processo nº 5020185-14.2020.8.21.0001, Vara de Direito Empresarial, Recuperação de Empresas e Falências da Comarca de Porto Alegre/RS, Juíza de Direito Dra. Giovana Farenzena, j. 01/04/2020.

3. Recomendação nº 63 do CNJ e a catalisação das assembleias virtuais no contexto pandêmico

Como se viu, muitas inovações estão em curso e, dentre elas, a transformação digital, que é presente nas mais diversas organizações. Nesse contexto, as assembleias de credores virtuais (ou híbridas), que já vinham sendo cogitadas[11], acabaram sendo aceleradas pela crise originada pela Covid-19, como ocorreu com diversas outras práticas.

Deflagrada a pandemia, o Conselho Nacional de Justiça (CNJ) emitiu, dentre outros atos, a Recomendação nº 63, em 31 de março de 2020, trazendo orientações para todos os juízos com competência para julgamento de ações de recuperação judicial, passando a permitir expressamente a hipótese de realização da Assembleia Geral de Credores por meio totalmente digital.

De acordo com a redação do seu artigo 2º[12], foi indicada, como remédio imediato, a suspensão das AGCs[13] e, excepcionalmente – apenas

---

[11] "Antes da alteração legislativa com a inserção do art. 39, § 4º, a jurisprudência já consagrava a realização da Assembleia de forma virtual ou eletrônica, como modo pelo qual o procedimento de recuperação judicial poderia prosseguir mesmo em face das regras de isolamento social e da proibição de aglomeração presencial para a contenção do avanço da pandemia da Covid-19. A interpretação jurisprudencial era contrária formalmente à lei. Pelo art. 36, I, a Lei n. 11.101/2005 exige que o local da realização conste no edital de convocação, o que indicava a necessidade de um local físico para sua realização. [...] A interpretação teleológica da Lei n. 11.101/2005, entretanto, possibilitava sua realização virtual antes da própria alteração legislativa. Os princípios da celeridade, da segurança e da participação ativa dos credores, estabelecidos pelo Senador Ramez Tebet em seu relatório à Comissão de Assuntos Econômicos sobre o PLC n. 71/2003, permitiam que se entendesse pela sua realização de forma eletrônica para se assegurar o prosseguimento do feito e a maior participação dos credores." (SACRAMONE. *Comentários à Lei...*, p. 110).

[12] "Art. 2º Recomendar a todos os Juízos com competência para o julgamento de ações de recuperação empresarial e falência que suspendam a realização de Assembleias Gerais de Credores presenciais, em cumprimento às determinações das autoridades sanitárias enquanto durar a situação de pandemia de Covid-19.

Parágrafo único. Verificada a urgência da realização da Assembleia Geral de Credores para a manutenção das atividades empresariais da devedora e para o início dos necessários pagamentos aos credores, recomenda-se aos Juízos que autorizem a realização de Assembleia Geral de Credores virtual, cabendo aos administradores judiciais providenciarem sua realização, se possível." (BRASIL. Conselho Nacional de Justiça. Recomendação nº 63, de 31 de março de 2020. In: DJe/CNJ nº 89/2020).

[13] "Em razão das circunstâncias excepcionais, bem como os imperativos de saúde pública, afigura-se absolutamente necessária a suspensão das AGC presenciais até que a pandemia

---

nos casos de justificada urgência –, a realização do conclave de maneira virtual.

Contudo, não apenas o cenário de pandemia acabou sendo prolongado mais do que o originalmente esperado, como também se observou a urgência na deliberação de certas matérias objeto de AGCs – tais como a alienação de ativos –, dada a crise instalada globalmente. Portanto, a mera suspensão das assembleias de credores não se apresentou como a melhor solução.

Com efeito, a rápida adaptação percebida nas mais diversas áreas (educação, negócios, entretenimento, etc.) acelerou processos[14] e fez com que as pessoas se familiarizassem com a realização de atos virtuais com razoável equivalência às atividades até então realizadas pessoalmente. Ainda que não se possa dizer que o ambiente digital seja absolutamente idêntico ao presencial, é inegável a apropriação que a sociedade vem ganhando em relação às novas ferramentas e, inclusive, o incremento de eficiência que elas vêm proporcionando[15].

O sucesso na realização de assembleias virtuais em casos como o da Odebrecht[16] demonstram que as vantagens podem superar eventuais dificuldades. A decisão que deferiu a realização levou em conta as circunstâncias do caso, mormente a necessidade de continuidade do conclave, e as

---

esteja debelada. Em primeiro lugar, porque não há nenhuma condição de se admitir aglomerações no momento. Em segundo lugar, porque muitas empresas em recuperação, senão a quase totalidade delas, terá de readequar seus planos à nova realidade econômica, certamente bem mais difícil que a anterior." (SCALZILLI; SPINELLI; TELLECHEA. *Pandemia...*, p. 50-51).

[14] OUTRAM, Robert. Cover Story: How the COVID-19 crisis has accelerated change. *The Resolver*, Kluwer Law International, v. 3, Summer 2020, p. 11-14.

[15] Pesquisa realizada pela Faculdade de Economia, Administração e Contabilidade (FEA) da USP com gestores, técnicos de nível superior e professores indica que, dentre os 1.300 entrevistados, 72% (setenta e dois por cento) indicaram que as rotinas de trabalho da empresa permaneceram organizadas e eficientes após a adoção do *home office* e 70% (setenta por cento) gostaria de continuar trabalhando em *home office* mesmo após a pandemia. (ISCHER, A. L; AMORIM, W. A. C. do; KASSEM, Ma. M. R.; HARTMANN, S.; BAFTI, A. Satisfação e desempenho na migração para o home office: um estudo sobre a percepção de gestores, técnicos de nível superior e professores. *FEAUSP*, jun. 2020. Disponível em: <http://fea.usp.br/sites/default/files/sumario_executivo_divulgacao.pdf>. Acesso em: 29 out. 2020).

[16] Processo nº 1057756-77.2019.8.26.0100, 1ª Vara de Falências e Recuperações Judiciais do Foro Central Cível de São Paulo, Juiz de Direito Dr. João de Oliveira Rodrigues Filho, j. 23/03/2020.

justificativas apresentadas pelo Administrador Judicial, especialmente no sentido de que haveria escorreita identificação dos credores participantes, bem como espaço e ferramentas para que as manifestações de vontade fossem exteriorizadas no ambiente virtual, inclusive com abertura de microfone no decorrer da AGC. Garantiu também a possibilidade de visualização dos documentos apresentados na sessão e do oferecimento de suporte para garantir a participação do credor que tivesse alguma dificuldade no decorrer do ato.

Ao que se observa, embora ainda haja certa resistência por profissionais que militam na área da insolvência, as assembleias virtuais de credores podem ser um importante instrumento de acesso e democratização às deliberações em processos de Recuperação Judicial e Falências, reproduzindo com equivalência – e potenciais ganhos – as condições de tomada de voto.

4. Assembleias virtuais e outras formas alternativas de manifestação da vontade dos credores: a prevalência da substância sobre a forma

Conforme já se viu, a adaptação dos institutos legais no curso do tempo é necessária e inevitável. No que diz respeito à Assembleia Geral de Credores, o fenômeno não é diferente, de modo que, após a reforma da Lei 11.101/05, o artigo 39, §4º passou a prever expressamente a possibilidade de que todas as deliberações de credores sejam substituídas por medidas que não a reunião presencial.

Passam, então, a surtir idênticos efeitos instrumentos como: (a) termo de adesão; (b) votação por meio de sistema eletrônico que reproduza as condições de tomada de voto; ou (c) *qualquer outro mecanismo* que seja reputado suficientemente seguro pelo Juiz.

A análise do dispositivo leva a concluir que, desde que haja equivalência nas condições de voz e voto por parte dos credores, é permitida a adoção de quaisquer outros meios para a votação, prestigiando-se a substância sobre a forma e abrindo-se espaço inclusive para a criação de novos meios.

Dadas as opções, é preciso identificar quais instrumentos podem garantir, com efetividade, os objetivos da Lei, especialmente o de participação ativa dos credores. E isso não pode ser realizado em abstrato, dependendo da verificação criteriosa das circunstâncias do caso concreto. À guisa de sugestão, indicam-se os seguintes fatores a serem levados em conta, sem prejuízo de outros que possam vir a ser identificados pelo Juízo e Administrador Judicial:

(a) *Barreiras regulatórias que impeçam ou dificultem o encontro físico*: tal como ocorreu em razão das barreiras sanitárias oriundas da Pandemia de Covid-19, na linha da Recomendação nº 63 do CNJ;

(b) *Capacidade da devedora ou da massa falida em arcar com os custos envolvidos*: sopesando-se os da realização da assembleia tradicional com os demais meios disponíveis. Vale lembrar que, em certos casos, o aparelhamento para a realização da assembleia virtual (ou híbrida) pode envolver significativos custos, que serão igualmente suportados pela massa falida ou recuperanda[17]; e

(c) *Perfil dos credores*: sobre o que geralmente é lançada uma especial atenção para os de ordem trabalhista e microempresários, que podem não ter acesso facilitado aos meios de comunicação digital. Contudo, isso não deve significar o completo descarte da utilização de assembleias virtuais ou híbridas, mas sim levar a ponderações sobre as vantagens que teriam em relação à necessidade de deslocamento físico (que possivelmente seja mais custoso do que o arranjo da conexão), o uso de plataformas cuja interface não seja demasiada e injustificadamente complexa, a prestação adequada de informações sobre o acesso à Assembleia, bem como a indicação dos meios alternativos de comunicação a serem adotados no caso de insucesso.

Vale lembrar que não é acertado exigir a concordância prévia dos credores com o mecanismo que será adotado para a deliberação – o que reforça a importância do diagnóstico de adequação pelo Juízo e Administrador Judicial. Nesse sentido, Marcelo Sacramone[18] lembra que, diferentemente das relações societárias, não é condição para o credor

---

[17] SCALZILLI; SPINELLI; TELLECHEA. *Pandemia...*, p. 52. Ressalva-se que, excepcionalmente, no caso de assembleia convocada pelo Comitê de Credores ou por credor detentor de mais de 25% (vinte e cinco por cento) dos créditos, as despesas correrão por conta daquele que a convocar, desincentivando convocações desnecessárias. (AYOUB; CAVALLI. *A Construção Jurisprudencial...*, p. 273).

[18] SACRAMONE. *Comentários à Lei...*, p. 110.

ter-se voluntariamente submetido a essa nova forma assemblear, de modo que especialmente quando existam credores trabalhistas mais vulneráveis e microempresários sem acesso aos meios eletrônicos, as circunstâncias devem ser sopesadas.

No âmbito administrativo, algumas diretrizes começam a ser observadas no sentido de padronizar os atos e viabilizar o amplo acesso às assembleias de credores em ambiente virtual. A Corregedoria-Geral de Justiça de São Paulo divulgou o Comunicado CG Nº 809/2020 aos juízes do estado, segundo o qual devem ser adotadas providências como:

(a) *requerimento justificado* pelo Administrador Judicial ao Juiz, contendo a minuta do edital de convocação e comprovação de que a plataforma escolhida preenche os requisitos necessários à validade do ato;

(b) *publicação do edital* com a indicação da data e horário da assembleia, com detalhes sobre o período de cadastramento, *e-mail* para recebimento de dados de acesso à plataforma utilizada, garantindo prazo de 24 horas para entrega da documentação necessária ao administrador judicial;

(c) *reunião prévia* de explicação dos procedimentos, conduzida pelo Administrador Judicial, salvo em caso de dispensa do ato por decisão judicial e uso de canal de comunicação para solução de problemas de acesso à plataforma, que deve ser disponibilizado desde o credenciamento dos credores até o fim da assembleia.

Mas, apesar de não se ignorar potenciais dificuldades enfrentadas nas assembleias virtuais[19], observa-se que há muito espaço para ganho. As ferramentas de desenvolvimento virtual das assembleias permitem mecanismos como o registro e a degravação do ato, acompanhamento voto-a-voto, uso de vídeos, materiais e outros recursos para a melhor elucidação aos credores.

Alguma contrariedade ao sistema de deliberações por meios eletrônicos centrou-se na eventual impossibilidade de determinados credores participarem de deliberações por restrições tecnológicas ou informacionais para

---

[19] SCALZILLI; SPINELLI; TELLECHEA. *Pandemia...*, 52.

operar o sistema[20]. As experiências colhidas na prática durante a pandemia indicaram que não houve prejuízo de acesso aos interessados sequer para os interessados menos sofisticados tecnologicamente, mediante determinadas cautelas tomadas pelos Administradores Judiciais.

Como perspectiva futura, eventual barreira tecnológica que se possa encontrar em alguma situação pode ser superada definitivamente com o uso de sistemas híbridos, hoje expressamente permitidos pela Lei, podendo ser mantida a forma presencial para eventuais interessados que não confiem nas tecnologias disponíveis e que queiram despender tempo e custos de deslocamento para conclaves tradicionais.

Conclusões

Mudanças são inevitáveis e necessárias, qualquer que seja a esfera de análise. Nessa linha, embora nos procedimentos concursais o princípio da participação ativa dos credores permaneça cada vez mais presente, os instrumentos para a sua veiculação encontram-se em transformação.

Quando da promulgação da Lei de Recuperação de Empresas e Falência, em 2005, embora já existisse tecnologia para a realização de videoconferências, ela não era tão avançada e muito menos difundida como hoje. Naquela época, cogitar que os credores somente pudessem manifestar sua vontade pelo meio eletrônico talvez representasse uma afronta ao seu direito de voz e voto. Mas, as circunstâncias mudaram.

A pesquisa aqui realizada demonstrou que, mesmo antes da pandemia, ainda sem nenhum permissivo expresso na Lei, a experiência de transmissão virtual da assembleia de credores já havia se provado uma prática legítima para garantir a genuína participação de todos.

Por outro lado, é impossível afirmar, em abstrato, qual o melhor mecanismo de deliberação. Múltiplos são os fatores a serem considerados, o que permite aferir apenas no caso concreto de que forma a manifestação de vontade dos credores se dará. Nesse sentido, é muito adequada opção legislativa de incluir, além das assembleias gerais de credores (presenciais, virtuais ou híbridas) e do termo de adesão, "qualquer outro mecanismo reputado suficientemente seguro pelo Juiz".

---

[20] "A realização da Assembleia Geral de Credores por meio exclusivamente eletrônico, embora possa assegurar maior participação dos credores em virtude da desnecessidade de deslocamento e menor onerosidade ao devedor, pode impedir a participação de credores sem acesso aos meios eletrônicos." (SACRAMONE. *Comentários à Lei...*).

Assim como todo processo de inovação, não se trata de uma solução acabada e indigna de melhora. Errar, acertar e ajustar fazem parte do sistema[21]. É certo que a experiência fará com que o aumente desenvolvimento das AGCs virtuais e outros mecanismos alternativos de deliberação, da mesma forma como ocorreu, nos últimos quinze anos, em relação aos demais institutos dos procedimentos concursais.

Referências

AYOUB, Luiz Roberto; CAVALLI, Cassio. *A Construção Jurisprudencial da Recuperação de Empresas*. Rio de Janeiro: Forense, 2020.

BRASIL. Conselho Nacional de Justiça. Recomendação nº 63, de 31 de março de 2020. In: DJe/CNJ nº 89/2020.

ISCHER, A. L; AMORIM, W. A. C. do; KASSEM, Ma. M. R.; HARTMANN, S.; BAFTI, A. Satisfação e desempenho na migração para o home office: um estudo sobre a percepção de gestores, técnicos de nível superior e professores. *FEAUSP*, jun. 2020. Disponível em: <http://fea.usp.br/sites/default/files/sumario_executivo_divulgacao.pdf>. Acesso em: 29 out. 2020.

LUPION, Ricardo. Assembleias Gerais Digitais: regulação, desafios e oportunidades. In: _____; ARAÚJO, Fernando. *Direito, tecnologia e empreendedorismo*: uma visão luso-brasileira. Porto Alegre: Editora Fi, 2020.

OUTRAM, Robert. Cover Story: How the COVID-19 crisis has accelerated change. *The Resolver*, Kluwer Law International, v. 3, *Summer* 2020.

PAIVA, Luiz Fernando Valente de. Necessárias alterações no sistema falimentar brasileiro. In: CEREZETTI, Scheila C. Neder; MAFFIOLETTI, Emanuelle Urbano (coords.). *Dez Anos da Lei nº 11.101/2005*. São Paulo: Almedina, 2015.

PISANO, Gary. A dura realidade das culturas inovadoras. *Harvard Business Review*, 08 fev. 2019. Disponível em: <https://hbrbr.com.br/a-dura-realidade-das-culturas--inovadoras/>. Acesso em: 29 out. 2020.

[21] A "cultura do erro", marcada pela tolerância ao fracasso como fator de impulsão à inovação, tem sido adotada por diversas organizações, na busca pela adaptação às novas demandas econômicas e sociais. Para Gary Pisano, tendo em vista que a inovação implica na exploração de caminhos incertos e desconhecidos, a tolerância ao fracasso pode ser importante característica das culturas inovadoras. Mas alerta que é preciso disciplina e seriedade nesse processo, sob pena de serem assumidos riscos desmensurados. "Disposição para experimentar não é o mesmo que jogar tinta aleatoriamente sobre uma tela como fazem certos pintores abstratos de quinta categoria", afirma. (PISANO, Gary. A dura realidade das culturas inovadoras. *Harvard Business Review*, 08 fev. 2019. Disponível em: <https://hbrbr.com.br/a-dura-realidade-das--culturas-inovadoras/>. Acesso em: 29 out. 2020).

SACRAMONE, Marcelo Barbosa. *Comentários à Lei de Recuperação de Empresas e Falência.* 2 ed. São Paulo: Saraiva, 2021.

SADDI, Jairo. Assembleia de credores: um ano de experiência da nova Lei de Falências. Uma avaliação. *Revista de Direito Bancário e do Mercado de Capitais,* v. 10, n. 36, abr./jun. 2007.

SCALZILLI, João Pedro; SPINELLI, Luis Felipe; TELLECHEA, Rodrigo. *Recuperação de Empresas e Falência:* Teoria e Prática na Lei n. 11.101/05. 3 ed. São Paulo: Almedina, 2018.

_____; _____; _____. *Pandemia, Crise Econômica e Lei de Insolvência.* Porto Alegre: Buqui, 2020.

TOLEDO, Paulo Fernando Campos Salles de. Parecer – Recuperação Judicial – Sociedades Anônimas – Debêntures – Assembleia Geral de Credores – Liberdade de Associação – Boa-fé Objetiva – Abuso de Direito – *Cram Down* – *Par Conditio creditorum. Revista de Direito* Mercantil, n. 142, 2006, p. 263-281.

24. MEDIDAS DO ADMINISTRADOR JUDICIAL PARA A ASSEMBLEIA GERAL[1] DE CREDORES

Glaucia Albuquerque Brasil

Taciani Acerbi Campagnaro Colnago Cabral

Introdução

A partir da mudança do regime concursal no Brasil, instituída pela Lei n.º 11.101, de 2005, marcada fundamentalmente pela exaltação da importância dos credores na definição de políticas de superação da crise empresarial, a figura do administrador judicial passa a assumir importância ainda maior, na condição de agente de instrumentação do quadro geral de credores[2], elemento fundamental à legítima deliberação dos titulares de crédito em relação ao empresário em crise.

Tal nova conformação processual é, destarte, elemento de redefinição do perfil do administrador judicial, o que ensejou, inclusive, que Daniel

---

[1] Não é usual o emprego de nota no título de trabalhos científicos, mas, neste caso específico, nos parece prudente a medida para estabelecer, desde logo, uma premissa: apesar de a própria Lei n.º 11.101, de 2005, adotar a expressão "assembleia-geral", com emprego de hífen, é de se registrar que tanto o Vocabulário Ortográfico da Língua Portuguesa, da Academia Brasileira de Letras, quanto o Dicionário da Academia de Ciências de Lisboa não reconhecem o vocábulo "assembleia-geral", o que indica que a grafia adequada do termo, segundo a norma culta, é "assembleia geral", vale dizer: sem emprego de hífen, o que define a forma como será grafada a expressão no presente. A bem da verdade, é de se registrar que a dita alteração na forma culta da língua portuguesa tem origem no Acordo Ortográfico de 1990, que só entrou em vigor no Brasil em 2009, ou seja, quando já vigente a Lei n.º 11.101, de 2005.

[2] Valem aqui, integralmente, as considerações feitas para as expressões "assembleia-geral" e "assembleia geral", justificando então o emprego, segundo a norma culta da língua portuguesa, do vocábulo "quadro geral", ao invés de "quadro-geral".

Cárnio Costa[3] cunhasse a expressão "*funções transversais* do administrador judicial", referindo-se a um papel de pró-atividade deste profissional no exercício de suas atividades, dirigido fundamentalmente pelo dogma da função social da empresa.

Considerando, então, a premissa de que é justamente a assembleia-geral de credores a oportunidade em que os credores regularmente habilitados, após extenso procedimento de validação, quantificação e classificação de créditos, manifestam sua vontade acerca da proposta de reestruturação da empresa em crise, é notória a constatação da relevância do papel do administrador judicial na preparação do mencionado evento, fundamental à adequada deliberação dos credores acerca das medidas planejadas e implementadas pelo devedor.

O objeto do presente estudo é justamente este: sob o enfoque dos deveres e encargos do administrador judicial, estatuídos pela Lei n.º 11.101, de 2005, especificamente no seu art. 22, sempre informado pelo princípio da preservação da empresa e pela relevância do papel dos credores na definição dos destinos do empresário em crise, identificar as providências a serem adotadas pelo administrador na realização da assembleia-geral de credores.

Esse quadro de coisas é ainda modificado pelo advento da pandemia, que, de um lado, aumentou o quadro de crise empresarial vivenciada no país e no mundo, bem como, de outra banda, passou a exigir do administrador outras tantas competências e habilidades, diretamente relacionadas com a realização de assembleia virtual, na forma da Recomendação n.º 63, de 2020, do Conselho Nacional de Justiça.

Todas essas circunstâncias definem as exigências ao administrador judicial, as quais serão objeto do presente estudo.

1. A assembleia geral de credores e seu papel na recuperação judicial

A assembleia geral de credores, segundo literal dicção do art. 35 da Lei n.º 11.101, de 2005, tem a atribuição, na recuperação judicial, de deliberar sobre (a) aprovação, rejeição ou modificação do plano de recuperação

---

[3] COSTA, Daniel Cárnio. O administrador judicial no projeto de lei 10.220/18 (Nova lei de recuperação judicial e falências). *Migalhas*, 2018. Disponível em: <https://www.migalhas.com.br/coluna/insolvencia-em-foco/287610/o-administrador-judicial-no-projeto-de-lei-10220-18-nova-lei-de-recuperacao-judicial-e-falencias>. Acesso em: 12 mai. 2021.

judicial; (b) constituição de comitê de credores e sua composição; (c) eventual pedido de desistência; (d) a indicação de gestor judicial, no caso de afastamento do devedor; (e) alienação de bens e direitos não prevista no plano de recuperação; e (f) outra matéria que possa afetar os interesses dos credores[4].

A leitura do preceito permite, assim, identificar a assembleia geral de credores como órgão de representação da coletividade de credores e seus interesses na recuperação judicial, com atribuição central de deliberar acerca da aprovação ou rejeição do plano de reestruturação do devedor.

Logo, será a assembleia geral de credores o palco de concretização e conciliação dos valores em colisão na crise empresarial, retratada pelos legítimos interesses patrimoniais dos credores e pela salvaguarda da empresa viável, enquanto elemento social de valorização do trabalho, da livre iniciativa[5] e da geração de emprego e renda[6].

A instalação da assembleia geral[7] pressupõe, obviamente, a prévia objeção de algum dos credores ao plano de recuperação aprovado, bem como a regular convocação de interessados, tanto pela imprensa oficial, quanto pelos veículos da imprensa local, de modo a assegurar a ampla publicidade do evento e, assim, a legítima participação dos credores, de maneira a viabilizar amplo debate acerca das condições do plano de

---

[4] É pertinente registrar que, a despeito da redação aberta do preceito, sua inteligência se restringe à interpretação da vontade da comunhão de credores em relação à proposta de reestruturação da empresa, de modo que outros tantos temas, especialmente aqueles de fundo técnico jurídico, hão de ser objeto de decisão do próprio administrador judicial ou do juízo universal, conforme a incidência da regra de reserva de jurisdição. Com efeito, não cabe à assembleia geral, por exemplo, deliberar sobre a regularidade de representação no ato de determinado credor e sobre o direito de voto reconhecido a determinado participante – sobretudo porque tal medida, em muitas oportunidades, pode se revelar como providência destinada à imposição de dano deliberado ao devedor ou de subjugação das minorias, em exercício abusivo do direito de voto.

[5] Princípios da República Federativa do Brasil, na forma do art. 1º, inciso IV, da Constituição Federal.

[6] Objetivos fundamentais, de natureza implícita, da República Federativa do Brasil, na forma do art. 3º, inciso III, da Constituição Federal.

[7] Lei n.º 11.101, de 2005. "Art. 56. Havendo objeção de qualquer credor ao plano de recuperação judicial, o juiz convocará a assembléia-geral de credores para deliberar sobre o plano de recuperação. § 1º A data designada para a realização da assembléia-geral não excederá 150 (cento e cinqüenta) dias contados do deferimento do processamento da recuperação judicial."

recuperação judicial, especialmente acerca das condições e prazos de pagamento, além do deságio de créditos concursais.

Em virtude da amplitude dos debates que se instalam na assembleia geral de credores, é que se identifica, não em raras oportunidades, a aprovação de planos de recuperação completamente distintos daqueles originalmente propostos pelo devedor, em efetiva afirmação do papel central das partes na solução da crise empresarial.

É evidente, destarte, que a realização de assembleia geral de credores bem organizada deve ser foco de atenção da administração judicial, desde a sua nomeação, tendo em vista que eventual vício repercute em diversos prejuízos relevantes a todos os envolvidos, tanto sob o aspecto da morosidade processual, quanto em enfoque econômico-financeiro – nesse particular, atingindo profundamente o devedor e toda a sociedade, por corolário, assim como a cada um dos credores individualmente considerados.

A adoção de todas as providências com a devida antecedência e planejamento, cercando-se de medidas próprias, eficazes, esclarecedoras e transparentes, viabilizando a adequada manifestação de vontade dos credores e a oportunidade de reestruturação da empresa, consiste em circunstâncias muito relevantes na identificação do adequado exercício das funções transversais por parte do administrador judicial, ainda mais em contexto de instalação de grave crise econômica e de necessidade de realização de conclaves virtuais.

A efetiva realização de uma assembleia geral de credores, alicerçada em atos escorreitos, lastreados de legalidade, sem qualquer supressão de prazos e requisitos legais, estampa um feito recuperacional eficiente e permite às partes envolvidas a superação dos trâmites processuais antecedentes e a conformação de um cenário de clareza e transparência quanto ao recebimento de créditos e ao exercício das atividades empresariais.

Para tanto, e propondo-se a promover o exame das incumbências do administrador judicial para a adequada realização da assembleia geral de credores, é fundamental que se detalhem as medidas referentes: (a) à formação da listagem de participantes e seus procuradores; (b) à publicação do quadro geral de credores consolidado; (c) à convocação da assembleia geral de credores; e (d) à realização da assembleia propriamente dita.

Muito pertinente o registro de que as mencionadas etapas são – observadas as particularidades próprias de cada legislação – as mesmas adotadas em outras legislações, sendo possível indicar, por exemplo, os procedimentos da *Bankruptcy* estadunidense e da *Ley de Quiebras y Concursos* argentina.

2. A formação da relação de participantes e seus procuradores

A realização escorreita de assembleia geral de credores pressupõe, necessariamente, uma adequada composição de listagem de participantes do evento, que se presta fundamentalmente à identificação dos credores – e de seus respectivos procuradores, se for o caso –, de modo a viabilizar uma pronta constatação de quem serão os votantes do evento.

A dita providência, como sói evidente, tem por lastro o quadro de credores estabelecido nas fases antecedentes do processo de recuperação judicial.

Nessa quadra, é possível – e, muito mais que isso, recomendável – que o administrador judicial providencie, desde a listagem de credores ofertada pelo próprio devedor, na forma do art. 51, inciso III, da Lei n.º 11.101, de 2005, uma constante preparação da relação de credores e de seus procuradores.

Isso porque, ao averiguar os créditos que irão integrar a sua própria relação de credores, a administração judicial pode adotar o cuidado de acrescentar uma coluna ao final da sua planilha, informando o percentual equivalente daquele crédito em sua respectiva classe.

Com essa singela providência, abre-se um enorme leque de informações àqueles que acessarão a relação de credores de que trata o art. 7º, §2º, da Lei n.º 11.101, de 2005, facilitando a visualização dos possíveis cenários de votos na assembleia geral a todos os interessados, no que se incluem os credores concursais e extraconcursais, a empresa em crise e a própria administradora.

A medida em comento assume, ademais, enorme importância no tratamento dos credores titulares de crédito em moeda estrangeira, especificamente ante a exigência do art. 38, parágrafo único, da Lei n.º 11.101, de 2005, que estabelece o termo de conversão ao padrão monetário nacional na data da véspera da assembleia geral de credores.

Considerando então que, ao tempo da formação dos quadros gerais de credores do art. 7º e do art. 51, ambos da Lei n.º 11.101, de 2005, não há designação de data de assembleia geral de credores que viabilize a conversão dos créditos em moeda estrangeira, tem sido adotada a prática de promover o câmbio com base na data do ajuizamento do pedido de recuperação judicial, com o competente esclarecimento em nota explicativa, tão somente para viabilizar mensuração provisória dos percentuais de cada crédito no quadro geral de credores.

Tal medida, especialmente quando conjugada com a catalogação regular e constante dos advogados que funcionam na recuperação judicial na defesa dos interesses de cada um dos credores, inclusive com apontamento da respectiva OAB e de seu endereço profissional, é fundamental na facilitação da definição dos participantes da assembleia geral de credores.

Assim, com a conjugação desses elementos disponíveis desde o início da tramitação da recuperação judicial, poderá o administrador definir, com a necessária tranquilidade e segurança, uma prévia listagem de todos os participantes, seja na condição de credor, seja no papel de procurador de credor, habilitados a participar da assembleia geral.

Nessa toada, a providência estabelecida no art. 37, §4º, da Lei n.º 11.101, de 2005, que viabiliza a inscrição de mandatário de credor em assembleia geral até 24 (vinte e quatro) horas antes do certame, assumirá inegável caráter excepcional, justamente em virtude da antecipação do administrador judicial, o que evitará a necessidade de difíceis encargos preparatórios em curto espaço de tempo.

Ademais, a constante preparação da listagem de credores e seus procuradores, enquanto medida prévia de identificação dos participantes da assembleia, facilita sobremaneira os procedimentos de validação de suas identificações e instrumentos de mandato, eis que a providência fica diluída em todo o tramite processual, não estando concentrada apenas nos dias que antecedem o conclave.

3. A publicação do quadro geral de credores consolidado

A grosso modo, é possível estabelecer que o procedimento da recuperação judicial pode ser dividido em dois momentos muito particulares: o primeiro, de apuração, quantificação e classificação dos créditos oponíveis à empresa em crise, assim como de identificação de seus titulares e do peso de suas manifestações frente à proposta de reestruturação empresarial; o segundo, de manifestação e validação da vontade dos credores identificados quanto ao plano de recuperação judicial, quando viável inclusive a redefinição das condições propostas mediante contraproposta das partes e adesão da empresa.

A primeira das referidas fases se processa, inicialmente, perante a própria administradora, em faceta administrativa do procedimento, estatuída no art. 7º da Lei n.º 11.101, de 2005, seguindo-se, se for o caso, sua apreciação judicial, na forma do art. 8º da Lei n.º 11.101, de 2005.

Será a conjugação destas deliberações, integralmente na fase administrativa e em parte, se for o caso, após judicialização da questão, que irá conformar o quadro geral de credores definitivo, aqui denominado *consolidado*, o qual servirá à identificação do peso da manifestação de cada um dos credores em relação à proposta de reestruturação da empresa.

Compete justamente à administração judicial instrumentalizar a formação desse quadro definitivo, consolidado, a ser veiculado na forma do art. 10, §7º, da Lei n.º 11.101, de 2005, com a redação decorrente da Lei n.º 14.112, de 2020, na imprensa oficial em atendimento ao princípio da publicidade, de maneira a estabelecer os parâmetros de apuração de votos na assembleia geral de credores.

Logo, a formação do quadro geral de credores consolidado pressupõe não apenas a apresentação do quadro de credores definido pelo administrador judicial, após sua apreciação acerca dos créditos listados e habilitados, mas também a apreciação judicial de eventuais pedidos de impugnação ou de habilitação, com respectivo trânsito em julgado, de maneira a compor de modo confiável a definição dos créditos sujeitos à recuperação judicial e seus titulares.

Assim, a formação consolidada do quadro geral de credores é premissa à convocação da assembleia geral de credores, cabendo ao administrador judicial contribuir ativamente para sua conformação, em planilha adequada e compreensível, indicativa inclusive do percentual de cada crédito na formação do valor total do crédito da respectiva classe, de modo a viabilizar a pronta identificação do peso dos respectivos votos na deliberação acerca do plano de recuperação judicial.

4. A convocação da assembleia geral de credores

Concluída a fase de averiguação dos créditos e formação da sua respectiva listagem consolidada, cabe à administração judicial, de modo proativo, submeter ao juízo competente sugestões de datas para realização da assembleia geral de credores.

Isso porque, em que pese o art. 36 da Lei n.º 11.101, de 2005, disciplinar que a assembleia de credores será convocada pelo juiz, o fato é que, na condição de auxiliar do juízo recuperacional, ninguém melhor que a administração judicial para sugerir ao juízo datas, local e horário para realização do conclave.

A mencionada sugestão haverá, por óbvio, de observar o prazo de 150 (cento e cinquenta) dias, contados do deferimento do processamento da recuperação judicial, definido no art. 56, §1º, da Lei n.º 11.101, de 2005, o qual, conquanto não seja peremptório, deve ser observado na medida do possível, enquanto instrumento de conciliação entre o direito dos credores e os interesses sociais atinentes à função coletiva do empreendimento.

Sob o ponto de vista prático, é prudente que se ofereça ao juízo competente diversas oportunidades de datas, horários e locais para a assembleia, previamente acertados com a empresa em crise e seus mandatários, de modo a evitar dificuldades à sua convocação pelo magistrado.

Afinal, de nada adiantaria o empenho da administração judicial no acertamento de datas e locais, sem qualquer combinação com a empresa, notadamente porque esta figura como protagonista do feito, além de possuir planejamento e compromissos próprios, que devem ser considerados.

Dessa feita, o ideal é que ocorra um consenso na escolha das datas e, se possível, que essas tratativas se mantenham registradas eletronicamente (e-mail), formalizando assim o entendimento entre as partes.

Feito isso, a administração judicial estará devidamente amparada para formalizar sua sugestão de datas junto ao juízo concursal, evitando insurgências por parte da devedora, que já se encontrará cientificada da cronologia do conclave.

Destarte, apesar da recomendação prática de que o administrador judicial aponte datas para a convocação da assembleia geral, não há nenhum impedimento a que, concretizada a hipótese prevista no art. 55 da Lei n.º 11.101, de 2005, consistente na apresentação de objeção ao plano de recuperação por qualquer credor, o próprio magistrado promova desde logo a convocação da assembleia geral, na forma do art. 56 da mesma legislação, veiculando o competente edital.

Por óbvio, a convocação deve facilitar o comparecimento do maior número de credores, sendo exigível, em que pese a norma disciplinar apenas o prazo mínimo para a publicação do edital na imprensa oficial e no site do administrador[8], sua veiculação com suficiente antecedência.

Mais que isso, além de ser veiculado com antecedência que viabilize a participação do maior número de credores, o edital precisa atender às exigências formais do art. 36 da Lei n.º 11.101, de 2005 – referentes à indicação do local, da data e do horário da 1ª e da 2ª convocações, que devem ser intermediadas por pelo menos 5 (cinco) dias; da ordem do dia; e do local de acesso ao plano de recuperação judicial –, revelando-se prudente a prévia checagem do instrumento pelo próprio administrador judicial, em complemento à secretaria do juízo, antes da veiculação.

A relevância do empreendimento, independentemente de seu vulto; o volume de interessados envolvidos no ato; e as despesas ordinárias para a veiculação do edital recomendam prudência elevada para reduzir o risco de equívocos.

Assim sendo, eventuais equívocos, informações truncadas, omissões ou erros, impactarão de modo prejudicial a realização do conclave, podendo servir de gatilho a alegações de nulidades ou inobservâncias legais, que podem repercutir na necessidade de redesignação da assembleia geral de credores.

Ademais, a indicação de local acessível à realização da assembleia, preferencialmente em pavimento térreo, com condições de acessibilidade, aeração, refrigeração e acomodação de pelo menos 70% do total de credores, é fator que deve ser sopesado pelo administrador judicial, pena de inviabilizar sua realização.

São fundamentais, ainda, a existência de antecâmara e instalações elétricas e de internet que sejam compatíveis com a instalação de mesas de conferência da identidade de credores e mandatários, assim como de equipamentos de audiovisuais e de informática necessários à instrumentalização do ato.

---

[8] Lei n.º 11.101, de 2005. "Art. 36. A assembleia-geral de credores será convocada pelo juiz por meio de edital publicado no diário oficial eletrônico e disponibilizado no sítio eletrônico do administrador judicial, com antecedência mínima de 15 (quinze) dias, o qual conterá: I – local, data e hora da assembléia em 1ª (primeira) e em 2ª (segunda) convocação, não podendo esta ser realizada menos de 5 (cinco) dias depois da 1ª (primeira); II – a ordem do dia; III – local onde os credores poderão, se for o caso, obter cópia do plano de recuperação judicial a ser submetido à deliberação da assembléia."

Nos casos de assembleias que envolvam grandes números de credores, assim consideradas aquelas com mais de 1 mil interessados, é prudente indicar já no edital horário prévio, anterior ao início oficial da sessão, para cadastramento de interessados, viabilizando a antecipação das providências de checagem de identidade, identificação de procurador votante e coleta de assinaturas de presença.

Não é demasiado consignar: quanto maior o número de credores, mais tempo deve ser reservado ao credenciamento deles e maior deve ser o número de auxiliares da administração judicial, voltados exclusivamente para a fase de credenciamento.

De outro lado, não é conveniente que o agendamento da assembleia seja feito para dias da semana que antecedam ou sucedam feriados e finais de semana. Isso porque, independentemente da expressividade do processo, fato é que há enorme probabilidade de participação de interessados domiciliados em outras localidades, cujo deslocamento é sempre mais difícil nos períodos indicados.

Não bastasse isso, a despeito da exigência legal de que exista interregno de 5 (cinco) dias entre as convocações, será prudente fixação de lapso maior, tal como 15 (quinze) dias, especialmente nas hipóteses em que o local da realização da assembleia exija grande deslocamento para número relevante de participantes, tal como se verifica na circunstância de estar sediada em cidade de difícil acesso.

No tocante à ordem do dia, haverá de corresponder à aprovação, rejeição ou modificação do plano de recuperação judicial apresentado pelo devedor, bem como, conforme o caso, à constituição de comitê de credores e sua composição, ao pedido de desistência da recuperação judicial, à designação de gestor judicial no caso de afastamento do devedor ou à matéria de interesse dos credores a ser objeto de deliberação.

Finalmente, o edital deverá indicar o local onde os interessados poderão obter cópia do plano de recuperação a ser objeto de deliberação, ressaltando-se que a prescrição teve sua relevância absolutamente diminuída com a entrada em vigor da Lei n.º 14.112, de 2020, que estabeleceu, dentre as funções do administrador judicial, a de manter site na internet com informações atualizadas sobre os processos de recuperação judicial, inclusive com opção de consulta às peças processuais (art. 22, inciso I, alínea k, da Lei n.º 11.101, de 2005).

Além das ditas exigências, expressamente declinadas pelo legislador, é de se identificar que o contexto da pandemia da COVID-19 trouxe, ainda, um outro cenário possível, especialmente a partir da promulgação da Lei n.º 14.112, de 2020, e da Recomendação n.º 63, de 2020, do Conselho Nacional de Justiça, a saber: aquele referente às assembleias de credores realizadas em meio virtual.

Nessa hipótese, é evidente que o respectivo edital convocatório deverá consignar expressamente a adoção do dito formato, além de consignar informações que viabilizem o acesso e o cadastramento dos interessados à plataforma eletrônica correspondente.

O contexto sanitário precipitou, quanto ao tema, o desenvolvimento de algumas empresas especializadas no oferecimento do dito serviço – de credenciamento, validação de acesso, realização de assembleia, coleta de votação e apuração de resultado, tudo em meio eletrônico –, viabilizando ao administrador judicial a contratação de importante auxiliar na preparação do ato.

5. A efetiva realização da assembleia geral de credores

Chegado o dia da assembleia, que representa o ápice do desenvolvimento do procedimento de reestruturação da empresa em crise, oportunidade em que credores e devedores poderão compor mutuamente seus interesses, a figura do administrador assume importância fundamental, sobretudo porque o evento servirá à verificação do êxito das medidas preparatórias adotadas.

A listagem de participantes, inclusive com identificação de mandatários, que deverá ter sido preparada com a necessária antecedência, preferencialmente em ordem alfabética, haverá de estar disponível e validada.

É pertinente, ademais, que ela esteja dividida conforme as classes de credores, de modo a possibilitar a formação de tantas estações de credenciamento quantas forem as classes representadas no processo, em procedimento acompanhado pela equipe da administração judicial, de modo a evitar esquecimentos.

Essa distinção simplifica o procedimento de checagem da identificação dos credores e seus mandatários, mediante documento de identidade oficial, que assine listagem comprobatória da presença e receba instrumento de validação da participação, normalmente crachá ou pulseira específicos, providenciados pelo próprio administrador com antecedência.

Será, justamente, o crachá ou a pulseira o instrumento de liberação de acesso ao ambiente de votação, onde realizada a assembleia propriamente dita, sendo viável inclusive que, por instrumento eletrônico eficiente, seja desde já vinculado o dito crachá ou pulseira ao respectivo percentual do crédito de cada credor na classe de que seja integrante.

É importante, todavia, que o dito instrumento de identificação seja reservado a um único participante, especificamente nos casos de credores que compareçam acompanhados de tantos outros agentes, de modo a não permitir que ocorra mais de um voto representando o mesmo crédito.

Não bastasse isso, também é interessante a adoção de modelos de identificação diferenciados, *v.g.* mediante emprego de colorações distintas, por classes, de modo a viabilizar célere e eficiente identificação nos momentos de colheitas de manifestação e de voto.

A dita providência, ademais, amplamente adotada na modalidade eletrônica das assembleias, facilita imensamente o procedimento de cômputo dos votos e, sobretudo, de apuração do resultado.

Deficiências na construção das listagens, falta de estações de credenciamento ou inaptidão da equipe do administrador tendem a transformar essa fase inicial em caos e desordem aptos a contaminar todo o evento e, assim, a própria assembleia.

Logo, é fundamental que, à medida que cada credor se habilita no processo, seja na fase de definição dos créditos do art. 7º da Lei n.º 11.101, de 2005, seja na oportunidade do art. 37, §4º, da Lei n.º 11.101, de 2005, se adote o cuidado de individualizar *checklist* referente à adequada representação de cada credor e seu mandatário, comunicando inclusive o interessado e de eventual pendência.

Nesse *checklist* deve ser observado: (a) se os documentos se encontram legíveis; (b) se consta a última alteração do contrato social ou estatuto da credora, identificando sua diretoria, gerência ou conselho; (c) se a procuração ao mandatário foi outorgada por membro do conselho, diretoria ou sócio da credora; (d) se o mandato possui prazo de validade expresso e, nesse caso, se é válido àquela data; e (e) se o mandatário possui poderes expressos para se manifestar e para votar na assembleia geral de credores.

É de fato surpreendente como uma medida tão simples torna-se capaz de dissuadir práticas temerárias, uma vez que, de um lado, viabiliza que o administrador judicial identifique a validade da constituição de cada mandatário e seus poderes, além de, de outra banda, permitir eventual configuração da perda de direito de voto, na forma do art. 43 da Lei n.º 11.101, de 2005.

Providência que cada vez se mostra mais relevante é a gravação audiovisual de toda a assembleia geral de credores, desde o começo até o final, passando pela assinatura da lista até a assinatura da ata propriamente dita.

Isso porque invariavelmente as partes se envolvem em debates orais, colocações, questionamentos e alegações alusivas ao plano de recuperação judicial e suas cláusulas, que muitas vezes, por mais minuciosa que seja a redação da ata, ainda assim, eventualmente se perdem frente ao vulto do evento.

De toda sorte, providenciar a gravação audiovisual integral da assembleia de credores é medida útil que por certo assegurará ainda mais transparência do ato solene, especialmente no momento da votação.

Sem prejuízo do emprego de seus próprios instrumentos de cômputo de quórum e de votação, é recomendável em grandes e expressivos *cases* que a administração judicial contrate, adicionalmente, empresas especializadas nos ditos serviços.

Atualmente, é possível contar com essa prestação de serviços remotamente, gerenciado por profissionais da tecnologia de informação que desenvolvem *softwares* específicos para essas ocasiões, com excelente relação de custo-benefício, o que empresta inegavelmente maior segurança à realização da assembleia.

No cenário em que as assembleias eram essencialmente presenciais, o qual sofreu inegável abalo frente à adoção da modalidade virtual do conclave, até mesmo por força da Recomendação n.º 63, do Conselho Nacional de Justiça, desenvolveu-se a prática de envio remoto – por e-mail ou correio – de manifestações de aprovação ou rejeição do plano.

É certo que a forma virtual cada vez mais aplicada tende a fazer diminuir paulatinamente a referida prática, entretanto, ainda assim, é pertinente registrar que a dita manifestação, além de considerada no cômputo final da votação, haverá de integrar, como anexo, a ata da assembleia.

Portanto, é recomendável que a administração judicial providencie terminais de computador e impressora, devidamente preparados, não apenas para a impressão das ditas manifestações, se for o caso, assim como, e principalmente, para que eventual interessado possa, se assim entender pertinente, manifestar ressalva escrita ao plano.

Feito isso, é perceptível o ganho de tempo e agilidade na confecção da ata da assembleia, por parte do secretário designado ou do auxiliar da administração judicial, de modo a evitar que as ressalvas sejam colhidas uma a uma, transcrevendo-as isoladamente, de modo a substituir tal providência pelo registro da apresentação de ressalvas escritas a serem anexadas ao termo de deliberação.

Essa providência é suficiente para fazer valer o direito de voz dos credores, sem riscos de transcrições equivocadas no corpo da ata, além de garantir a transparência e celeridade ao ato solene.

Lado outro, o momento de abertura da assembleia é, sem dúvida, a oportunidade mais adequada para advertências e instruções inerentes ao evento, dentre elas a expressa referência à imprescindibilidade da assinatura da listagem de presença por todos os participantes, elemento fundamental ao correto cômputo do quórum.

Em seguida, seguem-se a apresentação do plano e suas condições pela empresa devedora e a apresentação de manifestações dos credores, por classe, acerca da proposta, viabilizando-se, assim, não apenas sua expressa objeção, mas também a formulação de pedidos de esclarecimentos ou de pedidos de modificação do plano, acerca dos quais deverá a recuperanda apresentar suas respostas.

Superados esses debates, inclusive com possibilidade de modificação das condições do plano pela empresa, é colocado o plano em votação, cabendo à administração judicial esclarecer aos presentes qual será o método e o formato da votação.

Ao longo dos anos e com o advento da prática, a simplicidade da votação por negativa aparenta ser o método mais transparente, democrático e célere de se colher votos em assembleia geral de credores.

Esse formato de cômputo consiste basicamente em colher a manifestação oral apenas dos credores cujo voto for pela rejeição do plano, de maneira a identificar que os silentes se manifestam, tacitamente, pela aprovação da proposta de restruturação. De todas as práticas observadas, essa foi de longe a menos onerosa e de maior transparência, até o presente momento, sem qualquer crítica às demais metodologias utilizadas.

O advento gradativo de meios tecnológicos na realização da assembleia de credores vem, cada vez mais, substituindo a dita metodologia pelo emprego de tais meios de votação e contagem de votos, como sói acontecer não apenas nas assembleias virtuais, mas também nas presenciais, por exemplo mediante uso de terminais de votação.

Nesses casos, é imprescindível a adoção de estações de votação em números compatíveis com o volume de credores, de modo a permitir que o procedimento de colheita das manifestações seja célere.

Finalmente, encerrada a assembleia e elaborada sua respectiva ata, que detalha as ocorrências e, sobretudo, o resultado da votação do plano por classe, essa última haverá de ser subscrita pelo administrador, pela empresa em crise e por 2 (dois) membros de cada classe votante, sendo instruída com todos os anexos mencionados, as listagens utilizadas e as respectivas mídias de sua gravação, para juntada ao processo no prazo do art. 37, §7º, da Lei n.º 11.101, de 2005.

De modo a facilitar a contagem do prazo legal, a sugestão é que seja consignado na ata o horário de encerramento do conclave. Dessa forma, não pairarão dúvidas no tocante ao início e fim do prazo de 48 (quarenta e oito) horas, imposto pela própria norma.

Conclusões

Não há como negar a representatividade da assembleia geral de credores no procedimento da recuperação judicial.

O conclave sintetiza toda a lógica adotada pelo legislador na Lei n.º 11.101, de 2005, emprestando prevalência e destaque aos credores e ao devedor na definição de solução para todos satisfatória, mediante conciliação dos direitos creditórios daqueles e o interesse de sobrevida empresarial deste, tão relevante ao contexto social.

É nesse momento, portanto, que os credores obtêm o protagonismo do feito processual, deixando de figurar tão somente na condição de expectadores ou agentes inconformados, sendo-lhes facultado a criação de comitê de credores, bem como o exercício do direito de voz e voto.

Isto posto, denota-se a evidente necessidade de práticas e rotinas, por parte da administração judicial, que revistam o conclave de transparência, acessibilidade, publicidade, democracia, parcimônia e conforto; zelando ainda pela constante urbanidade para com todos os agentes envolvidos direta ou indiretamente nessa solenidade.

Tal circunstância deve ser identificada e compreendida pelo administrador judicial, a quem cabe empregar adequadamente todas as medidas preparatórias necessárias a que o referido evento transcorra com regularidade e transparência próprias da documentação da manifestação de vontade dos interessados.

Assim, observadas as citadas particularidades, contribuirá fundamentalmente o administrador judicial para a adequada prestação da tutela pelo Estado no pormenor da recuperação judicial.

Referências

BAIRD, Douglas G. *Elements of bankruptcy*. Sixth edition. Saint Paul: Foundation Press, 2001.

BEZERRA FILHO, Manoel Justino. *Lei de recuperação judicial e falência*. 11 ed. São Paulo: RT, 2016.

BRAGANÇA, Gabriel José de Orleans e. *Administrador Judicial*. São Paulo: Quartir Latin, 2017.

CEREZETTI, Sheila Christina Neder. *A recuperação judicial das sociedades por ações*. São Paulo: Malheiros, 2012.

COELHO, Fábio Ulhôa. *Comentários à Lei de falências e de recuperação de empresas*. 14 ed. São Paulo: RT, 2021.

COSTA, Daniel Cárnio. O administrador judicial no projeto de lei 10.220/18 (Nova lei de recuperação judicial e falências). *Migalhas*, 2018. Disponível em: <https://www.migalhas.com.br/coluna/insolvencia-em-foco/287610/o-administrador-judicial--no-projeto-de-lei-10220-18-nova-lei-de-recuperacao-judicial-e-falencias>. Acesso em: 12 mai. 2021.

ELIAS, Luis Vasco (coord.). *10 anos da Lei de Recuperação de Empresas e Falências*: reflexões sobre a reestruturação empresarial no Brasil. São Paulo: Quartier Latin, 2015.

FERRIELL, Jeffrey & JANGER, Edward J. *Understanding Bankruptcy*. Fourth edition. North Carolina: Carolina Academic Press, 2019.

GOMES, Camila Aboud; FIGUEIREDO, Claudete Rosimara de Oliveira; BRASIL, Glaucia Albuquerque; SCALZILLI, João Carlos Lopes; CABRAL, Taciani Acerbi Campagnaro Cabral (coords.). *Recuperação judicial, falência e administração judicial*. Belo Horizonte: D'Plácido, 2019.

LUCCA, Newton de; VASCONCELOS, Miguel Pestana de (coord.). *Falência, insolvência e recuperação de empresas*. São Paulo: Quartier Latin, 2015.

LUCCA, Newton; DOMINGUES, Alessandra de Azevedo. *Direito Recuperacional* – aspectos teóricos e práticos. São Paulo: Quartier Latin, 2009.

LUCCAS, Fernando Pompeu (coord.). *Reforma da Lei de Falências*. São Paulo: RT, 2021.

MAMEDE, Gladston. *Direito empresarial brasileiro*. 9 ed. São Paulo: Atlas, 2018.

NEGRÃO, Ricardo. *Falência e recuperação judicial de empresas*: aspectos objetivos da lei 11.101/2005. 6 ed. São Paulo: Saraiva Educação, 2019.

PUGLIESE, Adriana Valéria. *Direito falimentar e preservação da empresa*. São Paulo: Quartier Latin, 2013.

ROUILLON, Adolfo A. N. *Régimen de concursos y quiebras*. 17 ed. Buenos Aires: Astrea, 2015.

SALOMÃO, Luis Felipe; SANTOS, Paulo Penalva. *Recuperação judicial, extrajudicial e falência*. 5 ed. Rio de Janeiro: Forense, 2020.

SCALZILLI, João Pedro; SPINELLI, Luis Felipe; TELLECHEA, Rodrigo. *Recuperação de empresas e falência*. 3 ed. São Paulo: Almedina, 2008.

_____. *Pandemia, crise econômica e lei de insolvência*. Porto Alegre: Buqui, 2020.

TOLEDO, Paulo Fernando Campos Salles de; SATIRO, Francisco (coord.). *Direito das Empresas em Crise*: problemas e soluções. São Paulo: Quartier Latin, 2012.

25. RELATÓRIO MENSAL DE ATIVIDADES: ACOMPANHAMENTO DAS ATIVIDADES ECONÔMICAS

CLEBER BATISTA DE SOUSA

OTÁVIO DE PAOLI BALBINO

Introdução

Neste breve artigo, pretende-se analisar o arcabouço teórico envolvendo a responsabilidade de apresentação de Relatórios Mensais de Atividades pelo Administrador Judicial, explorando também aspectos de análise econômico-financeira da recuperanda, incluindo hipóteses de fraude, para então se apreciar a exegese das alterações legislativas e como adequá-las aos princípios da Lei, em especial no que tange ao múnus do Administrador Judicial e, por fim, analisar a recente Recomendação do CNJ sobre o tema.

Sabe-se que, apesar de o nome "Administrador Judicial" utilizado pelo legislador denotar a efetiva administração da empresa, a função dessa importante figura presente na Lei 11.101/05 é, no que diz respeito às Recuperações Judiciais, essencialmente fiscalizatória.

Os principais deveres do Administrador Judicial em relação ao instituto mencionado estão descritos no art. 22, incisos I e II da referida Lei, tendo o legislador ampliado o rol de atribuições àquele conferidas com o advento da Lei 14.112/20 mediante endereçamento de novos mecanismos que visam a trazer maior transparência e celeridade ao processo, tendo caminhado no sentido de exigir cada vez uma maior profissionalização desse agente com vistas a auxiliar todos os atores e reduzir a assimetria de informações presente na maior parte dos procedimentos de Recuperação Judicial.

Embora essa seja a exegese da recente alteração legislativa, dentre os novos mecanismos, é possível citar diversos de difícil implementação, tal como o estímulo a mecanismos alternativos de solução de controvérsia (art. 22, I, *j*) – que, sabe-se, são passíveis de utilização em uma gama muito restrita de processos, seja pelo custo que podem acarretar, seja pelas dificuldades impostas por algumas instituições financeiras, ou ainda pela própria composição da dívida da devedora.

Igualmente, a nova atribuição inserida no art. 22, II, *e*, pela qual fica o Administrador Judicial obrigado a fiscalizar o decurso das tratativas e a regularidade das negociações entre devedor e credores, também é de difícil (quiçá impossível) implementação pelo simples fato de que, pela dinâmica das negociações, não é possível que o Administrador Judicial esteja presente no exato momento das tratativas. Não é possível e nem desejável. Basta imaginar a devedora recebendo uma ligação de determinado credor importante e se vendo proibida de negociar pelo fato de que o Administrador Judicial não está disponível naquela oportunidade. Haveria, no mínimo, atraso incompatível com os prazos previstos na Lei.

Lado outro, é princípio geral de direito que se presuma a boa-fé, devendo a má-fé ser provada e demonstrada pelos interessados (demais credores), não sendo razoável pressupor que as tratativas se darão às margens da lei e, por esse motivo, exigir a presença do Administrador Judicial neste importante momento. A prática tem revelado que, na grande maioria dos casos, não há qualquer infração[1] nas tratativas e negociações e nem mesmo ilicitude que justifique a presença do Administrador Judicial *ex ante*.

---

[1] É verdade, no entanto, ser relativamente comum a má orientação pelos profissionais que militam na área e que acabam redundando na infringência à *par condictio creditorum*, em especial em pequenas recuperações judiciais, quando determinados credores sujeitos à Recuperação Judicial são pagos em detrimento dos demais. Nesses casos, deve o Administrador Judicial advertir a empresa para que assim não proceda novamente, noticiando ao juízo tais circunstâncias, não havendo, na prática, muito a ser feito, pois dificilmente tais credores (a menos que sejam partes relacionadas e a situação ganhe contornos diferentes e necessidade de análise mais aprofundada) estornam os referidos valores. Ademais, o Administrador Judicial, apuradas tais circunstâncias, deve retirar da relação de credores os aludidos créditos, o que por si só já gera prejuízo à devedora, uma vez que deixa de poder contar com aquele voto favorável em assembleia, dificultando a obtenção do quórum de aprovação do Plano de Recuperação Judicial.

E mais: como seria essa fiscalização? Deveria o Administrador Judicial estar presente pessoalmente nas reuniões de negociação conciliando agenda de mais um ator processual? Bastaria a comunicação por e-mail? Teria o Administrador Judicial a obrigação de validar a negociação e, em não anuindo com o formato proposto, eventualmente ser responsabilizado pela não aprovação do plano? São perguntas que ficaram sem resposta e, certamente, a prática irá demonstrar que essa e outras novas atribuições do Administrador Judicial cairão em desuso pela flagrante inviabilidade e risco de desarrazoada responsabilização.

É verdade que o Projeto de Lei nº 4.458 de 2020 do Senado Federal, embrião da Lei 14.112/20 contou com a participação de importantes nomes do Direito Concursal, sendo verdadeiramente lamentável que, sabe-se, pouco se tenha oportunizado a presença de grupos de Administradores Judiciais. Tal circunstância fez com que os debates envolvendo as novas atribuições do Administrador Judicial ficassem empobrecidos, aparentando falta de reflexão acerca de alguns dispositivos, em especial no que tange à sua viabilidade e conformidade com a estrutura da Lei e de sua prática.

Uma dessas medidas, que muito circulou nos ambientes de discussão de Administradores Judiciais, foram as mudanças na redação do art. 22, II, alíneas *c* e *h*, pelas quais introduziu-se a função de fiscalizar a veracidade e conformidade das informações prestadas pela devedora.

1. Arcabouço teórico que esteia a apresentação do Relatório Mensal de Atividades e a função fiscalizatória do Administrador Judicial

A elaboração de Relatórios Mensais de Atividades (RMA) pelo Administrador Judicial está entre suas mais essenciais atribuições. Por meio deles, obtém-se um "retrato" do momento vivenciado pela recuperanda, que se reflete nos documentos e informações que serão analisados e processados dentro de um conjunto de premissas previamente estabelecidas, cada uma com um objetivo específico. Dentre as análises possíveis ou úteis estão: alterações de ativo e passivo; modificação no quadro de funcionários; existência de novas ações judiciais contra a devedora; endividamento tributário; e, dentre outros, quais bens estão gravados com alienação fiduciária. Todas essas análises representam a atuação fiscalizatória do Administrador Judicial.

Pela lógica de fiscalização estruturada pelo legislador nas recuperações judiciais no Brasil, por mais eficiente que seja a atuação do Administrador Judicial, ele sempre irá trabalhar com informações desatualizadas, pois não está presente no cotidiano da empresa[2]. Não se trata de tentativa de justificar uma fiscalização menos incisiva ou atrasada, mas sim do reconhecimento de uma realidade que envolve os próprios documentos e informações que são exigidos pela Lei 11.101/05[3], como, por exemplo, os balanços, que são fechados no mês subsequente, e representam um retrato do mês anterior.

Assim, deve o Administrador Judicial se cercar de cuidados de modo a confirmar se as informações prestadas estão adequadas e se correspondem à realidade, sendo certo que o Relatório Mensal de Atividades não deve ser uma reprodução sistematizada de documentos e informações fornecidas pelo devedor, sendo necessárias a conferência e validação ativas por parte do Administrador Judicial.

Mais que isso, já há muito tempo vem se recomendando especial atenção e empenho do Administrador Judicial na fiscalização das atividades da recuperanda, havendo inclusive precedentes[4] que determinaram, expressamente, a projeção da fiscalização para o período anterior ao pedido da Recuperação Judicial como forma de coibir fraudes evidentes, esvaziamento patrimonial ou ocultação de sócios, bem como apurar se houve contribuição dolosa ou culposa dos sócios e administradores da companhia para a crise instalada.

---

[2] Como se sabe, com o deferimento do processamento da Recuperação Judicial, ao contrário do que ocorre na decretação da Falência, o devedor não é afastado das suas atividades, o que somente ocorre em situações excepcionais.

[3] Entende-se que a fiscalização adequada do Administrador Judicial é verificada quando realizada mediante utilização de múltiplos mecanismos, não bastando a replicação de informações fornecidas pela devedora. Ao contrário, é comparecer no estabelecimento, conferir estoque e cruzar dados de modo a constatar eventuais inconsistências.

[4] Consta da decisão de deferimento do processamento da Recuperação Judicial da Saraiva (processo nº 1119642-14.2018.8.26.0100, em trâmite perante o Tribunal de Justiça do Estado de São Paulo) o seguinte comando ao Administrador Judicial: "Por isso, especial atenção deverá ser dedicada à fiscalização das atividades das recuperandas, o que também se estende ao período anterior à data do pedido, a fim de se apurar eventual conduta dos sócios e administradores que possam, culposa ou dolosamente, ter contribuído para a crise."

No início das discussões envolvendo as modificações na Lei 11.101/05, houve tentativa de normatização de um *termo legal* na Recuperação Judicial, ou seja, o estabelecimento de critérios objetivos envolvendo operações suspeitas em momento anterior ao ajuizamento dessa medida jurídica. No entanto, a redação final do PL e, consequentemente, da Lei 14.112/20 não contemplaram tal hipótese.

Nesse ponto, pede-se licença para fazer breves considerações acerca do instituto do *Chapter 11* do direito norte-americano envolvendo a função fiscalizatória do Administrador Judicial para que se possa compreender em que extensão é possível exercer tal múnus.

No direito norte-americano, o instituto da Recuperação Judicial de sociedades empresárias é regulado pelo *Chapter 11*, em que, assim como no Brasil, a regra geral é que o próprio devedor fique responsável pela condução dos negócios e pelo deslinde do procedimento (*debtor in possession*). No entanto, pode ser nomeado um *Trustee*, cujas funções serão determinadas pelo juiz de acordo com a necessidade do caso concreto, podendo inclusive administrar a empresa, o que, em regra, não ocorre no Brasil nos procedimentos de Recuperação Judicial.

Comparando-se de maneira superficial e rudimentar as figuras do *Trustee* e do Administrador Judicial[5], é possível dizer que, no Brasil, o Administrador Judicial não tem acesso a decisões administrativas, tomando conhecimento de fatos e documentos *a posteriori*, quando são fornecidos pela empresa por exigência legal. Embora seja responsável pela apresentação da relação de credores e convocação da Assembleia Geral de Credores, entende-se que o Administrador Judicial tem uma atuação muito limitada quando comparado ao *Trustee*, que sabidamente tem uma maior liberdade de atuação. Isso contribui, dentre outros fatores, para um sistema de insolvência mais célere, capaz de atingir o fim a que se propõe.

Um dos exemplos de maior autonomia, liberdade e do impulsionamento do processo que se espera do *US Trustee* nos Estados Unidos é pela

---

[5] O Administrador Judicial no Brasil é distinto do *US Trustee*, que é um servidor público que representa os interesses sociais e supervisiona o processo, papel que mais se aproxima daquele realizado pelo Ministério Público no Brasil. Cumpre salientar que o *US Trustee* não equivale ao Ministério Público no Brasil, mas desempenha função parecida nesse procedimento específico. Já o *Trustee*, figura distinta do *US Trustee*, é um particular, normalmente advogado ou contador, nomeado pelo juiz, geralmente em casos de fraude já para afastar o devedor da condução dos negócios. Funciona como um interventor.

chamada *341 Meeting*, referência legal utilizada para designar a reunião em que ocorre a oitiva do devedor feita pelo *US Trustee* para apuração de uma série de circunstâncias envolvendo o processo.

Durante a reunião, o *US Trustee* tem a prerrogativa e obrigação de fazer diversas perguntas à devedora de modo a se assegurar de que há lisura no pedido de Recuperação Judicial. As perguntas se prestam a garantir a compreensão acerca de temas relevantes, como a bens, direitos e dívidas, o que pouco difere da nossa legislação. Também deve indagar o devedor sobre eventual transferência de bens para amigos ou familiares dentro de uma determinada janela de tempo, ou ainda solicitar esclarecimentos acerca de pagamentos realizados em momento anterior ao pedido de Recuperação Judicial para apurar privilégio a determinado credor em detrimento da coletividade.

Se constatada alguma irregularidade flagrante, má-fé ou fraude, o *US Trustee* (servidor público) poderá pleitear perante a corte a indicação de um *Trustee* (empresa privada), que vai substituir o devedor na administração da empresa, operando-se o afastamento da regra geral do *debtor in posession*, que por lá também vigora.

Fato é que os atores processuais respondem a incentivos (inclusive legais), sendo certo que a legislação tem impacto direto e relevante no índice de recuperação de crédito que, no Brasil, segundo dados do Banco Mundial[6] coletados antes da vigência da Lei 14.112/20, é muito abaixo da média de toda América Latina.

Percebe-se, portanto, a ineficiência da Lei 11.101/05, validando a necessidade da recente alteração legislativa e reforçando a premissa de que a função fiscalizatória do Administrador Judicial deve ser exercida com a maior amplitude possível de modo a coibir fraudes. Nas palavras de Sheila Neder Cerezetti:

> "(...) a atuação do administrador judicial não beneficia apenas os credores, mas o bom andamento do processo e todos os demais interessados no sucesso do devedor. As informações por ele angariadas e propagadas por meio dos relatórios que deve apresentar em juízo permitem que um amplo rol de agentes fique ciente das condições do devedor.

[6] Segundo Relatório *"Doing Business"* do Banco Mundial, a taxa de recuperação de crédito no Brasil é de apenas 16 centavos por dólar, enquanto a média na América Latina e Caribe é de 31 centavos e nas economias de alta renda da OCDE é de 73 centavos.

(...)

A fiscalização exercida pelo administrador judicial pode resultar na indicação de descumprimento de deveres fiduciários por parte do devedor e de prejuízo a diferentes *stakeholders*."[7]

Assim, em última análise, pode-se dizer que o Administrador Judicial, como agente fundamental na redução da assimetria de informações presente nas Recuperações Judiciais, tem plenas condições de, desempenhando bem o seu múnus, contribuir para melhora no índice de recuperação de crédito no Brasil. A função fiscalizatória do Administrador Judicial, em grande medida visível por meio da elaboração do Relatório Mensal de Atividades deve, portanto, ser exercida com extrema assertividade e acuidade.

Uma fiscalização de qualidade é feita mediante acompanhamento, o mais próximo possível, das atividades desenvolvidas pelo devedor. Diversas medidas se prestam a esse papel, tais como: visitas *in loco* para conferir a ritmo das atividades; comparação de informações gerenciais de estoque com o estoque real; solicitação de notas fiscais para apurar o volume de operações em comparação ao balanço; dentre outras.

Essas medidas, em conjunto com outras, trarão ao Administrador Judicial a percepção da realidade vivenciada pela empresa naquele momento, devendo as percepções mencionadas serem traduzidas em métricas objetivas[8] e alocadas de forma ordenada no Relatório Mensal de Atividades para ciência dos demais atores processuais.

Quando a lei estabeleceu o favor legal da Recuperação Judicial, foram exigidas contrapartidas. A atividade, em condições normais, somente é fiscalizada pelos órgãos públicos ou por alguns agentes privados, em especial de fomento ou fornecedores estratégicos. No entanto, a partir do momento em que a devedora se submete ao regime concursal, a lógica é invertida, ocorrendo verdadeiro *disclosure* das informações de evolução suas, até mesmo como pré-requisito básico de uma análise acurada de condições apresentadas no Plano de Recuperação Judicial, de modo que o

---

[7] CEREZETTI, Sheila. *A Recuperação Judicial de Sociedades por ações*. São Paulo: Malheiros, 2012, p. 280-282.

[8] Tais como EBITDA, indicadores de liquidez, margem, etc., conforme será analisado no tópico subsequente.

credor tenha condições de exarar seu voto (seja para aprovar ou reprovar o plano) dentro de constatações realistas.

As principais perguntas para as quais os credores buscam respostas são: a condição de pagamento proposta condiz com a realidade da empresa? Estou seguro de que, em sendo aprovado o plano, serei pago nas condições estabelecidas? Em uma falência, irei receber em melhores condições? Em outras palavras, qual é o meu risco-retorno?

Tais perguntas não são passíveis de serem respondidas diante da ausência de *disclosure* das informações da devedora, razão pela qual um dos princípios basilares da Lei 11.101/05 é o da *transparência*, devendo o Administrador Judicial funcionar como indutor da redução de assimetria de informações que naturalmente ocorre pela estrutura do ambiente de negócios hoje presente no Brasil.

Assim, embora o Administrador Judicial não tenha poderes para interferir nas atividades da devedora, por outro lado tem a prerrogativa e a obrigação de exigir do devedor quaisquer informações e documentos que considerar necessários ao fiel desempenho de seu múnus fiscalizatório.

Feitas essas breves considerações acerca da função fiscalizatória do Administrador Judicial, passa-se a identificar os aspectos contábeis e financeiros que deverão ser analisados para a elaboração do Relatório Mensal de Atividades de forma profunda.

2. Análise Econômico-Financeira da Recuperanda

A contabilidade, como ciência social, é aquela que cuida do tratamento dos dados econômicos e financeiros e os transforma em informações que dão suporte às tomadas de decisão. No âmbito gerencial, a informação contábil mostra-se ferramenta essencial para condução dos negócios, possibilitando informações úteis e tempestivas que contribuam para boas práticas de gestão, permitindo, com isso, a transparência da situação econômico-financeira da empresa por meio de relatórios não somente destinados à administração da pessoa jurídica, mas também aos demais *stakeholders*, como acionistas, credores e o Fisco.

Nesse sentido, José Carlos Marion corrobora a relevância da informação contábil ao expressar que:

"A Contabilidade é o grande instrumento que auxilia a administração a tomar decisões. Na verdade, ela coleta todos os dados econômicos, mensurando-os monetariamente, registrando-os e sumarizando-os em forma de relatórios ou de comunicados, que contribuem sobremaneira para a tomada de decisões."[9]

No âmbito de uma Recuperação Judicial, a importância da informação contábil não é diferente, especialmente no que tange ao acompanhamento mensal da devedora, visto que a transparência e qualidade na informação são elementos fundamentais para que o processo seja conduzido com a máxima harmonia possível entre ela e credores, permitindo, por meio do Relatório Mensal de Atividades, a exposição, pela Administração Judicial, da evolução da situação econômico-financeira, com a análise de indicadores, movimentações dos ativos e passivos, bem como aferição das operações desenvolvidas, analisando as receitas, custos e despesas.

Dessa forma, pode-se depreender que a contabilidade da devedora exerce papel primordial no processo com o fim de prestar informações fidedignas, corretas e tempestivas, prezando por uma escrituração contábil que obedeça, em todos os aspectos, à boa técnica e às Normas Brasileiras de Contabilidade (NBG), principalmente à Estrutura Conceitual Básica da informação contábil, observando as características qualitativas fundamentais, da relevância e representação fidedigna.

Conforme NBC TG ESTRUTURA CONCEITUAL, promulgada pelo Conselho Federal de Contabilidade (CFC), a característica qualitativa da *Relevância* é entendida como:

"2.6 Informações financeiras relevantes são capazes de fazer diferença nas decisões tomadas pelos usuários. Informações podem ser capazes de fazer diferença em uma decisão ainda que alguns usuários optem por não tirar vantagem delas ou já tenham conhecimento delas a partir de outras fontes.

2.7 Informações financeiras são capazes de fazer diferença em decisões se tiverem valor preditivo ou valor confirmatório, ou ambos.

2.8 Informações financeiras têm valor preditivo se podem ser utilizadas como informações em processos empregados pelos usuários para prever resultados futuros. Informações financeiras não precisam ser previsões ou prognósticos para ter valor preditivo. Informações financeiras com valor preditivo são empregadas por usuários ao fazer suas próprias previsões.

---

[9] MARION, José Carlos. *Contabilidade Empresarial*. 17 ed. São Paulo: Atlas, 2015, p. 3.

2.9 Informações financeiras têm valor confirmatório se fornecem feedback sobre (confirmam ou alteram) avaliações anteriores."

Já a característica qualitativa fundamental da *Representação Fidedigna*, conforme a mesma norma contábil, pode ser entendida da seguinte forma:

"Representação fidedigna

2.12 Relatórios financeiros representam fenômenos econômicos em palavras e números. Para serem úteis, informações financeiras não devem apenas representar fenômenos relevantes, mas também representar de forma fidedigna a essência dos fenômenos que pretendem representar. Em muitas circunstâncias, a essência de fenômeno econômico e sua forma legal são as mesmas. Se não forem as mesmas, fornecer informações apenas sobre a forma legal não representaria fidedignamente o fenômeno econômico.

2.13 Para ser representação perfeitamente fidedigna, a representação tem três características. Ela é completa, neutra e isenta de erros. Obviamente, a perfeição nunca ou raramente é atingida. O objetivo é maximizar essas qualidades tanto quanto possível.

2.14 A representação completa inclui todas as informações necessárias para que o usuário compreenda os fenômenos que estão sendo representados, inclusive todas as descrições e explicações necessárias. Por exemplo, a representação completa de grupo de ativos inclui, no mínimo, a descrição da natureza dos ativos do grupo, a representação numérica de todos os ativos do grupo e a descrição daquilo que a representação numérica retrata (por exemplo, custo histórico ou valor justo). Para alguns itens, uma representação completa pode envolver também explicações de fatos significativos sobre a qualidade e natureza do item, fatores e circunstâncias que podem afetar sua qualidade e natureza e o processo utilizado para determinar a representação numérica."

Pode-se inferir, a partir dos entendimentos trazidos com excelência pelo CFC, que o respeito às características qualitativas fundamentais da informação contábil, como bem nomeados pela própria norma, representam itens fundamentais para que seja fornecida a informação adequada, permitindo, por consequência, o devido acompanhamento da empresa.

Nesse contexto, ao ingressar com um pedido de Recuperação Judicial, torna-se essencial que a empresa alinhe com a contabilidade a qualidade das informações contabilísticas e trace um paralelo entre os registros contábeis e a realidade da empresa, para que as demonstrações sejam feitas da forma mais fiel possível. Esse alinhamento se faz necessário uma vez que, no Brasil, principalmente os micros e pequenos empresários não dão a devida importância às informações contábeis e têm, na figura do contador, muito mais um profissional consultor tributário, trabalhista e previdenciário, do que um profissional que pode auxiliar na gestão.

Com a escrituração contábil fidedigna, o gestor da empresa em recuperação, os credores, o Judiciário e os demais interessados no processo podem ter informações que os auxiliem a determinar a capacidade de pagamento no curto e longo prazos, o volume de recursos que a empresa está empregando em negócios alheios às suas atividades, o grau de endividamento, o valor do passivo a descoberto, a margem bruta de lucratividade, o resultado efetivo dos negócios, conhecido como *EBTIDA* (do inglês *Earnings Before Interest, Taxes, Depreciation and Amortization*), a representatividade de cada despesa no gasto total da empresa e a margem líquida, dentre outros.

Importante reforçar que essas informações são relevantes para a transparência no processo, uma vez que demonstram mensalmente a capacidade de soerguimento da devedora. Para melhor exemplificar a importância dessas informações, apresentam-se, adiante, os principais documentos contábeis que devem ser analisados, bem como os principais indicadores que devem constar em um Relatório Mensal de Atividades – RMA.

2.1. Documentos e informações contábeis básicas para elaboração do RMA

Como exposto no tópico anterior, a informação contábil é fundamental para trazer transparência ao processo de Recuperação Judicial. Dessa forma, a devedora deve contar com profissionais de contabilidade, sejam internos ou externos, que contribuam para que os documentos e informações contábeis sejam preparados com lisura e enviados ao Administrador Judicial de forma tempestiva.

As demonstrações contábeis representam o principal meio informativo da situação patrimonial e dos resultados da empresa junto aos *stakeholders*, especialmente no contexto da Recuperação Judicial, sendo eles: o juízo, a administração judicial, os credores, investidores, fornecedores, empregados, o governo e as instituições financeiras.

As demonstrações contábeis obrigatórias, a periodicidade e a base para sua elaboração, no caso das companhias, são previstas no art. 176 da Lei 6.404/76, com as alterações da Lei 11.638/07. Assim preceitua o dispositivo:

> "Art. 176. Ao fim de cada exercício social, a diretoria fará elaborar, com base na escrituração mercantil da
> companhia, as seguintes demonstrações financeiras, que deverão exprimir com clareza a situação do patrimônio da
> companhia e as mutações ocorridas no exercício:
> I – balanço patrimonial;
> II – demonstração dos lucros ou prejuízos acumulados;
> III – demonstração do resultado do exercício; e
> IV – demonstração dos fluxos de caixa;
> V – se companhia aberta, demonstração do valor adicionado."

No caso das sociedades limitadas, a obrigação de elaboração das demonstrações está estampada no artigo 1.179 do Código Civil. Em ambos os casos, para elaboração do RMA, a devedora deve apresentar minimamente o *Balanço Patrimonial* e a *Demonstração do Resultado*, os quais permitem a visualização da situação patrimonial e econômico-financeira da empresa, bem como o acompanhamento das atividades, por meio das análises das receitas, custos e despesas. Todavia, considerando o objetivo de prestar informações aos *stakeholders* da Recuperação Judicial, faz-se necessário que, além da aplicação das Normas Brasileiras de Contabilidade, cuidados especiais sejam dedicados no que diz respeito à forma, ao conteúdo e ao nível de detalhes das demonstrações contábeis.

2.1.1. Balanço patrimonial
No balanço patrimonial, são demonstradas as rubricas contábeis representativas dos elementos que compõem o patrimônio da empresa, agrupadas de modo a facilitar o conhecimento e a análise da situação financeira da companhia, entre três principais grupos, denominados *Ativo*, *Passivo* e *Patrimônio Líquido*.

Conforme definição trazida por Marion, o balanço patrimonial:

"É a principal demonstração contábil. Reflete a posição financeira em determinado momento, normalmente no fim do ano ou de um período prefixado. É como se tirássemos uma foto da empresa e víssemos de uma só vez todos os bens, valores a receber e valores a pagar em determinada data."[10]

No *Ativo*, estão demonstrados os bens e direitos a receber pela empresa, sendo segregadas em dois subgrupos: (*i*) o *Ativo Circulante,* que abrange as rubricas contábeis representativas dos bens e direitos realizáveis no prazo de 12 meses após a data do balanço; e (*ii*) o *Ativo Não Circulante*, em que há os registros dos bens e direitos realizáveis após o referido período ou que não há intenção de realização pela empresa.

No *Passivo*, estão demonstradas as dívidas a pagar pela empresa, sejam elas sujeitas ao procedimento da Recuperação Judicial ou não. Nesse grupo do balanço patrimonial, as rubricas contábeis representativas de cada tipo de dívida são dispostas por ordem decrescente de grau de exigibilidade, sendo segregadas, assim como no grupo do Ativo, em dois subgrupos, quais sejam: (*i*) o *Passivo Circulante*, que abrange as rubricas contábeis representativas das dívidas vencíveis, em regra, no prazo de 12 meses após a data do balanço; (*ii*) e o *Passivo Não Circulante*, que abrange as rubricas contábeis representativas das dívidas vencíveis após o referido prazo de 12 meses.

Por fim, é demonstrado, no balanço patrimonial, o grupo do *Patrimônio Líquido*, que representa o capital dos sócios/acionistas aplicado na empresa. Pode-se entender esse grupo como representativo das dívidas da empresa junto a esses sócios/acionistas, sendo comumente chamado de *Passivo Não Exigível.*

Assim, no RMA, a partir da análise do balanço patrimonial, é possível visualizar o retrato mensal da empresa, donde constará, dentre outros, o aumento e diminuição de bens, direitos e endividamento.

2.1.2. Demonstração do resultado do exercício DRE

Na Demonstração de Resultado, são expostos os registros das receitas e gastos (custos e despesas) da empresa, sendo que, a partir do confronto

---

[10] MARION. *Contabilidade Empresarial...*, p. 23.

desses itens, são demonstrados (*i*) a Receita Líquida, (*ii*) o Lucro Bruto e (*iii*) o Lucro Líquido ou Prejuízo, os quais podem ser entendidos da seguinte forma:

- A *Receita Líquida* corresponde ao resultado obtido, após deduzir da receita bruta de vendas/prestação de serviços, os valores decorrentes dos impostos sobre venda/prestação de serviços, devoluções, descontos incondicionais concedidos e cancelamentos.
- O *Lucro Bruto* corresponde ao resultado obtido, após deduzir da Receita Líquida os custos dos produtos/mercadorias vendidas ou dos serviços prestados.
- Já o *Lucro Líquido* ou *Prejuízo* corresponde ao resultado obtido, após deduzir do Lucro Bruto as demais despesas administrativas, comerciais, tributárias, por exemplo, bem como acréscimos de outras receitas não decorrentes da atividade principal da empresa.

A partir da demonstração de resultado, é possível acompanhar mensalmente qual a composição dos principais gastos da devedora, bem como acompanhar a regularidade de suas operações, sendo que, alinhada à análise paralela do balanço patrimonial, podem-se compreender mensalmente os impactos das operações no contexto patrimonial da devedora.

2.2. Análise do desempenho das atividades e da evolução patrimonial

Tanto o balanço patrimonial quanto a demonstração de resultado podem ser mensalmente obtidos por meio de um único documento extraído da escrituração contábil da devedora, qual seja, o balancete contábil analítico. De posse desse documento contábil, é possível ter a base para elaboração dos relatórios mensais de atividades, demonstrando a análise do desempenho das atividades do devedor e sua evolução patrimonial. Também é possível realizar a comparabilidade entre o cenário do mês objeto de análise do relatório e o cenário da devedora na data do pedido de Recuperação Judicial, evidenciado pelas demonstrações contábeis especialmente levantadas para o pedido de Recuperação Judicial, cuja exigência é estabelecida no art. 51, II, da Lei 11.101/2005. A partir desse confronto mensal, é possível aferir melhoras ou pioras no cenário econômico-financeiro da devedora.

Considerando o contexto pós deferimento do processamento da Recuperação Judicial, pode-se depreender que a empresa deverá apresentar melhora na formação de caixa, tanto para posterior cumprimento do Plano de Recuperação, quanto para utilização como capital de giro, uma vez que suas dívidas, ainda que parcialmente, estão submetidas ao pagamento conforme Plano de Recuperação Judicial.

Nos acompanhamentos mensais, também é relevante atentar para aumentos expressivos do endividamento, o que deve ser bem justificado pela devedora, devendo ser passível de ser visualizada a aplicação dos recursos que originaram novas dívidas.

Em relação às operações da empresa, devem ser observados os aumentos e especialmente as reduções bruscas de faturamento decorrentes das atividades, o que pode evidenciar até mesmo a paralisação das atividades da devedora. Além disso, importante atentar-se para a representatividade dos custos frente ao faturamento e principais despesas da devedora. Esses acompanhamentos demonstram-se essenciais, posto que poderão permitir a visualização, ainda que de maneira superficial, de gargalos existentes nas operações do devedor, por exemplo, gastos excessivos com despesas administrativas.

Para análise mensal do desempenho das atividades da devedora e da sua evolução patrimonial, com a devida observância aos aspectos mencionados, podem ser utilizadas diversas fórmulas e indicadores econômico-financeiros, que permitem a visualização e o entendimento das composições e variações ocorridas nos ativos e passivos, bem como do conhecimento do capital de giro, liquidez, endividamento e rentabilidade do negócio. Nesse contexto, são análises importantes a serem feitas mensalmente as descritas a seguir.

2.2.1. Análise Horizontal e Vertical

A *Análise Horizontal* pode ser realizada considerando o balanço patrimonial e a demonstração de resultado. Tem como objetivo demonstrar a variação percentual ocorrida entre o período atual – por exemplo o mês objeto do relatório mensal – e período anterior, que pode ser o mês anterior ao relatório mensal ou a própria data do pedido de Recuperação Judicial, por exemplo.

Nessa análise, pode-se compreender a relevância de variações ocorridas nos ativos, passivos, receitas e despesas da devedora. A comparação é feita, principalmente, com o cenário configurado na data do pedido de Recuperação Judicial.

Por exemplo, se, na data do pedido de Recuperação Judicial, a devedora possuía um saldo de R$ 100.000,00 (cem mil reais) em caixa e, na data do relatório mensal de atividades, esse saldo aumentou para R$ 150.000,00 (cento e cinquenta mil reais), por meio da análise horizontal, será possível visualizar a variação positiva correspondente a 50%, o que demonstra a formação de caixa pela devedora, para financiamento do capital de giro, bem como pagamento dos credores.

Por outro lado, a *Análise Vertical* também pode ser realizada considerando o balanço patrimonial e a demonstração de resultado. Tem como objetivo comparar itens pontualmente do balanço patrimonial frente ao ativo e passivo total, e da demonstração de resultado frente a receita bruta, sendo tal indicador demonstrado em percentual.

Essa análise permite compreender a composição e os principais ativos, passivos e despesas da empresa. Por exemplo, se a devedora possui um passivo total de R$ 100.000,00 (cem mil reais), sendo que R$ 50.000,00 (cinquenta mil reais) corresponde a empréstimos e financiamentos, por meio da análise vertical, será possível visualizar que 50% do endividamento da empresa é decorrente de dívidas bancárias.

Sendo assim, a análise horizontal e a vertical se complementam. Por exemplo: as *disponibilidades* de certa empresa analisada podem ter aumentado de um mês para outro, em valores absolutos. Entretanto, sua participação percentual sobre o ativo total da empresa, ou mesmo sobre o ativo circulante, pode ter diminuído, no mesmo período. Se o objetivo da empresa é manter disponibilidades em um mínimo possível, é preciso ter cautela com a análise de seu crescimento. Nesse caso e em outros, as análises horizontal e vertical devem ser utilizadas em conjunto para uma melhor definição do assunto.

2.2.2. Análise mensal da capacidade de pagamento da recuperanda

A análise e o acompanhamento mensal da capacidade de pagamento da devedora representa exposição de grande relevância no contexto do RMA. A partir dessas análises, são correlacionados os ativos e passivos, sendo possível a visualização acerca da formação de caixa pela empresa ou manutenção de outros bens e direitos, bem como se está havendo aumento ou diminuição do endividamento.

Nesse contexto, os índices de liquidez indicam a capacidade da empresa de honrar com seus compromissos financeiros. Estes indicadores são:

$$\text{Índice de Liquidez Imediata} = \frac{\text{Disponibilidades}}{\text{Passivo Circulante}}$$

Esse indicador representa o quanto a empresa dispõe de recursos monetários imediatos para saldar as dívidas de curto prazo. Essa análise mensal permite certificar se há aumentos ou diminuições das disponibilidades ou das dívidas de curto prazo que, por consequência, refletem na melhora ou piora da situação econômico-financeira da devedora.

$$\text{Indicador de Liquidez Corrente} = \frac{\text{Ativo Circulante}}{\text{Passivo Circulante}}$$

Esse indicador relaciona os bens e direitos conversíveis em dinheiro no curto prazo (disponibilidades, clientes a receber e estoques, por exemplo) para saldar as obrigações vencíveis também no curto prazo. A análise mensal desse indicador permite certificar se há aumentos ou diminuições dos ativos de curto prazo ou das dívidas de curto prazo que, por consequência, refletem na melhora ou piora da situação econômico-financeira da devedora.

$$\text{Indicador de Liquidez Geral} = \frac{\text{Ativo Circulante} + \text{Realizável a Longo Prazo}}{\text{Passivo Circulante} + \text{Passivo Não Circulante}}$$

Esse indicador permite a aferição da capacidade de pagamento da empresa, considerando os bens e direitos realizáveis no curto e longo prazo, bem como as dívidas também de curto e longo prazo. Tendo em vista o contexto da empresa em Recuperação Judicial, esse indicador é o que costumar apresentar menor variação em comparação com os anteriores, visto que, durante o processo de Recuperação Judicial não é habitual a contração de novas dívidas de longo prazo, tampouco a formação de ativos realizáveis também a longo prazo.

No entanto, a avaliação e exposição mensal desse indicador nos RMAs é de grande importância, uma vez que, conforme mencionado, permite o entendimento e demonstração da capacidade de pagamento da empresa, considerando os ativos e passivos de curto e médio prazo.

2.2.3. Análise mensal da rentabilidade do negócio

Os indicadores de rentabilidade tanto podem ser extraídos da demonstração de resultado, quanto do balanço patrimonial. São indicadores de grande relevância no contexto dos RMAs, vez que possibilitam uma melhor análise das operações mensais da empresa, refletidas no faturamento, custos, despesas e lucro/prejuízos. Podem ser destacados os seguintes indicadores extraídos da demonstração de resultado:

$$\text{Margem Bruta} = \frac{\text{Lucro Bruto}}{\text{Vendas Líquidas}}$$

Esse indicador permite aferir, em percentual, qual a rentabilidade do negócio, considerando apenas as deduções dos custos, ou seja, apenas os gastos diretamente ligados aos produtos/mercadorias vendidas e/ou serviços prestados. É um indicador relevante, devendo ser observado que oscilações mensais bruscas podem representar aumentos ou diminuições relevantes dos custos e/ou dos preços de venda.

$$\text{Margem Líquida} = \frac{\text{Lucro Líquido}}{\text{Vendas Líquidas}}$$

Esse indicador permite apurar, em percentual, qual a rentabilidade total do negócio, sendo considerada as deduções de todas as despesas. É um indicador importante, devendo ser observado que oscilações mensais bruscas podem representar aumentos ou diminuições relevantes das despesas e/ou dos preços de venda.

Em ambos os indicadores, é relevante a complementação com a análise vertical, já mencionada anteriormente, verificando assim quais os principais gastos da empresa no mês, que consomem o faturamento decorrente das vendas.

Portanto, a partir da análise e acompanhamento dos indicadores econômico-financeiros, é possível demonstrar nos Relatórios Mensais de Atividades a evolução da situação econômico-financeira da devedora. No entanto, é importante atentar-se, para além dos itens apontados, observando as peculiaridades da devedora, que podem influenciar em adequação das análises necessárias.

Por outro lado, embora as referidas análises evidenciem elementos para acompanhamento mensal da situação econômico-financeiras da devedora, o foco não deve ser restrito, tendo em vista que o Administrador Judicial, exercendo seu papel de fiscalização, deverá observar ainda eventuais fraudes praticadas contra credores e crimes falimentares.

2.3. Análise de possíveis fraudes contra credores e crimes falimentares

Uma das atribuições do Administrador Judicial como *longa manus* do juízo é aferir se a recuperanda continua desenvolvendo suas atividades de forma regular e rumo à recuperação. Nesse sentido, entende-se que uma atuação proativa e profunda do Administrador Judicial se presta também a inibir o cometimento de crimes falimentares, conforme preceitua o art. 168 da Lei 11.101/05.

Tal atribuição, como se sabe, não se confunde com atos de gestão, pois o modelo adotado pela legislação brasileira foi o do *debtor in posession*, em que a devedora continua na condução dos negócios, cabendo a ela apenas desenvolver a atividade empresária e podendo, conjunta ou isoladamente com seus sócios, inclusive serem responsabilizados cível e criminalmente nos termos da Lei.

Assim, além de ser o principal meio informativo da situação patrimonial e dos resultados da empresa, as demonstrações contábeis mensalmente apresentadas nos Relatórios Mensais de Atividades também permitem a detecção e inibição de possíveis fraudes contra credores, bem como de crimes falimentares.

Para tais detecções nos relatórios mensais, é necessária uma análise holística das informações contábeis, e não apenas análise de indicadores econômico-financeiros, sendo primordial a compreensão do conceito básico da ciência contábil, de origem e aplicação de recursos. Ou seja, a escrituração contábil registra a origem de cada recurso que entra ou sai da entidade, além da respectiva aplicação desse recurso.

Isso quer dizer que, analisando as informações contábeis, é possível compreender, por exemplo, onde foram aplicados os recursos que saíram do caixa e das contas bancárias da empresa, qual a destinação dos estoques, bem como se novas dívidas contraídas mensalmente pela devedora estão refletidas em benefícios para a empresa.

Tais elementos se prestam, em síntese, a demonstrar se a Recuperação Judicial está fazendo bem ou mal para a empresa, sendo certo que o Administrador Judicial tem o papel fundamental de reduzir a assimetria das informações para todos os atores do processo, inclusive para o magistrado que, na maioria dos casos, não possui formação contábil e encontra-se, no início do procedimento, imerso em oceano de absoluta incerteza e desconhecimento de informações sobre o futuro da empresa.

Essa incerteza e esse desconhecimento levam, muitas vezes, a uma má compreensão do instituto da Recuperação Judicial e imputam significativo estigma aos devedores. É justamente nesse contexto que se revela de absoluta relevância a análise contábil aprofundada, que deve ser proporcional e compatível com o porte da atividade, de modo a não onerar demasiadamente o devedor no fornecimento de informações, conforme será abordado oportunamente.

A Lei 11.101/05, alterada pela Lei 14.112/20, corrobora a relevância da escrituração contábil, ao tratar das fraudes contra credores e crimes falimentares. Robustecendo a antiga previsão de incidência de crime falimentar para as hipóteses de prática de ato fraudulento que resulte ou possa resultar prejuízo aos credores, com fim de obter ou assegurar vantagem indevida para si ou para outrem, foi incluída nova tipificação para os casos de distribuição de lucros ou dividendos a sócios e acionistas até a aprovação do Plano de Recuperação Judicial.

Essa e diversas outras alterações da Lei de Insolvência estão intimamente ligadas com o aumento do espectro de atuação do Administrador Judicial, em grande medida com vistas a reduzir a assimetria de informações, garantir transparência e coibir fraudes. Nesse contexto, a análise contábil detém papel fundamental para verificar, dentre outras coisas, se há distribuição disfarçada de lucros, se o empréstimo contabilizado de fato ocorreu, como está a evolução da disponibilidade de caixa, se os relatórios gerenciais coincidem com a contabilidade e, sem pretensão de exaurir as possibilidades, se o estoque real é compatível com o declarado.

Abaixo, seguem as movimentações/distorções evidenciadas na escrituração contábil que podem auxiliar o Administrador Judicial na detecção de possíveis fraudes:

- Saldo credor (negativo) da conta contábil do caixa;

- Saldo elevado da conta caixa, acima da normalidade para a necessidade de capital de giro da empresa;
- Saldo credor (negativo) da conta de estoques;
- Saldo de clientes a receber sem movimentação por longo período;
- Redução brusca do saldo do imobilizado;
- Aumento expressivo do endividamento, sem respectivo aumento do ativo;
- Valor dos custos dos produtos vendidos superiores à receita de vendas; e
- Elevados valores de despesas com serviços de terceiros.

Portanto, durante o acompanhamento mensal, ainda que as distorções das informações contábeis se demonstrem irrelevantes ou imateriais, devem ser observadas com o devido cuidado, visto que:

"Como as fraudes são maquinações, elas possuem raízes ou caminhos iniciais. Um desses caminhos é o de procurar conhecer a debilidade dos controles. O delinquente sempre "testa" a capacidade da vítima. Em geral, de início, comete um "pequeno engano" para ver como este é percebido. Se o erro não é detectado, se passou despercebido, é sinal de que coisas maiores podem ser feitas."[11]

Nesse contexto, as distorções apuradas devem ser devidamente analisadas e confrontadas com outros documentos, bem como as constatações deverão ser reportadas nos relatórios mensais, para conhecimento das partes interessadas.

2.4. Outras análises importantes

Além das informações extraídas da escrituração contábil, é de suma importância que o Administrador Judicial também observe os demais aspectos para adequado acompanhamento da devedora, especialmente no que se refere às questões peculiares das operações da empresa.

É essencial que sejam observadas as movimentações acerca do quadro de colaboradores da devedora, verificando a manutenção dos empregos

---

[11] HOOG, Wilson Alberto Zappa; SÁ, Antônio Lopes de. *Corrupção, Fraude e Contabilidade*. 5 ed. Curitiba: Juruá Editora, 2015, p. 40.

e perspectivas da empresa nesse sentindo, uma vez que tal manutenção representa um dos objetivos previstos no art. 47, da Lei 11.101/2005.

Outro item relevante é o acompanhamento dos processos judiciais em que a devedora é parte, o que pode representar tanto a possibilidade de novos recursos quanto a formação de novos passivos.

Além disso, é imprescindível a realização de visitas *in loco* regularmente, com a finalidade de se atestar o efetivo funcionamento da empresa, suas reais condições estruturais e a coerência da realidade com as informações prestadas.

3. Ampliação das atribuições do Administrador Judicial e a fiscalização da veracidade das informações contábeis apresentadas pela devedora

As atribuições do Administrador Judicial estão detalhadas no art. 22 da Lei 11.101/05, com diversas novidades introduzidas pela Lei 14.112/20. Dentre as novas atribuições do Administrador Judicial na Recuperação Judicial, estão diversos deveres de definição vaga e impraticáveis que certamente o colocarão numa posição de fragilidade diante de possíveis ataques de quem se sentir insatisfeito com sua atuação. E diz-se insatisfeito não no sentido de ver seus direitos prejudicados, mas insatisfeito com a exposição de ilícitos, falta de transparência ou quaisquer outras circunstâncias incompatíveis com os princípios norteadores da lei que tenham sido apuradas durante a função fiscalizatória. Apesar de haver diversas inconsistências nos novos deveres, aqui nos compete focar apenas nas modificações das atribuições quanto à elaboração do Relatório Mensal de Atividades.

As redações originais das modificações introduzidas no art. 22, II, *c* e *h*, que prescreviam a obrigação de *atestar a veracidade e conformidade das informações prestadas pelo devedor,* foram objeto de intensos debates na comunidade acadêmica, mas principalmente entre os próprios Administradores Judiciais, acerca de qual passaria a ser a extensão do múnus fiscalizatório do Administrador Judicial caso vigorasse a nova redação. Em outras palavras, o que e como seria *atestar a veracidade e conformidade das informações prestadas pelo devedor?*

Conforme se verá no tópico subsequente, foi editada a Recomendação nº 72 pelo Conselho Nacional de Justiça, que, dentre outras mudanças, estabeleceu o conteúdo que deve estar presente nos Relatórios Mensais de Atividades do Administrador Judicial. Apenas para ficar em alguns poucos elementos, e sem que se tenha qualquer pretensão de concordar ou discordar da edição da norma, fato é que ela recomenda que deve constar do RMA quadro de funcionários, análise de dados contábeis e informações financeiras, tais como ativo e passivo.

E, justamente nesse contexto, indaga-se: Seria o Administrador Judicial obrigado a conferir se de fato houve a contratação de todos os funcionários, ou, pior, conferir pagamento por pagamento (pois integrante do passivo) e conferir a efetiva prática de atos de gestão? Se for um volume grande de informações, teria ele a obrigação de verificar uma a uma as informações prestadas para atestar sua veracidade?

Em vídeo que circulou pelas redes sociais em meados de agosto de 2020, Cássio Cavalli afirmou que, mantida a redação em sua originalidade, o Administrador Judicial se tornaria "auditor, tabelião e fiador do devedor e suas informações".

Mais do que isso, qual seria a penalidade em caso de descumprimento dessa obrigação? A aplicação de uma multa? A substituição? A destituição? O substituto teria condições de atestar a veracidade quando o primeiro Administrador Judicial não teve? Evidentemente que a resposta seria negativa a todas as perguntas pela completa impossibilidade de cumprimento desse novo dever legal.

E à época dos debates sobre as modificações introduzidas muito se disse que, em sendo mantidas as novas obrigações, seria necessário um alongamento de prazo, absolutamente incompatível com o tempo desejável de duração do procedimento de Recuperação Judicial. Tal análise, na opinião dos juristas, demandaria meses, talvez anos, o que seria inconciliável com os prazos e a celeridade desejada na Recuperação Judicial. No entanto, não se tratava de aumento do escopo de atuação do Administrador Judicial, mas sim do estabelecimento de obrigação de impossível cumprimento.

Pior: O que aconteceria na hipótese de o AJ efetivamente optar por atestar a veracidade das informações prestadas (ou seja, assumindo que ele entenda ser possível o cumprimento dessa obrigação) e posteriormente se descubra que tais informações são inverídicas? Sempre haveria margem para que a atuação do AJ fosse contestada, tirando o foco da Recuperação Judicial do que efetivamente interessa para o procedimento. Ao tentar atribuir ao Administrador Judicial responsabilidade pela elaboração de seu relatório mensal de atividades, o legislador acabou por criar um obstáculo insuperável.

Tudo isso, evidentemente, porque o Administrador Judicial não tem e jamais terá domínio de todos os fatos relatados pela devedora. Talvez apenas a própria diretoria da empresa (ao menos em alguma extensão) poderia atestar a veracidade das informações financeiras divulgadas por ela. Nem mesmo o contador da devedora teria essa capacidade, pois também trabalha com dados fornecidos pela empresa e não conseguiria, e.g., afirmar se houve ou não determinada prestação de serviço, confiando nos documentos e informações enviados. Entende-se, nesse contexto, que nenhum profissional sério pode dizer que atesta a veracidade de documentos e informações que lhe foram apresentados.

Essa lógica é aplicável também para auditorias externas, que tampouco têm condições de atestar veracidade das informações e documentos apresentados, independentemente de seu porte ou expertise. Tal conclusão decorre da própria estrutura prevista nas Normas Brasileiras de Contabilidade para Auditoria Independente estabelecidas pelo Conselho Federal de Contabilidade.

A NBC T11, a qual estabelece normas de auditoria independente das demonstrações contábeis, em sua cláusula 11.2.14.1, estabelece que "o auditor deve obter carta que evidencie a responsabilidade da administração quanto às informações e dados e à preparação e apresentação das demonstrações contábeis submetidas aos exames de auditoria".

Em outras palavras, a auditoria somente emite parecer acompanhado de carta de responsabilidade assinada pelos gestores da empresa que se responsabilizam quanto às informações e os dados e à preparação das demonstrações contábeis. Tal carta deve ser emitida com a mesma data do parecer do auditor sobre as demonstrações contábeis a que se refere (cláusula 11.2.14.2).

Assim, nem mesmo as auditorias independentes têm a obrigação ou mesmo capacidade de atestar a veracidade das informações financeiras da empresa, se prestando, em verdade, a aumentar o grau de confiabilidade das demonstrações financeiras e contábeis, sendo objetivo de sua atuação, nos termos do item 11 da NBC TA 200(R1)[12], obter segurança razoável de

---

[12] *"Objetivos gerais do auditor*

11 Ao conduzir a auditoria de demonstrações contábeis, os objetivos gerais do auditor são: (a) obter segurança razoável de que as demonstrações contábeis como um todo estão livres de distorção relevante, independentemente se causadas por fraude ou erro, possibilitando assim

que as demonstrações contábeis como um todo estão livres de distorção relevante, devendo, em tais casos, emitir parecer de abstenção de opinião nos termos do item 12 da mesma norma.

A iminência de passarem a ter atribuição de impossível cumprimento levou um grupo de Administradores Judiciais, dentre os quais estivemos presentes, a sugerir aos legisladores modificações como *Emenda de Redação* de modo a aclarar o texto original. Desse encontro, resultou Emenda de Redação com o objetivo de adequar a redação à principal função do Administrador Judicial, que é de fiscalizar. Veja-se texto extraído do Relatório Final do Senado, de relatoria do Senador Rodrigo Pacheco:

> "Oitavo, as alíneas c e h do inciso II do artigo 22 da Lei, como proposto pelo artigo 1º do Projeto, merece ter sua redação aprimorada, a fim de deixar claro que o administrador judicial, pessoa natural ou jurídica de confiança do juízo, fiscalize a veracidade e a conformidade, ou não, das informações prestadas pelo devedor, ao invés de "atestar" a veracidade de tais atos jurídicos."[13]

A partir da referida Emenda de Redação, houve ajuste do texto legislativo sendo que a redação final das alterações foi "fiscalizar a veracidade" ao invés de, "atestar a veracidade", que era a redação original sob a qual pairavam todas as polêmicas já mencionadas. Cabe, assim, compreender o que representa, na prática, a extensão dessa nova redação e qual a

---

que o auditor expresse sua opinião sobre se as demonstrações contábeis foram elaboradas, em todos os aspectos relevantes, em conformidade com a estrutura de relatório financeiro aplicável; e (b) apresentar relatório sobre as demonstrações contábeis e comunicar-se como exigido pelas NBCs TA, em conformidade com as constatações do auditor.

12. Em todos os casos em que não for possível obter segurança razoável e a opinião com ressalva no relatório do auditor for insuficiente nas circunstâncias para atender aos usuários previstos das demonstrações contábeis, as NBCs TA requerem que o auditor se abstenha de emitir sua opinião ou renuncie ao trabalho, quando a renúncia for possível de acordo com lei ou regulamentação aplicável."

[13] BRASIL. Senado Federal. Parecer n. 165, de 2020, do Senador Rodrigo Pacheco (Bloco Parlamentar Vanguarda/DEM – MG), ao Projeto de Lei n. 4.458, de 2020, p. 26, sessão de 4 de novembro de 2020. Disponível em: <https://legis.senado.leg.br/sdleg-getter/documento?dm=8909356&ts=1619130468795&disposition=inline>. Acesso em: 11 jul. 2021.

repercussão dela nos atos praticados pelo Administrador Judicial na vigência da nova Lei.

Segundo o juiz Marcelo Sacramone, o Administrador Judicial "não tem a função de ser auditor do devedor, nem responderá pelo eventual insucesso da atividade dele"[14]. Deverá ele, segundo o jurista, solicitar informações do devedor sem que haja necessidade de conferi-las uma a uma, pois isso somente seria possível caso estivesse presente no cotidiano da empresa, o que não representa o modelo de fiscalização legalmente previsto.

Ainda na compreensão do autor, a fiscalização se opera em duas etapas. Primeiro o Administrador Judicial deverá analisar as informações prestadas pelo devedor e, em um segundo momento, "identificadas eventuais inconsistências, tem o Administrador Judicial a obrigação de diligenciar para conferir a atuação do devedor e investigar se os números estariam efetivamente corretos"[15]. Assim, em seu entendimento, a responsabilidade ocorre nas hipóteses de culpa ou dolo em não conferir informações manifestamente equivocadas.

Dentro da perspectiva do Administrador Judicial, Fernando Pompeu Luccas muito bem delineou sua compreensão do tema. Veja-se:

> "Dessa forma, o Administrador Judicial deve estar atento desde o início dos seus trabalhos, pesquisando todas as informações sobre a Recuperanda, sobre os seus sócios, sobre os seus negócios etc.
>
> Além disso, não deve se limitar a colher apenas os documentos contábeis de praxe. Deve analisar, periodicamente, os ERPs das Recuperandas, os controles de estoque, os controles de carregamento de produtos, os clientes, os fornecedores, a folha de funcionários em comparação aos controles de acesso de pessoas, enfim, uma série de outros documentos que, quando confrontados, podem atestar se as informações passadas pela Recuperanda podem não ser verdadeiras.
>
> Diante disso, verifica-se um avanço na alteração desse dispositivo, avanço esse que, na realidade, em tese, nem precisaria existir, porém, na prática,

---

[14] SACRAMONE, Marcelo Barbosa. *Comentários à Lei de recuperação de empresas e falência*. 2 ed. São Paulo: Saraiva Educação, 2021, p. 167.
[15] SACRAMONE. *Comentários à Lei...*, p. 167.

viu-se que se fez justificável, para reforçar o que deveria já ser óbvio para a atividade da Administração Judicial"[16]

Com efeito, pretendeu o legislador evitar a elaboração de Relatórios Mensais de Atividades que são mera reprodução "copia e cola" de informações passadas pelo devedor e sem o devido aprofundamento e análise dos números pelo Administrador Judicial. Tentou-se evitar Relatórios evasivos contendo dizeres que denotem que o Administrador Judicial não pode afirmar se os números estão ou não corretos substituindo essa possibilidade pela obrigação de investigar mais a fundo as recuperandas de modo a evitar fraudes. Louvável a intenção do legislador, em especial com a nova redação da lei.

Com isso, espancaram-se as dúvidas e incertezas iniciais, que foram aqui expostas para fins de contextualização, de modo que hoje se tem maior clareza acerca das novas atribuições do Administrador Judicial e perfeita adequação ao modelo legislativo, sem a criação de obstáculos insuperáveis.

4. Recomendação CNJ e exequibilidade na prática: o custo da informação

A Recomendação nº 72 do Conselho Nacional de Justiça, de 19 de agosto de 2020, traz importantes e relevantes contribuições para a apresentação dos relatórios que devem ser apresentados pelos Administradores Judiciais nos processos de Recuperação Judicial, dentre eles o Relatório Mensal de Atividades, possibilitando a padronização de informações relevantes que devem constar nos relatórios.

No entanto, dentre as informações consideradas essenciais pela referida Recomendação, cabe destacar a disposição da demonstração do passivo nos relatórios mensais, conforme imagem a seguir:

---

[16] LUCCAS, Fernando Pompeu (coord.). *Reforma da Lei de Falências*: reflexões sobre direito recuperacional, falimentar e empresarial moderno. São Paulo: Thomson Reuters Brasil, 2021, p. 35.

2.2.5. Análise dos dados contábeis e informações financeiras

2.2.5.1. Ativo (descrição / evolução)

2.2.5.2. Passivo

2.2.5.2.1. Extraconcursal

2.2.5.2.1.1. Fiscal

2.2.5.2.1.1.1. Contingência

2.2.5.2.1.1.2. Inscrito na dívida ativa

2.2.5.2.1.2. Cessão fiduciária de títulos/direitos creditórios

2.2.5.2.1.3. Alienação fiduciária

2.2.5.2.1.4. Arrendamentos mercantis

2.2.5.2.1.5. Adiantamento de contrato de câmbio (ACC)

2.2.5.2.1.6. Obrigação de fazer

2.2.5.2.1.7. Obrigação de entregar

2.2.5.2.1.8. Obrigação de dar

2.2.5.2.1.9. Obrigações ilíquidas

2.2.5.2.1.10. N/A

2.2.5.2.1.10.1. Justificativa

2.2.5.2.1.10.2. Observações

2.2.5.2.1.11. Pós ajuizamento da RJ

2.2.5.2.1.11.1. Tributário

2.2.5.2.1.11.2. Trabalhista

2.2.5.2.1.11.3. Outros

Fonte: https://atos.cnj.jus.br/atos/detalhar/3426

Ocorre que, embora tal disposição seja adequada e permita a visualização devidamente segregada do endividamento da devedora, tal exposição demonstra-se inexequível na prática por pequenas e médias empresas em Recuperação Judicial.

Isso porque, para que haja a segregação das informações nos moldes dispostos na Recomendação, faz-se necessária, no mínimo, a existência de controles internos rigorosos, bem como a adaptação de plano de contas contábil da devedora, com reclassificações de contas contábeis. Tais necessidades dificilmente são suportadas por pequenas e médias empresas, tendo em vista o custo para obtenção dessas informações e a limitação de recursos, já escassos em função da dificuldade econômico-financeira que motivou o pedido de Recuperação Judicial.

Deste modo, de maneira muito sábia o Conselho Nacional de Justiça editou a norma em formato de Recomendação, ou seja, sem caráter vinculativo. Embora seja inegável o mérito que o CNJ teve ao estabelecer critérios desejáveis para atuação do Administrador Judicial, inclusive de modo a padronizar os relatórios por ele apresentados, é necessário ter muita cautela e sabedoria na aplicação do regramento, sendo essencial sopesar e equilibrar dois elementos de suma importância para o sistema de insolvência brasileiro, que são a transparência e o custo da informação, justamente em um contexto de fragilidade financeira da empresa.

Em resumo, se, por um lado, é desejável o *full disclosure* no procedimento de Recuperação Judicial, de modo a assegurar a redução da assimetria de informações, por outro lado, é inegável o aumento nos custos de transação que isso acarreta, tal como maior alocação de pessoal para compilação das informações solicitadas pelo Administrador Judicial, maior dispêndio do tempo e energia por parte do devedor (que poderia ser gasto com aspectos negociais) e muitas vezes até mesmo necessidade de adequação ou substituição da contabilidade.

Nesse cenário, é incontestável que, por mais que seja útil e desejável a padronização, em especial na Recuperação Judicial – que é qualificada como um procedimento e não como um processo –, cada caso guarda suas particularidades, sendo necessário que a padronização passe por um teste de realidade: além de desejável, é também possível e recomendável? Terá alguma utilidade?

Se, por um lado, a doutrina e jurisprudência evoluíram para compreender que o magistrado não é um mero "carimbador", devendo ele, no momento do pedido da Recuperação Judicial, caso entenda ser o caso, determinar a realização de *Perícia de Constatação Prévia* com objetivo exclusivo de atestar as reais condições de funcionamento da empresa e a regularidade e completude da documentação apresentada, por outro lado, é também necessária a evolução da compreensão da extensão das atribuições do Administrador Judicial, não devendo balizar sua atuação por uma solicitação padronizada, idêntica e cega de informações genéricas em todas as Recuperações Judiciais que administra.

Ao contrário, a solicitação de informações e documentos é essencialmente casuística, dado que cada empresa e cada Recuperação Judicial têm suas particularidades, não sendo desejável uma atuação genérica, mas sim específica, para o caso concreto. Deste modo, *e.g.*, se o Administrador Judicial constatar uma possível fraude envolvendo desvio de faturamento para outra empresa do grupo, poderá solicitar informações dessa outra empresa, ainda que ela não esteja presente na Recuperação Judicial como litisconsorte ativo.

A título exemplificativo, pode-se mencionar o caso de uma Recuperação Judicial no Estado de Minas Gerais, em que foi identificada pela Administração Judicial que a empresa devedora, por meio de *transfer pricing* na venda de seus produtos destinados a empresas pertencentes ao mesmo grupo econômico situadas no exterior, disfarçadamente remetendo a elas lucros. Então, enquanto a devedora apurava sucessivos prejuízos, demonstrando dificuldade econômico-financeira, as empresas do grupo que se beneficiavam.

Nesse contexto, a fim de permitir adequada transparência ao procedimento de recuperação, a Administração Judicial procedeu à instauração de incidente processual, requerendo então a análise de documentos das demais empresas do grupo, ainda que não presentes no litisconsórcio ativo.

Deste modo, a atuação do Administrador Judicial moderno atento às suas responsabilidades e, ao mesmo tempo, consciencioso de suas atribuições é também revestida, em grande medida, de prudência e cautela.

Conclusões

Neste articulado, perpassou-se por arcabouço teórico envolvendo a responsabilidade de apresentação de Relatórios Mensais de Atividades pelo Administrador Judicial, adentrando também em aspectos de análise econômico-financeira da recuperanda, incluindo hipóteses de fraude, a exegese das alterações legislativas e como adequá-las à sistemática da Lei, em especial no que tange ao múnus do Administrador Judicial. Por fim, foi analisada a recente Recomendação do CNJ sobre o tema.

A conclusão a que se chega é que o objetivo, tanto do legislador com as alterações da Lei 11.101/05, quanto do CNJ por meio de Recomendação específica, no que se refere à apresentação de Relatórios Mensais de Atividades, visava a garantir uma maior profissionalização e parametrização mínima do escopo de atuação, evitando atuação de "copia e cola".

No entanto, sem que tal múnus se confunda com atestar a veracidade de qualquer informação, o que nem mesmo é exigido de auditorias.

Pela nova redação do art. 22, II, alíneas *c* e *h*, espancaram-se as dúvidas e incertezas iniciais, que foram aqui expostas para fins de contextualização, de modo que hoje se tem com maior clareza as novas atribuições do Administrador Judicial e a perfeita adequação ao modelo legislativo, sem a criação de obstáculos insuperáveis.

Cada vez mais a importância de uma atuação especializada do Administrador Judicial vem sendo percebida pelos diversos atores processuais como um dos principais mecanismos de garantia de redução na assimetria de informações – em última análise, impactando inclusive no índice de recuperação de crédito no Brasil.

Demonstrou-se que a fiscalização pelo Administrador Judicial é exercida, especialmente, por meio dos RMAs, sendo essencial o préstimo de informações precisas e que seja traçado um paralelo entre os registros contábeis e a realidade da empresa. Também é necessário que, de tal documento, conste, dentre outros elementos, a capacidade de pagamento no curto e longo prazos, o volume de recursos que a empresa está empregando em negócios alheios às suas atividades, o grau de endividamento, o valor do passivo a descoberto, a margem bruta de lucratividade, o resultado efetivo dos negócios – conhecido como *EBTIDA* (do inglês *Earnings Before Interest, Taxes, Depreciation and Amortization*) –, a representatividade de cada despesa no gasto total da empresa e a margem líquida. Tais elementos se prestam, em síntese, a demonstrar a saúde financeira da devedora e se a Recuperação Judicial está fazendo bem ou mal para a atividade.

Ainda, tentou-se evitar a mera reprodução "copia e cola" de informações fornecidas pelo devedor e sem o devido escrutínio pelo Administrador Judicial. Ademais, apurou-se que a solicitação de informações e documentos é essencialmente casuística, dado que cada empresa e cada Recuperação Judicial tem suas particularidades, não sendo desejável uma atuação genérica, mas sim específica, para o caso concreto.

Deste modo, a atuação do Administrador Judicial moderno atento às suas responsabilidades e, ao mesmo tempo, consciencioso de suas atribuições é também revestida, em grande medida, de prudência e cautela.

Referências

BRASIL. Conselho Federal de Contabilidade. *Norma Brasileira de Contabilidade NBC TG Estrutura Conceitual*. Disponível em: <https://www2.cfc.org.br/sisweb/sre/detalhes_sre.aspx?Codigo=2019/NBCTGEC&arquivo=NBCTGEC.doc>. Acesso em: 28 jul. 2021.

BRASIL. Senado Federal. *Parecer n. 165*, de 2020, do Senador Rodrigo Pacheco (Bloco Parlamentar Vanguarda/DEM – MG), ao Projeto de Lei n. 4.458, de 2020, p. 26, sessão de 4 de novembro de 2020. Disponível em: <https://legis.senado.leg.br/sdleg-getter/documento?dm=8909356&ts=1619130468795&disposition=inline>. Acesso em: 11 jul. 2021.

CEREZETTI, Sheila. *A Recuperação Judicial de Sociedades por ações*. São Paulo: Malheiros, 2012.

HOOG, Wilson Alberto Zappa; SÁ, Antônio Lopes de. *Corrupção, Fraude e Contabilidade*. 5 ed. Curitiba: Juruá Editora, 2015.

LUCCAS, Fernando Pompeu (coord.). *Reforma da Lei de Falências*: reflexões sobre direito recuperacional, falimentar e empresarial moderno. São Paulo: Thomson Reuters Brasil, 2021.

MARION, José Carlos. *Contabilidade Empresarial*. 17 ed. São Paulo: Atlas, 2015.

SACRAMONE, Marcelo Barbosa. *Comentários à Lei de recuperação de empresas e falência*. 2 ed. São Paulo: Saraiva Educação, 2021.

26. A ADMINISTRAÇÃO JUDICIAL E O RELATÓRIO SOBRE O PLANO DE RECUPERAÇÃO JUDICIAL

Ivo Waisberg

Gilberto Gornati

1. Como chegamos até aqui?

Em sua origem, a Lei nº 11.101/2005 não atribuía à administração judicial qualquer competência, dever ou responsabilidade sobre a realização de uma análise de planos de recuperação judicial previamente à apresentação de objeções dos credores, tampouco antes da deliberação em assembleia geral de credores.

Com o tempo, algumas decisões, especialmente em primeiras instâncias, passaram a demandar das administrações judiciais que apresentassem relatórios ou pareceres sobre eventuais *ilegalidades* no plano de recuperação judicial apresentado por devedores. Tais relatórios ou pareceres, apesar de não estarem contidos dentre as competências descritas no art. 22 da Lei de Recuperações e Falências, passaram a gerar também um debate sobre os efeitos de uma terceirização jurisdicional por parte dos juízos recuperacionais, além de colocar as administrações judiciais em uma posição não mais de auxiliar dos juízos recuperacionais, mas sim de um participante direto no processo, emitindo um juízo de valor sobre o conteúdo do plano de recuperação apresentado nos autos.

Tal debate pode ser bem representado conforme julgado do Tribunal de Justiça de São Paulo, em 2019, em que por unanimidade, o Tribunal de Justiça entendeu que a demanda do juízo recuperacional, pela apresentação de um relatório ou parecer prévio sobre o plano de recuperação judicial, antes mesmo da análise e do debate entre os credores, bem como antes da própria análise de legalidade a ser realizada pelo juízo, estava em desconformidade com a Lei de Recuperações e Falências e com a jurisprudência dominante no Superior Tribunal de Justiça e no próprio Tribunal de Justiça de São Paulo.

Naquela oportunidade, o Tribunal de Justiça de São Paulo reconheceu a possibilidade de uma análise de controle de legalidade prévia à realização da deliberação sobre o plano de recuperação judicial[1] – porém tal análise deve ser realizada pelo juízo recuperacional, e não pela administração judicial.

Com o passar dos anos e com os acertos e erros da reforma da legislação falimentar do Brasil de 2005, o legislador entendeu por bem promover outra alteração, dessa vez buscando aprimorar o que a experiência demonstrou que seria necessário melhorar. Estamos vivenciando esse ensaio laboratorial no dia a dia e é importante compreender o caminho percorrido para compreender como chegamos até aqui.

Dentre os cinco princípios norteadores da reforma da Lei nº 11.101/2005, conforme consta da exposição de motivos do projeto de lei convertido e promulgado na Lei nº 14.112/2020, a "melhoria do arcabouço institucional" compõe o último princípio[2] e é nesse em que surge a única

---

[1] BRASIL. Tribunal de Justiça do Estado de São Paulo (TJSP). Agravo de Instrumento nº 2022332-63.2019.8.26.0000, 2ª Câmara Reservada de Direito Empresarial, Rel. Des. Maurício Pessoa, j. 11/04/2019; BRASIL. Tribunal de Justiça do Estado de São Paulo (TJSP). Agravo de Instrumento nº 2226962-18.2018.8.26.0000, 2ª Câmara Reservada de Direito Empresarial, Rel. Des. Grava Brazil, j. 25/02/2019; BRASIL. Tribunal de Justiça do Estado de São Paulo (TJSP). Agravo de Instrumento nº 2038011-40.2018.8.26.0000, 1ª Câmara Reservada de Direito Empresarial, Rel. Des. César Ciampolini, j. 08/08/2018.

[2] BRASIL. Câmara dos Deputados. Projeto de Lei nº 6.229/2005, Relatório: "De início, faz-se necessário reproduzir, a seguir, os cinco princípios norteadores das alterações propostas pelo Governo Federal, por intermédio do PL nº 10.220/2018, com vistas às alterações propostas no âmbito das Leis nºs 11.101/2005 e 10.522/2002, e que também inspiraram a elaboração do Substitutivo: i) *A preservação da empresa*: em razão de sua função social, a atividade economicamente viável deve ser preservada sempre que possível, pois gera riqueza, cria emprego e renda e contribui para o desenvolvimento econômico. Este princípio, entretanto, não deve ser confundido com a preservação – a qualquer custo – do patrimônio do empresário ou da empresa ineficiente; ii) *O fomento ao crédito*: o sistema legal dos países da América Latina - Brasil inclusive – apresenta um histórico de pouca proteção ao credor, o que gera uma baixa expectativa de recuperação de crédito, impactando negativamente esse mercado por meio da elevação do custo de capital. A correlação entre a melhoria do direito

referência à administração judicial. Essa referência se dá inclusive em um contexto específico de "estímulo a uma maior profissionalização" da administração judicial.

Naquele momento, dentre as alterações trazidas ao art. 22, II, da Lei de Recuperações e Falências, o Legislativo estava encerrando suas contribuições sobre as adições às competências, deveres e responsabilidades da administração judicial no âmbito do processo de recuperação judicial com o acréscimo da alínea "g"[3]. Na complementação de voto do Deputado Hugo Leal, de 3 de março de 2020, também nenhum acréscimo expressado na forma das alíneas do inciso II do art. 22 foi feito.

dos credores e o aumento do crédito é demonstrada na literatura empírica sobre o tema. Uma consequência prática desse princípio é que o credor não deve ficar, na recuperação judicial, em situação pior do que estaria no regime de falência. Predomina o entendimento de que garantir *ex-ante* boas condições de oferta de crédito pode gerar uma ampliação da oferta de financiamentos, consequentemente reduzindo seu custo para o tomador final; iii) *O incentivo à aplicação produtiva dos recursos econômicos, ao empreendedorismo e ao rápido recomeço* (*'fresh start'*): busca-se implementar, doravante, uma célere liquidação dos ativos da empresa que for verdadeiramente ineficiente, permitindo em decorrência a aplicação mais produtiva dos recursos; apostando-se ainda na reabilitação de empresas que realmente forem viáveis e com a adoção de mecanismos para a remoção de barreiras legais para que empresários falidos – que não tenham sido condenados por crimes falimentares – possam retornar ao mercado tão logo após o trânsito em julgado da sentença que decretar o encerramento da falência; iv) *A instituição de mecanismos legais que evitem um indesejável comportamento estratégico dos participantes da recuperação judicial, da recuperação extrajudicial e da falência que redundem em prejuízo social*, tais como: proposição pelos devedores de plano de recuperação judicial deslocados da realidade da empresa (em detrimento dos credores), prolongamento da recuperação judicial apenas com fins de postergar pagamento de tributos ou de dilapidar patrimônio da empresa, entre outros; v) *A melhoria do arcabouço institucional* incluindo a supressão de procedimentos desnecessários, incentivando o uso intensivo dos meios eletrônicos de comunicação, o estímulo a uma maior profissionalização do administrador judicial, bem como a busca de maior especialização dos juízes de direito encarregados do julgamento dos processos recuperacionais e falimentares, se possível com a criação de mais varas especializadas nos Tribunais brasileiros." (grifos no original)

[3] BRASIL. Câmara dos Deputados. Projeto de Lei nº 6.229/2005: "Art. 22, II, [...], g) assegurar que as negociações realizadas entre o devedor e credores reger-se-ão pelos termos convencionados entre os interessados, ou, na falta de acordo, pelas regras propostas pelo administrador judicial e homologadas pelo juiz, observado o princípio da boa-fé para solução construtiva de consensos, que acarretem a maior efetividade econômico-financeira e proveito social para os agentes econômicos envolvidos."

Porém, quando da apresentação do "Parecer Proferido em Plenário às Emendas ao Projeto de Lei nº 6.229, de 2005", que resultou na "Subemenda Substitutiva Global de Plenário ao Projeto de Lei nº 6.229, de 2005", em 24 de agosto de 2020, houve a inclusão, sem qualquer justificativa em exposição de motivos, tampouco em relatório, da alínea "h" no inciso II do art. 22. Seu conteúdo expressava a seguinte nova competência da administração judicial:

> "h) *apresentar*, para juntada aos autos e no endereço eletrônico específico, relatório mensal das atividades do devedor e *relatório sobre o plano de recuperação judicial, no prazo de até quinze dias*, após sua apresentação, *atestando a veracidade a conformidade das informações prestadas pelo devedor*, além de informar eventual ocorrência das condutas previstas no art. 64 desta Lei;" (grifamos)

Após aprovado o texto do Projeto de Lei nº 6.229/2005, a Câmara dos Deputados o encaminhou ao Senado Federal e, lá, especificamente essa alínea "h" sofreu uma alteração sob a seguinte justificativa:

> "As alíneas 'c' e 'h' do inciso II do art. 22 da lei, como proposto pelo art. 1º do projeto, merece (sic) ter sua redação aprimorada, a fim de deixar claro que o administrador judicial, pessoa natural ou jurídica de confiança do juízo, fiscalize a veracidade e a conformidade, ou não, das informações prestadas pelo devedor, ao invés de 'atestar' a veracidade de tais atos jurídicos. Portanto, ele fiscaliza e não atesta."[4]

Nessa mesma linha de crítica à inclusão do dever e responsabilidade da administração de *atestar* a veracidade e a conformidade das informações prestadas pelos devedores em recuperação judicial, incluindo em relação ao conteúdo do plano de recuperação judicial, o Senado Federal, em seu parecer, considerou que:

> "A 30ª Emenda [do Senado Federal] não é pertinente ao substituir 'atestar' por 'opinar', eis que a correta função do administrador judicial

---

[4] BRASIL. Senado Federal. *Parecer nº 165*, de 2020, do Senador Rodrigo Pacheco (Bloco Parlamentar Vanguarda/DEM – MG), ao Projeto de Lei nº 4.458, de 2020, p. 26, sessão de 4 de novembro de 2020.

nas recuperações judiciais é a de fiscalizar o devedor. Aqui reconheço o mérito da emenda, Presidente Anastasia, e substituo a palavra 'atestar' por 'fiscalizar', porque não é dado ao administrador judicial a obrigação de atestar documentos e informações de outrem, do devedor. Então, melhor será, até para resguardar os administradores judiciais, que conste a palavra 'fiscalizar'. É uma substituição, inclusive, sugerida por muitos administradores judiciais do País. A emenda deve ser acolhida parcialmente. Porém, ao final desse relatório, será apresentada emenda de redação capaz de explicitar as corretas funções do administrador judicial em conformidade com o sistema da Lei no 11.101, de 2005."[5]

Portanto, não obstante tenha o Senado considerado como não pertinente a substituição do verbo/dever "atestar" por "opinar", acabou por entender pertinente a alteração do texto da alínea "h" para o verbo/dever "fiscalizar".

A crítica apresentada pela 30ª Emenda, de autoria do Senador Flávio Arns (PODEMOS/PR), alegava que o poder de atestar as informações prestadas pelos devedores em recuperação seria típico de auditor, tarefa essa que não confunde com a da administração judicial e, portanto,

"[e]m que pese ser absolutamente necessário que o administrador judicial seja diligente e busque a verdade real quanto às informações que presta aos agentes envolvidos nos processos de recuperação judicial e falência, a função deste é de *longa manus* e fiscal do juízo, não sendo razoável se lhe exigir que realize auditoria nas informações do devedor bem como ateste a veracidade e conformidade delas. Deve, todavia, apontar ao juízo situações nas quais porventura encontre informações equivocadas e/ou que não sejam verossímeis"[6].

Desse modo foi que, em 4 de dezembro de 2020, o texto então aprovado na Câmara dos Deputados, foi também aprovado, com alterações, pelo Senado Federal e passou a trazer a redação que foi sancionada sem vetos pela presidência da República, na alínea "h" do inciso II do art. 22,

---

[5] BRASIL. Senado Federal. *Parecer nº 165*, de 2020, do Senador Rodrigo Pacheco (Bloco Parlamentar Vanguarda/DEM – MG), ao Projeto de Lei nº 4.458, de 2020.
[6] BRASIL. Senado Federal. 30ª Emenda ao Projeto de Lei nº 4.458, de 2020.

estabelecendo como competência da administração judicial, nos processos de recuperação,

> "h) *apresentar,* para juntada aos autos, e publicar no endereço eletrônico específico relatório mensal das atividades do devedor e *relatório sobre o plano de recuperação judicial, no prazo de até 15 (quinze) dias* contado da apresentação do plano, *fiscalizando a veracidade e a conformidade das informações prestadas pelo devedor,* além de informar eventual ocorrência das condutas previstas no art. 64 desta Lei;" (grifamos)

Como vimos, a origem da inclusão dessa alínea "h" não foi destacada quando da apresentação do relatório final na Câmara dos Deputados e, no Senado, teve o enfoque especificamente na alteração do verbo/dever "atestar" para "fiscalizar", sem se debater ou justificar a pertinência de um relatório sobre o plano de recuperação judicial dentre a expansão das competências, deveres e responsabilidades da administração judicial, deixando-se claro que a administração judicial deve atender um dever de diligência, atuando com cuidado e, com isso, zelando pela verdade em relação às informações prestadas pelos devedores.

2. Qual a política pública adotada pelo Legislador brasileiro?

Como vimos, tanto em relação aos princípios norteadores da reforma da legislação recuperacional e falimentar, bem como em relação ao texto normativo expressado após a discussão acerca de seu conteúdo, o processo democrático de promulgação da Lei nº 14.112/2020 levou à inclusão de uma nova alínea "h" no inciso II do art. 22.

A competência e os deveres ali definidos precisam ser identificados um a um para que possamos coadunar o comando que da norma constou, com a política pública que foi escolhida para tal inclusão.

A escolha inicial atribuída no art. 22, II, da Lei de Recuperações e Falências como deveres e competências da administração judicial quatro funções específicas. Eram elas:

(a) Fiscalizar as atividades do devedor e o cumprimento do plano de recuperação judicial;

(b) Requerer a falência no caso de descumprimento de obrigação assumida no plano de recuperação;

(c) Apresentar ao juiz, para juntada aos autos, relatório mensal das atividades do devedor;

(d) Apresentar o relatório sobre a execução do plano de recuperação quando da sentença de encerramento do processo de recuperação judicial, conforme trata o inciso III do *caput* do art. 63 da Lei nº 11.101/2005.

Como se nota, a participação da administração judicial, ligada a qualquer tema que versasse sobre o plano de recuperação judicial, deveria se dar no sentido de se manifestar somente após (*i*) a deliberação dos credores, seja pela ausência de objeções ao plano, seja aquela tomada expressamente em assembleia geral de credores e após (*ii*) a homologação judicial do plano com a consequente concessão da recuperação judicial em favor do devedor.

Três das quatro alíneas continham competências e deveres da administração judicial que se relacionavam ao plano de recuperação e todas remetiam ao período posterior às aprovações necessárias para a existência (pressuposto), validade e eficácia (requisitos) do plano de recuperação.

A reforma trazida pela Lei nº 14.112/2020 dobrou em termos de alíneas as competências e os deveres da administração judicial, mantendo de modo integral aquelas três alíneas sobre o plano de recuperação, que acabamos de analisar. A redação final em vigor do art. 22, II, levando-se em conta o que já constava, é:

"[...]
c) [...], fiscalizando a veracidade e a conformidade das informações prestadas pelo devedor;
[...]
e) fiscalizar o decurso das tratativas e a regularidade das negociações entre devedor e credores;
f) assegurar que devedor e credores não adotem expedientes dilatórios, inúteis ou, em geral, prejudiciais ao regular andamento das negociações;
g) assegurar que as negociações realizadas entre devedor e credores sejam regidas pelos termos convencionados entre os interessados ou, na falta de acordo, pelas regras propostas pelo administrador judicial e homologadas pelo juiz, observado o princípio da boa-fé para solução construtiva de

consensos, que acarretem maior efetividade econômico-financeira e proveito social para os agentes econômicos envolvidos;

h) apresentar, para juntada aos autos, e publicar no endereço eletrônico específico relatório mensal das atividades do devedor e relatório sobre o plano de recuperação judicial, no prazo de até 15 (quinze) dias contado da apresentação do plano, fiscalizando a veracidade e a conformidade das informações prestadas pelo devedor, além de informar eventual ocorrência das condutas previstas no art. 64 desta Lei."

Como se vê, ao incluir a alínea "h", o legislador também dobrou o conteúdo previsto na alínea "c", pois em ambas se trata de uma mesma competência e dever, que é a apresentação, para juntada nos autos, do relatório mensal das atividades do devedor, também conhecido pelo seu acrônimo "RMA".

Porém, em técnica legislativa, sobretudo diante de um trabalho de reforma como esse, que contou com diversos assessores, advogados, profissionais ligados à administração judicial, professoras e professores universitários, associações da sociedade civil, membros da magistratura das mais diversas instâncias, ministros e procuradores do Estado, temos de considerar que o legislador não usou as palavras em vão, tampouco alocou dispositivos na norma de modo meramente repetitivo.

Ao se analisar o conteúdo da alínea "c" e da alínea "h", temos sutilezas que são essenciais para compreender qual a política pública pelo Poder Legislativo:

c) *apresentar* ao juiz, *para juntada aos autos, relatório mensal das atividades do devedor, fiscalizando a veracidade e a conformidade das informações prestadas pelo devedor*; (grifamos)	h) *apresentar, para juntada aos autos*, e publicar no endereço eletrônico específico *relatório mensal das atividades do devedor* e relatório sobre o plano de recuperação judicial, no prazo de até 15 (quinze) dias contado da apresentação do plano, *fiscalizando a veracidade e a conformidade das informações prestadas pelo devedor*, além de informar eventual ocorrência das condutas previstas no art. 64 desta Lei; (grifamos)

Na alínea "c", temos um comando normativo para que a administração judicial apresente ao juízo recuperacional um RMA do devedor, enquanto, na alínea "h", temos um comando normativo para que seja fornecido aos credores e demais participantes do processo de recuperação (outros *stakeholders*), por meio da juntada aos autos e em endereço eletrônico específico, tanto o RMA, quanto um relatório sobre o plano de recuperação judicial. Em ambos os casos, o dever da administração judicial se restringe a fiscalizar a veracidade e a conformidade daquelas informações que tenham sido apresentadas pelo devedor.

Ou seja, não se trata de um parecer sobre *ilegalidades*, tampouco manifestação opinativa acerca do conteúdo, seja das atividades mensais, seja do plano de recuperação judicial.

Da mesma forma como se vale para fiscalizar a veracidade e a conformidade daquelas informações prestadas e que compõem o RMA, por meio de seu acompanhamento presencial, de entrevista com o devedor ou com os administradores da sociedade devedora, das demonstrações financeiras que compuseram os requisitos objetivos do pedido inicial, nos termos do art. 51, I, da Lei de Recuperações e Falências, deverá também se restringir a fiscalizar se o conteúdo do art. 53 está atendido.

A prática criou o costume de chamar de plano de recuperação judicial apenas o documento cujo conteúdo expressa a forma da reestruturação de dívidas, porém o termo plano de recuperação judicial, para fins da Lei nº 11.101/2005, contém ainda mais elementos do que apenas aquele documento, de características que o remetem à proximidade de um negócio jurídico contratual.

Localizando na norma o conteúdo, temos que o que é chamado de plano de recuperação judicial se encontra no Capítulo III, que trata "da recuperação judicial", Seção III, que trata "do plano de recuperação judicial" e que se inicia no art. 53, que se divide em três partes: (1) o *caput*, em que se estabelece o prazo para a apresentação do plano perante o juízo recuperacional, bem como a consequência em caso de descumprimento[7];

---

[7] BRASIL. Lei nº 11.101, de 9 de fevereiro de 2005, Parte 1, *caput*: "Art. 53 O plano de recuperação será apresentado pelo devedor em juízo no prazo improrrogável de 60 (sessenta) dias da publicação da decisão que deferir o processamento da recuperação judicial, sob pena de convolação em falência, e deverá conter:"

(2) o conteúdo do plano de recuperação[8], que deverá ser composto por (2.a) discriminação pormenorizada dos meios de recuperação a serem empregados, (2.b) demonstração de sua viabilidade econômica e (2.c) laudo econômico-financeiro e de avaliação dos bens e ativos do devedor, subscrito por profissional legalmente habilitado ou empresa especializada. Por fim, a última parte[9] prevê (3) a publicação de edital contendo aviso aos credores sobre o recebimento do plano de recuperação e fixa o prazo para a manifestação de eventuais objeções dos credores contra o conteúdo apresentado.

Geralmente identificamos o plano de recuperação apenas com base nos itens da (2.a) discriminação pormenorizada dos meios de recuperação e da (2.b) demonstração de sua viabilidade econômica, interpretando que os (2.c) laudos econômico-financeiro e de avaliação dos bens e ativos do devedor seriam meros anexos. Porém não é esse o comando normativo.

O plano de recuperação se apresenta por meio da completude de todos os itens relacionados nos incisos I a III do art. 53, de modo que, quando o legislador usa a expressão "plano de recuperação" no âmbito da Lei nº 11.101/2005, está se referindo ao conteúdo completo que definiu no referido art. 53. Desse modo, a política pública escolhida pelo legislador, ao demandar da administração judicial a apresentação de relatório sobre o plano de recuperação judicial, no prazo de até 15 (quinze) dias contado da apresentação do plano, fiscalizando a veracidade e a conformidade das informações prestadas pelo devedor, conforme a alínea "h" do inciso II do art. 22, se dá no sentido de que a administração judicial deverá apresentar um relatório que correlacione as informações prestadas na completude do art. 53 com aquelas que tem verificado, apenas no sentido de fiscalizar a veracidade e conformidade do que está sendo proposto para a decisão dos credores.

---

[8] BRASIL. Lei nº 11.101, de 9 de fevereiro de 2005, Parte 2, incisos:
"I – discriminação pormenorizada dos meios de recuperação a ser empregados, conforme o art. 50 desta Lei, e seu resumo;
II – demonstração de sua viabilidade econômica; e
III – laudo econômico-financeiro e de avaliação dos bens e ativos do devedor, subscrito por profissional legalmente habilitado ou empresa especializada."
[9] Parte 3, parágrafo único: "Parágrafo único. O juiz ordenará a publicação de edital contendo aviso aos credores sobre o recebimento do plano de recuperação e fixando o prazo para a manifestação de eventuais objeções, observado o art. 55 desta Lei."

Ou seja, não se trata da apresentação de um relatório que lide com o mérito do conteúdo do plano, sob a perspectiva da reestruturação de obrigações do devedor perante seus credores, tampouco de qualquer documento que aponte eventuais divergências entre o conteúdo expressado no plano e a jurisprudência, para fins de controle de legalidade. A alínea "h" do inciso II do art. 22 não terceiriza a atividade jurisdicional de controle de legalidade dos planos de recuperação, tampouco atribui à administração judicial a função de debater cláusula a cláusula, ou mesmo de tomar partido, seja em favor do cabimento das cláusulas do plano, seja de modo contrário ao que se está propondo para fins de reestruturação do devedor.

3. O controle de legalidade do plano de recuperação é privativo do Juízo Recuperacional

A locução "controle de legalidade", apesar de recorrente na prática e na jurisprudência, não foi inserida na norma brasileira recuperacional e falimentar, tampouco quando da reforma provocada pela Lei nº 14.112/2020. Não obstante, já é expressão comum no meio do direito recuperacional brasileiro e traduz, essencialmente, uma jurisprudência que se formou a partir de decisões do Superior Tribunal de Justiça quando da reforma de decisões de Tribunais que vinham anulando ou alterando o conteúdo econômico-financeiro de planos de recuperação.

Os ministros do STJ passaram a adotar um entendimento de que, no Brasil, o Judiciário não deveria interferir em aspectos de natureza econômico-financeira nos planos de recuperação aprovados pelos credores no âmbito dos processos de recuperação judicial, mas caberia ao Poder Judiciário a análise para fins do controle de legalidade, tanto do plano de recuperação em si, quanto da própria dinâmica da AGC, sobretudo para a verificação do comportamento de devedores e credores, de modo a coibir condutas com conflitos de interesses ou que caracterizassem abuso de direito, bem como evitar que ilegalidades pudessem se instalar, afetando o resultado do processo[10].

---

[10] BRASIL. Superior Tribunal de Justiça (STJ). Recurso Especial nº 1.359.311/SP, Quarta Turma, Rel. Min. Luis Felipe Salomão, j. 09/09/2014: "DIREITO EMPRESARIAL. PLANO DE RECUPERAÇÃO JUDICIAL. APROVAÇÃO EM ASSEMBLEIA. CONTROLE DE LEGALIDADE. VIABILIDADE ECONÔMICO-FINANCEIRA. CONTROLE JUDICIAL.

Essa linha de julgados que acabou por formar uma jurisprudência também se materializou nas Jornadas de Direito Comercial, promovidas pelo Conselho da Justiça Federal, por meio do Centro de Estudos Judiciários, de 2013, especialmente por meio da aprovação dos Enunciados 44 e 46, ambos da I Jornada de Direito Comercial[11].

Em seu conteúdo, restou aprovado que "[a] homologação de plano de recuperação judicial aprovado pelos credores está sujeita ao controle judicial de legalidade[.]", conforme Enunciado 44, e que "[n]ão compete ao juiz deixar de conceder a recuperação judicial ou de homologar a extrajudicial com fundamento na análise econômico--financeira do plano de recuperação aprovado pelos credores[.]", conforme Enunciado 46.

Com isso, naquela mesma linha que vimos que orientou o caminho para chegarmos até a presente discussão, conforme exploramos também no primeiro tópico deste texto, tivemos como entendimento de uma importante Câmara Reservada de Direito Empresarial do Tribunal de Justiça de São Paulo, por votação unânime, que a atribuição à administração judicial da análise de legalidade e conformidade com a Lei de Recuperações e Falências e com a jurisprudência pertinente seria uma verdadeira transferência da atividade jurisdicional que é privativa do juízo recuperacional e que deverá ser realizada pela magistrada ou magistrado para fins de aplicação do controle de legalidade apenas[12]. Contudo, embora

---

IMPOSSIBILIDADE. 1. Cumpridas as exigências legais, o juiz deve conceder a recuperação judicial do devedor cujo plano tenha sido aprovado em assembleia (art. 58, caput, da Lei n. 11.101/2005), não lhe sendo dado se imiscuir no aspecto da viabilidade econômica da empresa, uma vez que tal questão é de exclusiva apreciação assemblear. 2. O magistrado deve exercer o controle de legalidade do plano de recuperação – no que se insere o repúdio à fraude e ao abuso de direito –, mas não o controle de sua viabilidade econômica. Nesse sentido, Enunciados n. 44 e 46 da I Jornada de Direito Comercial CJF/STJ."

[11] BRASIL. I Jornada de Direito Comercial, [23-24 de outubro de 2012, Brasília]. Brasília: Conselho da Justiça Federal, Centro de Estudos Judiciários, 2013.

[12] BRASIL. Tribunal de Justiça de São Paulo (TJSP), Agravo de Instrumento nº 2050797-82.2019.8.26.0000, 1ª Câmara Reservada de Direito Empresarial, Rel. Des. Hamid Bdine, j. 22/05/2019: "Conduta, embora seja atribuição do administrador judicial auxiliar na organização da recuperação, a decisão recorrida transfere controle jurisdicional do plano, já que expressamente determina o confronto entre as disposições com a lei e/ou jurisprudência. No tocante ao risco de dano, embora as informações que tenham sido determinadas a constar no parecer sejam públicas e acessíveis aos credores da recuperanda,

seja atribuição do administrador judicial auxiliar na organização da recuperação, a decisão recorrida transfere controle jurisdicional do plano, já que expressamente determina o confronto entre as disposições com a lei e/ou jurisprudência.

Em outras palavras, nem a política pública escolhida pelo legislador brasileiro, nem a jurisprudência que se consolidou no STJ, trilharam o caminho de atribuir à administração judicial a tarefa de realizar e apresentar um relatório ou parecer sobre eventuais ilegalidades, tampouco se imiscuindo nos aspectos materiais ou processuais do plano de recuperação judicial em si. Então, o que é que deve constar do relatório da administração judicial sobre o plano de recuperação judicial a ser apresentado nos autos e em meios eletrônicos, conforme a alínea "h" do inciso II do art. 22 da Lei de Recuperações e Falências?

4. O relatório sobre o plano de recuperação judicial

Conforme expressado pelo comando normativo do art. 22, II, "h", o relatório a ser apresentado pela administração judicial, acerca do plano de recuperação, deve conter o resultado da atividade de fiscalização sobre a veracidade e a conformidade das informações prestadas pelo devedor no âmbito de tal plano. Como vimos, o plano de recuperação não é apenas o documento que apresenta uma série de clausulados em si, por meio do qual todos se orientam acerca da novação provocada pela concessão da recuperação judicial. O plano de recuperação, nos termos do art. 53, deve conter a (2.a) discriminação pormenorizada dos meios de recuperação a ser empregados, a (2.b) demonstração de sua viabilidade econômica e o (2.c) laudo econômico-financeiro e de avaliação dos bens e ativos do devedor.

O relatório da administração, para que possa fiscalizar a veracidade e a conformidade, deverá cruzar as informações prestadas na completude do conteúdo do art. 53, com as informações que a administração judicial tem obtido para fins de elaboração dos RMAs. Desse modo, será possível

não se pode olvidar a potencialidade de que eventual reconhecimento pelo administrador de ilegalidades ou abusividades do plano influencie na deliberação assemblear, em afronta ao princípio da preservação da empresa. Não se está negando, dessa forma, o controle de legalidade do PRJ, mas obstando, tão somente, a transferência da atividade jurisdicional."

fiscalizar que as informações sobre a preservação e sobrevivência da atividade empresarial, redimensionada nos termos do plano de recuperação, condiz com a necessidade de reestruturação que se identificou para o deferimento do processamento da recuperação judicial.

Ou seja, o relatório deverá identificar que, de acordo com o quanto identificado pelos RMAs, que compunham até então todo o enquadramento do endividamento do devedor antes da novação a ser gerada pela decisão concessiva da recuperação judicial, a apresentação de demonstração de viabilidade trazida pelo devedor, por meio da apresentação do plano de recuperação, identifica a veracidade e a conformidade correlacionadas que poderão fazer parte da decisão dos credores sobre aceitar ou não a proposta trazida por meio do plano de recuperação.

Esse relatório também deverá ser apresentado em caso de apresentação do plano de recuperação alternativo, que potencialmente poderá ser apresentado por credores – seja por decurso de prazo do fim do *stay period* sem a votação do plano, conforme art. 6º, § 4º-A, II, seja em função da rejeição do plano de recuperação do devedor e a deliberação pela apresentação do plano alternativo, conforme art. 56, § 4º.

De mesmo modo, caso sejam apresentadas alterações ao plano de recuperação ou mesmo deliberações em AGCs, em horizonte de tempo inferior ao prazo dos 15 (quinze) dias definido na alínea "h", a administração judicial não está obrigada a apresentar o relatório de modo prévio, mas poderá apresentá-lo quando da juntada da ata acerca da realização dos trabalhos assembleares, ou até mesmo posteriormente, de modo a atender o processo de recuperação com a celeridade e a segurança que são esperadas, sobretudo após a reforma trazida pela Lei nº 14.112/2020.

Além do conteúdo sobre o plano de recuperação, em tal relatório, que, como demonstrado, deve-se apenas fiscalizar a veracidade e a conformidade, sem se emitir controle de legalidade, sob pena de terceirização da atividade jurisdicional privativa do juízo recuperacional, como último elemento, a administração judicial deverá também informar eventual ocorrência das condutas previstas no art. 64.

Ou seja, deverá ela informar se identificou alguma situação fática que contenha: (*a*) condenação em sentença penal transitada em julgado por crime cometido em recuperação judicial ou falência anteriores ou por crime contra o patrimônio, a economia popular ou a ordem econômica previstos na legislação vigente, por parte do devedor ou de seus administradores; (*b*) indícios veementes de o devedor ter cometido crime previsto na Lei de Recuperações e Falências; (*c*) ação com dolo, simulação ou fraude por parte do devedor contra os interesses de seus credores; (*d*) prática de (d.1) gastos pessoais manifestamente excessivos em relação a sua situação patrimonial, (d.2) despesas injustificáveis por sua natureza ou vulto, em relação ao capital ou gênero do negócio, ao movimento das operações e a outras circunstâncias análogas, (d.3) descapitalização injustificada da empresa ou realização de operações prejudiciais ao seu funcionamento regular, (d.4) simulação ou omissão de créditos ao apresentar a relação de que trata o inciso III do *caput* do art. 51 da Lei de Recuperações e Falências, sem relevante razão de direito ou amparo de decisão judicial; e/ou (*e*) negativa à prestação de informações solicitadas pela administração judicial ou pelos demais membros do Comitê de Credores.

Conclusões

A alínea "h" do inciso II do art. 22 da Lei nº 11.101/2005 não determina a apresentação de um parecer da administração judicial sobre a legalidade, tampouco sobre o conteúdo jurídico do plano de recuperação. A escolha da política pública, que compreende a administração judicial como detentora da função de *longa manus* e fiscal do juízo recuperacional, não atribuiu o dever do controle legalidade, sedimentado pela jurisprudência, à administração judicial, de modo que manteve o controle de legalidade sobre os planos de recuperação como parte das atribuições privativas do Poder Judiciário, por meio do juízo recuperacional.

O relatório sobre o plano de recuperação, demandado da administração judicial, tem como escopo fiscalizar a veracidade e conformidade das informações prestadas pelo devedor, sendo certo que, na lógica do acompanhamento dos RMAs, já realizado pela administração judicial, o plano de recuperação deve ser compreendido em sua completude, nos termos do art. 53. Desse modo, a administração judicial poderá fiscalizar a veracidade e conformidade da demonstração da viabilidade econômica do plano de recuperação, que indicará o redimensionamento das atividades do devedor e a adequação de seu passivo exigível à nova realidade que passará a existir após a aprovação do plano de recuperação pelos credores e a consequente homologação, após o controle de legalidade, com a decisão concessiva da recuperação, pelo juízo recuperacional. Além disso, em tal relatório, tal qual nos próprios RMAs, a administração judicial poderá informar a identificação de alguma das hipóteses descritas no art. 64.

Caso se entenda de modo diverso, estar-se-á diante de uma situação perigosa de caracterização do fim da imparcialidade da administração judicial ao realizar juízos de valor sobre o conteúdo de planos de recuperação, situação essa que não encontra respaldo normativo ou jurisprudencial, tampouco se coaduna com o binômio de responsabilidade/remuneração, nem com a postura imparcial e de fiscal do processo como apoio ao juízo recuperacional.

Como a administração judicial assumirá de modo imparcial que determinada cláusula pertinente à correção monetária do plano de recuperação é considerada ilegal por um determinado Tribunal de Justiça, ao mesmo tempo em que o Superior Tribunal de Justiça considera esse tema como fora do alcance do controle de legalidade? Como se tomará um posicionamento interpretativo sobre a autorização para a liberação de garantidores e de garantias, se o próprio Superior Tribunal de Justiça tem passado por divergências sobre o tema entre a 2ª e a 3ª Seções? Como será o papel da administração judicial, ao presidir uma AGC, podendo ser demandada, por credores ou devedores, a se posicionar sobre cláusulas que tenha comentado em um relatório que não deveria realizar tal avaliação? Querer assumir um entendimento ou outro é tarefa dos devedores, credores e do juízo recuperacional, mas não é tarefa atribuída à administração judicial, tampouco lhe foi incumbida pela política pública adotada pelo Estado brasileiro.

Referências

BRASIL. Câmara dos Deputados. Projeto de Lei nº 6.229/2005.

BRASIL. I Jornada de Direito Comercial, [23-24 de outubro de 2012, Brasília]. Brasília: Conselho da Justiça Federal, Centro de Estudos Judiciários, 2013.

BRASIL. Lei nº 11.101, de 9 de fevereiro de 2005.

BRASIL. Senado Federal. 30ª Emenda ao Projeto de Lei nº 4.458, de 2020.

BRASIL. Senado Federal. *Parecer nº 165*, de 2020, do Senador Rodrigo Pacheco (Bloco Parlamentar Vanguarda/DEM – MG), ao Projeto de Lei nº 4.458, de 2020, p. 26, sessão de 4 de novembro de 2020.

BRASIL. Superior Tribunal de Justiça (STJ). Recurso Especial nº 1.359.311/SP, Quarta Turma, Rel. Min. Luis Felipe Salomão, j. 09/09/2014.

BRASIL. Tribunal de Justiça de São Paulo (TJSP), Agravo de Instrumento nº 2050797-82.2019.8.26.0000, 1ª Câmara Reservada de Direito Empresarial, Rel. Des. Hamid Bdine, j. 22/05/2019.

BRASIL. Tribunal de Justiça do Estado de São Paulo (TJSP). Agravo de Instrumento nº 2022332-63.2019.8.26.0000, 2ª Câmara Reservada de Direito Empresarial, Rel. Des. Maurício Pessoa, j. 11/04/2019.

BRASIL. Tribunal de Justiça do Estado de São Paulo (TJSP). Agravo de Instrumento nº 2226962-18.2018.8.26.0000, 2ª Câmara Reservada de Direito Empresarial, Rel. Des. Grava Brazil, j. 25/02/2019.

BRASIL. Tribunal de Justiça do Estado de São Paulo (TJSP). Agravo de Instrumento nº 2038011-40.2018.8.26.0000, 1ª Câmara Reservada de Direito Empresarial, Rel. Des. César Ciampolini, j. 08/08/2018.

27. O ADMINISTRADOR JUDICIAL E A FISCALIZAÇÃO DO CUMPRIMENTO DO PLANO DE RECUPERAÇÃO JUDICIAL

Paulo Penalva Santos

Introdução

O administrador judicial é órgão criado pela Lei n. 11.101/05 para auxiliar a justiça, sendo essencial para o bom funcionamento da recuperação judicial e da falência. Enquanto, na falência, o administrador judicial tem como principal atribuição administrar a massa falida e liquidar o ativo para pagar credores, na recuperação judicial, a sua função primordial é fiscalizar as atividades do devedor e, em especial, o cumprimento do plano de recuperação judicial.

Tanto na falência quanto na recuperação judicial, o administrador judicial é de confiança do juiz, não lhe cabendo defender interesse de credores ou do devedor. Por isso, o administrador judicial deve agir sempre com absoluta imparcialidade, podendo atuar contra ou a favor do devedor ou dos credores, mas sempre a bem do interesse público de viabilizar a superação da crise pela empresa viável[1].

---

[1] Do ponto de vista de Scalzilli, Spinelli e Tellechea: "Não é fiduciário de nenhuma das partes interessadas no processo, pois não administra os interesses de nenhuma delas. O administrador judicial não possui, assim, deveres fiduciários para com credores ou devedor; sua responsabilidade é para com a administração da justiça. Deve atuar, portanto, no interesse do concurso. A isenção e a imparcialidade são condições *sine qua non* para sua atuação." (SCALZILLI, João Pedro; SPINELLI, Luis Felipe; TELLECHEA, Rodrigo. *Recuperação de Empresas e Falência*: Teoria e Prática na Lei 11.101/2005. 3 ed. rev., atual e ampl. São Paulo: Almedina, 2018, p. 245).

No que respeita ao dever de imparcialidade, a atuação do Administrador Judicial distingue-se da atuação do Comitê de Credores, pois este age no interesse dos credores. Mesmo quando, por não instalado ou em razão de incompatibilidade, caiba ao Administrador Judicial exercer atribuições do Comitê de Credores (art. 28), sua atuação deverá observar o dever de imparcialidade.

As atribuições do Administrador Judicial distinguem-se também das funções do Ministério Público, que atua no processo de recuperação judicial como *custos legis*.

A nomeação do administrador judicial é de competência exclusiva do juiz (art. 52, I), sendo o primeiro ato do magistrado ao deferir o processamento da recuperação judicial. Da mesma forma, somente o juiz pode destituí-lo, sendo vedado à assembleia-geral deliberar sobre a sua substituição ou a indicação de seu substituto[2].

Quanto às atribuições do administrador judicial, o presente artigo tem por finalidade primordial analisar a obrigação de fiscalizar o cumprimento do plano[3].

---

[2] A alínea *c* do inciso I e a alínea *a* do inciso II do artigo 35, que atribuíam competência à assembleia-geral para substituir o administrador judicial, foram vetadas, pelas seguintes razões: "As alíneas 'a' e 'c' atribuem à assembleia-geral de credores, dentre outras competências, a de deliberar sobre a substituição do administrador judicial e a indicação do seu substituto. Todavia tais disposições conflitam com o art. 52, que estabelece:
'Art. 52. Estando em termos a documentação exigida no art. 51 desta Lei, o juiz deferirá o processamento da recuperação judicial e, no mesmo ato:
I – nomeará o administrador judicial, observado o disposto no art. 21 desta Lei; ...'
Verifica-se o conflito, também, no confronto entre esses dispositivos e o parágrafo único do art. 23, que dispõe:
'Parágrafo único. Decorrido o prazo do *caput* deste artigo, o juiz destituirá o administrador judicial e nomeará substituto para elaborar relatórios ou organizar as contas, explicitando as responsabilidades de seu antecessor.'" (Lei de Falências e legislação correlata: dispositivos constitucionais pertinentes: Lei n. 11.101, de 09 de fevereiro de 2005: Lei n. 6.024, de 13 de março de 1974: mensagem de veto. Brasília: Senado Federal, Subsecretaria de Edições Técnicas, 2006, p. 89).
[3] Paulo Salles de Toledo, ao discorrer sobre deveres e atribuições do administrador judicial, anota o seguinte: "A LRE, a exemplo da antiga LF, enumera uma longa série de atribuições e deveres impostos ao administrador judicial. Toma o cuidado de enunciar que há também "outros deveres" previstos na Lei. Pode-se ir ainda um pouco mais adiante: o administrador judicial, ao assumir suas funções, comprometeu-se a "bem e fielmente desempenhar o cargo", com as responsabilidades a ele inerentes". Assim, tudo o que estiver compreendido no bom

Até a vigência da Lei n. 14.112/20, a fiscalização do cumprimento do plano era feita após a concessão da recuperação judicial (art. 58), porque, antes da concessão, o plano não produz efeitos em relação aos credores. O plano é aprovado pelos credores sob condição suspensiva, que é a homologação pelo juízo da recuperação.

Ocorre que a Lei n. 14.112/2020 antecipou a fase de fiscalização do plano, pois o administrador judicial deve agora apresentar um relatório sobre o plano de recuperação judicial no prazo de 15 (quinze) dias, contado da sua apresentação em juízo (art. 22, II, *h*).

1. Atribuições do administrador judicial na recuperação judicial

As principais atribuições do administrador judicial estão previstas no art. 22 da Lei n. 11.101/2005, cujos deveres são classificados no inciso I, que trata na recuperação judicial e na falência, em seguida no inciso II na recuperação judicial e, por último, no inciso III de atribuições apenas na falência.

Relevantes, para o caso em exame, são as funções elencadas no inciso II do art. 22, que, na sua redação original, eram:

a) fiscalizar as atividades do devedor e o cumprimento do plano de recuperação judicial;

b) requerer a falência no caso de descumprimento de obrigação assumida no plano de recuperação;

c) apresentar ao juiz, para juntada aos autos, relatório mensal das atividades do devedor

d) apresentar o relatório sobre a execução do plano de recuperação, de que trata o inciso III do *caput* do art. 63 desta Lei.

2. Alterações da Lei n. 14.112/20

A redação da alínea *c* do inc. II do art. 22 foi alterada para reforçar o dever de fiscalização, em especial da veracidade das informações prestadas pelo devedor: apresentar ao juiz, para juntada aos autos, relatório mensal

---

exercício das funções insere-se nos deveres do administrador judicial." (TOLEDO, Paulo F. C. Salles; ABRÃO, Carlos Henrique (coord.). *Comentários a Lei de Recuperação de Empresas e Falência*. 5 ed. rev., atual. e ampl. São Paulo: Saraiva, 2012, p. 106-107).

das atividades do devedor, *fiscalizando a veracidade* e a conformidade das informações prestadas pelo devedor (art. 22, II, *c*).

Além desses deveres, a Lei n. 14.112/20 acrescentou as seguintes atribuições ao administrador judicial (art. 22, II):

a) fiscalizar o decurso das tratativas e a regularidade das negociações entre devedor e credores (alínea *e*);

b) assegurar que devedor e credores não adotem expedientes dilatórios, inúteis, ou, em geral, prejudiciais ao regular andamento das negociações (alínea *f*);

c) assegurar que as negociações realizadas entre devedor e credores sejam regidas pelos termos convencionados entre interessados ou, na falta de acordo, pelas regras propostas pelo administrador judicial e homologadas pelo juiz, observado o princípio da boa-fé para a solução construtiva de consensos, que acarretem maior efetividade econômico-financeira e proveito social para os agentes econômicos envolvidos (alínea *g*); e

d) apresentar, para juntada aos autos, e publicar no endereço eletrônico específico relatório mensal das atividades do devedor e relatório sobre o plano de recuperação judicial, no prazo de 15 (quinze) dias contado da apresentação do plano, *fiscalizando a veracidade e a conformidade das informações prestadas pelo devedor*, além de informar eventual ocorrência das condutas previstas no art. 64 desta Lei (alínea *h*).

Em acréscimo, a Lei n. 14.112/20 impôs ao administrador judicial o dever de estimular a conciliação e a mediação, que frequentemente são previstas no plano de recuperação (art. 22, I, *j*).

2.1. Apresentação dos relatórios

A lei determina ao administrador judicial a apresentação de vários relatórios que são essenciais à fiscalização das atividades do devedor. São eles:

a) Relatório mensal das atividades do devedor (art. 22, II, *c*)

b) Relatório sobre a execução do plano (art. 22, II, *d*)

c) Relatório sobre o plano (art. 22, II, *h*).

2.1.1. Relatório mensal das atividades do devedor (art. 22, II, *c*)

O relatório mensal é importante porque o devedor continua na administração do negócio, devendo prestar informações sobre a atividade exercida. Esse fluxo de informações deve ser apresentado mensalmente para lastrear o relatório apresentado pelo administrador judicial.

A obrigação imposta ao devedor de apresentar contas demonstrativas mensais é de tal ordem relevante que o legislador considera o seu descumprimento causa de destituição dos administradores da sociedade devedora (arts. 52, IV e 64, V).

Da mesma forma, caso o administrador judicial não apresente, no prazo estabelecido, qualquer dos relatórios, será intimado pessoalmente a fazê-lo no prazo de 5 (cinco) dias, sob pena de desobediência.

A apresentação do relatório mensal das atividades do devedor já estava prevista na redação original do art. 22, II, *c*, mas curiosamente a nova alínea *h* do mesmo artigo menciona novamente um relatório mensal das atividades do devedor e outro relatório sobre o plano de recuperação judicial. É evidente a inutilidade de apresentação de dois relatórios mensais, com o mesmo objetivo. Assim, a regra da alínea *h* é relevante apenas por introduzir um novo relatório sobre o plano, conforme se verá a seguir.

O Relatório Mensal de Atividades, denominado RMA, deve contemplar informações sobre as atividades exercidas pelo devedor, baseadas em elementos fornecidos pelo devedor, que contém dados referentes ao respectivo mês e que deve ser analisado em conjunto com os relatórios anteriores. Deve ser informado qualquer fato

> "que seja relevante para o processo, em especial aqueles que possam causar prejuízo aos credores, de que são exemplo o desvio de bens, a confusão patrimonial ou qualquer tipo de crime ou fraude. Da mesma forma, qualquer situação de anormalidade no curso das atividades da recuperanda, nas suas demonstrações contábeis ou mesmo na execução do plano devem ser reportadas, sob pena de restar caracterizada negligência, nos termos do art. 32 da LREF"[4].

Na hipótese de companhia aberta, devem constar no relatório os fatos relevantes e comunicados ao mercado, na forma exigida pela Comissão de Valores Mobiliários – CVM.

---

[4] SCALZILLI; SPINELLI; e TELLECHEA. *Recuperação de empresas...*, p. 251.

É frequente o administrador judicial relacionar o atendimento feito a credores e resumir as suas manifestações mais relevantes nos autos da recuperação judicial, informando os principais recursos nos quais se manifestou.

Compete ainda ao administrador judicial indicar no relatório as obrigações do plano que venceram no respectivo mês.

2.1.1.1. Fiscalização da veracidade das informações do devedor

Em relação às novas atribuições do administrador judicial, o maior desafio certamente será a interpretação da expressão "fiscalizar a veracidade e a conformidade das informações prestadas pelo devedor", que consta nas alíneas *c* e *h* do art. 22, II, com a redação dada pela Lei n. 14.112/20.

Como lembra Marcelo Sacramone:

> "O administrador judicial não tem a função de ser auditor do devedor, nem responderá pelo eventual insucesso da atividade dele. A conferência de todas as informações prestadas pressupõe que o administrador judicial acompanhe todo o desenvolvimento da atividade, como forma de atestar sua veracidade. Não foi isso que pretendeu a lei, sob pena, inclusive, do custo de remuneração do referido profissional ser extremamente oneroso à devedora, conforme parâmetros de mercado."[5]

Adiante, conclui:

> "Pela melhor interpretação da Lei, o administrador judicial deverá analisar a informação apresentada pelo devedor para identificar eventuais inconsistências. Sua responsabilidade não é de resultado, mas de culpa ou dolo caso informações manifestamente incorretas ou contraditórias sejam apresentadas. Identificadas eventuais inconsistências, tem o administrador judicial a obrigação de diligenciar para conferir a atuação do devedor e investigar se os números estariam efetivamente corretos."[6]

Conforme registrado por Daniel Carnio Costa e Alexandre Correa Nasser de Melo, durante o processo legislativo, o texto aprovado na Câmara

---

[5] SACRAMONE, Marcelo Barbosa. *Comentários à Lei de Recuperação de Empresas e Falência.* 2 ed. São Paulo: Saraiva Educação, 2021, p. 167
[6] SACRAMONE. *Comentários à Lei...*, p. 167.

dos Deputados determinava que o administrador judicial "deveria *atestar* a veracidade e a conformidade das informações prestadas pelo devedor". Reconhecendo o rigor excessivo dessa obrigação imposta ao administrador judicial, o legislador alterou no Senado a redação das alíneas *c* e *h* do art. 22, II, para suprimir o vocábulo *atestar*[7].

É evidente que o administrador judicial não tem a função de atestar a veracidade das informações prestadas pelo devedor, pois nem mesmo o auditor independente, responsável pela apresentação de laudo que demonstra a viabilidade econômico-financeira do plano (art. 53), tem essa obrigação. O objetivo deste laudo é avaliar a real capacidade econômico-financeira, sempre baseado nos trabalhos técnicos apresentados pelo devedor, os quais não são necessariamente objeto de análise independente por parte da empresa de auditoria. Além disso, com muita frequência, o auditor trabalha com dados por amostragem, o que torna impossível atestar a veracidade de todas as informações prestadas pelo devedor.

Considerando que a responsabilidade do administrador judicial é subjetiva, Daniel Carnio Costa e Alexandre Correa Nasser de Melo lembram que "somente a intenção de omitir a irregularidade ou a desconformidade das informações prestadas pela devedora ou a negligência/imperícia na sua análise poderão gerar a responsabilização da administração judicial"[8].

2.1.2. Relatório sobre a execução do plano de recuperação (art. 22, II, *d*)

Cumpridas as obrigações vencidas no prazo de dois anos de supervisão judicial, previstas no art. 61, o juiz decretará o encerramento da recuperação judicial, determinando ao administrador judicial a apresentação de relatório circunstanciado sobre a execução do plano de recuperação judicial.

Trata-se do relatório final que deve conter

"exclusivamente informações acerca do cumprimento do plano de recuperação judicial tais como (i) a forma com que as obrigações foram cumpridas;

---

[7] COSTA, Daniel Carnio; Melo, Alexandre Correa Nasser de. *Comentários à Lei de Recuperação de Empresas e Falência*: Lei 11.101, de 09 de fevereiro de 2005. Curitiba: Juruá, 2021, p. 108.

[8] COSTA; MELO. *Comentários à lei...*, p. 108.

(ii) as obrigações que, eventualmente, tenham tido seu adimplemento antecipado; (iii) as obrigações que ainda restam ao devedor adimplir"[9].

Com a apresentação desse relatório, encerra-se a recuperação judicial e, evidentemente, a atribuição fiscalizatória do administrador judicial.

2.1.3. Relatório sobre o plano de recuperação judicial (art. 22, II, *h*)

A Lei n. 14.112/20 instituiu um novo relatório, o qual deve ser apresentado no prazo de 15 (quinze) dias, contado da apresentação do plano de recuperação judicial pelo devedor. Percebe-se que o legislador antecipou a atividade fiscalizatória, que agora se inicia logo após a apresentação do plano, e não apenas após a concessão da recuperação judicial. Note-se que, antes da concessão da recuperação judicial (art. 58), as obrigações previstas no plano não são exigíveis, não havendo razão para fiscalizar o seu cumprimento.

Além disso, a utilidade desse novo relatório é questionável, porque, enquanto não aprovado, a rigor o que existe é uma proposta de plano que não obriga as partes – devedor e credores sujeitos ao plano. Também questionável é a sua exequibilidade, pois é improvável que o administrador judicial tenha condições de analisar o plano no prazo de 15 (quinze) dias, principalmente em relação à veracidade e a conformidade das informações constantes do plano proposto pelo devedor.

Determina ainda o legislador que o administrador judicial verifique a eventual ocorrência das condutas previstas no art. 64, que cuidam de hipóteses que justificam o afastamento dos administradores do comando da sociedade em recuperação judicial. Esses fatos devem ser apurados com muito cuidado – e provavelmente o administrador judicial não terá tempo hábil de fazê-lo.

Até a realização da assembleia-geral é frequente a apresentação de modificações do plano, caso em que o administrador judicial deverá também apresentar novo relatório.

2.1.4. Relatórios previstos na Recomendação n. 72 do Conselho Nacional de Justiça

Com a finalidade de padronizar os relatórios a serem apresentados pelo administrador judicial, a Recomendação n. 72, de 19.8.20, do Conselho

---

[9] COSTA; MELO. *Comentários à lei...*, p. 109.

Nacional de Justiça ("CNJ") estabelece procedimentos destinados a registrar os fatos mais relevantes ocorridos em cada fase da recuperação judicial, como, por exemplo, o andamento processual, os incidentes processuais e, também, com a sugestão de modelos a serem utilizados nos relatórios previstos na Lei n. 11.101/05.

A Recomendação prevê a necessidade de o administrador judicial encaminhar "um comunicado aos representantes do devedor, informando de forma detalhada toda a documentação que irá solicitar, mês a mês, para a elaboração dos relatórios mensais de atividade"[10].

2.2. Fiscalização das negociações entre devedor e credores

As alíneas *e* e *f* do art. 22, II, impõem ao administrador judicial o dever de fiscalizar as tratativas e a regularidade das negociações entre as partes, bem como assegurar que devedor e credores não adotem medidas inúteis, prejudiciais ao bom andamento das negociações. O administrador judicial, como auxiliar do juiz, não pode intervir nas negociações, mas apenas

"fiscalizá-las para assegurar que os devedores ou os credores não adotem expedientes que dificultem referida negociação, assim como assegurar que todas as informações imprescindíveis para a negociação e o conhecimento do negócio sejam efetivamente fornecidas, sob pena de destituição dos administradores ou do próprio devedor, com nomeação de um gestor judicial (arts. 64 e 65)"[11].

Ainda, a alínea *g* impõe ao administrador judicial o dever de assegurar que as negociações realizadas entre credores e devedor sejam regidas pelos termos convencionados entre os interessados ou, na falta de acordo, pelas regras propostas pelo administrador judicial.

A dificuldade prática na aplicação dessa norma decorre do fato de que, conforme acima ressaltado, o administrador judicial não representa interesses do devedor nem dos credores, sendo apenas uma pessoa de confiança do juiz.

---

[10] COSTA; MELO. *Comentários à lei...*, p. 106.
[11] SACRAMONE. *Comentários à Lei...*, p. 168.

Pelo fato de ser pessoa de absoluta confiança do juiz decorre o seu atributo mais importante que é a imparcialidade[12].

Como pode propor regras de negociação? O que tem ocorrido são hipóteses em que o administrador judicial sugere ao juiz que determine a instalação de procedimento de mediação, no qual o mediador submeterá ao juiz o procedimento a ser adotado na negociação.

2.3. Estímulo à mediação e à conciliação (art. 22, I, *j*)

O CNJ, através da Recomendação n. 58, de 22 de outubro de 2019, já sugeria aos juízes que determinassem a utilização da mediação e da conciliação nas principais fases da recuperação judicial.

A mediação e a conciliação têm sido adotadas em processos de recuperação judicial como instrumento de prevenção e solução extrajudicial de litígios. A mediação e a conciliação têm sido usadas com sucesso nos incidentes de verificação de créditos, no auxílio para a negociação do plano de recuperação e em muitos outros casos na recuperação judicial. A Recomendação do CNJ veda a atuação do administrador judicial como mediador ou conciliador, cabendo ao juiz nomeá-los.

É comum o plano de recuperação prever proposta de mediação e de conciliação, que podem ser implementadas antes da assembleia-geral de credores. Para dar efetividade a essas formas de solução extrajudicial de litígio, o juiz indica o mediador ou o conciliador, propondo regras para tais procedimentos.

A Lei n. 14.112/20 trouxe para o texto legal esse mesmo conceito da Recomendação n. 58 do CNJ, ao incluir a alínea *j* no inciso I do art. 22.

O dever do administrador judicial de estimular a conciliação e a mediação é justificável, visto que:

"Por ter conhecimento aprofundado dos aspectos fáticos e jurídico processuais do caso, pode identificar com maior facilidade os empecilhos à negociação entre as partes. Desde que sempre com supervisão do juiz, cabe ao administrador judicial incentivar consensos em relação a questões pontuais, para que o processo de falência ou recuperação atinja seus objetivos, com eficiência e celeridade. Para isso, o administrador judicial pode requerer

---

[12] SCALZILLI; SPINELLI; e TELLECHEA. *Recuperação de empresas...*, p. 244.

ao juízo a realização de audiências de gestão democrática ou sessões de conciliação."[13]

3. O administrador judicial e o plano de recuperação apresentado pelos credores

A Lei n. 14.112/20 dispõe sobre a possibilidade de os credores apresentarem um plano alternativo em dois dispositivos: no art. 6º, § 4º-A, e no art. 56, §§ 4º a 8º.

Na primeira hipótese (art. 6º, § 4º-A), decorrido o prazo do *stay period* sem que o plano de recuperação apresentado pelo devedor tenha sido deliberado em assembleia-geral, os credores teriam a faculdade de propor um plano alternativo.

A outra previsão está no art. 56, § 4º, o qual dispõe que "rejeitado o plano de recuperação judicial, o administrador judicial submeterá, no ato, à votação da assembleia-geral de credores a concessão de prazo de 30 (trinta) dias para que seja apresentado plano de recuperação judicial pelos credores".

São, portanto, duas hipóteses distintas para a apresentação de plano pelos credores: a primeira, no caso de encerramento do prazo do *stay period* sem a deliberação a respeito do plano de recuperação proposto pelo devedor e a segunda no caso de rejeição do plano elaborado pelo devedor. Nas duas hipóteses, o plano alternativo deve ser apresentado pelos credores no prazo de 30 (trinta) dias, contado do final do prazo referido no § 4º do art. 6º ou do § 4º do art. 56.

Ainda, na hipótese do decurso do prazo do *stay period*, a apresentação de um plano alternativo pelos credores não significa que o devedor tenha perdido o direito de ter o seu plano votado em assembleia geral.

Note-se que foi mantida a regra do § 3º do art. 56, a qual prevê a possibilidade de o plano ser alterado na assembleia geral, desde que haja *expressa* concordância do devedor. Com efeito, o plano dos credores só pode ser votado se o devedor concordar expressamente com a alteração ou se o seu plano for rejeitado na mesma assembleia-geral. Ainda assim, o plano alternativo deve preencher os requisitos do § 6º do art. 56, dentre os quais está o não preenchimento dos requisitos previstos no § 1º do art. 58 (*cram down*).

---

[13] COSTA; MELO. *Comentários à lei...*, p. 106.

Na prática, a possibilidade de apresentação de plano alternativo pelos credores representa um incentivo para o devedor buscar a melhor solução possível. Caso contrário, ficará exposto ao risco de ser votado um meio de recuperação elaborado pelos credores.

O art. 50 contém uma relação exemplificativa de hipóteses que constituem meios de recuperação judicial e que podem ser adotadas em planos de recuperação.

São, na sua maioria, planos que interferem no patrimônio do devedor ou na administração da sociedade, como é o caso de cisão, incorporação, alteração do controle, aumento de capital, venda de bens, emissão de valores mobiliários, substituição de administradores, etc.

A questão é que essas hipóteses interferem na esfera jurídica da sociedade devedora e de seus sócios e administradores, o que só seria possível com a concordância expressa do devedor.

O curioso é que nesse caso inverte-se a lógica da negociação, pois não é o devedor que busca o apoio de seus credores para aprovar o plano. São os credores que necessitam convencer o devedor a aceitar as modificações do plano alternativo. Mas é evidente que o devedor tem uma margem muito reduzida de negociação, uma vez que rejeitar a proposta de plano alternativo significaria a quebra da sociedade.

Rejeitado o plano apresentado pelo devedor ou decorrido o prazo do *stay period*, o administrador judicial submeterá à votação a concessão de prazo de 30 (trinta) dias para que os credores possam apresentar um plano alternativo.

A concessão do prazo para a apresentação do plano alternativo deve ser aprovada por credores que representem mais da metade dos créditos presentes à assembleia-geral (art. 56, §5º). O § 6º do art. 56 afirma que o plano proposto pelos credores "somente será posto em votação caso satisfeitas, cumulativamente..." dando a impressão de que seriam outras condições para a apresentação do plano, quando na realidade são requisitos para a sua aprovação. Isso porque a condição para a apresentação do plano alternativo já foi atendida, com a aprovação de mais da metade dos credores presentes à assembleia-geral, conforme disposto no § 5º.

Apresentado o plano alternativo, a sua aceitação para fins de submissão à deliberação da Assembleia Geral de Credores depende do apoio por escrito de credores que representem mais de 25% dos créditos totais sujeitos à recuperação judicial, ou mais de 35% dos créditos dos credores presentes à assembleia-geral referida no § 4º do artigo 56.

Além disso, para o plano apresentado pelos credores ser submetido ao conclave, deve atender às seguintes condições: (a) o não preenchimento dos requisitos para a aplicação do *cram down*; (b) o plano apresentado pelos credores deve ser instruído com a discriminação pormenorizada dos meios de recuperação, com a demonstração de sua viabilidade econômica e com o laudo econômico-financeiro e de avaliação dos bens e ativos do devedor; (c) não imputação de obrigações novas, não previstas em lei ou em contratos anteriormente celebrados aos sócios do devedor; (d) isenção de garantias pessoais prestadas por pessoas naturais em relação aos créditos a serem novados e que sejam de titularidade dos credores que apoiarem por escrito a apresentação do plano alternativo (inciso III, § 6º, art. 56) ou daqueles que votaram favoravelmente ao plano alternativo; e (e) não imposição ao devedor ou aos seus sócios de sacrifício maior do que aquele que decorreria da liquidação na quebra.

É razoável concluir que, na hipótese de apresentação de plano de recuperação pelos credores, o papel fiscalizador do administrador judicial restringe-se à verificação dos requisitos acima referidos.

No caso do art. 56, § 4º, não apresentado plano alternativo no prazo de 30 (trinta) dias ou, em ambas as hipóteses, rejeitado o plano dos credores, compete ao administrador judicial requerer ao juiz a convolação da recuperação judicial em falência.

Proferida a decisão que concede a recuperação judicial, deve a recuperação, cujo plano foi proposto pelos credores, permanecer sob a supervisão judicial pelo prazo de 2 (dois) anos, conforme dispõe o art. 61?

O principal objetivo da recuperação judicial é a implementação do acordo entre credores e devedor, para permitir a superação da crise econômico-financeira da empresa, o que é alcançado quando o juiz homologa a deliberação tomada em assembleia-geral.

Rejeitado o que fora proposto pelo devedor, o plano de inciativa dos credores tem efeitos equivalentes aos de uma contraposta que precisa ser aceita pelo devedor (art. 56, § 3º). Uma vez apresentado, o plano de iniciativa dos credores deverá observar os atos subsequentes do procedimento regulado na Lei nº 11.101/2005, devendo ser aprovado por decisão da Assembleia Geral de Credores, sujeita à homologação pelo Juízo da recuperação judicial, nos termos do artigo 58. Uma vez concedida a recuperação judicial com base no plano de iniciativa dos credores, o plano produzirá os mesmos efeitos do plano de iniciativa do devedor.

A permanência do devedor em recuperação judicial, pelo prazo de 2 (dois) anos, foi concebida para manter o devedor sob supervisão judicial, com a finalidade de fiscalizar o cumprimento das obrigações previstas no plano. O art. 61 foi alterado para atribuir ao juiz discricionariedade para determinar a manutenção do devedor em recuperação judicial até que sejam cumpridas as obrigações previstas no plano, que se vencerem até dois anos após a concessão da recuperação judicial, sem fazer distinção entre o plano de iniciativa do devedor e o plano de iniciativa de credores. Logo, a conclusão é de que, em qualquer caso, o devedor deverá permanecer em recuperação judicial, cabendo ao administrador judicial todos os poderes e deveres de fiscalizar as atividades desse devedor, apresentando todos os relatórios tal como ocorre na recuperação judicial concedida com base em plano de iniciativa do devedor.

Conclusões

Por tudo isso, pode-se perceber o papel essencial que o administrador judicial tem na condução da recuperação judicial e, em especial, na fiscalização do cumprimento do plano[14].

Foi visto que, até a vigência da Lei n. 14.112/20, a fiscalização do cumprimento do plano era feita após a concessão da recuperação judicial, nos termos do artigo 58, visto que, antes da concessão, o plano não é compulsório e não produz efeitos em relação aos credores.

A Lei n. 14.112/2020 antecipou a fase de fiscalização do plano, pois o administrador judicial deve agora apresentar um relatório sobre o plano de recuperação judicial proposto pelo devedor no prazo de 15 (quinze) dias, contado da sua apresentação em juízo.

---

[14] Do ponto de vista de Scalzilli, Spinelli e Tellechea: "A boa condução de uma recuperação judicial ou de uma falência decorre em grande medida da atuação do administrador judicial, figura chave nos dois procedimentos. Isso porque o administrador judicial tem papel preponderante no sucesso ou insucesso de uma falência ou recuperação judicial. Um juiz inexperiente na matéria concursal com o auxílio de um administrador judicial competente pode bem conduzir uma recuperação judicial ou uma falência. Mas o juiz mais experimentado nesta área tendo ao seu lado um administrador judicial despreparado, negligente ou mal--intencionado terá grandes dificuldades na condução do processo." (SCALZILLI; SPINELLI; e TELLECHEA. *Recuperação de empresas...*, p. 243).

Além disso, foram acrescentadas novas atribuições ao administrador judicial, com destaque para o reforço do dever de fiscalização, como no caso das tratativas e da regularidade das negociações entre devedor e credores.

Outro aspecto que mereceu análise foi sobre a elaboração de relatórios. Destacou-se que o administrador judicial não tem a função de atestar a veracidade das informações prestadas pelo devedor, pois nem mesmo o auditor independente, responsável pela apresentação de laudo que demonstra a viabilidade econômico-financeira do plano (art. 53), tem essa obrigação. O que se pretende é avaliar a real capacidade econômico-financeira do devedor, sempre baseado nos trabalhos técnicos apresentados pelo devedor, os quais não são necessariamente objeto de análise independente por parte da empresa de auditoria.

O administrador tem o dever de fiscalizar as tratativas e a regularidade das negociações entre as partes, bem como o dever de assegurar que as negociações realizadas entre credores e devedor sejam regidas pelos termos convencionados entre os interessados ou, na falta de acordo, pelas regras propostas pelo administrador judicial. A dificuldade prática na aplicação dessa norma decorre do fato de que o administrador judicial não representa interesses do devedor nem dos credores, sendo apenas uma pessoa de confiança do juiz.

Deve, ainda, o administrador estimular a conciliação e a mediação, seguindo as recomendações do Conselho Nacional de Justiça.

Por fim, concluiu-se que, na hipótese de apresentação de plano de recuperação proposto pelos credores, o papel fiscalizador do administrador judicial restringe-se à verificação do atendimento aos requisitos formais da proposta, não lhe cabendo adentrar os seus aspectos econômico-financeiros.

Concedida a recuperação judicial com base em plano de iniciativa do devedor ou de iniciativa de credores, o devedor permanecerá em recuperação judicial por até dois anos, cabendo, em qualquer caso, ao Administrador Judicial fiscalizar a execução do plano com base no qual foi concedida a recuperação judicial.

Referências

COSTA, Daniel Carnio; MELLO, Alessandro Nasser de. *Comentários à Lei de Recuperação de Empresas e Falência*. Curitiba: Juruá, 2020.

SACRAMONE, Marcelo Barbosa. *Comentários à Lei de Recuperação de Empresas e Falência*. 2 ed. São Paulo: Saraiva, 2021.

SALOMÃO, Luis Felipe; SANTOS, Paulo Penalva. *Recuperação Judicial, Extrajudicial e Falência*: teoria e prática. 5 ed. Rio de Janeiro: Forense, 2020.

SCALZILLI, João Pedro; SPINELLI, Luis Felipe; TELLECHEA, Rodrigo. *Recuperação de Empresas e Falência*: Teoria e Prática na Lei 11.101/2005. 3 ed. rev., atual e ampl. São Paulo: Almedina, 2018.

TOLEDO, Paulo F. C. Salles; ABRÃO, Carlos Henrique (coord.). *Comentários a Lei de recuperação de empresas e falência*. 5 ed. rev., atual. e ampl. São Paulo: Saraiva, 2012.

28. A REMUNERAÇÃO DO ADMINISTRADOR JUDICIAL

Luis Felipe Spinelli
João Pedro Scalzilli
Rodrigo Tellechea

Introdução

Durante seus mais de quinze anos de vigência, a Lei 11.101/2005 ("Lei de Recuperação de Empresas e Falência" ou, simplesmente, "LREF") apresentou significativa evolução em relação à legislação anterior, sobretudo no que diz respeito à disponibilização aos empresários de um regime recuperatório mais eficiente do que a concordata.

Esse papel foi exercido especialmente pela recuperação judicial, que se mostrou um relevante mecanismo ao alcance da empresa em crise – tanto que utilizada na tentativa de reestruturação de alguns dos mais relevantes grupos empresariais brasileiros na última década – mas também pela recuperação extrajudicial, em que pese não tenha tido uma utilização tão vasta. Por sua vez, também houve alterações importantes no regime falimentar, buscando incrementar a recuperação do crédito e a preservação da empresa, quando possível, bem como viabilizar a liberação do falido.

A despeito disso, a necessidade de ajustes na legislação brasileira de insolvência empresarial já vinha sendo apontada pela doutrina especializada. Particularmente, depois dos desgastes ocasionados pelas quatro crises econômicas de maior envergadura verificadas no período – a crise imobiliária americana de 2009, a crise político-econômica do triênio 2014-2016, a greve dos caminhoneiros de 2018 e pandemia da Covid-19 –, ficou evidente a imprescindibilidade de promover adequações no texto legal, inclusive para adaptá-lo à evolução da jurisprudência nos últimos quinze anos no trato de temas sensíveis da seara concursal.

Entendeu-se que o caminho a ser trilhado era uma ampla reforma na LREF. Por meio de um acordo entre Executivo e Legislativo, buscou-se "modernizar" a Lei Recuperatória e Falimentar. Para a tarefa, foi resgatado o PL 6.229, que havia ficado em segundo plano durante os primeiros meses da crise sanitária ocasionada pelo novo coronavírus, resultando na Lei 14.112/2020, que entrou em vigor no dia 23 de janeiro, alterando, acrescentando ou revogando aproximadamente uma centena de artigos da LREF[1].

É possível citar como principais objetivos da Reforma: (*i*) a busca pela celeridade e eficiência processual; (*ii*) uma maior transparência e acesso à informação; (*iii*) o incremento da participação dos credores, inclusive dos credores trabalhistas e tributários; (*iv*) o reforço da proteção dos sócios; e (*v*) a superação do estigma associado à falência e liberação do falido para reempreender[2]. Ponto de convergência de todos esses propósitos está na figura do administrador judicial como um dos principais indutores destas pretensas melhorias no sistema brasileiro de insolvência.

Efetivamente, não há dúvidas de que foi o mais encarregado (e sobre-carregado) dentre todos aqueles envolvidos nos processos concursais com novas *atribuições*. A Lei 14.112/20 foi pródiga em conferir novas tarefas ao administrador judicial, contando-se mais de uma dezena[3], que

---

[1] Para um panorama geral sobre o assunto, ver os nossos: SCALZILLI, João Pedro; SPINELLI, Luis Felipe; TELLECHEA, Rodrigo. *Pandemia, crise econômica e Lei de Insolvência*. Porto Alegre: Buqui, 2020; SCALZILLI, João Pedro; FABRO, Daniela. Panorama da Reforma da Lei de Recuperação de Empresas e Falência. *Ministério Público do Rio Grande do Sul, Revista Digital do CAO CÍVEL*, n. 63, p. 72-81, jan./fev. 2021.

[2] SCALZILLI, João Pedro; FABRO, Daniela. Panorama da Reforma da Lei de Recuperação de Empresas e Falência. *Ministério Público do Rio Grande do Sul, Revista Digital do CAO CÍVEL*, n. 63, p. 72-81, jan./fev. 2021, p. 72.

[3] Entre elas, destacamos as seguintes: (*a*) estimular a conciliação e a mediação (art. 22, I, j); (*b*) manter site com informações do processo e principais peças (art. 22, I, k); (*c*) manter endereço eletrônico para receber habilitações e divergências, com modelos à disposição dos credores (art. 22, I, l); (*d*) responder ofícios e solicitações de outros juízos e órgãos públicos (art. 22, I, m); (*e*) fiscalizar a veracidade das informações do devedor (art. 22, II, c); (*f*) fiscalizar as tratativas e a regularidade das negociações (art. 22, II, e); (*g*) assegurar-se contra expedientes dilatórios (art. 22, II, f); (*h*) assegurar-se de que as negociações dar-se-ão pelos termos convencionados ou pelas regras propostas (art. 22, II, g); (*i*) apresentar relatório de plano (art. 22, II, h); (*j*) apresentar plano de liquidação falimentar (arts. 22, III, j; e 99, §3º); e (*l*) liquidar o patrimônio do falido em 180 dias (art. 99, §3º).

estão relacionadas mais diretamente com três princípios informadores da Lei 11.101/05 e que foram reforçados pela Reforma: (*i*) celeridade e da eficiência processual; (*ii*) transparência; e (*iii*) participação ativa dos credores.

O legislador endereçou ao administrador judicial um papel de relevo como indutor dos objetivos da Lei 14.112/20, o que de certa forma se confirma após uma análise mais detida do conteúdo da nova redação do art. 22 da LREF.

Do ponto de vista sistêmico, é possível questionar o acerto da alocação de certas tarefas na figura do administrador judicial, bem como a ocorrência de uma possível sobrecarga. Percebe-se, claramente, deslocamento de funções que naturalmente se acomodariam mais propriamente na esfera de atuação de outros órgãos e sujeitos: é o caso do comitê de credores, indiretamente esvaziado pela Reforma pela atribuição de algumas de suas funções ao administrador judicial.

O que parece fora de dúvidas é o fato de que o acréscimo dessas novas funções resulta em um evidente incremento do seu custo de atuação, bem como em um aumento da própria responsabilidade do administrador judicial. Com efeito, economicamente, as novas atribuições do administrador judicial traduzem-se na necessidade de incremento da estrutura (investimento em tecnologia, recursos humanos, etc.), além de um considerável aumento do risco-responsabilidade desse agente.

Diante disso, é importante discutir em que medida a Lei 14.112/20 pode ter afetado a matriz remuneratória do administrador judicial.

1. Remuneração do administrador judicial

A boa condução de uma recuperação judicial ou de uma falência decorre, em grande medida, da atuação do administrador judicial, figura chave nos dois procedimentos[4-5]. Isso porque o administrador judicial tem papel

---

[4] BERNIER, Joice Ruiz. *Administrador judicial*. São Paulo: Quartier Latin, 2016, p. 56.

[5] Embora não haja a previsão da designação de administrador judicial em recuperações extrajudiciais, houve a nomeação do auxiliar do juízo em processos de alta complexidade, atribuindo-lhe, entre outras funções, a apresentação de relatório com o resultado de perícia a respeito da formação dos valores dos créditos dos credores aderentes, a verificação do atingimento de quórum para homologação do plano e o exame da existência de eventual conflito de interesses, como ocorreu nos processos do Grupo Colombo (processo n. 1058981-40.2016.8.26.0100), da Método Potencial Engenharia S.A.

preponderante no sucesso ou insucesso da condução de um processo concursal[6].

O administrador judicial possui a natureza jurídica de órgão auxiliar da justiça[7], nos exatos termos do art. 149 do Código de Processo Civil[8], integrando a organização judiciária da recuperação judicial e da falência[9]. Do ponto de vista processual, enquanto as partes são os sujeitos do processo, os órgãos consistem nos instrumentos pelos quais os processos se desenvolvem[10]. E, ao atuar como auxiliar da justiça sem possuir cargo ou emprego público (sem vínculo de trabalho com a Administração Pública, portanto), o administrador corresponde à figura do "particular em colaboração com o Poder Público"[11], "atuando em nome do Estado, como uma espécie de agente estatal"[12]. Cumpre verdadeiro *munus público* (encargo, dever, função pública)[13], em caráter voluntário e temporário[14],

---

(processo n. 1089203-88.2016.8.26.0100), da Tecsis Tecnologia e Sistemas Avançados S.A. (processo n. 1096653-48.2017.8.26.0100), do Grupo Queiroz Galvão (processo n. 1120166-11.2018.8.26.0100) e da Liq Corp S.A. e Liq Participações S.A. (processo n. 1000687-91.2019.8.26.0228). Caso seja necessário, aplicam-se os critérios do art. 24 da LREF, ponderando-se a natureza e a extensão das tarefas conferidas ao administrador judicial.

[6] TOLEDO, Paulo Fernando Campos Salles de. A disciplina jurídica das empresas em crise no Brasil: sua estrutura institucional. *Revista de Direito Mercantil, Industrial, Econômico e Financeiro*, v. 122, p. 168-172, abr. 2001, p. 171.

[7] PROVINCIALI, Renzo. *Trattato di diritto fallimentare*, v. I. Milano: Giuffrè, 1974, p. 659-660, 696; ABRÃO, Nelson. *O síndico na administração concursal*. São Paulo: Revista dos Tribunais, 1988, p. 31. Na jurisprudência: STJ, 3ª Turma, REsp 1.032.960/PR, Rel. Min. Massami Uyeda, j. 01/06/2010. Sobre as teorias acerca da natureza jurídica do administrador judicial, ver: SATTA, Salvatore. *Diritto fallimentare*. Padova: CEDAM, 1974, p. 95, nota de rodapé 177; ABRÃO. *O síndico na administração concursal...*, p. 29-32; ABRÃO, Nelson. *Administração concursal*. Tese (Titularidade). Faculdade de Direito da Universidade de São Paulo, São Paulo, 1987, p. 27 ss.; BERNIER. *Administrador judicial...*, p. 55 ss.

[8] E, por isso mesmo, não é empregado, não fazendo jus a quaisquer benefícios remuneratórios de uma relação trabalhista, como eventual gratificação natalina (TJSP, 10ª Câmara de Direito Privado, AI 0019609-52.2012.8.26.0000, Rel. Des. Carlos Alberto Garbi, j. 11/09/2012).

[9] VALVERDE, Trajano de Miranda. *Comentários à Lei de Falências*, v. II. 3 ed. Rio de Janeiro: Forense, 1962, p. 101. Ver, também: TJSP, 1ª Câmara Reservada de Direito Empresarial, AI 2065647-49.2016.8.26.0000, Rel. Des. Hamid Bdine, j. 21/09/2016.

[10] PROVINCIALI. *Trattato di diritto fallimentare*, v. I..., p. 659-660.

[11] Sobre essa qualificação, ver: BERNIER. *Administrador judicial...*, p. 55.

[12] TJRS, 15ª Câmara Cível, APC 70072402993, Rel. Des. Ana Beatriz Iser, j. 24/05/2017.

[13] SATTA. *Diritto fallimentare...*, p. 95, nota de rodapé 177.

[14] PROVINCIALI. *Trattato di diritto fallimentare*, v. I..., p. 702.

cujo ônus é exercido na condição de *auxiliar do juízo*[15]. Essa a *teoria da função judiciária*, amplamente aceita.

Evidentemente que, para tanto, o administrador judicial recebe uma remuneração, uma vez que não atua de forma graciosa. Ele presta serviço essencial para a administração da justiça[16], devendo ser adequadamente remunerado por isso.

2. Responsabilidade pelo pagamento

No caso de uma recuperação judicial[17], o devedor em recuperação é quem arca com a remuneração do administrador judicial – e, quando for o caso, das pessoas eventualmente contratadas para auxiliá-lo (desde que respeitado o art. 22, I, h, da LREF)[18]. Na falência, será a massa falida que suportará a despesa nessa hipótese. Isso é o que determina o art. 25 da LREF.

Na verdade, em ambas as situações a remuneração será suportada, ao fim e ao cabo, pelo devedor, porque na falência ocorre o desapossamento dos bens pelo falido, mas não a desapropriação[19].

2.1. Na falência frustrada

Em situações excepcionais, quando a arrecadação de bens era manifestamente insuficiente para cobrir as despesas mínimas decorrentes da administração da falência, admitia-se impor ao credor o ônus de

---

[15] Na jurisprudência: TJRS, 5ª Câmara Cível, APC 70036535821, Rel. Des. Jorge Luiz Lopes do Canto, j. 26/01/2011. Na doutrina: PROVINCIALI. *Trattato di diritto fallimentare*, v. I..., p. 702.

[16] ABRÃO. *O síndico na administração concursal...*, p. 31.

[17] E, eventualmente, de uma recuperação extrajudicial, aplicando-se, então, o art. 25 da LREF.

[18] "1. De acordo com o art. 25 da Lei nº 11.101/05, possível é o reembolso em favor da Administradora Judicial das despesas provenientes da contratação de empresa terceirizada para avaliar os imóveis pertencentes ao grupo falido, cujo trabalho foi autorizado judicialmente na oportunidade precisa e efetivamente prestado. 2. No entanto, o reembolso das despesas efetuadas pela própria Administradora Judicial, como diligências, hospedagens, passagens aéreas, entre outras, para o regular desempenho de suas atribuições, devem ser consideradas como adiantamento de sua remuneração, eis que inerentes a sua atividade fim, de modo que o valor neste aspecto arbitrado haverá de ser descontado de seus honorários." (TJGO, 5ª Câmara Cível, AI 0156453-19.2017.8.09.0000, Rel. Des. Alan Sebastião de Sena Conceição, j. 18/09/2017).

[19] TJRS, 5ª Câmara Cível, APC 70036535821, Rel. Des. Jorge Luiz Lopes do Canto, j. 26/01/2011.

providenciar a caução da remuneração do administrador judicial e demais despesas do processo, sob pena de encerramento sumário do processo falimentar[20] – como restou, inclusive, previsto no Enunciado 105 da III Jornada de Direito Comercial promovida pelo CJF[21]. Trata-se de posição doutrinária e jurisprudencial agora positivada pela Reforma no art. 114-A[22]. De acordo com o dispositivo legal, se não forem encontrados bens para serem arrecadados, ou se os arrecadados forem insuficientes para as despesas do processo, o administrador judicial informará imediatamente esse fato ao juiz, que fixará prazo de 10 dias para os interessados manifestarem-se acerca do seu interesse no seguimento do processo.

Nesse caso, um ou mais credores poderão requerer o prosseguimento da falência, desde que paguem a quantia necessária às despesas e aos honorários do administrador judicial, que serão considerados despesas essenciais. Por sua vez, decorrido o prazo sem manifestação dos interessados, o administrador judicial promoverá a venda dos bens arrecadados e a falência será sumariamente encerrada.

Andou bem a Reforma nesse ponto. De acordo com o art. 82 do Código de Processo Civil, "incumbe às partes prover as despesas dos atos que realizarem ou requererem no processo, antecipando-lhes o pagamento". Portanto, caso se verifique que a massa falida não pode suportar as despesas do processo, trata-se de ônus do credor que requereu a falência

---

[20] STJ, 3ª Turma, REsp 1.784.646, Rel. Min. Nancy Andrighi, j. 04/06/2019; STJ, 3ª Turma, REsp 1.594.260/SP, Rel. Min. Nancy Andrighi, j. 03/08/2017; STJ, 3ª Turma, REsp 1.526.790/SP, Rel. Min. Ricardo Villas Bôas Cueva, j. 10/03/2016; TJDFT, 8ª Turma, APC 0722051-83.2019.8.07.0015, Rel. Des. Diaulas Costa Ribeiro, j. 09/09/2021; TJDFT, 7ª Turma Cível, APC 0707987-34.2020.8.07.0015, Rel. Des. Gislene Pinheiro, j. 07/04/2021; TJDFT, 7ª Turma Cível, APC 0717734-42.2019.8.07.0015, Rel. Des. Leila Arlanch, j. 22/01/2020; TJDFT, 6ª Turma Cível, APC 0702934-43.2018.8.07.0015, Rel. Des. Esdras Neves Almeida, j. 20/11/2019; TJRS, 5ª Câmara Cível, APC 70082790494, Rel. Des. Lusmary Fatima Turelly da Silva, j. 07/08/2020; TJSP, 2ª Câmara Reservada de Direito Empresarial, AI 2154782-67.2019.8.26.0000, Rel. Des. Sérgio Shimura, j. 27/01/2020.

[21] "ENUNCIADO 105 – Se apontado pelo administrador judicial, no relatório previsto no art. 22, III, e, da Lei n. 11.101/2005, que não foram encontrados bens suficientes sequer para cobrir os custos do processo, incluindo honorários do Administrador Judicial, o processo deve ser encerrado, salvo se credor interessado depositar judicialmente tais valores conforme art. 82 do CPC/2015, hipótese em que o crédito referente ao valor depositado será classificado como extraconcursal, nos termos do art. 84, II da Lei n. 11.101/2005."

[22] Adotando-se rito análogo ao previsto no revogado art. 75 do Decreto-Lei 7.661/1945.

ou de qualquer outro que tenha interesse no seu prosseguimento arcar com as despesas necessárias.

Isso porque a parte litigante deve agir com responsabilidade, arcando com as despesas dos atos necessários, e por ela requeridos, para reaver seu crédito – mesmo porque o administrador judicial é auxiliar da justiça e não se concebe possa ele atuar sem remuneração[23].

A solução propalada de premiar aqueles que aceitam trabalhar em processos sem remuneração com a nomeação em outros em que se possa compensar com a fixação de honorários mais elevados (espécie de "financiamento cruzado") não se afigura adequada, pois se trata de fazer impor sobre alguns o ônus que deveria recair sobre outros[24]. Ademais, manter tramitando um processo no qual os credores não possuem interesse – já que não se dispõem a garantir as despesas essenciais para seu seguimento – a pretexto de eventualmente se encontrarem bens não conhecidos ou supostamente desviados, ou, ainda, para se apurar eventuais responsabilidades, não parece justificar o custo imposto à sociedade e ao já sobrecarregado Poder Judiciário.

2.2. Na recuperação sem recursos

No caso da recuperação judicial, a impossibilidade de a devedora arcar com os honorários do administrador judicial deve ser encarada como indício de inviabilidade[25]. Como as hipóteses de convolação da recuperação judicial em falência previstas no art. 73 da LREF são taxativas (situações que fazem presumir a inviabilidade e ocasionam, por isso, a transformação da tentativa de recuperação em liquidação), a solução mais adequada, *a priori* e não restando configuradas as hipóteses de convolação da recuperação judicial em falência, parece ser a extinção da ação pela incapacidade de a recuperanda arcar com o ônus inerente à própria recuperação[26].

---

[23] STJ, 3ª Turma, REsp 1.526.790/SP, Rel. Min. Ricardo Villas Bôas Cueva, j. 10/03/2016.

[24] Nessa linha: BERNIER. *Administrador judicial...*, p. 166.

[25] TJRS, 5ª Câmara Cível, AI 70072322506, Rel. Des. Jorge André Pereira Gailhard, j. 26/04/2017.

[26] Nesse sentido: TJSP, 1ª Câmara Reservada de Direito Empresarial, AI 2227424-09.2017.8.26.0000, Rel. Des. Hamid Bdine, j. 25/04/2018 ("CONVOLAÇÃO EM FALÊNCIA. Impossibilidade. Sanção não prevista para a hipótese de eventual inadimplemento da remuneração do administrador judicial. Rol taxativo do art. 73 da LREF. Decisão reformada. Recurso parcialmente provido."). Em sentido contrário, *v.g.*: "Recuperação Judicial. Convolação em

Como dispõe o já referido art. 82 do CPC, incumbe às partes prover as despesas do processo. Efetivamente, a recuperação judicial consiste em ação cujo processamento é bastante oneroso para todos os envolvidos. Para a devedora, existe o dever de arcar com as despesas necessárias à realização de atos custosos, como a assembleia de credores, bem como para a instauração de órgãos de fiscalização e acompanhamento, como é o caso do administrador judicial. Isso sem falar da taxa judiciária (normalmente alta porque o valor da causa – correspondente passivo sujeito à recuperação – usualmente alcança o teto das tabelas de custas dos Tribunais) e dos valores dispendidos com a publicação de editais (em que pese, aqui, a Reforma tenha andado bem ao reduzir o custo com tais publicações diante da nova redação dada art. 191 da LREF). Finalmente, a recuperanda deverá providenciar, por ocasião da entrega do plano de recuperação, os laudos previstos no art. 53, II e III, elaborados por profissionais habilitados, normalmente bem remunerados.

Em razão disso, os assessores legais da recuperanda devem alertar seu cliente para tal situação previamente ao ajuizamento da ação. Mesmo nos casos das empresas que atuam sob o pálio da gratuidade da justiça, as despesas não cobertas pelo benefício são altas. Como a recuperação judicial impõe um pesado ônus aos credores – que têm de esperar, na melhor das hipóteses, meses para começar a receber parte de seu crédito –, a ação tem que apresentar um mínimo de chances de êxito, o que não se afigura possível quando a recuperanda não reúne condições de arcar com as despesas do processo. Adicionalmente, o administrador judicial, corresponsável pela boa condução do processo e por garantir aos credores a lisura do processo de negociação, não pode ficar sem remuneração adequada.

Em função de todo o exposto, quando a recuperanda não reúne condições de arcar com a remuneração do administrador judicial, a solução mais adequada parece ser a extinção da ação[27].

---

falência. Alegação de cerceamento de direito repelida. Recuperação Judicial. Convolação em falência. Dentre as obrigações do devedor, em sede de recuperação, estão o pagamento da remuneração do administrador judicial e apresentação de balancetes para que possa ser acompanhada a atividade empresarial. Flagrante descumprimento que autoriza a quebra. Recurso desprovido." (TJSP, 2ª Câmara Reservada de Direito Empresarial, AI 2182710-27.2018.8.26.0000, Rel. Des. Araldo Telles, j. 13/05/2019).

[27] VERÇOSA, Haroldo Malheiros Duclerc. Seção III: Do administrador judicial e do comitê de credores. In: SOUZA JUNIOR, Francisco Satiro de; PITOMBO, Antonio Sergio A. de

3. Fixação e seus parâmetros

Conforme o art. 24, *caput*, da LREF (c/c art. 160 do Código de Processo Civil)[28], a remuneração do administrador judicial será fixada pelo juiz (podendo ser objeto de recurso por qualquer interessado, inclusive o Ministério Público)[29], usualmente no despacho que defere o processamento da recuperação judicial[30] ou na sentença falimentar[31], respeitando

Moraes (coord.). *Comentários à Lei de Recuperação de Empresas e Falências.* 2 ed. São Paulo: Revista dos Tribunais, 2007, p. 163-185, p. 178.

[28] TJSP, 1ª Câmara Reservada de Direito Empresarial, AI 2065647-49.2016.8.26.0000, Rel. Des. Hamid Bdine, j. 21/09/2016.

[29] TJRS, 6ª Câmara Cível, MS 70070418512, Rel. Des. Rinez da Trindade, j. 27/10/2016.

[30] Embora seja mais comum a fixação de honorários já no início dos processos, em algumas oportunidades o magistrado opta por fixar o montante em momento posterior, inclusive após a manifestação do indicado para o cargo de administrador judicial, ou estabelecendo uma remuneração provisória para posterior determinação definitiva (TJSP, 1ª Câmara Reservada de Direito Empresarial, AI 2227424-09.2017.8.26.0000, Rel. Des. Hamid Bdine, j. 25/04/2018) – não sendo raras as vezes em que a remuneração é estabelecida mediante consenso entre o administrador judicial e a devedora em recuperação judicial, bem como que o próprio administrador judicial apresente proposta de honorários. Mas, ainda que se admita alguma margem de negociação entre o devedor e o administrador judicial, a remuneração deste deve passar pelo crivo do magistrado antes de qualquer pagamento (TJRJ, 16ª Câmara Cível, AI 0023889-17.2019.8.19.0000, Rel. Des. Marco Aurélio Bezerra de Melo, j. 23/07/2019; TJSP, 1ª Câmara Reservada de Direito Empresarial, AI 2139623-26.2015.8.26.0000, Rel. Des. Pereira Calças, j. 11/11/2015; TJSP, 1ª Câmara Reservada de Direito Empresarial, AI 2065647-49.2016.8.26.0000, Rel. Des. Hamid Bdine, j. 21/09/2016; TJSP, 2ª Câmara Reservada de Direito Empresarial, AI 2008599-98.2017.8.26.0000, Rel. Des. Alexandre Marcondes, j. 27/04/2017; TJSP, 1ª Câmara Reservada de Direito Empresarial, APC 0046200-66.2017.8.26.0100, Rel. Des. Pereira Calças, j 19/05/2020). Trata-se, assim, de matéria não disponível (SACRAMONE, Marcelo Barbosa. *Comentários à Lei de Recuperação de Empresas e Falência.* 2 ed. São Paulo: Saraiva, 2021, p. 175).

[31] "I. Consoante a inteligência do artigo 99, inciso IX, da Lei 11.101/2005, antes da decretação da quebra do devedor e, consequentemente, da nomeação de administrador judicial, não é cabível deliberar sobre sua remuneração e eventual antecipação do valor respectivo. II. Matéria que só se insere no processo depois da decretação da falência não pode ser objeto de deliberação judicial no contexto do juízo de admissibilidade da petição inicial. III. De acordo com a estrutura do 'Procedimento para a Decretação da Falência', previsto nos artigos 94 a 101 da Lei 11.101/2005, o julgamento do pedido de falência não pode ser condicionado à garantia prévia do pagamento da remuneração do administrador judicial, muito menos a própria admissibilidade da petição inicial, na medida em que, sem a decretação da quebra, essa matéria sequer adenta a arena processual. IV. A frustração da execução individual, fundamento para a decretação da falência (LF, art. 94, II), não pode ser validamente invocada

o trinômio: (*i*) complexidade do trabalho; (*ii*) valores praticados pelo mercado para atividades semelhantes; e (*iii*) capacidade do devedor[32]. Deve-se, assim, realizar a ponderação de tais elementos no caso concreto.

3.1. Complexidade

O critério "complexidade do trabalho" sugere levar em consideração múltiplos fatores, tais como: (*i*) a estrutura e a equipe necessárias à condução dos trabalhos; (*ii*) o número de empresas em recuperação ou de massas falidas; (*iii*) a existência de múltiplos estabelecimentos em mais de uma comarca; (*iv*) o número de credores envolvidos[33]; (*v*) o volume do passivo[34]; (*vi*) a complexidade das matérias que serão objeto de análise; (*vii*) a colaboração do devedor e de seus administradores; (*viii*) o estado das informações contábeis e gerenciais necessárias à execução das atribuições; e (*ix*) o tempo de duração do processo[35-36].

---

para embasar a exigência de caução para garantir a remuneração do administrador judicial. V. Recurso conhecido e provido." (TJDFT, 4ª Turma Cível, APC 0718894-39.2018.8.07.0015, Rel. Des. James Eduardo Oliveira, j. 18/03/2020).

[32] O que é reconhecido pela jurisprudência: STJ, 4ª Turma, REsp 1.825.555/MT, Rel. Min. Luis Felipe Salomão, j. 04/05/2021. Referindo que se trata de parâmetros exemplificativos, ver: TJSP, 2ª Câmara Reservada de Direito Empresarial, AI 2200848-47.2015.8.26.0000, Rel. Des. Carlos Alberto Garbi, j. 17/02/2016.

[33] "Na fixação dos honorários do administrador judicial, o magistrado deve observar os seguintes critérios: a) a quantidade de credores, fator determinante para avaliação do tempo que será gasto para a execução dos serviços; b) o local da recuperação; c) o valor do passivo da empresa em recuperação; d) grau de dificuldade e quantidade de incidentes prováveis; e) o valor usualmente cobrado no mercado; e f) observância aos critérios de razoabilidade e proporcionalidade." (TJDFT, 3ª Turma Cível, AI 0715024-31.2018.8.07.0000, Rel. Des. Fátima Rafael, j. 10/04/2019).

[34] Assim destacou o TJRS: "o montante dos créditos é, em tese, proporcional à complexidade das causas" (TJRS, 5ª Câmara Cível, ED 70072616212, Rel. Des. Isabel Dias Almeida, j. 29/03/2017).

[35] Devendo-se levar em consideração o disposto no art. 61, *caput*, alterado pela Lei 14.112/20, que admite o encerramento da recuperação judicial antes do prazo de supervisão de dois anos. No caso de uma falência, deve-se também ter em mente que, agora, objetiva-se encerrar o processo falimentar rapidamente, considerando o objetivo de que os ativos sejam alienados em no máximo 180 dias (arts. 22, III, j, e 99, §3º, da LREF).

[36] Ainda sobre o tempo do processo, é questionável o entendimento de que "[o] meio acréscimo no prazo de encerramento da recuperação judicial, com a natural necessidade de elaboração de mais relatórios mensais das atividades da recuperanda, mas sem

Evidente também a necessidade de se atentar para as diferenças existentes na atuação do administrador judicial na falência em relação à recuperação judicial: na primeira, tem-se um procedimento de liquidação patrimonial, bem mais interventivo; na segunda, os serviços possuem natureza eminentemente fiscalizatória.

Ainda dentro da ideia de complexidade, convém avaliar o *fator risco--responsabilidade*. Isso porque uma remuneração baseada unicamente no critério "horas-técnicas" deixaria de capturar a responsabilidade envolvida na atuação do administrador judicial. Por conseguinte, o risco incorrido pelo auxiliar do juízo, usualmente proporcional ao volume do passivo da devedora, não restaria precificado, o que, evidentemente, não parece correto.

Com efeito, a responsabilidade assumida pelo administrador judicial é diretamente proporcional à relevância do caso e aos interesses em jogo. Não se pode esquecer que a sua eventual destituição ou a desaprovação de suas contas enseja a perda da totalidade da remuneração, devendo-se realizar a devolução do já recebido (art. 24, §2º a 4º, c/c 154, §5º)[37].

Ademais, como se exige do candidato a administrador judicial idoneidade moral e financeira[38], evidente que o profissional precisa apresentar

demonstração em concreto de novas diligências que extrapolem a normalidade do trabalho do Administrador Judicial, não é causa para a majoração dos respectivos honorários" (TJPR, 17ª Câmara Cível, AI 0039458-08.2020.8.16.0000, Rel. Des. Fernando Paulino da Silva Wolff Filho, j. 01/03/2021). Isso porque a elaboração de mais relatórios mensais consubstancia incremento de serviço, o qual não pode ficar sem a adequada remuneração.

[37] "Ademais, o STJ possui precedentes no sentido de que a destituição do síndico constitui penalidade que se projeta para além do processo em foi aplicada, importando na perda da remuneração." (STJ, 4ª Turma, AgRg no AREsp 433270/ES, Rel. Min. Luis Felipe Salomão, j. 15/12/2015). Assim, caso o administrador judicial seja destituído, não fará jus a nenhuma remuneração (art. 24, §3º), ainda que seu trabalho tenha sido de alguma forma útil (STJ, 4ª Turma, AgRg no AgRg no REsp 699.281, Rel. Min. Maria Isabel Gallotti, j. 21/10/2010). Diferentemente ocorre com a simples substituição: segundo dispõe o art. 24, §3º, da LREF, o administrador judicial substituído será remunerado proporcionalmente ao trabalho realizado, salvo se renunciou sem relevante razão – hipótese em que nada receberá (nesse caso, ocorre a perda total da remuneração). Sobre o tema, ver: SACRAMONE. *Comentários à Lei de Recuperação de Empresas e Falência...*, p. 178.

[38] "O administrador judicial deverá ser profissional idôneo, como determina o art. 21, *caput*, da LREF. A idoneidade é moral e financeira, como expressamente constava do art. 60 do Decreto-Lei 7.661/1945. Quanto à idoneidade moral, resta evidente que está relacionada à sua reputação, não devendo possuir qualquer mácula que possa colocar em dúvida a lisura com que exercerá a atividade de administrador judicial. Por sua vez, lembre-se que o requisito

respaldo patrimonial para fazer frente às responsabilidades assumidas. E, sendo essa uma exigência legal, a fixação dos honorários deve levar em consideração esse comprometimento[39].

3.2. Mercado

O critério "valores praticados pelo mercado" para atividades semelhantes impõe levar em conta a qualificação do administrador judicial e o valor praticado pelo mercado relativamente aos honorários de um profissional com conhecimento e experiência análogos.

Por sua vez, a expressão "atividades semelhantes" remete à advocacia, contabilidade, economia e administração de empresas, atividades cujos profissionais detêm conhecimentos relevantes para o exercício da administração judicial. Assim, entende-se que os valores praticados por esses profissionais servirão de parâmetro para a fixação dos honorários do administrador judicial.

Como há uma variação bastante grande entre os honorários cobrados por um renomado advogado e por um que esteja em início de carreira, por exemplo, importante levar em consideração (i) a experiência, (ii) a especialização e (iii) a qualificação técnica do profissional, especificamente na área da administração judicial.

Além disso, a qualidade do serviço prestado também deve orientar o montante a ser fixado[40], especialmente quando houver a fixação após a

---

da idoneidade financeira está ligado à necessidade de o administrador judicial (pessoa física ou jurídica) possuir patrimônio suficiente para responder pelos deveres e responsabilidade decorrentes da sua função. Como no sistema concursal brasileiro inexiste a obrigação de o administrador judicial prestar caução ou contratar seguro que garantam a sua atuação, como ocorre nos Estados Unidos, França, Espanha e Portugal, não só a nomeação de pessoas com bom nome e crédito na praça, mas, especialmente, com patrimônio suficiente e compatível com as responsabilidades assumidas (mesmo que a Lei 11.101/05 não tenha reproduzido o art. 60 do Decreto-Lei 7.661/1945) é requisito importante a ser levado em consideração" (BERNIER. Administrador judicial..., p. 58).

[39] Prova de que a responsabilidade assumida é relevante reside na notória dificuldade, senão inviabilidade, de se obter um seguro de responsabilidade profissional para a atividade de administrador judicial, reiteradamente negado pelas instituições financeiras que operam no mercado brasileiro.

[40] TJRS, 5ª Câmara Cível, AI 70055369144, Rel. Des. Jorge Luiz Lopes do Canto, j. 17/09/2013.

execução parcial dos trabalhos pelo auxiliar do juízo, momento em que já será possível aquilatar o trabalho do profissional.

Ainda dentro deste critério, interessante utilizar como parâmetro a remuneração fixada em outros casos pelos Tribunais, uma vez que tal pesquisa pode revelar padrões remuneratórios praticados e mesmo esperados pelos profissionais que atuam nessa área.

3.3. Capacidade de pagamento

O magistrado também deve estar atento para o critério "capacidade de pagamento do devedor"[41]. Há doutrina no sentido de que a remuneração do administrador judicial não pode comprometer a recuperanda, a massa falida ou prejudicar os credores[42], mas trata-se de posição que deve tomada *cum grano salis*.

Com efeito, sabe-se que o devedor sujeito aos regimes da LREF se encontra em situação de dificuldade econômico-financeira – bem como não se desconhece que os credores já estão sofrendo perdas. Todavia, a crise em si não pode servir de fundamento para a fixação de honorários módicos ou caritativos[43]. Os serviços prestados pelo administrador

---

[41] Nesse sentido, vide, a título exemplificativo: TJSP, 2ª Câmara Reservada de Direito Empresarial, AI 2070697-61.2013.8.26.0000, Rel. Des. Carlos Alberto Garbi, j. 05/10/2015; TJSP, 2ª Câmara Reservada de Direito Empresarial, AI 2137682-41.2015.8.26.0000, Rel. Des. Carlos Alberto Garbi, j. 11/11/2015; TJSP, Câmara Especial de Falências e Recuperações Judiciais, AI 420.655.4/6-00, Rel. Des. Pereira Calças, j. 02/05/2007; TJRJ, 4ª Câmara Cível, AI 0062382-05.2015.8.19.0000, Rel. Des. Marco Antonio Ibrahim, j. 18/12/2015; TJRJ, 4ª Câmara Cível, AI 2005.002.25685, Rel. Des. Jair Pontes de Almeida, j. 03/10/2006.

[42] SACRAMONE. *Comentários à Lei de Recuperação de Empresas e Falência...*, p. 176.

[43] "Não se pode admitir, entretanto, o pagamento de valores não condizentes com o trabalho do profissional sob o simples argumento de que a devedora está com sua capacidade financeira comprometida, o que já se presume pelo fato de estar em recuperação judicial, ou que o auxiliar do juízo receberá muito em contrapartida ao número expressivo de credores da massa falida, por exemplo. Uma remuneração inadequada, ou seja, incompatível com as funções e deveres a ele impostos, além de desestimular bons profissionais a assumirem tal encargo, acarretará prejuízos ainda maiores aos credores, posto que o trabalho será feito de forma morosa ou por auxiliares não capacitados para tanto." (BERNIER, Joice Ruiz. Administrador judicial: impactos na responsabilidade civil e na remuneração em face das novas funções atribuídas pela Lei 14.112/20. In: VASCONCELOS, Ronaldo; PIVA, Fernanda Neves; ORLEANS E BRAGANÇA, Gabriel José de; HANESAKA, Thais D'Angelo da Silva; SANT'ANA, Thomaz Luiz (coord.). *Reforma da Lei de Recuperação e Falência* (Lei n. 14.112/20). São Paulo: IASP, 2021, p. 413-433, p. 426).

judicial são essenciais à administração da justiça concursal, havendo casos, efetivamente, em que a fiscalização na recuperação judicial ou a liquidação falimentar poderão consumir valores expressivos no contexto das respectivas ações.

Para além disso, o critério "capacidade do devedor" possui relevância não só na fixação do montante, mas também na determinação da forma de pagamento da remuneração. O fluxo de caixa do devedor pode servir como referencial para a definição da forma de pagamento – sem prejuízo sejam consideradas outras possibilidades, como a ocorrência de eventos de liquidez a partir da alienação de ativos da devedora, por exemplo.

4. Base de cálculo e limites

A remuneração do administrador judicial – que abrange a totalidade do trabalho realizado nos processos concursais[44] – não excederá a quantia

---

[44] Assim, entendemos ser indevida a fixação de honorários sucumbenciais ao administrador judicial, mesmo que advogado, por intervir em processos de impugnação de crédito em recuperação judicial, uma vez que não atua no interesse de qualquer das partes, mas, sim, como auxiliar do juízo, o que já está incluído em sua remuneração (COELHO, Fábio Ulhoa. *Comentários à Lei de Falências e de Recuperação de Empresas*. 14 ed. São Paulo: Revista dos Tribunais, 2021, p. 91). Nesse sentido: TJRS, 5ª Câmara Cível, AI 70079626164, Rel. Des. Lusmary Fatima Turelly da Silva, j. 24/04/2019 ("De outro lado, descabe o arbitramento de honorários em favor do Administrador Judicial, prosperando o recurso no que toca à pretensão de afastamento da condenação ao pagamento de verba honorária. O Administrador atua como auxiliar imparcial do Juízo e recebe remuneração própria para o desempenho das funções previstas no artigo 22 da Lei nº 11.101/2005, sendo que o valor será arbitrado de acordo com o grau de complexidade do trabalho."); igualmente, remetemos a: TJRS, 6ª Câmara Cível, AI 70081138448, Rel. Des. Luís Augusto Coelho Braga, j. 23/05/2019; TJRS, 5ª Câmara Cível, AI 70079416905, Rel. Des. Jorge André Pereira Gailhard, j. 18/12/2018; TJRS, 5ª Câmara Cível, AI 70074826280, Rel. Des. Lusmary Fatima Turelly da Silva, j. 29/11/2017. Em sentido contrário, ver: "Arbitramento de honorários em favor do administrador judicial. Possibilidade, mormente quando o administrador judicial vinculado à recuperação judicial atua em defesa do interesse da recuperanda, exato caso dos autos, consoante se verifica das peças processuais apresentadas em ambos graus de jurisdição." (TJRS, 6ª Câmara Cível, AI 70081420473, Rel. Des. Luís Augusto Coelho Braga, j. 30/07/2020); ver, também: TJRS, 6ª Câmara Cível, AI 70080127285, Rel. Des. Luís Augusto Coelho Braga, j. 05/12/2019; TJRS, 6ª Câmara Cível, AI 70081460032, Rel. Des. Luís Augusto Coelho Braga, j. 10/10/2019; TJRS, 5ª Câmara Cível, AI 70077461515, Rel. Des. Isabel Dias Almeida, j. 26/06/2018; TJRS, 6ª Câmara Cível, Ação Rescisória 70070774765, Rel. Des. Rinez da Trindade, j. 14/12/2017. Diversa é a situação em que o administrador judicial representa, como advogado, a massa

equivalente a 5% do valor devido aos credores submetidos à recuperação judicial[45] ou do valor obtido com a venda dos bens na falência (LREF, art. 24, §1º), tendo como base os parâmetros examinados no item acima[46-47].

falida; neste caso, é intuitivo o direito ao percebimento de honorários sucumbenciais: TJSP, 8ª Câmara de Direito Público, AI 2184161-58.2016.8.26.0000, Rel. Des. José Maria Câmara Junior, j. 13/09/2017.

[45] Registre-se posição segundo a qual a base de cálculo da remuneração do administrador judicial deve ser a relação de credores que inclua mais créditos: "Apesar de o legislador se preocupar em definir prazos, formas de pagamento e requisitos para a fixação dos honorários do AJ, não indicou claramente qual a lista de credores a ser utilizada para a apuração do valor devido, indicando apenas que a remuneração seria devida com base nos créditos sujeitos à recuperação. (...). O raciocínio de que deve ser considerado como base de cálculo para apuração da remuneração a lista que inclua mais créditos está relacionada à própria função do AJ (...). Com efeito, se a recuperanda inclui créditos que não estão de acordo com as regras da submissão legal, é como a atuação do AJ que estes são excluídos e a ordem legal é respeitada. Se, de outro lado, omite créditos em sua relação inicial, também é com a atuação do auxiliar do juízo que a legalidade é restabelecida. Assim, como forma de valorizar a complexa atividade desempenhada pelo administrador, tem-se que deve ser usada como base de cálculo dos honorários aquela relação com maior passivo. Trata-se de medida necessária a evidenciar a complexidade do trabalho desenvolvido pela administração judicial, atendendo-se aos critérios de valorização estipulados no próprio art. 24 da LRF" (MENEZES, Cristiane Penning Pauli de; FEVERSANI, Francini; SANTOS, Guilherme Pereira. *A nova redação da Lei de Falência e de Recuperação*: comentários práticos pelo viés do administrador judicial. São Paulo: Rideel, 2021, p. 29).

[46] TJSP, 2ª Câmara Reservada de Direito Empresarial, AI 2173691-65.2016.8.26.0000, Rel. Des. Alexandre Marcondes, j. 17/02/2017 ("Fixação da remuneração do administrador judicial no equivalente a 3,715% dos créditos submetidos à recuperação. Irresignação. Arbitramento de honorários do administrador judicial que deve considerar (*i*) a complexidade do trabalho, (*ii*) os valores praticados pelo mercado e (*iii*) a capacidade do devedor. Recuperação judicial que envolve reduzido número de credores, todos da mesma classe. Homologação do plano e concessão da recuperação judicial em prazo inferior a dez meses, demonstrando a reduzida complexidade do feito. Redução do valor da remuneração para 3% do passivo sujeito à recuperação.").

[47] Entendemos inadequada a fixação de remuneração de êxito em caso de sucesso da recuperação judicial diante das atribuições do administrador judicial (como ocorreu em TJRJ, 16ª Câmara Cível, AI 0023889-17.2019.8.19.0000, Rel. Des. Marco Aurélio Bezerra de Melo, j. 23/07/2019). Criticando os critérios adotados pelo legislador para a fixação da remuneração do administrador judicial, pois tornaria o processo caro, propondo que a LREF deveria prever a remuneração com base nos serviços prestados, reservando-se parcela de êxito, ver: SILVA, José Anchieta da. Comentários aos artigos 21 a 25. In: TOLEDO, Paulo Fernando

No caso de devedor microempresa (ME), empresa de pequeno porte (EPP) ou produtor rural com passivo sujeito inferior ao teto do art. 70-A[48], o percentual máximo cai para 2%, conforme redação do art. 24, §5º– pouco importando se é escolhido o regime ordinário de recuperação judicial ou o regime especial para ME/EPP[49].

Esse teto remuneratório reduzido, previsto para conferir tratamento mais benéfico a tais empreendedores[50] – e para refletir uma suposta menor complexidade de tais casos[51] –, representa, em nosso entender, verdadeira esdruxularia de um legislador mais preocupado com a "demagogia da defesa do mais fraco" do que com a realidade dos processos concursais. Isso porque a redução da alíquota remuneratória impõe dificuldades para a fixação de honorários em montante adequado para muitos casos. O efeito colateral é o afastamento de profissionais capacitados, considerando que, naturalmente, tais processos já apresentam passivos reduzidos ou ativos de baixo valor[52]. No final das contas, o prejuízo é das próprias pequenas empresas, que terão profissionais menos capacitados ou menos motivados trabalhando em seus processos.

Tendo havido a convolação da recuperação judicial em falência, há precedentes no sentido de que a remuneração do administrador deve

---

Campos Salles de (coord.). *Comentários à Lei de Recuperação de Empresas*. São Paulo: Revista dos Tribunais, 2021, p. 167-194, p. 187-188.

[48] "Art. 70-A. O produtor rural de que trata o § 3º do art. 48 desta Lei poderá apresentar plano especial de recuperação judicial, nos termos desta Seção, desde que o valor da causa não exceda a R$ 4.800.000,00 (quatro milhões e oitocentos mil reais)". Tal inovação é um verdadeiro exemplo da atecnia do legislador. Isso porque o art. 3º da Lei Complementar 123/2006 estabelece que a microempresa deve auferir, em cada ano-calendário, receita bruta igual ou inferior a R$ 360.000,00, enquanto a empresa de pequeno porte deve auferir, em cada ano-calendário, receita bruta superior a R$ 360.000,00 e igual ou inferior a R$ 4.800.000,00. O produtor rural, por sua vez, para se valer do regime especial de recuperação judicial para microempresas e empresas de pequeno porte, pode ter receita bruta superior a tais montantes, uma vez que o que conta é o valor da causa, ou seja, créditos sujeitos à recuperação judicial (art. 51, §5º, da LREF).

[49] STJ, 4ª Turma, REsp 1.825.555/MT, Rel. Min. Luis Felipe Salomão, j. 04/05/2021.

[50] STJ, 4ª Turma, REsp 1.825.555/MT, Rel. Min. Luis Felipe Salomão, j. 04/05/2021.

[51] BERNIER. Administrador judicial: impactos na responsabilidade civil e na remuneração em face das novas funções atribuídas pela Lei 14.112/20..., p. 427.

[52] Nessa linha: BEZERRA FILHO. *Lei de Recuperação de Empresas e Falência...*, p. 165; SACRAMONE. *Comentários à Lei de Recuperação de Empresas e Falência...*, p. 178-179.

ter por base o valor dos bens da massa falida[53]. De qualquer sorte, o mais adequado parece ser a fixação de duas remunerações, uma para o período de recuperação judicial e outra para o período da falência, cada uma com sua própria base de cálculo.

Nesses casos, cada remuneração deverá obedecer aos critérios legais do *caput* do art. 24 e observar o teto percentual do art. 24, §§ 1º e 5º. Não há que se somar valores ou percentuais para aferição de limites, pois se trata de duas ações distintas – que resultam em dois trabalhos diversos – embora o legislador tenha optado, por conveniência, em reuni-las no mesmo processo.

A regra é que os limites devem ser respeitados[54] – mas o fato de o administrador judicial ser um auxiliar do juízo não faz com que incidam os tetos de vencimentos existentes no Poder Judiciário[55]. De qualquer forma, há precedentes que admitem o rompimento do limite quando o teto legal impossibilita a fixação de uma remuneração condizente com o trabalho desenvolvido e com o tempo despendido pelo administrador judicial. Exemplificativamente, o Tribunal de Justiça de São Paulo superou o antigo teto de 6% do Decreto-Lei 7.661/1945 para fixar em 20% a remuneração de um síndico que atuou por 22 anos em uma falência superavitária[56].

---

[53] *V.g.*, TJRS, 5ª Câmara Cível, AI 70044952463, Rel. Des. Isabel Dias Almeida, j. 23/11/2011.

[54] STJ, 3ª Turma, REsp 1.382.166/SP, Rel. Min. Nancy Andrighi, j. 01/08/2017.

[55] BERNIER. *Administrador judicial...*, p. 160-161; SACRAMONE. *Comentários à Lei de Recuperação de Empresas e Falência...*, p. 176.

[56] TJSP, 9ª Câmara de Direito Privado, AI 0108768-69.2013.8.26.0000, Rel. Des. Lucila Toledo, j. 03/12/2013. Ver, também: TJDFT, 7ª Turma Cível, APC 0717734-42.2019.8.07.0015, Rel. Des. Leila Arlanch, j. 22/01/2020; TJDFT, 7ª Turma Cível, APC 0707987-34.2020.8.07.0015, Rel. Des. Gislene Pinheiro, j. 07/04/2021 ("4. Em casos especiais, notadamente quando verificado que o valor cobrado é de pouca monta, a remuneração do administrador judicial pode ser fixada acima dos limites estabelecidos no art. 24, §§ 1º e 5º, da Lei de Falência, 11.101/2005. 5. Na espécie, considerando que o valor do crédito buscado na presente demanda remete-se à quantia de R$ 1.417,33, de fato, a fixação da remuneração do administrador judicial em 2% do valor do débito é irrisória e não atende a complexidade do trabalho desenvolvido."). Tratando do tema no que diz respeito ao limite estabelecido para a remuneração em recuperações judiciais de ME/EPP, ver: BERNIER. Administrador judicial: impactos na responsabilidade civil e na remuneração em face das novas funções atribuídas pela Lei 14.112/20..., p. 427; e SACRAMONE. *Comentários à Lei de Recuperação de Empresas e Falência...*, p. 178-179;

É importante que a remuneração consista em uma contraprestação condigna para o profissional[57]. Como regra, uma vez fixada, a remuneração pode ser desafiada pelo recurso competente, operando-se a preclusão caso assim não se faça[58]. De qualquer sorte, por vezes admite-se a revisão dos honorários já arbitrados a depender das circunstâncias apresentadas no caso concreto[59]. Ainda assim, eventual revisão dos honorários deve abranger tão somente os honorários futuros (*i.e.*, não se pode querer, por exemplo, reduzir o valor dos honorários já fixados e devidos, ainda que não pagos)[60]. Finalmente, se o valor da remuneração foi arbitrado tomando por base um erro aritmético, parece intuitivo admitir-se a sua correção[61].

---

[57] TJRS, 5ª Câmara Cível, AI 70055369144, Rel. Des. Jorge Luiz Lopes do Canto, j. 17/09/2013.

[58] TJMT, 4ª Câmara de Direito Privado, AI 1018412-81.2020.8.11.0000, Rel. Des. Guiomar Teodoro Borges, j. 02/12/2020. Nesse sentido: "O Administrador Judicial deve ser remunerado de acordo com a atividade profissional que desenvolve, convindo anotar que o art. 24 da Lei nº 11.101/2005 estipula critérios exemplificativos para o arbitramento e fixa apenas um limite máximo à referida remuneração. Não se ignora o esforço do Administrador na arrecadação de imóveis e obras de arte, bem como no ajuizamento de ações de indenização em face de fraudadores que causaram a falência do Banco Santos. Contudo, a remuneração agora fixada – no percentual de 4% e com previsão para remuneração por atividades específicas – é excessiva e viola os parâmetros da decisão antes proferida, de modo que não se pode afastar a preclusão desta questão. O valor antes arbitrado para os honorários do Administrador, no percentual de 1%, é expressivo, atende aos critérios da Lei e à austeridade que sempre deve orientar a realização das despesas judiciais, especialmente nos processos de falência. Não se pode deixar de considerar, ainda, que existe a possibilidade de que a realização do ativo ocorra de modo extraordinário, nos termos do art. 145, da Lei nº 11.101/2005. Contudo, não se justifica, desde já, a fixação da remuneração do Administrador Judicial nesta hipótese, visto que, neste momento processual, foram apenas apresentadas as propostas pelas empresas interessadas. Ausente qualquer definição sobre outra forma de realização do ativo, não se pode antecipar a fixação da remuneração do Administrador. Recurso provido para restabelecer a decisão que fixou, na realização ordinária do ativo, remuneração no percentual de 1%, mantidos, no mais, os pagamentos mensais à empresa ADJUD e ao administrador Vânio César Pickler Aguiar, nos termos antes determinados." (TJSP, 2ª Câmara Reservada de Direito Empresarial, AI 2200848-47.2015.8.26.0000, Rel. Des. Carlos Alberto Garbi, j. 17/02/2016).

[59] Assim ocorreu, por exemplo, na recuperação judicial da Bombril, que tramitou perante a 2ª Vara de Falências e Recuperações Judiciais da Comarca de São Paulo (processo n. 0123223-20.2005.8.26.0000).

[60] TJPR, 17ª Câmara Cível, AI 1.021.163-3, Rel. Des. Lauri Caetano da Silva, j. 06/11/2013.

[61] TJMG, 4ª Câmara Cível, AI 10024143335685003, Rel. Des. Renato Dresch, j. 28/05/2020.

5. Forma de pagamento

De acordo com o art. 24, §2º, da LREF, até 60% por cento do montante remuneratório pode ser antecipado, permanecendo o saldo de 40% (chamado de "reserva de montante") para ser pago após a apresentação do relatório final da falência e a aprovação das contas (atendendo ao previsto nos arts. 154 e 155 da LREF).

Em tese, a reserva de 40% do montante remuneratório se aplica, obrigatoriamente, apenas no caso da falência – pois somente nesse regime há a apresentação de relatório final e a necessidade de sua aprovação, nos termos dos arts. 154 e 155, aos quais o art. 24, §2º, faz remissão expressa. Na recuperação judicial, cabe ao magistrado estabelecer a forma de pagamento da remuneração de acordo com peculiaridades do caso concreto, sem necessidade de se observar a regra da reserva de montante[62].

Ainda no caso da recuperação judicial, nada impede que o magistrado estipule uma parcela mensal fixa a título de remuneração para o administrador judicial – como, aliás, ordinariamente tem sido feito[63]. Embora

---

[62] Nesse sentido, ver: TJSP, 2ª Câmara Reservada de Direito Empresarial, AI 2197048-06.2018.8.26.0000, Rel. Des. Ricardo Negrão, j. 11/03/2019; BEZERRA FILHO, Manoel Justino. *Lei de Recuperação de Empresas e Falência*. 15 ed. São Paulo: Revista dos Tribunais, 2021, p. 164; SACRAMONE. *Comentários à Lei de Recuperação de Empresas e Falência...*, p. 177. Entretanto, aplicando a reserva de 40% na recuperação judicial, *v.g.*: STJ, 3ª Turma, REsp 1.700.700/SP, Rel. Min. Nancy Andrighi, j. 05/02/2019; TJSP, 2ª Câmara Reservada de Direito Empresarial, AI 2173691-65.2016.8.26.0000, Rel. Des. Alexandre Marcondes, j. 17/02/2017; TJSP, 2ª Câmara Reservada de Direito Empresarial, AI 2070697-61.2013.8.26.0000, Rel. Des. Carlos Alberto Garbi, j. 05/10/2015; TJSP, 1ª Câmara Reservada de Direito Empresarial, AI 0154561-31.2013.8.26.0000, Rel. Des. Teixeira Leite, j. 15/05/2014; TJSP, 1ª Câmara Reservada de Direito Empresarial, AI 2033959-74.2013.8.26.0000, Rel. Des. Enio Zuliani, j. 06/02/2014; TJSP, Câmara Especial de Falências e Recuperações Judiciais, AI 420.655.4/6-00, Rel. Des. Pereira Calças, j. 02/05/2007. De qualquer sorte, sustentando que, mesmo que não se aplique a reserva dos 40% da remuneração devida na recuperação judicial, parte dos honorários do administrador judicial deve ser paga após a sentença de encerramento da recuperação judicial e condicionada à prestação de contas e aprovação do relatório, nos termos do art. 63, I, da LREF: COELHO. *Comentários à Lei de Falências e de Recuperação de Empresas...*, p. 118-119.

[63] Nesse sentido: TJSP, 2ª Câmara Reservada de Direito Empresarial, AI 0164363-53.2013.8.26.0000, Rel. Des. Fabio Tabosa, j. 17/02/2014 ("Recuperação judicial. Remuneração do Administrador Judicial. Inteligência do art. 24 da Lei nº 11.101/2005. Passivo de aproximadamente quinze milhões de reais, envolvendo grupo empresarial composto de nove sociedades empresárias e dezenas de credores. Administrador Judicial que inclusive já providenciou

menos comum na falência, a jurisprudência também admite o pagamento de honorários mensalmente ao administrador judicial para fazer frente a suas despesas e para manutenção de suas atividades[64].

Ainda, o legislador não estabeleceu a forma de pagamento dos 60% que podem ser antecipados ao administrador judicial na falência, tendo o magistrado liberdade para decidir a forma como devem ser pagos tais montantes.

É bastante usual a celebração de contrato de honorários entre recuperandas e administradores judiciais, seja com relação ao montante da remuneração quanto no que diz respeito à sua forma de pagamento. Também é possível que o próprio administrador judicial apresente proposta de honorários nos autos. De qualquer sorte, imprescindível seja o ajuste homologado judicialmente antes que se realize qualquer

subsídios para o processo de recuperação da devedora. Arbitramento em 4% do valor devido aos credores submetidos à recuperação judicial, com adiantamentos mensais de R$ 10.000,00. Montante proporcional e razoável, respeitando outrossim os parâmetros legais."). Ver, também: TJSP, 1ª Câmara Reservada de Direito Empresarial, AI 2142382-60.2015.8.26.0000, Rel. Des. Enio Zuliani, j. 28/10/2015; TJSP, 1ª Câmara Reservada de Direito Empresarial, AI 2143161-15.2015.8.26.0000, Rel. Des. Pereira Calças, j. 26/08/2015; TJSP, 2ª Câmara Reservada de Direito Empresarial, AI 0070488-63.2012.8.26.0000, Rel. Des. Roberto Mac Cracken, j. 6/11/2012; TJSP, Câmara Reservada à Falência e Recuperação, AI 0031707-40.2010.8.26.0000, Rel. Des. Pereira Calças, j. 19/10/2010; TJSP, Câmara Reservada à Falência e Recuperação, AI 9073393-24.2008.8.26.0000, Rel. Des. Pereira Calças, j. 28/07/2009. Na doutrina: "Uma forma de estimular o regular trabalho de fiscalização durante todo o procedimento, sem que o administrador judicial tenha que suportar todos os seus custos para um recebimento apenas ao final dos processos, é a divisão da remuneração do administrador judicial em 30 parcelas mensais. O período é condizente com a soma do prazo de seis meses, referente ao período de suspensão das ações e normalmente o período esperado para a aprovação ou rejeição do plano de recuperação judicial, com o prazo de dois anos em que o cumprimento do plano de recuperação judicial será fiscalizado pelo administrador judicial." (SACRAMONE. *Comentários à Lei de Recuperação de Empresas e Falência...*, p. 177). Ver, ainda: VERÇOSA. Seção III: Do administrador judicial e do comitê de credores..., p. 177. O que, como regra, não se admite é condicionar o pagamento da remuneração (no caso, provisória) a determinados eventos, como aos períodos de safra (TJSP, 1ª Câmara Reservada de Direito Empresarial, AI 2227424-09.2017.8.26.0000, Rel. Des. Hamid Bdine, j. 25/04/2018).

[64] TOLEDO, Paulo Fernando Campos Salles de; PUGLIESI, Adriana Valéria. Capítulo V: Disposições comuns à recuperação judicial e à falência: o administrador judicial e o comitê de credores. In: CARVALHOSA, Modesto (coord.). *Tratado de direito empresarial*, v. V – recuperação empresarial e falência. São Paulo: Revista dos Tribunais, 2016, p. 129-143, p. 137. Ver, também: STJ, 3ª Turma, REsp 1.032.960/PR, Rel. Min. Massami Uyeda, j. 21/06/2010.

pagamento, uma vez que, nos termos do art. 24, *caput*, da LREF, cabe ao juiz a fixação do valor e da forma de pagamento da remuneração do administrador judicial[65].

Ainda, nada impede, também, caso o próprio administrador judicial concorde, que parte da sua remuneração seja paga com o resultado da venda de bens prevista no plano de recuperação judicial, por exemplo – desde que isso não o coloque em situação de conflito de interesses.

Em qualquer caso, viável, também, a fixação de honorários provisórios até que o magistrado possa, mais adequadamente, aferir a situação fático--jurídica do caso concreto e estipular a remuneração definitiva com mais elementos[66].

[65] "RECUPERAÇÃO JUDICIAL. REMUNERAÇÃO DO ADMINISTRADOR JUDICIAL. Contrato celebrado entre a recuperanda e o administrador judicial acerca da remuneração deste último. Contrato que não tem validade perante a recuperação judicial. Fixação da remuneração do administrador judicial que é atribuição exclusiva do juiz, insuscetível de ajuste entre as partes. Valor da remuneração do administrador judicial que deve observar o limite imposto pelo art. 24, § 1º, da Lei nº 11.101/2005. Remuneração que, no caso concreto, superou o limite legal. Precedentes. Não ocorrência de preclusão. Decisão reformada. AGRAVO PROVIDO." (TJSP, 2ª Câmara Reservada de Direito Empresarial, AI 2008599-98.2017.8.26.0000, Rel. Des. Alexandre Marcondes, j. 27/04/2017). Ver, também: TJSP, 1ª Câmara Reservada de Direito Empresarial, APC 0046200-66.2017.8.26.0100, Rel. Des. Pereira Calças, j 19/05/2020 ("Apelação. Direito empresarial. Falência e Recuperação Judicial. (...). O administrador judicial não pode acertar a remuneração de seus honorários com a recuperanda ou devedora. Recebimento de remuneração ajustada com a devedora reveste-se de ilegalidade. (...)". Igualmente, remetemos a: TJRJ, 16ª Câmara Cível, AI 0023889-17.2019.8.19.0000, Rel. Des. Marco Aurélio Bezerra de Melo, j. 23/07/2019; TJSP, 1ª Câmara Reservada de Direito Empresarial, AI 2139623-26.2015.8.26.0000, Rel. Des. Pereira Calças, j. 11/11/2015; e TJSP, 1ª Câmara Reservada de Direito Empresarial, AI 2065647-49.2016.8.26.0000, Rel. Des. Hamid Bdine, j. 21/09/2016. Na doutrina, ver: SACRAMONE. *Comentários à Lei de Recuperação de Empresas e Falência...*, p. 175.

[66] *V.g.*, TJSP, 1ª Câmara Reservada de Direito Empresarial, AI 2227424-09.2017.8.26.0000, Rel. Des. Hamid Bdine, j. 25/04/2018 ("Momento inicial do procedimento que dificulta a análise dos critérios previstos no art. 24 da Lei n. 11.101/05. Partes que estão de acordo quanto à fixação apenas da REMUNERAÇÃO PROVISÓRIA. Hipótese admitida pela jurisprudência, a despeito do silêncio da LREF. Possibilidade, contudo, de estimar o valor total à luz do exame não exauriente dos critérios legais, utilizando-o tão somente como parâmetro para o cálculo da remuneração provisória. (...) Valor que deverá ser revisto por ocasião da concessão da recuperação judicial (LREF, art. 58).") Ver, também: BERNIER.

6. Remuneração no quadro de credores

Na falência, a remuneração do administrador judicial é classificada como crédito extraconcursal (LREF, art. 84, I-A e I-D). Assim, esse auxiliar do juízo receberá antes dos credores concursais previstos no art. 83 – podendo, inclusive, perceber alguma quantia anteriormente ao início dos pagamentos dos credores extraconcursais se a massa contar com alguma disponibilidade em caixa (LREF, art. 84, I-A c/c art. 150).

Ordinariamente, a remuneração do administrador judicial figura em quarto lugar entre os créditos extraconcursais, atrás dos créditos mencionados nos arts. 84, I-A a I-C. Assim, em tese, preferem aos honorários do administrador judicial: (*i*) as despesas cujo pagamento antecipado seja indispensável à administração da falência (art. 150) e os créditos trabalhistas de natureza estritamente salarial do art. 151; (*ii*) o crédito decorrente do financiamento DIP (arts. 69-A ss.); e (*iii*) as restituições em dinheiro do art. 86[67].

Todavia, observe-se que a remuneração do administrador judicial também pode ser enquadrada como "despesa cujo pagamento seja indispensável à administração da falência", conforme dispõe expressamente o §1º do art. 114-A.

De que forma, então, compatibilizar dois dispositivos legais que atribuem distintas posições – primeiro e quarto lugares entre os credores extraconcursais – ao crédito do administrador judicial?

Levando em conta que (*i*) sem os préstimos do administrador judicial não há como se desenvolver uma liquidação falimentar e (*ii*) não se admitindo um auxiliar da justiça laborar sem remuneração – como, aliás, dispõe a jurisprudência do Superior Tribunal de Justiça[68] –, a solução para conciliar ambos os comandos legais parece ser a seguinte: pagar o administrador judicial em quarto lugar apenas quando a massa dispuser de recursos suficientes para quitar as classes anteriores e sobrar quantia para adimplir a sua remuneração; e, não tendo a massa forças para isso, é de se remunerar primeiramente o administrador judicial na qualidade de

---

Administrador judicial: impactos na responsabilidade civil e na remuneração em face das novas funções atribuídas pela Lei 14.112/20..., p. 426-427; SACRAMONE. *Comentários à Lei de Recuperação de Empresas e Falência...*, p. 176.

[67] Nesse sentido: BEZERRA FILHO. *Lei de Recuperação de Empresas e Falência...*, p. 164.

[68] STJ, 3ª Turma, REsp 1.526.790/SP, Rel. Min. Ricardo Villas Bôas Cueva, j. 10/03/2016.

despesa indispensável à administração da falência (LREF, art. 84, I-A, c/c art. 114-A), porque, de fato, assim o é[69].

Por outro lado, não se pode deixar de ressaltar que, na recuperação judicial, o crédito do administrador é extraconcursal, não se sujeitando, portanto, aos termos e condições constantes no plano. Usualmente, como referido, o magistrado deixa espaço para que o administrador judicial e o devedor acordem a forma de pagamento dentro do montante de remuneração já estabelecido por ele.

Conclusões

O tema da remuneração do administrador judicial é sensível. Isso porque, de um lado, o auxiliar não pode trabalhar por benemerência; por outro, especialmente nos processos de maior monta, o valor arbitrado por vezes gera desconforto quando percebido elevado em face da situação de credores e do próprio devedor.

Todavia, tal sentimento não pode eclipsar a realidade traduzida na grande – e crescente – gama de atribuições e responsabilidades do administrador judicial, figura essencial para o adequado andamento dos processos concursais – sejam as recuperações judiciais de maior envergadura, nos quais sobreleva o papel de sua equipe e estrutura, seja nas falências frustradas, cujo adequado deslinde depende da destreza de saber como encerrar célere e economicamente uma ação que, na maior parte dos casos, é um fardo à sociedade e ao já sobrecarregado Poder Judiciário.

E a Reforma introduzida pela Lei 14.112/2020, em que pese não tenha modificado os critérios para a fixação da remuneração, trouxe ainda mais atribuições ao administrador judicial – talvez até uma sobrecarga funcional, com o consequente esvaziamento de outros órgãos de crise –, exigindo, em um primeiro plano, um profissionalismo maior[70], e, em um segundo momento, fazendo necessária uma reflexão por parte da doutrina sobre se tal situação não prejudica o próprio sistema de insolvência.

---

[69] De forma semelhante, ver: BERNIER. Administrador judicial: impactos na responsabilidade civil e na remuneração em face das novas funções atribuídas pela Lei 14.112/20..., p. 428-429.

[70] BERNIER. Administrador judicial: impactos na responsabilidade civil e na remuneração em face das novas funções atribuídas pela Lei 14.112/20..., p. 425; MENDONÇA, Osana Maria da Rocha. Novas atividades do administrador judicial. *Revista do Advogado*, n. 150, p. 198-206, jun. 2021, p. 199.

Efetivamente, o aumento das atribuições do administrador judicial, que passou a assumir alguns deveres que seriam naturalmente do Poder Judiciário ou de outros órgãos de crise, não pode ser examinado apenas a partir de seus reflexos na remuneração deste profissional, mas a partir de uma perspectiva sistêmica. Se, no entanto, a remuneração pode ser utilizada como medida dessa sobrecarga, que sirva, então, de chamariz para que se iniciem discussões mais aprofundadas sobre o próprio papel do administrador judicial nos regimes de crise. Essa a nossa proposição.

Referências

ABRÃO, Nelson. *Administração concursal.* Tese (Titularidade). Faculdade de Direito da Universidade de São Paulo, São Paulo, 1987.

_____. *O síndico na administração concursal.* São Paulo: Revista dos Tribunais, 1988.

BERNIER, Joice Ruiz. *Administrador judicial.* São Paulo: Quartier Latin, 2016.

_____. Administrador judicial: impactos na responsabilidade civil e na remuneração em face das novas funções atribuídas pela Lei 14.112/20. In: VASCONCELOS, Ronaldo; PIVA, Fernanda Neves; ORLEANS E BRAGANÇA, Gabriel José de; HANESAKA, Thais D'Angelo da Silva; SANT'ANA, Thomaz Luiz (coord.). *Reforma da Lei de Recuperação e Falência* (Lei n. 14.112/20). São Paulo: IASP, 2021, p. 413-433.

BEZERRA FILHO, Manoel Justino. *Lei de Recuperação de Empresas e Falência.* 15 ed. São Paulo: Revista dos Tribunais, 2021.

COELHO, Fábio Ulhoa. *Comentários à Lei de Falências e de Recuperação de Empresas.* 14 ed. São Paulo: Revista dos Tribunais, 2021.

MENDONÇA, Osana Maria da Rocha. Novas atividades do administrador judicial. *Revista do Advogado*, n. 150, p. 198-206, jun. 2021.

MENEZES, Cristiane Penning Pauli de; FEVERSANI, Francini; SANTOS, Guilherme Pereira. *A nova redação da Lei de Falência e de Recuperação*: comentários práticos pelo viés do administrador judicial. São Paulo: Rideel, 2021.

PROVINCIALI, Renzo. *Trattato di diritto fallimentare*, v. I. Milano: Giuffrè, 1974.

SACRAMONE, Marcelo Barbosa. *Comentários à Lei de Recuperação de Empresas e Falência.* 2 ed. São Paulo: Saraiva, 2021.

SATTA, Salvatore. *Diritto fallimentare.* Padova: CEDAM, 1974.

SCALZILLI, João Pedro; SPINELLI, Luis Felipe; TELLECHEA, Rodrigo. *Pandemia, crise econômica e Lei de Insolvência.* Porto Alegre: Buqui, 2020.

_____; FABRO, Daniela. Panorama da Reforma da Lei de Recuperação de Empresas e Falência. *Ministério Público do Rio Grande do Sul, Revista Digital do CAO CÍVEL*, n. 63, p. 72-81, jan./fev. 2021.

SILVA, José Anchieta da. Comentários aos artigos 21 a 25. In: TOLEDO, Paulo Fernando Campos Salles de (coord.). *Comentários à Lei de Recuperação de Empresas.* São Paulo: Revista dos Tribunais, 2021, p. 167-194.

TOLEDO, Paulo Fernando Campos Salles de. A disciplina jurídica das empresas em crise no Brasil: sua estrutura institucional. Revista de Direito Mercantil, Industrial, Econômico e Financeiro, v. 122, p. 168-172, abr. 2001.

_____; PUGLIESI, Adriana Valéria. Capítulo V: Disposições comuns à recuperação judicial e à falência: o administrador judicial e o comitê de credores. In: CARVALHOSA, Modesto (coord.). *Tratado de direito empresarial,* v. V – recuperação empresarial e falência. São Paulo: Revista dos Tribunais, 2016, p. 129-143.

VALVERDE, Trajano de Miranda. *Comentários à Lei de Falências,* v. II. 3 ed. Rio de Janeiro: Forense, 1962.

VERÇOSA, Haroldo Malheiros Duclerc. Seção III: Do administrador judicial e do comitê de credores. In: SOUZA JUNIOR, Francisco Satiro de; PITOMBO, Antonio Sergio A. de Moraes (coord.). *Comentários à Lei de Recuperação de Empresas e Falências.* 2 ed. São Paulo: Revista dos Tribunais, 2007, p. 163-185.

29. DO DESCABIMENTO DA CONCESSÃO DE HONORÁRIOS DE SUCUMBÊNCIA EM FAVOR DO ADMINISTRADOR

Erasmo Valladão Azevedo e Novaes França

Marcelo Vieira von Adamek

Introdução

Seja na recuperação judicial, na falência ou nas respectivas ações acessórias ou conexas em que seja instado a intervir, indaga-se: teria o administrador judicial, *enquanto tal*, direito a receber do vencido honorários de sucumbência (ou partilhar a verba com o advogado das partes vencedoras)?

Esta questão, a nosso ver, foi bem equacionada em certeiro acórdão da Terceira Turma do Superior Tribunal de Justiça[1]. Apesar disso (e daquilo

---

[1] *Cf.*: "Recurso Especial. Falência. Impugnação de crédito. Extinção sem resolução de mérito. Litispendência. Honorários advocatícios sucumbenciais. Fixação em favor do administrador judicial. Descabimento. 1. (...). 2. O propósito recursal é definir se é cabível o arbitramento de honorários advocatícios sucumbenciais em favor do administrador judicial da massa falida em incidente de impugnação de crédito. 3. Tratando-se de habilitação ou impugnação de crédito em processos envolvendo concurso de credores, é cabível, como regra, a condenação em honorários advocatícios de sucumbência, desde que apresentada resistência à pretensão. Precedentes. 4. A atividade do administrador judicial nomeado para atuar em processos de recuperação ou falência é equiparável à dos órgãos auxiliares do juízo, cumprindo ele verdadeiro múnus público. Sua atividade não se limita a representar a recuperanda, o falido ou seus credores, cabendo-lhe, efetivamente – seja em processos de soerguimento de empresas, seja em ações falimentares –, colaborar com a administração da Justiça. Precedente específico. 5. Em razão do trabalho realizado no curso das ações de soerguimento ou falimentares, o administrador faz jus a uma remuneração específica, cujo valor e forma de pagamento devem ser fixados pelo juiz, observadas as balizas do art. 24 da Lei 11.101/05. 6. Em contrapartida, os honorários advocatícios de sucumbência, como é cediço, constituem os valores que, em

que idilicamente se previu no art. 926 do Código de Processo Civil), a sua interpretação continua a ser desafiada nas instâncias ordinárias, com isso gerando decisões divergentes por força das quais o auxiliar do juízo ou o seu advogado acaba sendo aquinhoado com honorários de sucumbência, sob a justificativa de que: "o administrador judicial atua como auxiliar do juiz, mas ao mesmo tempo advoga em favor do interesse de todos os credores, razão pela qual, nos pleitos em que atua e logra êxito, deve ser remunerado, observando a vantagem que obtém para os credores; destarte, é cabível a fixação de honorários sucumbenciais em favor do administrador judicial, na medida em que este atuou no feito na condição de advogado"[2]. A nosso ver, com todas as vênias, estas decisões discrepantes incorrem em um claro equívoco jurídico de perspectiva e, para bem evidenciá-lo, basta ter em conta a real função desempenhada pelo administrador judicial e a diferença radical que existe entre, de um lado, a atuação do advogado das partes no processo concursal ou em ações correlatas (ainda que seja advogado contratado pelo administrador judicial para atuar *em nome* da massa falida) e, de outro, o advogado que, por razões de mera conveniência, o auxiliar do juízo *sponte propria* eventualmente vincula para apresentar em seu nome manifestações nas causas em que é chamado a dar o seu parecer. É o que se passa a evidenciar.

1. Administrador judicial é auxiliar da Justiça

"As pessoas a quem o sistema do processo atribui o encargo de realizar os serviços complementares à jurisdição sob a autoridade do juiz", como se sabe, compõem a ampla classe dos *auxiliares de Justiça* (CPC, art. 149)[3]. São

---

razão da norma do art. 85 do CPC/15, devem ser pagos pela parte vencida em uma demanda exclusivamente ao profissional que tenha atuado como advogado da parte vencedora. 7. Ainda que o ordenamento jurídico atribua ao administrador judicial a função de representar a massa falida em juízo (art. 22, III, 'n', da LFRE e art. 75, V, do CPC/15), a hipótese concreta versa sobre situação na qual a manifestação por ele apresentada não foi formulada na posição processual de representante da massa, mas sim em nome próprio, circunstância que afasta a possibilidade de serem fixados, em seu favor, honorários advocatícios de sucumbência." (STJ, 3ª Turma, REsp 1.759-004-RS, Rel. Min. Nancy Andrighi, v.u., j. 10/12/2019, DJe 13/12/2019).

[2] TJRS, 5ª CC., AI 70084732635, Rel. Des. Jorge André Pereira Gailhard (*vencido*), m.v., j. 31/03/2021.

[3] DINAMARCO, Cândido Rangel. *Instituições de direito processual civil*. 10 ed. São Paulo: Malheiros, 2020, p. 798.

sujeitos *secundários* do processo que atuam sob a direção, mais ou menos próxima, do juiz da causa e a quem estão, em todo caso, funcionalmente subordinados. Dividem-se em auxiliares *permanentes* e auxiliares *eventuais* – sendo que nesta última categoria se enquadram, por exemplo, o perito, o intérprete ou tradutor e, no que aqui nos interessa, o *administrador judicial* (Lei nº 11.101/2005, ou LRE, art. 21).

Ainda quando o administrador judicial tenha importantes atribuições – dentre as quais a de conduzir parte relevante das tarefas do procedimento de verificação de créditos (LRE, arts. 7º, 7º-A, 12, par. ún, e 22, I, *e* e *f*), presidir a assembleia geral de credores (LRE, art. 37) e até representar a massa falida em juízo (LRE, art. 22, III, *n*) –, ele é sempre *auxiliar da Justiça*[4]: é nomeado privativamente pelo juiz (LRE, arts. 33, 52, I, e 99, IX), sendo investido na função por meio de termo formal de posse (LRE, art. 33), e só pelo juiz é destituído do exercício de seu *munus*, de ofício ou a requerimento (LRE, art. 31)[5]. Ao Comitê de Credores, quando existente, compete somente fiscalizar a atuação do administrador (LRE, art. 27, I, *a*), sem que possa este órgão ou mesmo a Assembleia Geral de Credores promover a sua destituição.

Para o desempenho das tarefas previstas na lei concursal, o administrador judicial é remunerado *exclusivamente* na forma do art. 24 da Lei nº 11.101/2005, sendo-lhe vedada a percepção de quaisquer outras verbas por terceiros em razão do desempenho da sua função.

Sobretudo, o administrador judicial, enquanto tal, não exerce função privativa da advocacia (Lei nº 8.906/1994, art. 1º, I e II) e não precisa ter sequer uma específica habilitação: a lei concursal exige apenas que seja

---

[4] *Cf.* nos tribunais: "O síndico, assim como o seu sucedâneo – administrador judicial – não exerce profissão. Suas atividades possuem natureza jurídica de órgão auxiliar do juízo, cumprindo verdadeiro múnus público, não se limitando a representar o falido ou mesmo seus credores. Cabe-lhe, desse movo, efetivamente colaborar com a administração da Justiça." (STJ, 3ª Turma, REsp 1.032.960/PR, Rel. Min. Massami Uyeda, v.u., j. 01/06/2021, DJe 21/06/2010).

[5] Foram vetados os preceitos da lei concursal que concediam à assembleia geral de credores o poder de destituir o administrador judicial e designar o substituto (LRE, art. 35, I, *c*, e II, *a*). O Ministério da Justiça, nas razões da aposição de veto encaminhadas ao Presidente da República, entendeu que tal dispositivo conflitava com o disposto nos arts. 52, I e 23, par. ún., da LRE, que atribuem ao juiz o poder de, respectivamente, nomear e destituir o administrador judicial. Com o veto, argumentou-se, restou afastada, "de plano, a possibilidade de que seja nomeada para o encargo pessoa que não seja da confiança do juízo".

"profissional idôneo, *preferencialmente* advogado, economista, administrador de empresas ou contador, ou pessoa jurídica especializada" (LRE, art. 21, *caput*); portanto, por lei nem mesmo diploma superior é exigido[6]. Na prática, porém, dada a grande amplitude das atribuições do cargo (LRE, art. 22, I, II e III), tem sido comum que, nas grandes recuperações judiciais, a nomeação recaia sobre sociedades prestadoras de serviços técnicos de finanças e contabilidade, muitas delas vinculadas a grupos de auditoria, com equipe multiprofissional, ou até mesmo grandes escritórios de advocacia – que, neste caso, às suas expensas se utilizam dos serviços auxiliares de terceiros para dar cumprimento ao múnus.

Note-se, portanto, que, para se manifestar nos autos em que foi designado (LRE, art. 22, I, *i*) e cumprir a sua função, não se exige capacidade postulatória do administrador judicial (CPC, art. 103)[7]. Apesar disso, quando o mesmo não tem formação jurídica, é comum que conte em sua estrutura com advogados empregados, ou contratados, para melhor poder se posicionar diante das questões que no processo concursal são submetidas à sua análise para parecer; trata-se, ainda assim, de uma opção do administrador judicial sobre como organizar internamente a sua própria empresa, sem que os custos resultantes dessas atividades auxiliares possam ser imediatamente repassados à devedora, na recuperação judicial, ou à massa subjetiva, na falência[8].

---

[6] *Cf.*: TOLEDO, Paulo Fernando Campos Salles de; ABRÃO, Carlos Henrique (coord.). *Comentários à Lei de Recuperação de Empresas e Falência.* São Paulo: Saraiva, 2005, p. 47-48.

[7] A hipótese é diversa da prevista nos arts. 22, §1º, e 25 da LRE, que permitem que as despesas relativas à remuneração das pessoas eventualmente contratadas pelo administrador judicial para auxiliá-lo sejam suportadas pelo devedor ou pela massa; no entanto, ditas despesas, como muito bem adverte Marcelo Barbosa Sacramone, "deverão ser restritas às situações em que não se espera que o administrador judicial consiga desempenhar determinada atividade", justamente para evitar "que essas contratações não sejam um modo pelo qual o administrador judicial *reduza as suas funções* e, por consequência, *aumente a remuneração* em relação aos serviços desempenhados". (SACRAMONE, Marcelo Barbosa. *Comentários à Lei de Recuperação de Empresas e Falência.* São Paulo: Saraiva, 2018, p. 123).

[8] Sob a égide da anterior lei concursal, comentado situação análoga, Yussef Said Cahali defende que: "desde que o síndico tenha, ao arrepio da lei, contratado advogado para atos cuja assistência técnica era *desnecessária*, ou o tenha contratado por força destoante das exigências legais, não poderá incluir em suas contas os honorários, e, se os incluir, o juiz glosará essa parcela." (CAHALI, Yussef Said. *Honorários advocatícios.* 3 ed. São Paulo: RT, 1997, p. 1.242).

Ou seja, o fato de o administrador judicial eventualmente ter habilitação para advogar, ou contar em sua estrutura com advogados, em nada altera a natureza das atividades-fim que presta no processo concursal nem o habilita a pretender, direta ou indiretamente, receber remuneração paralela àquela que lhe é unicamente reservada segundo a estrita – e algo desequilibrada – disciplina do art. 24 da LRE[9].

2. Administrador judicial não é advogado da coletividade dos credores

O administrador judicial não é *ratione muneris* vinculado para atuar, na recuperação judicial, no interesse dos credores: não é esta a sua função[10]; pelo contrário, na condição de auxiliar do juízo, "deverá desempenhar as suas funções com imparcialidade na busca dos interesses de todos os envolvidos no processo de recuperação judicial ou falência"[11]. Bem por isso, é grave equívoco ou evidente distorção afirmar-se – como tem sido feito em alguns julgados, para justificar a concessão de honorários de sucumbência ao administrador judicial – que o mesmo "advoga em favor do interesse de todos os credores"[12].

---

[9] A disciplina do art. 24 da LRE tende a ser excessivamente generosa nas recuperações judiciais e, ao mesmo tempo, muito espartana na generalidade das falências – tanto mais diante da nova ordem de classificação dos créditos extraconcursais (art. 84, I-D).

[10] Quando muito, poder-se-ia dizer que, dentro de sua missão, está a de velar, em sentido *lato*, pela observância da lei concursal e, portanto, nessa medida, zelar pelos interesses dos credores – mas, ainda nessa extensão, trata-se de decorrência da própria função assumida, sem o transformar em advogado de quem quer que seja. Ademais, zelar pelos interesses e advogar são realidade completamente distintas: o Ministério Público também zela por interesses de incapazes, e a ninguém jamais ocorreu equipará-lo a advogado.

[11] SACRAMONE. *Comentários à Lei...*, p. 116. No mesmo sentido: "o administrador judicial é homem de confiança do juízo; não atua nem contra nem a favor do devedor; age no cumprimento de suas funções legalmente definidas." (SCALZILLI, João Pedro; SPINELLI, Luis Felipe; e TELLECHA, Rodrigo. *Recuperação de empresas e falência*. 2 ed. São Paulo: Almedina, 2017, p. 196).

[12] De maneira precisa, Rubens Requião lembrava que o síndico "não é mandatário, nem representante do falido, nem dos credores, pois sua ação contra um e outros pode se tornar necessária, o que afasta essa qualificação". (REQUIÃO, Rubens. *Curso de direito falimentar*, v. 1. 15 ed. São Paulo: Saraiva, 1993, p. 213). Fosse "advogado" dos credores ou da massa, teria que, por definição, ser parcial e não poderia, sem incorrer em patrocínio infiel, opinar ou atuar em outro sentido que não fosse em prol dos credores: nada mais distante do seu real papel.

Mesmo na falência, também não representa tecnicamente os credores. O que ocorre, apenas, é que a massa falida (subjetiva), apesar de não ter personalidade jurídica, ostenta *capacidade processual* – também designada de *personalidade processual* ou *capacidade de ser parte em juízo* – e, neste caso, a representação *dessa comunhão* dá-se por meio do administrador judicial (CPC, art. 75, V; e LRE, arts. 22, III, *c*, 2ª parte, e *n*). Isso, porém, decididamente não lhe confere capacidade postulatória nem o transforma em "advogado" da coletividade dos credores[13]. Bem por isso, em casos tais, o administrador judicial precisa contratar advogado para atuar em juízo. E essa contratação não é livre; não está na sua esfera de atuação discricionária: depende sempre de autorização prévia do juiz concursal e, se houver, da manifestação do Comitê de Credores (LRE, arts. 22, I, *h*, e III, *n*, e 28), a quem caberá aprovar o nome do profissional selecionado pelo administrador judicial e a sua remuneração[14]. Nesta específica situação, sem dúvida que sim, o advogado contratado pela massa falida (representada pelo administrador judicial) fará jus a eventuais honorários de sucumbência – não porque seja advogado *do administrador judicial* e, sim, porque será advogado *da massa falida* (que é quem outorgará os necessários poderes e, na outorga, o administrador judicial comparecerá como representante legal desta, e só).

Mas, como logo se nota, essa hipótese é completamente diversa daquela em que, por livre escolha e sem nenhuma obrigatoriedade, o administrador judicial resolve, na recuperação judicial ou na falência, valer-se do concurso de prepostos, ou até contrata às suas expensas um advogado, para auxiliá-lo a cumprir as tarefas próprias do seu cargo – dentre as quais a de manifestar-se nos autos nos casos previstos em lei (LRE, art. 22, I, *i*)[15].

---

[13] Da mesma forma, aliás, como o síndico não é advogado do condomínio edilício ou de seus condôminos e o inventariante não é patrono dos herdeiros ou da herança.

[14] *Cf.*: Marcelo Barbosa Sacramone, para quem: "a conveniência da contratação do advogado, assim como de qualquer outro auxiliar, deverá ser apreciada pelo juízo ao autorizar ou não a contratação. Os honorários do advogado deverão ser ajustados pelo Comitê de Credores. Sua fixação, entretanto, não se fará por este, mas pelo juiz, o qual fixará a remuneração de todos os auxiliares do administrador judicial (art. 22, § 1º). Nesse ponto, deverá o juiz, ao apreciar a contratação, verificar todos os demais termos do contrato a ser celebrado." (SACRAMONE. *Comentários à Lei...*, p. 123).

[15] A artificiosa equiparação defendida por alguns – para quem o administrador judicial "advoga em favor do interesse de todos os credores" (sobretudo quando este *sponte propria* se

3. A atuação do administrador judicial na verificação de créditos e nas demandas envolvendo a massa falida

Na prática do foro, a discussão sobre cabimento de honorários de advogado de sucumbência em favor do administrador judicial ou do *seu* advogado desponta, com maior frequência, no âmbito das demandas incidentais envolvendo o procedimento de *verificação de créditos* em processos concursais (*impugnações* ou *habilitações*).

De maneira geral, nesses feitos, entende-se cabível a condenação do vencido em honorários advocatícios de sucumbência, desde que haja resistência à pretensão deduzida[16]; do contrário, não[17]. Em tais situações, ao profissional que tenha atuado como advogado da parte vencedora, deverá a vencida pagar honorários de sucumbência, fixados por apreciação equitativa (CPC, art. 85, §§ 2º e 8º). Mas ao administrador judicial – ou ao *seu* advogado – não se há de conceder essa mesma verba, pelo só fato de ter proferido parecer, recorrido ou respondido algum recurso ou, de qualquer forma, se manifestado nos respectivos autos (LRE, art. 22, I, *i*), como dele exige a lei concursal (LRE, art. 12, par. ún.)[18], ainda quando o resultado da atuação tenha sido vantajoso à massa de credores.

---

manifesta nos autos por intermédio de advogados) – deveria, para ser coerentemente absurda, valer para todos os fins e ambos os sentidos, de modo a também fazer recair pessoalmente sobre o administrador judicial a condenação ao pagamento de sucumbência para a parte contrária em habilitações ou impugnações de crédito julgadas procedentes.

[16] *Cf.*, dentre outros: STJ, 2ª Seção, EREsp 188.759/MG, Rel. Min. Carlos Alberto Menezes Direito, m.v., j. 27/09/2000, DJe 04/06/2001; STJ, 4ª Turma, AREsp 62.801/SP, Rel. Min. Marco Buzzi, j. 20/08/2013, DJe 30/08/2013; STJ, 4ª Turma, AgInt nos EDcl no AREsp 1.496.551/RS, Rel. Min. Marco Buzzi, v.u., j. 21/10/2019, DJe 23/10/2019; STJ, 4ª Turma, EDcl no AI 1.282.101/MG, Rel. Min. Maria Isabel Gallotti, v.u., j. 25/09/1992, DJe 02/10/2012; STJ, 3ª Turma, REsp 440.151/RS, Rel. Min. Castro Filho, v.u., j. 06/04/2004, DJe 26/04/2004; STJ, 3ª Turma, REsp 958.620/SC, Rel. Min. Vasco Della Giustina, v.u., j. 15/03/2011, DJe 22/03/2011; STJ, 4ª Turma, AgRg no REsp 1.062.884/SC, Rel. Min. Luis Felipe Salomão, v.u., j. 14/08/2012, DJe 24/08/2012; STJ, 3ª Turma, REsp 1.098.069/SC, Rel. Min. Nancy Andrighi, v.u., j. 04/11/2010, DJe 16/11/2010; STJ, 3ª Turma, REsp 1.197.177/RJ, Rel. Min. Nancy Andrighi, v.u., j. 03/09/2013, DJe 12/09/2013; e STJ, 3ª Turma, REsp 1.821.865/PR, Rel. Min. Marco Aurélio Bellizze, v.u., j. 24/09/2019, DJe 01/10/2019.

[17] *Cf.*, dentre outros: STJ, 4ª Turma, REsp 8.832/SP, Rel. Min. Barros Monteiro, v.u., j. 22/09/1992, DJe 16/11/1992; e STJ, 3ª Turma, EDcl nos EDcl no REsp 122.535/ES, Rel. Min. Waldemar Zveiter, v.u., j. 02/03/1999, DJe 10/05/1999.

[18] A linguagem da lei não poderia ser mais expressiva: o administrador judicial emite "parecer"; não postula.

Exclusivamente na falência, porém, especial enfoque merece uma questão conexa à de que estamos a tratar, envolvendo as demandas em que a *massa falida for parte*.

Assim é porque, decretada a falência, a massa precisa se fazer representar em juízo por meio de advogado regularmente habilitado (CPC, art. 103), a quem o administrador judicial, nesses casos, outorgará procuração (CPC, art. 104) para que o profissional escolhido atue como advogado *da massa* (*em nome desta*, mas nunca em nome *do* administrador judicial). Será de rigor, por isso mesmo, a contratação de patrono – e para o que, como regra, o Comitê de Credores, se existente, terá que previamente se manifestar e, em todo caso, o juiz deverá aprovar a sua remuneração (LRE, art. 22, III, *n* e §1º). Nessas demandas em que a massa falida for parte, sem dúvida, os honorários de sucumbência fixados em sentença (CPC, art. 85) caberão ao advogado contratado pela massa falida, salvo estipulação diversa; mas, também aqui, nunca ao administrador judicial *enquanto tal*[19].

Na prática pode ocorrer, todavia, que, em razão de uma situação de urgência, o administrador judicial se veja na contingência de vincular advogado – ou, tendo habilitação, ele próprio atuar como tal – em nome da massa falida, justamente para evitar a consumação de prejuízos à coletividade dos credores. Excepcionais que sejam – e necessariamente sempre haverão de ser – estas hipóteses, aplicam-se a elas analogicamente as regras sobre gestão de negócios (CC, arts. 861 a 875): o administrador deverá prontamente submeter o seu ato ao juízo concursal, até mesmo para que se decida se algum outro profissional o substituirá na causa em que a massa falida seja parte ou se, para essa atuação concomitante como advogado, receberá honorários contratuais de advogado.

Ainda por essa mesma linha, pode-se conceber outra hipótese, a saber, aquela em que a massa falida necessite se fazer representar em juízo e, tendo o administrador judicial também habilitação para advogar ou dispondo de profissionais em sua própria equipe, simplesmente se coloque *motu proprio* na posição de advogado da massa falida ou designe os seus prepostos para essa função, sem submeter essa vinculação ao crivo do juiz (LRE, arts. 22, III, *n* e §1º, e 28). Pois bem. Em semelhante situação, poderia

---

[19] Da mesma forma como em ação em que o condomínio edilício seja parte a sucumbência não é deferida pessoalmente ao síndico, mas ao advogado do condomínio.

pretender receber remuneração adicional da massa falida? Note-se que, já aqui, não estamos mais a tratar dos honorários de sucumbência (problema esse para o qual valem as conclusões anteriormente expostas, no sentido de que a verba caberá a quem atuar como advogado *da massa*); estamos a tratar da questão conexa que envolve a definição sobre o cabimento ou não da percepção de honorários contratuais pela atuação (simultânea) do administrador judicial ou de seus prepostos também como advogados da massa; mais especificamente, naquela em que essa sua atuação simultânea não foi submetida ao juízo da falência, como impõe a lei.

A essa hipótese, sob a égide da lei concursal revogada (DL nº 7.661/1945), Yussef Said Cahali deu resposta positiva, em sua conhecida obra sobre honorários advocatícios, respaldada em antiga jurisprudência, *in verbis*:

"Na representação da massa fora do processo falimentar, em que se faça necessária a contratação de profissional habilitado, ainda que dispensada essa contratação no pressuposto de ser advogado o próprio síndico, fará este jus a honorários de advogado, que não se confunde com a remuneração do múnus: 'O síndico, além da remuneração de seus trabalhos, no processo de falência, tem direito igualmente aos honorários de advogado, se vencedora a massa (em ação revocatória falencial) e por ele representada e se profissional da advocacia, ou o profissional que tiver tratado em nome dela. Aquela remuneração não se confunde com a remuneração do seu cargo: se o profissional não atua como procurador do síndico no processo propriamente dito de falência, mas como advogado da massa em procedimento fiscal administrativo, faz jus a honorários, a serem arbitrados pelo juiz' (2ª Câmara do TJSP, 22.12.81, RT 559/112 e RJTJSP 77/277); assim, 'nada impede ao síndico, habilitado em advocacia, a prestar serviços profissionais atinentes ao cargo aludido' (Câmara Reunidas do TJPR, 1.2.67, RT 399/336); portanto, 'o síndico, além da remuneração de seus trabalhos, no processo de falência, tem direito igualmente aos honorários de advogado, se vencedora a massa por ele representada e se profissional da advocacia, ou o profissional que tiver contratado em nome dela. Aquela remuneração não se confunde com esses honorários, tanto mais que devidos estes por força da sucumbência' (4ª Câmara do TJSP, 29.12.77, RJTJSP 50/186)"[20].

---

[20] CAHALI. *Honorários advocatícios...*, p. 1.244-1.245.

Se esta solução pode, em alguns casos continuar, a ser aplicada, não deve, porém, ser generalizada. De regra, não cabe ao administrador judicial, em situação paradigmática de conflito de interesses, arbitrar o que queira ou não submeter à autorização do juízo concursal *ou* selecionar as causas rentáveis cujo patrocínio queira tomar para si ou repassar a pessoas de seu relacionamento – assim privando as partes do processo concursal, em especial os credores, (*i*) de opinar sobre as bases de sua contratação e, pois, (*ii*) de assim participar previamente da escolha do profissional mais qualificado ou mais apropriado para assumir o patrocínio dos interesses da massa (até porque, em caso de insucesso, será a massa a responder pelos ônus da derrota[21]). Para questões rotineiras, admite-se até que possa o administrador judicial obter uma autorização prévia para essas contratações, respeitada determinada alçada ou baliza (e sem prejuízo, nesses casos, da sua responsabilidade pela escolha que faça); mas, em outras tantas situações, não se pode privar o Comitê de Credores, se existente, e o juiz de exercer o controle que a lei impõe (LRE, art. 22, III, *n* e §1º), tanto mais nessa singular hipótese de negócio consigo mesmo (LRE, art. 28).

Conclusões

O administrador judicial é auxiliar da Justiça e a sua missão não é advogar ou defender os interesses dos credores[22]. Por isso, ainda quando tenha

---

[21] Neste ponto, coloca-se um problema conexo, dos mais importantes: os credores devem sempre ficar alheios à decisão de ingressar ou não com uma demanda? Se os ônus de eventual sucumbência recaem sobre a massa, não seria adequado que, em situações extraordinárias, os credores tivessem alguma voz? Seja como for, não pode haver dúvida que, na condição de administrador de bens alheios, o administrador judicial tem responsabilidades e pode, pois, ser chamado posteriormente a responder por decisões temerárias que tomar em nome da massa. Embora essa felizmente não tenha sido a regra, há casos em nosso foro que chamam a atenção pela manifesta irrazoabilidade com que ações custosas e altamente arriscadas são propostas em nome de massas falidas.

[22] Sob a égide da lei antiga, J. C. Sampaio de Lacerda já rejeitava a ideia de representação, lembrando que, na falência, "o síndico às vezes age contra o falido e contra seus interesses", e assim concluía que se trata de "órgão criado pela lei para auxiliar a justiça". Isso porque: "não representam quem quer que seja, mas cumprem os deveres inerentes ao cargo e nessa circunstância é que podem agir pró ou contra as pretensões dos credores e pró ou contra o falido. Cumprem os deveres impostos por lei. Sua função é indelegável, nada impedindo que constitua advogado quando exigida sua intervenção em juízo, sendo que correrão por sua conta os honorários de advogados que funcionarem no processo como procuradores do

habilitação para advogar ou nos processos concursais se faça representar – desnecessariamente – por meio de advogados, empregados seus ou prestadores de serviços, isso em nada modifica a natureza da sua intervenção nas causas concursais. Logo, nunca tem direito algum a pretender receber honorários de advogado de sucumbência ou de partilhar essa verba com os advogados das partes – da mesma forma como não divide com estas as condenações que as mesmas experimentarem. Foi, na essência, o que corretamente decidiu o Superior Tribunal de Justiça e, mesmo antes dele, também já decidia[23] e continuou a decidir o Tribunal de Justiça do Estado de São Paulo[24].

síndico." (SAMPAIO DE LACERDA, J. C. *Manual de direito falimentar*. 12 ed. Rio de Janeiro: Freitas Bastos, 1985, p. 117-118). *Cf.*, ainda: Trajano de Miranda. *Comentários à Lei de Falências*, v. I. 3 ed. Rio de Janeiro: Forense, 1962, p. 428-433.

[23] *Cf.*, com razão: "Agravo de Instrumento. Recuperação Judicial. Impugnação. Improcedência da impugnação formulada pelo credor. Sucumbência em face da lide instaurada. Condenação da impugnante no pagamento de honorários em favor do administrador judicial e do advogado da recuperanda. Descabimento da imposição de honorários em favor do administrador judicial, que já recebe remuneração por sua atuação no processo. Devidos honorários sucumbenciais em favor do advogado da recuperanda, que, no entanto, devem ser arbitrados de acordo com o § 4o do art. 20 do CPC. Agravo provido, em parte" (TJSP, Câm. Espec. de Fal., AI 589.244-4/4-00, Rel. Des. Pereira Calças, v.u., j. 19/11/2008); e "Recuperação judicial. Habilitação de crédito. Concordância da devedora recuperanda com o pleito formulado. Manifestação do Administrador Judicial no sentido da extraconcursalidade do crédito enfocado. Acolhimento de dita manifestação, com o decreto de improcedência da habilitação de crédito. Ausência do arbitramento de honorários advocatícios sucumbenciais. Recurso interposto pelo Administrador Judicial, que pretende seja arbitrada a verba honorária em seu favor. Descabimento. Atuação do Administrador Judicial na qualidade de auxiliar do Juízo, já auferindo remuneração própria pelo trabalho exercido. Exercício de 'munus' público incompatível com o deferimento do pleito recursal. Decisão mantida, mas por motivos diversos. Recurso desprovido." (TJSP, 1ª Câm. Dir. Emp., AI 2090478-25.2020.8.26.0000, Rel. Des. Fortes Barbosa, v.u., j. 04/04/2020).

[24] *Cf.*: "Habilitação de crédito em recuperação judicial. Decisão de indeferimento de petição inicial. Agravo de instrumento da massa falida, requerendo a condenação do habilitante ao pagamento de honorários sucumbenciais. Verba indevida. A função do administrador judicial, de acordo com o disposto no art. 24 da Lei 11.101/2005, é de auxiliar do juízo. Uma vez que não se trata de parte no processo, incabível condenação em honorários sucumbenciais. Precedente do STJ (REsp 1.759.004, Nancy Andrighi). Manutenção da decisão recorrida. Agravo de instrumento a que se nega provimento." (TJSP, 1ª Câm Dir.Emp. AI 2254517-39.2020.8.26.0000, Rel. Des. Cesar Ciampolini, v.u., j. 02/02/2021); e "Falência. Habilitação de crédito. Extinção do incidente. Manifestação do Administrador Judicial, representando a

A mesma solução deve ainda ser aplicada inclusive às causas em que a *massa falida seja parte* – pouco importando o fato de, na outorga de poderes ao advogado contratado, o administrador judicial ter assinado a procuração na qualidade de representante legal da massa –, pois também nessa situação não será, enquanto tal, advogado da massa falida. E, se porventura, o administrador judicial *sponte propria* tomar para si o patrocínio da causa ou a atribuir a empregado ou colaborador interno ou externo de sua estrutura, violando em todo caso as regras da lei concursal (e, em especial, o direito que aos credores assiste de opinar sobre essa contratação, nos termos da lei, e o poder que o juiz tem de decidir sobre as bases da contratação), ainda assim, (*i*) os honorários de sucumbência caberão exclusivamente a quem figurar como advogado da massa falida, e não ao administrador judicial enquanto tal; e (*ii*) se o administrador judicial não submeter a situação às instâncias concursais, deverá: (*a*) responder pelos danos a que sua conduta disforme porventura der causa; e, mesmo sendo exitosa a sua intervenção, (*b*) ele ou o advogado vinculado apenas poderão pretender receber da massa falida o ressarcimento dos gastos com os serviços prestados, no limite do resultado útil obtido – sem prejuízo da responsabilidade pessoal do administrador judicial, perante o advogado que vincular, pelo pagamento da remuneração ajustada.

Referências

CAHALI, Yussef Said. *Honorários advocatícios*. 3 ed. São Paulo: RT, 1997.

DINAMARCO, Cândido Rangel. *Instituições de direito processual civil*. 10 ed. São Paulo: Malheiros, 2020.

REQUIÃO, Rubens. *Curso de direito falimentar*, v. 1. 15 ed. São Paulo: Saraiva, 1993.

SACRAMONE, Marcelo Barbosa. *Comentários à Lei de Recuperação de Empresas e Falência*. São Paulo: Saraiva, 2018.

massa falida, no sentido do indeferimento do pedido, tendo em vista que já foi apresentada documentação na esfera administrativa. Acolhimento de dita manifestação, com a extinção do incidente Ausência do arbitramento de honorários advocatícios sucumbenciais. Recurso interposto pelo Administrador Judicial, que pretende seja arbitrada a verba honorária em seu favor. Descabimento. Atuação do Administrador Judicial na qualidade de auxiliar do Juízo, já auferindo remuneração própria pelo trabalho exercido. Exercício de 'munus' público incompatível com o deferimento do pleito recursal. Decisão mantida. Recurso desprovido." (TJSP, 1ª Câm. Dir. Emp., AI 2183474-42.2020.8.26.0000, Rel. Des. Fortes Barbosa, v.u., j. 27/01/2021).

SAMPAIO DE LACERDA, J. C. *Manual de direito falimentar.* 12 ed. Rio de Janeiro: Freitas Bastos, 1985.

SCALZILLI, João Pedro; SPINELLI, Luis Felipe; e TELLECHA, Rodrigo. *Recuperação de empresas e falência.* 2 ed. São Paulo: Almedina, 2017.

TOLEDO, Paulo Fernando Campos Salles de; ABRÃO, Carlos Henrique (coord.). *Comentários à Lei de Recuperação de Empresas e Falência.* São Paulo: Saraiva, 2005.

VALVERDE, Trajano de Miranda. *Comentários à Lei de Falências,* v. I. 3 ed. Rio de Janeiro: Forense, 1962.

30. CONVOLAÇÃO DA RECUPERAÇÃO JUDICIAL EM FALÊNCIA: O PAPEL DO ADMINISTRADOR JUDICIAL NA VERIFICAÇÃO DOS SUPORTES FÁTICOS

Gabriel José de Orleans e Bragança

Marcelo Barbosa Sacramone

Introdução

A Lei 14.112/2020, além de assegurar maior transparência de informações para a manifestação qualificada dos credores, procurou garantir a eficiente alocação dos riscos do insucesso ao devedor, bem como que a recuperação judicial promovesse o tratamento adequado de todos os credores, quer sejam sujeitos à recuperação judicial ou não.

Para tanto, evitou-se que o devedor pudesse, mesmo diante de um descumprimento das diversas obrigações decorrentes da equalização do seu passivo, prosseguir na condução da atividade empresarial. Impediu-se também que, mesmo com a aquiescência de apenas parte dos credores, a recuperação judicial pudesse ser desviada de seu intuito de superação da crise econômico-financeira que acometeu a atividade empresarial do devedor para ser utilizada como uma forma de satisfação de apenas alguns interessados, com a liquidação dos bens, ainda que em detrimento de todos os credores.

Com o propósito de se garantir que esses novos objetivos fossem efetivamente obtidos, não apenas foram inseridas pela Lei 14.112/20 novas atribuições ao administrador judicial, como foram ampliadas as suas funções de fiscalização para o prosseguimento do processo de recuperação judicial ou, diante da perda de seus pressupostos, para a convolação da recuperação judicial em falência.

Desta forma, pretende-se avaliar justamente a função do administrador judicial na identificação das hipóteses de convolação em falência, seja por descumprimento do plano de recuperação judicial, do parcelamento ou da transação fiscais e do esvaziamento patrimonial em prejuízo aos credores não sujeitos.

1. Convolação em falência por descumprimento do plano de recuperação judicial (PRJ)

A função do administrador judicial é fundamental para que se assegure maior transparência a todos os agentes do processo[1]. Pela sua função primordial na recuperação judicial, deve o administrador judicial fiscalizar a "regularidade das atividades da devedora e as eventuais inconsistências detectadas"[2].

Sua atuação nos processos de recuperação judicial deve ser sempre proativa, de modo a municiar a todos os envolvidos com informações que assegurem a transparência[3]. Essa fiscalização pelo administrador judicial da regularidade da atividade da devedora e das informações prestadas foi ainda mais destacada pela Lei 14.112, em suas alterações na Lei 11.101/05.

---

[1] Esta é a definição do princípio da transparência por Fábio Ulhoa Coelho: "o processo de falência e a recuperação judicial importam, inevitavelmente, 'custos' para os credores da empresa em crise. Eles, ou ao menos parte deles, suportarão prejuízo, em razão da quebra ou da recuperação do empresário devedor. Os processos falimentares, por isso, devem ser transparentes, de modo que todos os credores possam acompanhar as decisões nele adotadas e conferir se o prejuízo que eventualmente suportam está, com efeito, na exata medida do inevitável. A transparência dos processos falimentares deve possibilitar que todos os credores que saíram prejudicados possam se convencer razoavelmente de que não tiveram nenhum prejuízo além do estritamente necessário para a realização dos objetivos da falência ou da recuperação judicial." (COELHO, Fábio Ulhoa. *Princípios do direito comercial:* com anotações ao projeto do código comercial. São Paulo: Saraiva, 2012, p. 30).

[2] BONIOLO, Eduardo. *Perícias em falência e recuperação judicial.* São Paulo: Trevisan Editora, 2015, p. 73.

[3] "É função transversal do administrador judicial agir verdadeiramente como auxiliar do juízo na condução do processo (e não como advogado que se manifesta nos autos mediante intimação). Assim, deve o administrador judicial estar em permanente contato com o magistrado, alertando-o de fatos e circunstâncias relevantes do processo, mesmo que não tenha sido intimado para tanto." (COSTA, Daniel Carnio; MELO, Alexandre Correa Nasser de. *Comentários à lei de recuperação de empresas e falência:* Lei 11.101, de 09 de fevereiro de 2005. Curitiba: Juruá, 2021, p. 102).

Pela nova redação do art. 22, II, *h*, o administrador judicial deverá fiscalizar a veracidade e a conformidade das informações prestadas pelo devedor, o que será esclarecido aos credores por meio de relatórios mensais sobre o desenvolvimento das atividades e, inclusive, da própria proposta de plano de recuperação judicial.

O destaque na norma decorre da relevância da informação ao processo decisório, seja pelos credores, seja pelo juiz. O controle de informações assegura que os diversos agentes possam tomar decisões mais adequadas, com a análise dos riscos e dos benefícios da aprovação do plano de recuperação judicial proposto, assim como possam ser evitadas condutas ilegais – o que motivou a obrigação de apresentação de relatório, inclusive sobre os laudos e as cláusulas do plano de recuperação judicial[4].

O controle das informações, contudo, não se restringe à concessão da recuperação judicial. A apresentação de relatórios mensais sobre a atividade do devedor deverá ocorrer durante todo o decurso do feito e até o seu encerramento. Isso porque a recuperação judicial somente se justifica como forma de novação dos créditos sujeitos na hipótese de cumprimento das obrigações vencidas durante o período de fiscalização.

De fato, a alteração das obrigações pela concordância da maioria e a a manutenção do empresário devedor na condução de sua atividade somente se justificam se a atividade por ele conduzida for economicamente viável e puder promover os diversos benefícios sociais. Presume a lei que essa viabilidade decorre do cumprimento do plano de recuperação judicial e do adimplemento das obrigações vencidas durante o período de fiscalização[5].

A conservação do empresário ineficiente, com o postergamento de sua liquidação forçada falimentar, poderá provocar maiores prejuízos ao interesse público. Seus diversos fatores de produção, recursos escassos, poderão ser consumidos ou deteriorados, com menor satisfação dos credores, bem como poderá ser gerada concorrência predatória no

---

[4] CEREZETTI, Sheila Christina Neder; MAFFIOLETTI, Emanuelle Urbano. Transparência e divulgação de informações nos casos de recuperação judicial de empresas. In: DE LUCCA, Newton; DOMINGUES, Alessandra de Azevedo; ANTONIO, Nilva M. Leonardi (coord.). *Direito Recuperacional*, v. 2. São Paulo: Quartier Latin, 2021, p. 81.

[5] SACRAMONE, Marcelo Barbosa. *Comentários à Lei de Recuperação de Empresas e Falência*. 2 ed. São Paulo: Saraiva, 2021, p. 348.

mercado, na medida em que o agente econômico poderia desenvolver sua atividade sem arcar com todos os custos dela decorrentes.

Desta forma, o administrador judicial deve contar com informações atualizadas do desenvolvimento da atividade do devedor e do cumprimento de seu plano de recuperação judicial. Durante essa fiscalização, a verificação do descumprimento de obrigações assumidas no plano de recuperação judicial exigirá, nos termos do art. 22, II, *b*, a obrigação de o administrador judicial requerer a convolação da recuperação judicial em falência, o que é corroborado também pelo §1º do art. 61[6].

Esse dever do administrador judicial de requerer a convolação em recuperação judicial independe de qualquer provocação por parte dos credores. Isso porque a recuperação judicial é instituto que assegura a proteção dos interesses de todos os envolvidos na condução da atividade empresarial, os quais somente poderão ser satisfeitos com a demonstração da regularidade de sua condução e da satisfação de todas as obrigações dela decorrentes. Descumprido o plano de recuperação judicial, impõe-se a convolação da recuperação judicial em falência como forma de se tutelar a higidez do mercado e de se proteger a atividade empresarial antes dos ativos serem consumidos ou deteriorados.

Além da desnecessidade de provocação, a convolação independe de qualquer condição imposta pelo plano de recuperação judicial aprovado, como a prévia convocação da Assembleia Geral de Credores, como se ressalta no julgamento do AgRg no Agravo em Recurso Especial nº 61.051-RJ (DJe de 08.08.2013). No voto do ministro Ricardo Villas Bôas Cueva, destaca-se que:

> "Restando evidenciada a inviabilidade das Sociedades Empresárias Recuperandas em atingirem as obrigações previstas no Plano de Recuperação Judicial, alternativa não assiste ao Administrador senão informar ao Juízo a condição de insolvência e requerer a decretação da falência, nos termos dos

---

[6] "O § 1.º do art. 61 estipula que, se houver descumprimento de qualquer obrigação assumida pelo devedor nos autos da recuperação judicial, no período de dois anos contados a partir do despacho que concede a recuperação, haverá a convolação em falência, disposição reiterada no inc. IV do art. 73. Constitui obrigação do administrador, em tal caso, requerer a falência, bem como nos demais incisos do referido art. 73 que se lhe aplicam." (BEZERRA FILHO, Manoel Justino. Artigo 22. In: _____. *Lei de recuperação de empresas e falência*: Lei 11.101/2005 – comentada artigo por artigo. São Paulo: Thomson Reuters Brasil, 2021).

artigos 22, inciso II, alíneas 'a' e 'b', e 73, inciso IV, por descumprimento da obrigação assumida."[7]

O descumprimento do plano de recuperação judicial, contudo, diante de seus efeitos drásticos de promover a liquidação forçada falimentar do devedor, deve ser demonstrado. Identificado o inadimplemento pelos credores ou pelo administrador judicial, ainda que careça de previsão legal o procedimento sob contraditório, o devedor deverá ser intimado para demonstrar os pagamentos, nos termos do plano de recuperação judicial, ou para elidir imediatamente a mora, sob pena de convolação em falência[8].

Sem prejuízo, não encerrada a recuperação judicial, de forma a evitar a falência, pode o devedor propor o aditamento ao plano de recuperação judicial. É direito do devedor propor que seja o plano de recuperação judicial anteriormente aprovado aditado e levado à deliberação dos credores como forma de evitar-se a falência e assegurar a maior satisfação dos interesses de todos os envolvidos. O plano de recuperação judicial é

---

[7] "AGRAVO REGIMENTAL NO AGRAVO EM RECURSO ESPECIAL. PEDIDO DE FALÊNCIA FORMULADO PELO ADMINISTRADOR JUDICIAL. LEGITIMIDADE. ASSEMBLEIA GERAL DE CREDORES. DELIBERAÇÃO SOBRE MATÉRIA ESTRANHA AO EDITAL. AUSÊNCIA DE PREQUESTIONAMENTO.
1. Nos termos do artigo 22, II, 'b', da Lei nº 11.101/2005, o administrador judicial tem legitimidade para requerer a falência de sociedade em recuperação judicial.
2. A ausência de prequestionamento da matéria veiculada no recurso especial atrai o óbice da Súmula nº 282/STF.
3. Ainda que admitido, o prequestionamento implícito pressupõe o debate inequívoco da tese à luz da legislação tida como violada.
Precedentes.
4. Agravo regimental não provido." (STJ, Terceira Turma, AgRg no AREsp 61.051/RJ, Rel. Min. Ricardo Villas Bôas Cueva, j. 25/06/2013, DJe: 08/08/2013).
[8] "A questão acaba envolvendo um senso de equidade natural que se espera desse auxiliar de justiça, cujo objetivo primeiro é o soerguimento da empresa, contanto que em respeito aos interesses dos credores." (BRAGANÇA, Gabriel José de Orleans e. *Administrador Judicial: Transparência no Processo de Recuperação Judicial*, São Paulo, Quartier Latin, 2017, p. 135). No mesmo sentido, defende Scilio Faver que, "a fim de respeitar o contraditório, neste ponto, deverá o magistrado intimar o devedor para que, no prazo ordinário permitido, comprove que possui condições de arcar com as medidas do plano aprovado." (FAVER, Scilio. *Curso de recuperação de empresas*. São Paulo: Atlas, 2014, p. 167).

um contrato *sui generis*[9]. Sua alteração é possível contanto que respeitados os quóruns legais de deliberação.

O inadimplemento da prestação prevista no plano de recuperação judicial anteriormente aprovado implica, conforme art. 73, IV, da Lei 11.101/05, a convolação da recuperação judicial em falência, a princípio. O dispositivo, contudo, apesar de não criar alternativa à convolação em falência em caso de descumprimento do plano[10], tem merecido temperança em situações excepcionais e como forma dos interesses dos próprios credores serem preservados.

Nesses casos, cujos interesses devem ser avaliados pelo administrador judicial, mesmo diante de um descumprimento do plano de recuperação judicial e desde que novo plano já tenha sido aprovado, o Poder Judiciário deverá, como forma de se preservar os interesses de todos, submeter aos credores a deliberação a respeito do aditamento proposto pelo devedor[11].

2. Convolação da recuperação judicial em falência por descumprimento do parcelamento ou da transação fiscais

A despeito da interpretação literal do art. 22, II, *b*, não apenas o cumprimento das obrigações existentes e sujeitas ao plano de recuperação judicial fica adstrito à fiscalização do administrador judicial.

A preservação da empresa por meio da equalização do passivo sujeito à recuperação judicial não pode ser realizada em detrimento dos créditos não sujeitos, sob pena de os credores sujeitos, a quem foi alocado exclusivamente o poder decisório, aprovarem planos de recuperação judicial

---

[9] BRAGANÇA, Gabriel José de Orleans e; SACRAMONE, Marcelo Barbosa; VASCONCELOS, Ronaldo. A Pandemia do Coronavírus (Covid-19) e a Revisão dos Planos de Recuperação Judicil. In: CARVALHOSA, Modesto; KUYVEN, Fernando (coords.). *Impactos Jurídicos da Covid-19*. São Paulo: Thomson Reuters, 2020, p. 294.

[10] Pela redação do art. 73, o "juiz decretará a falência" – isto é, o legislador não deu discricionariedade para outra solução jurídica nos casos em que preenchidos os requisitos constantes nos incisos I a IV.

[11] A excepcional intervenção jurisdicional somente teria espaço para afastar a implementação de soluções pautadas por interesses individualistas e, portanto, incompatíveis com o interesse público do direito de recuperação de empresas (SALOMÃO FILHO, Calixto. Introdução. In: SOUZA JUNIOR, Francisco Satiro de; PITOMBO, Antonio Sergio A. de Moraes (coord.). *Comentários da Lei de Recuperação de Empresas e Falência*. São Paulo: Editora Revista dos Tribunais, 2005).

economicamente inviáveis apenas como uma forma de se beneficiarem, ainda que em prejuízo aos demais credores não sujeitos. A Lei 14.112/2020 dispôs, ao menos em duas passagens, sobre a defesa desses credores não sujeitos.

A primeira alteração refere-se justamente à inserção do art. 73, V, que exige do devedor, sob pena de convolação em falência, o regular cumprimento do parcelamento dos créditos fiscais ou transação fiscal. A medida é complementar à exigência de apresentação de certidão negativa de débito (art. 57) ou da certidão positiva de débito, com efeito de negativa (art 68), como condição à concessão da recuperação judicial.

No âmbito federal, houve a criação de novo parcelamento fiscal pelo art. 10-A da Lei 10.522/2002, que assegura o pagamento do débito para com a Fazenda Nacional em até 120 prestações mensais e sucessivas, com percentuais crescentes. Houve também a disciplina da transação fiscal pelo art. 10-C da Lei 10.522, que permitiu ao empresário em recuperação judicial a submissão de proposta de pagamento à Procuradoria Geral da Fazenda Nacional em relação aos créditos inscritos em dívida ativa da União.

Na omissão do ente federativo na instituição de legislação sobre o parcelamento para as empresas em recuperação judicial, determinou o art. 155-A, §4º, do Código Tributário Nacional que o devedor deverá optar pelas normas gerais de parcelamentos do respectivo ente, desde que o prazo de parcelamento não seja inferior ao concedido pela lei federal específica.

Nesse âmbito, cumpre ao administrador judicial, durante o período de fiscalização, atentar para o correto cumprimento do parcelamento ou transação dos créditos fiscais. Nos termos da legislação federal, o devedor será excluído do parcelamento na hipótese de inadimplemento de 6 (seis) parcelas consecutivas ou de 9 (nove) parcelas alternadas, se houver ato tendente ao esvaziamento patrimonial, se não houver amortização do saldo devedor do parcelamento em virtude de alienação de bens do ativo não circulante durante a recuperação judicial, se não for mantida a regularidade fiscal ou forem cumpridas as obrigações para com o Fundo de Garantia por Tempo de Serviço (FGTS).

Ainda que o art. 10-A, §4-A, IV, assegure a faculdade de a Fazenda Nacional requerer a convolação da recuperação judicial em falência, é poder dever do juízo, inclusive de ofício, convolar em falência a recuperação judicial em que o devedor descumprir os parcelamentos ou a transação fiscal, por expressa determinação legal.

Nesse sentido, como forma de se garantir a transparência das informações a todos os envolvidos no feito e de se garantir a regularidade do procedimento de recuperação judicial em benefício de toda a coletividade de interessados com a preservação da atividade empresarial, cumpre ao administrador judicial apresentar todas as informação necessárias a respeito da regularização do crédito tributário submetido ao parcelamento ou a transação, assim como sobre o adimplemento dos créditos correntes, mesmo que surgidos depois da distribuição do pedido de recuperação.

3. Esvaziamento patrimonial em prejuízo aos credores não sujeitos

A segunda alteração legal promovida para a defesa dos credores não sujeitos é a previsão de convolação em falência se identificado o esvaziamento patrimonial que implique liquidação substancial da empresa, em prejuízo aos credores não sujeitos à recuperação judicial (LRE, art. 73, VI)[12]. Essa estará presente sempre que a alienação for realizada e "não reservados bens, direitos ou projeção de fluxo de caixa futuro suficientes à manutenção da atividade econômica para fins de cumprimento de suas obrigações" (LRE, art. 73, §3º).

A restrição legal à alienação dos bens ocorre de forma a limitar a amplitude proporcionada pela extensão do conceito de Unidade Produtiva Isolada – UPI. Ainda que, pela nova redação do art. 60-A, possam ser considerados como unidade produtiva isolada bens, direitos ou ativos de qualquer natureza, inclusive a integralidade dos ativos da devedora (art. 50, XVIII), a alienação somente poderá ocorrer com a manutenção da recuperação judicial, desde que não resulte prejuízo aos demais credores não sujeitos à recuperação judicial.

Nesse sentido, ainda que haja homologação do plano de recuperação judicial, com a aprovação desse pelos credores sujeitos à recuperação judicial, a alienação prevista dos bens não poderá resultar aos credores não

---

[12] "A liquidação da devedora ou a venda integral de seus bens é novo meio de soerguimento expressamente previsto no art. 50, XVIII, da Lei n. 11.101/2005. Para que o referido meio de recuperação judicial possa ser aceito, entretanto, imprescindível que sejam garantidos aos credores não submetidos ou não aderentes condições pelo menos equivalentes àquelas que eles teriam na falência." (SACRAMONE. *Comentários à Lei...*, p. 399).

sujeitos maiores riscos. Para que possa preservar a recuperação judicial e satisfazer as obrigações previstas no plano, o administrador judicial deverá fiscalizar que o devedor reservou bens, direitos ou projeção de fluxo de caixa futuro para satisfazer as referidas obrigações não sujeitas ao plano de recuperação judicial sob pena de liquidação substancial.

Essa avaliação de liquidação substancial nem sempre se apresenta com clareza. Para que o administrador judicial possa identificar o *eventus damni* capaz de comprometer a satisfação das obrigações do devedor para com os credores não sujeitos à recuperação judicial, devem-lhe ser franqueadas informações necessárias para que possa cumprir esse múnus e refleti-las em seus relatórios[13].

Dentre as novas atribuições do administrador judicial, essa análise deve ser realizada já por ocasião da apresentação de relatório no prazo de 15 dias contados da apresentação do PRJ (LRE, art. 22, II, alínea *h*). Uma vez prevista a constituição de UPI no plano de recuperação judicial, cabe ao administrador judicial informar se a sua alienação representa hipótese de liquidação substancial a ponto de prejudicar o pagamento dos credores não sujeitos à recuperação judicial. A previsão de satisfação dos referidos credores não sujeitos, diante da reserva de bens necessários, deverá estar refletida no laudo de viabilidade econômica, de modo que os próprios credores sujeitos terão melhores condições para avaliar o plano de recuperação judicial as consequências do seu cumprimento e negociá-lo conforme essa análise.

Além do relatório sobre o plano de recuperação judicial, referido controle deve ser realizado pelo administrador judicial durante todo o procedimento, mesmo após a concessão da recuperação judicial. Se a constituição da UPI ocorrer na véspera da Assembleia Geral de Credores, ou durante sua deliberação, cumpre ao administrador judicial manifestar-se sobre as consequências que o cumprimento do plano de recuperação judicial geraria.

---

[13] Três são os grupos de informações que devem ser passadas ao administrador judicial: "(i) relatórios contábeis, formados por relatórios de balanço patrimonial, demonstração de resultado, margem de contribuição, indicadores contábeis, etc.; (ii) relatórios financeiros, formados por relatórios de fluxo de caixa, qualidade e idade das contas a receber e a pagar, fontes de financiamento de curto e longo prazo; e (iii) relatórios de informação de gestão e operacionais." (BRAGANÇA. *Administrador Judicial...*, p. 130-131).

A identificação prévia pelo administrador judicial de eventual liquidação substancial, diante da omissão da devedora em reservar bens ou garantir a satisfação dos credores não sujeitos à recuperação judicial, não implica invalidade e nem está sujeita ao controle de legalidade pelo magistrado.

A previsão de venda de bens, ainda que resulte em liquidação substancial, não é ilegal, nem será considerada ineficaz. Mesmo que a venda dos ativos provoque a liquidação substancial, a alienação não será comprometida. A venda será válida e eficaz, se ocorrer, mas a recuperação judicial será convolada em falência com o rateio entre todos os credores, conforme a *par conditio creditorum*, do produto da liquidação, conforme art. 73, §2º, da Lei 11.101/05.

Referida convolação da recuperação judicial em falência ocorrerá ainda que o plano de recuperação judicial tenha sido anteriormente à Lei 14.112/20 aprovado, com a previsão de venda da unidade produtiva isolada, e, inclusive, mesmo que a previsão de alienação não conste no plano de recuperação judicial.

A alienação ou oneração de bens do ativo não circulante pode ocorrer independentemente do PRJ e poderá majorar o risco de inadimplemento dos credores não sujeitos à recuperação judicial[14]. Pelo procedimento previsto do art. 66 da LRE, será ouvido o Comitê de Credores a respeito dessa alienação. Ainda que a lei somente preveja a possibilidade de manifestação do administrador judicial na inexistência eventual do Comitê de Credores, cumpre ao administrador judicial manifestar-se sobre o risco de liquidação substancial a ponto de impactar o cumprimento das obrigações não sujeitas à recuperação judicial para que o magistrado possa apreciar a conveniência da alienação à recuperação judicial.

4. Outras hipóteses de convolação da recuperação judicial em falência

Outras hipóteses de convolação em falência surgem ainda durante o processamento da recuperação judicial. De maneira geral, são hipóteses que decorrem da rejeição do PRJ sem apresentação de plano alternativo

---

[14] A norma do art. 66 excepciona apenas bens e direitos do ativo não circulante. A alienação de bens e direitos do ativo circulante "prescinde de qualquer autorização, sob pena de se comprometer a própria atividade empresarial que se procura preservar". (SACRAMONE. *Comentários à Lei...*, p. 361).

ou da não apresentação tempestiva do plano de recuperação judicial pelo devedor (LRE, art. 73, I e II).

A não apresentação do PRJ em si não demanda grandes discussões, até porque a LRE estabelece um prazo preclusivo de 60 dias.

Com relação à rejeição do plano de recuperação judicial, será o administrador judicial quem presidirá a Assembleia Geral de Credores (ou outro meio permitido – LRE, art. 39, §4º), onde se realizará o conclave e emitirá o seu parecer sobre a regularidade e a satisfação dos requisitos do art. 45 (LRE, art. 39, §5º). Ato contínuo, o magistrado decidirá se estão presentes os requisitos legais para a homologação ou não do plano de recuperação judicial.

Diante das alterações implementadas pela Lei nº 14.112/2020, a rejeição pelos credores do plano apresentado pelo devedor deixa de ser situação de irremediável falência. Para as recuperações judiciais que se iniciaram na vigência dessas alterações, é possível a alternativa do plano de recuperação ser apresentado pelos próprios credores[15].

Apesar de legítima a opção da falência, sua efetividade na recuperação do crédito se mostrava precária de um modo geral (cerca de 12% para um período de 9 anos de processo[16]. Com efeito, a opção pela falência nem sempre se mostrava adequada e os credores poderiam sofrer de suas mazelas mais do que o próprio devedor no âmbito negocial, já que,

---

[15] "Este § 4º, alterado pela reforma, trouxe uma novidade em termos de processamento e em termos de direito substancial. Com efeito, se o plano de recuperação vier a ser rejeitado pela assembleia geral de credores, ao invés de decretar a falência, como era previsto anteriormente, o administrador judicial, em seguida, submeterá à votação a abertura de prazo de 30 dias, para que os próprios credores apresentem plano de recuperação por eles mesmos elaborado. Não havia previsão de plano de recuperação a ser apresentado pelos credores à revelia do devedor. Anote-se, ainda, que essa possibilidade de oferta de plano pelos credores ocorre não só em caso de rejeição, como também em caso de decurso do prazo de 180/360 dias sem que tenha havido votação do referido plano, nos termos do estabelecido no § 4º-A do art. 6º." (BEZERRA FILHO, Manoel Justino. Artigo 56. In: _____. *Lei de recuperação de empresas e falência*: Lei 11.101/2005 – comentada artigo por artigo. São Paulo: Thomson Reuters Brasil, 2021).

[16] "Os casos da amostra duraram em média 9,2 anos (...). As análises mostraram que os processos de falência são pouco eficazes no ressarcimento de credores. A taxa média de recuperação dos créditos, nesta pesquisa, foi de 12%" (JUPETIPE, Karoliny Nascimento. *Custos de falência da legislação falimentar brasileira*. Dissertação (Mestrado em Direito), Faculdade de Direito da Universidade de São Paulo, São Paulo, 2014, p. 55).

em decorrência da assimetria informacional presente nesse ambiente, o devedor poderia se valer de tal risco para impor um PRJ à aprovação muitas vezes pouco condizente com o que poderia ser satisfeito dos créditos sujeitos à recuperação judicial.

Foi nesse contexto que, para evitar oportunismos e maximizar o valor dos ativos e a satisfação dos créditos, surgiu, pela redação do art. 56, §4º e seguintes, a possibilidade de apresentação do plano alternativo de recuperação judicial pelos credores. Sua propositura objetivava um "forte aumento do poder de barganha (fortalecimento) dos credores e induzirá credores e devedores a se empenharem ainda mais na obtenção de um acordo sempre que este se mostrar viável, no sentido de se evitar o mal maior da falência"[17].

Nesse sentido, na hipótese de o plano apresentado pelo devedor ser rejeitado em assembleia geral de credores, o administrador judicial conferirá aos credores a opção de votar pela apresentação de um plano alternativo[18]. Para tanto, há a necessidade de se deliberar pela concessão do prazo de 30 dias aos credores para apresentação do plano alternativo, o que demandará a aprovação de mais da metade dos créditos presentes na assembleia geral de credores (LRE, art. 56, § 5º), independentemente das classes.

A deliberação de não apresentação do plano alternativo pelos credores, o não preenchimento dos requisitos necessários por ocasião de sua apresentação ou a rejeição do referido plano em assembleia geral de credores implicarão a convolação em falência da recuperação judicial, o que deve ser requerido pelo administrador judicial imediatamente e como forma de se conservar os recursos escassos, maximizar a utilidade dos credores e preservar a empresa.

---

[17] Parecer do Deputado Hugo Leal, de 27 de novembro de 2019, oferecido em plenário da sessão da Câmara dos Deputados, p. 14.

[18] "Rejeitado o plano de recuperação judicial, abre-se a possibilidade, como forma de se evitar a falência, de apresentação de plano de recuperação judicial pelos credores. O plano dos credores veio concebido na Lei reformadora nº 14.112/2020, como alternativa ao malogro da aprovação de um plano negociado, obtido através de um consenso entre devedor e a coletividade de seus credores sujeitos à recuperação judicial." (CAMPINHO, Sergio. *Plano de recuperação judicial: formação, aprovação e revisão*. São Paulo: Expressa, 2021).

Conclusões

A Lei 14.112, ao tentar assegurar maior efetividade ao procedimento de insolvência para a maximização do valor dos ativos e a melhor satisfação dos créditos de todos os interessados, destacou a importância do administrador judicial na fiscalização da regularidade dos atos processuais e da negociação desenvolvida.

As exigências impostas às recuperandas para o tratamento adequado de todo passivo, sejam esses débitos sujeitos ou não à negociação coletiva recuperacional, exigiram que se impusessem ao administrador judicial maiores atribuições na verificação dos suportes fáticos para a convolação da recuperação judicial em falência.

Não apenas a manutenção da atividade empresarial deverá ser fiscalizada e o cumprimento do plano de recuperação judicial deverá ser certificado, como o administrador judicial passa a ter a atribuição de controlar o recolhimento dos tributos e encargos correntes. Além do cumprimento do parcelamento ou transação fiscais, a manutenção da regularidade fiscal, da amortização do saldo devedor do parcelamento em virtude de alienação de bens do ativo não circulante durante a recuperação judicial e do cumprimento das obrigações para com o Fundo de Garantia por Tempo de Serviço (FGTS) são requisitos para que a recuperação judicial possa prosseguir, sob pena de o administrador judicial ter a obrigação de requerer sua convolação em falência para preservar a higidez do mercado.

A proteção dos interesses de todos os afetados pela atividade empresarial também passou a ser atribuição do administrador judicial por ocasião da alienação de bens, ainda que expressamente aprovada a venda no plano de recuperação judicial. Verificada a liquidação substancial dos bens a ponto de impactar o cumprimento das obrigações não sujeitas à recuperação judicial sem que haja garantia de satisfação dos referidos credores, o administrador judicial deverá tutelar para que a recuperação judicial não seja utilizada como instrumento de desvio de ativos para satisfação de apenas alguns credores sujeitos. Sua convolação em falência passa a ser medida obrigatória para se assegurar que os institutos tanto da recuperação quanto da falência possam garantir a maior satisfação dos interesses de todos os envolvidos e, por consequência, do próprio desenvolvimento econômico nacional.

Referências

BEZERRA FILHO, Manoel Justino. Artigo 22. In: _____. *Lei de recuperação de empresas e falência:* Lei 11.101/2005 – comentada artigo por artigo. São Paulo: Thomson Reuters Brasil, 2021.

_____. Artigo 56. In: _____. *Lei de recuperação de empresas e falência:* Lei 11.101/2005 – comentada artigo por artigo. São Paulo: Thomson Reuters Brasil, 2021.

BONIOLO, Eduardo. *Perícias em falência e recuperação judicial.* São Paulo: Trevisan Editora, 2015.

BRAGANÇA, Gabriel José de Orleans e. *Administrador Judicial:* Transparência no Processo de Recuperação Judicial. São Paulo: Quartier Latin, 2017.

_____; SACRAMONE, Marcelo Barbosa; VASCONCELOS, Ronaldo. A Pandemia do Coronavírus (Covid-19) e a Revisão dos Planos de Recuperação Judicil. In: CARVALHOSA, Modesto; KUYVEN, Fernando (coords.). *Impactos Jurídicos da Covid-19.* São Paulo: Thomson Reuters, 2020.

CAMPINHO, Sergio. *Plano de recuperação judicial: formação, aprovação e revisão.* São Paulo: Expressa, 2021.

CEREZETTI, Sheila Christina Neder; MAFFIOLETTI, Emanuelle Urbano. Transparência e divulgação de informações nos casos de recuperação judicial de empresas. In: DE LUCCA, Newton; DOMINGUES, Alessandra de Azevedo; ANTONIO, Nilva M. Leonardi (coord.). *Direito Recuperacional,* v. 2. São Paulo: Quartier Latin, 2021.

COELHO, Fábio Ulhoa. *Comentários à nova lei de falências e de recuperação de empresas.* São Paulo: Saraiva, 2009.

_____. *Princípios do direito comercial:* com anotações ao projeto do código comercial. São Paulo: Saraiva, 2012.

COSTA, Daniel Carnio; MELO, Alexandre Correa Nasser de. *Comentários à lei de recuperação de empresas e falência:* Lei 11.101, de 09 de fevereiro de 2005. Curitiba: Juruá, 2021.

FAVER, Scilio. *Curso de recuperação de empresas.* São Paulo: Atlas, 2014.

JUPETIPE, Karoliny Nascimento. *Custos de falência da legislação falimentar brasileira.* Dissertação (Mestrado em Direito), Faculdade de Direito da Universidade de São Paulo, São Paulo, 2014.

SACRAMONE, Marcelo Barbosa. *Comentários à Lei de Recuperação de Empresas e Falência.* 2 ed. São Paulo: Saraiva, 2021.

SALOMÃO FILHO, Calixto. Introdução. In: SOUZA JUNIOR, Francisco Satiro de; PITOMBO, Antonio Sergio A. de Moraes (coord.). *Comentários da Lei de Recuperação de Empresas e Falência.* São Paulo: Editora Revista dos Tribunais, 2005.

31. A RESPONSABILIDADE DO ADMINISTRADOR JUDICIAL NA CONVOLAÇÃO DA RECUPERAÇÃO JUDICIAL EM FALÊNCIA

Jorge Luiz Lopes do Canto

Introdução

O presente estudo visa a estabelecer parâmetros quanto à responsabilização do administrador judicial na convolação da recuperação judicial em falência, quais as causas e consequências advindas das condutas comissivas ou omissivas quanto aos deveres legais que lhe são impostos, bem como diante das novas atribuições que deve desempenhar com o advento da Lei n. 14.112/20.

Desse modo, é preciso definir os limites da atividade a ser desempenhada pelo administrador judicial, na condição de auxiliar judicial, *munus publico* que importa o estrito cumprimento dos deveres legais a que está submetido.

Portanto, na atividade exercida pelo administrador judicial deve ser cumprida com exação as duas principais vertentes daquela, a de prestar as informações exigidas no ordenamento jurídico e a de fiscalizar a atuação da recuperanda na consecução do plano de recuperação e dos fins empresariais constantes do contrato societário.

Há que se ter em mente que o exercício da atividade do administrador judicial visando a obter proveito próprio (dolo) ou com desídia (culpa), desde que haja o liame entre esta conduta e o prejuízo decorrente do debacle econômico resultante na quebra, é razão jurídica suficiente para responder pelo prejuízo ocasionado.

Ressalte-se que o presente estudo se limita a examinar as condutas do administrador judicial comissivas e omissivas que contribuam para a falência de uma empresa em recuperação judicial.

Portanto, as causas de direito específicas a serem abordadas versam sobre o descumprimento de qualquer obrigação assumida no plano de recuperação ou de parcelamento fiscal concedido à recuperanda, além do esvaziamento prejudicial aos credores do patrimônio desta, com a participação ou devido à desídia do administrador judicial.

Sinale-se que a convolação da recuperação em falência deve decorrer de conduta culposa *latu sensu* do administrador judicial – no mínimo, que aquela tenha concorrido para a ruptura econômico-financeira da empresa em recuperação judicial.

Por conseguinte, há que existir ação ou omissão específica para ocorrência da quebra, o que tem sido objeto de análise da jurisprudência pátria, a fim de definir os caminhos a serem adotados para responsabilizar o administrador pela falência da empresa, devido à conduta adotada por este que pudesse concorrer com o indesejado desfecho judicial precitado.

1. Responsabilidade do administrador judicial

O administrador judicial é responsável pelo exercício da função judiciária de informar ao magistrado que preside a recuperação judicial todas as intercorrências do processo recuperatório, bem como de fiscalizar tanto as atividades econômico-financeiras da sociedade empresária em recuperação, como o fiel cumprimento do plano apresentado, além da atuação dos administradores daquela para consecução deste.

Desse modo, o administrador judicial exerce *munus publico* e, como tal, responde como agente público pela função que desempenha, devendo atentar aos princípios da legalidade, impessoalidade, moralidade, publicidade e eficiência na execução de suas atividades.

Portanto, a inobservância do administrador judicial da lei ou mesmo a ineficiência de seu desempenho acarreta como consequência jurídica responder, tanto na seara civil como na criminal, quanto aos atos praticados em desacordo com os princípios precitados.

O administrador judicial exerce funções como auxiliar do Poder Público, cujo ônus imposto é o de desempenhar estas atividades com a diligência exigida em lei, cuja principal atribuição é prestar informações precisas quanto ao estado econômico-financeiro da empresa em recuperação.

Os deveres do administrador judicial estão previstos no art. 22 da Lei n. 11.101/05, dentre os quais estão os de prestar informações aos credores quanto à situação financeira da empresa, buscá-las junto à recuperanda, atentar os livros contábeis e extrair extratos destes, a fim de manter atualizados os credores quanto à evolução econômico-financeira da sociedade empresarial.

Ainda, o administrador judicial é responsável pela fiscalização das atividades da empresa em recuperação, bem como por observar e examinar o cumprimento do plano recuperatório, em consonância com a norma precitada, fiscalizando os atos de administração do devedor, na forma do art. 64 da Lei de Recuperação Judicial.

As atividades de prestar informações quanto ao desempenho econômico-financeiro da empresa em recuperação e de fiscalizar a atuação desta e de seus administradores no cumprimento do plano apresentado e consecução dos fins previstos no contrato social balizam a responsabilidade do administrador judicial no exercício do *munus publico* que desempenha.

1.1. Principais deveres do administrador judicial

A primeira questão a ser abordada diz respeito ao dever do administrador judicial de prestar informações de interesse dos credores quanto ao desempenho econômico-financeiro da empresa, sob pena de responsabilização na seara civil e mesmo de destituição das funções que exerce, na forma do art. 31 da Lei n. 11.101/05.

Neste primeiro momento, fica evidente que o dever de informação é essencial para aferir o curso da recuperação e a viabilidade econômica da execução do plano apresentado, cujo corolário é a obrigação de reparação dos prejuízos causados por dolo ou culpa, a teor do que estabelece o art. 32 do diploma legal supracitado.

Note-se que o administrador se obriga a cumprir os ditames legais a que se submete, sob pena de responder civilmente, tanto perante os credores como também perante a sociedade empresária e seus administradores. Neste caso, devendo observar o estrito cumprimento dos deveres que lhe são impostos, como, por exemplo, atentar ao dever de sigilo. Isto se deve à hipótese de as operações da sociedade empresária necessitarem que seus métodos de fabricação estejam abarcados pelo segredo industrial, sob pena de diminuir ou inviabilizar a sua competitividade no mercado.

Aqui abre-se margem à discussão e a decisões judiciais, no que concerne a possibilidade jurídica de que as informações a serem prestadas quanto aos balancetes e balanços contábeis possam implicar em revelar estratégias competitivas.

Assim, a informação a ser dada refere-se a dados objetivos quanto ao fluxo de caixa e patrimônio contábil devidamente escriturado, o que serve para análise financeira da empresa e forma de superar a crise enfrentada, as quais devem ser conformes à veracidade dos dados repassados pelos administradores da empresa.

Entretanto, há que se levar em conta, também, a forma de fiscalização a ser implementada, de sorte a que esta não se constitua em um obstáculo à atividade empresarial ao exigir dados desnecessários para assim atingir a consecução dos fins do empreendimento sob a égide da recuperação.

Desse modo, a fiscalização a ser feita deve ter como norte a gestão empresarial e a governança coorporativa empregada para consecução da finalidade da atividade empresária, cujos principais pontos a serem observados são os deveres de lealdade e diligência, sob a ótica da boa-fé objetiva. Logo, o menor desvio ou falta dos administradores da sociedade empresária devem ser aferidos para posterior comunicação ao magistrado que preside a recuperação.

Ademais, também é objeto de análise eventual desvio do patrimônio da empresa, sob alegação de obtenção de caixa para consecução da atividade--fim, pois o desfazimento daquele que serve de garantia aos credores, deve ter em mente a obtenção de alavancagem financeira para consecução dos objetivos sociais e não a mera proteção dos bens que interessam aos sócios da sociedade mercantil.

Observe-se que a fiscalização deve ser exercida inclusive quanto às principais transações realizadas pela sociedade empresarial, de sorte que estas retratem o efetivo interesse de viabilizar a recuperação e não apenas uma forma de garantir privilégios a determinados credores ou desvio ao patrimônio da empresa.

Portanto, o dever de informação leva em conta os dados que são essenciais ao exercício da atividade empresária, bem como o dever de fiscalizar deve se ater a que este desempenho esteja voltado ao atingimento dos fins societários e à consecução do plano recuperatório.

1.1.1. Dever de informação

Inicialmente, gize-se que o dever de informação, conforme alteração promovida pela Lei n. 14.112/20, não se limita a prestar os dados existentes na contabilidade da empresa e aos relatórios que apresentam indicativos de melhora da atividade empresarial, mas a disponibilizar e facilitar este acesso aos credores por meio informatizado.

Assim, em se tratando de dever de informar, este não está restrito aos dados econômico-financeiros que serão repassados aos credores, ou seja, não apenas o que deve ser prestado, mas também como esta informação será disponibilizada a eles, pois o regramento atual estabelece que isto se dará mediante meio informatizado.

Em vista disso, é necessário que o administrador judicial exija as informações necessárias para o exercício de sua atividade junto à recuperanda, a fim de prestá-las aos credores da sociedade empresária, apresentando relatórios periódicos e final, de sorte a dar ciência aos interessados da reestruturação realizada e dos resultados daí decorrentes.

O administrador se obriga a manter sítio com endereço eletrônico e com as informações atualizadas do processo de recuperação judicial, apresentando as principais peças e os relatórios a que está obrigado – dentre os quais, quanto ao andamento do plano de recuperação e cumprimento durante o período de observação na fase judicial.

Assim, o administrador judicial deverá analisar as demonstrações contábeis da empresa, de sorte a prestar informações atualizadas, claras e precisas quanto à situação econômico-financeira da empresa recuperanda mediante meio eletrônico, cujo acesso deve ser célere e eficaz.

Note-se que, embora a Fazenda Pública (municipal, estadual ou federal) não esteja sujeita a recuperação judicial, aquela é cientificada desta, a fim de que o fisco possa comunicar a existência e o *quantum* devido a título de débito fiscal, na forma do art. 52, V, da LRF, informação que deverá ser repassada aos credores da devedora, a fim de que possam melhor aferir a viabilidade econômica da recuperanda.

O cenário econômico atual é ágil e está em constante modificação, em função disso o dever de informação ganha relevância, a fim de que os dados contábeis econômico-financeiros da sociedade empresarial e os avanços obtidos com o plano de recuperação sejam fontes fidedignas para avaliação quanto ao rumo da reestruturação realizada.

1.1.2. Dever de fiscalização

A fiscalização da atividade da devedora e dos credores, por parte do administrador judicial, é essencial para o êxito de plano de recuperação e reestruturação da sociedade empresária, a fim de evitar o descumprimento daquele e a inviabilidade financeira da empresa recuperanda mediante o exercício abusivo do direito de crédito.

Portanto, as negociações entre devedora e credores devem ser acompanhadas pelo administrador judicial, coibindo a prática de atos que importem descumprimento ao plano de recuperação por parte daquela, ou exercício abusivo de direitos creditícios em função destes, de sorte a evitar obtenção de privilégios por parte de alguns credores em prejuízo dos demais partícipes da recuperação judicial.

Ademais, com as modificações introduzidas pela Lei n. 14.112/2020, passa a ser fundamental que o administrador ateste a veracidade e a conformidade com os dados apresentados pela sociedade empresária, de sorte a que estes representem a realidade econômico-financeira da empresa, cuja divulgação eletrônica daqueles é essencial para prestar informação célere, que servirá a tomada de decisão dos credores, atendendo ao disposto no art. 22, II, letra *h*, da Lei de Recuperação.

A complexidade do exercício da fiscalização não deve servir de justificativa para obstar a apuração da responsabilidade do administrador judicial, o que revela a necessidade de contratar profissionais especializados para auxiliar no cumprimento daquele dever legal.

É oportuno destacar a exigência de certidão dívida tributária persiste na atual lei de recuperação no art. 57, cuja instrumentalização pode ser dar de duas formas: (*i*) mediante a certidão negativa de débito fiscal (CND), sendo que esta atesta a inexistência de formalização de crédito tributário; ou (*ii*) mediante a certidão positiva de débito com efeitos de negativa (CPD-EM), que demostra a existência de crédito formalizado e não vencido, quer por estar garantido ou por ter sua exigibilidade suspensa, por exemplo, em função de parcelamento fiscal.

Desse modo, o administrador judicial deve estar atento e fiscalizar o cumprimento das obrigações tributárias, na medida em que, atualmente, a Fazenda Pública está autorizada a pleitear a decretação da falência, de sorte que eventual pedido de parcelamento importa passivo a ser considerado para o êxito da recuperação judicial.

Conclui-se que a fiscalização aqui não está restrita apenas ao plano formal, mas deve ser efetiva, pois, caso o administrador judicial se descure de aferir e atestar a veracidade dos dados econômicos que lhe são apresentados pela devedora, poderá responder civilmente por esta incúria na atuação profissional.

1.2. Descumprimento dos deveres de Administrador Judicial

Verifica-se no presente estudo, que os deveres de informação e fiscalização por parte do administrador judicial não se subsomem à mera formalidade processual, mas à efetiva comunicação aos interessados da conduta empresarial da devedora e fiscalização desta, tanto no exercício do comércio como no cumprimento do plano.

Dessa forma, é importante que o administrador judicial esteja atento ao dever de prestar as informações relevantes para o êxito da recuperação, em especial de interesse dos credores.

Evidente que o descumprimento do dever legal de informar a conduta da sociedade empresária no exercício de suas atividades, bem como quanto ao cumprimento do plano proposto e aprovado em assembleia de credores, traz a obrigação correspectiva de obter com presteza o acesso àquelas. Caso o administrador judicial não atue nesse sentido, não cumpra tal exigência legal, ficará sujeito à destituição, ou mesmo responsabilizado pessoalmente na hipótese de a desídia importar a convolação em falência.

Note-se que igual responsabilidade decorre quanto ao dever de fiscalizar a devedora e o plano de recuperação – obrigação primeira a que alude o art. 22, II, alínea *a*, da LRF. Tal conduta decorre de imposição legal, cuja omissão importa em responsabilidade subjetiva e o dever de reparar daí decorrente.

O segundo ponto a ser examinado quanto ao dever de fiscalização é o cuidado quanto a eventual descumprimento de obrigação prevista no plano recuperatório, reputada como essencial para a reestruturação da empresa, como a utilização do ativo desta para obtenção da melhoria do fluxo de caixa – a qual, se descumprida, pode inviabilizar a recuperação econômica. Nesta hipótese, não restaria alternativa senão o pedido de quebra da sociedade empresária em recuperação, sob pena de ser responsabilizado pessoalmente por não exercer com exação o *munus publico* que lhe foi confiado.

É oportuno relembrar que o dever de lealdade, a que está jungido o administrador judicial para com a atividade pública que exerce, tem como pressupostos dois paradigmas: a legalidade de seus atos e a boa-fé objetiva. Portanto, se o administrador deixa de informar ou se há omissão em fiscalizar a atividade da empresa, bem como o cumprimento do plano, descumpre dever legal que importa na responsabilização daquele.

1.2.1. Conduta ilícita comissiva ou omissiva do Administrador Judicial

A questão a ser abordada neste tópico diz respeito à ilicitude da conduta a ser adotada pelo Administrador Judicial frente ao processo de recuperação judicial, seja ela comissiva, referente à ação realizada contrária aos ditames legais e plano recuperatório, consensualmente elaborado. Ou seja, o comportamento omissivo, mediante o qual se exime de tomar as providências exigidas em lei, descurando dos deveres legais que lhe são impostos.

Assim, tem-se que a conduta comissiva diz respeito às obrigações a que está submetido o administrador, as quais decorrem dos deveres legais deste e do agir intencional contrário a estes, a fim de obter ganho indevido, pessoal ou em prol de terceiro, acarretando prejuízo aos credores da recuperanda, quer em função de desvio da finalidade do plano aprovado, quer em prejuízo à atividade-fim da sociedade empresária em recuperação.

Em contrapartida, a conduta omissiva consiste no descumprimento dos deveres inerentes ao cargo de administrador judicial mediante a omissão – isto é, quando ele deixa de agir em desatenção à obrigação legal, permitindo a ocorrência de dano aos credores, quer pela ausência de fiscalização esperada ou deixando de prestar as informações devidas por negligência, imperícia ou imprudência.

Desse modo, tanto a ação destinada a obter determinada vantagem ilícita, quanto a omissão, deixando de adotar conduta legalmente prevista – a qual resulta em ambas as hipóteses em prejuízo aos credores da recuperação, seja em função da inexecução do plano de recuperação ou em razão de desvio da atividade-fim da empresa, o administrador responde civilmente e deve reparar o prejuízo a que deu causa.

1.2.2. Dever de reparar eventual dano ocasionado

Preambularmente, é necessário definir o que deve ser reparado pelo administrador judicial. Logo, se este é descurado no exercício de sua atividade funcional ou mesmo a realiza com fito de obter ganho indevido, entretanto, a conduta adotada (seja por omissão ou comissão) não causa prejuízo efetivo ou sequer risco de que este venha a ocorrer, importando a consecução da recuperação e benefício dos credores, não há o que reparar.

Por conseguinte, o dever de reparação está vinculado à existência de prejuízo, o qual necessariamente deve decorrer da conduta do administrador – positiva (dolo) ou negativa (culpa), sendo que destas causas jurídicas deve resultar aquele efeito danoso, estabelecendo o nexo de causalidade necessário para que os credores sejam ressarcidos deste dano material.

Desse modo, a inobservância das regras de como proceder na atividade de administrador judicial, ainda que em desrespeito à regular prática negocial da recuperanda e aos deveres daí decorrentes de fiscalizar esta e de informar a prática de atos de má gestão empresarial, caso venha a se configurar o agir ilícito daquele, ainda assim inexistiria o dever de reparar se não houvesse prejuízo efetivo aos objetivos da recuperação judicial.

Ressalte-se, também, que o prejuízo a ser aferido é de ordem material, tanto dano emergente – decorrente da perda patrimonial sofrida –, como o lucro cessante – atinente ao que os credores deixaram de ganhar em decorrência da conduta ilícita do administrador judicial.

Em função disso, há necessidade de prova do dano efetivo causado, a fim de que seja devida a reparação. Dessa forma, não é suficiente para tanto a probabilidade de que a conduta adotada pelo administrador judicial poderia ocasionar prejuízo, pois deve haver relação direta e imediata com a diminuição patrimonial sofrida pela devedora e consequente repercussão negativa para os credores.

Releva ponderar que o dano indenizável é aquele decorrente do disposto nos artigos 186 e 927, ambos do Código Civil. Isto é, qual a ação ou omissão voluntária, específica e ilícita por parte do administrador, no exercício da função que desempenha, violou direito ou causou prejuízo aos credores, decorrendo de tal ato o dever de reparação.

A questão que se impõe aqui é qual patrimônio deve ser considerado para responsabilização do administrador judicial, parece claro que se está falando de lesão aos bens e direitos da devedora que servem de garantia aos credores. Ou seja, a redução patrimonial é da sociedade mercantil recuperanda, a qual leva ao debacle econômico-financeiro, de sorte que a perda indevida de bens ou direitos importa a crise de liquidez ou mesmo econômica, neste caso, patrimônio líquido negativo que, de regra, tem como consequência a quebra, cujo resultado é o dano aos credores, devido à impossibilidade de pagamento destes.

2. A convolação da recuperação judicial em falência

A convolação da recuperação em falência decorre de questão afeta à viabilidade econômica de reestruturação de determinada empresa. Deve ser aferido se o custo do processo recuperatório é menor do que a liquidação da sociedade mercantil, bem como do interesse dos credores de custearem a recuperação mediante os créditos que detêm em relação à devedora.

Este binômio custo e benefício do agregado de credores é que irá nortear a aprovação ou rejeição do plano de recuperação, bem como dar início ao procedimento falimentar. Sinala-se que os três primeiros incisos do art. 73 da LRF tratam da não apresentação do plano, a não aprovação deste ou mesmo a sua rejeição, estas duas decorrentes de decisões assembleares.

As disposições legais que interessam examinar, a fim de aferir a responsabilidade do administrador judicial são precisamente as que tratam do descumprimento de obrigação estipulada no plano de recuperação, da inexecução específica de parcelamento fiscal, bem como do esvaziamento patrimonial que implique em liquidação substancial da devedora em prejuízo dos credores – hipóteses jurídicas previstas no art. 73, incisos IV, V e VI, da Lei n. 11.101/05.

O exame das três últimas causas jurídicas supracitadas, leva em conta a possibilidade de atuação do administrador judicial, considerando os deveres de informação e fiscalização a que está obrigado. Portanto, quanto às razões precitadas para convolação em falência, o administrador poderia ser responsabilizado por agir com incúria (culpa) ou mesmo com intenção de obter vantagem indevida, isto ao silenciar ou agir intencionalmente contrário aos interesses dos credores (dolo).

Consigne-se, ainda, que a convolação da recuperação em falência, nas hipóteses destacadas, tem natureza jurídica de descumprimento de obrigações previstas no plano ou decorrentes deste, as quais implicam prejuízo aos credores, mesmo àqueles não sujeitos à recuperação judicial, como no caso do Fisco ou de Instituição Financeira, pois está na situação atinente ao desvio do patrimônio da empresa que serve de garantia da execução do plano de recuperação e dos fins sociais da recuperanda.

Note-se que não se exclui a possibilidade de o administrador, maliciosamente, prestar informação inverídica que venha a influir na deliberação dos credores em assembleia, a fim de aprovar ou rejeitar o plano recuperatório; mas, neste caso, a manifestação de vontade última é dos credores, que devem ser minimamente diligentes.

Portanto, o exame da convolação da recuperação judicial em falência ficará subordinado às hipóteses normativas precitadas, nas quais a atuação do administrador judicial seja determinante para o êxito da recuperação da devedora, ou seja, a conduta ilícita daquele possa determinar o insucesso da reestruturação da empresa planificada com a aprovação dos credores.

2.1. A convolação em falência de recuperação judicial por culpa *lato sensu* do administrador judicial

O exame a ser feito diz respeito à convolação em falência de recuperação com a participação do administrador judicial, seja em função de ação ou de omissão deste. A responsabilidade do administrador judicial decorrerá da caracterização de conduta ilícita, seja como causa direta ou concorrente para o resultado de insucesso da reestruturação empresarial em prejuízo dos credores.

Nesse contexto, há que ser demonstrado o nexo causal da conduta adotada pelo administrador judicial que ocasionou o prejuízo dos credores da recuperanda – ou seja, o liame jurídico que vincula o dano causado ao ato praticado, isto é, aquele é consequência deste.

Ressalte-se que deve ser aferido neste ponto se houve efetivo descumprimento dos deveres impostos ao *munus publico* exercido pelo administrador judicial, cuja atuação tenha dado causa ao descumprimento de obrigação ou possibilitado o desvio de bens que garantiam o cumprimento do plano recuperatório, em evidente prejuízo aos credores.

A questão que se impõe aqui não se trata de presumir o mal causado ao conjunto de credores, mas demonstrar especificamente qual a conduta, comissiva ou omissiva, do administrador judicial que deu causa ao descumprimento de seus deveres legais e resultou no prejuízo decorrente do desatendimento das obrigações da devedora, assumidas com os credores.

É oportuno destacar que os atos praticados durante a recuperação judicial têm a presunção *ex tunc* de validade e surtirem os efeitos daí esperados. Aliás, a esse respeito são os ensinamentos de Scalzilli, Spinelli e Tellechea ao lecionarem que:

"Na convolação da recuperação em falência, os atos de administração, de endividamento, de oneração ou de alienação praticados durante a recuperação judicial presumem-se válidos, desde que realizados na forma da LREF (art. 74).

(...)

Assim, nada mais lógico do que manter todos os atos realizados sob o manto da recuperação judicial, em atenção à preservação da segurança do mercado e da previsibilidade (encontrando tal dispositivo suporte no art. 131 da LREF)."[1]

Assim, definido o objeto da análise a ser feita quanto à conduta do administrador judicial, no exercício das obrigações legais de informação e de fiscalização, a qual venha a causar prejuízo aos credores, é necessário perscrutar quais causas seriam essenciais para responsabilizá-lo perante estes, devendo reparar o dano ocasionado.

2.1.1. Causa comissiva do administrador judicial
A causa comissiva para aferir a responsabilidade civil do administrador judicial está consubstanciada no dolo, ou seja, na conduta ilícita deste com o intuito de obter vantagem indevida em prejuízo dos credores da devedora.

É necessário aqui que o administrador judicial pratique atos mediante livre manifestação de vontade com interesse específico de obter ganhos espúrios, contrariando os deveres que lhe são impostos por lei, em especial o de informar e fiscalizar a atuação da recuperanda no intuito de reestruturar a sociedade empresária e satisfazer as obrigações avençadas com seus credores.

Ainda, o administrador deverá evitar expedientes protelatórios ou inúteis aos interesses dos credores, bem como examinar as negociações encetadas entre estes e a devedora, a fim de evitar que importem vantagem desproporcional a alguns daqueles e prejuízo aos demais – o que pressupõe ações preventivas e efetivas neste sentido.

Dessa maneira, a boa-fé objetiva é fundamental para nortear as ações do administrador judicial, de sorte que as medidas que deve adotar para

---

[1] SCALZILLI, João Pedro, SPINELLI, Luís Felipe, TELLECHEA, Rodrigo. *Recuperação de empresas e falência: teoria e prática na Lei 11.101/2005*. São Paulo: Almedina, 2016, p. 365.

o curso normal da recuperação judicial são as razoáveis e as ordinárias de uma boa atuação profissional.

Assim, não se exige que o administrador pratique atos com base em presunções de práticas contrárias aos interesses dos credores, mas sim diante das evidências materiais obtidas no exercício de sua função.

Cabe ao administrador judicial ser diligente ao informar ao magistrado que preside a causa desvios de conduta da devedora, os quais podem inviabilizar a execução do plano de recuperação ou o pagamento regular dos credores.

Por fim, o administrador deve atentar ao cumprimento das obrigações constantes do plano recuperatório e fiscais, pedindo prova de quitação no período de observação no caso dívida ativa, na forma do art. 205 do Código Tributário Nacional.

Além disso, o administrador deve atentar se a venda dos ativos da recuperanda serve ao projeto de reestruturação ou apenas para o desvio de bens, neste caso salvaguardando o interesse dos sócios e não da sociedade empresária – hipótese em que deverá de pronto pedir a quebra dela.

2.1.2. Causa omissiva do administrador judicial

Na hipótese de causa omissiva, o administrador judicial age violando os deveres legais que lhe são impostos no exercício de sua atividade funcional, na medida em que atua na condição de *munus publico*.

Há que se levar em conta, ainda, que a Lei n. 14.112/20 trouxe novas atribuições ao administrador judicial, o qual tem o dever de fiscalizar a veracidade e a conformidade das informações prestadas pela recuperanda, por exemplo, quanto aos dados econômico-financeiros.

Os efeitos daí decorrentes são os de que o administrador não pode se satisfazer com os dados apresentados pela devedora apenas no aspecto formal, mas aferir se materialmente aqueles correspondem à realidade – ou seja, não basta informar em juízo de que os balancetes foram apresentados pela recuperanda, mas que estes efetivamente retratam a situação econômica desta em razão da documentação contábil examinada.

Com isso, a Lei de Recuperação estabelece a busca da verdade real, cujo administrador é a *longa manus* para aferi-la, de sorte que as informações não devem se limitar a meros *standards* formalmente apresentados em juízo, mas resultante de análise de fatos e dados econômico-financeiros das sociedades mercantis em recuperação.

Desse modo, se o administrador negligencia o seu dever legal de fiscalizar a atuação da devedora e prestar informações fidedignas quanto às práticas comerciais encetadas pela sociedade mercantil em questão, deve responder com relação aos danos a que deu causa por esta omissão perante os credores da recuperanda que sofreram prejuízos diante desta conduta.

É oportuno destacar que a culpa aqui examinada é *stricto sensu*. Isto é, abrange condutas omissivas do administrador atinentes a: (*i*) negligência, no sentido de deixar de realizar o que era esperado e previsto em lei, como também (*ii*) imperícia, correspondente à falta de capacitação profissional para atuar nesse campo especializado, que pressupõe saberes na área do direito, economia, administração e contabilidade, para dizer o mínimo.

Igualmente, a questão afeta à imprudência pode passar despercebida, mas está vinculada ao dever de diligência do administrador judicial, que deve pautar a sua conduta com base em dados consistentes e de conformidade com os ditames legais. Assim, a obrigação de atuar proativamente, no sentido de auxiliar na avaliação do cumprimento das obrigações assumidas pela devedora, deve ter por base a prudência de emitir suas manifestações lastreadas em fatos e não de afogadilho sem o exame necessário destes.

Portanto, o administrador judicial não deve se omitir de prestar as informações legalmente exigidas, nem de fiscalizar a atividade empresarial da devedora e o cumprimento das obrigações assumidas no plano de recuperação, sem deixar de atentar aquelas atinentes à Fazenda Pública.

2.2. Possibilidade jurídica do administrador judicial responder pela convolação em falência

No estudo em tela, é oportuno esclarecer que o administrador judicial pode ser responsabilizado pela conduta, comissiva ou omissiva, no exercício de suas funções, que importe em prejuízo aos credores devido à inexecução do plano de recuperação, inadimplemento fiscal ou esvaziamento do patrimônio da sociedade empresarial em recuperação.

Frise-se que não se trata aqui de responsabilidade civil objetiva, cuja culpa é presumida. Ao contrário, trata-se de culpa subjetiva, ou seja, deve haver prova efetiva de que o administrador judicial deu causa ao agravamento da crise econômica da sociedade empresária em recuperação mediante a sua atuação profissional, resultando na decretação da falência.

Por conseguinte, resta evidente que deve ser demonstrada qual conduta específica do administrador importou em ilicitude e deu causa a prejuízo determinado, pois o administrador deve reparar o dano que ocasionou em virtude de seu comportamento, o qual tenha decorrido de dolo ou culpa *stricto sensu*.

Portanto, não basta para estabelecer o dever de reparar por parte do administrador que tenha havido dano aos credores, em função da convolação da recuperação em falência, mas que a conduta daquele tenha sido determinante para esta, vindo a inviabilizar a execução do plano, implementar o inadimplemento fiscal ou importar em desvio de finalidade do patrimônio da empresa recuperanda.

Com relação à questão jurídica precitada, destaque-se que mister se faz a demonstração de dois fatores, o primeiro deles, a existência de dano material aos credores em função da convolação de recuperação em quebra; o segundo, que aquele decorra da conduta do administrador judicial ao não prestar informação essencial ou não realizar a fiscalização necessária para evitar prejuízo em questão.

Dessa forma, o que se exige é que a conduta ilícita praticada pelo administrador judicial tenha resultado ou concorrido para inexecução do plano de recuperação, propiciando eventual evasão fiscal ou mesmo retirada de bens ou direitos da sociedade empresária em favor de sócios ou terceiros, proporcionando isto por ação ou omissão.

A jurisprudência do Tribunal de Justiça de São Paulo, ainda que verse sobre questão de ordem falimentar, deixa evidente que tipo de conduta leva a responsabilizar o administrador judicial, sendo que aquela deve ser determinante para aferição desta, como se vê dos arestos colacionados a seguir:

"AÇÃO DE RESPONSABILIDADE CIVIL PROPOSTA POR MASSA FALIDA – DETERIORAÇÃO DE BENS DA MASSA FALIDA POR CULPA DO ADMINISTRADOR JUDICIAL E DO DEPOSITÁRIO – COMPETÊNCIA DO JUÍZO FALIMENTAR – INOCORRÊNCIA DE SUSPEIÇÃO DO JUIZ – RESPONSABILIDADE DO ADMINISTRADOR JUDICIAL E DEPOSITÁRIO JUDICIAL PELOS DANOS CAUSADOS – DETERIORAÇÃO E SUCATEAMENTO DOS BENS DA MASSA FALIDA – A distribuição da presente ação de responsabilidade por dependência, perante o juízo falimentar, deu-se corretamente, nos termos do art. 76 Lei nº 11.101/2005 – O depositário judicial e o administrador judicial respondem pelos prejuízos que, por dolo ou culpa, causar à parte, no caso, em razão da deterioração e sucateamento dos bens da massa falida (art. 161 do CPC, c.c. art. 186 e 927, Código Civil) – As provas documentais são suficientes para o decreto de responsabilidade do administrador judicial em relação aos bens da falida, à luz dos arts. 32 e 108, § 1º, da nº 11.101/2005 – Caso em que ficou demonstrado que a deterioração e sucateamento dos bens das empresas falidas resultaram da desídia e falta de cuidado no desmonte das máquinas, transporte e acondicionamento, fato que enseja a responsabilização tanto do então administrador judicial como do respectivo depositário judicial – Sentença procedência da ação que fica mantida – RECURSOS DESPROVIDOS."[2]

Destaque-se que nesta hipótese, o administrador judicial atua em desconformidade com os deveres legais que lhe são impostos, ou seja, age fora dos estritos limites estabelecidos na norma jurídica, desatendendo ao princípio da legalidade, devendo responder por seus atos, equiparando-se ao administrador que desempenha a gestão da sociedade, a teor do que estabelece o art. 1.017 do Código Civil.

Assim, a responsabilidade do administrador judicial decorre da desobediência a dever legal (informação ou fiscalização) a ser adotado na condução da recuperação judicial, seja com a intenção de obter vantagem indevida ou pelo descaso no cumprimento de suas funções, cujo prejuízo deve ser demonstrado e inerente à consequência jurídica específica da convolação da recuperação em quebra nas hipóteses previstas no art. 73, incisos IV, V e VI, da Lei n. 11.101/05.

2.2.1. Reponsabilidade por dolo na convolação da recuperação judicial em quebra

Na hipótese de convolação de recuperação judicial em falência, há que se ter em mente o dolo específico do administrador judicial, o qual tem a consciência de que está descumprindo com o dever legal que lhe é imposto, a fim de obter, voluntariamente, resultado vantajoso para si ou em benefício de terceiro, o qual vem a ocasionar lesão aos credores – dano este precificável e, em razão disso, passível de indenização.

---

[2] TJSP, 2ª Câmara Reservada de Direito Empresarial, APC n. 1113844-43.2016.8.26.0100, Rel. Des. Sérgio Shimura, j. 07/07/2020.

O primeiro ponto a ser abordado diz respeito ao dever de informar, tanto ao magistrado que preside a recuperação judicial como aos credores, acerca do cumprimento do plano de recuperação, assim como da atuação empresarial da recuperanda no seu ramo de atividade.

Note-se que o dolo a ser levado em conta aqui é o mesmo atinente à destituição do administrador judicial da função que exerce, caso identificada previamente esta conduta, em função de se desvirtuar dos deveres legais a que está jungido, seja por manifesta vontade de obter ganho indevido ou por descaso no desempenho de sua atividade precípua.

Aliás, assim como deliberado pelo Tribunal paulista[3], ao exigir a devida comprovação para o afastamento do encargo de administrador, há que ser devidamente demonstrado o intuito de lesar os credores, que serve tanto para definir a quebra da confiança como para responsabilizar este, como deflui do incidente de destituição constante do aresto a seguir indicado:

> "Incidente de destituição de administrador judicial apresentado por sócios de falida, julgado improcedente. Agravo de instrumento. A destituição do administrador judicial do encargo que lhe foi atribuído somente poderá ocorrer se houver nítida quebra de confiança ou demonstração inequívoca de que tenha agido com desídia no exercício de suas funções, nos termos do art. 31 da Lei 11.101/05. Inexistência, no caso em julgamento, de comprovação de quaisquer irregularidades cometidas pelo administrador no curso do processo. Decisão mantida.
> Agravo de instrumento desprovido."

É insofismável, como salientado anteriormente, que deve haver dolo do administrador ao prestar informação falsa, por exemplo, que importe o desvio de bem pertencente ao patrimônio da recuperanda, prejuízo esse que venha a inviabilizar a reestruturação da sociedade empresária.

Outro ponto que merece destaque é o dever de fiscalização do administrador, que não está restrito apenas ao cumprimento do plano, mas também ao exercício das atividades da devedora destinadas a realização de seus fins sociais, além daquele estar obrigado a aferir os negócios realizados entre a devedora e os credores durante o período de observação.

---

[3] TJSP, 1ª Câmara Reservada de Direito Empresarial, AI n. 2249167-07.2019.8.26.0000, Rel. Des. Cesar Ciampolini, j. 19/02/2020.

À vista disso, o dolo aqui é direcionado na premeditada, em face de concerto prévio com os gestores da recuperanda ou de *voluntatis suae* para ludibriar os credores, a fim de obter vantagem indevida, causando prejuízo ao conjunto destes, ao dar aparência de fiscalizar a veracidade das informações e negociações entre devedora e determinados credores. Conduta esta que induz alguns credores a erro com base em parecer distanciado da realidade, de sorte a obter o seu intento.

Frise-se que as circunstâncias acima deverão ser perfeitamente delineadas e demonstradas, ao menos por princípio de prova escrita, evidente que não se exige prova insofismável em caso de fraude, mas indícios suficientes que atestem esta.

Nesse sentido também é o posicionamento jurídico do Tribunal Estadual Mineiro quanto à interpretação teleológica do que deve ser provado, a fim de se verificar a existência de dolo, colacionado a seguir:

"Agravo de instrumento. Ação de recuperação judicial. Administradora judicial de sociedade empresária em recuperação judicial. Dolo ou culpa não provados. Responsabilidade inexistente. Recurso não provido. 1. A responsabilidade do administrador judicial de sociedade empresária resulta de atuação com dolo ou culpa. 2. Ausente a prova, revela-se inviável a responsabilização. 3. Agravo de instrumento conhecido e não provido."[4]

Igualmente, é oportuno relembrar que estas condições quanto ao agir do administrador judicial devem estar presentes, tanto na questão atinente ao desvio de bens da empresa recuperanda, como no que diz respeito ao inadimplemento do parcelamento fiscal. Esta hipótese é mais complexa, pois aqui os substitutos tributários a serem responsabilizados são os sócios e não o administrador judicial – o que comportaria exceção na seara civil se demonstrado que houve apropriação indevida por parte deste, a fim de desviar estes recursos destinados ao recolhimento de tributos para obtenção de ganho indevido.

Por conseguinte, o dolo a ser considerado tem presente a vontade do administrador judicial de obter ganho indevido em prejuízo dos credores, descumprindo os deveres de informação e fiscalização, de sorte a se

---

[4] TJMG, 2ª Câmara Cível, AI n. 1.0079.10.007321-6/008, Rel. Des. Caetano Levi Lopes, j. 19/02/2013, publicação da súmula em: 01/03/2013.

locupletar com a inexecução do plano de recuperação ou com o desvio do patrimônio da devedora em seu benefício, ou mesmo de terceiro, o que conduz ao dever de reparação dos prejuízos ocasionados.

2.2.2. Responsabilidade por culpa da convolação da recuperação judicial em falência

A culpa *stricto sensu* do administrador judicial é consubstanciada na conduta negligente, imprudente ou imperita no cumprimento dos deveres de informação e fiscalização, ou seja, aquele que atende a estas obrigações legais sem a diligência e os cuidados necessários, não se importando com o resultado previsível quanto ao prejuízo que venha a ocasionar aos credores, em função de agir sem as cautelas necessárias.

À toda evidência, o administrador judicial que atua em desconformidade com a exigências legais no exercício do *munus publico* que lhe foi confiado responde pelos prejuízos a que der causa, em especial se estes advieram da convolação da recuperação em falência.

O esperado do administrador é que assuma o encargo legal que lhe foi confiado com expertise e diligência, atuando no sentido de contribuir para o cumprimento do plano de recuperação aprovado pelos credores, bem como informar de pronto se houver descumprimento às obrigações fiscais, ou mesmo desvio do patrimônio da devedora, em ambos os casos que importem prejuízo aos credores.

Com mais razão deve estar atento ao cumprimento do plano de recuperação, fiscalizando se as transações decorrentes deste e mesmo do exercício da atividade mercantil da recuperanda vieram em descumprimento à lei e prejuízo aos credores.

A conduta desidiosa do administrador judicial ao se omitir do exercício dos deveres que lhe são impostos por lei (negligência), agir sem o necessário conhecimento técnico para avaliar o cumprimento das obrigações da devedora (imperícia) ou açodadamente apenas para atender rapidamente aqueles (imprudência), sem efetivamente observar se o ato em exame está em conformidade com os ditames legais, responde aquele civilmente pela conduta adotada, devendo reparar os danos em questão. Isto se efetivamente ocasionar lesão material aos credores, contribuindo para aprofundar a crise econômico-financeira, cujo resultado é a quebra.

Portanto, caso haja omissão do administrador judicial quanto ao cuidado de atentar ao cumprimento do parcelamento fiscal, no curso do período de observação, negligenciando a devida fiscalização da devedora, é possível responder perante a Fazenda Pública, a fim de reparar o dano causado a esta e aos demais credores, embora a prova a esse respeito seja de inefável dificuldade.

No que concerne a existência de culpa por parte do administrador judicial é oportuno trazer à colação, uma vez mais, aresto do Tribunal de Justiça de Minas Gerais comparando a atuação daquele ao próprio administrador que atua na gestão contratual da devedora abaixo:

> "Apelação cível. Embargos do devedor. Execução fiscal. Administrador judicial de sociedade empresária. Dolo ou culpa não provados. Responsabilidade tributária inexistente. Recurso não provido. 1. A responsabilidade tributária do administrador judicial de sociedade empresária (art. 134, V, do CTN) resulta de atuação com dolo ou culpa. 2. Ausente a prova, revela-se inviável a responsabilização. 3. Apelação cível conhecida e não provida, mantida a sentença que acolheu os embargos do devedor."[5]

No mesmo diapasão é a decisão da Corte de Justiça paulista, na qual resta evidente a negligência do administrador judicial – ainda que em sede de falência –, o qual deixou de cumprir com dever legal de diligência ao permitir o desvio de bens da devedora, como se vê a seguir:

> "Falência. Administradora Judicial que é responsável pelos danos causados à Massa Falida, nos moldes do art. 32 da Lei nº 11.101/2005. Extravio de ativos durante a gestão da agravante, que nada fez para que fossem retirados do imóvel de terceiro em que estavam depositados, assumindo, por isso, a responsabilidade pelo evento. Decisão correta. Recurso desprovido, revogada a tutela antecipada recursal."[6]

Dessa forma, o administrador judicial deverá responder, reparando o dano material ocasionado aos credores da sociedade empresária em recuperação, quando der causa a este prejuízo devido à conduta ilícita

---

[5] TJMG, 2ª Câmara Cível, APC n. 1.0183.08.148349-1/001, Rel. Des. Caetano Levi Lopes, j. 29/03/2011, publicação da súmula em 12/04/2011.
[6] TJSP, 2ª Câmara Reservada de Direito Empresarial, AI n. 2249167-07.2019.8.26.0000, Rel. Des. Araldo Telles, j. 22/04/2020.

decorrente de culpa *stricto sensu* (negligência, imprudência e imperícia) no cumprimento de seus deveres legais de informação e fiscalização.

Conclusões

A primeira conclusão que se extrai do presente estudo é a de que as atividades de prestar informações quanto ao desempenho econômico-financeiro da empresa em recuperação e de fiscalizar a atuação desta e de seus administradores no cumprimento do plano apresentado e consecução dos fins previstos no contrato social balizam a responsabilidade do administrador judicial no exercício do *munus publico* que desempenha.

O segundo ponto a destacar é o de que o dever de informação leva em conta os dados que são essenciais ao exercício da atividade empresária, bem como o dever de fiscalizar deve se ater a que este desempenho esteja voltado ao atingimento dos fins sociais e à consecução do plano recuperatório.

A terceira questão abordada diz respeito ao fato de que o dever de informação ganha relevância, a fim de que os dados contábeis econômico-financeiros da sociedade empresarial e os avanços obtidos com o plano de recuperação sejam fontes fidedignas para avaliação quanto ao rumo da reestruturação realizada.

A par disso, o dever de fiscalização aqui não está restrito apenas ao plano formal, mas deve ser efetivo, pois, caso o administrador judicial se descure de aferir e atestar a veracidade dos dados econômicos que lhe são apresentados pela devedora, poderá responder civilmente por esta incúria na atuação profissional.

A quarta constatação que exsurge é a de que o dever de lealdade a que está jungido o administrador judicial para com a atividade pública que exerce tem como pressupostos dois paradigmas: a legalidade de seus atos e a boa-fé objetiva. Portanto, se o administrador deixa de informar ou se há omissão em fiscalizar a atividade da empresa, bem como o cumprimento do plano, descumpre dever legal que importa a responsabilização daquele.

O quinto corolário daí decorrente é o de que o administrador responde civilmente e deve reparar o prejuízo a que deu causa pela ação destinada a obter determinada vantagem ilícita – como a omissão, deixando de adotar conduta legalmente prevista –, a qual resulta, em ambas as hipóteses, em prejuízo aos credores da recuperação, seja em função da inexecução do plano de recuperação ou em razão de desvio da atividade-fim da empresa.

A sexta conclusão que se impõe é quanto ao patrimônio que deve ser considerado para responsabilização do administrador judicial: parece claro que se está falando de lesão aos bens e direitos da devedora que servem de garantia aos credores. Ou seja, a redução patrimonial é da sociedade mercantil recuperanda, a qual leva ao debacle econômico-financeiro, de sorte que a perda indevida de bens ou direitos importa crise de liquidez ou mesmo econômica, neste caso patrimônio líquido negativo que, de regra, tem como consequência a quebra, cujo resultado é o dano aos credores, devido à impossibilidade de pagamento destes.

O sétimo ponto que resulta incontroverso do presente estudo é o de que o exame da convolação da recuperação judicial em falência ficará subordinado às hipóteses normativas precitadas, nas quais a atuação do administrador judicial é determinante para o êxito da recuperação da devedora – ou seja, na qual a conduta ilícita daquele possa determinar o insucesso da reestruturação da empresa planificada com a aprovação dos credores.

A oitava consequência decorrente da análise realizada é de que, definido o objeto do exame a ser feito quanto à conduta do administrador judicial, no exercício das obrigações legais de informação e de fiscalização, a qual venha a causar prejuízo aos credores, é necessário indagar quais causas seriam essenciais para responsabilizá-lo perante estes, devendo reparar o dano ocasionado.

A nona repercussão é a de que o administrador deve atentar se a venda dos ativos da recuperanda serve ao projeto de reestruturação ou apenas para o desvio de bens, neste caso, salvaguardando o interesse dos sócios e não da sociedade empresária, pois, nesta hipótese, deverá de pronto pedir a quebra dela.

A décima insofismável conclusão é a de que o administrador judicial não deve se omitir de prestar as informações legalmente exigidas, nem de fiscalizar a atividade empresarial da devedora e o cumprimento das obrigações assumidas no plano de recuperação, sem deixar de atentar àquelas atinentes à Fazenda Pública.

Outro ponto que merece especial atenção é o de que a responsabilidade do administrador judicial decorre da desobediência a dever legal (informação ou fiscalização) a ser adotado na condução da recuperação judicial, seja com a intenção de obter vantagem indevida ou pelo descaso no cumprimento de suas funções, cujo prejuízo deve ser demonstrado e inerente à consequência jurídica específica da convolação da recuperação em quebra nas hipóteses previstas no art. 73, incisos IV, V e VI, da lei n. 11.101/05.

Ainda, outra questão a ser levada em conta é de que o dolo a ser considerado tem presente a vontade do administrador judicial de obter ganho indevido em prejuízo dos credores, descumprindo os deveres de informação e fiscalização, de sorte a se locupletar com a inexecução do plano de recuperação ou com o desvio do patrimônio da devedora em seu benefício, ou mesmo de terceiro, o que conduz ao dever de reparação dos prejuízos ocasionados.

Por fim, é preciso que se esclareça que o administrador judicial também deverá responder, reparando o dano material ocasionado aos credores da sociedade empresária em recuperação, quando der causa a este prejuízo devido à conduta ilícita decorrente de culpa *stricto sensu* (negligência, imprudência e imperícia) no cumprimento de seus deveres legais de informação e fiscalização.

Referências

SCALZILLI, João Pedro, SPINELLI, Luís Felipe, TELLECHEA, Rodrigo. *Recuperação de empresas e falência: teoria e prática na Lei 11.101/2005*. São Paulo: Almedina, 2016.

TJMG, 2ª Câmara Cível, AI n. 1.0079.10.007321-6/008, Rel. Des. Caetano Levi Lopes, j. 19/02/2013, publicação da súmula em: 01/03/2013.

TJMG, 2ª Câmara Cível, APC n. 1.0183.08.148349-1/001, Rel. Des. Caetano Levi Lopes, j. 29/03/2011, publicação da súmula em 12/04/2011.

TJSP, 1ª Câmara Reservada de Direito Empresarial, AI n. 2249167-07.2019.8.26.0000, Rel. Des. Cesar Ciampolini, j. 19/02/2020.

TJSP, 2ª Câmara Reservada de Direito Empresarial, AI n. 2249167-07.2019.8.26.0000, Rel. Des. Araldo Telles, j. 22/04/2020.

TJSP, 2ª Câmara Reservada de Direito Empresarial, APC n. 1113844-43.2016.8.26.0100, Rel. Des. Sérgio Shimura, j. 07/07/2020.

32. O ADMINISTRADOR JUDICIAL NA RECUPERAÇÃO EXTRAJUDICIAL

Alberto Camiña Moreira

A reestruturação de dívida fora do Poder Judiciário é o melhor cenário para o devedor, que não torna pública sua dificuldade econômico-financeira, nem se submete aos custos inerentes ao processo judicial. Trata-se de uma solução de mercado, comum entre os agentes econômicos.

Nem sempre, porém, isso é possível, pois a resistência de um ou mais credores pode pôr a perder o esforço do devedor para alcançar a reorganização de suas obrigações pecuniárias.

Esse esforço, entretanto, pode não ser totalmente em vão, pois a lei oferece ao devedor, além da recuperação judicial propriamente dita, com sua estrutura mais pesada, a possibilidade de, valendo-se do apoio de determinada coletividade de credores, obter em juízo a confirmação do plano de reestruturação de dívidas já objeto de negociação com os credores, ainda que sem alcançar o apoio da totalidade deles.

Trata-se da recuperação extrajudicial, em que o devedor pede a homologação judicial do plano já previamente concertado com os seus credores. À diferença da recuperação judicial em sentido estrito, em que o plano de recuperação judicial é apresentado em meio ao processo, aqui, na recuperação extrajudicial, a petição inicial do devedor vem acompanhada do plano de recuperação e da lista de credores que já aderiram a esse plano. Diz-se, por isso, que se trata de uma solução mais próxima à solução de mercado, pois se aproveita a negociação já levada a efeito pelos agentes interessados, é mais simples e mais barata[1].

---

[1] João Pedro Scalzilli, Luis Felipe Spinelli e Rodrigo Tellechea expõem as vantagens da recuperação extrajudicial, quais sejam: "flexibilidade, simplificação dos quóruns, celeridade,

Esse mecanismo guarda semelhança com o modelo norte americano do *prepackaged plan*, modelo bastante utilizado, que é simplesmente "abençoado pela corte de falências"[2], pois o plano é aceito pelos credores antes de se dirigirem à justiça. Uma variação é o *"pre-arranged plan"*, que é apresentado em juízo; a negociação ocorre já sob a proteção do *automatic stay*. Em nosso país, com a reforma de 2020, teremos uma situação singular, pois, uma vez admitido o pedido de homologação de plano extrajudicial, com adesão de pelo menos 1/3 de todos os créditos de cada espécie por ele abrangidos, a discussão ulterior, com os 2/3 remanescentes terá, a princípio, de envolver o teor do plano já apresentado em juízo. Por certo a jurisprudência terá de enfrentar a discussão sobre a modificação do plano inicialmente apresentado, com novo quórum de aprovação.

A adesão dos credores pode ser total ou parcial. A adesão total torna facultativo o ajuizamento do pedido de homologação do plano de reestruturação. Essa é a hipótese do artigo 162 da Lei 11.101/05. Apenas para a conquista de título executivo judicial promove-se essa medida. A adesão parcial, porque pretende alcançar os credores não aderentes, precisa da via jurisdicional para alcançar esse intento. Tal é a hipótese do artigo 163 da Lei 11.101/05 e objeto deste artigo, sob a ótica da nomeação de administrador judicial.

Na recuperação extrajudicial, fala-se em credor aderente (ou subs-critor), e credor abrangido (ou submetido). Por outras palavras, exceto no caso de unanimidade, a qual não se cogita a partir deste instante, ter-se-á um conjunto de credores que estão de acordo com o plano apresentado pelo devedor, e outro conjunto de credores que (*i*) discordam do plano ou (*ii*) sequer foram contatados pelo devedor, em razão do quórum já alcançado durante as negociações. Tem-se então o conjunto de credores não aderentes.

A finalidade do processo é obter decisão judicial que imponha aos não aderentes as cláusulas do plano de recuperação já apoiado por certo número de credores. A decisão é de caráter homologatório (art. 164, § 5º)

---

menor custo, menor desgaste da imagem, menor intervenção e baixo risco." (SCALZILLI, João Pedro; SPINELLI, Luis Felipe; TELLECHEA, Rodrigo. *Recuperação de Empresas e Falência*: Teoria e Prática na Lei 11.101/2005. 3 ed. São Paulo: Almedina, 2018, p. 530).

[2] TABB, Charles J. *The law of bankruptcy*. 5 ed. St. Paul: West Academic Publishing, 2020, p. 1128.

e tem caráter expansivo e vinculante, pois alcança e submete os credores que, por qualquer razão, não haviam aderido ao plano apresentado pelo devedor.

O quórum mínimo para a obtenção do provimento homologatório é de mais da metade dos créditos de cada espécie abrangidos pelo plano de recuperação extrajudicial (art. 163, *caput*). Para processamento do pedido, porém, não é necessário esse quórum, bastando a adesão de 1/3 de todos os créditos de cada espécie abrangidos pelo plano extrajudicial (art. 163, § 7º). Nessa circunstância, porém, a lei fixa prazo de 90 dias para que o credor obtenha a adesão[3] dos demais credores e atinja o quórum de aprovação.

A admissibilidade do pedido de homologação de plano extrajudicial traz a vantagem da suspensão das execuções contra o devedor, agora em previsão expressa (art. 163, § 8º)[4], embora a jurisprudência já admitisse essa consequência antes da reforma de 2020.

Para a hipótese de o devedor, a despeito do juízo positivo de admissibilidade da recuperação judicial, não conseguir alcançar, no prazo de 90 dias, contado da data do pedido, a adesão dos credores de modo a satisfazer o quórum de mais de 50%, poderá requerer a conversão do procedimento em recuperação judicial.

Pois bem. Uma vez apresentada a lista de credores aderentes e afirmada, na petição inicial, a obtenção do quórum do art. 163, *caput*, será publicado edital eletrônico com vistas a convocar os credores do devedor para apresentação de suas impugnações ao plano de recuperação. O prazo dos credores é de 30 dias corridos e a matéria da impugnação está relacionada no § 3º do art. 164.

---

[3] Sheila Cerezetti Neder Cerezetti e Ana Elisa Laquimia de Souza apontam dúvidas sobre o procedimento de solicitação de consentimento dos credores, no seguinte artigo: CEREZETTI, Sheila Cerezetti Neder; e SOUZA, Ana Elisa Laquimia de. Procedimento antigo, novas ferramentas: o processo de solicitação de consentimento na recuperação extrajudicial (art. 163, § 7º, da Lei 11.101/2005. In: VASCONCELOS, Ronaldo *et al* (coord.). *Reforma da lei de recuperação e falência*. São Paulo: Editora IASP, 2021, p. 1.158 ss.

[4] A equiparação do *stay* da recuperação extrajudicial ao *stay period* da recuperação judicial é objeto de crítica de Luis Fernando Valente de Paiva e Joana Gomes Baptista Bontempo em: PAIVA, Luis Fernando Valente de; e BONTEMPO, Joana Gomes Baptista. *A Reforma da lei 11.101/2005 e a nova perspectiva da recuperação extrajudicial*. In: VASCONCELOS, Ronaldo *et al* (coord.). *Reforma da lei de recuperação e falência*. São Paulo: Editora IASP, 2021, p. 1.176 ss.

A primeira matéria de impugnação é o não preenchimento do porcentual mínimo previsto no *caput* do art. 163. Trata-se de uma questão de aritmética, que, em tese, é simples. A segunda matéria de impugnação é a prática de ato de falência, fraude ou descumprimento de requisito previsto na Lei 11.101/05. A matéria do inciso II do § 3º é de ordem fática e pode exigir o deferimento de instrução probatória.

Não obstante inexista previsão, na escassa disciplina procedimental do instituto, de realização de instrução probatória, ela poderá ser deferida pelo juiz designando até audiência para tal finalidade[5].

O direito à produção de prova é um *direito fundamental*, que descende, em sentido amplo, da cláusula do devido processo legal e, mais especificamente, do princípio do contraditório[6]. Apesar da omissão da Lei 11.101/05 a respeito, tem-se que: "Como direito fundamental, o direito à prova *não comporta sequer o arbítrio do legislador*, que não poderá editar normas que possam de alguma forma comprometer o núcleo essencial desse direito..."[7] (sem grifo no original). Por outras palavras, ainda que por omissão, sequer o legislador pode afastar o direito à produção de prova.

Por fim, encerrando as hipóteses de defesa do credor, fica ele autorizado a alegar o descumprimento de qualquer outra exigência legal, previsão essa que é bastante ampla e de cobertura suficiente de toda a sistemática legal. Não obstante a doutrina aponte o caráter *numerus clausus* do dispositivo, que decorreria do emprego do advérbio "somente", a prática vai admitindo outras hipóteses de defesa[8].

Fica claro, desde logo, que não há previsão de nomeação de administrador judicial para a recuperação extrajudicial. Não obstante, a riqueza da vida prática sempre traz perplexidades, que exigem, dentro dos limites

---

[5] Nesse sentido: SACRAMONE, Marcelo Barbosa. *Comentários à lei de recuperação de empresas e falência*. 2 ed. São Paulo: Saraiva, 2021, p. 621.

[6] Escreve Arruda Alvim: "A prova é direito fundamental das partes, que emana do princípio do contraditório (art. 5º, LV, da Constituição) e do decorrente direito que estas possuem de influir no convencimento do juiz." (ALVIM, Arruda. *Manual de direito processual civil*. 18 ed. São Paulo: RT, 2019, p. 892).

[7] ASSIS, Araken de; MOLINARO, Carlos Alberto. *Comentários à Constituição do Brasil* (coord. J.J. Gomes Canotilho *et al.*). São Paulo: Saraiva, 2013, p. 440.

[8] Ver, a respeito: SCALZILLI; SPINELLI; TELLECHEA. *Recuperação de Empresas e Falência...*, p. 551-552.

da hermenêutica jurídica, a acomodação de situações, desde que não haja ofensa à lei.

Como a necessidade faz a ocasião, os magistrados têm se defrontado com algumas dificuldades no âmbito da recuperação extrajudicial. Poucas linhas antes, foi dito que a verificação aritmética do quórum é simples. Porém, nem sempre essa simplicidade transparece *prima facie* a ponto de firmar a convicção do julgador sobre o quórum que o devedor afirma ter alcançado.

São várias as particularidades que podem surgir sobre esse ponto, mas é certo que, se o quórum é alcançado com larga folga, ainda que algum cálculo possa estar incorreto, o impacto poderá não afetar o resultado e, então, dispensar qualquer investigação a respeito do tema.

Porém, quando o quórum é mínimo, "apertado", a situação se complica: pode surgir dúvida sobre o efetivo alcance do quórum apto a obter decisão homologatória, ou mesmo os credores podem apresentar impugnação no sentido de que não há quórum suficiente para a homologação.

Em determinado processo judicial a petição inicial afirmava que o quórum de adesão era de 60,07%, margem apertadíssima para oferecer conforto ao magistrado, sem que a dúvida possa representar qualquer desconfiança para com a afirmativa da parte. Esse quórum tão exíguo levou à nomeação de administrador judicial para atuar no processo, o que parece ser providência bastante razoável.

O quórum de aprovação pode ser afetado por diversas razões. Forma de contagem de juros, interpretação de data de vencimento antecipado por conta de cláusula *cross default*, emprego de taxa de atualização monetária etc. Às vezes, o contrato bancário apresenta fórmula para o cálculo da dívida em atraso, o que eleva a precisão do resultado. Nem sempre isso ocorre e os critérios de contagem de juros podem variar, variando, conse-quentemente o tamanho da dívida, com impacto no quórum de aprovação do plano de reestruturação.

Dificilmente o magistrado terá meios próprios para a verificação da correção do quórum de adesão, o que pode justificar, no caso concreto, a nomeação de um administrador judicial.

Outra situação que também tem justificado a nomeação de adminis-trador judicial em processo de recuperação extrajudicial é a presença de diversas empresas de um grupo empresarial e o pedido de reconhecimento de consolidação substancial.

Basta que um credor apresente impugnação sob tal fundamento para surgir a necessidade de se empreender ampla verificação acerca dos requisitos da consolidação substancial.

Tais requisitos são de ordem fática, e eles precisam estar demonstrados para que os severos efeitos na esfera jurídica dos credores possam ser admitidos pelo magistrado. Nessa circunstância, também se justifica a nomeação de administrador judicial.

Seu papel será o de mergulhar na estrutura societária das devedoras que formam o litisconsórcio e até daquelas sociedades que, por alguma razão, não se apresentaram em juízo. Ademais, há necessidade de se examinar, em profundidade, a estrutura da dívida que é objeto da negociação entre devedores e credores, para se confirmar, ou não, a presença dos requisitos da consolidação substancial.

Para essas finalidades, o administrador judicial poderá solicitar ao juízo a intimação das devedoras para que apresentem documentos complementares, que nem sempre acompanham o pedido de homologação. Uma providência prática bastante útil é a autorização genérica para que o administrador judicial possa dirigir-se diretamente aos órgãos, públicos ou privados que detenham informações de interesse do processo, sem que, para cada diligência, se faça requerimento específico ao juízo.

Antes com assento exclusivo na jurisprudência, a partir da reforma de 2020, a consolidação, processual e substancial, passou a ter disciplina nos artigos 69-G a 69-L, que dão o norte geral a respeito da matéria, sem, certamente, esgotar o assunto, principalmente no tocante à consolidação substancial.

Defere-se a medida "apenas quando constatar a interconexão e a confusão entre ativos ou passivos dos devedores, de modo que não seja possível identificar a sua titularidade sem excessivo dispêndio de tempo ou de recursos..." (art. 69-J). A declarada excepcionalidade da consolidação substancial exige a "constatação" (é a palavra da lei) dos requisitos e essa constatação dificilmente será perceptível *icto oculi*, já com a petição inicial. A regra geral é a separação patrimonial, consagrada expressamente no artigo 49-A do Código Civil, e prestigiada mesmo nos grupos de sociedades (art. 266 da Lei 6.404/76).

Para se afastar a regra geral, segundo a qual cada sociedade integrante do grupo, de fato ou de direito, tem patrimônio distinto, é preciso aprofundado exame dos fatos que possam se traduzir em confusão patrimonial[9]. Um ponto relevante, sem dúvida alguma, é a contabilidade das empresas litisconsorciadas para fins de reestruturação de dívidas, pois a mistura de patrimônios é um índice de confusão patrimonial. Dificilmente o magistrado da causa terá elementos para decidir a respeito sem a nomeação de um administrador judicial.

O conflito de interesses é outro assunto que surge nesse tipo de processo. Trata-se de ponto relevante, de caráter jurídico e fático, sensível e difícil, a cuja investigação é impossível renunciar no âmbito de um processo de reestruturação de dívidas que postule homologação judicial.

Esse tema demanda investigação sobre a situação das partes alegadamente envolvidas nas posições de suposto conflito. Aliás, a rigor, não há necessidade de se aguardar impugnação de iniciativa do credor sobre conflito de interesses. O magistrado, sentindo o caso e suas características, pode determinar a investigação por meio do administrador judicial.

Segundo o artigo 163, § 3º, II, da Lei 11.101/05, não serão computados os créditos detidos pelas pessoas relacionadas no artigo 43 da lei. Por expressa previsão legal, portanto, a observância desse dispositivo é obrigatória e o exame do administrador judicial passa, evidentemente, pela estrutura da dívida, exame de documentos e diligências outras – enfim, tudo o que auxilie a investigação para o esclarecimento da questão.

Os temas ora bosquejados são apenas alguns já suscitados em alguns processos que precisaram da nomeação de administrador judicial. Somente a riqueza que a vida prática traz nos processos é que poderá aconselhar ou não a necessidade de administrador judicial. E a palavra "necessidade" não é utilizada em vão porque não se trata de um órgão do pedido de homologação de plano extrajudicial – somente a necessidade, justificada pelo magistrado, poderá dar ensejo à nomeação de administrador.

Pois bem. Este breve artigo defende o cabimento da nomeação do administrador judicial no pedido de homologação de plano de recuperação

---

[9] A respeito: SCALZILLI, João Pedro. *Confusão patrimonial no direito societário*. São Paulo: Quartier Latin, 2015.

extrajudicial, o que já é admitido pela jurisprudência[10] e pela doutrina[11]. Esse auxiliar da justiça, porém, não terá as incumbências do artigo 22, I e II, da LFR, própria da recuperação judicial[12], pois sua atuação será gizada pelo teor da decisão que o nomeou, que, por sua vez, tem de se assentar na necessidade da causa. Esse administrador judicial, é relevante acentuar, não tem a função de fiscalizar a devedora, e, portanto, não procederá à elaboração de relatório mensal de atividades.

Por certo, o rol de auxiliares da justiça é exemplificativo (art. 149 do CPC), e a nomeação de administrador judicial fora das hipóteses expressamente previstas em lei deve ser fundamentada, à diferença do administrador judicial no processo de recuperação judicial, que tem expressa previsão na lei e que, por ser um órgão necessário do processo, dispensa fundamentação.

O principal indicador para a nomeação é a necessidade de o juiz inteirar-se sobre determinados aspectos do pedido de homologação de plano extrajudicial.

É relevante ressaltar que não deve haver prodigalidade na nomeação de administrador judicial no pedido de homologação de plano extrajudicial, pois, de regra, essa figura é inexistente nesse tipo de processo.

Embora seja possível a nomeação em processo de sociedade isolada, é nos grupos empresariais que se percebe a maior possibilidade de presença de administrador judicial, pela natural complexidade que exsurge do processo.

Os requisitos subjetivos do administrador nomeado são os mesmos do artigo 21 da Lei 11.101/05, e sua atuação deve guardar o mesmo padrão de equidistância que marca a atuação no processo de recuperação judicial. A remuneração deve ser objeto de proposta do administrador nomeado, com oitiva dos autores e fixação pelo juiz, e o preço é o de mercado.

---

[10] Processo 1058981-40.2016.8.26.0100, da 2ª Vara de Falências e Recuperações Judiciais do Foro Central da Comarca de São Paulo (caso Colombo); do mesmo órgão jurisdicional, processo nº 112016611-2018.8.26.0100 (Caso Queiroz Galvão); da 1ª Vara de Falências e Recuperações Judiciais de São Paulo, processo nº 1000687-91.2019.8.26.0228 (caso LIQ); do mesmo órgão jurisdicional, processo nº 1102800-56,2018.8.26.0100 (caso Brickell), entre outros.

[11] SACRAMONE. Comentários..., p. 619.

[12] Sobre a atuação do administrador no processo de recuperação judicial, ver: BERNIER, Joice Ruiz. Administrador Judicial na recuperação judicial e na falência. São Paulo: Quartier Latin, 2016, p. 87-128.

Referências

ALVIM, Arruda. *Manual de direito processual civil*. 18 ed. São Paulo: RT, 2019.

ASSIS, Araken de; MOLINARO, Carlos Alberto. *Comentários à Constituição do Brasil* (coord. J.J. Gomes Canotilho *et al.*). São Paulo: Saraiva, 2013.

BERNIER, Joice Ruiz. *Administrador Judicial na recuperação judicial e na falência*. São Paulo: Quartier Latin, 2016.

CEREZETTI, Sheila Cerezetti Neder; e SOUZA, Ana Elisa Laquimia de. Procedimento antigo, novas ferramentas: o processo de solicitação de consentimento na recuperação extrajudicial (art. 163, § 7º, da Lei 11.101/2005. In: VASCONCELOS, Ronaldo *et al* (coord.). *Reforma da lei de recuperação e falência*. São Paulo: Editora IASP, 2021.

PAIVA, Luis Fernando Valente de; e BONTEMPO, Joana Gomes Baptista. *A Reforma da lei 11.101/2005 e a nova perspectiva da recuperação extrajudicial*. In: VASCONCELOS, Ronaldo *et al* (coord.). *Reforma da lei de recuperação e falência*. São Paulo: Editora IASP, 2021.

SACRAMONE, Marcelo Barbosa. *Comentários à lei de recuperação de empresas e falência*. 2 ed. São Paulo: Saraiva, 2021.

SCALZILLI, João Pedro; SPINELLI, Luis Felipe; TELLECHEA, Rodrigo. *Recuperação de Empresas e Falência*: Teoria e Prática na Lei 11.101/2005. 3 ed. São Paulo: Almedina, 2018.

SCALZILLI, João Pedro. *Confusão patrimonial no direito societário*. São Paulo: Quartier Latin, 2015.

TABB, Charles J. *The law of bankruptcy*. 5 ed. St. Paul: West Academic Publishing, 2020.

33. OS REFLEXOS DA REFORMA NA CONTINUAÇÃO DA ATIVIDADE DO FALIDO E A ATUAÇÃO DO ADMINISTRADOR JUDICIAL

ADRIANA VALÉRIA PUGLIESI

Introdução

Já dissemos que a falência deve ser concebida, a partir da Lei 11.101/05, como um eficiente método de *preservação da empresa*[1] – porém, deve-se aqui reafirmar que tal perspectiva deve ser implementada precipuamente no interesse dos credores, no sentido de manter um arranjo que proporcione proteção ao sistema de crédito.

Um procedimento de insolvência – e aqui me refiro não apenas à falência, em que essa característica mais se destaca, mas também à recuperação judicial e qualquer outro modelo reorganizatório de superação da crise de empresas – precisa orientar-se também como vetor de *tutela do crédito*, tal como concebido o instituto, desde as suas origens[2-3].

---

[1] PUGLIESI, Adriana Valéria. *Direito Falimentar e Preservação da Empresa*. São Paulo: Quartier Latin, 2013.

[2] VALVERDE, Trajano de Miranda. *Comentários à lei de falências*, v. I. 4 ed. atual. por J. A. Penalva dos Santos e Paulo Penalva Santos. Rio de Janeiro: Forense, 1999, p. 1; CARVALHO DE MENDONÇA, José Xavier. *Das falências e dos meios preventivos de sua declaração*. São Paulo: Typografia Brasil de Carlos Guerke & Cia., 1899, p. 11; JEANTIN, Michel; LE CANNU, Paul. *Entreprises en dificulte*. 7 édition. Paris: Dalloz, 2007, p. 135; DASSO, Ariel A. *Derecho Concursal Comparado*, t. I. Buenos Aires: Legis, 2009, p. 2; DASSO, Ariel A. *Derecho Concursal Comparado*, t. II. Buenos Aires: Legis, 2009, p. 923; BARBIERI, Pablo C. *Concursos y Quiebras* – Ley 24.522 Comentada y Concordada. Buenos Aires: Editorial Universidad, 2006, p. 232, 234, 260; FERNANDES, Luís A. Carvalho; LABAREDA, João. *Código da Insolvência e da Recuperação das Empresas Anotado*. Lisboa: Quid Juris, 2009, p. 22; ALEMÁN MONTERREAL, Ana. *La*

Por outras palavras, o que ora se pretende destacar é que a lógica da *preservação da empresa* no Direito Concursal é relevante e deve ser entendida como fundamental ao desenvolvimento dos institutos abrigados num sistema de insolvência – mas o ponto é que tal visão não pode, em hipótese alguma, descolar-se do conceito de *tutela do crédito*[4].

O crédito é a *confiança*[5] que um agente econômico tem de que, ao adimplir de imediato determinada prestação que lhe caiba, poderá fazê-lo seguro de que, no futuro, a parcela assumida pela contraparte será cumprida. O sistema de crédito é o mecanismo propulsor do livre mercado (art. 170 da CF/88), que retroalimenta os sistemas financeiro e econômico, que atuam como impulsionadores da ordem econômica, em um autêntico movimento de sístole e diástole, como anotava Comparato[6], de circulação de riquezas. Por outras palavras, a causa primária da necessidade de um

---

Insolvencia – Una Questión de Terminologia Jurídica. Santiago de Compostela, Andavira Editora, 2010, p. 127-131.

[3] *"Lo stato di insolvenza non è dunque rilevante di per sé, ma è rilevante in quanto l'"ordinamento lo guarda attraverso il prisma del mercato finanziario, che ha espresso un giudizio negativo sulla solvabilità dell'"imprenditor anche a scadenze lunghe."* (STANGHELLINI, Lorenzo. *Le crisi di impresa fra diritto ed economia* (le procedure di insolvenza). Bologna: Il Mulino, 2007, p. 126). Em tradução livre: "O estado de insolvência não é, assim, relevante por si só, mas é relevante enquanto o ordenamento o analisa sob a ótica do mercado de financiamento, que expressou um juízo de valor negativo sobre a solvabilidade do empresário, também a longo prazo."

[4] "Desde a sua origem, o direito comercial liga-se ao mercado, ordenando a dinâmica estabelecida entre os mercadores. Seu objetivo sempre se relacionou à tutela do tráfico econômico, ou seja, à defesa do "interesse geral do comércio", na expressão de Carvalho de Mendonça. Por essa razão, Teixeira de Freitas advertia que a proteção liberalizada pelo Código Comercial era em favor do comércio e não dos comerciantes" [...] "O direito mercantil não é concebido para socorrer o agente individualmente considerado, mas o 'funcionamento do mercado'; o interesse da empresa é protegido na medida em que implica o bem do tráfico mercantil". [...]. "Alcançaríamos sempre a mesma conclusão: o direito mercantil não busca a proteção dos agentes econômicos singularmente considerados, mas da torrente de suas relações."(FORGIONI, Paula. *A evolução do direito comercial brasileiro: da mercancia ao mercado.* São Paulo: Revista dos Tribunais, 2009, p. 14-16).

[5] Fran Martins refere-se ao crédito como "a confiança que uma pessoa inspira a outra de cumprir, no futuro, obrigação atualmente assumida" e que "veio facilitar grandemente as operações comerciais, marcando um passo avantajado para o desenvolvimento das mesmas". (MARTINS, Fran. *Títulos de crédito*, v. I. 3 ed. Rio de Janeiro: Forense, 1991, p. 3).

[6] COMPARATO, Fabio K. Na proto-história das empresas multinacionais – O Banco Médici de Florença. *Revista de Direito Mercantil, Econômico e Financeiro*, Nova Série, São Paulo, a. XXII, n. 54, p. 105-111, abr./jun. 1984.

sistema jurídico que prestigie a tutela do crédito é a preservação do tráfego mercantil seguro.

Nesse sentido, uma das mais importantes conclusões dos estudos desenvolvidos em 2018 pela UNCITRAL[7] foi a de que o desenvolvimento de medidas de *enforcement* no sistema de recuperação de créditos – caracterizadas pela previsibilidade, transparência e confiabilidade – são essenciais ao bom funcionamento da *concessão do crédito*.

Isso quer dizer que uma das funções mais relevantes do direito da insolvência é também a de assegurar uma boa taxa de recuperação do crédito, de modo a *azeitar*[8] o fluxo das relações econômicas no mercado: "Um sistema jurídico que não tutela o crédito acaba por desestimular o fluxo de relações econômicas e comprometer o seu próprio funcionamento."[9]

Por essa razão, tanto a maximização do valor dos ativos quanto a implementação de mecanismos que assegurem taxas elevadas de recuperação de crédito, em benefício da coletividade de credores, devem ser resultados incentivados nos procedimentos concursais – sejam eles de natureza reorganizatória ou liquidatória.

Desse modo, não se pode perder de vista que uma das funções (econômica e jurídica) de qualquer processo concursal é a de *tutela do crédito*, sob a perspectiva da segurança do mercado (destinada à preservação do tráfego mercantil seguro, com estímulo ao fluxo das relações creditícias).

Portanto, reafirma-se que o princípio da *preservação da empresa*, sob a ótica de sua função social – conquanto de grande relevância – deve ser perseguido no procedimento concursal sem descolamento da diretriz basilar de *tutela do crédito*.

1. A alienação dos ativos em processos de insolvência e o problema dos credores não sujeitos aos efeitos da Recuperação Judicial

Na recuperação judicial, a alienação dos ativos é um dos métodos possíveis de financiamento da empresa em crise: trata-se de vender ativos imobilizados como meio de obter liquidez financeira. Na falência, ao contrário,

---

[7] Disponível em: <https://uncitral.un.org/en/texts/insolvency/modellaw/mlij>. Acesso em: 01 jul. 2021.

[8] FORGIONI, Paula. *Contratos Empresariais*. 6 ed. São Paulo: Revista dos Tribunais, 2021, p. 213.

[9] FORGIONI. *Contratos Empresariais...*, p. 167.

a lógica econômica da venda dos ativos será a de obter liquidez dos bens imobilizados, transformando-os em dinheiro, para viabilizar o pagamento dos credores.

Assim, muito embora a venda de ativos em bloco, seja ou não sob a forma de UPIs[10] – cujo conceito foi ampliado na reforma pela Lei 14.112/20 –, seja possível tanto nos procedimentos reorganizatórios, quanto na falência, a *ratio* econômica e jurídica do instituto é bem diversa num e noutro regime concursal.

A venda de UPIs nos processos concursais é um fenômeno bastante interessante para analisar a *aparente* dicotomia entre o *princípio da preservação da empresa* e o problema da *tutela do crédito*, porque, como ensina Jackson[11], trata-se de *"common pool problem"*, na medida em que é necessário equacionar o binômio do melhor resultado da alienação para assegurar o melhor pagamento possível dos credores, com a destinação mais eficiente dos ativos do devedor no mercado, a fim de que seja possível manter a atividade econômica.

Desse modo, tanto na Falência (art. 140, I e II, da LRE), quanto na Recuperação Judicial (art. 50, XVIII da LRE), pode-se alcançar uma solução de alienação em bloco dos ativos, o que, em última análise deveria resultar: (*i*) na valorização na venda dos ativos; e, simultaneamente, (*ii*) na continuidade do negócio, sob a direção de um novo empresário – o que reflete, segundo Sthanghellini, a *síndrome de fênix* observável no Direito Concursal[12]. Assim, em princípio, a *preservação da empresa* e a *tutela do crédito* são (ou deveriam ser) mecanismos de retroalimentação – ou seja, a melhoria de um resulta no incremento do outro e vice-versa.

Na falência, porém, a rigidez da ordem de pagamento, imposta pelos arts. 83 e 84 da LRE, atua como forte desincentivo para que os próprios credores se coordenem e assumam protagonismo da manutenção do *on going concern* pela venda em bloca dos ativos. Todavia, é na falência que há segurança plena para eventuais adquirentes dos ativos da devedora, com total esterilização do passivo, exatamente porque a totalidade dos

---

[10] Art. 60-A da LRE, inserido pela Lei 14.112/20.

[11] JACKSON, Thomas, H. *The logic and limits of Bankruptcy Law.* Washington, DC: Beard Books, 1986, p. 159-192.

[12] STANGHELLINI, Lorenzo. *Le crisi di impresa fra diritto ed economia* (le procedure di insolvenza). Bologna: Il Mulino, 2007, p. 205.

credores: (*i*) sejam concursais ou extraconcursais deverão, sem exceção, receber seus créditos no procedimento falimentar (inclusive os fiscais, conforme redação do recém acolhido art. 7-A da LRE); e (*ii*) sobretudo pelo fato de que os credores se sub-rogam no produto da venda dos ativos (art. 141, LRE), o que não ocorre na recuperação judicial.

Veja-se que, muito embora o parágrafo único do art. 60 e o art. 60-A da LRE assegurem a ausência de sucessão das obrigações da devedora na Recuperação Judicial, a venda de UPIs deve ser interpretada de forma conjunta com o previsto no art. 50, XVIII, da LRE[13] (introduzido pela Lei 14.112/20).

Nesse cenário, exige-se que os credores não submetidos aos efeitos da Recuperação Judicial (leia-se aqui: os extraconcursais e os fiscais) tenham garantia de que serão pagos em condições melhores do que a que teriam na falência. Lembremos que os credores extraconcursais são os primeiros na ordem de prelação (art. 84 da LRE), e que os credores fiscais (art. 83, III, da LRE) encontram-se abaixo dos créditos trabalhistas, que são limitados a 150 (cento e cinquenta) salários-mínimos por colaborador, e dos créditos com garantia real (art. 83, II, da LRE).

Trata-se de reconhecimento explícito de que os ativos do devedor não podem ser integralmente alienados sem que se assegure aos credores excluídos dos efeitos da Recuperação Judicial, tratamento superior ao que receberiam na falência.

Gostaria de chamar a atenção do leitor para a situação específica do credor fiscal que, repita-se, na ordem de vocação dos créditos concursais é o terceiro a ser atendido na falência (art. 83, III, da LRE). Agora, por força do art. 7-A da LRE, esses credores terão o benefício de uma verificação e classificação de seus créditos a ser realizada de ofício pelo administrador judicial. Note-se que, em matéria de execuções fiscais, há disciplina especializada na caracterização de fraude a credor, a qual se reconhece mesmo que não existam anotações de restrição conferindo publicidade à dívida tributária – ou seja, no caso de bem imóvel, mesmo sem anotação de penhora na matrícula, prevalecerá a fraude a execução, bastando que a dívida fiscal esteja inscrita.

---

[13] "XVIII – venda integral da devedora, desde que garantidas aos credores não submetidos ou não aderentes condições, no mínimo, equivalentes àquelas que teriam na falência, hipótese em que será, para todos os fins, considerada unidade produtiva isolada."

Com efeito, o STJ definiu que, a partir da redação do artigo 185 do CTN dada pela Lei Complementar n. 118, de 2005, é inaplicável a Súmula 375 para execução fiscal. Assim, fixou-se o entendimento de que, mesmo que o adquirente tenha agido de boa-fé, a compra de ativos depois da inscrição do débito em dívida ativa caracteriza presunção de fraude na execução. Segundo o STJ[14], o artigo 185 do CTN resguarda um interesse público contra atos de dilapidação patrimonial por parte do devedor fiscal, porquanto o recolhimento dos tributos serve à satisfação das necessidades coletivas; de modo que pouco importa o direito do terceiro de boa-fé.

Nessa linha de ideias, e especialmente porque o STJ vem sistematicamente dispensando a apresentação de CND para a concessão da Recuperação Judicial[15] – que, na letra expressa do art. 57 da LRE[16],

---

[14] "PROCESSUAL CIVIL E TRIBUTÁRIO. EMBARGOS DE DECLARAÇÃO NO RECURSO ESPECIAL REPRESENTATIVO DE CONTROVÉRSIA. ART. 543-C DO CPC/1973. OCORRÊNCIA DE ERRO MATERIAL. EMBARGOS DE TERCEIRO. FRAUDE À EXECUÇÃO FISCAL. ALIENAÇÃO DE BEM POSTERIOR À INSCRIÇÃO EM DÍVIDA ATIVA.IRRELEVANTE, NA HIPÓTESE, O FATO DE INEXISTIR REGISTRO NO DEPARTAMENTO DE TRÂNSITO-DETRAN. INEFICÁCIA DO NEGÓCIO JURÍDICO, MESMO NA HIPÓTESE DE SUCESSIVAS ALIENAÇÕES. PRESUNÇÃO JURE ET DE JURE. ART. 185 DO CTN, COM A REDAÇÃO DADA PELA LC 118/2005. INAPLICABILIDADE DA SÚMULA 375/STJ. QUESTÕES NÃO SUSCITADAS EM CONTRARRAZÕES. PRECLUSÃO CONSUMATIVA. EMBARGOS DE DECLARAÇÃO DO PARTICULAR PARCIALMENTE ACOLHIDOS, PARA SANAR ERRO MATERIAL, SEM, CONTUDO, CONFERIR-LHES EFEITOS MODIFICATIVOS." (STJ, 1ª Seção, EDcl no REsp 1.141.990/PR, Rel. Min. Napoleão Nunes Maia Filho, j. 14/11/2018).

[15] Mesmo depois do advento da Lei n. 13.043/04, que regulamentou o parcelamento fiscal especial para empresas em regime de recuperação judicial.

[16] "PROCESSUAL CIVIL E TRIBUTÁRIO. AGRAVO INTERNO. EMPRESA EM RECUPERAÇÃO JUDICIAL. CERTIDÃO NEGATIVA DE DÉBITOS. APRESENTAÇÃO DISPENSÁVEL.

1. A Corte Especial do Superior Tribunal de Justiça aplicou exegese teleológica à nova Lei de Falências, objetivando dar operacionalidade à Recuperação Judicial. Assim, entendeu ser desnecessária a comprovação de regularidade tributária, nos termos do art. 57 da Lei 11.101/2005 e do art. 191-A do CTN, diante da inexistência de lei específica a disciplinar o parcelamento da dívida fiscal e previdenciária de empresas em recuperação judicial (REsp 1.187.404/MT, Rel. Ministro Luis Felipe Salomão, Corte Especial, DJe 21/8/2013).

2. Sem negar prima facie a participação de empresa em processo de licitação pela exigência de apresentação de Certidão Negativa de Débitos (CND), aplica-se a vontade expressa pelo legislador da Lei de Recuperação Judicial, viabilizando, de forma efetiva, à sociedade empresária a superação da crise econômico-financeira. Precedentes: AgRg no AREsp 709.719/RJ, Rel.

deveria ser exibida pelo devedor, como pré-requisito para sua concessão –, a cautela do adquirente de ativos em processos reorganizatórios de recuperação judicial deve ser redobrada.

Note-se, a dispensa da CND[17] não faz a obrigação fiscal desaparecer; somente autoriza a concessão da Recuperação Judicial apesar de a devedora não ter regularizado sua situação de dívida tributária. E tal situação só reforça o fato de que, se devedores em Recuperação Judicial não mantiverem ativos suficientes para pagar o crédito fiscal, poderá vir a ser caracterizada a fraude a execução fiscal e o bem adquirido no processo concursal poderá, em tese, ser atingido.

Isso quer dizer que o devedor em recuperação judicial deverá manter meios suficientes ou bens que assegurem o pagamento de credores não sujeitos ao primeiro procedimento, como é o caso do credor fiscal, pois, na hipótese de convolação em falência, os bens alienados poderão vir a ser chamados a responder por dívidas previstas nos arts. 84 e 83, III, da LRE.

Aliás, a *ratio* do art. 50, XVIII, da LRE, recém introduzido pela reforma pela Lei 14.112/20, é bastante clara: o plano de recuperação judicial não pode esvaziar o patrimônio ativo do devedor e, com isso, prejudicar os direitos dos credores não sujeitos aos efeitos do plano.

Por outras palavras, sob a perspectiva do adquirente de ativos de devedores submetidos a procedimentos concursais, haverá, inegavelmente, maior segurança para compra de bens na Falência, do que na Recuperação Judicial. A devedora em Recuperação Judicial precisará demonstrar, na venda de ativos, que remanesce com bens e direitos suficientes para

---

Ministro Herman Benjamin, Segunda Turma, DJe 12/2/2016; REsp 1.173.735/RN, Ministro Luis Felipe Salomão, Quarta Turma, DJe 9/5/2014; AgRg na MC 23.499/RS, Rel. Ministro Humberto Martins, Rel. p/ Acórdão Ministro Mauro Campbell Marques, Segunda Turma, DJe 19/12/2014.

3. Agravo não provido." (STJ, Segunda Turma, AgInt no REsp 1.841.307/AM, Rel. Min. Herman Benjamin, j. 30/11/2020, DJe 09/12/2020).

[17] A dispensa de prova de regularidade fiscal para concessão da recuperação judicial é pacificada no STJ: STJ, Corte Especial, REsp 1.187.404/MT, Rel. Min. Luis Felipe Salomão, j. 19/06/2013, DJe 21/08/2013; STJ, Segunda Turma, AgRg no AResp 709.719/RJ, Rel. Min. Herman Benjamin, j. 13/10/2015, DJe 12/02/2016; STJ, Corte Especial, REsp 1.173.735/RN, Rel. Min. Luis Felipe Salomão, j. 26/02/2014, DJe 12/03/2014; STJ, Segunda Turma, AgRg na MC 23.499/RS, Rel. Min. Humberto Martins, j. 18/12/2014, DJe 19/12/2014.

atender credores fiscais e extraconcursais, em caso de convolação em falência.

Mas como a venda de ativos poderá (ou deverá) ocorrer na falência?

1.1. A venda de ativos na *Falência*

Um ponto de atenção na venda de ativos na falência é que se trata de uma modalidade de "alienação forçada"[18] – que é resultado do afastamento obrigatório do devedor, efeito compulsório da quebra (art. 103 da LRE) –, o que aumenta os riscos de perda de valor dos ativos na venda a ser realizada no interesse dos credores.

Assim, um meio de reduzir essa ameaça seria *organizar um plano de venda de ativos* que leve em conta a manutenção do *on going concern* – o que tende a aumentar o seu valor de venda – pela preservação do sobrepreço que decorre dos bens organizados como empresa.

Aliás, é nesse mecanismo que está o *princípio da preservação da empresa* na falência, tal como previsto na letra do art. 75 da LRE: promover a realocação do negócio em marcha para um novo empresário, completamente esterilizado do passivo vinculado à massa falida e a seus credores.

Para que seja possível alcançar essa finalidade, a continuidade dos negócios da falida é uma realidade que precisa ser avaliada com cautela, com o fim de manter o "negócio em marcha" para impedir que se perca a *organização* (coordenação entre pessoas e os bens tangíveis e intangíveis) que lhe outorga valor.

2. A continuação da atividade do falido na LRE: sugestões de implementação por interpretação sistemática

Um dos efeitos da falência é o desapossamento compulsório dos bens do devedor, previsto no art. 103 da LRE, que, em princípio, tornaria inviável a prática da atividade empresarial, já que a falida – que se mantém proprietária dos bens até a sua venda – perde o direito de administrar os ativos que integram o estabelecimento empresarial.

---

[18] Na definição das Normas Técnicas da ABNT (Associação Brasileira de Normas Técnicas) dada pela NBR 14.653 – Parte 1, é "condição relativa à hipótese de uma venda compulsória ou em um prazo menor que o médio de absorção pelo mercado". Em outras palavras, é o valor do bem quando é necessário vendê-lo em um prazo menor do que naturalmente ocorre no mercado. Disponível em: <https://www.abntcatalogo.com.br/norma.aspx?ID=419099>. Acesso em: 01 jul. 2021.

Portanto, a paralisação da atividade econômica como efeito da falência imporia um obstáculo concreto para a venda em bloco dos ativos, sob a forma de UPIs, com potencial perda do *going concern value*. Isso porque a *atividade* é ínsita à existência do estabelecimento empresarial – ou seja, esse existe "em função da atividade desenvolvida"[19], razão pela qual o pressuposto necessário de sua manutenção é a *exploração*[20] da empresa.

Na tentativa de superar os efeitos dessa dificuldade, o regime da continuidade de negócios da falida afigura-se como solução possível, com a finalidade de manter o negócio em marcha com vistas à futura transferência para novo empresário.

No DL 7.661/45, a disciplina do instituto da continuidade de negócios da falida já era bastante simplificada, e na LRE foi quase que totalmente suprimida, com referência apenas nos arts. 99, VI e XI, e 150, sem qualquer sistematização.

De fato, a LRE trata *"en passant"* da continuidade de negócios na falência, sem fixar o modo e as balizas pelos quais se deveria *preservar* a unidade dos bens que integram o estabelecimento e dos contratos que sustentam sua existência – o que seria fundamental diante do valor econômico que tais vínculos representam, e que podem ser essenciais para performar uma alienação bem-sucedida da venda em bloco, prevista no art. 140, I e II, da LRE.

Assim, é importante que se diga, desde logo, que, em hipótese alguma, a continuidade de negócios da falida pode resultar em agravamento da situação dos credores. Bem ao contrário, sua disciplina deve ser integralmente dirigida pela melhor satisfação do interesse da coletividade de credores, e a manutenção do *going concern value* deve ser exclusivamente orientada para alcançar o melhor resultado na alienação conjunta dos bens (art. 140, I e II, da LRE).

A finalidade do instituto, portanto, é a de proporcionar a venda em marcha dos negócios, com o melhor resultado para os credores.

Portanto, a manutenção do estabelecimento empresarial pela continuidade de negócios, depois da quebra, consiste em *meio* (instrumento)

---

[19] BARRETO FILHO, Oscar. *Teoria do estabelecimento comercial*. São Paulo: Max Limonad, 1969, p. 138.
[20] BARRETO FILHO. *Teoria do estabelecimento comercial...*, p. 140.

de preservação do valor correlato do *on going concern*[21], com vista à melhor oportunidade de venda do ativo organizado, a ser operacionalizada pelos órgãos da falida.

A continuidade de negócios deve ter prazo determinado, inclusive para homenagear a regra recém acolhida pela reforma pela Lei 14.112/20[22], de que a venda de todos os bens da massa falida deve ocorrer no prazo máximo de 180 (cento e oitenta) dias, contado da data da juntada do auto de arrecadação, exceto por decisão judicial que prorrogue esse prazo.

Muitos dirão que o prazo é exíguo, mas é compatível com a necessária celeridade que deve orientar o processo falimentar[23]. Além disso, considerando-se que o prazo de apresentação de um plano de recuperação judicial é de 60 (sessenta) dias (art. 53 da LRE), é coerente que, na falência, possa ser elaborado e implementado um *plano de venda dos bens da massa falida* em 180 (cento e oitenta) dias.

Assim, parece-nos que a solução para que o administrador judicial atenda ao prazo de 180 (cento e oitenta) dias acima referido está, a exemplo do que há em outros sistemas jurídicos, na elaboração de um plano de venda dos ativos.

Confira-se, no Direito Francês[24], "*la loi de sauvegard fasse appaîretre le plan de cession comme une technique de réalization des actifs em liquidation judiciaire, la*

---

[21] A propósito, Lorenzo Stanghellini anota que: "*Qualora un'impresa in crisi abbia un valore positivo, in quanto produce ricchezza (ancorché tale ricchezza non basti all'imprenditore per pagare i debiti in scadenza), si usa dire che essa è dotata di un valore di 'going concern', nel senso che il suo valore in attività (mantenuta in esercizio) è superiore al suo valore di liquidazione (al valore della somma dei suoi componenti). Il concetto di valore di 'going concern', pur non coincidendo completamente con quello di 'avviamento', si avvicina a questo, che pertanto useremo.*" (STANGHELLINI. *Le crisi di impresa...*, p. 68-69). Em tradução livre: "Sempre que uma empresa em dificuldades tem um valor positivo, enquanto apta a produzir riqueza (embora apenas esta riqueza não baste ao empresário para pagar dívidas vencidas), diz-se que essa é dotada de um valor de 'going concern', no sentido de que seu valor em atividade (manutenção em exercício) é superior ao seu valor de liquidação (ao valor da soma de seus componentes). O conceito de valor do 'going concern', embora não completamente coincidente com aquele de 'aviamento', aproxima-se deste e, portanto, é como o utilizaremos".

[22] Art. 22, III, *j*, da LRE.

[23] Art. 75, §1º, da LRE.

[24] No Direito Francês, que prevê o *plan de cession* (SOUWEINE, Carole. *Droit de l'entreprise en difficulté.* 2 édition, Grenoble: PUG – Press Universitaires de Grenoble, 2007, p. 85).

finalité du plan de cession n'a pas changé" ou seja, *"le plan de cession a pour finalité première le maintien de l'explotation et par là même, de l'emploi"*[25].

Identifica-se, no Direito Italiano, o *programma di liquidazione*, que conterá previsão de prazos e modalidades de liquidação dos bens[26], elaborado pelo *curatore*[27].

E, no Direito Espanhol, prevê-se a possibilidade de elaboração de um *"plan de liquidación"*[28] que, fundamentalmente, consiste na disposição dos modos de realização dos ativos na *liquidación*, mediante *"ordenación sistemática y económicamente racional de realización forzosa de los bienes del deudor concursado para, con sus resultados, satisfacer los intereses de los acreedores del deudor común, es decir, pagarles"*.[29]

Portanto, a recomendação é a de que o administrador judicial elabore um plano de venda dos ativos em bloco, que poderá inclusive conter mais de uma proposta de organização na venda dos ativos em UPIs.

Nesse caso, parece-nos que a autorização judicial, com participação ativa dos credores[30], para atuação de um *gestor judicial* – a exemplo do que ocorre na Recuperação Judicial, no caso de afastamento do devedor – é de todo recomendável, como adiante será melhor exposto. E, nessa linha de ideias, a administração do negócio da falida pelo gestor judicial

---

[25] LE CORRE, Pierre-Michel; LE CORRE-BROLY, Emmanuelle. *Droit des entreprises en difficulté*. 2 édition, Paris: Sirey Université, 2006, p. 260.

[26] O programa de venda dos bens elaborado pelo *curatore* conterá, em suma: (*i*) avaliação da possibilidade de continuação provisória dos negócios; (*ii*) avaliação de possibilidade de proposta de concordata e seu eventual conteúdo; (*iii*) indicação de ações revocatórias eventualmente cabíveis; (*iv*) possibilidade de cessão, como um todo, do estabelecimento ou de determinadas partes deste; e (*v*) condições de venda dos ativos individualmente considerados. (IANNIELLO, Barbara. *Il nuovo Diritto Fallimentare* (Guida ala Riforma delle procedure concursuali). Milano: Giuffrè, 2006, p. 261).

[27] IANNIELLO. *Il nuovo Diritto Fallimentare...*, p. 261.

[28] HUALDE LÓPEZ, Ibon. *Régimen Jurídico de la administración concursal en la fase de liquidación del concurso* – Estudios de derecho concursal. Madrid: Editorial Civitas, 2009, p. 301-304.

[29] BLASCO GASCÓ, Francisco de Paula. Comentario al artículo 148. In: SAGRERA TIZÓN, J. M.; SALA REIXACHS, A.; FERRER BARRIENDOS, A. (coord.). *Comentarios a la Ley Concursal*, t. II. Barcelona: Bosch, 2004, p. 1546.

[30] Entende-se que os credores devem votar e autorizar a continuidade de negócios, bem como a nomeação do gestor judicial, e que o quórum de aprovação de tais deliberações deve ser o previsto no art. 46 da LRE, dada a excepcionalidade da medida, voltada à alienação de bens.

deve orientar-se exclusivamente para viabilizar a futura venda dos bens organizados sob a forma de UPIs, no interesse dos credores.

Nesse sentido, e porque o administrador judicial é o órgão – em colaboração com o comitê de credores (se instalado) e sob a fiscalização do juiz – responsável pela venda dos ativos da falida, sua atuação será fundamental para o sucesso do regime da continuidade de negócios voltado para obtenção do melhor resultado possível na venda de bens no processo falimentar.

3. O papel do Administrador Judicial na falência e na continuidade de negócios da falida

O administrador judicial é cargo de confiança do juízo que o nomeia; o que faz total sentido, já que se trata do órgão que – excetuada a função da prestação jurisdicional para solução de conflitos que cabe exclusivamente ao Juízo – operacionaliza todas as demais atividades relacionadas ao procedimento concursal no âmbito judicial.

É órgão que assume grande porção de responsabilidade para que o concurso de credores – seja na recuperação judicial ou na falência – chegue a bom termo.

Assim, na falência, as necessidades práticas da massa serão implementadas pelo administrador judicial[31], o que incluirá a coordenação do regime de continuidade de negócios da falida.

Nesse sentido, e ante a omissão legislativa da disciplina da continuidade de negócios da falida, o administrador judicial terá certa discricionariedade de atuação, sem prejuízo de que seja levada ao crivo de decisão judicial qualquer controvérsia decorrente.

O administrador judicial atuará sob a fiscalização direta do juízo e do comitê de credores, se instalado. Dado que esse órgão pode valer-se de profissionais que o auxiliem no desempenho de suas funções[32], na hipótese de continuidade de negócios da falida, a nomeação de um *gestor judicial* é medida de rigor. O administrador judicial deve concentrar seus esforços

---

[31] MENDES, Bernardo Bicalho de Alvarenga. A importância do administrador judicial como órgão auxiliar ao juízo falimentar na busca da eficácia dos processos falimentares e de recuperação judicial de empresas. *Revista de direito mercantil, industrial econômico e financeiro*, v. 155/156, p. 263-268, ago./dez. 2010.

[32] Art. 25 da LRE.

na obtenção do melhor resultado na venda dos bens; mas a gestão de uma atividade econômica em marcha não é objeto de sua expertise, sequer é atribuição que lhe cabe pela LRE.

A indicação do *gestor judicial*, por analogia e interpretação sistemática da LRE, deve seguir o rito previsto no art. 35, I, 'e', bem como no art. 65 da LRE. Uma vez nomeado e em atuação, caberá ao administrador judicial fiscalizar sua atuação e, em particular, o cumprimento das diretrizes necessárias para venda do negócio em marcha.

Considerando-se que o administrador judicial tem, como uma de suas atribuições, a de praticar todos os "atos necessários à realização do ativo"[33], a maximização do valor de venda de tais bens depende essencialmente da performance do administrador judicial na falência[34], e é por isso que lhe incumbirá fiscalizar a atuação do gestor judicial na quebra, tal como faz com o devedor, na recuperação judicial. Aqui, sem dúvida, está um dos mais relevantes aspectos de aferição da eficiência do processo falimentar, diretamente relacionado à atuação e às responsabilidades do administrador judicial. A confirmar essa ideia está o fato de que a remuneração do administrador judicial, na falência, é vinculada ao resultado obtido na venda dos ativos.

Como regra, a decisão sobre a continuidade de negócios é feita na própria sentença de quebra; mas, não ocorrendo, nada impede que o administrador judicial ou os credores requeiram essa providência – medida que deve ser deferida, desde que a análise do negócio conduza a uma solução de possibilidade de maximização do valor de venda dos ativos, pela preservação do estabelecimento empresarial. O "objetivo principal é vender a empresa, ou suas partes, pelo maior valor possível, distribuindo-se os recursos entre os credores"[35].

---

[33] Artigo 22, III, *i*, da Lei n. 11.101/05.

[34] O administrador judicial tem "a função de agir em prol dos interesses dos credores, maximizando e preservando a massa falida em vista ao atendimento do deslinde falimentar". (MENDES, Bernardo Bicalho de Alvarenga. A importância do administrador judicial como órgão auxiliar ao juízo falimentar na busca da eficácia dos processos falimentares e de recuperação judicial de empresas. *Revista de direito mercantil, industrial econômico e financeiro*, v. 155/156, p. 263-268, ago./dez. 2010, p. 267).

[35] BARRICHELLO, Stefania Eugenia. Análise econômica da nova lei brasileira de falências e recuperação de empresas. *Revista de Direito Mercantil, Industrial Econômico e Financeiro*, Nova Série, São Paulo, a. XLVI, n. 147, p. 194-209, jul./set. 2007, p. 204.

O exercício da empresa pelo *gestor judicial* deve ser orientado pelo administrador judicial para facilitar e promover melhor resultado na venda dos ativos da falida – o que deve ocorrer com fiscalização do comitê de credores, se instalado. Porém, isso não deve desestimular a participação dos credores em temas de maior relevo, permitindo-se que votem – em assembleia ou por escrito –, como, por exemplo, há hipóteses de cogitar eventual prorrogação da continuidade de negócios, considerando-se o prazo de 180 (cento e oitenta) dias para alienação.

Isso porque a continuidade de negócios não deve ser dirigida à obtenção de lucro, mas tão somente à manutenção da organização que resulta do estabelecimento comercial (e do valor agregado que isto representa), de modo a potencializar a venda, no interesse dos credores. Como já dissemos:

> "É fundamental que esse foco não se perca, pois não se pretende alçar a massa falida a agente econômico, na medida em que não se pode impor aos credores a assunção do risco inerente à atividade empresarial. A atividade da massa não pode, em hipótese alguma, aumentar o passivo."[36]

Em apoio ao que ora se afirma está a disciplina dos arts. 84, I-A, e 150 da LRE que trata das obrigações assumidas pela massa falida em decorrência da continuidade de negócios como crédito extraconcursal, as quais devem ser atendidas pelo administrador judicial "com os recursos disponíveis em caixa". Portanto, é preciso muito cuidado para que as despesas geradas pela continuidade de negócios não aumentem o passivo, em prejuízo dos credores.

Em suma, reitera-se o que já dissemos[37], no sentido de que a concretização da continuidade de negócios deve ser norteada pelo seguinte: (*i*) a preservação dos ativos para venda em bloco, na forma do art. 140, I e II, da LRE, deve ser observada; (*ii*) a massa falida não pode ser onerada com déficit decorrente de novas obrigações que resultem da atividade econômica (que, por exemplo, gerará obrigação de pagar tributos e verbas salariais, cujo cumprimento deve ser rigorosamente fiscalizado pelo administrador judicial); (*iii*) os credores devem, necessariamente, ser beneficiados com o gerenciamento dos ativos; e (*iv*) nenhuma atividade

---

[36] PUGLIESI. *Direito Falimentar...*, p. 180.
[37] PUGLIESI. *Direito Falimentar...*, p. 181.

negocial deve ser impeditiva de atos de alienação – ao contrário, deve atuar como elemento facilitador desta (ou seja, a venda dos negócios em marcha).

Todo esse pano de fundo da continuidade de negócios deve ser assegurado pela atuação do administrador judicial, a quem se incumbirá a obtenção do melhor resultado na venda dos ativos. Espera-se, portanto, que a venda em bloco seja viabilizada e incrementada pela continuidade de negócios da falida, no interesse de alcançar a melhor satisfação possível dos direitos dos credores da massa.

Conclusões

A falta de arcabouço legal na LRE a respeito da continuidade de negócios não deve servir de desestímulo para sua aplicação. Deve-se, contudo, pautar o instituto no interesse dos credores, como meio de otimizar o valor de venda dos ativos em bloco.

Um administrador judicial competente e ético saberá conduzir a venda dos ativos de modo a maximizar seu valor, o que beneficiará os credores e proporcionará a preservação da empresa na falência, tal como preconiza o art. 75 da LRE.

Referências

ALEMÁN MONTERREAL, Ana. *La Insolvencia* – Una Questión de Terminologia Jurídica. Santiago de Compostela: Andavira Editora, 2010.

BARBIERI, Pablo C. *Concursos y Quiebras* – Ley 24.522 Comentada y Concordada. Buenos Aires: Editorial Universidad, 2006.

BARRETO FILHO, Oscar. *Teoria do estabelecimento comercial*. São Paulo: Max Limonad, 1969.

BARRICHELLO, Stefania Eugenia. Análise econômica da nova lei brasileira de falências e recuperação de empresas. *Revista de Direito Mercantil, Industrial Econômico e Financeiro*, Nova Série, São Paulo, a. XLVI, n. 147, p. 194-209, jul./set. 2007.

BLASCO GASCÓ, Francisco de Paula. Comentario al articolo 148. In: SAGRERA TIZÓN, J. M.; SALA REIXACHS, A.; FERRER BARRIENDOS, A. (coord.). *Comentarios a la Ley Concursal*, t. II. Barcelona: Bosch, 2004.

CARVALHO DE MENDONÇA, José Xavier. *Das falências e dos meios preventivos de sua declaração*. São Paulo: Typografia Brasil de Carlos Guerke & Cia., 1899.

COMPARATO, Fabio K. Na proto-história das empresas multinacionais – O Banco Médici de Florença. *Revista de Direito Mercantil, Econômico e Financeiro*, Nova Série, São Paulo, a. XXII, n. 54, p. 105-111, abr./jun. 1984.

DASSO, Ariel A. *Derecho Concursal Comparado*, t. I. Buenos Aires: Legis, 2009.

_____. *Derecho Concursal Comparado*, t. II. Buenos Aires: Legis, 2009.

FERNANDES, Luís A. Carvalho; LABAREDA, João. *Código da Insolvência e da Recuperação das Empresas Anotado*. Lisboa: Quid Juris, 2009.

FORGIONI, Paula. *A evolução do direito comercial brasileiro:* da mercancia ao mercado. São Paulo: Revista dos Tribunais, 2009.

_____. *Contratos Empresariais*. 6 ed. São Paulo: Revista dos Tribunais, 2021.

HUALDE LÓPEZ, Ibon. *Régimen Jurídico de la administración concursal en la fase de liquidación del concurso* – Estudios de derecho concursal. Madrid: Editorial Civitas, 2009.

IANNIELLO, Barbara. *Il nuovo Diritto Fallimentare* (Guida ala Riforma delle procedure concursuali). Milano: Giuffrè, 2006.

JACKSON, Thomas H. *The logic and limits of Bankruptcy Law*. Washington, DC: Beard Books, 1986.

JEANTIN, Michel; LE CANNU, Paul. *Entreprises en dificulté*. 7 édition. Paris: Dalloz, 2007.

LE CORRE, Pierre-Michel; LE CORRE-BROLY, Emmanuelle. *Droit des entreprises en difficulté*. 2 édition. Paris: Sirey Université, 2006.

MARTINS, Fran. *Títulos de crédito*, v. I. 3. ed. Rio de Janeiro: Forense, 1991.

MENDES, Bernardo Bicalho de Alvarenga. A importância do administrador judicial como órgão auxiliar ao juízo falimentar na busca da eficácia dos processos falimentares e de recuperação judicial de empresas. *Revista de direito mercantil, industrial econômico e financeiro*, v. 155/156, p. 263-268, ago./dez. 2010.

PUGLIESI, Adriana Valéria. *Direito Falimentar e Preservação da Empresa*. São Paulo: Quartier Latin, 2013.

SOUWEINE, Carole. *Droit de l'entreprise en difficulté*. 2 édition. Grenoble: PUG – Press Universitaires de Grenoble, 2007.

STANGHELLINI, Lorenzo. *Le crisi di impresa fra diritto ed economia* (le procedure di insolvenza). Bologna: Il Mulino, 2007.

VALVERDE, Trajano de Miranda. *Comentários à lei de falências*, v. I. 4 ed. atual. por J. A. Penalva dos Santos e Paulo Penalva Santos. Rio de Janeiro: Forense, 1999.

34. O ADMINISTRADOR JUDICIAL E A SISTEMÁTICA DA FALÊNCIA FRUSTRADA

Manoel Justino Bezerra Filho

Introdução

Tanto o procedimento da recuperação judicial quanto o procedimento da falência, são bastante complexos, com idas e vindas constantes, com reinício de fases que já pareciam terminadas (*v.g.*, quando surge um novo bem a ser arrecadado – art. 108 e ss.), com processos incidentes (habilitações) ou distribuídos para correr em autos apartados (ação revocatória (art. 129 e ss.), pedido de restituição (art. 85 e ss), etc.). Estes poucos exemplos foram tomados a esmo, apenas para deixar bem claro, desde logo, a extrema complexidade do procedimento falimentar e recuperacional. Relembre-se, ainda, a existência de um capítulo específico para a apuração de eventuais crimes falimentares (art. 168 e ss.) e o novo Capítulo VI-A, introduzido pela reforma trazida pela Lei 14.112/2020 (art. 167-A e ss), tendo por objeto a chamada "insolvência transnacional".

A par de tudo isto, em princípio, todos os processos e/ou incidentes que envolvem a massa falida, respeitadas as exceções legais, devem ser resolvidos pelo juízo da falência, juízo universal na forma estabelecida pelo art. 76 da LREF. Para o processo de recuperação judicial, não há previsão de direito positivo para a universalidade. No entanto, a jurisprudência, bem como a doutrina, rapidamente estabeleceram, de forma pacífica, uma certa universalidade mitigada (sem embargo da contradição em termos, que aflora do nome), no sentido de carrear ao juízo recuperacional, várias atribuições, em prejuízo daqueles que seriam os juízes naturais das causas. Isto ocorre, por exemplo, no fato de o juiz recuperacional ter o poder de impedir a retirada de bens que estão sendo executados em feitos que, segundo a lei, deveriam prosseguir normalmente por não estar o débito submetido aos efeitos da recuperação.

Outro aspecto que deve ser considerado, no sentido de acrescer dificuldades à fiscalização do andamento destes processos, de natureza recuperacional ou falimentar, é o fato de a maioria dos atos ocorrerem fora dos autos, propiciando grandes mudanças na situação fática externa. Com efeito, durante a recuperação judicial, a sociedade empresária continua atuando normalmente, exercendo sua atividade empresarial sob a orientação dos mesmos dirigentes que cuidaram sempre de sua administração. Na falência, a arrecadação de bens, o exame detalhado de cada um dos negócios feitos, a avaliação dos bens arrecadados para efeito de alienação judicial, tudo isto ocorre fora dos autos.

Por isto mesmo, pode-se dizer, sem qualquer rigor científico e apenas como elemento de comparação, que há uma certa "dosagem da verdade" para os elementos de conhecimento que adentram os autos. O que carece de rigor científico, no caso, é pretender medir a "quantidade de verdade", mas poder-se-ia fazer uma comparação, para dizer, por exemplo, que, em uma ação de indenização por batida de carros, a dose de verdade que vem para os autos estaria em torno de 70% (sem qualquer rigor científico, repita-se), porcentagem que cairia para 30%, quando se trata de questões de família, de desentendimento entre casais que estão a se separar.

Em tais casos, é natural que o amigo do motorista envolvido no acidente tente ressaltar em seu depoimento aspectos favoráveis a ele. Mesmo admitindo-se que a testemunha não queira correr o riso de mentir em juízo, ainda assim ela jogará menos luz sobre elementos fáticos que possam trazer vantagem ao outro envolvido, preocupando-se em trazer mais vivamente os elementos que possam favorecer seu amigo. Nas questões de família, é natural uma certa reserva sobre fatos mais íntimos, que nenhuma das partes quer ver publicada em processo e, assim, a dosagem de verdade é inferior àquela da situação existente no caso de simples acidente de trânsito.

No caso de falência e recuperação, processo no qual os atos de administração ocorrem fora dos autos, pode-se dizer que a realidade (ou a verdade) que vem para os autos fica em torno de 10%, sempre relembrando-se a falta de rigor científico para tal afirmação, que se baseia em puro empirismo e simples observação. Enfim, o que se vê é que à complexidade natural de um processo, no qual o juiz tem que resolver praticamente todos os negócios pendentes (no caso de falência) ou grande parte deles (no caso de recuperação), junta-se a mutação externa fática constante, natural no mundo fremente dos negócios.

Por tudo isto, é que a lei prevê a existência de órgãos auxiliares do juízo no andamento de tais feitos, criando a figura do administrador judicial (arts. 21 a 25 e 30 a 34), do comitê de credores (arts. 26 a 29 e 30 a 34) e da assembleia geral de credores (arts. 35 a 46).

O administrador judicial, embora possa ser unitário, possa ser um único advogado ou qualquer outra pessoa, é considerado órgão auxiliar. Gabriel José de Orleans e Bragança anota que o "administrador judicial qualifica-se como um órgão da administração do processo de recuperação judicial, da falência e da justiça, como já defendia Trajano de Miranda Valverde sob a égide do Decreto-Lei 7.661/45"[1].

1. Não essencialidade das figuras do comitê de credores e da assembleia geral de credores

Destes três órgãos auxiliares do juízo na administração do processo de falência e/ou recuperação judicial, apenas o órgão essencial, de existência obrigatória, é o órgão unitário representado pelo administrador judicial. O comitê de credores apenas existirá se determinado grupo de credores entender que deve contratar alguém para a sua representação e indicar este nome ao juiz para nomeação (art. 26, § 2º).

Na ausência de interesse por parte dos credores de determinada classe, o processo seguirá seu andamento normal, sem qualquer interrupção ou prejuízo. E, se pudesse surgir qualquer dúvida sobre a não essencialidade do comitê de credores, esta se desfaria com a leitura do art. 28 que prevê que: "Não havendo Comitê de Credores, caberá ao administrador judicial ou, na incompatibilidade deste, ao juiz exercer suas atribuições".

A propósito, apenas para relembrar, ressalte-se que o comitê de credores é uma figura que se pode dizer que "não pegou", como se fala vulgarmente. Com razão, dificilmente encontra-se tal figura, atualmente, em processo de recuperação judicial. Se, na recuperação, é raríssimo encontrar o comitê

---

[1] BRAGANÇA, Gabriel José de Orleans e. *Administrador judicial*: transparência no processo de recuperação judicial. São Paulo: Quartier Latin, 2017, p. 41.

de credores, pode-se dizer que é mais raro ainda encontrar algum em processo de falência, no qual é praticamente inexistente.

Da mesma forma, a assembleia geral de credores não é de ocorrência obrigatória, seja na falência, seja na recuperação. Na falência, pelo que a realização de uma assembleia representa em termos de dispêndio, é bastante raro que ocorra. Na recuperação judicial, normalmente para sociedades empresárias já de um certo porte, é muito comum a ocorrência de assembleia, muitas vezes repetindo-se em continuação; no entanto, é possível ocorrer uma recuperação, do princípio ao fim, sem a convocação de assembleia.

Como prevê o art. 36, a assembleia será convocada pelo juiz, por meio de edital e, instalada, será presidida pelo administrador judicial (art. 37); do ocorrido na assembleia, o administrador judicial providenciará ata, que será entregue ao juiz (§ 7º do art. 37), o qual apenas tomará conhecimento oficial do que foi deliberado, por meio desta referida ata. A LREF prevê especificamente em quais casos o juiz convocará a assembleia, previsão que vem nos artigos 22, I, g; 26; 36, § 2º; 52, § 2º e 4º; 56; 65; 69-H, § 2º; 72; 73, I; 99, XII; 142, § 3º-B, I. Se não ocorrer qualquer das hipóteses previstas nestes artigos, tanto a falência quanto a recuperação chegarão ao seu final sem que tenha ocorrido qualquer assembleia.

2. Essencialidade da figura do administrador judicial

Enfim, como examinado, é perfeitamente possível ocorrer o andamento normal de uma recuperação judicial ou de uma falência, do princípio ao final, sem que seja constituído comitê de credores ou sem que se realize qualquer assembleia geral de credores. No entanto, a figura do administrador judicial é essencial, indispensável, e não se pode imaginar o andamento normal de quaisquer destes tipos de processo, sem a figura do administrador.

Os autores são unânimes em reconhecer a absoluta indispensabilidade da figura de um administrador judicial bem preparado e em condições de desempenhar suas funções com profissionalismo. Eronides Aparecido Rodrigues dos Santos, embora focando o aspecto atinente à remuneração devida, ressalta esta indispensabilidade e este profissionalismo dizendo:

"Para alcançar o objetivo traçado pelo legislador na LRF, as funções do administrador judicial passaram a ser de extrema importância, pois, para efetividade dos processos judicial de insolvência (recuperação judicial e falência), passou-se a exigir, cada vez mais, a profissionalização da sua atividade como auxiliar no desenvolvimento do processo, motivo pelo qual sua atuação não é gratuita."[2]

Será nomeado com atenção ao estabelecido no art. 21. Na recuperação judicial, será nomeado na decisão que defere o processamento do pedido (art. 52, I) e na falência será nomeado na sentença que decreta a falência (art. 99, IX). A essencialidade do administrador pode-se perceber já de início pelo exame do art. 33, segundo o qual tanto o administrador quanto o membro do comitê serão intimados pessoalmente para assinar termo de compromisso, nos autos, no prazo de 48 horas. Já o art. 34 prevê que, se este prazo não for respeitado, "o juiz nomeará outro administrador judicial", nada prevendo com relação ao membro do comitê.

Isto porque, como já afirmado, a falência ou a recuperação judicial devem sempre, obrigatoriamente, contar com o auxílio da imprescindível figura do administrador judicial.

Como lembram Scalzilli, Spinelli e Tellechea: "O administrador judicial é homem de confiança do juízo [...] sua responsabilidade é para com a administração da justiça [...]. A isenção e a imparcialidade são condições 'sine qua non' para sua atuação"[3]. Ou seja, o único vínculo a que está preso o administrador judicial é a Lei e sua atuação é para que a Lei seja cumprida de forma isenta e rigorosa, sem qualquer preocupação com interesses particulares, seja do devedor, do credor ou de qualquer outro interessado.

Nomeado e compromissado, torna-se a principal figura auxiliar do juiz na administração do processo e deverá cumprir sua função, nos termos do art. 22, artigo que relaciona seus deveres. No inc. I prevê os deveres a cumprir na recuperação judicial e na falência, nas alíneas "a" a "i". No inc. II prevê os deveres a serem cumpridos na recuperação judicial, alíneas

---

[2] SANTOS, Eronides Aparecido Rodrigues dos. Considerações sobre a remuneração do administrador judicial na falência e na recuperação judicial. In: LUCCAS, Fernando Pompeu (coord.). *Reforma da Lei de Falências: Reflexões Sobre Direito Recuperacional, Falimentar E Empresarial Moderno*. São Paulo: Revista dos Tribunais, 2021, p. 182.

[3] SCALZILLI, João Pedro; SPINELLI, Luis Felipe; TELLECHEA, Rodrigo. *Recuperação de Empresas e Falência*. 3 ed. São Paulo: Almedina, 2018, p. 244-245.

"a" a "h" e, no inciso III, prevê suas obrigações e deveres na falência, alíneas "a" a "s".

O administrador judicial fica investido de uma série de poderes para que possa se desincumbir de suas obrigações. Embora aqui a análise esteja no campo do direito empresarial, ainda assim o administrador judicial assemelha-se à figura do administrador do campo do direito administrativo. Com efeito, é obrigado a exercer seus poderes e a cumprir o que a lei determina, ao contrário daqueles que, sem poder administrativo, podem optar por exercer determinado direito ou deixá-lo sem exercício. Aliás, especial cuidado deve tomar o administrador judicial, pois, se não cumprir com rigor e proficiência suas obrigações, poderá sofrer diversos tipos de pena, tanto no campo civil quanto no penal.

Há interessante discussão sobre ser ou não o administrador judicial equiparado ao funcionário público para fins de responsabilidade penal. Embora haja corrente doutrinária a afirmar que esta equiparação existe, parece mais razoável o entendimento de Joyce Ruiz Bernier, para quem o "administrador judicial não exerce cargo ou função pública, mas tão somente exerce um múnus público"[4], o que não é suficiente para transformá-lo em funcionário público para fins penais.

O artigo 32 prevê que o administrador judicial responderá pelos prejuízos que causar à massa falida, ao devedor ou a outros credores, por dolo ou mesmo por simples culpa. Além desta responsabilização pessoal de natureza civil, pode sofrer consequências também de natureza penal, tomando-se como simples exemplo o art. 23, que prevê crime de desobediência para o administrador que não apresentar suas contas, ou qualquer dos relatórios previstos, no prazo estabelecido em lei.

3. Ligeira advertência, quase inútil

Esta lembrança ou advertência pode parecer efetivamente inútil. No entanto, na atividade docente, ocorre, até com certa frequência, confusão entre os termos, por soarem como se, aparentemente, estivessem a se referir ao mesmo tema. Trata-se de não confundir o termo "execução por falência frustrada" com "falência frustrada". São bastante semelhantes e podem levar a algum engano, de tal forma que, na dúvida, é melhor

---

[4] BERNIER, Joice Ruiz. *Administrador Judicial na Recuperação e na Falência*. São Paulo: Quartier Latin, 2016, p. 148.

ressaltar aqui este ponto, sabendo que, para muitos leitores, será uma anotação desnecessária e inútil.

É que o inc. II do art. 94 prevê o pedido de falência efetuado pelo credor, com fundamento em execução frustrada, caracterizada pela situação na qual, o devedor executado "não paga, não deposita e não nomeia à penhora bens suficientes dentro do prazo legal". Já a falência frustrada, sobre a qual versa o presente texto, ocorre nas situações previstas nos artigos 114-A e 144-A, acarretando para o administrador judicial a obrigação de cumprir o previsto no art. 22, inc. III, alínea "j", dispositivos legais trazidos pela reforma da Lei 14.112/2020 e que serão abaixo examinados.

4. A falência frustrada no regime do Decreto-lei 7.661/1945

Frase feita, de qualquer forma sempre pode ser repetida: o estudo do passado permite entender o presente para que se possa programar o futuro. A lembrança da frase feita veio a propósito de o art. 114-A da LREF ser quase a cópia literal do art. 75 do Decreto-lei 7.661/1945[5]. Comparando-se os termos dos dois artigos, observa-se a extrema semelhança entre ambos. O legislador original da LREF, em 2005, entendeu desnecessário manter tal disposição e eliminou-a do texto. No entanto, em boa hora, a reforma da Lei 14.112/2020, novamente recuperou tal disposição que, bem aplicada, atenderá aos princípios de economia e celeridade, especificamente nominados no § 1º do art. 75 da Lei atual.

Neste ponto, a atual redação do art. 114-A foi superior à do art. 75 do Decreto-lei que, no caso de não haver interessados, remetia a uma forma de procedimento prevista no art. 200 e que demandava ainda algum tempo.

---

[5] "Art. 75. Se não forem encontrados bens para serem arrecadados, ou se os arrecadados foram insuficientes para as despesas do processo, o síndico levará, imediatamente, o fato ao conhecimento do juiz, que, ouvido o representante do Ministério Público, marcará por editais o prazo de 10 (dez) dias para os interessados requererem o que for a bem dos seus direitos.

§ 1º Um ou mais credores podem requerer o prosseguimento da falência, obrigando-se a entrar com a quantia necessária às despesas, a qual será considerada encargo da massa.

§ 2º Se os credores nada requererem, o síndico, dentro do prazo de 8 (oito) dias, promoverá a venda dos bens porventura arrecadados e apresentará o seu relatório, nos termos e para os efeitos dos §§ 3º, 4º e 5º do art. 200.

§ 3º Proferida a decisão (art. 200, § 5º), será a falência encerrada pelo juiz nos respectivos autos."

Trajano de Miranda Valverde, comentando este artigo, trazia advertência que vale também para os dias atuais, ao lembrar:

> "A inexistência de bens corpóreos para serem arrecadados ou a insuficiência deles para o pagamento dos encargos da massa, não justifica a aplicação do dispositivo. É possível que a escrituração revele a existência de dívidas ativas de fácil liquidação. O síndico, por isso, antes do exame da escrituração e da verificação dos documentos arrecadados, não deve afirmar ao juiz qualquer das duas situações previstas no artigo."[6]

A transcrição vale como alerta ao administrador judicial dos cuidados que deve tomar quando estiver nesta situação processual, nos processos em que atuar. Não deve, porém, o administrador judicial zeloso deixar de aplicar esta saudável disposição.

Reiterando, a previsão da lei atual é superior à do Decreto-lei pois, independentemente dos atos processuais que eram previstos no art. 200, estabelece que o administrador judicial promoverá a venda dos bens no prazo de 30 ou 60 dias, dependendo de se tratar, respectivamente, de bens móveis ou imóveis, apresentando a seguir seu relatório, após o que o juiz encerrará a falência, por sentença nos próprios autos.

Outrossim, o art. 114-A também foi mais cuidadoso do que o anterior art. 75, pois prevê que, além de eventuais credores interessados no andamento do feito terem que suportar as despesas, terão que suportar também os honorários do administrador judicial. Este cuidado específico não foi tomado na disposição do Decreto-lei que apenas previa a responsabilidade por "despesas". Claro que naquelas despesas poder-se-ia incluir também a remuneração do então síndico; de qualquer maneira, a LREF andou bem ao mencionar, especificamente, os "honorários do administrador judicial".

5. A sentença de encerramento da falência e o crime falimentar

A sentença de encerramento da falência nos moldes do § 3º do art. 114-A, da mesma forma que o encerramento na forma do art. 156, não traz qualquer consequência para o andamento do inquérito previsto no

---

[6] VALVERDE, Trajano de Miranda. *Comentários à Lei de Falências*, v. II. 4 ed. Rio de Janeiro: Revista Forense, 1999, p. 29.

art. 187 para o exame de possível crime falimentar. Da mesma forma, e por muito maior razão, também não terá qualquer interferência para o processo crime acaso já instaurado nos termos do art. 185. Com efeito, a sentença de encerramento da falência diz respeito às questões de natureza civil, não cuidando de eventual responsabilidade por crimes falimentares.

A propósito, o inc. VI do art. 157 estabelece que é causa de extinção das obrigações do falido "o encerramento da falência nos termos dos arts. 114-A ou 156 desta Lei". Este dispositivo poderia levar à falsa interpretação, com boa ou má-fé do intérprete, no sentido de que estaria o falido em condições de requerer sua reabilitação e "ressuscitar" a sociedade empresária falida, o que não é verdade. É que o art. 120 estabelece que o falido fica inabilitado para qualquer atividade empresarial a partir da decretação da falência e até a sentença que extingue suas obrigações. No entanto, o próprio artigo 120, em sua parte final, ressalva: "[...] respeitado o disposto no § 1º do art. 181 desta Lei".

O art. 181, em seu inc. I, prevê, como pena acessória em caso de condenação em crime falimentar, a inabilitação para o exercício da atividade empresarial. O § 1º estabelece que os efeitos deste artigo perdurarão até cinco anos após a extinção da punibilidade, a demonstrar, portanto, que o campo penal não é atingido por qualquer decisão de encerramento da falência.

Ante a similitude do art. 114-A da LREF e do art. 75 do Decreto-lei, podem-se aproveitar julgados formados ainda na época da legislação anterior. Evidentemente, não há qualquer julgado, neste momento, relativo ao art. 114-A, que foi introduzido pela Lei 14.112, de 24.12.2020; não houve tempo ainda para tanto. Confira-se o julgado antigo, demonstrando a separação entre campo civil e campo penal, no processo falimentar:

"Crime falimentar – Nulidade – Inexistência – Processo que não se encontra sob as rígidas normas do contraditório – Desnecessidade, pois, de intimação da falido quanto ao disposto no art. 75, §2º, e 106 do Dec.-lei 7.661/45 – Habeas corpus denegado (RT 599/133)."

Neste mesmo sentido, confira-se Manoel Justino Bezerra Filho, ao comentar o art. 200 do Decreto-lei e anotar: "Este atalho processual, embora não especificamente previsto no art. 200, pode ser tomado, desde que se verifique a inexistência de crime falimentar"[7]. No regime ora instituído, nada obsta a sentença de encerramento, sempre lembrando, porém, que esta não tem qualquer interferência na área criminal, esteja lá em fase de inquérito ou já se tenha adentrado para a área de processo crime.

6. O administrador judicial e a falência frustrada

Para que se possa fazer um exame mais detalhado e objetivo da situação do administrador judicial ante a sistemática da falência frustrada, é necessário o exame conjunto dos artigos 114-A, 144-A e da alínea "j" do inc. III do art. 22. O art. 114-A estabelece que, se não houver bens suficientes arrecadados e se nenhum credor se dispuser a suportar as despesas do prosseguimento do feito, os bens serão vendidos, o administrador judicial apresentará o seu relatório (art. 155) e o juiz encerrará a falência por sentença (inc. V do art. 158).

O primeiro cuidado a ser tomado pelo administrador judicial é assegurar-se de que os bens arrecadados são mesmo insuficientes para suportar as despesas do processo, pois pode eventualmente ser responsabilizado se posteriormente vier a ser demonstrado que são suficientes; ou, no caso de nada ter sido arrecadado, vier a se demonstrar que havia bens suficientes a arrecadar. A propósito, vide advertência de Trajano de Miranda Valverde, lembrada acima.

Evidentemente, se houver má-fé ou intuito fraudulento por parte do administrador judicial, responderá ele, com seus bens pessoais, pelos prejuízos causados à massa falida, além de ser destituído, com fundamento no art. 31. Em caso de destituição, deve o juiz cuidar para instaurar o devido procedimento, em apartado, para dar ao administrador a possibilidade de ampla defesa, até porque a destituição pode ser causa de perda de remuneração pelo trabalho prestado, conforme § 3º do art. 24, sem embargo da duvidosa constitucionalidade de disposição que suspende o pagamento de trabalho já prestado. Também acarretará ao administrador judicial a pesada pena do art. 30, com impedimento do exercício destas funções em qualquer outro processo, por cinco anos.

---

[7] BEZERRA FILHO, Manoel Justino. *Lei de Falência comentada*. 2 ed. São Paulo: Revista dos Tribunais, 2003, p. 522.

Todas estas consequências podem se abater sobre o administrador judicial que atuar de má-fé, sem prejuízo do exame de seus atos sob o aspecto de eventual alcance criminal. No entanto, mesmo que tenha atuado com absoluta boa-fé, sempre poderá responder pelos prejuízos causados à massa falida, por ter agido com simples culpa, nos termos do art. 32.

7. Exame crítico do art. 114-A

O art. 114-A é de fácil intelecção, estando redigido com clareza, como aliás ocorria com o art. 75 do Decreto-lei, do qual é quase uma cópia. Negativa a arrecadação, ou constatado que os bens arrecadados, após realizado o ativo, não serão suficientes para as despesas do processo, o administrador judicial informará tal situação ao juiz, por manifestação nos autos. A tentativa de dar celeridade ao processo falimentar aqui também fica ressaltada, pois a lei diz que esta informação será feita "imediatamente".

Apesar desta celeridade desejada, mais uma vez relembre-se o cuidado que deve ser tomado para que a informação do administrador não venha a ser desmentida futuramente, com as consequências danosas já anotadas. Deve o administrador judicial, portanto, esgotar todas as possibilidades de localização de outros bens, eventualmente desviados fraudulentamente ou simplesmente de difícil localização, valendo-se de todos os meios à sua disposição para assegurar-se de que a informação corresponde mesmo à realidade e que inexistem outros bens a se arrecadar.

Bem anota Geraldo Fonseca a importância do momento da realização do ativo na falência, observando que "o sucesso máximo da falência se dá na alienação da empresa como um todo por um preço maior que o passivo" e completando logo a seguir que "somente excepcionalmente é que esse sucesso máximo ocorre"[8]. Sem embargo da correção desta assertiva, fica mais uma vez alertado o administrador judicial de que deve tomar extremo cuidado neste momento fundamental do processo falimentar, para que os bens existentes sejam localizados e alienados de forma correta e vantajosa aos credores da falência.

Observe-se o cuidado do legislador que, após ter esta informação prestada, manda que seja ouvido o representante do Ministério Público, abrindo ainda prazo de 10 dias para manifestação de qualquer interessado,

---

[8] FONSECA, Geraldo. *Reforma da Lei de Recuperação Judicial e Falência Comentada e Comparada.* Rio de Janeiro: Forense, 2021, p. 157.

expedindo-se edital para tal finalidade. Deverá também o Ministério Público, bem como credores e demais interessados cuidar para que, se tiverem conhecimento da existência de quaisquer outros bens, trazer tal notícia ao juízo, requerendo a arrecadação dos bens indicados e, claro, discordando da informação do administrador judicial.

Antes do edital para abertura do prazo de 10 dias, é recomendável que o juiz, desde logo, fixe qual será a remuneração do administrador judicial para que, caso algum credor (ou credores) disponha-se a suportar as despesas necessárias para o prosseguimento do feito, tenha condições de avaliar, mesmo que por alto, quanto deverá despender. O § 1º deste art. 114-A equipara os honorários do administrador às despesas essenciais previstas nos artigos 150 e 151, ao fazer remissão ao inc. I-A do *caput* do art. 84.

Marcelo Barbosa Sacramone lembra que, embora a LREF, em sua versão de 2005, não tenha trazido qualquer previsão neste sentido, ainda assim a jurisprudência caminhou no sentido de, após o decreto de falência sem bens conhecidos, admitir a imposição "aos credores o ônus de efetuar caução no processo, para que haja um mínimo de recurso a custear as diligências efetuadas pelo administrador judicial", bem como para custear "a remuneração do administrador judicial"[9].

Anota logo adiante, corretamente, que "a falta de antecipação dos valores pelo credor a título de caução" levará ao encerramento sumário da falência. Ou seja, não basta ao credor dizer que concorda em suportar as despesas, deverá desde logo depositar o valor que, previamente, terá sido fixado pelo juiz como suficiente para as custas judiciais e honorários do administrador.

O § 2º do art. 114-A traz disposição que poderá encontrar óbice intransponível para sua perfeita aplicação. A determinação do dispositivo é no sentido de que, transcorrido o prazo de dez dias para manifestação dos credores (art. 114-A, *caput*), se não houver interessados no prosseguimento do feito, o administrador deve promover a venda dos bens arrecadados. A Lei estipula prazo para tanto, ao estabelecer que o bem móvel deverá ser vendido no prazo de 30 dias e, o bem imóvel, no prazo de 60 dias.

A primeira dificuldade decorre de a Lei não prever qual deve ser a modalidade de venda entre aquelas previstas no art. 142. A venda não

---

[9] SACRAMONE, Marcelo Barbosa. *Comentários à Lei de Recuperação de Empresas e Falência*. 2 ed. São Paulo: Saraiva Jur., 2021, p. 514.

poderá ser feita por leilão eletrônico, presencial ou híbrido, pois não haveria tempo útil para cumprir os prazos previstos no § 3º do art. 142 e, ao mesmo tempo, cumprir o prazo de 30 ou 60 dias acima focados. Ademais, esta forma de alienação do art. 142 deverá ser aprovada em assembleia geral de credores ou estar prevista no plano aprovado, o que também se torna inviável, ante a exiguidade do prazo estabelecido no art. 114-A e pela própria condição de inexistência de bens. Ademais, convocar uma assembleia geral, ou mesmo colher o voto por adesão escrita (art. 45-A), apenas para autorizar a doação de bens sem valor, configuraria uma contradição em termos. As despesas para realização da assembleia certamente superariam o valor dos bens.

8. Exame crítico do art. 144-A

O art. 144-A pode servir como auxílio para a aplicação mais racional do art. 114-A, embora trate-se (o 144-A) de uma fase mais adiantada processualmente. Com efeito este artigo 144-A manda considerar os bens arrecadados sem valor de mercado, desde que frustrada a tentativa de venda e inexistente interesse de assunção por parte de qualquer credor. Pressupõe-se, portanto, neste caso, que os bens foram avaliados, foram objeto de tentativa de venda judicial e não houve interessados. A Lei não diz o que seria considerado como venda frustrada e coloca em grande risco o próprio direito dos credores da massa falida.

Quem atua no dia a dia do processo falimentar tem conhecimento da frequência com que bens de alto valor não encontram licitantes interessados. Apenas como exemplo, bens imóveis, de venda cada vez mais dificultada em épocas de crise – e atravessamos talvez a pior crise econômica de toda a história do País, neste primeiro semestre de 2021 –, configuram, muitas vezes, bens de valor altíssimo, o que, por ironia, acaba por dificultar o surgimento de interessados.

Imaginar, por outro lado, que possa haver "proposta concreta dos credores para assumi-los" novamente denota descompasso com a realidade. Ora, se houver proposta concreta dos credores para assumi-los, na realidade está havendo licitante interessado na aquisição e, por isto mesmo, não estaria frustrada a tentativa de venda.

Ressalvado este perigo de prejuízo para a massa falida, ainda assim o art. 144-A permite uma "liquidação gratuita" dos bens da massa, sem necessidade de qualquer assembleia geral que a autorize.

Claro que o dia a dia do andamento processual, o trato jurisprudencial e a orientação doutrinária, com o tempo, com a criatividade que sempre está presente principalmente nos negócios empresariais, tudo isto aliado à riqueza factual sempre superando a letra da lei, poderão levar a que se aproveitem todas estas disposições, propiciando um rápido andamento do feito e uma pronta sentença de encerramento.

No entanto, repita-se, esta celeridade não deve permitir que se criem situações de prejuízo aos credores da massa falida. Seria contraditório tentar beneficiar o falido com a permissão de sua rápida volta ao mundo empresarial se isto viesse a configurar qualquer prejuízo evitável aos credores da massa falida.

9. Exame crítico da alínea "j", inc. III, art. 22

O art. 22 estabelece as obrigações impostas ao administrador judicial, na recuperação judicial e na falência (inc. I), na recuperação judicial (inc. II) e na falência (inc. III). A alínea "j" deste inciso III determina que o administrador deve "proceder à venda de todos os bens da massa falida no prazo máximo de 180 (cento e oitenta) dias, contado da data da juntada do auto de arrecadação, sob pena de destituição, salvo por impossibilidade fundamentada, reconhecida por decisão judicial".

A uma primeira leitura, pode-se dizer que este dispositivo não guarda relação com os artigos 114-A e 144-A acima examinados, o que, porém, não é verdade. Observe-se, como salta à vista, que tanto o art. 114-A quanto esta alínea "j" estabelecem prazo dentro do qual os bens arrecadados na falência devem ser vendidos. Mantendo sempre a constante e evidente crítica de que a venda depende do interesse e da existência de eventual comprador, elemento sobre o qual o administrador judicial não tem qualquer controle, ainda assim um outro ponto deve aqui ser ressaltado.

O art. 114-A estabelece prazo, mas não fixa "pena" para o descumprimento do prazo, enquanto a alínea "j" prevê a pesadíssima pena de destituição do administrador judicial, a menos que haja impossibilidade fundamentada, reconhecida por decisão judicial. Este dispositivo é perigosa ameaça, que pode até acarretar o desinteresse por parte de administradores competentes ou de pessoas jurídicas especializadas (art. 21), de continuarem atuando neste campo.

Mas este dispositivo não é criticável apenas por este aspecto, pois, apesar de seu draconiano rigor, trata-se de dispositivo inaplicável, por seus próprios termos. Isto porque o prazo de 180 dias deve ser contado da juntada do auto de arrecadação (art. 108 e ss) e, como sabem os que conhecem este ramo do direito, dificilmente haverá apenas um auto de arrecadação. Em falência de monta, os bens a serem arrecadados são encontrados em locais diversos e, em cada um deles, será feito um auto de arrecadação.

Imagine-se um falido com três estabelecimentos, em cidades diferentes, além de ter veículos em circulação, bem como propriedades imobiliárias espalhadas pelo território nacional, bem como aplicações em estabelecimentos financeiros diversos, eventualmente até no exterior. Para cada estabelecimento, para cada veículo encontrado em locais diversos, para cada imóvel, para cada aplicação financeira, poderá haver (como normalmente ocorre) um auto de arrecadação diverso. Isto simplesmente impossibilitará que se conte o prazo inicial de 180 dias a partir de sua juntada aos autos. Claro que ninguém imaginaria o absurdo de contar 180 dias a partir da juntada de cada auto para que se fizesse uma venda a cada lapso de tempo.

Aliás, o próprio legislador, certamente vislumbrando a impossibilidade de cumprimento deste prazo, ressalva que a pena de destituição não será aplicada se houver demonstração de impossibilidade fundamentada. Enfim, este é artigo que certamente terá o mesmo destino do prazo de 180 dias previsto na versão original da Lei 11.101/2005 (§ 4º do art. 6º), que também estabelecia este mesmo período que "não excederá em hipótese nenhuma o prazo improrrogável de 180 dias". Por impraticável, este prazo nunca foi aplicado, apesar da redundância de "o prazo improrrogável" e "em hipótese nenhuma".

Conclusões

De tudo que se examinou, o que se percebe é a louvável intenção do legislador de propiciar celeridade ao andamento do processo de falência, até porque nos dias de hoje, o procedimento falimentar estende-se por tempos que beiram a eternidade. Basta lembrar, como exemplo prático, que o Tribunal de Justiça de São Paulo instalou a Terceira Vara de Falência e Recuperação no Foro Central para que este ficasse, inicialmente, cuidando apenas dos processos falimentares que, por força do *caput* do art. 192 da LREF, continuam correndo sob o regime do Decreto-lei de 1945.

Ou seja, quinze anos após o advento da LREF, há ainda um número infindável de processos falimentares correndo sob o regime da lei anterior, a justificar a criação de uma vara especializada apenas para cuidar de tais feitos. Ou seja, há mesmo a necessidade de adotar-se um sistema que propicie (com perdão do sempre indesejável anglicismo) o *"fresh start"*, liberando empresários para que tenham condições de voltar a exercer a atividade para a qual estão preparados, em um novo começo de exercício empresarial. No entanto, há necessidade de criar regras jurídicas que apresentem condições de aplicação prática no dia a dia forense.

Com todas estas críticas, louve-se o intuito do legislador, que indica um caminho a seguir. Aguarde-se que a doutrina e a jurisprudência aplainem e tornem viável a via indicada para se conseguir a desejada celeridade processual em benefício de todos. A solução, parece, é tentar aplicar a Lei e tentar obedecer aos prazos nela estipulados, não criando, porém este clima de ameaça ao administrador judicial que, como todos, é aquele que certamente terá o maior interesse em solucionar todas as questões, da maneira mais célere possível.

Daniel Carnio Costa e Alexandre Nasser de Melo, corretamente, louvam a inserção deste dispositivo, lembrando que:

> "Como os casos de falência frustrada são uma realidade constante nos juízos brasileiros, era necessária essa previsão para que o Poder Judiciário não mais utilize suas cansadas engrenagens para movimentar um caso falimentar que não chegará à sua principal finalidade – pagar seus credores, pelo simples fato de não haver qualquer ativo para ser dividido."[10]

Por seu turno, é claro que se espera do administrador a dedicação e o preparo necessários, para que seja um auxiliar efetivo do juízo falimentar. Tanto o juiz do feito, quanto o MP e todos os credores, bem como o próprio falido, devem também colaborar com o trabalho do administrador, ao mesmo tempo em que estão, mais que autorizados, até incumbidos, de fiscalizar o correto andamento do processo.

Bem a propósito, ao final deste texto, transcreve-se, por sua oportuni-dade, a observação de Fernando Pompeu Luccas, experiente administrador,

---

[10] COSTA, Daniel Carnio; MELO, Alexandre Nasser de. *Comentários à Lei de Recuperação de Empresas e Falência*. Curitiba: Juruá Editora, 2021, p. 260.

ao advertir que "mostra-se de suma importância que o Administrador Judicial, agente especializado na matéria e auxiliar do juízo, estruture-se muito bem, inclusive para conseguir desenvolver suas atividades com a excelência que a área exige"[11].

Referências

BERNIER, Joice Ruiz. *Administrador Judicial na Recuperação e na Falência*. São Paulo: Quartier Latin, 2016.

BEZERRA FILHO, Manoel Justino. *Lei de Falência comentada*. 2 ed. São Paulo: Revista dos Tribunais, 2003.

BRAGANÇA, Gabriel José de Orleans e. *Administrador judicial*: transparência no processo de recuperação judicial. São Paulo: Quartier Latin, 2017.

COSTA, Daniel Carnio; MELO, Alexandre Nasser de. *Comentários à Lei de Recuperação de Empresas e Falência*. Curitiba: Juruá Editora, 2021.

FONSECA, Geraldo. *Reforma da Lei de Recuperação Judicial e Falência Comentada e Comparada*. Rio de Janeiro: Forense, 2021.

LUCCAS, Fernando Pompeu. *Reforma da Lei de Falências*. São Paulo: Revista dos Tribunais, 2021.

SACRAMONE, Marcelo Barbosa. *Comentários à Lei de Recuperação de Empresas e Falência*. 2 ed. São Paulo: Saraiva Jur., 2021.

SANTOS, Eronides Aparecido Rodrigues dos. Considerações sobre a remuneração do administrador judicial na falência e na recuperação judicial. In: LUCCAS, Fernando Pompeu (coord.). *Reforma da Lei de Falências:* Reflexões Sobre Direito Recuperacional, Falimentar E Empresarial Moderno. São Paulo: Revista dos Tribunais, 2021, p. 181-206.

SCALZILLI, João Pedro; SPINELLI, Luis Felipe; TELLECHEA, Rodrigo. *Recuperação de Empresas e Falência*. 3 ed. São Paulo: Almedina, 2018.

VALVERDE, Trajano de Miranda. *Comentários à Lei de Falências*, v. II. 4 ed. Rio de Janeiro: Revista Forense, 1999.

---

[11] LUCCAS, Fernando Pompeu. *Reforma da Lei de Falências*. São Paulo: Revista dos Tribunais, 2021, p. 42.

35. O ADMINISTRADOR JUDICIAL E A LIQUIDAÇÃO DE ATIVOS NA FALÊNCIA

Paulo Furtado de Oliveira Filho

Antonia Viviana Cavalcante

1. Breve contextualização quanto ao avanço da legislação falimentar

Como cediço, a Lei 11.101/2005 foi uma grande inovação no procedimento de insolvência brasileiro, o qual era regido pelo Decreto-Lei 7.661/1945, que vigorou por 6 décadas e não se mostrava eficiente para possibilitar a reestruturação de empresas em dificuldade financeira, por meio do instituto da concordata.

Com relação ao procedimento falimentar, igualmente o Decreto-Lei não se mostrava suficientemente eficaz para proceder de forma satisfatória à liquidação dos ativos e retirada do mercado das empresas que não possuem mais capacidade de prosseguir com as suas atividades.

Na prática, uma das maiores dificuldades enfrentadas nas falências regidas pelo Decreto-Lei consistia na impossibilidade de início da liquidação dos ativos antes da apresentação do Quadro Geral de Credores[1], o que, na maior parte das vezes, em razão da morosidade do procedimento, ocasionava o sucateamento ou perdimento dos bens arrecadados, frustrando o anseio dos credores que esperavam por anos pelo recebimento dos seus créditos.

---

[1] "Art. 114. Apresentado o relatório do síndico (art. 63, nº XIX), se o falido não pedir concordata, dentro do prazo a que se refere o art. 178, ou se a que tiver pedido lhe fôr negado, o síndico, nas quarenta e oito horas seguintes, comunicará aos interessados, por aviso publicado no órgão oficial, que iniciará a realização do ativo e o pagamento do passivo."

Diante disso, as falências regidas pelo Decreto-Lei estavam sujeitas a um procedimento ineficaz e não atingiam a sua finalidade, que consistia na célere alienação dos ativos e pagamento dos credores com a retirada do mercado de empresas inviáveis.

Assim, a Lei 11.101/2005 entrou em vigor trazendo diversas inovações, como a recuperação judicial e atualização do regramento da falência, visando a possibilitar celeridade e eficácia ao procedimento, bem como a maximização dos ativos arrecadados[2].

No entanto, em que pese se tratar de uma legislação inovadora e um avanço para o procedimento de insolvência brasileiro, ao longo dos seus 15 anos de vigência foram identificados diversos pontos que necessitavam de aprimoramento, os quais vinham sendo sanados pela jurisprudência, na tentativa de imprimir maior eficácia ao procedimento e de solucionar questões que não possuíam previsão legal.

Nesse contexto, o Poder Legislativo passou a debater alterações visando à atualização da legislação falimentar, e, em razão da devastadora crise sanitária e financeira gerada pela pandemia do Covid-19, que abalou severamente a atividade empresarial em todo o mundo, acelerou o movimento reformista.

Assim, no dia 23 de janeiro de 2021 entrou em vigor a Lei 14.112/2020, que teve como finalidade atualizar a legislação referente à recuperação judicial, à recuperação extrajudicial e à falência do empresário e da sociedade empresária.

Nesse ponto, especificamente quanto ao procedimento de liquidação de ativos e à atuação do administrador judicial na falência, a Lei 14.112/2020 trouxe diversas inovações para imprimir celeridade e maior eficiência ao procedimento falimentar, conforme a seguir exposto.

2. Prazo para alienação dos bens arrecadados e ampliação no escopo de atuação do administrador judicial

A Lei 11.101/2005 não previa um prazo específico para o administrador judicial realizar a alienação dos ativos da massa falida, bem como não havia obrigação expressa para a arrecadação dos valores de depósitos em processos em que a falida é parte, em que pese possa se entender que

---

[2] "Art. 139. Logo após a arrecadação dos bens, com a juntada do respectivo auto ao processo de falência, será iniciada a realização do ativo."

se tratasse de dever implícito às suas funções previstas no art. 22 da Lei 11.101/2005.

Com a entrada em vigor da Lei 14.112/2020, houve a ampliação no escopo de atuação do auxiliar da justiça na fase de arrecadação e realização do ativo, com a inclusão dos seguintes deveres: (a) apresentar, no prazo de 60 dias contados do termo de compromisso, plano detalhado de realização dos ativos[3]; (b) realizar a venda de todos os bens da massa falida no prazo máximo de 180 dias, contado da juntada do auto de arrecadação, sob pena de destituição, salvo por impossibilidade fundamentada, reconhecida por decisão judicial[4]; (c) em caso de insuficiência dos bens para as despesas do processo, promover a venda dos bens móveis arrecadados no prazo máximo de 30 dias e em 60 dias dos imóveis, para encerramento sumário da falência[5]; e d) proceder à arrecadação dos valores dos depósitos realizados em processos administrativos ou judiciais em que a falida figure como parte, ressalvados os depósitos de tributos federais[6].

---

[3] "Art. 99, §3º Após decretada a quebra ou convolada a recuperação judicial em falência, o administrador deverá, no prazo de até 60 (sessenta) dias, contado do termo de nomeação, apresentar, para apreciação do juiz, plano detalhado de realização dos ativos, inclusive com a estimativa de tempo não superior a 180 (cento e oitenta) dias a partir da juntada de cada auto de arrecadação, na forma do inciso III do *caput* do art. 22 desta Lei."

[4] "Art. 22, III, j) proceder à venda de todos os bens da massa falida no prazo máximo de 180 (cento e oitenta) dias, contado da data da juntada do auto de arrecadação, sob pena de destituição, salvo por impossibilidade fundamentada, reconhecida por decisão judicial." "Art. 142, §2º-A, IV – deverá ocorrer no prazo máximo de 180 (cento e oitenta) dias, contado da data da lavratura do auto de arrecadação, no caso de falência."

[5] "Art. 114-A. Se não forem encontrados bens para serem arrecadados, ou se os arrecadados forem insuficientes para as despesas do processo, o administrador judicial informará imediatamente esse fato ao juiz, que, ouvido o representante do Ministério Público, fixará, por meio de edital, o prazo de 10 (dez) dias para os interessados se manifestarem. §1º Um ou mais credores poderão requerer o prosseguimento da falência, desde que paguem a quantia necessária às despesas e aos honorários do administrador judicial, que serão considerados despesas essenciais nos termos estabelecidos no inciso I-A do *caput* do art. 84 desta Lei. §2º Decorrido o prazo previsto no *caput* sem manifestação dos interessados, o administrador judicial promoverá a venda dos bens arrecadados no prazo máximo de 30 (trinta) dias, para bens móveis, e de 60 (sessenta) dias, para bens imóveis, e apresentará o seu relatório, nos termos e para os efeitos dispostos neste artigo."

[6] "Art. 22, III, s) arrecadar os valores dos depósitos realizados em processos administrativos ou judiciais nos quais o falido figure como parte, oriundos de penhoras, de bloqueios, de apreensões, de leilões, de alienação judicial e de outras hipóteses de constrição judicial,

As alterações mencionadas, que ensejaram ampliação no escopo de atuação do administrador judicial, mostram-se em consonância com o intuito do legislador de imprimir maior celeridade e eficácia ao procedimento de alienação dos ativos, além de maior organização e transparência aos processos de falência.

Assim, cabe ao administrador judicial apresentar plano detalhado de realização dos ativos, com cada etapa do procedimento e com a modalidade de alienação, além de um cronograma de alienação com o prazo de até 180 dias contados da arrecadação dos ativos, o que possibilitará maior controle pelo magistrado e facilitará o acesso às informações pelos credores[7].

No entanto, a sanção de destituição prevista ao administrador judicial, caso a venda dos bens arrecadados não seja efetivada no prazo de 180 dias, pode se mostrar desproporcional, por ocasionar a retirada do profissional do mercado, devendo ser reservada para situações mais gravosas e de manifesta desídia, que, por vezes, surgem nos processos de falência.

Além disso, deve-se ressaltar que esse dispositivo poderá não ter a aplicabilidade pretendida pelo legislador no momento atual, pois a venda de qualquer bem, em um cenário de crise econômica que se está vivenciando no país, em razão da pandemia de COVID-19, poderá ser prejudicial aos credores.

Portanto, se o plano de realização de ativos apresentado pelo administrador judicial justificar que se aguarde prazo superior aos 180 dias para o início da alienação, a fim de que ela seja mais proveitosa aos credores, caberá ao magistrado analisar casuisticamente as particularidades do mercado e eventualmente permitir que a alienação seja realizada em outro momento adequado, para além do prazo legal.

Por fim, com relação à expressa previsão para que o administrador judicial proceda à arrecadação dos valores dos depósitos realizados em processos administrativos ou judiciais em que a falida figure como parte, cumpre ressaltar que não há direito adquirido do credor sobre o valor

---

ressalvado o disposto nas Leis nos 9.703, de 17 de novembro de 1998, e 12.099, de 27 de novembro de 2009, e na Lei Complementar nº 151, de 5 de agosto de 2015."

[7] HEISE, Maicon de Abreu. Realização do ativo e falência frustrada. In: OLIVEIRA FILHO, Paulo Furtado de. *Lei de recuperação e falência*: pontos relevantes e controversos da reforma. Indaiatuba: Editora Foco, 2021, p. 78.

da coisa penhorada, caucionada ou depositada, haja vista que a mera constrição não implica pagamento[8].

3. Encerramento sumário no caso de insuficiência dos bens

Em grande parte das falências que envolvem pequenas empresas, muitas vezes não se arrecada nenhum ativo ou apenas são localizados parcos bens, cujo ínfimo valor comercial não se mostra suficiente nem para custear as despesas do processo.

Como não havia um regramento específico na legislação falimentar para tais situações, competia ao administrador judicial, juntamente com o juízo falimentar, identificar a melhor alternativa para solucionar tal questão.

Diante disso, e como se trata de uma situação recorrente em processos de falência, a alteração legislativa buscou disciplinar a matéria, prevendo que, nos casos em que os bens não sejam suficientes para custear as despesas do processo, deverá o administrador judicial promover a sua venda, no prazo máximo de 30 dias para os móveis e de 60 dias para os imóveis[9], de modo a levar ao encerramento sumário da falência.

Com efeito, a medida prevista pela Lei 14.112/2020 visa a possibilitar um célere desfecho para processos de falência sem ativos, que muitas vezes acabavam se arrastando por anos no Poder Judiciário, sem atingir a sua principal finalidade, que consiste na arrecadação e realização dos ativos para pagamento dos credores.

---

[8] SACRAMONE, Marcelo Barbosa. *Comentários à lei de recuperação de empresas e falência*. 2 ed. São Paulo: Saraiva Educação, 2021, p. 173.

[9] "Art. 114-A. Se não forem encontrados bens para serem arrecadados, ou se os arrecadados forem insuficientes para as despesas do processo, o administrador judicial informará imediatamente esse fato ao juiz, que, ouvido o representante do Ministério Público, fixará, por meio de edital, o prazo de 10 (dez) dias para os interessados se manifestarem.

§1º Um ou mais credores poderão requerer o prosseguimento da falência, desde que paguem a quantia necessária às despesas e aos honorários do administrador judicial, que serão considerados despesas essenciais nos termos estabelecidos no inciso I-A do *caput* do art. 84 desta Lei.

§2º Decorrido o prazo previsto no *caput* sem manifestação dos interessados, o administrador judicial promoverá a venda dos bens arrecadados no prazo máximo de 30 (trinta) dias, para bens móveis, e de 60 (sessenta) dias, para bens imóveis, e apresentará o seu relatório, nos termos e para os efeitos dispostos neste artigo."

Nesse sentido, não há dúvida quanto à pertinência da alteração trazida pela lei, haja vista que o prolongamento na tramitação de tais falências sobrecarrega o Poder Judiciário e gera custos aos credores, com a contratação de advogados para acompanhamento de um processo em que não há expectativa de pagamento do seu crédito.

4. Preço vil e impugnação

Nos processos de falência, também não eram raras as discussões envolvendo o valor de arrematação dos bens levados à alienação e se os lances vencedores caracterizariam preço vil[10], haja vista a aplicação subsidiária do Código de Processo Civil (art. 891, parágrafo único[11]). Muitas vezes, as impugnações às alienações tinham objetivo meramente protelatório e, com isso, desestimulavam os interessados na aquisição dos ativos a participarem do certame.

Em razão desse cenário, a Lei 14.112/2020 trouxe previsão expressa indicando que a alienação realizada no processo de falência não estará sujeita à aplicação do conceito de preço vil[12], de modo a eliminar as discussões acerca de tal questão.

Com relação à impugnação baseada no valor da venda, a alteração legislativa trouxe a obrigatoriedade de apresentação de oferta firme pelo impugnante e caução de 10% do valor da oferta[13], bem como expressa previsão de que a suscitação de vício infundado na alienação será considerada ato atentatório à dignidade da Justiça[14].

---

[10] TJSP, 1ª Câmara Reservada de Direito Empresarial, AI 2055540-38.2019.8.26.0000, Rel. Des. Hamid Bdine, j. 31/05/2019; e TJSP, 1ª Câmara Reservada de Direito Empresarial, AI 2264799-10.2018.8.26.0000, Rel. Des. Azuma Nishi, j. 29/05/2019.

[11] "Art. 891. Não será aceito lance que ofereça preço vil.

Parágrafo único. Considera-se vil o preço inferior ao mínimo estipulado pelo juiz e constante do edital, e, não tendo sido fixado preço mínimo, considera-se vil o preço inferior a cinquenta por cento do valor da avaliação."

[12] "Art. 142, §2º-A, V – não estará sujeita à aplicação do conceito de preço vil."

[13] "Art. 143, §1º Impugnações baseadas no valor de venda do bem somente serão recebidas se acompanhadas de oferta firme do impugnante ou de terceiro para a aquisição do bem, respeitados os termos do edital, por valor presente superior ao valor de venda, e de depósito caucionário equivalente a 10% (dez por cento) do valor oferecido."

[14] "Art. 143, §4º A suscitação infundada de vício na alienação pelo impugnante será considerada ato atentatório à dignidade da justiça e sujeitará o suscitante à reparação dos prejuízos

Mais uma vez percebe-se o intuito legislativo de empreender maior celeridade ao procedimento de venda, haja vista que as impugnações baseadas nos valores se mostravam um ponto de grande retardo aos processos falimentares[15].

Com as novas disposições legais, acredita-se que haverá mitigação na sua utilização, por envolver a necessidade de apresentação de oferta pelo impugnante e de caução, desestimulando a objeção com fins meramente protelatórios.

Por fim, não se pode olvidar que o preço vil passou a não ser aplicado nas falências em razão do caráter forçado da venda e da necessidade de celeridade do procedimento, de forma que a alienação será efetiva pelo maior valor oferecido, independentemente da conjuntura do mercado no momento da venda[16].

5. Doação ou devolução dos bens não alienados ao falido

Na prática, em grande parte das falências de pequenas empresas, não são localizados bens passíveis de arrecadação ou, quando localizados, normalmente os bens se encontram em péssimo estado de conservação, não atraindo potenciais interessados em sua aquisição, de forma que, após diversas tentativas de alienação, muitas vezes acabam não sendo alienados. Com isso surge a seguinte questão: "O que fazer com os bens?"

A legislação falimentar, antes das alterações trazidas pela Lei 14.112/2020, não respondia tal questão, ficando a critério do administrador judicial, juntamente com o juízo falimentar, encontrar uma solução para sua destinação que, na maioria das vezes, consistia na doação para instituições de caridade ou equiparadas.

Ocorre que, não raras vezes, as instituições de caridade ou equiparadas se recusam a aceitar tais doações, em razão do avançado estado de depreciação dos bens, de modo que o custo para sua remoção e transporte é

---

causados e às penas previstas na Lei nº 13.105, de 16 de março de 2015 (Código de Processo Civil), para comportamentos análogos."

[15] TJSP, 1ª Câmara Reservada de Direito Empresarial, AI 2078182-39.2018.8.26.0000, Rel. Des. Fortes Barbosa, j. 14/06/2018; e TJSP, 1ª Câmara Reservada de Direito Empresarial, AI 2264799-10.2018.8.26.0000, Rel. Des. Azuma Nishi, j. 29/05/2019.

[16] "Art. 142, §2º-A, I – dar-se-á independentemente de a conjuntura do mercado no momento da venda ser favorável ou desfavorável, dado o caráter forçado da venda."

superior ao valor a ser aferido pela instituição com os próprios bens. Com isso ressurge a questão: "O que fazer com os bens?"

Na prática, presente tal situação, o administrador judicial formula requerimento ao juízo falimentar solicitando autorização para proceder ao descarte dos bens. No entanto, tal solução não se mostra totalmente adequada, haja vista que, mesmo constatada a inexistência de valor comercial dos bens, o seu descarte gera custos com mão de obra e transporte, os quais, na maioria das vezes, acabam sendo suportados pelo administrador judicial, em razão da inexistência de recursos da massa falida, por se tratar de falências com ativos sem valor comercial.

Diante disso, foi trazida pela alteração legislativa a expressa possibilidade de que, frustrada a tentativa de venda dos bens e não havendo proposta concreta dos credores para assumi-los, os bens poderão ser considerados sem valor de mercado e destinados à doação[17] ou devolvidos ao falido, em caso de não haver interessados na doação[18].

A questão relativa à doação, antes mesmo da alteração legislativa, já vinha sendo implementada nos processos de falência. Contudo, a previsão quanto à devolução dos bens ao falido é inovadora e poderá mitigar a geração de custos para o descarte dos bens. No entanto, em razão da possibilidade de recusa do falido em receber os bens, cuja ocorrência não foi prevista pela legislação, poderá subsistir a necessidade de o administrador judicial realizar o descarte e assumir os custos, por falta de recursos da massa falida.

6. Previsão de realização de 3 praças com valores mínimos para lance

A legislação falimentar previa, em seu art. 142, §3º, que, nas alienações por leilão, aplicava-se, no que couber, as regras do Código de Processo Civil, não havendo previsão específica quanto à forma de venda nos processos falimentares, – de modo que usualmente os juízos falimentares determinavam a realização de 2 praças, sendo que na primeira praça o lance mínimo consistia no valor de avaliação do bem e na segunda praça o lance mínimo de 50% ou 60% do valor da avaliação.

---

[17] "Art. 144-A. Frustrada a tentativa de venda dos bens da massa falida e não havendo proposta concreta dos credores para assumi-los, os bens poderão ser considerados sem valor de mercado e destinados à doação."

[18] "Art. 144-A. Parágrafo único. Se não houver interessados na doação referida no *caput* deste artigo, os bens serão devolvidos ao falido."

Ocorre que, grande parte das vezes, as praças eram encerradas sem lances e ficava a critério do juízo a determinação de realização de novas praças com lances mínimos inferiores, o que muitas vezes esbarrava na questão do preço vil[19], que foi sanada pela atualização legislativa.

Diante disso, visando a imprimir maior efetividade às alienações nos processos de falência, a Lei 14.112/2020 trouxe previsão expressa de que, na modalidade de leilão, serão realizadas três praças, sendo que, na 1ª praça, o lance mínimo consiste no valor de avaliação do bem, na 2ª praça, o lance mínimo será de 50% do valor de avaliação do bem e, na 3ª praça, serão aceitos lances de qualquer valor[20].

A criação de um procedimento próprio para a alienação dos bens nos processos de falência, pela modalidade de leilão, mostra-se uma medida inovadora, haja vista que possibilitará que seja empreendida celeridade na efetivação da venda dos bens, já que, caso não sejam apresentados lances mínimos no valor da avaliação ou 50%, tem-se a 3ª praça como uma derradeira oportunidade para a alienação do bem pelo valor de mercado naquele momento, que pode ser inferior.

Isso porque o legislador optou por prestigiar a celeridade da alienação em detrimento da maximização dos ativos, por entender que uma venda rápida, mesmo por valor inferior, trará mais benefícios do que uma venda morosa por um maior valor, possivelmente considerando que, na maioria das falências, a guarda dos bens gera substancial custo à massa falida e a demora na efetivação da sua venda muitas vezes faz com que o custo para guarda dos bens acabe por consumir todo o valor amealhado com a sua alienação ou seja insuficiente para custear tais despesas.

7. Criação de modalidades de alienação específicas

A legislação falimentar previa que o juiz, após ouvidos o administrador judicial e comitê de credores, se houver, determinaria a alienação do

---

[19] TJSP, 2ª Câmara Reservada de Direito Empresarial, AI 2024318-86.2018.8.26.0000, Rel. Des. Araldo Telles, j. 12/11/2018.

[20] "Art. 142, §3º-A. A alienação por leilão eletrônico, presencial ou híbrido dar-se-á:

I – em primeira chamada, no mínimo pelo valor de avaliação do bem;

II – em segunda chamada, dentro de 15 (quinze) dias, contados da primeira chamada, por no mínimo 50% (cinquenta por cento) do valor de avaliação; e

III – em terceira chamada, dentro de 15 (quinze) dias, contados da segunda chamada, por qualquer preço."

ativo em uma das seguintes modalidades: (*i*) leilão, por lances orais; (*ii*) propostas fechadas; e (*iii*) pregão.

Por outro lado, a atualização legislativa optou por excluir a modalidade de proposta fechada e de pregão, trazendo uma possibilidade mais abrangente para a alienação do ativo, prevendo que poderá ser realizada por qualquer uma das seguintes modalidades: (*i*) leilão eletrônico, presencial ou híbrido; (*ii*) processo competitivo organizado promovido por agente especializado; e (*iii*) qualquer outra modalidade, desde que aprovada nos termos da Lei[21].

A inserção expressa quanto à realização de leilão eletrônico, presencial ou híbrido se mostrou acertada, por positivar ato que já vinha sendo rotineiramente realizado nos processos de falência[22], haja vista que, em razão do constante avanço tecnológico, a realização de leilão com lances exclusivamente orais, como previsto anteriormente na lei, mostra-se retrógrada e pouco efetiva para a atual realidade da sociedade em que a tecnologia e o acesso à *internet* estão cada vez mais inseridos na rotina das pessoas.

Se é verdade que a modalidade de leilão eletrônico se mostra mais efetiva na alienação da maioria dos bens móveis e imóveis, por possibilitar que seja alcançado um público mais ampliado, como potenciais interessados em outras comarcas ou estados que teriam maior dificuldade em participar de um leilão presencial com lances orais, certos bens poderão apresentar características específicas que justifiquem a procura de um público-alvo específico, a contratação de profissional especializado na venda e a realização de um procedimento específico que maximize o valor dos ativos. A título de exemplo, foi o que ocorreu no processo de falência do Banco Santos, com a autorização judicial para alienação de obras de arte, no exterior, por meio de casa leiloeira especializada (processo

---

[21] "Art. 142. A alienação de bens dar-se-á por uma das seguintes modalidades:
I – leilão eletrônico, presencial ou híbrido;
[...]
IV – processo competitivo organizado promovido por agente especializado e de reputação ilibada, cujo procedimento deverá ser detalhado em relatório anexo ao plano de realização do ativo ou ao plano de recuperação judicial, conforme o caso;
V – qualquer outra modalidade, desde que aprovada nos termos desta Lei."
[22] TJSP, 2ª Câmara Reservada de Direito Empresarial, AI 2074502-12.2019.8.26.0000, Rel. Des. Maurício Pessoa, j. 23/05/2019.

n. 0065208-49.2005.8.26.0100 da 2ª Vara de Falências e Recuperações Judiciais da Comarca de São Paulo).

Assim, há a possibilidade de que a alienação seja feita por processo competitivo organizado promovido por agente especializado e por qualquer outra modalidade, desde que aprovada nos termos da lei. E, mesmo com a revogação da norma que se referia de forma expressa às modalidades de pregão e propostas fechadas, elas poderão continuar sendo implementadas, em razão da possibilidade de utilização de qualquer modalidade que permita a alienação com maior proveito aos credores, a depender das particularidades de cada caso.

Nesse sentido, a doutrina entende ainda pela possibilidade de uma outra modalidade de alienação, sem a participação do agente especializado, podendo o juízo intimar os diversos proponentes para que apresentem suas propostas no próprio processo ou mediante proposta fechada, conduzida pelo próprio Juízo ou mesmo pelo pregão na forma anteriormente prevista na lei[23].

Por fim, a alteração estabeleceu que, em qualquer modalidade de alienação, há necessidade de intimação do Ministério Público e das Fazendas Públicas, sob pena de nulidade[24], haja vista o interesse público que permeia os processos de falência que envolvem uma pluralidade de partes envolvidas, bem como que todas as alienações realizadas de acordo com a legislação falimentar serão consideradas alienações judiciais para todos os seus fins e efeitos[25].

8. Perspectivas da reforma legislativa

A atualização legislativa ocorrida na legislação falimentar acabou sendo fortemente impulsionada pela pandemia do Covid-19 e fez com que algumas questões ainda não fossem suficientemente sanadas, porém as novas previsões acerca do procedimento de realização do ativo nas falências devem ser consideradas positivas, por permitirem maior celeridade e eficiência aos processos.

---

[23] SACRAMONE. *Comentários à lei...*, p. 578.

[24] "Art. 142, §7º Em qualquer modalidade de alienação, o Ministério Público e as Fazendas Públicas serão intimados por meio eletrônico, nos termos da legislação vigente e respeitadas as respectivas prerrogativas funcionais, sob pena de nulidade."

[25] "Art. 142, §8º Todas as formas de alienação de bens realizadas de acordo com esta Lei serão consideradas, para todos os fins e efeitos, alienações judiciais."

Desta forma, com as alterações realizadas, espera-se que os processos de falência promovam a célere retirada do mercado das empresas inviáveis, bem como a preservação e otimização da produção de bens, permitindo uma rápida liquidação e realocação útil de ativos na economia[26].

Referências

HEISE, Maicon de Abreu. Realização do ativo e falência frustrada. In: OLIVEIRA FILHO, Paulo Furtado de. *Lei de recuperação e falência:* pontos relevantes e controversos da reforma. Indaiatuba: Editora Foco, 2021.

SACRAMONE, Marcelo Barbosa. *Comentários à lei de recuperação de empresas e falência.* 2 ed. São Paulo: Saraiva Educação, 2021.

---

[26] "Art. 75. A falência, ao promover o afastamento do devedor de suas atividades, visa a:

I – preservar e a otimizar a utilização produtiva dos bens, dos ativos e dos recursos produtivos, inclusive os intangíveis, da empresa;

II – permitir a liquidação célere das empresas inviáveis, com vistas à realocação eficiente de recursos na economia; e

III – fomentar o empreendedorismo, inclusive por meio da viabilização do retorno célere do empreendedor falido à atividade econômica.

§1º O processo de falência atenderá aos princípios da celeridade e da economia processual, sem prejuízo do contraditório, da ampla defesa e dos demais princípios previstos na Lei nº 13.105, de 16 de março de 2015 (Código de Processo Civil).

§2º A falência é mecanismo de preservação de benefícios econômicos e sociais decorrentes da atividade empresarial, por meio da liquidação imediata do devedor e da rápida realocação útil de ativos na economia."

36. A DESCONSIDERAÇÃO DA PERSONALIDADE JURÍDICA E A EXTENSÃO DA FALÊNCIA: ALTERAÇÕES PROMOVIDAS PELA LEI Nº 14.112/20

MARIA RITA REBELLO PINHO DIAS

O presente artigo pretende analisar brevemente as alterações promovidas pela Lei nº 14.112/20 na Lei nº 11.101/05 (Lei de Recuperações Judiciais e Falências – LRF) na parte que disciplina a responsabilidade do sócio na hipótese da falência da sociedade empresária.

As normas que disciplinam a constituição de pessoas jurídicas lhe atribuem personalidade jurídica própria, em razão da qual contrai e se torna responsável por obrigações, em seu próprio nome. Além disso, expressamente consignam que as pessoas jurídicas se obrigam pelos atos praticados em seu nome por seus administradores, nos limites de seus poderes definidos em seus atos constitutivos, conforme se observa dos artigos 45 e 47 do Código Civil Brasileiro – CC/02.

Existem diversas teorias que pretendem explicar o instituto da pessoa jurídica: há correntes que afirmam que se trata de fenômeno associativo empírico, outras que sustentam que se trata de uma ficção criada pelo direito, e, ainda, que tal criação se justifica para atender a determinada função[1]. Independentemente dessas robustas e interessantes construções

---

[1] "De modo bastante genérico, pode-se afirmar que duas grandes correntes, com diversos desmembramentos, podem ser visualizadas acerca da forma de se explicar a pessoa jurídica. Em uma dessas correntes, a *Teoria Organicista* ou *Teoria da Realidade da Pessoa Jurídica*, encabeçada, sobretudo, por Otto von Gierke, a pessoa jurídica é explicada, *grosso modo*, como um fenômeno associativo fático. Seria, portanto, uma realidade preexistente ao direito, ao qual cabe somente declarar sua existência. Identifica Gierke a importância dos fenômenos

doutrinárias, suficiente, para fins deste artigo, considerar que a pessoa jurídica representa uma situação da realidade fática que foi disciplinada pelo direito para permitir que atendesse aos propósitos que justificaram o seu surgimento empírico.

Aliás, sob essa perspectiva, o art. 49-A do CC/02, recém inserido em nossa legislação pela Lei nº 13.874/19, evidenciou alguns desses pressupostos ao dispor que:

> "Art. 49-A. A pessoa jurídica não se confunde com os seus sócios, associados, instituidores ou administradores. Parágrafo único. A autonomia patrimonial das pessoas jurídicas é um instrumento lícito de alocação e segregação de riscos, estabelecido pela lei com a finalidade de estimular empreendimentos, para a geração de empregos, tributo, renda e inovação em benefício de todos."

Muito embora não houvesse, anteriormente, questionamento à constatação de que as pessoas jurídicas possuem personalidade jurídica distinta da de seus sócios, tampouco que a autonomia patrimonial pretendida com sua constituição consiste em ferramenta lícita de alocação e segregação de risco, chama atenção que, após quase 20 anos de vigência do atual Código Civil, o legislador reputasse necessário evidenciar esses aspectos, em dispositivo próprio. Vale ressaltar, aliás, que o *caput* do art. 49-A do CC/02 tem redação bastante semelhante à do art. 20 do revogado Código Civil de 1916, o qual, por sua vez, não foi originariamente replicado no Código atual.

A reinserção dos preceitos trazidos no artigo 49-A do CC/02 parece pretender reafirmar diretrizes que já orientavam a interpretação das

---

associativos dotados de vontade própria. Na outra grande linha doutrinária – a corrente *ficcionista* –, liderada por Savigny e Kelsen, a pessoa jurídica seria, na verdade, uma criação do direito. Seria assim um instrumento jurídico necessário para a obtenção de determinadas finalidades práticas. A concepção de Kelsen é ainda mais radical e decorre de sua visão normativista do direito. Para ele, pessoa jurídica é um simples ponto de referência de um conjunto normativo. (...) Especialmente, se considerarmos as de análise funcional da personalidade jurídica, assim como o escopo de nossa pesquisa, então nos parece mais útil a concepção segundo a qual *a pessoa jurídica é um instrumento jurídico necessário à obtenção de determinados efeitos jurídicos.*" (SILVA, Leonardo Toledo. *Abuso da Desconsideração da Personalidade Jurídica.* São Paulo: Saraiva, 2014, p. 26-28).

relações da sociedade com seus sócios e com terceiros, e, ao fazer isso, reforçá-las. Conclui-se, portanto, do quanto exposto acima, que, independentemente do regime normativo que discipline as diversas espécies de pessoas jurídicas existentes, elas são pessoas distintas dos sócios e que não se confundem com eles, e, ainda, que são titulares de patrimônios próprios, os quais estão imputados ao adimplemento de suas obrigações.

Observa-se, ainda, preocupação recente do legislador de evidenciar por norma positiva as importantes funções desempenhadas pela autonomia patrimonial para a pessoa jurídica, a saber: estimular empreendimentos, fomentar inovação e gerar empregos, tributos e renda – funções que sempre foram reconhecidas para a empresa.

A despeito de tampouco existir questionamento quanto à licitude e à importância da autonomia patrimonial, entendo que o artigo 49-A do CC/02 trouxe inovação interessante, sobretudo para orientar interpretação do artigo 50 do mesmo Código, não sendo, portanto, totalmente despido de efeito prático[2]. Isso porque, mais do que reafirmar a licitude do emprego da autonomia patrimonial para alocação e segregação de riscos, o legislador reconheceu que essa separação desempenha funções relevantes.

Muito embora já existissem normas reconhecendo que a empresa possui função social (art. 116, parágrafo único da Lei nº 6.404/76 e artigo 47 da Lei nº 11.101/05), mostra-se relevante a intenção do legislador de evidenciar que também a autonomia patrimonial desempenha função social relevante e que, portanto, não pode ser ignorada pelo intérprete.

---

[2] "O mesmo se pode afirmar quanto ao parágrafo único do novo comando do art. 49-A do Código Civil, ao prever que a autonomia das pessoas jurídicas representa um me canismo para alocação de riscos, com o fim de estimular a economia e o desenvolvimento do país, pelo incremento de várias atividades. Afirmou-se novamente o óbvio, em texto que é mais "ideológico" do que efetivo, e com concreta relevância prática. O que agora está previsto na lei até pode trazer a falsa sensação de que a autonomia da pessoa jurídica frente aos seus membros não representa o que nele consta atualmente. Sempre foi- desde que se afirmou a pessoa jurídica como ficção legal dotada de realidade própria –, e sempre será assim. Em suma, a utilidade concreta de todo o novo comando novamente fica em dúvida." (TARTUCE, Flávio. A "lei da liberdade econômica" (lei 13.874/19) e os seus principais impactos para o Direito Civil. Primeira parte. *Migalhas*, 24 set. 2019. Disponível em: <https://www.migalhas. com.br/depeso/311604/a--lei-da-liberdade-economica---lei-13-874-19--e-os-seus-principais-impactos-para-o-direito-civil--primeira-parte>. Acesso em: 07 mai. 2021).

Essa diretriz deverá nortear, inclusive, a interpretação da relação da pessoa jurídica com terceiros ou com seus sócios.

Os aspectos destacados acima, inerentes ao tratamento jurídico conferido às pessoas jurídicas, ganham especial importância quando se defronta com processo falimentar. Isso porque o processo falimentar nada mais é do que um grande processo concursal, que tem por objetivo organizar os credores de uma determinada pessoa e, em regra, diante da insuficiência de seu patrimônio, definir critérios para efetuar o pagamento entre eles, com os recursos provenientes dos ativos liquidados.

Como regra, por expressa decorrência da aplicação dos princípios positivados no artigo 49-A do CC/02, em um processo falimentar somente o patrimônio da pessoa jurídica deveria responder por suas obrigações, contraídas com terceiros. Necessário verificar, portanto, como a legislação que disciplina as sociedades normatiza a responsabilidade dos seus sócios perante terceiros, credores da pessoa jurídica, e, ainda, se a legislação falimentar traz norma atípica que excepcione esses preceitos.

Como consequência da constituição da sociedade é possível verificar, de forma bastante genérica, que surgem para o sócio duas situações que poderiam resultar em sua responsabilização pessoal – a primeira decorrente da relação dele com a sociedade em si e a segunda, em relação a terceiros que contrataram com a sociedade. Não é objetivo deste artigo se aprofundar nas hipóteses de responsabilização dos sócios, tendo se optado por focar o estudo na disciplina dessa situação em procedimentos falimentares. Logo, as hipóteses de cada uma dessas possibilidades de responsabilização serão enunciadas neste artigo de forma bastante genérica.

Decorre da relação do sócio com a sociedade a obrigação que assumiu no momento de sua constituição ao adquirir participação social, responsabilizando-se pela versão à pessoa jurídica da totalidade dos ativos prometidos ao patrimônio da sociedade. Em caso de descumprimento, surge para a pessoa jurídica o direito de adotar medidas para sua cobrança ou solicitar sua retirada da sociedade. Assim, por exemplo, o artigo 106 da Lei nº 6.404/76 (LSA) ou o artigo 1.058 do CC/02, que disciplina o dever de realização do capital e suas consequências.

O sócio responde, também, se atua como controlador ou como administrador, pelas funções por ele desenvolvidas. Cada tipo societário possui regramento jurídico próprio, que traz disposição específica sobre deveres específicos da responsabilidade de seus controladores e administradores.

Assim, por exemplo, os artigos 117 e 158 da LSA preveem hipóteses de responsabilização por danos provocados pelo controlador ou pelos administradores, respectivamente, à sociedade. No mesmo sentido, os artigos 1.011 e 1.013 do CC/02.

Com relação à responsabilidade dos sócios perante terceiros, existem, basicamente, duas espécies de sociedades: (*i*) aquelas em que os seus sócios respondem de forma ilimitada pelas dívidas sociais, ou seja, por exemplo, as sociedades em nome coletivo e as em comandita simples (*ii*) e aquelas em que seus sócios respondem de forma limitada, como é o caso das sociedades limitadas e sociedades anônimas.

Para o primeiro caso, a legislação prevê que os sócios respondem de forma solidária e ilimitadamente, independentemente de sua participação, pelas obrigações sociais, conforme se observa dos artigos 1.039 e 1.045 do CCB/02. Ocorre, todavia, que. mesmo para sócios de responsabilidade ilimitada, sua responsabilização pessoal somente pode ocorrer de forma subsidiária, ou seja, após exaurimento do patrimônio social (art. 1.024, CCB/02[3]). Trata-se do benefício da ordem.

Já no caso das sociedades de responsabilidade limitada, cada sócio responde apenas pelo valor de suas cotas e, solidariamente com os demais, até o limite da integralização do capital social (art. 1.052, CCB/02) – como ocorre nas sociedades limitadas –, ou apenas a responsabilidade limitada ao preço de emissão das ações subscritas (art. 1º, Lei nº 6.404/76) como se dá no caso de sociedades anônimas. Integralizado o capital social, no caso das limitadas, ou pago o preço de emissão das ações subscritas, não haveria mais possibilidade de responsabilização dos sócios pelas obrigações sociais.

Esses são, em linhas bastante genéricas, os principais contornos das responsabilidades que podem ser atribuídas ao sócio em razão de aquisição de participação societária, sobretudo à luz do princípio que sustenta a importância da autonomia patrimonial da pessoa jurídica.

Indaga-se, em caso de falência, se os contornos dessa responsabilidade permanecem válidos.

Especificamente para fins da legislação falimentar, que se circunscreve aos empresários, observo que o artigo 983 do Código Civil trouxe rol

---

[3] "Art. 1.024. Os bens particulares dos sócios não podem ser executados por dívidas da sociedade, senão depois de executados os bens sociais."

taxativo das pessoas jurídicas que podem ser empresárias – ou seja, a sociedade em nome coletivo (arts. 1.039 a 1.044), a sociedade em comandita simples (arts. 1.045 a 1.051), a sociedade limitada (arts. 1.052 a 1.087) e a sociedade anônima (arts. 1.088 a 1.092 e Lei nº 6.404/76), acrescidas pela empresa individual de responsabilidade limitada (art. 980-A).

Como consequência direta da atribuição de personalidade própria para a pessoa jurídica decorre o fato de que ela, e não seus sócios ou administradores, responde, a princípio, pelas dívidas e obrigações que tiver contraído em seu nome próprio com o patrimônio que lhe foi atribuído à atividade que desenvolve[4]. Ocorre que, no caso da falência, esse patrimônio é, provavelmente, insuficiente. Nesse caso, prevê a legislação falimentar regra adicional de responsabilidade dos sócios perante terceiros ou a sociedade falida, além daquelas que se aplicam para empresas saudáveis?

Ocorrendo a decretação da falência da pessoa jurídica, as regras gerais de responsabilidade dos seus sócios, que são tão importantes para permitir ao empreendedor alocar e segregar riscos, continuam vigentes, preservando as expectativas de risco assumidas com o desenvolvimento do objeto social, tal como escolhidas no momento de constituição da sociedade. Dentre elas, por óbvio, a regra que assegura a existência de personalidade jurídica própria e segregação patrimonial.

Destaca-se que a falência é hipótese legal de dissolução da sociedade empresária, conforme se observa do art. 1.044 do CC/02 e do art. 206, II, c, da Lei nº 6.404/76, que, ao final desse processo, após liquidação de bens, poderá resultar na extinção da pessoa jurídica.

No tocante à responsabilidade ilimitada ou limitada assumida pelo sócio, contudo, a legislação falimentar disciplina, nos artigos 81 a 82-A da LRF, a forma como serão tratadas durante o processo falimentar e, também, algumas implicações.

---

[4] "Portanto, a norma que determina a limitação da responsabilidade, nas sociedades, nada mais faz do que, atribuindo eficácia ao centro de imputação criado com a personalização, afirmar que determinado centro de imputação responde somente pela atividade ligada ao patrimônio que lhe é imputado; ou seja, conforme sustenta Ascarelli, "no domínio da lógica jurídica, (...) admitida a personalidade jurídica da sociedade anônima, é natural que os sócios não respondam pelas dívidas da sociedade, isto é, pelas dívidas de um sujeito jurídico diverso, que, por seu turno, responde, e responde ilimitadamente, pelas suas dívidas" (SILVA, Leonardo Toledo. *Abuso da Desconsideração da Personalidade Jurídica*. São Paulo: Saraiva, 2014, p. 74).

O artigo 81 da LRF, que não sofreu alteração pela Lei nº 14.112/20, dispõe que, havendo a falência de sociedades com sócios ilimitadamente responsáveis, haverá sua extensão, também, a estes últimos, que deverão ser citados para apresentar contestação, juntamente a ela. Logo, também o sócio, nesse caso, será considerado falido.

Constata-se, portanto, que, como consequência da extensão dos efeitos da falência para os sócios que respondem de forma ilimitada, todo o regime jurídico aplicado ao falido aplica-se, também, a eles. Desse modo, sofrerão consequências patrimoniais, uma vez que a integralidade do seu patrimônio pessoal será colocada à disposição do procedimento falimentar para quitação das obrigações da sociedade, e também pessoais. Isso porque, por ser também considerado falido, o sócio de responsabilidade ilimitada sofrerá todas as restrições que são impostas ao primeiro, ou seja, não poderá mais alienar ou onerar bens sem autorização judicial (art. 99, VI da LRF) ou sua inabilitação para o exercício de qualquer atividade empresarial (art. 102, LRF), por exemplo.

Logo, a situação do sócio de responsabilidade ilimitada é agravada na falência, na medida em que não apenas mantém sua ampla responsabilidade patrimonial, conforme já previsto na legislação societária, mas também tem submetido a si o regime jurídico aplicável aos falidos, que impõem grandes restrições de direitos. Ademais, talvez partindo do pressuposto da insolvência econômica – o que nem sempre é verdade em um processo de falência –, a legislação falimentar, ao contrário da societária ordinária, não efetua qualquer ressalva quanto à necessidade de se esgotar, previamente, o patrimônio da sociedade falida. Em outras palavras: a legislação falimentar não menciona o benefício da ordem, em favor do sócio de responsabilidade ilimitada.

Por conta da situação mencionada no parágrafo acima, há crítica doutrinária que sustenta que o artigo 81 da LRF deve ser interpretado no sentido de que a extensão se refere aos efeitos patrimoniais e que a liquidação dos bens dos sócios deveria ocorrer apenas se insuficientes ativos sociais[5].

---

[5] "Presumiu o legislador, pela extensão da falência aos sócios ilimitadamente responsáveis, que eles não teriam condições de satisfazer as obrigações da sociedade falida. Como os sócios responderiam ilimitadamente pelas obrigações, o inadimplemento da sociedade, de forma injustificada, evidenciaria que os sócios não teriam condições de adimplir como débito, já que não evitaram o inadimplemento do ente social que faliu. A presunção legal, contudo,

O regime jurídico trazido pela legislação falimentar ao sócio de responsabilidade ilimitada aplica-se mesmo para aquele que tiver se retirado voluntariamente da sociedade ou que dela foi excluído há menos de 2 anos, com relação às dívidas existentes na data de arquivamento da alteração do contrato social, caso não tenham sido quitadas até a falência.

A doutrina identifica na situação da extensão da falência ao sócio de responsabilidade ilimitada hipótese de concurso obrigatório falimentar, em que, curiosamente, o falido não necessariamente é empresário ou sociedade empresária, visto que basta que seja sócio[6]. Há quem reconheça, nessa situação, hipótese de litisconsórcio necessário[7]. A possibilidade de que um sócio não empresário possa ser declarado falido é, portanto, situação bastante atípica e curiosa.

que atribui a insolvência aos sócios em razão do inadimplemento das obrigações sociais, não é conforme os demais dispositivos do ordenamento jurídico. No direito brasileiro, as pessoas jurídicas não se confundem com as pessoas que as integram. Ademais, as pessoas jurídicas detêm autonomia patrimonial, de modo que seu patrimônio social não se confunde como patrimônio de cada um dos seus integrantes (...) A responsabilidade é secundária e apenas permitirá a constrição dos bens dos sócios se os bens da sociedade forem insuficientes à satisfação de suas obrigações. Essa insolvência econômica, entretanto, não é pressuposto para a decretação da falência da sociedade, cujos ativos poderão superar o montante de seu passivo (...) Além da crítica referente ao benefício da ordem, a falência é aplicável, nos termos do próprio art. 1º da LREF ao empresário e sociedade empresária. (...) A interpretação literal da regra do art. 81, portanto, não se justifica. Referido artigo deverá ser interpretado conforme a redação anterior, do Decreto-Lei n. 7.661/45, que, na hipótese da falência, apenas estendia os efeitos patrimoniais aos sócios ilimitadamente responsáveis, mas não impunha a decretação de sua falência. Apenas os efeitos patrimoniais da falência, deveriam ser aos sócios estendidos, com a arrecadação de bens particulares, cuja liquidação ocorreria apenas após a insuficiência dos bens sociais." (SACRAMONE, Marcelo Barbosa. *Comentários à Lei de Recuperação de Empresas e Falência*. 2 ed. São Paulo: Saraiva, 2021, p. 413-414).

[6] "Note-se que a lei criou aqui, uma hipótese de concurso falimentar em que o devedor não é necessariamente empresário individual ou sociedade empresária." (COELHO, Fábio Ulhôa. *Lei de Falências e de Recuperação de Empresas: Lei 14.112/20, Nova Lei de Falências.* 14 ed. rev., atual. e ampl. São Paulo: Revista dos Tribunais, 2021).

[7] "De acordo com Gladston Mamede (2019, p. 279), trata-se de hipótese de litisconsórcio necessário. Se o credor requerer a falência de uma das referidas sociedades e não dirigir a ação aos sócios ilimitadamente responsáveis, para que integrem a ação, tal falta implicará a extinção da ação sem julgamento do mérito." (COSTA, Daniel Carnio; DE MELLO, Alexandre Nasser. *Comentários à Lei de Recuperação de Empresas e Falências* – Lei n. 11.101, de 09 de fevereiro de 2005 – Atualizado até o dia 25/12/2020, de acordo com a Lei 14.112, de 24 de dezembro de 2020. São Paulo: Juruá, 2020, p. 212).

Critica-se, por fim, a falta de esclarecimento quanto à forma de se tratar o credor particular do sócio de responsabilidade ilimitada diante dos demais credores da falência[8]. A lei falimentar é, de fato, silente sobre essa questão. Diante da insolvência do sócio falido, devem habilitar seu crédito na falência? Participarão do mesmo quadro geral de credores? A lei não esclarece esses aspectos.

Já com relação aos sócios de responsabilidade limitada, os artigos 82 e 82-A da LRF disciplinam as particularidades do regime jurídico a ser observado com relação a eles durante o processo falimentar. Nesse ponto, a Lei nº 14.112/20 trouxe significativa alteração para a redação original da Lei nº 11.101/05.

O artigo 82 da LRF disciplina hipótese de responsabilização pessoal dos sócios de responsabilidade limitada, controladores e administrados da falida por dívidas sociais. Esse dispositivo não foi alterado pela recente reforma legislativa. O referido dispositivo estipula que essa responsabilidade, que é estabelecida nas respectivas leis societárias, será apurada pelo juízo da falência, independentemente da realização do ativo e da prova de sua insuficiência para cobrir o passivo, observado o rito ordinário.

Constata-se, portanto, que, ao contrário do que ocorre com os sócios de responsabilidade ilimitada, para quem há extensão dos efeitos da falência, no caso dos sócios de responsabilidade limitada, a legislação falimentar se preocupou em assegurar que persiste responsabilidade disciplinada em lei específica, sem qualquer agravamento pela ocorrência da falência. Não apenas é preservada a garantia da autonomia patrimonial da sociedade com relação a esse sócio, como também não sofre qualquer consequência de ordem pessoal. O sócio de responsabilidade pessoal não é considerado

---

[8] "Esse tem sido o entendimento jurisprudencial sobre o assunto, mas a questão que surge em tais casos é como se dará o pagamento dos credores particulares do sócio falido, já que os bens do devedor ficariam integralmente comprometidos com a falência. Frente a essa situação, verifica-se que deve ser analisada a viabilidade dos credores particulares dos sócios falidos concorrerem de alguma forma com os credores da massa falida, sob pena de verem inviabilizada qualquer possibilidade de recebimento de seus créditos. Uma possibilidade seria a desses credores concorrerem na proporção de seus créditos, com os credores da falência na divisão do patrimônio particular que venha a compor a massa falida, não concorrendo na divisão dos ativos originários do patrimônio da empresa falida." (COSTA; DE MELLO. *Comentários à Lei...*, p. 212).

falido e, desse modo, não sofre qualquer uma das restrições jurídicas que são impostas a este último.

Responderão os sócios de responsabilidade limitada, controladores e administradores, portanto, conforme o caso, pela integralização das cotas ou ações subscritas, ou por danos eventualmente provocados à sociedade pelo exercício de atividade ou função em desconformidade com preceitos legais, tal como previsto na respectiva legislação societária. As hipóteses de sua responsabilidade são aquelas previstas no CC/02 ou na Lei nº 6.404/76, ou ainda em outra legislação específica[9].

A legislação falimentar, portanto, no tocante aos sócios de responsabilidade limitada, reforça as regras de limitação de sua responsabilidade pessoal, prevendo que as hipóteses de sua responsabilização perante a falida ou terceiro são aquelas disciplinadas em legislação específica, as quais, por decorrência da quebra, deverão ser deduzidas em ação própria.

A legislação falimentar prevê prazo prescricional específico para a responsabilização do sócio, que ocorre em 2 anos, contados do trânsito em julgado da sentença de encerramento da falência.

Para a distribuição dessa ação de responsabilização, não há necessidade de comprovar a insuficiência de ativos, apenas os elementos necessários

---

[9] "O sócio de responsabilidade limitada, controladores ou administradores serão pessoalmente responsabilizados quando agirem de forma contrária aos interesses da sociedade, ao contrato social ou à Lei aplicável, ocasionando prejuízos (CCB/2002, arts.1.010, §3º e 1.080); ou o quando o capital social subscrito não foi integralizado (CCB/2002, art. 1.052) (COELHO, 2013, p. 279). Nesses casos podem ser condenados a pagar indenização por atos ilícitos que tenham sido cometidos. Acerca do capital social, Fábio Ulhôa Coelho assevera que também poderá ser ajuizada ação de responsabilização na hipótese de superavaliação dos bens dados para integralização o capital social, sendo que os sócios são solidariamente responsáveis pela estimação de valor desses bens pelo prazo de cinco anos (CCB/2002, art. 1.055), de modo que poderão ser obrigados a desembolsar a diferença por meio de seu patrimônio pessoal (COELHO, 2016. P. 103). O administrador da sociedade limitada poderá ser responsabilizado quando não observar os deveres de cuidado e diligência, previstos no CCB/2002, art. 1.011, ou por culpa ou dolo (responsabilidade subjetiva) quando ocasionar prejuízos para a sociedade. Já o administrador de sociedade anônima será responsabilizado pelos prejuízos causados quando praticar qualquer dos atos vedados pela Lei 6.404/1976, arts. 154 e 155 (...) A parte final do caput deste dispositivo estabelece, ainda, que a responsabilização pessoal dos sócios pode ocorrer independentemente da realização do ativo da sociedade falida e da prova de sua insuficiência para cobrir o passivo." (COSTA; DE MELLO. *Comentários à Lei...*, p. 213-214).

para configuração da responsabilidade pessoal do sócio de responsabilidade limitada.

Vale ressaltar, ainda, que o artigo 158 da LRF sofreu alterações relevantes, prevendo novas hipóteses para extinção das obrigações do falido, dentre as quais se destacam o encerramento da falência em si, ou, ainda, o decurso do prazo de 3 anos contados da decretação da falência, ressalvada a utilização dos bens arrecadados para satisfação dos credores.

A manutenção da redação do artigo 82 da LRF, prevendo prazo prescricional da ação de responsabilização dos sócios de responsabilidade limitada, reforça a conclusão de que a hipótese de extinção do artigo 158 refere-se, exclusivamente, à responsabilidade em si do falido por tais pagamentos, mas não a extinção das obrigações por ele contraídas enquanto em atividade, que foram sucedidas pela massa falida objetiva. Afinal, se assim não o fosse, não haveria sentido em se manter previsão de que o prazo prescricional da ação de responsabilização do sócio ocorreria nos 2 anos subsequentes à sentença de encerramento da falência.

O art. 82 da LRF afirma que a responsabilização apurada deverá se referir à hipótese estabelecida nas respectivas leis societárias. Logo, parece abranger tanto a hipótese relativa à integralização da participação societária adquirida, quanto, também, a hipóteses de exercício de funções em desconformidade com preceitos legais.

Uma novidade trazida pela reforma legislativa foi a inclusão do artigo 82-A na LRF, o qual prevê, expressamente, a vedação da extensão da falência ou de seus feitos, no todo ou em parte, aos sócios de responsabilidade limitada[10], aos controladores e aos administradores da sociedade falida, ressalvando, contudo, a possibilidade de reconhecimento da desconsideração da personalidade jurídica.

A previsão do artigo 82-A da LRF objetivou pacificar celeuma anteriormente existente quanto à possibilidade de utilização do instituto da desconsideração da personalidade jurídica no processo falimentar[11].

---

[10] "O art. 82–A foi inserido na Lei n. 11.101/2005 para se tentar impedir a aplicação a extensão de falência ou de seus efeitos aos sócios de responsabilidade limitada, aos controladores e aos administradores da sociedade falida." (SACRAMONE. *Comentários à Lei...*, p. 419).

[11] "Sucede que esse posicionamento, a despeito de bem admitir a desconsideração da personalidade jurídica no terreno falimentar, era criticado por dispensar a observância de um contraditório prévio e efetivo para responsabilização do sócio da falida. Já em 2014, aliás, percebendo o ponto, embora em voto vencido, o ministro Raúl Araújo entendeu não

Logo, ao contrário do que ocorre com os sócios de responsabilidade ilimitada, é vedada a extensão da falência para o sócio de responsabilidade limitada, o qual não poderá ser considerado falido, com todas suas implicações, nem poderá ter bens arrecadados. Desse modo, em nenhuma hipótese, o sócio de responsabilidade limitada ficará sujeito às restrições de direito impostas ao falido. Para ele, quando muito, será possível que, em decorrência da falência, o seu patrimônio pessoal possa sofrer constrições, seja em razão de responsabilização civil, seja em decorrência da desconsideração da personalidade jurídica.

Interessante observar que o art. 82-A da LRF, quando se refere aos controladores e administradores, o faz de forma genérica, de modo que parece se referir tanto àqueles que atuam em sociedades de responsabilidade limitada quanto de responsabilidade ilimitada, desde que não sejam sócios, neste último caso. Para estes, veda-se a possibilidade de extensão da falência, admitindo-se, apenas, se possível, a desconsideração da personalidade jurídica. Se não estiverem presentes os pressupostos desta última, respondem apenas nos limites estritos das hipóteses disciplinadas pela legislação societária.

O artigo 82-A da LRF reforça o regime jurídico da legislação societária que disciplina a responsabilidade limitada de sócios, na medida em que veda a possibilidade de alteração de sua conformação pela ocorrência da falência. Positivou, portanto, entendimento expresso no sentido de que a decretação da falência não afeta o regime de responsabilidade civil do sócio de responsabilidade limitada, tampouco dos controladores ou administradores.

A doutrina entende que essa alteração foi oportuna, visto que a extensão da falência aos sócios de responsabilidade limitada havia sido construção jurisprudencial para permitir a desconsideração da personalidade jurídica, em determinadas hipóteses, em época em que esse instituto ainda não

---

ser possível estender a sócio que não foi citado para integrar a lide os efeitos da sentença que declarou a falência de sociedade empresária, desconsiderou a personalidade jurídica da sociedade falida e, ainda, aplicou a regra de ineficácia de alguns negócios" (SANTA CRUZ, André; RODRIGUES, Daniel Colnagno, A desconsideração da personalidade jurídica na falência e a Lei 11.101/2005. *Conjur*, 09 fev. 2021. Disponível em: <https://www.conjur.com. br/2021-fev-09/opiniao-personalidade-juridica-falencia-lei-111012005>. Acesso em: 07 mai. 2021).

havia sido positivado na legislação falimentar[12-13]. A doutrina entende, ainda, que a positivação da possibilidade de desconsideração da personalidade jurídica na falência encerrou questionamento anterior que entendia que a legislação falimentar possuía regime próprio de responsabilização dos sócios, contido nos artigos 81 e 82 da LRF, o qual seria incompatível com o instituto da desconsideração[14].

O parágrafo único do artigo 82-A da LRF esclarece que a desconsideração da personalidade jurídica da sociedade falida, para fins de responsabilização de terceiros, sócio, grupo ou administrador por obrigação, somente poderá ser decretada pelo juízo falimentar com observância dos parâmetros de direito material estipulados no artigo 50 do CCB/02, e, ainda, processando-se em incidente específico, conforme preceituam os artigos 133 a 137 do CPC/15.

A reforma legislativa deixou claro, também, que há necessidade de distribuição de incidente específico para que se processe o pedido de desconsideração, com a particularidade que não se aplica o art. 134, §3º do CC/02 – ou seja, sem suspensão da falência.

---

[12] "Uma medida mais que oportuna da Reforma de 2020 é a proibição da extensão dos efeitos da falência. Essa figura (a extensão) foi uma criação da jurisprudência para instrumentalizar a desconsideração da personalidade jurídica no âmbito do processo falimentar, num tempo em que não havia ainda, na legislação processual, nenhum incidente específico para isso." (COELHO. *Lei de Falências...*, p. 300-301).

[13] "O principal problema prático que a ausência de um dispositivo como esse trazia até a reforma da lei era a responsabilização de sócios ou mesmo reconhecimento de grupo econômico sem que fosse obedecido o contraditório e a imputação ilimitada de responsabilidades. Isso acabava gerando efeitos nocivo, não apenas à liquidação, mas à economia como um todo. A fixação de requisitos objetivos à eventual responsabilização de terceiros pelas dívidas da sociedade empresária falida deverá, portanto, obedecer ao procedimento previsto nesse dispositivo e o cumprimento dos requisitos do CCB/2002, art.50, e das regras processuais para o incidente de desconsideração da personalidade jurídica, previstas nos artgs.133 e seguintes do CPC/2015. Para esses casos vale destacar dois importantes pontos: o procedimento pode ser instaurado de ofício pelo magistrado; e o incidente de desconsideração não suspenderá o processo regido pela lei falimentar devendo ser processado em autos apartados." (COSTA; DE MELLO. *Comentários à Lei...*, p. 215).

[14] "O instituo da desconsideração não possuía previsão na Lei Falimentar até a alteração legislativa, o que motivava uma parte substancial da doutrina a entender que sua aplicação seria impossível. Para essa corrente, a LREF possui sistemas próprios de responsabilização de seus sócios, como os arts. 81 e 82, cuja disciplina é incompatível com a desconsideração." (SACRAMONE. *Comentários à Lei...*, p. 418-419).

O fato de existir a previsão da responsabilização do sócio de responsabilidade limitada com fundamento no artigo 82 da LRF pela massa não é incompatível com a possibilidade de que essa postule, também, em face deles, eventual desconsideração da personalidade jurídica com fundamento no artigo 82-A da LRF. Muito embora tais pedidos possam ter consequências assemelhadas – afetação do patrimônio pessoal do sócio –, eles possuem diferenças de regime jurídico sutis, mas importantes, de modo que se justifica que a massa falida possa optar entre um e outro, desde que presentes os pressupostos legais necessários.

A técnica da desconsideração da personalidade jurídica possui pressupostos distintos da responsabilização civil em si. Enquanto, na responsabilização civil, é preciso demonstrar a ocorrência do dano, nexo causal, a prática de ato ilícito e o elemento subjetivo do agente (dolo ou culpa), conforme se depreende do artigo 186 e seguintes do CC/02, para a aplicação da técnica de desconsideração da personalidade jurídica, exigem-se outros pressupostos – a saber, aqueles previstos, especialmente no artigo 50, também do Código Civil

Para que se possa cogitar a aplicação da desconsideração é preciso que tenha havido a configuração do abuso da personalidade jurídica, o qual é caracterizado ou pelo desvio de finalidade ou pela confusão patrimonial. Comprovada a ocorrência de qualquer uma dessas situações, aplica-se a técnica da desconsideração e, como consequência, observar-se-á a ineficácia episódica da autonomia patrimonial[15], permitindo que os efeitos de certas e determinadas relações de obrigações possam ser estendidos a bens particulares de administradores ou de sócios pessoas jurídicas[16], beneficiados direta ou indiretamente pelo abuso.

[15] "A princípio, poderíamos afirmar que a grande maioria das expressões mencionadas como sanção aos pressupostos da desconsideração da personalidade jurídica se refere ao plano da eficácia do negócio jurídico, ou seja, dos efeitos. A grande parte dos autores que fazem menção aos efeitos da desconsideração da personalidade jurídica (e poucos o fazem de forma detalhada), sem grandes ilações, utiliza a expressão "ineficácia da autonomia patrimonial", ou ainda, "ineficácia especial da personalidade jurídica". (SILVA. *Abuso da Desconsideração...*, p. 69)

[16] "A desconsideração da personalidade jurídica é instituto concebido na experiência anglo-saxônica como forma de permitir o salto sobre a pessoa jurídica para alcançar diretamente o patrimônio de seus sócios ou administradores. É chamada de *disregard docrtine*, ou ainda de *lifting the corporate veil*, que consiste precisamente nisto: erguer o véu da pessoa jurídica para

Além disso, conforme esclarece o parágrafo único do art. 82-A da LRF, a desconsideração da personalidade jurídica da sociedade falida pode ser utilizada para fins de responsabilização de terceiro, grupo, sócio ou administrador por obrigação daquela.

O artigo 50, §1º, do CC/02, inserido pela Lei nº 13.874/19, trouxe o conceito legal de desvio de finalidade, esclarecendo que se trata da utilização da pessoa jurídica com o propósito de lesar credores e para a prática de atos ilícitos de qualquer natureza.

Já o artigo 50, §2º, do CC/02, também inserido pela Lei nº 13.874/19, trouxe o conceito legal de confusão patrimonial, que se observa quando há ausência de separação de fato entre patrimônios, caracterizada por cumprimento repetitivo pela sociedade de obrigações do sócio ou do administrador (ou vice-versa), transferência de ativos ou de passivos sem efetivas contraprestações, exceto os de valor proporcionalmente insignificante e outros atos de descumprimento de autonomia patrimonial.

Interessante observar que a descrição das situações do artigo 50 não exige, para reconhecimento da possibilidade de desconsideração da personalidade jurídica, ao contrário do que ocorre no artigo 186, ambos do CC/02, a comprovação da negligência ou imprudência ou, ainda, do dano. Necessita-se comprovar a ocorrência de qualquer uma dessas duas situações, além do benefício direto ou indireto pelo abuso.

A desconsideração da personalidade jurídica consiste em técnica que objetiva, mais do que o ressarcimento do dano em si, especialmente imputar responsabilidade por obrigações da sociedade a terceiros – consequência imediata. Ou seja, excepcionalmente, em situações bastante específicas, as obrigações que, por conta da autonomia patrimonial estavam associadas exclusivamente ao patrimônio da sociedade, passam, como consequência da desconsideração, a estarem associadas também ao patrimônio de terceiros, os quais, em última análise, foram efetivamente beneficiados pelos atos praticados, direta ou indiretamente. O cumprimento dessas obrigações e, eventualmente, em caso de inadimplência, o surgimento de eventual dever de ressarcimento, é consequência secundária.

Constata-se, portanto, que os pressupostos para desconsideração da personalidade jurídica em face do sócio de responsabilidade limitada são

atingir quem estiver por trás." (SCHREIBER, Anderson. *Manual de Direito Civil Contemporâneo*. 3 ed. rev., atual. e ampl. São Paulo: Saraiva, 2020, p. 170).

bastante distintos dos pressupostos exigidos para sua responsabilização civil[17]. Enquanto, no primeiro caso, questiona-se sobre a ocorrência de hipótese de abuso da personalidade jurídica e benefício direto ou indireto do sócio, indaga-se, na segunda, quanto à presença de culpa ou dolo, nexo causal e violação de norma jurídica ou dever. Essa distinção será particularmente importante, na prática, para se identificar as provas que precisarão ser feitas e distribuir o ônus probatório entre as partes litigantes.

Observa-se, assim, que, como consequência da aplicação da desconsideração da personalidade jurídica, configurado o seu abuso, poderá ser imputada ao sócio de responsabilidade limitada a responsabilidade pelo cumprimento de uma determinada obrigação ou relação jurídica da

[17] "O STJ, em voto do ministro Luis Felipe Salomão, já chegou a afirmar que "não há como confundir a ação de responsabilidade dos sócios e administradores da sociedade falida (art. 6º do Decreto-lei n.º 7.661/45 e art. 82 da Lei n.º 11.101/05) com a desconsideração da personalidade jurídica da empresa. Na primeira, não há um sujeito oculto, ao contrário, é plenamente identificável e evidente, e sua ação infringe seus próprios deveres de sócio/administrador, ao passo que na segunda, supera-se a personalidade jurídica sob cujo manto se escondia a pessoa oculta, exatamente para evidenciá-la como verdadeira beneficiária dos atos fraudulentos. Ou seja, a ação de responsabilização societária, em regra, é medida que visa ao ressarcimento da sociedade por atos próprios dos sócios/administradores, ao passo que a desconsideração visa ao ressarcimento de credores por atos da sociedade, em benefício da pessoa oculta". Mais recentemente, enfrentando a discussão, afirmou o STJ que "a ação de responsabilidade emoldurada pelo artigo 82 da Lei n. 11.101/05 destina-se precipuamente à responsabilização pessoal dos sócios, controladores e administradores, independentemente da realização do ativo e de prova de sua insuficiência para cobrir o passivo, pelo pagamento dos créditos constantes no quadro geral de credores da massa falida, não se prestando à desconstituição da personalidade jurídica da sociedade nem se confundindo com a extensão da falência, notadamente porque a responsabilização pessoal do gestor independe da superação da autonomia patrimonial, derivando da subsistência da prática de ato ilícito ou que infringe o contrato social (CC, art. 1.080)" Ainda nesse último caso, pontuou-se que "a ação de responsabilidade não se afigura a via adequada para aplicação da doutrina da desconsideração da personalidade jurídica indireta, porquanto engendrada como instrumento apto a viabilizar a apuração se a conduta dos sócios de responsabilidade limitada, dos administradores e dos controladores contribuiu para o estado falimentar, legitimando sua responsabilização, não encerrando, pois, instrumento adequado para aferição da existência de ingerência comum em relação a dois empreendimentos a caracterizar eventual grupo econômico em razão da identidade de sócios, localização no mesmo endereço comercial e, ainda, confusão patrimonial, porquanto matéria afeta à doutrina da desconsideração indireta da personalidade". (COSTA; DE MELLO. *Comentários à Lei...*, p. 215).

falida, independentemente da perquirição se a sociedade falida sofreu ou não um dano – este último, contudo, é elemento imprescindível para reconhecimento da responsabilidade civil. Constata-se, portanto, que são diversos os focos de preocupação quanto à prova em um ou outro procedimento.

Além disso, a demonstração do elemento subjetivo na hipótese de responsabilidade civil e na da desconsideração da personalidade jurídica também possuem, cada uma, particularidades específicas. Inclusive com relação à hipótese de abuso de personalidade jurídica por confusão patrimonial, há doutrina que comente a desnecessidade de demonstração do aspecto fraudulento[18].

Logo, muito embora exista doutrina que defenda que o incidente de desconsideração não poderia ser ajuizado pela massa, uma vez que o artigo 82 prevê, expressamente, ação de responsabilidade[19], entendo que é razoável sustentar que a previsão de uma não afasta a possibilidade da outra.

[18] "Vale mencionar, ainda, acórdão do Tribunal de Justiça de São Paulo, que declarou incidentalmente a desconsideração da personalidade jurídica, para caso em que o patrimônio da falida confundiu-se com o de sociedade cujo capital foi formado por bens pertencentes à primeira, e hipotecados a uma terceira empresa92. Esta última, por sua vez, era administrada por uma pessoa ligada ao controlador da falida. No acórdão em questão, o relator ressalta a desnecessidade do aspecto fraudulento para verificação da hipótese de *confusão de patrimônios*93. Em comentário ao referido acórdão, Verçosa diferenciou o que seria a *confusão patrimonial ocasional* e a *permanente*, com base no caráter constante, ou não, da estrutura desvirtuada. (nota 92 Trata-se acórdão proferido no Agravo de Instrumento 155.854-4/8, do TJSP, publicado na *Revista de Direito Mercantil – Industrial, Econômico e Financeiro*, São Paulo, ano XXXIX (nova série), n. 120, p. 165-172, out.-dez. 2000, e comentado na mesma revista pelo Prof. Haroldo Malheiros Duclerc Verçosa sob o título Falência – Desconsideração da personalidade jurídica". (SILVA. Abuso da Desconsideração..., p. 58-59).

[19] "Disciplinado no art. 50 do Código Civil, o instituto da desconsideração da personalidade jurídica foi criado para coibir abusos da personalidade e de reforçar a própria autonomia do ente coletivo. Apenas se presentes as hipóteses de desvio de finalidade ou de confusão patrimonial, poderiam os efeitos de certas obrigações ser estendidos aos bens particulares dos administradores ou dos sócios da pessoa jurídica beneficiados direta ou indiretamente pelo abuso. A interpretação a ser feita é de que, de forma técnica, a parte requerente no feito não poderá ser a Massa Falida. Isso porque, por prejuízo direto a ela causado, a Massa Falida tema ação de responsabilização dos sócios e administradores prevista no art. 82. Não haveria qualquer necessidade de desconsiderar sua personalidade jurídica para responsabilizar os agentes causadores do prejuízo sofrido." (SACRAMONE. *Comentários à Lei...*, p. 418-419).

Até por esse motivo, não há prazo decadencial para postular a desconsideração da personalidade jurídica[20].

A desconsideração da personalidade jurídica, é, também, instituto bastante distinto do da extensão à falência. Isso porque, muito embora possa, assim como o último, ter repercussão do patrimônio do terceiro, do sócio, os pressupostos para configuração de um e de outro são bastante distintos: enquanto, no primeiro, é a existência de abuso da personalidade jurídica, na segunda, basta ser sócio de responsabilidade ilimitada. Ademais, os efeitos da desconsideração circunscrevem-se aos efeitos patrimoniais, não sendo o sócio considerado falido – como ocorre na extensão da falência.

A análise da legislação falimentar permite concluir que a decretação da quebra impacta especialmente o sócio de responsabilidade ilimitada, ao qual seus efeitos serão estendidos, passando a sofrer consequências patrimoniais e pessoais, como se falido o fosse.

A recente reforma falimentar refirmou as hipóteses da legislação societária de responsabilização pessoal do sócio de responsabilidade limitada, sem trazer-lhe qualquer agravamento. Logo, a princípio, a decretação da quebra não importa em acréscimo de sua responsabilidade patrimonial, nem resulta em consequências pessoais. A reforma, ao contrário, deixou clara a impossibilidade de extensão da falência ao sócio de responsabilidade limitada, reafirmando, portanto, ainda que indiretamente, as diretrizes da personalidade jurídica distinta e da autonomia patrimonial.

Ao disciplinar expressamente a possibilidade de solicitação de pedido de desconsideração da personalidade jurídica, a reforma falimentar trouxe segurança jurídica quanto ao procedimento a ser observado e, também, quanto aos requisitos que deverão ser preenchidos para que se possa permitir a ampliação da responsabilização do sócio de responsabilidade limitada.

---

[20] "Para efeitos dessa extensão, a desconsideração da personalidade jurídica não possui prazo decadencial, mas apenas poderá ser reconhecida após regular contraditório, o qual já era exigido antes da própria alteração do Código de Processo Civil." (SACRAMONE. *Comentários à Lei...*, p. 421-422).

Referências

COELHO, Fábio Ulhôa. *Lei de Falências e de Recuperação de Empresas:* Lei 14.112/20, Nova Lei de Falências. 14 ed. rev., atual. e ampl. São Paulo: Revista dos Tribunais, 2021.

COSTA, Daniel Carnio; DE MELLO, Alexandre Nasser. *Comentários à Lei de Recuperação de Empresas e Falências* – Lei n. 11.101, de 09 de fevereiro de 2005 – Atualizado até o dia 25/12/2020, de acordo com a Lei 14.112, de 24 de dezembro de 2020. São Paulo: Juruá, 2020.

SACRAMONE, Marcelo Barbosa. *Comentários à Lei de Recuperação de Empresas e Falência.* 2 ed. São Paulo: Saraiva, 2021.

SANTA CRUZ, André; RODRIGUES, Daniel Colnagno, A desconsideração da personalidade jurídica na falência e a Lei 11.101/2005. *Conjur,* 09 fev. 2021. Disponível em: <https://www.conjur.com.br/2021-fev-09/opiniao-personalidade--juridica-falencia-lei-111012005>. Acesso em: 07 mai. 2021.

SCHREIBER, Anderson. *Manual de Direito Civil Contemporâneo.* 3 ed. rev., atual. e ampl. São Paulo: Saraiva, 2020.

SILVA, Leonardo Toledo. *Abuso da Desconsideração da Personalidade Jurídica.* São Paulo: Saraiva, 2014.

TARTUCE, Flávio. A "lei da liberdade econômica" (lei 13.874/19) e os seus principais impactos para o Direito Civil. Primeira parte. *Migalhas,* 24 set. 2019. Disponível em: <https://www.migalhas.com.br/depeso/311604/a--lei-da-liberdade-economica--lei-13-874-19--e-os-seus-principais-impactos-para-o-direito-civil--primeira-parte>. Acesso em: 07 mai. 2021.

37. O ADMINISTRADOR JUDICIAL NA INSOLVÊNCIA TRANSNACIONAL

Francisco Satiro

Sabrina Maria Fadel Becue

Isabella Noschese Teixeira

Introdução

A reforma da Lei 11.101/2005 (LRE), introduziu um capítulo destinado à insolvência transnacional, com a adoção, com alterações, da Lei Modelo da UNCITRAL (*UNCITRAL Model Law on Cross Border Insolvency ou UMLCBI*)[1]. O instrumento internacional que sustenta o novo regime disciplina, por conta de sua origem e escopo, figuras jurídicas até então desconhecidas ao ordenamento brasileiro, além de procedimentos e terminologias inéditas. Para preservar a origem internacional e a neutralidade, a UNCITRAL evita termos facilmente identificados com legislações específicas. Por isso não encontramos na redação original expressões como administrador judicial, liquidante, comissário, *trustes, receivers*, preferindo-se identificar o agente pela função[2] ou indicá-lo de modo genérico (p.ex.: representante da insolvência)[3].

---

[1] O texto original pode ser consultado no sítio eletrônico da UNCITRAL, com versões traduzidas nas suas seis línguas oficiais. Disponível em: <https://uncitral.un.org/en/texts/insolvency>. Acesso em: 20 maio 2021.

[2] Em vários trechos da Lei Modelo sobre Insolvência Transnacional, encontramos a orientação para inserir a denominação da "person or body administering a reorganization or liquidation under the law of the enacting State". Cf. artigos 5º, 7º, 21(g), 25 e 26.

[3] "The term 'insolvency representative' is used in the Guide to refer to the person fulfilling the range of functions that may be performed in a broad sense without distinguishing between those different functions in different types of proceeding" (UNITED NATIONS.

Considerando que seu principal objetivo é o de promover a cooperação e de facilitar a assistência entre atores de um procedimento de insolvência nacional (doméstico) e de procedimento(s) de insolvência originado(s) no exterior, a proposta normativa da UNCITRAL não afeta as regras locais. Deste modo, não reduz a participação de atores ou de órgãos contemplados na legislação concursal doméstica. É nesse contexto que se deve compreender o papel do administrador judicial nomeado na recuperação judicial ou na falência, quando estes tramitam simultaneamente a um processo de insolvência estrangeiro reconhecido no Brasil.

O capítulo da insolvência transnacional impõe algumas novas atribuições ao administrador judicial, que não foram referidas no artigo 22, mesmo com sua nova redação. Se isso foi uma escolha do legislador, sua justificativa deve estar no fato de que o art. 22 não abarca todos os deveres e funções do administrador judicial – conforme expressamente ressaltado na parte final do *caput* –, tratando apenas das competências ordinárias. Mas o capítulo VI-A refere-se sete vezes ao administrador judicial para atribuir-lhe a qualidade de "representante estrangeiro" de falência aberta no Brasil (art. 167-E) em processos estrangeiros; equiparar eventual crédito do representante estrangeiro – nomeado em processo estrangeiro – à remuneração do administrador judicial, para fins de ordem legal de pagamento (art. 167-G, §1º, II) e auxiliar na cooperação e mútua assistência entre jurisdições (art. 167-A, §2º e 167-P).

Nos próximos tópicos, delimitaremos as funções acrescidas pela Lei 14.112/2020, no que diz respeito à condição do administrador judicial como representante estrangeiro e de sua importância na concretização da cooperação jurídica internacional. Todavia, os profissionais e empresas nomeados como administradores judiciais precisam estar conscientes dos desafios impostos pelo processo transnacional, sobretudo na convivência entre processo local e processos estrangeiros – principal e não principal –, a exemplo da regra inserida no art. 167-Y, que afeta o concurso de credores habilitados em mais de um processo de insolvência do mesmo devedor. Este estudo, portanto, não esgota os deveres legais do administrador judicial em processo de recuperação judicial ou falência de matiz transnacional.

UNCITRAL Legislative Guide on Insolvency Law. Disponível em: <https://uncitral.un.org/sites/uncitral.un.org/files/media-documents/uncitral/en/05-80722_ebook.pdf>. Acesso em: 20 mai. 2021.

1. Do administrador judicial e a função de "representante estrangeiro"

Nos termos do art. 167-B, IV, da Lei 11.101/2005, que equivale ao art. 2º, "d", da UMLCBI, representante estrangeiro é a pessoa ou órgão, inclusive o nomeado em caráter transitório, autorizado, no processo estrangeiro, a administrar os bens ou as atividades do devedor, ou a atuar como representante do processo estrangeiro.

A definição da lei modelo incorporada na legislação brasileira é maleável a fim de permitir melhor adaptação ao ordenamento jurídico interno de cada país. Isso se relaciona diretamente à caracterização da UMLCBI como um instrumento de *soft law*, que busca respeitar as diferenças entre as leis processuais nacionais[4]. Por essa razão, a interpretação das definições previstas na Lei Modelo deve considerar mais o aspecto material do que o aspecto formal, levando em consideração, para a análise, as leis do Estado de origem do processo estrangeiro[5]. Assim sendo, considerando a maleabilidade da definição, Hannan aponta que todos os Estados examinados, com exceção do Canadá, adotaram a definição de representante estrangeiro prevista na Lei Modelo[6].

No direito brasileiro, as figuras do administrador judicial e do representante estrangeiro nem sempre se confundem. O representante estrangeiro corresponde, no caso da falência, ao administrador judicial e, no caso da recuperação judicial e da recuperação extrajudicial, ao próprio devedor, o que é confirmado pelo artigo 167-E, que corresponde ao artigo 5º, da Lei Modelo – que sugere a identificação, pelos países, de quem pode atuar como representante estrangeiro.

Nos termos do artigo 167-E, o representante estrangeiro é autorizado a atuar em outros países, independentemente de decisão judicial, desde que essa providência seja permitida pela lei do país em que tramita o processo estrangeiro.

---

[4] "*The Model Law respects the differences among national procedural laws and does not attempt a substantive unification of insolvency law. Rather, it provides a framework for cooperation between jurisdictions.*" (UNITED NATIONS. *A Guide to Uncitral*: Basic facts about the United Nations Commission, on International Trade Law. Viena, 2013).

[5] HANNAN, Neil. *Cross-border insolvency:* the enactment and interpretation of the UNCITRAL Model Law. Singapore: Springer, 2017, p. 64.

[6] HANNAN. *Cross-border insolvency...* Singapore: Springer, 2017, p. 70.

Em alguns casos, houve discussão sobre se haveria necessidade de que essa autorização para atuar como representante estrangeiro emanasse de um tribunal judicial ou de um tribunal administrativo. No caso *In Re OAS S.A.*[7], foi reconhecida a legitimidade do representante estrangeiro, que tinha poderes, concedidos pelo devedor, para administrar os ativos da empresa em recuperação judicial, ainda que ele não tivesse sido nomeado judicialmente. No precedente *In Re Compania Mexicana de Aviacion*, a decisão da Corte de Nova York foi no mesmo sentido[8].

No precedente *In Re Vitro*[9], isso foi amplamente discutido. Neste caso, um fabricante de vidro, com sede no México, iniciou um processo concursal. O conselho de administração da empresa nomeou duas pessoas para atuarem como representantes estrangeiros e eles iniciaram o processo do capítulo 15, nos Estados Unidos. Contudo, houve objeção ao reconhecimento da condição dos representantes estrangeiros que não haviam sido nomeados por um tribunal estrangeiro. Nesse caso, também foi reconhecido que, apesar da expressão "autorizado em um processo estrangeiro" ser ambígua, o devedor, quando estivesse na condição de suas atividades, como ocorre na recuperação judicial e extrajudicial, no Brasil, poderia indicar o representante estrangeiro.

Esses três casos exemplificam que, em alguns países, o representante estrangeiro não precisa ser nomeado judicialmente para que possa atuar como tal, podendo ser eleito pelo próprio devedor.

Contudo, a autoridade do representante estrangeiro fica subordinada à lei do país estrangeiro e não a uma decisão do judiciário brasileiro. Por essa razão, nos termos do parágrafo segundo, do artigo 167-E, a condição de representante do processo brasileiro pode ser certificada, pelo juízo, a pedido de qualquer dos autorizados.

Para além das hipóteses nas quais se discute a legitimidade do devedor para atuar como representante estrangeiro, sem autorização de um tribunal judicial ou administrativo, questiona-se ainda a possibilidade de o administrador judicial atuar como representante estrangeiro em caso de

---

[7] In re OAS S.A., Case No. 15-10937 (SMB), 2015 WL 4197076 (Bankr. S.D.N.Y. July 13, 2015).

[8] In re Compania Mexicana de Aviacion, S.A. de C.V., No. 10-14182 (MG), 2010 WL 10063842 (Bankr.S.D.N.Y. Nov. 8, 2010).

[9] In re Vitro District Court Opinion, 470 B.R. at 411-12 (N.D. Tex. 2021).

recuperação judicial ou extrajudicial, em razão do mau exercício da função de representante do processo brasileiro pelo devedor.

No direito brasileiro, o administrador judicial exerce – tanto na falência, quanto na recuperação judicial – a função de auxiliar da Justiça, nos termos do artigo 149, do Código de Processo Civil, uma vez que participa do processo sob a autoridade do juiz, colaborando com ele e atuando em nome do Estado, para tornar possível a prestação jurisdicional[10]. São auxiliares *eventuais* da Justiça, tendo em vista que são nomeados *ad hoc* pelo juiz.

Conforme lição de Valverde, na falência, o síndico (administrador judicial, hoje) não tutela o interesse de nenhuma das partes, mas age no interesse objetivo da justiça, eventualmente contra o interesse pessoal do falido ou contra o interesse espúrio de credores[11]. Na recuperação judicial, apesar de existir uma situação, de alguma forma, diferente da falência (já que nesta última não há nem personalidade, nem representação, de forma que o administrador não representa nem o devedor, nem a massa de credores, nem a massa falida, que não constitui personalidade jurídica[12]), o administrador judicial exerce a mesma função, de auxiliar da Justiça, desempenhando algumas competências idênticas às exercidas na falência, conforme artigo 22, I, além das incumbências próprias da recuperação judicial, que consistem, principalmente, em atividades fiscalizatórias, nos termos do inciso II, do mesmo artigo.

Nos termos do artigo 167-A, que tem inspiração no preâmbulo da Lei Modelo, a disciplina da insolvência transnacional tem como objetivo, dentre outros, "a administração justa e eficiente de processos de insolvência transnacional, de modo a proteger os interesses de todos os credores e dos demais interessados, inclusive do devedor".

Ou seja: a Lei Modelo, assim como a versão incorporada pelo direito brasileiro, tem como objetivo a melhor administração da insolvência transnacional, beneficiando o devedor e credores, demais partes interessadas, assim como os agentes econômicos atingidos pelo papel socioeconômico

---

[10] CINTRA, Antonio Carlos de Araújo; GRINOVER, Ada Pellegrini; DINAMARCO, Cândido Rangel. *Teoria Geral do Processo*. 31. ed. São Paulo: Malheiros, 2015, p. 237.

[11] VALVERDE, Trajano de Miranda. *Comentários à lei de falências*, v. 4. 2 ed. Rio de Janeiro: Forense, 1955, p. 445.

[12] VALVERDE. *Comentários à lei de falências...*, p. 445.

da empresa insolvente[13]. Também é posto como objetivo do referido capítulo a proteção e a maximização dos ativos do devedor, o que se relaciona diretamente à efetividade, de forma a evitar a dilapidação do patrimônio do devedor, que representaria a diminuição do valor de seus ativos. Assim sendo, a efetividade é um dos objetivos da Lei Modelo e a omissão é contrária à efetividade.

Isso significa que, eventualmente, o devedor – que, diferentemente do administrador judicial – possui interesse egoístico no processo, poderia agir de forma omissa, o que seria prejudicial aos múltiplos outros interesses tutelados no processo.

Nos termos do parágrafo 1º, do artigo 167-E, na hipótese de falência, quando o administrador judicial é o representante do processo brasileiro, o juiz pode, em caso de omissão do administrador, autorizar terceiro para atuar na qualidade de representante estrangeiro. O parágrafo 1º não faz qualquer referência a hipóteses nas quais o devedor, na condição de representante do processo brasileiro, atue de forma omissa ou, ainda, prejudicial aos diversos outros interesses em pauta no processo de insolvência transnacional.

O dispositivo é desnecessário – e não encontra equivalente na própria UMLCBI. Isso porque o *caput* do art. 167-E e seus incisos servem para definir o representante estrangeiro simplesmente quando não houver decisão judicial. Trata-se de hipótese padrão. Mas as peculiaridades do caso e a busca pelos interesses maiores dos processos de reorganização e falência podem exigir que outro agente exerça essa função em casos específicos. Não só na omissão do administrador judicial em caso de falência, mas do próprio devedor na recuperação judicial, ou do gestor (que sequer é referido) em caso de prévio afastamento, nos termos do art. 65.

Se o agente originalmente legitimado a atuar como representante estrangeiro não se prestar à função por qualquer razão, deve o juiz cuidar de nomear terceiro que o faça. O mesmo se diga em caso de potencial conflito de interesses, ou ausência de especialização. Exemplo disso são as hipóteses de investigação de desvios de ativos pelo devedor, seus sócios e ou administradores. O exercício do atualmente chamado "*asset tracing*",

---

[13] WAN, Wai Yee; McCORMACK, Gerard. Implementing Strategies for The Model Law on Cross-Border Insolvency: The Divergence in Asia-Pacific and Lessons for Uncitral. *Emory Bankruptcy Developments Journal*, v. 36, 2020, p. 61.

ou da investigação em território estrangeiro da suspeita de fraudes, desvio de bens, "blindagem patrimonial" etc.[14], é certamente incompatível com a legitimação do próprio investigado ou pessoas a ele ligadas.

Nesse caso, em se tratando de recuperação judicial ou extrajudicial, pode – e deve – o juiz nomear o administrador judicial ou outro profissional qualificado para busca assistência no judiciário de outro país. E, claro, mesmo no caso de falência – em que o devedor não seria, de toda forma, legitimado –, a especialidade da atividade de investigação pode levar o juiz a preferir a nomeação de outro profissional, em benefício do resultado das medidas.

De qualquer forma, é importante ressaltar que o representante estrangeiro, seja o devedor, o administrador judicial, ou terceiro nomeado pelo juiz competente, deve informar qualquer modificação que tenha havido na sua nomeação, nos termos do artigo 167-K.

2. Do dever de cooperação e comunicação direta do administrador judicial com autoridades estrangeiras

A cooperação e a comunicação direta entre a jurisdição local e uma jurisdição ou mais jurisdições estrangeiras não correspondem apenas a um capítulo da Lei Modelo da UNCITRAL, encartam um princípio da insolvência transnacional e, pretende aquela organização internacional, que a cooperação seja aceita e respeitada como um dever, pelas autoridades e demais atores dos processos concursais (artigos 25 e 26 da Lei Modelo)[15].

Reinhard Bork sustenta tratarem-se, conjuntamente, de um princípio da insolvência transnacional sem o qual é impossível conduzir procedimentos múltiplos de forma eficiente ou obter o escopo comum de maximização dos ativos, acrescentando que as regras que estruturam os processos

---

[14] Klose, Bernd H., ed. *Asset Tracing & Recovery*: The FraudNet World Compendium. Erich Schmidt Verlag GmbH & Co KG, 2009; Kenney, Martin S., et al. "Utilizing Cross-Border Insolvency Laws to Attack Fraud: An Analysis of How It Could Work in the British Virgin Islands, the United States, and Germany." *Law & Bus. Rev. Am. 13* (2007): 569.

[15] Assevera Ian Fletcher: "Article 25(1) imposes a mandatory duty (...). The importance of such a provision when enacted is not merely the command which is conveyed to that country's courts, but also the signal which is transmitted to courts and office holders in foreign States regarding the receptive ethos prevalent within that jurisdiction." (FLETCHER, Ian F. *Insolvency in Private International Law*. 2nd edition. Oxford: Oxford University Press, 2011, p. 480).

de insolvência transnacional são calcadas no princípio da cooperação e comunicação direta, a exemplo dos procedimentos de reconhecimento, da concessão de *stay period* (suspensão das medidas individuais de cobrança), da troca de informações e das regras que garantem tratamento igualitário aos credores, sem admitir fator de discrímen a partir de um elemento de estraneidade ou qualquer obstáculo para a partilha equitativa de bens[16]. De modo similar, ao discorrer sobre os processos concorrentes[17], Ian Fletcher situa a disciplina como uma extensão lógica da obrigação de cooperar e que exige um profundo engajamento dos sistemas jurídicos[18].

O modelo adotado pelo legislador pátrio incorporou o dever de cooperação e sua relevância na condução de procedimentos local e estrangeiro(s) concorrentes (art. 167-P, *caput* e §1º e art. 167-S). O administrador judicial desempenha papel central nos procedimentos judiciais de insolvência no Brasil, de modo acentuado na falência, mas também imbuído de relevantes atribuições na medida recuperatória – portanto, no contexto de insolvência transnacional, é um ator crucial na concretização dos objetivos definidos no art. 167-A.

O que queremos salientar é que as competências do administrador judicial na insolvência transnacional não se resumem às menções expressas feitas a ele no capítulo VI-A ou à qualificação como representante estrangeiro. A condução do procedimento local não poderá desprezar as intercorrências e os pedidos de assistência provenientes de jurisdições estrangeiras – por essa razão, o cumprimento das atribuições previstas no art. 22 ganha um contorno especial.

Nesse sentido, a efetividade do tratamento igualitário dos credores pressupõe a observância estrita do dever de notificar e fornecer com presteza (art. 22, I, a) – mas também de modo compreensível –– todas as informações requeridas por credores estrangeiros, sob pena de violar o art. 167-G; garantir a habilitação de créditos e, ao mesmo tempo, assegurar que eventuais habilitações perante diferentes jurisdições não prejudique a repartição equitativa do ativo (art. 167-Y). Em muitas circunstâncias, caberá ao administrador judicial dar efetividade ao *stay* e impedir atos de

---

[16] BORK, Reinhard. *Principles of Cross-Border Insolvency Law*. Cambridge: Intersentia, 2017, p. 44 –72.

[17] Disciplinados no Capítulo V da Lei Modelo e nos artigos 167-R a 167-Y, da Lei 11.101/2005.

[18] FLETCHER. *Insolvency in Private International Law...*, p. 4802-483.

disposição de bens pelo devedor, como consequência do reconhecimento de um processo estrangeiro, bem como munir a jurisdição estrangeira de informações sobre as atividades do devedor e, eventualmente, opinar pela remessa de recursos e que a gestão de bens seja conduzida em um fórum estrangeiro.

Essas decisões serão pautadas pela dinâmica dos múltiplos procedimentos de insolvência em trâmite, ponderando qual alternativa mostra-se mais eficiente para a proteção da massa, maximização do valor dos ativos, e para a tutela de todas as partes afetadas pela insolvência (devedor, credores e demais interessados). Ou seja, o *stay* poderá vigorar por um período diferente daquele previsto no artigo 6º da LREF e a definição sobre remessa de ativos e bens será orientada por uma visão global da crise, da relevância dos processos estrangeiros para a administração justa e eficiente da insolvência e desapegada do processo doméstico. Afinal, as medidas concedidas em consequência do reconhecimento do processo estrangeiro são norteadas pelo critério de sua necessidade "para a proteção dos bens do devedor e no interesse dos credores" (art. 167-N c/c art. 167-O), noção mais ampla do que a proteção de interesses locais.

Fazendo as vezes de representante estrangeiro, conforme abordado no tópico anterior, o administrador judicial perseguirá o reconhecimento do processo local – procedimento brasileiro – perante outro país e demais medidas de assistência autorizadas pela Lei Modelo. Quando, no entanto, o Brasil for o país receptor de pedidos de reconhecimento de processos estrangeiros, espera-se que o administrador judicial desempenhe suas competências ordinárias de fiscal, na recuperação judicial, e liquidante, na falência, porém de forma a favorecer a cooperação com os demais procedimentos.

A partir da adoção da Lei Modelo da UNCITRAL todos os órgãos e autoridades do processo de insolvência assumem o compromisso de prestar assistência e cooperar com jurisdições estrangeiras – por isso, a preocupação da UNCITRAL com a harmonia entre processos concorrentes[19].

---

[19] Sobre o relacionamento entre processos concorrentes, pontua Ian Fletcher: "Chapter V does not attempt to superimpose a preconceived solution to such difficulties, but rather to create an environment in which there are opportunities for the representatives, and for the courts of the concerned jurisdictions, to try to reach an accommodation through the process of cooperation and dialogue." (FLETCHER. *Insolvency in Private International Law...*, p. 482).

O princípio da preservação da empresa (art. 47) e aqueles consagrados no art. 75, em relação à falência, pressupõem que a conduta das partes, dos órgãos e das autoridades se ajustem à realidade da insolvência transnacional, em especial às diretrizes impostas pelo universalismo modificado.

O art. 167-Q e os instrumentos da UNCITRAL sobre cooperação e comunicação direta reforçam que, independente de cumular ou não a condição de representante estrangeiro, o administrador judicial poderá ser designado para comunicar-se, em nome do juízo local, com outras jurisdições e a celebração de protocolos de cooperação[20] pode envolver matérias que demandem a sua intervenção.

Apenas para ilustrar, no Guia de Melhores Práticas para Cooperação, a UNCITRAL sugere que os protocolos ou acordos de cooperação definam ritos comuns para verificação e habilitação de créditos perante diferentes países (v.g, conferência e publicações de lista de credores, recebimento de pedidos por meios eletrônicos etc.), a possibilidade de compartilhamento de dados entre o administrador judicial e aquele que desempenha função equivalente na jurisdição estrangeira[21]; disposições sobre administração e alienação de bens quando os atos impactarem os demais processos, a fim de favorecer uma solução uniforme. De acordo com a UNCITRAL, o êxito dos protocolos de cooperação depende da predisposição do Poder Judiciário e dos representantes da insolvência (no nosso caso, o administrador judicial)

---

[20] "Insolvency agreements are agreements entered into for the purpose of facilitating cross-border cooperation and coordination of multiple insolvency proceedings in different States concerning the same debtor. (...) They are designed to assist in the management of those proceedings and are intended to reflect the harmonization of procedural rather than substantive issues." (FLETCHER. *Insolvency in Private International Law...*, p. 27).

[21] Um caso interessante sobre compartilhamento de informações foi objeto do protocolo firmado no caso Madoff. Foram firmados dois protocolos: um para disciplinar a cooperação entre os processos de insolvência em trâmite em oito diferentes jurisdições e um segundo acordo especificamente sobre compartilhamento de informações para apurar a extensão da fraude e respectivas responsabilidades. Sobre "[T]he Madoff information agreement. The cross-border agreement contains general provisions addressing communication and information-sharing between the insolvency representatives; the information agreement deals specifically with information-sharing between agents of the insolvency representatives and of the trustee appointed under the United States Securities Investor Protection Act. The information agreement is to be interpreted consistently with the cross-border agreement." Cf. UNITED NATIONS. *UNCITRAL Practice Guide on Cross-Border Insolvency Cooperation.* New York, 2010, p. 95

de trabalharem em parceria para superar obstáculos decorrentes das diferenças entre os ordenamentos jurídicos[22].

A crise da companhia aérea Jet Airways (India) Limited fornece um panorama interessante sobre a relevância da colaboração entre 'administradores judiciais' para o bom êxito da insolvência transnacional[23]. O precedente foi bastante celebrado por demonstrar que os protocolos de cooperação – mecanismo de *soft law* – podem ser uma via para a coordenação de procedimentos de insolvência paralelos mesmo entre países que não adotam a Lei Modelo da UNCITRAL. A companhia teve sua falência decretada na Holanda em maio de 2019 e, um mês depois, foi iniciado um procedimento de reestruturação na Índia. O representante do processo holandês tentou reconhecer a precedência da falência e obter uma ordem de *stay* perante o tribunal indiano – no entanto, o pedido não foi admitido.

Para o propósito deste artigo, interessa destacar a iniciativa dos representantes dos processos de insolvência dos dois países – aqui equiparados à figura do administrador judicial – de celebrar um protocolo com as seguintes diretrizes[24]: a) reconhecer o procedimento indiano como processo principal e a falência em trâmite na Holanda como processo não principal; b) compartilhar, de boa-fé, informações sobre investigações acerca de transações nulas ou anuláveis (*"investigations of any avoidance transactions"*); c) o representante do processo holandês assumiu o compromisso de não tomar nenhuma medida que pudesse prejudicar os interesses da companhia e dos credores e, na hipótese de tais medidas serem necessárias, concordou em avisar o representante do processo principal antes da adoção das providências, incluindo o compromisso de não dispor dos bens e evitar, dentro do possível, que terceiros se apropriem de bens, de não ajuizar procedimentos judicias ou extrajudiciais capazes

---

[22] UNITED NATIONS. *UNCITRAL Practice Guide on Cross-Border Insolvency Cooperation*. New York, 2010, p. 35.

[23] Cf. SHAIKH, Gausia. *The Jet Airways' Cross Border Insolvency Protocol: A Success Story*. Singapore Global Restructuring Initiative –Blog. Disponível em: <https://ccla.smu.edu.sg/sgri/blog/2021/01/26/jet-airways-cross-border-insolvency-protocol-success-story>. Acesso em: 20 maio 2021; WESSELS, Bob. *2020-07-doc1 Jet Airways Insolvency Protocol*. Disponível em: <https://bobwessels.nl/blog/2020-07-doc1-jet-airways-insolvency-protocol/>. Acesso em: 20 mai. 2021.

[24] Cf. Jet Airways (India) Ltd. (Offshore Regional Hub) v. State Bank of India & Anr., Company Appeal (AT) (Insolvency) No. 707 of 2019.

de comprometer os ativos da companhia; d) o representante holandês concordou em empregar os melhores esforços para que a observância da moratória (suspensão de atos que afetam o patrimônio da empresa) imposta pelo processo principal fosse replicada na Holanda e facilitar a submissão de plano de reestruturação, com condições similares ao aprovado no processo principal, para apreciação no processo não principal; e) análise das habilitações de crédito de acordo com a lei aplicável ao processo no qual o credor participa – contudo, foi pactuado o compartilhamento das listas de credores entre os representantes dos processos principal e não principal; f) na hipótese de alienação de bens no procedimento não principal (Holanda), a consulta ao representante indiano de modo prévio à repartição dos recurso entre credores habilitados no processo holandês.

Em resumo, o sucesso da cooperação deve ser tributado ao empenho dos representantes dos processos de insolvência do caso concreto. O precedente sugere que as características da empresa em crise – mais valiosa em operação – foram propulsoras da cooperação[25]. Admitindo como verdadeira a premissa que, em outras circunstâncias, a depender da natureza dos ativos, os mesmos representantes talvez não formalizassem o acordo de cooperação, apenas corrobora o argumento que a postura do administrador judicial, frente ao caráter transnacional da crise, é uma condicionante para o maior ou menor grau de respeito ao princípio do universalismo modificado.

O Brasil ratificou a proposta da UNCITRAL e impôs o dever de cooperação ao administrador judicial – portanto e a partir de agora, o Poder Judiciário não poderá tolerar condutas omissivas e não cooperativas na condução de processos de falência ou, ainda, na atuação fiscalizadora do

---

[25] "Access, recognition, cooperation and coordination can be considered as the main principles underlying the Model Law on Cross-border Insolvency issued by the United Nations Commission on International Trade Law (UNCITRAL). The Jet Protocol largely covers each of these aspects. However, a key element contributing to the success of the Jet Protocol was the willingness of the courts and officials of both jurisdictions to coordinate and cooperate with one another. Arguably, this willingness may have stemmed from the asset-starved condition of the ailing airline, with both jurisdictions having some assets located in their territory, which made it imperative to place value maximization of the company above everything else. This may not be the case in other insolvencies involving concurrent cross-border insolvency/bankruptcy proceedings." (SHAIKH. *The Jet Airways' Cross Border Insolvency Protocol...*).

administrador judicial na recuperação judicial. Em complemento à adoção da Lei Modelo, o CNJ – Conselho Nacional de Justiça aderiu ao "Judicial Insolvency Network (JIN)", rede de tribunais comprometidos em fomentar a cooperação e comunicação direta em procedimentos de insolvência transnacional. A primeira diretriz envolve a atuação do administrador judicial, encorajando-o a cooperar em todos os aspectos do caso e informar às autoridades judiciárias as questões com potencial de impactar o tramite dos procedimentos[26].

Conclusões

Com a reforma da Lei 11.101/2005, que, dentre outros pontos, incorporou a Lei Modelo da UNCITRAL sobre Insolvência Transnacional, com modificações, ao ordenamento jurídico interno, o administrador judicial nomeado em recuperações judiciais e falências plurilocalizadas passou a desempenhar novas atribuições.

Uma vez que a Lei Modelo da UNCITRAL prevê o respeito às regras nacionais do país que a adota, a fim de ser mais facilmente adaptável, facilitando a incorporação, não há na redação original termos predefinidos, como administrador judicial, sendo descrita a função ou feita indicação de modo genérico. Assim sendo, nos termos da lei incorporada no Brasil, representante estrangeiro é a pessoa ou órgão, inclusive o nomeado em caráter transitório, autorizado, no processo estrangeiro, a administrar os bens ou as atividades do devedor, ou a atuar como representante do processo estrangeiro.

Cabe destacar que a figura do representante estrangeiro nem sempre se confunde com a figura do administrador judicial. O representante estrangeiro corresponde, no caso da falência, ao administrador judicial e, no caso da recuperação judicial e da recuperação extrajudicial, ao próprio devedor. A fim de sanar eventual discussão sobre se o representante estrangeiro

---

[26] "[T]he courts should encourage administrators in Parallel Proceedings to cooperate in all aspects of the case, including the necessity of notifying the courts at the earliest practicable opportunity of issues present and potential that may (a) affect those proceedings; and (b) benefit from communication and coordination between the courts. For the purpose of these Guidelines, "administrator" includes a liquidator, trustee, judicial manager, administrator in administration proceedings, debtor-in-possession in a reorganisation or scheme of arrangement, or any fiduciary of the estate or person appointed by the court." (Disponível em: <http://jin-global.org/about-us.html>. Acesso em: 20 mai. 2021).

precisaria ser nomeado judicialmente, ou se poderia ser nomeado pelo próprio devedor, a condição de representante do processo brasileiro pode ser certificada, pelo juízo, a pedido de qualquer dos autorizados.

Apesar de ser o devedor o representante estrangeiro, no caso da recuperação judicial e extrajudicial, esse poderia ser removido de suas funções caso atue de forma omissa, podendo ser substituído pelo administrador judicial. Essa conclusão é extraída de uma interpretação extensiva do parágrafo 1º, do artigo 167-E, que prevê que o administrador judicial, quando desempenha a função de representante estrangeiro, em caso de omissão, pode ser substituído. Contudo, para que isso ocorra, deve existir um descumprimento objetivo dos deveres impostos ao representante estrangeiro, já que a mera imparcialidade não é requisito para substituição do devedor pelo administrador judicial.

Em relação às funções desempenhadas pelo administrador judicial na insolvência transnacional, destaca-se que essas não se resumem às menções expressas feitas a ele no capítulo VI-A ou à qualificação como representante estrangeiro. O administrador judicial tem um papel muito relevante nos procedimentos judiciais de insolvência no Brasil, sendo essencial na concretização dos objetivos definidos no art. 167-A. Dentre os novos deveres, do administrador judicial, destaca-se, principalmente, o dever de cooperação na condução de processos de falência ou, ainda, na atuação fiscalizadora do administrador judicial na recuperação judicial, dever esse que deverá sempre pautar sua atuação.

Referências

BORK, Reinhard. *Principles of Cross-Border Insolvency Law*. Cambridge: Intersentia, 2017, p. 44-72.

CINTRA, Antonio Carlos de Araújo; GRINOVER, Ada Pellegrini; DINAMARCO, Cândido Rangel. *Teoria Geral do Processo*. 31. ed. São Paulo: Malheiros, 2015.

FLETCHER, Ian F. *Insolvency in Private International Law*. 2nd edition. Oxford: Oxford University Press, 2011.

HANNAN, Neil. *Cross-border insolvency*: the enactment and interpretation of the UNCITRAL Model Law. Singapore: Springer, 2017.

Kenney, Martin S., et al. "Utilizing Cross-Border Insolvency Laws to Attack Fraud: An Analysis of How It Could Work in the British Virgin Islands, the United States, and Germany." *Law & Bus. Rev. Am. 13* (2007): 569.

Klose, Bernd H., ed. *Asset Tracing & Recovery*: The FraudNet World Compendium. Erich Schmidt Verlag GmbH & Co KG, 2009.

SHAIKH, Gausia. *The Jet Airways' Cross Border Insolvency Protocol: A Success Story*. Singapore Global Restructuring Initiative –Blog. Disponível em: <https://ccla.smu.edu.sg/sgri/blog/2021/01/26/jet-airways-cross-border-insolvency-protocol--success-story>. Acesso em: 20 mai. 2021.

UNITED NATIONS. *A Guide to UNCITRAL Basic facts about the United Nations Commission on International Trade Law*. Vienna, 2013. Disponível em: <https://uncitral.un.org/sites/uncitral.un.org/files/media-documents/uncitral/en/12-57491-guide-to-uncitral-e.pdf>. Aceso em: 20 mai. 2021.

UNITED NATIONS. *UNCITRAL Model Law on Cross-Border Insolvency with Guide to Enactment and Interpretation*. New York, 2014.

UNITED NATIONS. *UNCITRAL Practice Guide on Cross-Border Insolvency Cooperation*. New York, 2010.

VALVERDE, Trajano de Miranda. *Comentários à lei de falências*, v. 4. 2 ed. Rio de Janeiro: Forense, 1955.

WAN, Wai Yee; McCORMACK, Gerard. Implementing Strategies for The Model Law on Cross-Border Insolvency: The Divergence in Asia-Pacific and Lessons for Uncitral. *Emory Bankruptcy Developments Journal*, v. 36, 2020.

WESSELS, Bob. *2020-07-doc1 Jet Airways Insolvency Protocol*. Disponível em: <https://bobwessels.nl/blog/2020-07-doc1-jet-airways-insolvency-protocol/>. Acesso em: 20 mai. 2021.